天

Borderless

下

博稽古今　融汇天下

天
Borderless
下

法学新经典

人格权重大疑难问题研究

王利明 著

法律出版社 LAW PRESS · CHINA

作者简介

王利明 湖北仙桃人，中国人民大学一级教授，博士生导师，中国人民大学常务副校长。第九届、第十届、第十一届全国人大代表，第九届全国人大财经委委员，第十届和第十一届全国人大法律委员会委员，“长江学者”特聘教授。兼任国务院学位委员会法学学科评议组成员兼召集人、中国法学会副会长、中国法学会民法学研究会会长等。主要从事民商法研究。在核心期刊发表论文200余篇，荣获中国高校人文社会科学研究优秀成果奖法学类一等奖（四次）、第六届国家图书奖、第九届中国图书奖、第十四届国家图书奖等十余个国家级、省部级奖项。参与起草《合同法》《物权法》《侵权责任法》等许多重要民事法律以及民法典的编纂工作。

目　录

序　言

举世瞩目的民法典编纂在中国民事立法中具有里程碑意义。2017 年 3 月 15 日通过的《民法总则》迈出了编纂民法典工作的第一步，2018 年 8 月 27 日，十三届全国人大第五次会议审议了民法典各分编草案一审稿（以下简称民法典分编草案），这是继 2017 年《民法总则》颁行后，民法典编纂迈出的第二步。该分编草案将人格权作为独立的一编加以规定，该编下设六章，共 45 个条文，详细规定了生命权、身体权、健康权、姓名权、名称权、肖像权、名誉权、荣誉权、隐私权、个人信息等权益，并规定了人格权保护的一般规则，开创了新时代人格权保护的新篇章，在我国民事立法史上将会产生重大而深远的影响。

人格权独立成编是维护人格尊严、实现人民群众美好幸福生活的需要。按照马斯洛的"需求层次理论"，当人的物质生活需要基本得到满足后，对文化和精神生活的需求愈益强烈，尤其是对自尊的需要更加凸显。① 马斯洛把这种心理需要归纳为自尊需要。② 在我国进入新时代以后，人民物质生活条件得到了极大改善，人民群众就会有更高水平的精神生活追求，希望过上更有尊严、更体面的生

---

① ［美］马斯洛：《马斯洛人本哲学》，成明编译，九州出版社 2003 年版，第 52～61 页。

② ［美］马斯洛：《动机与人格》，华夏出版社 1987 年版，第 51～52页。

活。对人格尊严等方面的需求更为强烈。党的十九大报告在民生部分提出了要保障公民的合法权益，并且特别强调了对人格权的保护，这实际上就是将人格权的保护作为保障人民美好幸福生活的重要内容，突出了人格权保护的重要价值。正如立法机关所指出的，“人格权是民事主体对其特定的人格利益享有的权利，关系到每个人的人格尊严，是民事主体最基本、最重要的权利。保护人格权、维护人格尊严是我国法治建设的重要任务”。[①] 人格权独立成编使“人的主体”地位得以凸显，是民法典在新时代人文主义精神的具体体现。

人格权独立成编是全面保护人格权的需要。2017 年《民法总则》用四个条文规定人格权，彰显了中国当代民事立法对人格尊严的高度重视和保护。但限于《民法总则》的概括性和篇幅有限性，人格权制度并没有得到全面的展开。事实上，随着社会的发展和技术的进步，人格权的类型日益复杂，涉及的法律关系种类繁多。例如，身体权在当代社会可能涉及医疗、器官移植、人体捐赠、生物实验、遗传检查和鉴别、代孕、机构监禁、精神评估等特殊问题，这就有必要对人格权进行更多层次和更复杂的调整，这在客观上也需要使人格权法独立成编。人格权编（草案）既规定了一般人格权（草案第 774 条第 2 款），也规定了具体人格权（包括生命权、身体权、健康权、姓名权、名称权、肖像权、名誉权、荣誉权、隐私权）；既包括物质性人格权，也包括标表性和精神性人格权；既规定了人格权，也规定了人格利益（个人信息等）；既规定了个人生前享有的人格权益，也规定了个人死后的人格利益保护（草案第 777 条）；既规定了实体空间人格权的保护，也规定了网络环境下人格权的保护。通过独立成编的人格权法对人格权各种制度、规则作出规定，旨在积极回应现代社会人格权保护的新问题。

人格权独立成编是对中国的立法与司法经验的总结，其总结了我国现有人格权保护规范的实践经验，是对中国现实问题的司法回

---

① 沈春耀：《关于提请审议民法典各分编草案议案的说明》，载中国人大网：http://www.npc.gov.cn/npc/cwhhy/13jcwh/2018-08/27/content_2059319.htm，最后访问时间：2018 年 9 月 3 日。

应,解决了中国实践中保护人格尊严的现实需求,充分彰显了民法典编纂的中国特色。[①] 一方面,人格权独立成编是对我国立法经验的总结。中华人民共和国成立以来,党和国家高度重视对人民权利的保障,但由于受封建残余思想的影响,加上极"左"思想影响,私权的保护曾一度没有得到切实落实,以至于"文化大革命"期间出现了严重侵害个人人格权、践踏人格尊严的暴行(如对所谓"牛鬼蛇神"戴高帽、架飞机、挂铁牌、剃阴阳头、游街示众),正是基于对"文化大革命"期间侵犯人格权惨痛教训的反思。1986 年《民法通则》才在世界立法史上首次专章规定各项民事权利,并用 9 个条款规定了人身权(主要是人格权),这是我国私权保障道路上具有里程碑意义的大事,有力地推动了中国法治的进步,该法因此也被称为"中国的民事权利宣言"。《民法总则》高度重视对人格权的保护,虽然该法使用的条文不多(包括第 109 条、第 110 条、第 111 条、第 185 条),但是该法将人格权规定在各项民事权利之首,而且在第 109 条宣示人格权保护的价值,即人身自由和人格尊严,并通过这一制度确立了一般人格权,为人格权的兜底保护提供了法律依据。而人格权独立成编是与中国自《民法通则》以来所开创的人格权立法模式一脉相承的。另一方面,自《民法通则》颁布以来,中国司法机构在审判实践中通过个案、司法解释等方式,创设了大量致力于人格权保护的裁判规则,其中不乏具有前瞻性的人格权保护规则。但毕竟此前的制度创设主要是以分散"零售"的方式来完成的,缺乏系统的制度安排。鉴于实践中网络谣言、网络暴力、"人肉搜索"、信息泄露、偷拍偷录、电话骚扰、性骚扰等现象层出不穷,其侵害的对象主要是公民的名誉、隐私和个人信息,网络空间"侵权易、维权难"的问题严重,因此,有必要在总结我国立法司法实践经验基础上,加强人格权立法,设置独立的人格权编。而本次立法将人格权独立成编,其中很重要的一项功能就是将过往 40 年来的人格权保护规则系统化整理,呈现一个完整的人格权规范和调整框架。

人格权独立成编使中国民法典体系呈现崭新的模式,为民法典

---

① 参见朱宁宁:《多位常委会委员建议应将人格权编放在民法典分编之首》,载《法制日报》2018 年 9 月 4 日。

的体系发展贡献了中国智慧。从比较法上来说，各国关于人格权的立法一般采纳两种模式：一是主要规定在侵权法中，如《德国民法典》《日本民法典》以及旧《瑞士债务法》等；二是规定在民法总则或人法中，如《巴西新民法典》《秘鲁共和国新民法典》《法国民法典》等。我国民法典开创了人格权独立成编的立法模式，从而在人格权需要借助宪法条款寻求救济、单独设章或设节之外开创了“独立成编”的新模式，为民法典的体系发展与完善提供了全新的思路和足够的空间。人格权独立成编为比较法上的人格权保护事业贡献了中国模式和经验。从历史和国际比较的视角来看，不仅人格权观念、范围在不断进步，人格权法治模式也在不断演进。中国通过专编来调整人格权关系，这本身就是一个立法模式上的创新，克服了传统民法典“重物轻人”的重大体系缺陷，完善了整个民法典的体系。从民法调整对象出发，民法典要保障的权利主要是财产权和人身权，财产权已经通过物权、合同债权等予以落实，而人身权中的人格权不能在民法典中展开，这就必然会妨碍民法典作为权利法作用的发挥。

人格权独立成编是适应互联网、高科技时代的需要。我们进入了一个科技爆炸的时代，高科技的发明给人类带来巨大福祉，但大量的高科技也具有一个共同的副作用，就是对每个人隐私和个人信息的威胁，这也使人格权保护面临严峻的挑战。民法典分编草案设置了一套人格权的规范和分析框架，为应对高科技、互联网、大数据时代的新型人格权和人格利益的发展与保护预先提供制度空间。我们的民法典应当充分反映时代精神和时代特征，真正体现法典与时俱进的品格。在互联网、高科技时代，人格权的保护要注重“防患于未然”，[①]而人格权独立成编有助于对人格权侵害行为的预防。传统的人格权保护模式主要限于对既发人格权损害的事后救济，但并没有系统的事前预防机制。人格权独立成编采取了禁令等责任形式，有助于法官在现实损害发生或者进一步扩大之前采取有效的控制措施，实现对人格权更高水平的保护，弥补了侵权事后救济的

---

① L. Enneccerus/H. Lehmann, Recht der Schuldverhältnisse, Tübingen, 15. Auflage 1958, S. 1008f.

缺陷。特别是在互联网时代，隐私、名誉等很多人格损害关系重大的人格尊严问题，互联网的受众具有无限性，因此，侵害人格权的损害后果一旦发生，即可能被无限放大，甚至覆水难收，无法恢复原状，相关的损害后果也可能是无法估量的。一旦发生，经济赔偿实际上并不足以完全弥补对受害人造成的伤害，对损害的预防更为重要。

人格权独立成编开启了面向未来的人格权保护机制。人格权体系也具有开放性，其类型和内容是不断丰富和发展的。尤其需要注意的是，当前人类社会的科学技术飞速发展、一日千里。互联网、大数据、人工智能和生物科技一方面极大地增进了人类的生活福祉，但另一方面，也给人类的生活安宁与安全带来了前所未有的挑战。互联网拉近了人与人之间的距离，个人足不出户便可知天下事，但各种高科技的发明如无人机探测、红外线扫描、远距离拍照、卫星定位、红外透视、手机定位等各种技术，也给个人信息和隐私等人格权益造成了极大威胁。大数据让我们对人类自身状况和未来命运的认知能力提高到了前所未有的程度，常常让数据比我们自己更了解自己，但同时大数据也让人类的私人生活甚至心理完全暴露在人前，使现代社会的人好像处于“裸奔”状态。生物科技的广泛应用大幅提高了生命的韧性和生命的周期，但同时也需要深刻注意到，胚胎技术、克隆人、器官移植、人体医学试验等生物科技的应用活动在增进人类福祉的同时，也给人格权特别是物质性人格权的保护和人格尊严的维护提出了新的挑战。人工智能在给人类社会生活带来前所未有的便利的同时，也可能由于应用技术成熟度、应用制度环境等方面的原因而威胁到人类在市民社会中的基本权利。哈佛大学法学院 Berkman Klein Center 于 2018 年 9 月 25 日发布了《人工智能与人权：机遇与风险》的报告，从刑事司法、个人信用评估、医学诊疗、网络资料审查、人力资源、教育六大人工智能应用场景，逐一分析了人工智能在这些领域给人类的人权事业带来的机遇和风险。其中，报告详细分析了人工智能应用给个人自由、个人信用、就业平等各类人格权带来的威胁。甚至在不少时候，这些威胁处于隐形状态，不容易被我们知道。如果我们没有提前预估这些风险并从法律和技术层面制定预案，那么，大量人格权可能会在人工智能规模化应用之后面临难以挽回的损失。[①] 在此背景下,使人格权独立成编、突出和强化人格权的保护,使人格权保护机制具有开放性,这正是应对人格权所面临的科技挑战的积极措施。民法典分编草案第774条第1款在宣告民事主体的人格权受法律保护的同时,该条第2款又规定:"除本编规定的人格权外,自然人享有基于人身自由、人格尊严产生的其他人格权益。"该条使用"其他人格权益"的表述,表明了除民法典具体规定的人格权受到法律保护之外,即便民法典没有明确规定的人格利益,也同样受到法律保护,这就保持了人格权益体系的开放性。人格权独立成编的立法创举为人格权法理论的发展提供了立法支撑,将有助于人格权法理论的研究,从而极大地丰富了人格权法理论的内容,最终将反过来促使人格权立法得以进一步完善。

沈家本曾经指出,"窃谓后人立法,必胜於前人,方可行之无弊。若设一律,而未能尽合乎法理,又未能有益於政治、风俗、民生,则何贵乎有此法也"。[②] 我们需要制定的是21世纪的民法典,不能囿于200多年前的《法国民法典》和100多年前《德国民法典》所构建的体系。人格权独立成编是我国民法典的重大创新。自清末变法以来,我国历次民法典编纂皆采纳潘德克顿的五编制体系,深受德国法影响,但"世易时移,变法宜矣",今天,我们虽然要借鉴外国法的经验,但又不能定于一尊。我们要从中国实际出发,立足于解决中国现实问题,制定面向21世纪的民法典,我国正在编纂的民法典应当根据"十九大"报告的精神,加强人格权立法,并使其在民法典中独立成编。要从跟跑者、并跑者变为领跑者,为解决21世纪人类共同面临的人格权保护问题提供中国智慧、中国方案,如此才能使我国民法典真正屹立于世界民法典之林。

---

① See Filippo Raso etc, "Artifical Intelligence & Human Rights: Opportunities & Risks, Berkman Klein Center", September 25, 2018, available at https://today. law. harvard. edu/evaluating-the-impact-of-artificial-intelligence-on-human-rights/(last visited: Oct 5, 2018).

② 沈家本:《历代刑法考·附寄簃文存·卷二》,中华书局1995年版,第2084页。

第一编

人格权独立成编的基础理论

第一章　人格权的基础理论

第一节　人格权的概念和特征

一、人格权概念的发展

人格权(personality right、droits de la personalite、Persönlichkeitsrecht)的概念始于近代。据美国学者雷特尔(Eric H. Reiter)考证,荷兰学者胡果·多诺鲁斯(Hugo Donellus,1527～1591)最早提出了生命、健康等权利,①尽管多诺鲁斯没有系统提出人格权的概念,但他已经将一些人格利益上升为一种权利,开创了人格权理论的先河。② 不过,虽然多诺鲁斯提出了生命、健康等具体人格权,但其并没有对人格权下一个一般性的定义。在18世纪,德国学者沃尔夫也提出了生命权、身体权等概念。19世纪,也有学者对人格权的概念进行过研究。例如,1867年,法国学者本陶德(Bentauld)在其撰写的《拿破仑法典的原则和实践》一书中就曾提出过人

---

① See Eric H. Reiter,"Personality and Patrimony: Comparative Perspectives on the Right to One's Image",76 *Tul. L. Rev.* 673.

② Vgl. Helmut Coing,Zur Geschichte des Begriffs "Subjektives Recht",in: ders./Frederick H. Lawson/Kurt Grönfors(Hrsg.),Das subjektive Recht und der Rechtsschutz der Persönlichkeit, Alfred Metzner,Frankfurt am Main/Berlin,1959,S. 11f.

格权的概念。1870 年,另一个法国学者莫勒特(Morillot)在其撰写的一本关于版权和工业产权的著作中,也曾论及人格权理论。19 世纪中期,历史法学派的代表人物萨维尼则对人格权概念持批评态度,他认为,一个人无法拥有对自己的身体及其组成部分的权利,否则将导致个人享有自杀的权利,因此,个人对其自身的权利在实证法上也难以得到承认。①

直到 19 世纪末期,人格权的概念才开始形成。一般认为,德国学者噶莱斯(Karl Heinrich Franz von Gareis)于 1877 年首次提出应当区分了人格利益和主体资格。他认为,人格权以人格利益为客体,而并非以"人格"为客体。人格权不包含任何涉及他人的权利,而仅仅与权利人自己有关。② 这就回应了萨维尼等对人格权概念的批判。在此基础上,他指出,人格权包括两个方面:一是源自身体的物质性存在,二是精神上的存在。他还区分了三种类型的人格权,即身体完整权和人格自由权(如姓名权)、人格尊严,以及智力成果中的权利(如版权)。由于噶莱斯区分了人格权与主体资格,并区分了人格权与其他私法上的权利,深刻地影响了现代人格权法的发展,因此噶莱斯也被称为"现代人格权法之父"。③

受噶莱斯观点的影响,日耳曼法学派的代表人物科勒(Kohler)提出,人格权的权利客体是人的全部精神与肉体,一般性人格权是专属于人的权利,其利益包括身体完整、自由和尊严等。科勒还首次提出了现代法意义上的隐私权概念,并将其作为人格权的组成部分。他认为,人格利益具有不可侵害性,人的人格权只有通过其身体、尊严、隐私等才能受到侵害。④ 科勒还论证了个人对其生命、健康、荣誉、姓名、肖像以及隐私等享有人格权。⑤ 科勒的观点对人格

---

① Savigny, System des heutigen römischen Rechts, 1840, Bd Ⅰ, S. 334.

② Neethling, JM Potgieter & PJ Visser, Neethling's law of personality, LexisNexis South Africa, 2005 p. 7.

③ Leuze, Die Entwicklung des Persönlichkeitsrechts im 19. Jahrhundert, 1962, S. 93. Neethling, JM Potgieter & PJ Visser, Neethling's law of personality, LexisNexis South Africa, 2005 pp. 6 – 7.

④ Kohler, Urheberrecht an Schriftwerken und Verlagsrecht, 1907, S. 441ff.

⑤ Kohler, Buergerliches Recht, in Enzyklopdie der Rechtswissenschaft, Hrsg von Joslf Kohler, Zweiter Band, 7. Aufll 1914, S. 1(33)f.

权理论的形成起到了一定的推动作用。另一位日耳曼法学的代表人物基尔克(Gierker)提出人格权是一项重要的私权。他认为,一般人格权是一种基础性权利,来源法律对于人这一概念的认定。从一般人格权中,又将发展出各类具体人格权,而此种演变过程往往取决于历史发展的进程。① 人格权包括关于个人身体完整的权利、关于自由的权利、关于尊严的权利等。② 基尔克列举了人格权不同于其他权利的一些特征:人格权属于私权,具有不可继承性、很强的人身专属性,在权利人死亡后,人格权也消灭。③ 基尔克还区分了几类最为重要的人格权:身体完整、自由、尊严、身份、姓名、独特性标志(如商标或商号)、肖像以及在经济领域中的版权和专利权。④ 在《德国民法典》制定过程中,虽然一些学者已提出了系统的人格权理论,但由于《德国民法典》的起草者温特沙伊德深受萨维尼否定人格权的观点的影响,从而在法典中并没有明确认可人格权。⑤

在其他大陆法系国家,人格权的概念和理论也经历了一个产生、发展的过程。例如,1909 年,法国学者皮劳尔(Perreau)就认为,人格权在性质上属于新型的权利类型,其客体并非外在于权利人,人格权在性质上属于非财产权利,人格权具有绝对性,具有人身专属性,不可转让、不可继承。⑥ 他认为,人格权的独特之处在于没有主体本身之外的客体,它所针对的是主体人身的某些方面:即姓名、身体、荣誉和名誉、私生活、肖像等。⑦ 再如,在瑞士,直至 19 世纪末,伯斯苔尔(Boistel)才在其 1899 年撰写的《法哲学》一书中提出了人格权理论,以基斯凯尔(Giesker)、斯派克(Specker)等人为代表

---

① Gierker, Deutsches Privatrecht, 1895, S. 704f.

② Strtimholm, Right of privacy and rights of the personality: a comparative survey (1967) at 29.

③ Leuze, Die Entwicklung des Persiinlicbkeitsrecbts im 19. Jahrhundert: zugleich ein Beitrag zum Verbaltnis allgemeine Persönlichkeitsreht: Rechtsfähigkeit (1962) at 114 – 115.

④ Vgl. Otto von Gierke, Deutsches Privatrecht, Band I, Leipzig, 1895, S. 702 ff.

⑤ Savigny, System des heutigen römischen Rechts, Berlin, 1840, Band I, S. 355.

⑥ R. Nerson, Les droits extrapatrimoniaux, thèse de droit, Lyon, Edition Bosc et Riou, 1939, pp. 356 – 363.

⑦ Philippe Malaurie, Droit civil, Les Personnes-Les Incapacités, Edition Cujas, 1992, pp. 99 – 100.

的学者也提出了人格权的概念和理论,并对瑞士法产生了重大影响。[①] 1970年,在来自洛桑地区的联邦法官A. Lüchinger的主持下成立了专家委员会(被称为Lüchinger委员会)。该委员会于1974年12月提交了一份报告,名为“修订民法典和债法典关于保护人格的联邦法律草案”。该草案主要涉及媒体侵权时行为的不法性的定义、管辖法院、临时措施、回应权、数据库企业的义务、精神损害赔偿、返还不当得利、媒体和数据库企业的无过错责任等。草案于1983年12月16日由联邦议会表决通过,自1985年7月1日起生效。当前,在大陆法国家,普遍认为,应当承认人格权的主观权利属性,人格权与其他私权是可以进行区分的。[②] 人格权应成为一项主观权利。[③]

总之,人格权的概念经历了一个产生与发展的过程。起初,人格权被认为是关于人自身的权利,常常与个人的主体资格相混淆,因而不承认人格权的独立性。随着人格利益的特定化,人格权客体的确定,人们才逐渐认识到,人格权和主体资格是不同的。人格权的客体并非人自身,而是人格利益,必须在法律上类型化为权利,才能获得法律的有效保护。正是在此基础上,人格权概念得到认可,系统化的人格权理论也得以产生。自20世纪以来,尤其是自第二次世界大战以来,各国的民法学者大多认同人格权这一概念。尤其是随着人格利益范围的扩张,人格权的类型不断丰富,人格权的类型和体系也在不断丰富和深化,正是在这一过程中,人格权内容和体系也得到了发展。当前,从大陆法系各国的立法和司法实践来看,各国普遍区分了人格权和主体资格(民事权利能力),并接受了

---

① See Giesker, Hans, Das Recht des Privaten an der eigenen Geheimsphäre, Ein Beitrag zu der Lehre von den Individualrechten, Zürich, 1904; Karl Specker, Die Persönlichkeitsrechte mit besonderer Berücksichtigung des Rechts auf die Ehre im schweizerischen Privatrecht, Aarau: Druck von H. R. Sauerländer, 1910.

② P. Kayser, « Les droits de la personnalité. Aspects théoriques et pratiques », in Revue trimestrielle de droit civil, 1971, pp. 471 – 473.

③ Neethling, JM Potgieter & PJ Visser, Neethling's law of personality, LexisNexis South Africa, 2005 p. 12.

人格权作为主观权利的地位。[①]

二、人格权的概念

在我国,“人格权”一词究竟何时首次出现已经无从考证,一般认为,该概念在法律上的出现始于1925年的《中华民国民律草案》。但要讨论人格权的概念,必须要从“人格”一词着手。

人格在法律上是一个极为抽象的概念,其内涵较为丰富。正如马克思曾经指出的,“人格脱离了人,自然就是一个抽象”。[②] 它不仅可以用来解释除个人以外的其他主体,而且在法律上具有多重含义。具体来说,“人格”一词包含两重含义。

人格的第一种含义是指一种抽象与平等的法律地位,它是权利取得的资格。或者说,人格就是作为民事主体必备条件的民事权利能力。例如,黑格尔指出:“人格一般包含着权利能力,并且构成抽象的从而是形成的法的概念。”[③]只要具备民事权利能力,就可以成为民法上的人,因而民事权利能力、人格、民法上的人、主体等概念基本上可以表达相近的意思。[④]

人格的第二种含义是从人格权的客体角度来理解的。此时,它是一种应受法律保护的利益。比较法上,各国民法均承认健康、自由、尊严等人格利益。人格利益具体包括自然人的人身自由,主体专有人格标志的保有(姓名、肖像等),主体获得的良好社会评价,自然人的人格尊严和婚姻家庭关系中的人身利益,自然人的私人生活秘密,以及其他各种人格利益等。自然人享有的各种人格利益乃是安全、活动自由的利益,而不是人的人身利益,所以人格权以人格利益为客体,并不是以人的人身利益为客体。[⑤] 一些欧洲学者将人格界定为“对人作为万物的灵长所应享有的精神、道德价值的承

---

① Neethling, JM Potgieter & PJ Visser, Neethling's law of personality, LexisNexis South Africa, 2005 p. 12.

② 《马克思恩格斯全集》(第1卷),人民出版社2001年版,第277页。

③ [德]黑格尔:《法哲学原理》,范扬等译,商务印书馆1982年版,第46页。

④ 我国《民法通则》第10条规定:“公民的权利能力一律平等。”

⑤ 杨立新:《人身权法论》,人民法院出版社2002年版,第103~104页。

认”。[①] 因此,人格作为法律的客体,其可能受到多种形式的侵害,对人格利益的保护旨在维护主体作为人的存在,并且为主体从事财产活动提供前提条件。本书主要是从第二种意义上使用“人格”这一概念。

但是,在人格权理论的发展过程中,这两种意义上的“人格”始终被混淆,并没有被明确区分。在19世纪,以萨维尼为代表的历史法学派之所以对人格权概念持批评态度,是因为其认为人格和人格权是无法区分的,否则将导致个人享有自杀的权利。人格要素也不能成为意思力的作用对象,无法满足主观权利以法律所赋予之意思力为核心的条件,这也导致人格要素不能通过权利被保护。[②] 受这种观点的影响,《德国民法典》的主要起草人温特沙伊德认为,权利是人支配物的关系,而不是人支配人的关系,所以民法典无法规定人格权。生命、身体、自由等乃是个人与生俱来、自然享有的。虽然生命、自由等利益可由法律加以限制,但并非由法律确认后个人才可以享有这些权利。如果认为生命等为一种权利,则否定了生命等具有的自然属性,反而不能解释这些利益的产生及本质。[③] 如果承认人格为权利,则必然要将生命、身体、自由等人格利益作为权利客体,这样必然造成人是权利主体又是权利客体的混乱现象。[④] 然而,自从19世纪末期,德国学者噶莱斯提出应当区分两种意义上的“人格”,人格权以人格利益为客体,而并非以“人格”为客体。此种观点的影响越来越大,目前被大陆法学者普遍接受和认可。而否认人格权的观点则日渐式微。近几十年来制定的民法典也大多规定了人格权。这表明人格权的概念已经被各国立法所普遍接受。

从比较法上看,各国也都区分了人格权与人格,并未产生混淆,人格是指主体资格,一般与民事权利能力相对应,而人格权则是民事主体所享有的民事权利。我国自《民法通则》颁布以来,就严格区分了人格与人格权的概念,依据《民法通则》,与“人格”相对应的概

---

① Neethling, JM Potgieter & PJ Visser, Neethling's law of personality, LexisNexis South Africa, 2005 p. 27.

② Savigny, System des römischen Rechts, zweiter Band, Berlin, 1840, S. 334.

③ 参见龙显铭:《私法上人格权之保护》,中华书局1948年版,第2页。

④ 参见陈民:《论人格权》,载台湾《法律评论》第28卷第8期。

念是民事权利能力,规定在主体制度中,而人格权则规定在“民事权利”一章中。《民法总则》继续沿袭了这一立法传统,在主体制度部分规定了民事权利能力,解决主体资格问题,而在“民事权利”一章中规定了人格权,将其作为一项基本的民事权利加以规定,这实际上也是严格区分了人格与人格权。民法典分编(草案)人格权编单独规定人格权,而没有将其作为主体资格规定在民事主体部分,实际上也是严格区分了人格权与人格两个概念,这一做法符合我国自《民法通则》以来的民事立法传统,与《民法通则》《民法总则》的立法精神也是一脉相承的。民法典分编草案第773条规定:“本编调整因人格权产生的民事关系”。由此可知,民法典分编草案严格区分了人格权与人格的概念。

前文已经探讨了人格的两种不同含义及其与人格权的关系,基于这些认识,可以对人格权作出如下定义:人格权是指民事主体依法支配其人格利益并排除他人侵害的、以维护和实现人格尊严和人身自由为目的的权利。依据《民法总则》第110条的规定,自然人所享有的具体人格权有生命权、身体权、健康权、姓名权、肖像权、名誉权、荣誉权、隐私权、婚姻自主权等权利,法人、非法人组织享有名称权、名誉权、荣誉权等权利。

该定义强调了人格权的特点:一是人格权主体支配的对象并非主体资格,而是人格利益。二是人格利益与财产利益、身份利益是可以区分开的。人格利益主要是一种精神利益。如果说对财产利益的保护旨在为主体维持其自身生存与发展以及从事各种活动提供物质基础,那么,对人格利益的保护则旨在维护主体作为人的存在,并且为主体从事财产活动提供前提条件。人格利益也是个人作为社会成员的存在所必不可少的。正是在这个意义上,哲学家理解的人格概念与法学中的人格概念具有较大的相似性。①尽管各国立法和判例所保护的人格权范围不完全相同,但其共同指向的都是人格利益,而且随着社会的发展和司法保护的加强,人格利益的保护

---

①　例如康德指出:“人格把我们本性的崇高性清楚地显示在我们的肉眼前。”转引自陈仲庚等:《人格心理学》,辽宁人民出版社1986年版,第35页。

范围也在不断扩展。[①] 三是民事主体依法支配其人格利益并排除他人的侵害。因为人格权本质上是一种绝对权,权利人可以支配其权利对象,并排除第三人的侵害。四是人格权是以维护和实现人格尊严和人身自由为目的的权利。也就是说,从价值上看,人格权是以实现人格尊严和人身自由为其价值目标,从而促进个人的人格自由发展。

三、人格权的特征

(一)人格权属于私权

人格权在性质上属于私法上的权利。[②] 人格权可以大致分为两大类,即宪法上的人格权和私法上的人格权。宪法上的人格权制度是为了规范国家和人民之间的关系,而私法上的人格权制度则是为了规范民事主体之间的关系。就此,我国民法典分编草案在人格权编部分开宗明义予以了明确规定,草案第773条规定:“本编调整因人格权产生的民事关系。”

草案第774条规定:“民事主体的人格权受法律保护。”由此可见,我国民法典分编草案人格权编所保护的人格权属于私权范畴,并不涉及公民政治、经济等方面的权利。[③] 因为其是私权,所以,它是民事主体所享有的权利,其效力主要及于地位平等的民事主体之间,并非直接为公权力主体设定义务,这与我国民法主流观点是一致的。

在民法上,权利可以大致分为两大类:一类是财产权,另一类是人身权。所谓人身权,是指以人身所体现的利益为内容的,与权利人的人身不可分的民事权利,包括人格权和身份权。人身权的主要特点在于:其内容体现为人格和身份等精神利益。人格权作为人身权的主要类型,其与财产权存在重要区别,即并不直接以财产利益

---

① See Gert Brüggemeier、Aurelia Colombi Ciacchi、Patrick O Callaghan, *Personality Rights in European Tort Law*, Cambridge University Press, 2010, p. 567.

② W. A. Joubert Grondslae van die persoonlikbeidsreg(1953) at 121.

③ 参见沈春耀:《关于提请审议民法典各分编草案议案的说明》,载中国人大网:http://www.npc.gov.cn/npc/cwhhy/13jcwh/2018-08/27/content_2059319.htm,最后访问日期:2018年9月3日。

为内容,且原则上不得转让和抛弃。[①]

(二)人格权具有一定的固有性

所谓固有,实际上表明人格权为专属性权利,它是与个人的人格始终伴随而不可分离的权利。[②] 此种权利一般不能转让、抛弃,也不能继承。固有性是人格权与其他权利的重要区别。自然人一旦出生就应当享有人格权,这也是对个人进入社会的资格的确认。不论个人是否意识到有这些权利存在,人格权都是客观存在的。[③] 自然人不论在其年龄、智力、社会地位等方面存在何种区别,不论是否实际参与各种法律关系,都应平等地享有人格权。民法典分编草案第775条第1款规定:“人格权不得放弃、转让、继承,但是法律另有规定的除外。”该条实际上是对人格权固有性的确认,具体而言:一是人格权不能放弃,人格权是人格权人作为民事主体在社会生活中存在的不可缺失的权利,比如生命权、健康权与主体资格具有密切的联系性,如果允许权利人放弃人格权将使主体资格无法存续,且与社会公序良俗相违背。二是人格权不得转让。正是因为人格权具有固有性,因而其不能与主体相分离。虽然伴随着社会的发展,人格权商业化利用已经成为现行民法理论并被各国立法所接受,但是商业化利用本身并不导致人格权与主体相分离,所以从尊重人的主体地位考虑,原则上仍然不能承认人格权具有可转让性,除非法律有特别规定,比如我国《民法通则》规定的法人名称权可以转让就属于有限的例外情形。三是人格权不能继承。人格权具有专属性,属于身份权的范畴,与人格权人紧密相关,所以无法继承。在自然人死亡后,其人格权也随之消灭,虽然法律上也保护死者的人格利益,但其人格权已经不复存在。尽管人格利益是专属于主体的权利,但人格权作为一种权利,是通过法律确定的,而不是自然产生的,因此,人格权也具有法定性。

一般认为,人格权在性质上是固有的,而且具有高度的人身专属性,不能独立于个人而存在。[④] 由于人格权具有高度的个人性、固

---

① 参见马特、袁雪石:《人格权法教程》,中国人民大学出版社2007年版,第11页。

② 参见陈民:《论人格权》,载台湾《法律评论》第28卷第8期。

③ 参见杨立新:《人身权法论》,人民法院出版社2002年版,第66页。

④ W. A. Joubert Grondslae van die persoenlikbeidsreg(1953) at 121.

有性,人格权具有不可转让性、不可继承性、不可抛弃性,个人自出生时起即享有人格权,个人死亡后,人格权即终止。[①] 也正是因为这一原因,人格权不同于物权、无形财产权等权利,物权、无形财产权等权利独立于个人。[②]

(三)人格权以主体享有的人格利益为客体

人格利益分为一般人格利益和个别人格利益。前者主要指自然人的人身自由和人格尊严;后者包括生命、健康、姓名、名誉、隐私、肖像等个别人格利益。人格利益并不是对人的身体的利益,而是人的人身和行为自由、安全以及精神自由等利益。也有学者将生命、身体的利益称为安全的利益、活动的自由。[③] 此种观点不无道理。笔者认为,无论是生物形态的利益还是社会形态的利益,大多体现为一定的精神利益,它一般不像财产利益那样具有有形的特征,尤其是名誉、肖像、隐私、贞操、自由等利益,都是行为与精神活动的自由和完整的利益,且以人的精神活动为核心构成。对自然人这些人格利益的侵害,必然造成主体精神上的痛苦,损害受害人的精神利益,[④]而侵害个人的身体、生命等,也必然会给权利人造成一定的精神损害。所以,可以通过精神损害赔偿对上述人格利益加以保护。当然,也有一些人格权尤其是法人的人格权,基于主体的特殊性,其客体不完全体现为精神利益。

(四)人格权主要是精神性权利

从性质上看,人格权主要是一种精神性的权利,其主要体现的是人们精神上和道德上的利益。人格权的主要客体如隐私、名誉、肖像等都和个人的人格尊严和人格发展密不可分。这些客体并不属于财产,却是主体维持其自身存在的必需,法律对此必须加以保护,但由于其自身的特点也需要适用和财产不同的保护方式。这主要表现在以下几个方面。

第一,自然人所享有的姓名、肖像、名誉、隐私等权利以人格尊严为基础,并以实现人格尊严为目的,其原则上不以财产为客体,也

---

① W. A. Joubert Grondslae van die persoenlikbeidsreg(1953) at 146 - 147.

② Neethling, JM Potgieter & PJ Visser Neetbling's, law of personality, (2005) at 13.

③ 参见陈民:《论人格权》,载台湾《法律评论》第28卷第8期。

④ 参见杨立新:《人身权法论》,人民法院出版社2002年版,第89页。

不以财产为内容,人身关系本质上不能用金钱加以度量、评价。法律保护人格权,旨在维护人格尊严等精神利益。

第二,许多人格权不能像财产权那样自由地进行利用、处分和转让,也不适用财产法的一些基本原则。例如,隐私、个人信息等权利虽然不能够整体转让,但是仍然可以通过许可而使财产利益让与他人使用。换言之,除了法律有特别规定的能够转让之外(如法人名称权),其他只要是带有精神性利益的人格权就不得转让和处分。

第三,人身关系受到侵害时也无法采取等价补偿的方式,主要采用的是一种精神上的抚慰和对加害人的惩戒,以及对加害行为的排除等方式,[①]例如,最高人民法院《关于确定民事侵权精神损害赔偿责任若干问题的解释》(以下简称《精神损害赔偿司法解释》)第8条第2款规定:"因侵权致人精神损害,造成严重后果的,人民法院除判令侵权人承担停止侵害、恢复名誉、消除影响、赔礼道歉等民事责任外,可以根据受害人一方的请求判令其赔偿相应的精神损害抚慰金。"这表明和财产损害赔偿不同,只有严重的精神损害才能够请求损害赔偿。我国《侵权责任法》第22条也采纳了这一规则。

第四,即使通过财产实现人格权损害赔偿,其计算方式也有许多特殊之处。例如在"王某、舒某诉深圳市影帝廊摄影有限公司侵害肖像权纠纷案"[②]中,法院认为,原告要求被告停止使用其肖像制品、赔偿其经济和精神损失的请求应适当予以支持。原告参与拍摄三批婚纱照片是出于自愿的,同时明知这些照片将要在一定范围内由被告使用,至少要用于被告影楼的陈设。在确定经济损失和精神损害赔偿数额时,应考虑上述因素,适当降低赔偿数额。在本案中,法院认为虽然在侵害人格权中造成了财产损害,但也需要考虑,这些财产损害赔偿具有特殊性。

当然,随着市场经济的发展,人格权商业化利用(或称为人格要素的商业化利用)的实践也日益普遍,人格权与财产关系的关联也日益密切,其主要表现在:一方面,对某些类型的人格权而言,权利

---

① 参见杨立新:《人身权法论》,人民法院出版社2002年版,第63页。

② 广东省深圳市中级人民法院民事判决书,法宝引证码:CLI. C. 882564。

人可以许可他人对其进行商业化利用。在加拿大、美国以及其他一些英美法系国家,将一些人格权称为“公开权”(publicity rights),此种权利常常被界定为具有财产权性质的权利。[①] 对法人人格权而言,法人还可以将其名称权进行转让。另一方面,权利人可以通过许可他人对其人格权进行商业化利用而获得一定的经济利益,这也使人格权与经济利益的关联日益密切。此外,法律也逐渐通过财产损害赔偿的方式对人格权侵权行为的受害人进行救济。例如在“张柏芝诉梧州远东美容保健用品有限公司侵害肖像权案”[②]中,法院认为:关于赔偿金额的确定,对于张柏芝肖像权的保护,既要保护其精神利益,也要保护其物质利益。本案中,梧州远东公司使用张柏芝肖像显然出于营利目的,对于以营利为目的的侵害肖像权的赔偿金额,不仅要考虑梧州远东公司的过错程度、侵权行为的具体情节、侵权后果和具体影响,还要参照一般有偿使用张柏芝肖像的费用标准。按照传统观点,人格权在性质上属于纯粹的精神性权利,在人格权遭受侵害的情况下,权利人仅能请求行为人赔偿其精神损害,无权请求行为人赔偿财产损失。但随着人格权中经济价值逐渐受到法律的肯定与保护,各国法律逐渐通过财产损害赔偿的方式对人格权侵权行为进行规范,我国《侵权责任法》第20条也对侵害人身权益的财产损害赔偿责任作出了规定,其主要适用于人格权侵权行为。通过财产损害赔偿的方式保护人格权,这也在一定程度上反映了人格权与财产关系的密切关系。

四、人格权的性质

(一)人格权具有绝对性

人格权的绝对性又称为对世性,即人格权无需通过义务人实施一定的行为即可实现,并可以对抗不特定人。在不违反法律且不侵犯第三人的权利的情形下,权利人所享有的人格权可以向任何人主张。除权利人之外的其他人都负有不得侵害权利人人格权的义务。

---

① See Michael Henry ed., *International Privacy, Publicity and Personality Laws*, Reed Elsevier(UK), 2001, p. 88.

② 江苏省高级人民法院(2006)苏民终字第0109号民事判决书。

这一点与物权、知识产权等绝对权无异。人格权作为支配权，当然具有对世权的性质。[①] 由于人格权具有对抗不特定第三人的效力，权利人可以禁止任何人实施侵害其权利的行为，因而其属于对世权，或者绝对权。人格权的行使不必借助于他人的积极行为，只要义务人不加妨碍和侵害，人格权就可以实现，正是因为人格权是绝对权，人格权不仅受到人格权法的保护，而且受到侵权法的保护。

（二）人格权原则上具有专属性

人格权的专属性是指人格权原则上仅能由人格权人享有，不可转让、不可继承。人格权的专属性主要表现以下几个方面。

一是与主体相伴随性，即人格权与个人的主体资格须臾不可分离，只要个人的主体资格存在，其就享有相应的人格权，法律虽然可以对个人人格权的行使方式等作出限制，但不得限制人格权的存续期限。同时，权利人一旦死亡，其人格权也将消灭，其继承人也不得继承其人格权。正是因为这一原因，人格权也被称为原始权利。当然，在法律另有规定的情形下，人格权也可以转让。例如，《民法通则》第 99 条第 2 款规定："法人、个体工商户、个人合伙享有名称权。企业法人、个体工商户、个人合伙有权使用、依法转让自己的名称。"依据该条规定，法人、个体工商户、个人合伙的名称权可以转让。当然，对自然人人格权而言，其人格权具有很强的人身专属性，不可成为转让的对象。

二是不可剥夺，不得抛弃。人格权的享有与个人的主体资格关系密切，一旦人格权被剥夺，个人的主体资格将受到影响。因此，任何人的人格权都不受他人的非法剥夺，也不允许当事人主动放弃，否则必然损害个人的主体资格，也将有违公序良俗。从这一意义上讲，禁止人格权抛弃也是私权自由处分原则的例外。[②]

三是人格权一般具有不可转让性。权利人虽然可以许可他人对其人格权进行利用，但权利人不得将其人格权转让。即便是自然

---

① 参见马特、袁雪石：《人格权法教程》，人民大学出版社 2007 年版，第 11 页。

② 参见施启扬：《民法总则》，中国法制出版社 2010 年版，第 94 页；杨立新：《人身权法论》，人民法院出版社 2002 年版，第 85 页。

人的肖像权的使用也并非转让,而只是许可他人使用。当然,依据法律规定,法人和非法人组织的名称权依法可以转让。人格权的专属权,是人格权与财产权的重要区别,其与权利主体是不可分离的。这意味着人格权只有权利人本人才能享有,不能通过转让或继承由他人享有。当然,人格权受到侵害后所产生的损害赔偿请求权在性质上属于金钱债权,如果赔偿数额已经确定,则可以通过债权让与的方式转让。

四是人格权具有不可继承性。自然人死亡后,其民事权利能力终止,无法享有人格权,与财产权不同,自然人死亡后,人格权也将归于消灭,无法成为继承的对象。①

(三)人格权具有支配性

所谓支配性,是指人格权人可以直接支配其人格利益,也可以依法保有或行使其权利,无需他人的协助,仅凭自己的意志即可行使权利。关于人格权是否具有支配性,学理上存在一定的争论。一种观点认为,人格权不是支配权,因为对支配权来说,只有通过积极的支配行为才能实现权利人的利益。以所有权为例,所有权人只有通过积极地从事某种支配行为,如对物进行使用、处分才能实现其利益。如果承认人格权是支配权,就意味着权利人可以任意支配、处分自己的生命、健康等利益,将鼓励人们从事自杀,使安乐死合法化,这显然有违公序良俗。另一种观点认为,人格权也具有支配内容。因为人格权也具有排除他人干涉、自由支配自己人格利益的内容。② 还有一种观点认为,人格权的支配权性质,只能适用于物质性人格权,不能适用于精神性人格权,法律设定人格权的目的在于保障个人的人格利益不受侵害,而不在于使其对自己的人格利益进行支配,因此,支配性不是人格权首要的、基本的权能。③

笔者认为,人格权具有支配性。如果将支配性理解为主体对客体自由地享有处分的权利,则不能将人格权视为支配权,因为人格权大多是不能自由处分的。例如,生命权不可抛弃,自由不可转让。

---

① 参见王泽鉴:《人格权保护的课题与展望》,载《人大法律评论》2009年第1期。

② 参见胡田野:《财产权、自由与人格权》,载《湖南社会科学》2004年第5期。

③ 参见尹田:《自然人具体人格权的法律探讨》,载《河南省政法管理干部学院学报》2004年第3期。

但支配性反映的是权利主体与权利客体的关系，即绝对权的权利人在其权利范围内可以按照自己的意志依法对其权利客体进行管领和处理，无需得到他人的同意或他人积极行为的辅助。从这个意义上说，人格权应当归入支配权的范畴。[①] 具体而言：一方面，人格利益被支配首先意味着权利人无须他人的介入，在合法的范围内即可以自由处分。虽然个人不能以违背善良风俗的方式支配其人格权益，但并不能据此否定人格权具有支配性的特点。人格权具有支配性，权利人基于自己的意思就可以行使权利，而不需要其他人的配合。[②] 例如，个人信息权利人对其权利享有支配权，任何人收集、利用他人的个人信息必须得到权利人的同意。另一方面，支配是利用或许可他人使用的前提与基础，正是因为权利人享有支配权，所以才能够自己积极利用并许可他人使用；如果否定人格权的支配性特点，则人格权商业化利用制度将无法有效构建。例如，权利人有权许可他人对其肖像权和姓名权进行商业化利用，这实际上是人格权支配性特点的体现。当然，肯定人格权的可支配性，并不意味着要将人格权的可支配性等同于物权的支配性，[③] 即便肯定人格权具有支配性，也不意味着权利人可以自由处分其人格权益。

第二节　人格权的主体

一、从单一主体到多元主体

在民法上，“人”既包括自然人也包括法人、非法人组织。人格权的主体主要是自然人，人格权可以分为物质性人格权、精神性人格权，这些人格权都可以为自然人享有，而法人的性质决定了它所

---

① 参见尹飞：《人身损害赔偿概述》，载王利明主编：《人身损害赔偿疑难问题》，中国社会科学出版社 2004 年版，第 4 页。

② 参见马俊驹：《人格和人格权的理论讲稿》，法律出版社 2009 年版，第 100 页。

③ 参见尹飞：《人身损害赔偿概述》，载王利明主编：《人身损害赔偿疑难问题》，中国社会科学出版社 2004 年版，第 4 页。

享有的人格权类型是有限的。例如,它不可能享有物质性人格权,即生命权、健康权、身体权。但从人格权的发展来看,人格权的主体正在从单一的自然人向多元的民事主体发展。

就自然人的人格权保护来看,1804 年《法国民法典》并没有规定人格权,法国直到 19 世纪末期才开始陆续承认姓名、肖像等权利。在 1971 年,受《欧洲人权公约》第 8 条的影响,《法国民法典》增加了著名的第 9 条:"每个人均享有其私生活受到尊重的权利。"该条所确认的私生活受尊重权被称为法国人格权制度中的一般条款,其内涵包括了声音权、名誉权、荣誉权、肖像权等权利在内。[①]《德国民法典》规定了"姓名权"(第 12 条)、信用权(第 824 条)、贞操权(第 825 条),但这些权利都是自然人的人格权,该法典并没有承认法人人格权。自 20 世纪以来,司法实践逐渐承认了法人仅享有一些与其性质相适应的人格权,如名称权、名誉权、信用权等。[②]

就法人的人格权保护问题而言,关于法人是否享有人格权的问题一直存在争议:[③]一是否定法人享有人格权的主张。例如,人格权概念的创始人噶莱斯曾受自然法理论的影响,主张人格权只能由自然人享有,认为人格权是天赋人权观念的另一种表达,而法人作为法律上的团体并不能感受到自然人经历的痛苦。有学者认为,法人没有"精神性的知觉",缺失对自己目的的认识,并不享有人格权,法人是为一个完全确定的目的而设立的,只有在该目的的实现受到影响时,才考虑对法人予以保障。[④] 从域外法治的实践来看,起初的各国立法均无关于法人人格权的相关规定。二是肯定法人享有人格权的主张。德国学者基尔克等人主张法人也可以享有人格权,只是有一些人格权是自然人专属的而已,[⑤]法人只能享有与其自身特性相符的人格权。[⑥] 也有学者认为,法人可以享有部分具体人格权,但

① 参见石佳友:《人格权立法的历史演进及其趋势》,载《中国政法大学学报》2018 年第 4 期。

② Heinrich Hubmann, Das Persönlichkeitsrecht, Köln Graz, 1967, S. 334.

③ Neethling, JM Potgieter & PJ Visser, Neetbling's law of personality(2005) at 68.

④ Kau, Vom Perönlichkeitsschutz zum Funktionsschutz, Diss. Jur., Heidlbeg 1989, S. 84.

⑤ Neethling, JM Potgieter & PJ Visser, Neetbling's law of personality(2005) at 68ff.

⑥ C von Bar, Gemeineuropäisches Deliktsrecht Vall, 1996, S. 133.

无法享有一般人格权。例如，Hubmann 认为，法人应当享有名称权、名誉权、信用权等权利，但其并没有明确支持法人享有一般人格权。[①] 自然人是具有伦理意义的主体，而法人是非伦理意义的主体，二者所享有的人格利益应当有所区别。拉伦茨也认为，法人可以享有某些人格权，如姓名权、名誉权，由于法人并非伦理主体，因此，其并不享有一般人格权。[②] 就法人人格权在比较法上的发展来看，其是在司法实践中被逐渐承认的：德国联邦最高法院采用了法人实在说的立场，认为法人不仅享有人格权而且享有一般人格权，[③]但法人享有姓名权、隐私权和名誉权受到法律保护[④]；英国法上也保护法人的名誉权，禁止诽谤法人。在其他一些国家，法院允许法人（在比利时甚至允许州）对名誉受损的结果主张精神性损害。[⑤] 此外，意大利法院承认法人享有名誉权等人格权；比利时法院承认法人可以享有一切与其性质相适应的人格权，包括回应权；西班牙法院承认法人可以享有名誉权等人格权[⑥]。

从比较法上看，不仅司法实践对法人人格权提供保护，而且有的国家立法也对法人人格权作出了规定。例如，《瑞士民法典》第 28 条规定了关于人格权保护的一般条款，这一条款很早就被瑞士法院用作保护法人人格权的立法依据。法院在后来的判决中逐渐发展出了丰富的法人人格权类型。还有一些国家即使没有明确规定法人人格权，但承认法人具有权利能力，享有和自然人相同的权利（参见《奥地利普通民法典》第 26 条第 2 款）。

从根本上而言，法人人格权不断得到立法与司法的肯定，这是伴随着法人人格拟制说到法人人格实在说这一理论演进发生的。与当时关于法人本质的认知深化有重大关系。19 世纪主要流行的

---

① Hubmann, Das Persoenlichkeitsrecht, 2. Aufl. 1967, SS. 336, 337.

② ［德］卡尔·拉伦茨：《德国民法通论》（上），王晓晔等译，法律出版社 2003 年版，第 182 页。

③ Alfons Kraft, Gedanken zum allgemeinen Persoenlichkeitsrecht juristischer Personen, in Fetschr. F. H. Hubmann, 1985, S. 216 f.

④ 指"aussere ehre"，而非"innere ehre"。

⑤ C von Bar, The common European law of torts, Vol. 2. (2000), at 132.

⑥ Hélène Martron, "Les droits de la personnalité des personnes morales de droit privé", Paris: LGDJ, 2011, pp. 102 – 108.

是人格拟制说,认为法人就是给予特定的政策目标拟制的存在。但后来,法人实在说开始得到广泛认可。尤其是随着市场经济的发展,法人在从事民事活动中,不仅财产权益要得到法律保护,而且其人格权益也应当得到法律的认可和保护。经济学家科斯认为,公司的目的就是服务于交易。[①] 这种看法不无道理。但法人作为独立的民事主体,从事交易活动只是其民事活动的一部分,其作为民事主体有其独立存在的意义。法人人格权的产生进一步增强了其独立的人格属性,其不仅仅享有财产权益,还享有人格权益;不仅要服务于财产保护,还要享有人格的独立,这就有必要在法律上确认法人人格权。

人格权主体从单一到多元化的立法演变,对人格权制度产生了一定的影响:人格权主体的多元化,意味着法律还需要对法人等民事主体的人格权作出规定。从比较法上看,有的国家将人格权法律规则规定在民法典"自然人"部分,例如,《巴西民法典》第一编第二章关于人格权的规定(第11~21条),是置于自然人之中的,可见其仅承认自然人享有人格权。《埃塞俄比亚民法典》第一章第二节对人格权的规定(第8~46条)也是置于自然人之中的。《秘鲁民法典》第一编中关于人格权的规定,也是置于自然人之中的(第3~32条)。由此可见,许多国家的民法典都是将其规定在自然人之中,人格权被认为是自然人权利的组成部分。但一旦承认法人人格权,就不宜将人格权简单地规定于自然人中,而应当将人格权单列,对自然人和法人人格权共同作出规定。除法人享有人格权之外,一些社团,如无限公司、两合公司、合伙等也享有人格权。德国许多学者也认为,社团是否具有法人资格并不影响其享有人格权。因为其名称、名誉等权利都应该受到保护。[②]

与此同时,人格权主体的多元化促使人格权积极权能得到凸显,法人人格权的财产属性使传统人格权理论认为人格权只享有积极权能这一认识得到了深层次的改变,法人人格权除了具有消极防

---

① 参见[英]玛丽亚·莫斯坎瑞斯:《企业经济学》,柯旭清、廖君译,北京大学出版社2004年版,第43页。

② H. Hunmann, Das Persönlichkeitsrecht, Aufl, 1967, S. 334.

御功能外,还具有积极行使和利用的功能,如法人的名称权可以许可他人使用,也可以进行转让。法人人格权常常具有一定的财产属性。人格权商业化利用理论这一近年来兴起的发展趋势与法人人格权得到肯定具有紧密的内在联系。

二、我国法律承认法人享有人格权

在我国,立法历来承认法人享有人格权,《民法通则》第99条第2款规定:"法人、个体工商户、个人合伙享有名称权。企业法人、个体工商户、个人合伙有权使用、依法转让自己的名称。"第101条规定:"公民、法人享有名誉权,公民的人格尊严受法律保护,禁止用侮辱、诽谤等方式损害公民、法人的名誉。"第102条规定:"公民、法人享有荣誉权,禁止非法剥夺公民、法人的荣誉称号。"上述条款对法人的名称权、名誉权和荣誉权作出了规定。《侵权责任法》第2条第2款规定:"本法所称民事权益,包括生命权、健康权、姓名权、名誉权、荣誉权、肖像权、隐私权、婚姻自主权、监护权、所有权、用益物权、担保物权、著作权、专利权、商标专用权、发现权、股权、继承权等人身、财产权益。"该条所保护的名誉权、荣誉权也包括了法人的名誉权和荣誉权。《民法总则》第110条第2款规定:"法人、非法人组织享有名称权、名誉权、荣誉权等权利。"该条也进一步确认了法人享有名称权、名誉权和荣誉权等人格权。由此可见,我国立法历来对法人的人格权进行保护。

2018年民法典分编(草案)在总结我国立法和司法实践经验的基础上,在自然人之外确认了法人、非法人组织享有人格权,草案对人格权主体大量采用"民事主体"的表述,这也表明人格权的主体具有多样性。具体而言,民法典分编(草案)第792条第2款规定了法人、非法人组织享有名称权,第804条规定了法人和非法人组织享有名誉权,第810条规定了法人、非法人组织享有荣誉权。事实上,在法人、非法人组织人格权遭受侵害的情况下,仅采取财产权保护的方法是不够的,承认法人享有人格权有利于强化对法人权益的保护。笔者认为,民法典分编(草案)确认法人作为独立的民事主体,未来民法典是肯定法人享有人格权的,主要理由如下。

第一,承认法人人格权,是我国法律采法人实在说的必然结论。

在理论上,关于法人的理论存在实在说、拟制说等不同的观点。但是,在我国立法上一直采法人实在说,我国《民法通则》《民法总则》都明确地采这一立场。我国学界通说也采法人实在说。基于法人实在说,法人是客观的、实体化的存在,其也就享有与其人格密不可分的人格权。

第二,承认法人人格权,有助于发挥其社会功能。虽然法人主要是出于经济方面的原因而设立的,但不应当因此忽略法人的其他社会功能,[①]肯定法人享有人格权,可以在保护法人人格利益方面发挥特殊的作用。在判断法人是否享有人格权时,应当全面看待法人的特征和社会功能,经济性是社会团体的重要方面,但除此之外,团体应当具有更为广泛的社会功能。[②] 承认法人享有人格权,与自然人人格利益保护并不矛盾,承认法人享有人格权,间接还是为了保护作为个人的自然人,主张法人不享有人格权,会不恰当地限制人格权概念发挥作用的领域。[③] 法人的社会功能和制度价值不应当仅限于法律责任,否则将过于狭隘,其对于发展和完善团体成员的人格也具有重要意义。[④]

第三,承认法人人格权,是自然人作为法人成员团体性人格利益的体现方式。[⑤] 事实上,在法人、非法人组织人格权遭受侵害的情况下,仅采取财产权保护的方法是不够的,承认法人享有人格权,有利于强化对法人权益的保护:一方面,尽管法人人格权有财产性,但是以人格权的形式来保护,对其保护将会更为周密。因为对人格权可以通过排除侵害请求权、妨害预防请求权等来保护,并且对名誉权等可以适用恢复名誉、消除影响等方法予以救济,从而在源头上消除侵权行为所带来的损害。另一方面,如果不承认法人人格权,仅仅用财产权的方法保护法人的名称、名誉等是不够的。例如,对机关法人、捐助法人、学校等社会团体法人而言,其名称并不具有财

---

① 参见薛军:《法人人格权理论的展开》,载《上海财经大学学报》2011 年第 6 期。

② 参见[德]斐迪南·腾尼斯:《共同体与社会》,林荣远译,商务印书馆 1999 年版,第 52 页以下。

③ 参见薛军:《法人人格权理论的展开》,载《上海财经大学学报》2011 年第 6 期。

④ 参见薛军:《法人人格权理论的展开》,载《上海财经大学学报》2011 年第 6 期。

⑤ 参见薛军:《法人人格权理论的展开》,载《上海财经大学学报》2011 年第 6 期。

产性质，也无法进行交易，难以受到财产法以及知识产权法的保护，只能通过人格权法予以保护。尤其应当看到，我国立法和司法实践历来承认法人和其他组织享有人格权，对保护这些主体的利益发挥了重要作用，这一立法经验应当继续坚持。

第四，承认法人人格权，有助于对法人提供充分的救济。如果否认法人的人格权，就只能通过财产损害赔偿责任来救济受到侵害的法人。但是通过财产损害赔偿责任难以对法人提供充分的救济。尤其是在非营利法人人格权遭受侵害的情形下，其所遭受的损害可能难以完全通过财产损害予以填补，其所遭受的精神损害也需要借助于精神损害赔偿制度予以救济。

当然，法人可以享有人格权，但只能享有特定类型的人格权，对于以生理或者心理为基础的人格权，法人无法享有。[①] 换言之，除受其性质范围限制之外，法人可以享有以权利主体的尊严及价值为保护内容的人格权。[②] 虽然法人享有人格权，但其主要以财产利益为内容，法人人格权在遭受侵害后，法人也不会产生精神痛苦，因此，法人无法主张精神损害赔偿责任，我国司法实践也采取了这一立场。《精神损害赔偿司法解释》第 5 条规定："法人或者其他组织以人格权利遭受侵害为由，向人民法院起诉请求赔偿精神损害的，人民法院不予受理。"该条实际上否定了法人人格权遭受侵害后的精神损害赔偿责任。

三、人格权特殊主体的保护

民法典人格权编关于人格权主体的规定与我国《民法总则》主体制度中对民事主体的分类是相一致的，也就是说，人格权主体与民事主体一样，均分为自然人、法人和非法人组织。但是在人格权编之中，能否强化对特殊主体予以人格权的特殊保护，如对未成年人等加以人格权的特殊保护，这一问题值得探讨。

应当看到，19 世纪的民法以抽象人格为基础，强调形式正义；

---

① 参见吴汉东：《试论人格利益和无形财产利益的权利构造——以法人人格权为研究对象》，载《法商研究》2012 年第 1 期。

② 参见胡长清：《中国民法总论》（上册），商务印书馆 1993 年版，第 117 页。

拉德布鲁赫认为,民法典并不考虑农民、手工业者、制造业者、企业家、劳动者等之间的区别。私法中的人就是作为被抽象了的各种人力、财力等的抽象的个人而存在的。① 因此民事主体只是抽象地分为自然人、法人,而不应当考虑其特殊身份。但是自20世纪以来,基于保障社会的公平正义,强化人文关怀的需要,增强了对于消费者等特殊群体的保护。就此,笔者认为基于强化人文关怀的考量,有必要对一些弱势群体予以特别保护。例如,我国民法典分编草案第787条规定:"完全民事行为能力人有权依法自主决定无偿捐献其人体细胞、人体器官、人体组织、遗体。任何组织或者个人不得欺诈、胁迫自然人捐献。"该条将器官捐献者的范围限于完全民事行为能力人,主要是为了保护未成年人,如果允许未成年人捐赠器官可能会影响其未来身心发展,因此,将捐赠者限于完全民事行为能力人,是为了强化对未成年人的保护。这就体现了在人格权编中对弱势群体的特殊保护。

笔者认为,有必要在人格权编中增加关于未成年人人格权的保护规则。在网络时代,如何更好地保护未成年人的网络权益,是整个社会所普遍关注的重大问题。众所周知,青少年是最为活跃的互联网用户群体。有关的报告显示,截至2017年6月,中国网民总数已经达到7.5亿人,其中,10岁以下青少年网民占比约为3.1%,约0.23亿人;10～19岁的青少年网民占比约为19.4%,约1.46亿人,上述未满19岁的总计已经达到1.5亿人,占中国网民总数的近五分之一。特别是对未成年人而言,他们正处于敏感、冲动、心智尚未成熟的年龄,其隐私、个人信息非常容易受到侵害,这就需要特别强化对未成年人的网络权益的保护。例如,对于网络游戏有必要采取分级措施,限制暴力等有害信息的产生;再如,为防止儿童的信息泄露,应当要求对儿童个人信息的收集必须取得其监护人的同意。对未成年人器官捐赠问题,应当有专门的规范,这些规则也有必要写入人格权编。

---

① 参见[日]星野英一:《私法中的人》,王闯译,中国法制出版社2004年版,第34～35页;[德]拉德布鲁赫:《法学导论》,米健译,中国大百科全书出版社1997年版,第66页。

第三节 人格权的法定性

一、人格权具有法定性

所谓人格权的法定性,是指人格权的类型、内容和效力,以及行使方式,原则上需要由法律加以规定。如果法律没有将某种人格利益规定为人格权,则其在性质上应当属于人格利益,也应受法律保护。实际上,人格权的法定化也是近现代民法实定化发展的表现。从近代民法的发展历史来看,包括人格权在内的私人权利的承认和保护机制,都开始从原来的道德体系和宗教体系转向实定法体系的保护机制。人格权制度的发展历史实际上就是一个人格权权利类型、内容法定化的过程。

我国1986年《民法通则》第一次在立法上对人格权实行了法定化,该法列举了生命健康权、姓名权、名称权、肖像权、名誉权、荣誉权、婚姻自主权等具体人格权类型。《民法总则》第109条、第110条对民事主体所享有的各项具体人格权作出了规定,包括生命权、身体权、健康权、姓名权、肖像权、名誉权、荣誉权、隐私权、婚姻自主权、名称权等具体人格权以及一般人格权,但《民法总则》只是对具体人格权作概括列举,而没有将其详细展开。依据《民法总则》的规定,民法典分编草案人格权编详细列举了9种人格权,包括生命权、身体权、健康权、姓名权、名称权、肖像权、名誉权、荣誉权和隐私权,并专门规定了个人信息保护规则。这实际上也对人格权类型采取了法定主义。

从法律上看,人格权法定包含如下几个方面内容:一是具体人格权的类型具有法定性。人格权作为基本的民事权利,其具体类型必须是由法律规定的。从我国民事立法来看,人格权的类型是不断发展的,哪些人格利益可以上升为人格权,是由法律加以确认的。二是人格权内容的法定性。每项人格权都有其特定的内涵,每项人格权的具体内涵和效力都应当是由法律规定的,这也是有效区分各项人格权的前提。三是人格权的限制,只能由法律明确规定,不能由法规和规章加以限制，当事人之间的约定也不能对人格权的基本内容加以排除。例如，约定免除当事人因故意或者过失侵害他人生命健康权的责任是无效的。四是人格利益保护的法定性。人格权法定并不排除对人格权以外人格利益的保护，人格权以外的人格利益仍然受一般人格权或者人格权益一般条款的保护。五是救济方式的法定性。在人格权遭受侵害的情形下，除适用法律规定的侵权责任承担方式外，人格权还可能有自己特有的救济方式即人格权请求权，如侵害名誉权的救济方式有消除影响、恢复名誉等方式，法律还可能对某些具体人格权的救济方式作出特别规定。

人格权的法定化，毫无疑问有利于全面确认并保护人格权。人格权之所以要法定化，就是要使个人明确其能够享有哪些人格权，权利的内容如何、义务人应承担何种相应的义务，并使权利人能够在其权利受侵害时，请求义务人履行义务和保护其权利。人格权法定化有助于公民和法人培养其权利意识和法治精神。正是通过公开透明的实定法的确认和保护，才能明确人与人之间所享有的私人权利的边界，为私人权利的行使和义务的履行提供一套明确的依据，让每个人都能够并行不悖地享有和行使自己的私权利，从而有助于人们形成稳定的行为预期。同时，在发生争议之后，一套公开明确的实定法依据也有助于裁判者作出公开、透明的判决，提高裁判的权威性和可接受性。因此，人格权只有法定化，才能够明确权利的边界，国家才能通过强制力对人格权提供更强的保护。例如，在《民法通则》确认人格权以后，对人格权的保护才日益受到重视，主体的人格权才得到了切实的保障。

人格权的法定化，有利于明确各项人格权的边界，防止权利冲突。人格权的类型复杂，各项人格权之间可能存在一定的交叉。例如，隐私权、个人信息权、名誉权之间就可能存在交叉。这就有必要通过法定化明确权利的内涵和外延，防止各项人格权之间发生冲突。人格权法定有利于权利人行使其权利，捍卫其权利，通过人格权的法定，可以区分某一人格权与其他人格权，尤其是对人格权进行法定限制的规则，如隐私权，有利于保障人的行为自由。[1] 同时，

---

① 参见马特、袁雪石：《人格权法教程》，中国人民大学出版社2007年版，第16页。

通过人格权的法定化，有利于防止人格权的泛化。尽管人格权的法定化不像物权那样严格，但人格权的种类也要受到法律的约束，如果某种人格利益并没有被法律明确规定为人格权，则可以作为具体人格利益保护，但不宜将其视为具体人格权的类型。①

人格权的法定化，有利于保障人格权的正当行使，防止权利滥用。任何权利都是受限制的，人格权尤其是精神性人格权，也是受限制的，过度扩张人格权的内涵和范围，可能会损害其他社会利益。例如，过度扩张隐私权的适用范围，可能会影响他人的行为自由，也可能影响正常的新闻报道和舆论监督。法律确认了每项人格权益后，也必然需要对权利人控制、支配其人格利益的权利作出明确规定，正是通过法律的确认，使人格权的行使和利用方式日益多样化，使人们在行使人格权过程中能够获得一个稳定的预期，使人们的人格尊严得到了有效维护。

尽管人格权需要法定，但与物权法定主义相比较，人格权的法定性并不是十分严格的，即便是法律没有明确规定的人格利益，也应当受到法律保护。因为人格权本身无法完全通过列举的方式加以规定。人格权是随着社会经济的发展和人们权利意识的提高而不断发展的。所以，新的人格利益也会不断涌现，绝对的法定化将会限制人格权的发展，这也决定了人格权的保护需要兜底条款。同时，人格权不像物权那样涉及第三人利益，即便不严格依法限定人格权的类型，也不会直接影响交易安全。因此，无需像物权那样为保护交易安全和第三人的利益而对人格权的类型实行严格的法定主义。

二、人格权法定性与固有性之辩证关系

如前所述，人格权具有固有性，是人之为人的固有权益。法国法之所以始终没有形成完备的人格权规范体系，其中重要的原因是深受自然法思想的影响，认为人格权是固有的、天赋的。法国人权宣言与 1791 年宪法将人权明确宣示为自然权利，人格权是一种不

① 参见杨立新等：《〈中国民法典·人格权编〉草案建议稿的说明》，载王利明主编：《中国民法典草案建议稿及说明》，中国法制出版社 2004 年版，第 321 页。

言而喻的天赋人权,因此不需要民法加以系统确认,而只需要交由侵权法的一般条款(《法国民法典》第 1382 条)予以概括保护即可。[①] 法国学者 Nerson 指出,人格权的主体是人,不能认为一个人具有对生命的权利、对身体完整的权利、对名誉或荣誉的权利:在损害发生之前,受到《法国民法典》第 1382 条保护的受害者完全没有什么"抽象的"权利,其权利仅仅在损害发生之后才出现。[②] 与此类似,在德国人格权理论形成过程中,也有一种观点认为,人格权是一种"消极权利",是一种与生俱来、终生相伴的法定权利,其取得无需主体的积极行为,也不能发生任何变更、转让和放弃,且此种权利仅存在不受侵害的问题,其本身并不存在权利人以积极行为"行使权利"的问题。[③] 具体而言,生命、身体、自由等人格权在性质上均为绝对权。绝对权的成立不以法律赋予其积极内容为必要,一般人均负不得侵害的义务。[④] 按照该观点,人格权在性质上属于防御权,其功能在于维护个人人格的完整性。在这一功能定位之下,人格权主要受主体制度和侵权法规则调整,对于与个人主体资格存在密切关系的人格权,如姓名权,可以规定在主体制度之中,而对于其他人格权益,则可以借助侵权法规则对其加以保护。

毫无疑问,天赋人权的意义在于增进权利取得的道德性和正当性,[⑤]同时避免和限制国家对人格权内容及其行使的过度干预,但是并不能以此而否认权利的实在性。在任何一个权利中,权利的道德性和法律实在性都是相互联系的,因为有道德性,所以权利是正当的和值得保护的;因为有法律实在性,所以权利能够得到实在法的具体保护。实际上,债权、物权等权利受法律保护的正当性,也都可以说具有"与生俱来"的道德属性。但作为法律所保护的类型化的利益,任何权利都不可能脱离实在法而"自然"地存在。例如,就名誉权、肖像权等权利而言,中国几千年的封建社会并没有承认其属

---

① 参见马特、袁雪石:《人格权法教程》,中国人民大学出版社 2007 年版,第 15 页。

② R. Nerson, Les droits extrapatrimoniaux, thèse de droit, Lyon, Edition Bosc et Riou, 1939, pp. 356 - 363.

③ 参见尹田:《人格权独立成编的再批评》,载《比较法研究》2015 年第 6 期。

④ 龙显铭:《私法上人格权之保护》,中华书局 1948 年版,第 2 ~ 3 页。

⑤ 参见汪志刚:《生命科技时代民法中人的主体地位构造基础》,载《法学研究》2016 年第 6 期。

于权利，中华人民共和国成立后，这些权利在很长时期内也一直没有得到法律的承认，这也导致“文化大革命”期间出现严重侵害人格权的现象，如挂贴牌、戴高帽、架飞机、剃阴阳头、脸上涂墨、游街示众等。正是基于对“文化大革命”惨痛教训的反思，《民法通则》确认了公民和法人的各项具体人格权。《民法通则》颁行后，我国人格权的案件数量逐年增加，公民的人格权保护意识持续增长。这也表明，我们不能简单地说人格权是天赋的结果。没有法律的确认，这些人格权无从获得承认与保护。事实上，如前所述，每一种民事权利，包括物权、债权等也都曾经被自然法学家视为天赋人权，但是如果没有民法等对此予以确认，如何对这些权利进行保护？难道仅仅因为天赋人权，就取消物权法、债权法等对这些权利的保护规则吗？还应当看到，过分强调人格权天赋的观念，也容易使人格权具有不确定性。作为一种理论，天赋人权是为了强化权利的道德合理性和权利来源的正当性，但不可能清晰阐释权利的范围本身，并对人格权之间的相互间关系作出细致的描述。人格权确认的是人格利益，这些人格利益反映的是我们对人及社会关系的本质性认知，是维系人的生存与发展，人格利益存在归属的确定性、范围的确定性和关系的确定性问题，在现代社会中，单纯依据天赋理论是无法解决上述确定性问题的。例如，大数据开发中涉及个人信息的，确定利益应当归属于数据开发者还是信息权利人时，则需要权衡考量多重因素。人工智能的发展，涉及人的声音、形体动作等的归属主体问题，对此天赋理论本身显然是无法解决的。

人格权作为一种法定的权利，实际上是法律对各项人格利益进行类型化规定的结果，这也表明，法律赋予了权利人对其人格利益享有支配的权利，这种支配意味着权利人可以行使甚至利用其人格权，这也符合法律规定人格权的目的。近代社会，自权利概念产生以来，就存在意志理论和利益理论两种解释路径，这两种理论其实都不否认权利人可以通过行使其权利而实现其意志和利益，①人格权也不例外。一方面，作为一种主观权利，法律确认人格权时需要明确界定人格权的权利客体，从而使权利人对其人格利益的处分成

---

① 参见税兵：《超越民法的民法解释学》，北京大学出版社2018年版，第96页。

为可能。[1] 另一方面，法律确认了每项人格权益后，也必然需要对权利人控制、支配其人格利益的权利作出明确规定，从这一意义上说，人格权的积极行使也是人格权法定化的必然结果。正如有学者所言，人格权本身具有固有性，本无需法律的明文确认，但如果法律不对人格权加以规定，就可能混淆“应然”和“实然”，造成法律体系的混乱，而且法律明确规定各项人格权，也可以降低相关的信息成本，有利于保障个人的行为自由。[2] 如果其不能够行使和利用的话，则法律设定该权利的目的也就不复存在了[3]。正是通过法律的确认，使人格权的行使和利用方式日益多样化，使人民在行使人格权过程中能够获得一个稳定的预期，使人们的人格尊严得到了有效维护。

第四节　人格权具有开放性

一、人格权的开放性

所谓人格权的开放性，就是指人格权是一个发展变动的体系，在法律上无法列举穷尽。如前所述，人格权具有固有性。生命权、身体权等一些人格权甚至可以说是与生俱来的，而隐私权、信用权等另外一些人格权可以说是与时俱进的。这也意味着，人格权体系是一个多元和开放的体系，需要不断适应科技进步和社会经济发展而产生和认可诸多新的人格利益，并将这些利益类型化为法定权利。这也是前文所说的人格权的法定性。但是，人格权的法定性并不等于人格权的固定性，将人格权通过实定法加以明确承认和规定，并不等于将人格权体系仅仅固化在某几种有限的人格权类型

---

① Neethling, JM Potgieter & PJ Visser, Neethling's law of personality, LexisNexis South Africa, 2005 p. 12.

② 参见张平华:《人格权的利益结构与人格权法定》，载《中国法学》2013 年第 2 期。

③ Neethling, JM Potgieter & PJ Visser, Neethling's law of personality, LexisNexis South Africa, 2005 p. 24.

中。相反,法定的人格权体系除了要明确具体人格权类型,还应当是一个开放的人格权保护框架,能够随时准备接纳新生的人格利益。

人格权之所以具有开放性,主要是因为以下几个因素:

第一,人格尊严的完整性要求人格权具有开放性,否则无法实现对人格利益的完整保护。人格尊严在不同的时期也是不断发展和演变的,保护人格权本身有利于凸显人作为主体的地位。人的主体意识和权益保护需要也在加强和多样化。人格权具有极强的演进性,随着社会观念的变化而不断发展,人对自身的认识必然是随着时代的发展而不断深化的。改革开放以来的社会发展实践也说明了这一点。在食不果腹的年代,生存权是需要保护的重点。而在进入新时代以后,人们的温饱问题已经基本解决,对人格尊严的追求就更加强烈,对于基于尊严保护而生的各种新型人格权就具有了保护的必要。隐私权的发展史就很好地说明了这一点。在改革开放初期,隐私是被作为阴私加以对待的,并没有成为法律保护的对象;后来,隐私利益作为名誉权的一种形式来保护;再后来,隐私权才获得了法律明确的类型化承认。①

第二,人格的自由发展,要求人格权保持开放性。所谓人格的自由发展,是指人的个性在社会中的自由发展和展开。按照马克思主义理论,人的地位是最高的。马克思主义倡导人的解放,实现人的全面发展,归根结底都是为了人。② 通过对新型人格利益的保护,就凸显了对人的全面保护,使人的主体地位得到了非限于法律框架的认可,有利于保障人的自由发展。同时,人对自身的认识也是随着时代的发展而进一步深刻的,一些国家的立法和司法实践开始确认环境人格权、私人生活自决权、身世知情权等新型人格权,这些人格权内涵的多维成长与发展,都体现了人格权的开放性。

第三,社会和科技的发展,要求人格权保持开放性。随着社会的发展,尤其是科学技术的进步,许多人格要素有被强化保护的需

---

① 例如,传统上将隐私解释为阴私,即涉及男女私生活、奸情或其他淫秽内容。参见《法学词典》编辑委员会编:《法学词典》,上海辞书出版社1985年版,第872页。

② 参见丰子义:《历史唯物主义与马克思主义哲学主题》,载《中国社会科学》2012年第3期。

要。例如，正是因为照相机技术的发展，使得肖像权保护的必要性不断增强，并最终成为法定的人格权；同样，随着互联网技术、大数据技术等的发展，一些人格要素利用的方式日益多元化，或者受到的威胁日益增加，法律才有强化保护的必要。隐私权和个人信息的产生和发展就是如此。所以，社会的发展和科学技术的进步，客观上也会不断扩张人格权的体系，要求人格权具有开放性。科学技术发展不断对人的主体性以及尊严的维护提出挑战，这些都需要进一步加强对新型人格利益的保护。例如，随着人工智能的发展，对声音合成、模仿、复制、传播行为逐渐增多，导致声音的利益越来越重要。在德国法上，一般人格权是与人格尊严和人格自由发展密切相关的概念，其在性质上属于框架性权利，可以是各项新型人格利益提供法律保护的依据，这就保持了人格权益类型体系的开放性。[①] 人格权的开放性不仅表现在人格权类型的丰富与发展，而且还表现为各类具体人格权内容的开放性。例如，姓名权的内容从身份登记上的本名的保护，发展到了对符合法定条件的笔名、艺名、字号等的同等保护，这也是网络科技时代笔名等人格要素被广泛传播而引发的新型问题。民法典分编草案中的人格权编明确规定了对笔名、艺名和字号的保护，就是人格权开发性的体现。

第四，人格权保持开放性，有助于为司法机关在甄别和承认新型人格利益的保护时，提供一种制度安排上的可行性和裁判依据。从我国人格权保护的历史发展经验来看，新型人格利益的保护常常是先通过司法机关的试验性判决来开启的。在相应判决得到量的累积和经验总结之后，才会最终升格为一项独立的人格权予以保护。从实践来看，出现了法官在裁判中创设“祭奠权”“声音权”“亲吻权”等权利。这些权利虽然并不规范，但也反映出随着社会发展，一些新型人格利益不断出现，在法律未对此类人格利益的保护作出规定时，法官将面临寻找法律依据、适用法律规则的困难。而人格权保持开放性，就意味着这种人格承认与提升在制度安排上具有广泛的空间。在遇到新生人格权益诉求时，法官能够更积极、主动地

---

① 参见杨芳：《德国一般人格权中的隐私保护——信息自由原则下对“自决”观念的限制》，载《东方法学》2016年第6期。

思考该权利诉求是否应该得到支持和保护。相反，如果人格权的体系是固定的，则法官常常拘泥于现行法承认的有限人格权类型来判断新型的人格权诉求，反而不利于人格权和人格尊严的丰富和发展。例如，我国现行立法并没有明确确认信用权，但也有法院在裁判实践中明确采用“公民的信用权”这样的表述，如在“王某某诉中国银行股份有限公司涟源支行名誉权纠纷案”中，二审法院认为，在认定公民享有信用权的前提下认定侵犯信用权的行为应当作为侵犯名誉权来加以处理。① 由此可见，如果立法不对该规定的新型人格权加以规定，完全由法官根据自己的理解创设新型的人格权名称，就可能导致司法裁判的不统一，也会引发法律适用的混乱。此外，法律明确规定各项人格权，也可以使各项人格权的保护获得法律依据，而且法律通过明确规定各项人格权，也有利于准确划定各项人格权的边界，避免法律适用的混乱。例如，在我国《侵权责任法》颁行前，针对侵害个人隐私的行为，司法实践通常借助名誉权的保护规则对权利人进行救济，显然是不妥当的。而在法律明确规定隐私权、名誉权之后，就可以有效减少此种现象。

二、人格权的开放性与法定性之关系

人格权法定主义并不是要限制人格权体系的发展，相反，而是要更有利于全面保障人格权。有一种观点认为，人格权独立成编之后，将人格权规定得越详细，越不利于人格的保护，因为人格权法定主义有可能限制人格权保护的种类和内容，最终有损人格权的保护。② 笔者认为，此种观点是值得商榷的。如前所述，法律对各项人格权的类型和内容作出规定，实际上是要细化各项人格权的规则，人格权规则的细化与人格权体系的开放性之间也并不矛盾，细化本身使人格权的权利内容更加清晰，有利于法官裁判的统一化，保障权利的正当行使，确保秩序的安全与稳定，但这绝不意味着法律只是保护法定人格权，而不保护法定人格权之外的人格利益。

---

① 参见湖南省娄底市中级人民法院(2016)湘13民终93号民事判决书。

② 参见民法典工作项目组:《法理念、法体系与法技术:人格权保护立法模式之反思》,载微信公众号与民法典同行:https://mp.weixin.qq.com/s/Fa7rAYTbkS8TIsejOwdQmQ,最后访问日期:2018年5月11日。

人格权的开放性意味着人格权体系是一个多元和开放的体系，需要不断适应科技进步和社会经济发展而产生和认可诸多新的人格利益，并将这些利益类型化为法定权利。这也是前文所说的人格权的法定性，但人格权的法定性并不等于人格权类型的固化，将人格权通过实定法加以明确承认和规定，并不等于将人格权体系仅仅固定化在某几种有限的人格权类型中。相反，法定的人格权体系除了要明确人格当前广为认可的具体人格权类型，而且还应当是一个开放的人格权保护框架，能够随时准备接纳新生的人格利益。我国《民法总则》第 109 条规定，自然人的人身自由、人格尊严受法律保护，该条确认了一般人格权，实际上是为新型人格利益的发展提供兜底保护。民法典分编草案第 774 条第 1 款在宣告民事主体的人格权受法律保护的同时，该条第 2 款又规定："除本编规定的人格权外，自然人享有基于人身自由、人格尊严产生的其他人格权益。"该条使用"其他人格权益"的表述，表明了除民法典具体规定的人格权外，民法典没有明确规定的人格利益也应当受到法律保护。这不仅重申了《民法总则》的制度开放性安排，而且进一步明确了人格权体系开放性的具体实现机制，民法典颁行后，法官可以援引该规则对新型人格利益提供保护。可以说，正是通过开放性的规定，为人格权的未来发展提供了足够的保护依据，这也使民法典人格权能够更好地适应社会发展的需要。

人格权之所以要独立成编，也就是要构建一个人格权的完整保护体系，为既有的和新生的人格权益类型都提供制度安排空间。尤其是鉴于人格权制度处于不断发展过程之中，需要通过独立成编的人格权编为未来新型人格权益的发展提供足够的制度空间，及时容纳新型人格权类型和规则。如果完全通过侵权责任编来保护人格权，不可能为人格权的发展提供必要的空间。所以，人格权独立成编绝不是要使人格权类型和内容僵化，而是要为人格权制度的发展预留足够的空间。独立成编不仅在观念上提升人们对人格权重要性的认识，而且通过概括性的条款、兜底性条款来为未来的发展提供足够的空间。

民法典人格权编在对各种具体人格权进行规定的时候，绝不应该在某项权利的内容、客体等方面做严格限制性的僵化规定。相反,也要保持适度的开放性。例如,在现代社会,各国法上的隐私的概念都出现了不断发展和变动的现象,美国司法实践之所以用合理预期(reasonbale expectation)保护学说,主要就是为了应对人民在社会发展中不断出现的对新生隐私权益的保护预期和要求。我国民法典分编草案第811条第2款规定:“本法所称隐私是具有私密性的私人空间、私人活动和私人信息等。”该条对法律所保护的隐私的范围,明确提供了开放的空间。例如,私人空间的概念具有很强的包容性,不仅包括私人住宅,还包括了私人箱包、车辆、办公场所和公共场所的帐篷。尤其是,从物理空间演变为虚拟空间,如个人的邮箱、博客、朋友圈等私人不希望外界所知晓的场所,都可能构成法律予以强制保护意义上的私人空间。私人活动和私人信息同样如此。可见,人格权的法定性与人格权的开放性之间并不冲突。

具体来说,关于人格权的法定性与开放性之间的关系,可以从如下几方面理解。

第一,人格权的法定性与人格权的开放性是相辅相成的,二者有机结合成为完善的人格权保护法律体系。法定性是以开放性为前提的,开放性是以法定性为基础的,两者的结合恰恰是自然法理论和实证主义理论的结合。人格权的法定性有助于明确具体人格权的保护范围,而人格权的开放性则有助于扩大人格利益保护的范围,但这种扩大实际上还是要以法定性为基础和前提。也就是说,通过法定性构建了完整的人格权体系后,为了实现人格权的开放性,而保持人格权类型及其权益内容的开放性。一方面,人格权体系本身要具有开放性,要不断适应社会的发展,承认新的人格权类型。另一方面,要使人格权益保持开放性,为人格权益在法律上提供足够的空间予以保护。并非所有的人格权益都可以通过立法对权利的逐一固定化来实现,因为立法者在立法之时必须保持谦抑性,只能将已形成共识的权利规定在民法典之中,对于相对新型的人格利益,仍有待民法学理论与司法实践来进一步检验与发展,所以不宜直接固定下来,从而要求必须通过开放性的人格权体系来加以接纳。

第二,人格权的法定性和开放性都是实现全面保护人格权的机制和途径,其目的都是更全面地保障主体的人格权益,更充分地维护人格利益和人格尊严。开放性一方面体现为法定人格权的类型是不断丰富和发展的,例如,随着社会的发展,应当受到法律保护的人格利益类型会不断扩展,其中有些需要法律更强程度保护的人格利益可能会被立法确认为法定人格权(如我国法上的隐私权);另一方面是指应当受到法律保护的人格利益也处于不断扩张过程中,但人格权益通过法律的保护逐步上升为具有固定类型的权利。尤其是在这些人格利益已经具有明确的边界,且与其他权利能够加以区分的情况下,应该通过法定的权利予以保护。就两者保护的侧重点而言,人格权的开放性侧重于表达受到法律保护的人格权和人格利益的类型和范围是开放的,而人格权的法定性则侧重于表达人格权的类型应该由法律明确确认,与非法定化的人格利益相比,这些受到法律确认的人格权就会受到法律更强程度的保护。

第三,人格权的开放性必然要求司法裁判者具有自由裁量权,是司法保护新型人格利益的根本前提。而人格权的法定性则可以在各项法定化人格权的保护上确定一套完善的规则,从而为司法裁判者提供裁判依据。人格权的保护规则也可以为法官裁判人格利益纠纷提供依据和参考,法官可以通过类推解释等法律解释的方法比照现有制度以及民法学基础理论来对新型的人格利益予以保护,并在条件成熟的时候将其类型化为法定权利。从这一意义上说,人格权的法定性有利于非法定化人格利益的保护,而人格权的开放性反过来也可以丰富法定人格权的类型,完善人格权的体系。

三、人格权的开放性与新型人格利益的保护

正是因为人格权具有开放性,所以人格权独立成编之后也应当积极应对新型人格利益的产生。从立法技术上看,虽然都受到法律的保护,但法定权利的保护机制与纯粹的利益保护机制仍然是有区别的。特别是,对相应利益的保护迫切性、保护强度和责任豁免规则,都存在差异。可以说,法律在有名的权利保护机制之外,明确采取利益保护机制,就是为新型人格权的承认和保护打开了一扇窗,让那些的确需要由法律来承认和保护的人格利益及时获得被保护的机会。而且,权利与利益这种区分保护机制,有利于对尚处于不断认知过程中的人格权益进行试验性观察,有助于不断总结经验,

以最终决定是否有必要纳入有名权利的机制下来加以保护。例如，关于声音、形体动作等利益的保护，由于我国立法并未规定声音权、公开权等权利，则个人对其声音、形体动作等仅享有人格利益，而不享有人格权。因此，虽然人格权和人格利益都是基于人格尊严而产生的，都应当受到法律的保护，但二者受法律保护的程度是不同的。

实际上，这种区分保护机制也有比较法上的经验可以参考。一些国家区分了权利和利益，并设置了不同的法律规则，对权利和利益提供不同程度的保护。例如，《德国民法典》在规定侵权责任构成时采用了所谓“三个小的一般条款”的模式。该法第 823 条第 1 款对权利的保护作出了规定，该法第 823 条第 2 款与第 826 条则对利益的保护作出了规定。在侵害权利的情形下，行为人主观上具有一般过错即需要承担侵权责任，而在侵害利益的情形下，依据该法第 823 条第 2 款和第 826 条的规定，需要行为人故意以悖于善良风俗的方法侵害他人，或者违反保护他人的法律。可见，德国法对权利和利益提供了不同程度的保护，对权利的保护程度要高于利益。权利具有归属效能和排除效能，[①]同时，由于利益不像权利那样具有典型的社会公开性，因此，侵害利益的侵权责任构成要件更为严格。当然，在人格领域，《德国民法典》第 823 条第 1 款仅明确列举了四种具有绝对权性质的权利，即生命、身体、健康、自由，法律上没有将它们称为“权利”，而是被解释为“法益”。另外，在《德国民法典》第 12 条规定了姓名权。除了这些明确列举的具体人格权以外，其他的人格利益主要借助“一般人格权”的概念予以保护。[②] 因此，可以说，在德国法上，因为需要受法律保护的人格利益都借助于“一般人格权”的概念予以保护，因此，在人格权领域，权利和利益的区分并不十分明确。

奥地利采用了与德国非常相似的做法，对各项具体人格权作了十分明确的区分，如生命权、身体完整权、自由，这些人格权益被认为是最有价值的，侵害这些人格权益，将被认定为有过错；对其他人

---

① Larenz, Canaris, Lehrbuch des Schuldrechts, Band ll: Besonderer Teil, Halbband 2, 13. Aufl., Verlag C. H. Beck, Muenchen 1994, S. 373.

② 参见王泽鉴：《人格权法》，北京大学出版社 2013 年版，第 20 页以下。

格权益而言,如肖像权、隐私权、人格尊严,对此类人格权益的侵害,在判断行为人是否有过错时,需要考虑与此相冲突的其他利益。①

我国法律对具体人格权的列举是十分宽泛的,大于德国法的范围,因此,权利的保护规则不能套用德国法的规则。但区分人格权和人格利益也具有一定的意义。

第一,对权利的救济可能更为广泛,而利益的救济途径相对较少。就保护的程度而言,人格权毕竟是以权利的形式出现的,因此,法律在一定程度上要强化对其的保护。而人格利益不是权利,因此,法律对其保护程度相对较弱。这主要是因为人格权是法律确认的权利,社会公众可以知悉权利的存在,而人格利益是随着社会发展而逐渐产生的,如果过分强化对人格利益的保护,就可能使社会一般公众负有过重的义务,从而妨碍其一般行为自由。② 权利的救济手段更为多样化,权利会有一些特殊的救济方式,如就名誉权而言,可以采用回应权等具体方式予以救济,但对利益而言,可能没有此类救济方式。

第二,权利明确了相对人的义务和范围。法律明确将某一种利益规定为有名的权利加以保护,实际上同时也对相对人的义务做了界定。在义务人不履行义务的时候,权利人可以主动请求其承担这一义务。例如,个人享有信息安全维护请求权,可以向平台请求相关的义务,或者请求其承担相应的责任。而如果将个人信息界定为人格利益,则其义务范围难以确定。法定的义务则难以界定义务人,常常需要结合个案的情况具体判断。

第三,法律适用层面,权利可以直接适用相关规则,而利益则可能需要准用或者类推适用相关规则。例如,对死者的隐私利益保护,只能类推适用隐私的保护规则。准用或类推适用权利保护规则可能赋予法官较大的自由裁量空间,依赖于法官根据自己的情况来判断是否对特定人格利益予以保护。这也再次说明了人格权法定性与开放性之间的辩证统一关系。只有当利益发展到一定的成熟

---

① E Karner & H Koziol, Der Ersatz ideellen Schadens im Österreichischen Recht und seine Reform: Verhandlung des 015. Österreichischen Juristentages, lnnsbruck 2003 , SS. 34 – 35.

② 参见于飞:《侵权法中权利与利益的区分方法》,载《法学研究》2011 年第 4 期。

度之后,才有可能上升为权利加以保护。

第四,对利益而言,两者的构成要件并不完全相同。对利益构成侵害的标准更高一些。权利的客体是确定的,而利益的范围较为宽泛,并不确定。就侵害人格权而言,行为违法性的认定,虽然往往也需要借助于“利益衡量”的方法,而不能简单地通过“权利侵害征引违法”的方法予以认定。但是,总体上,侵害人格权的违法性认定更为容易。而在侵害人格利益的情况下,行为是否具有违法性,其认定要更注重利益衡量,而且要考虑行为自由的问题,因此,其违法性的认定往往更为困难。[①] 在瑞士法中,侵害人格权,如果没有抗辩理由,则都是有过错的,所以,为了判断是否存在抗辩理由,需要考虑受害人的利益与相对应的私法和公法的利益相比较,在这种情况下,对利益和权利的确认是十分重要的。也就是说,如果利益的保护是不重要的,则行为人的过错就可能会被排除。

第五,权利的权能具有积极性,而不仅仅是防御权,具有积极主动、进攻性的特点。如要求对方更正相关信息,而利益则难以有效行使。例如,如果承认个人信息为一项权利,则其范围是确定的,即防止他人非法的收集和处理(核心的功能),确保个人对信息的控制。但如果只是一种利益,则难以确定其内容以及义务人应承担的义务。所以,对权利和利益的区分仍然是有意义的。

四、人格权法定性、开放性与民法典分编编纂

如前所述,在通过人格权独立成编实现人格权法定化的同时,也应该保持人格权体系的开放性,如此才能够真正实现民法典充分、全面保护人格权,维护人格尊严的宗旨。同时,也能够使我国民法典更好地适应我国社会经济和技术迅速发展的需要。事实上,我国民法典人格权编在编纂过程中充分考虑了人格权体系的开放性问题,有效地实现了人格权法定性与开放性关系的协调,这也使民法典人格权编体现了很强的时代特征,能够适应现代社会发展的需要。

---

① 参见叶金强:《侵权构成中违法性要件的定位》,载《法律科学》(西北政法学院学报)2007 年第 1 期。

具体而言,我国民法典分编草案人格权编关于人格权体系的开放性,首先体现在一般人格权的设立上。民法典分编草案第 774 条第 1 款在宣告民事主体的人格权受法律保护的同时,该条第 2 款又规定:"除本编规定的人格权外,自然人享有基于人身自由、人格尊严产生的其他人格权益。"该条进一步规定了一般人格权。民法典分编草案人格权编之所以要在具体人格权之外规定一般人格权,旨在通过一般人格权的设定形成兜底条款,将为随着社会发展而出现的需要法律保护的新型人格利益上升为独立的权利形态提供充分的空间,并经法官的公平裁量使之类型化,上升为法律保护的权利,形成一种开放的人格权法体系,从而不断扩大人格权益保障的范围。① 当现行法对具体人格权的规定存在不足或者有漏洞时,可以依据侵害人格尊严的规定进行弥补。

民法典草案人格权编在规定各项具体人格权时,也保持了各项具体人格权规则的开放性,具体有以下几点。

第一,姓名权、名称权的扩张保护。民法典分编草案第 797 条规定:"具有一定社会知名度、为相关公众所知悉的笔名、艺名、网名、简称、字号等,被他人使用足以致使公众混淆的,与姓名和名称受同等保护。"依据这一规定,如果笔名、艺名、网名等能够识别个人的身份,具有一定社会知名度、为相关公众所知悉的,则其也应当受到人格权法保护。草案之所以作出此种规定,主要是基于如下原因:一方面,这些符号与特定个人的身份、人格尊严具有内在的联系;对笔名、艺名、网名的冒用,会对特定个人的公众形象与声誉等带来损害,在公众中引起不必要的误会、混淆。例如,鲁迅、梅兰芳、成龙等,具有一定的社会知名度,往往与个人的身份联系在一起,个人对其享有一定的人格利益,如果他人冒用某一用户的网名,以其名义发布信息,足以使得他人产生混淆,此类行为也应当受到法律制裁。正如王泽鉴先生所指出的,"凡在社会交易及生活上具有识别性功能的标志,均应纳入受'姓名权'保护的范围"。② 另一方面,

---

① 薛军:《人格权的两种基本理论模式与中国人格权立法》,载《法商研究》2004 年第 4 期。

② 王泽鉴:《人格权法》,2012 年自版,第 139 页。

笔名、艺名、网名有时候还具有一定的商业价值，对这些特定符号的保护，有利于防止不诚实的商业行为和不正当竞争行为，有利于维护社会经济秩序。

第二，肖像权的扩张保护。学理传统上将肖像的内涵限于以面部特征为中心的外部形象，即肖像应当再现自然人的面部特征，自然人的其他身体特征即便能够反映个人的外在形象，也不应当属于肖像。[①] 但民法典分编草案在总结司法实践经验的基础上，于第798条规定："本法所称肖像是通过影像、雕塑、绘画等方式在一定载体上所反映的特定自然人可被识别的外部形象。"由此可见，草案在规定肖像的内涵时已经放弃了"以面部为中心"的理论，而转向"可被识别"性的标准。所以，肖像是指通过摄影、雕塑、录像、电影等方式在一定载体上所反映的特定自然人可被识别的外部形象。从"以面部为中心"到"可被识别"性的转化，旨在扩大肖像的保护范围。这一转化实际上扩大了肖像权的保护范围，将面部以外的具有可识别性的其他身体特征纳入肖像权的保护范畴，符合肖像权制度设立的初衷。例如，某人特有的肢体动作、背影等，如果为相关公众所知悉，能够对外展现个人的形象，则应当受到法律保护，而如果将肖像的内涵限于面部特征，则面部以外的具有可识别性的身体特征将难以受到法律保护。

第三，隐私权内涵界定的开放性。一方面，民法典分编草案在规定隐私权的客体时采用了兜底性的规定。关于隐私权的客体，民法典分编草案第811条第2款规定："本法所称隐私是具有私密性的私人空间、私人活动和私人信息等。"该条在列举私人空间、私人活动和私人信息这三项隐私权客体时，还使用了"等"字这一兜底性的规定，这就保持了隐私权内涵的开放性。另一方面，草案采用正、反两方面规定的方式规定了隐私权的内涵，兼顾了隐私权内涵的法定性与开放性。除草案第811条第2款对隐私权的客体作出正面规定外，草案第812条还对侵害隐私权的行为作出了规定，该条第5项规定："以短信、电话、即时通讯工具、传单、电子邮件等方式侵扰他人的生活安宁"，构成对他人隐私权的侵害，该规定实际上就确立

---

① 参见郭明瑞、张玉东：《肖像权三题》，载《浙江工商大学学报》2014年第1期。

了对私人生活安宁的保护。这实际上是将私生活安宁作为隐私权的客体加以规定的。可见,草案是采用了正、反两方面规定的方式界定了隐私权的内涵。

第四,个人信息内涵的开放性。民法典分编草案第813条规定:“自然人的个人信息受法律保护。本法所称个人信息是以电子或者其他方式记录的能够单独或者与其他信息结合识别自然人个人身份的各种信息,包括自然人的姓名、出生日期、身份证件号码、个人生物识别信息、住址、电话号码等。”该条基本沿袭了《网络安全法》第76条关于个人信息的定义,但该条所保护的个人信息范围更加广泛,即不再限于网络环境下的个人信息保护。尤其是该条在列举个人信息的类型时采用了“等”字这一表述,表明个人信息的类型不限于明确列举的类型,这也保持了个人信息内涵的开放性。

总之,我国民法典分编草案对人格权的保护注重协调人格权法定性与开放性的关系。但应当看到,权利和利益的保护毕竟存在一定的区别,法律明确规定具体人格权有利于明确义务人的行为义务,这也有利于人格权的保护。因此,为了强化对人格权的保护,凡是在法律上能够确认为具体人格权的,应当尽可能地将其法定化。笔者认为,民法典有必要对一些新型人格利益类型化为法定人格权。一是声音权。所谓声音权,是指自然人对其声音利益所享有的自主支配并排除他人干涉的权利。[①] 声音是通过物体震动产生的声波,人的声音是由人的声带震动发出,每个人的声音都具有独特性,因而可以成为标识个人身份的重要依据。尽管在现实生活中,人们往往难以识别个人的声音,但借助计算机、人工智能算法等技术,可以很好地识别个人的声音。声音反映了一个人的人格特征,并且可以被复制、传播,因此,随着现代科学技术的发展,声音与个人身份的关联性将越来越紧密。语音识别将越来越广泛地用于生产和生活中,这也决定了对声音这一人格利益的保护日益重要。二是信用权。所谓信用权,是指民事主体享受并支配其信用及其利益的人格

① 参见杨立新、袁雪石:《论声音权的独立及其民法保护》,载《法商研究》2005年第4期。

权,或者说是自然人、法人或者非法人组织对其所具有的经济活动及其能力的良好评价所享有的权利。民法典分编草案第804条第2款规定:“本法所称名誉是他人对民事主体的品德、声望、才能、信誉、信用等的社会评价。”由此可见,民法典分编草案实际上是沿袭了《民法总则》的规定,在名誉权一章中规定了信用权。但信用不同于名誉,两种权利的客体不同,通过名誉权难以对信用利益提供充分保护,尤其是在信用记录不实的情形下,如果没有导致权利人社会评价的降低,则难以通过名誉权对信用利益提供保护。因此,我国民法典人格权编有必要规定独立的信用权。

第五节 人格权的效力:从消极防御到积极利用

所谓消极防御说是指人格权仅具有消极防御的效力,不具有积极行使和利用的功能,仅仅在权利受到侵害时才能行使。换言之,“人格权之本质不在于使用、收益或处分人格利益,而在于防御”,人格权的目的“通常不存在与权利使用、收益或处分相关的规定;它不是实现目的的手段,其存在本身即为目的,因而无须像物权那样只有经由对权利客体的支配才能享有权利之益”。[①] 这种观点包含两个层次的内容:其一,人格权仅具有消极防御侵害的权能;其二,人格权不具有积极占有、使用、收益、处分的权能。因此,人格权主要受侵权法保护,只要在总则中集中列举人格权的类型,再辅之以侵权责任编的相关规定,即可有效保护人格权[②]。笔者认为这一观点没有准确认识到人格权的权利属性,从而未能准确理解权利效力,因而值得商榷。

一、消极防御权说与物质性人格权的观念不符

消极防御说的出发点在于“生命、身体、自由等,乃吾人所自然

① 中国社会科学院民法典工作项目组:《民法典分则编纂中的人格权立法争议问题》,载《法治研究》2018年第3期。

② 参见中国社会科学院民法典工作项目组:《民法典分则编纂中的人格权立法争议问题》,载《法治研究》2018年第3期。

享有者,虽得由法律限制其范围,然不须由法律许可其享受。若就生命、身体、自由等人格的利益,认生命权、身体权、自由权等权利,则人为权利之主体,同时为其客体,且吾人即不能不认为各个人有自杀之权利"。[①] 这种认识与人格权的初始发展相联系,即刚开始对人格权的认知和研究主要局限在物质性人格权,即生命、身体、健康权之上,基于相应社会观念的限制,物质性人格权只凸显其消极权能。正如萨维尼所说:"一个人是不能拥有对自己的身体及其各个组成部分的权利的,否则人就会拥有自杀的权利。"[②]如果允许对生命和身体进行积极使用、收益和处分,自杀、器官买卖、卖淫等都将被认为是人格权行使的必然,这本身就是与人格权发展相违背的。

就学术发展历史来看,消极防御说最早可追溯到 19 世纪,如伽哈依斯认为:"对于其他人而言,法律并不要求其以积极的行为来帮助权利人实现这种权利(人格权),而只是要求他成为一个不作为的义务主体……"[③]基尔克在讨论人格权的财产性问题时,从侧面提及了人格权的"不可转让"性。他认为"人格权是不能被当作财产权来理解的……原则上,人格权被当作一种自身最高的人格权利,但是这种最高的权利并不是可以转让的。"[④]这种人格权不可转让的观点在某种程度上启发了人格权不可占有、使用、收益、处分的论点。其后,拉伦茨也关注到了人格权的消极性问题,他认为:"人格权根据其实质是一种受尊重的权利,一种人身不可侵犯的权利。"[⑤]这种"人格权是一种受尊重权"的观点后来被进一步理解为了现时的"防御权能"。[⑥]

19 世纪末到 20 世纪中期,消极防御说逐渐渗透到了立法与司

---

① 龙显铭:《私法上人格权之保护》,中华书局 1948 年版,第 2 页。

② Savigny, System des heutigen R mischen Rechts, 1840, Bd Ⅰ, S. 334.

③ Gareis, Das juristischeWesen derAutorrechte, sowie des Firmen-und Markenschutzes, in: Archiv für Theorie und Praxis des allgemeinen deutschen Handels-und Wechselrechts, Bd. 35(1877), S. 185(199f.).

④ Gierke, Deutsches Privatrecht, Bd. 1. 1895, S. 706. f.

⑤ [德]卡尔·拉伦茨:《德国民法通论》(上),王晓晔等译,法律出版社 2003 年版,第 379 页。

⑥ 温世扬:《论"标表型人格权"》,载《政治与法律》2014 年第 4 期。

法中。当时编纂的一系列民法典都是以人格权的防御性请求权为核心展开的。德国通过类推适用《德国民法典》第 1004 条关于物权请求权的规定赋予人格权排除妨害和不作为请求权。① 1912 年《瑞士民法典》第 28 条则对人格权保护的一般条款赋予了权利人排除妨害等多种防御性请求权。而《日本民法典》则通过第 709 条对侵权行为的概括规定以及第 710 条、第 711 条具体列举作为禁止加害对象的人格利益的方式对人格权加以保护。具体包括身体、自由、名誉和生命。② 在法国，一开始是通过 1804 年《法国民法典》第 1382 条侵权责任法的概括性保护规定对个人课以不得侵害他人人格的绝对义务，其后则是通过扩大解释 1970 年《法国民法典》第 9 条规定："任何人享有尊重其私生活的权利"中"私生活"的概念以保护特定人格法益。

应该认识到的是，以物质性人格权为考察重点，并得出人格权具有消极权能，具有一定的合理性。但随着社会发展和观念进步，人格权的类型有了很大的扩展，物质性人格权已远远不能胜任人格权的代表和基础，在精神性人格权日益发展的情况下，不少人格权都具有积极利用的权能。比如，权利人可以对其姓名权、名称权、肖像权等进行商业化利用。③ 又如，个人信息权利保护的目的，就是旨在保护个人对其个人信息的自决。④ 此种自决就包含了对个人信息的利用等自主决定权。⑤ 可以说，这些权利现象代表了人格权在 21 世纪的最新发展，说明人格权并非仅具有防御性权利的功能，而且还具有积极保护和确认的人格权权能。

不仅如此，对权利和利益的深入研究表明，物质性人格权也有积极权能。在此方面，德国学者拉伦茨和卡纳里斯教授的观点就相当有代表性。他们认为，《德国民法典》第 823 条第 1 款保护的"权

---

① 韩强：《人格权确认与构造的法律依据》，载《中国法学》2015 年第 3 期。

② ［日］星野英一：《私法中的人——以民法财产法为中心》，王闯译，载梁慧星主编：《民商法论丛》（第 8 卷），法律出版社 1997 年版，第 181 页。

③ 参见王泽鉴：《人格权法》，三民书局 2012 年版，第 530 ~ 531 页。

④ 例如，中国人民银行颁发的《个人信用信息基础数据库管理暂行办法》第 17 条第 2 款规定："征信服务中心发现异议信息是由于个人信用数据库信息处理过程造成的，应当立即进行更正，并检查个人信用数据库处理程序和操作规程存在的问题。"

⑤ 参见韩强：《人格权确认与构造的法律依据》，载《中国法学》2015 年第 3 期。

利"和"法益"的主要特征是这些权利和法益具备"归属内容"(Zuweisungsgehalt)和"排除功能"(Ausschlußfunktion),而归属内容和排除功能是侵权保护的基础。[①] 归属内容指所有权人可以自由处置其物,而排除功能则指可排除他人的干涉。[②] 德国民法学理也将归属内容称为积极权能或积极影响,即所有权人对物享有从事实上和法律上施加影响的全面权限;将排除功能称为消极权能或消极影响,因此,归属内容也被称为利用功能(Nutzungsfunktion)。[③] 就生命、身体和健康等人格法益而言,拉伦茨和卡纳里斯教授认为,它们不仅具备排除功能,而且还具备归属内容,即还具有一些积极权能。按照拉伦茨和卡纳里斯的分析,上述人格法益的归属内容体现在,尽管它们不像所有权那样可以转让,但仍然存在个人可以"自由处置"的法益,即权利人在法律规定的范围内可以积极行使这些权益,自主地作出决定,尤其是在个人的生命、健康、身体等遭受一定的危险或可能遭受损害的情形下,权利人自主作出决定本身就体现了对这些权利的行使。[④] 换言之,允许许可他人侵害自己的身体、健康或承担受侵害的可能性本身就体现了归属内容。据此,生命、身体和健康法益不仅具有消极权能,而且还具有积极权能。

从人格权的社会现实来看,以拉伦茨和卡纳里斯教授的观点为代表的现阶段物质性人格权的观念具有合理性,主要表现在以下几个方面。

其一,许多国家承认患者享有拒绝无意义治疗的权利。《加拿大魁北克民法典》第13条,允许临终状态的患者拒绝无意义或者带来巨大痛楚的治疗,从而尊重患者本人的意愿,法国法禁止积极安乐死,自2016年修订著名的Léonetti法案后,临终状态的患者可要

---

① Larenz/Canaris, Lehrbuch des Schuldrechts, Besondere Teil II 2, C. H. Beck, 13. Aufl., 1994, § 76 I 1a, S. 373 f.

② Larenz/Canaris, Lehrbuch des Schuldrechts, Besondere Teil II 2, C. H. Beck, 13. Aufl., 1994, § 76 I 1a, S. 373 f.

③ Althammer, in: Staudinger Kommentar, BGB § 903, Neubearbeitung 2016, Rn. 10–11; BeckOK BGB/Fritzsche, 2017, BGB § 903, Rn. 20.

④ Larenz/Canaris, Lehrbuch des Schuldrechts, Besondere Teil II 2, C. H. Beck, 13. Aufl., 1994, § 76 I 1a, S. 374.

求“深度且持续的镇静”，在不感到痛楚的情况下自然死亡。[①] 这也是人文关怀的具体表现，让人享有有尊严地离开人世的机会。其理论基础在于，人格尊严意味着人不仅要有尊严地活着，而且还要有尊严地死亡。这实际上也是生命健康权行使的一种方式。

其二，在身体权方面，器官捐献就是权利人对身体的积极利用。器官捐献是指自然人自愿、无偿地捐献自己的器官、血液、骨髓、角膜等身体的组成部分甚至捐献全部遗体的行为。例如，在日本“×教派教徒输血案”[②]中，法院明确提出患者对于自己身体的部分拥有自我决定权；目前各国法律普遍禁止器官的买卖和变相买卖，认为此种行为不仅违反公序良俗，而且可能引发道德危机，危害社会秩序。因此，器官买卖协议不仅是无效的，而且行为人可能还需要承担其他法律责任。但法律对器官捐赠则普遍持鼓励态度，因为随着医学技术的发展，器官捐献对救死扶伤、促进医学发展等具有重要意义。器官捐献行为也有助于弘扬社会主义的互助精神，并有助于医学的发展。因此，具有完全民事行为能力的自然人依法有权自主决定无偿捐献其人体细胞、人体组织、人体器官。个人对其身体组成部分进行合法捐赠，只要不违反法律规定和公序良俗，法律也不禁止。随着生物科技的发展，无偿代孕也得到了一些国家的承认。此外，人们日常生活中的很多活动都是积极行使身体权的表现，如自己刮胡子、剪指甲、剪掉手指上的死皮、献血，同意他人为自己理发、修眉毛、文身，这些都体现了对身体、健康的处置或利用。

其三，在健康权方面，虽然《合同法》第 53 条禁止当事人之间订立免除造成对方人身伤害的免责条款，但这并不是说，健康权完全无法行使，如在特殊情形下依法进行的人体试验（如药物开发过程中的临床药物试验），就涉及试验者健康权的行使；又如我国《侵权责任法》第 55 条所规定的患者的自主决定权，在进行诊疗手术之前，医院如果进行手术等重大诊疗行为的，必须事先征得患者的同意，才能进行相应的手术，这也是患者对自己身体权、健康权予以行

---

① Anne laude, Bertand Mathieu, Didier Tabuteau, *Droit de la santé*, Paris, PUF, 2009, p. 581.

② ［日］五十岚清：《人格权法》，［日］铃木贤等译，北京大学出版社 2009 年版，第 188 页。

使和处分的行为。上述实例表明，健康权也是可以进行积极行使的权利，并非是只能消极防御的权利。

二、消极防御说忽略了精神性人格权的积极行使和利用

消极防御权理论主要以物质性人格权为理论原型，其中心在于物质性人格权的消极防御和保护，而忽略了精神性人格权的产生和发展。精神性人格权主要包括姓名权、肖像权、名誉权、荣誉权、隐私权等人格权。随着社会的发展，精神性人格权的商业利用已成为经济选择的必然。诸如姓名、名称的决定、变更与使用，肖像的拥有、再现、许可和公开，隐私的隐瞒、处分、自主与使用权等都是人格权积极行使的体现。事实上，在人格权体系中，人格权作为一种开放的、发展中的权利，其中最为重要的发展表现在精神性人格权，许多精神性人格权的行使和利用权能逐渐扩张。

消极防御说忽略了精神性人格权的积极行使，无法回应现代社会发展的需求。随着经济社会的发展，尤其是现代大众传媒业的发展，个人姓名、肖像等精神性人格权益的利用方式越来越多样化。例如，光学技术的发展促进了摄像技术的发展，也提高了摄像图片的分辨率，使夜拍图片与日拍图片具有同等的效果，这也使对肖像权的获取与利用更为简便。同时，随着现代科学技术的发展，许多新型人格利益不断涌现，这些新型人格利益的利用也日益普遍，如个人特有的声音也可以成为经济利用的对象；再如，我们已经进入了一个大数据时代和信息社会，大数据技术能够有效整合碎片化的个人信息，实现对海量信息的分析和处理，从而发挥其经济效用，这也使个人信息所包含的经济价值日益凸显。从比较法上看，许多国家都在立法或者司法实践中积极回应了人格权的积极利用问题。例如，德国联邦宪法法院在“人口普查案”中对“个人信息自主权”即主体对自己信息的控制、知悉、查阅、修改和删除权的创设。[①] 现代社会，隐私的保护越来越重要，美国有学者指出，法律的最严峻挑

---

① 参见《德国联邦宪法法院裁判选辑》(一)，萧文生译，载《司法周刊》1995 年版，第 288 ~ 384 页。

战是如何保护个人的隐私,[①]隐私权最初的功能限于维护个人私人生活的安宁,但随着社会的发展,隐私权的权能也在不断扩大,其也包括了权利人对其私人生活的自主决定权,如个人有权独立安排自己的私人生活、有权控制自己的个人信息等,这种对自我生活的控制也是隐私权的重要内容,也体现了隐私权的积极行使效力。

人格权消极防御说忽略了精神性人格权的积极利用,而这种人格权在当代社会中的发展趋势,具体表现在如下几个方面。

第一,姓名权、名称权的积极行使和利用。姓名的主要功能在于防止个人身份的混淆,但随着社会的发展,姓名所具有的身份区分功能也使其具有商业利用的价值。例如,在日本"暴力团成员更姓案""近亲性侵被害者更姓案"中,则对当事人姓名变更权予以支持。[②] 德国联邦宪法法院在"真实表达自己姓名之权"的裁定中对姓名使用权予以认可;[③]再如,将名人姓名用于商业广告可以对商品或者服务的销售起到重要的促进作用。在德国法上,最先肯定姓名权中包含经济价值的案件是1959年的Caterina-Valente案。在该案中,联邦最高法院认为,在原告事先已经对其姓名进行商业化利用的前提下,以假定的许可使用费作为损害赔偿的计算标准。在我国,依据法律规定名称权可以转让,在司法实践中姓名也可以用作商标或企业名称。从立法层面看,《民法通则》第99条第2款规定:"……企业法人、个体工商户、个人合伙有权使用、依法转让自己的名称。"该条对名称权的利用规则作出了规定。这一立法经验都应当在我国民法典中继续予以保留。因此,将人格权简单界定为消极防御性的权利并不符合姓名权、名称权等人格权的性质,也不符合社会生活的实际。

第二,肖像权的积极行使和利用。最初人格权保护的是身体的完整性,但人们逐渐认识到,肖像权,包括其中的经济价值,也有保

---

① See A. Michael Froomkin, "Cyberspace and Privacy: A New legal Paradigm? The Death of Privacy?" 52 *Stan. L. Rev.* 1461, 2000.

② 参见张红:《姓名变更规范研究》,载《法学研究》2013年第3期。

③ BVerfGE 97, 391 - 408. 联邦宪法法院第一庭1996年3月24日裁定, 1 BvR 131/96。

护的必要。最先肯定肖像权中经济价值的案件是 1956 年的 Paul Dahlke 案，德国联邦最高法院在该判决中称，对肖像权的保护不仅体现在行为人未经许可利用他人肖像权时的经济赔偿责任，还体现在赋予权利人对其肖像享有“经济价值的专有权”(vermögenswertes Ausschliesslichkeitsrecht)，即权利人有权据此许可他人有偿使用其肖像权，被告应当赔偿原告遭受的损失，该损失按照被告取得原告许可使用其肖像权所应当支付的费用计算。[①] 从立法层面看，我国《民法通则》第 100 条规定：“公民享有肖像权，未经本人同意，不得以营利为目的的使用公民的肖像。”该条实际上是肯定了肖像权的商业化利用。

第三，名誉权、信用权的积极行使和利用。传统上，法律关于名誉权的规则主要处理名誉权在受到侵害之后被保护的问题，但现代市场经济社会，在名誉权的基础上，产生了一种新的名誉利益，即信用利益。信用是对个人经济活动能力的一种评价，良好的信用既可以便利个人的经济活动，也可以通过为他人提供担保等方式而积极利用。同时，在信用权益遭受侵害时，权利人除遭受精神损害外，还可能遭受一定的财产损失，权利人有权请求行为人承担财产损害赔偿责任。从实践来看，随着个人信息的收集、“黑名单”设置、信用记录的收集等现象的出现，信息失真、记载错误等也给相关当事人的社会生活和经济交往活动带来了不良影响。行为人实施上述行为，即使未确定是否构成侵权，权利人也有权主张修改、补充、更新、删除。此种情形也是人格权积极行使或者利用的表现。

第四，隐私权的积极行使和利用。隐私权的性质最初属于独处权，其功能主要在于维护个人的私人生活安宁，并不具有积极利用的可能。而随着隐私权内涵的扩展，尤其是自我决定权的发展，隐私权也存在积极利用的可能。20 世纪中后期，隐私权从过去的独处权已经逐渐发展为突出自我决定权，这种自我决定不仅仅是消极的防御，还包括对个人行为的自主决定。例如，个人将其经历写成个人传记出版、销售，允许他人将自己的隐私写成小说、剧本发表，或者借助网络直播其私人生活情况等，网络直播案件中，在不违反

---

① BGHZ 20,345; NJW 1956,1554.

公序良俗的情况下,有人自愿放弃自己的隐私,向付费的观众直播等。只要不违反法律的强制性规定和公序良俗,法律也不禁止,此类情形均属于对隐私权的积极利用。

第五,个人信息权的积极行使和利用。20 世纪以来,比较法上,普遍认为对个人信息权利保护的目的旨在保护个人对其个人信息的自决。个人对与其人格利益有关的事务,也享有决定权。此种自决就包含了对个人信息的利用等自主决定。随着互联网、大数据技术的发展,个人信息的利用已经形成了一个巨大的产业。另外,在个人信息收集、利用不完整的情形下,权利人享有修改、更正、补充等权利。在行使该权利的情形下,即便行为人没有构成侵权,也应当强化对个人信息权利的保护,赋予其请求相关主体对信息进行补充、更正、修改以及回应等积极权能,而不能仅在构成侵权时才对其进行救济。

上述分析表明,人格权本身就是为了保护人格尊严和人格自由。人格自由的发展是实现日益增长的美好生活的必然要求。这不仅是保障人格尊严人格自由不受侵害,还应当保障个人能够利用其人格要素不断完善发展自身,这也是人格发展的重要内容。例如,取名不当,应当允许个人对不当的姓名予以更改,这也是个人人格尊严的要求。大数据开发过程中,不能盲目保护数据开发者利益而忽视保护个人信息的权利,更不能忽略个人的敏感信息、隐私信息的保护。个人信息权利人对其个人信息享有的知情同意、利用、更正、删除等权利也应当得到法律的确认,否则就不容易判断数据开发和利用行为是否具有合法性,确认这些权利也为人格权的商业化利用也提供了合法化依据。

人格权兼具消极防御和积极利用的权能。人格权的这一系列发展说明人格权本身是消极防御的权利,还是积极利用的权利,不是由先天的某一种知识所决定的,也不是由某一种观念所左右的。相反,它取决于我们社会变迁以及科学技术的变化。权利的本质是实现人们利益的法律上之力。[①] 这就决定了权利作为利益的实现方

---

① 参见彭诚信:《主体性与私权制度研究——以财产、契约的历史考察为基础》,中国人民大学出版社 2005 年版,第 190 ~ 191 页。

式会随着利益内涵的发展而延伸出不同的实现形式,这是权利流变的必然结果,也是权利应对社会发展的自我完善方式。[①] 如果说19世纪到20世纪中叶对物质性人格权的认识是带着彼时人文主义思潮的余温的话,那么20世纪中叶至今人格权自我决定权、商业利用权的发展则是比较法与中国法共同选择的必然。与此同时,摆脱《法国民法典》《德国民法典》《瑞士民法典》这三部世界公认的杰出法典于编纂之初不可避免的局限,正视人格权发展的必然,才是21世纪人格权立法当有的继往开来之意。

三、人格权保护方式的多样化促使人格权从消极防御向积极权能发展

人格权消极防御说的主要依据在于对生命、健康权采取一种消极的防御方式,消极防御方式可以保护生命健康权,也可以保护精神性人格权,但仅仅是消极的防御方式不足以实现对人格权的全面保护。这是因为人格权作为绝对权,应当具有损害预防的功能,即使是在没有构成侵权的情形下,只要有可能将要造成对人格权的侵害,权利人也可以主张人格权请求权,预防未来发生的损害,尤其是在互联网、大数据时代,强化对侵害人格权损害后果的预防更加重要。[②] 网络技术在给我们带来极大便利的同时,也给我们的生活带来了一些负面影响。与传统社会的信息传播方式不同,网络信息的传播具有即时性,而且网络的无边界性以及受众的无限性,可以瞬间实现全球范围的传播,并可以无数次地下载,从而使网络环境对信息的传播具有一种无限放大效应;甚至可以说,在网络环境下,侵害人格权的损害后果具有不可逆性,损害一旦发生,即难以恢复原状。[③] 因此,就人格权保护而言,应当更加重视对损害后果的预防。例如,对个人信息的保护,如果存在巨大的安全隐患,则可以采取加密等措施保护信息的安全。为防止损害后果的发生

---

① 参见张红:《人格权各论》,高等教育出版社2015年版,第9页。

② 参见[德]格哈德·瓦格纳:《损害赔偿法的未来——商业化、惩罚性赔偿、集体性损害》,王程芳译,熊丙万、李翀校,中国法制出版社2012年版,第128页。

③ See Kenneth C. Creech, *Electronic Media Law Regulation*, Fifth Edition, Elsevier, Focal Press, 2007, p. 288.

和扩大,即便损害尚未发生,也应当赋予个人积极维护其个人信息安全的权利。

还应当看到,为了强化对人格权的保护,仅仅使相对人负有不侵害义务是不足够的,还需要依法确定相关主体的积极作为义务,例如对网络平台施加一定程度的积极作为义务。在进行网络交易时,网络用户可能需要提交大量的个人信息,而且在交易过程中,网络用户的消费习惯、消费能力、个人地址等也可能会被网络交易平台利用 Cookie 技术等收集。因此,可以说,一些大型的网络交易平台掌握着海量的个人信息,一旦这些个人信息被泄露或者被用于不当用途,即可能对网络用户的隐私和个人信息造成重大损害。在大数据的开发中,单个数据的价值可能是很有限的,但是当相当数量的数据积累起来,通过特定的算法和整理,就会从量变到质变,变成与个人的私人生活和人格尊严密切联系的信息。平台如果对众多的个人信息进行收集、分析和利用,就可能对个人的隐私、个人信息等私人生活造成重大妨害。尤其是,如果平台未采取必要的安全维护等措施,导致海量的个人信息泄露,其造成的后果也是非常严重的。所以,在此情形下,信息权利人应当有权请求平台采取相关措施,履行信息安全保障义务,防止个人信息的泄露。

在互联网和大数据时代,权利人的名誉、隐私、肖像、姓名等精神性人格权,很容易遭到他人的侵犯,且损害后果具有易扩散性和不可逆性,如果将人格权的效力界定为纯粹消极防御性的权利,则只有在遭受侵害后,权利人才能主张救济,这显然不利于保护人格权。因为在许多情形下,即便相关行为尚不构成侵权,个人的人格权的实现也可能受到不当影响,此时,应当允许权利人积极行使人格权,以消除影响其人格权圆满实现状态的原因,防止损害的发生和扩大。从比较法上看,许多国家都在保护人格权中承认了回应权、更正权等权利,借鉴这些立法和司法审判经验,我国有必要突破人格权消极防御的理论“瓶颈”,允许权利人采取一些必要的保护人格权的措施,包括更正权、回应权以及请求删除、修改、补充等权利。随着个人信息的收集、“黑名单”的设置、信用记录的收集等现象的出现,信息失真、记载错误等也给相关当事人的社会生活和经济交往活动带来了不良影响,如果出现此种情形后,应当允许权利人请求就相关失真和错误的信息进行删除、修改和补充。[①] 在行使该权利的情形下，即便行为人没有构成侵权，也应当强化对个人信息权利的保护，赋予其请求相关主体对信息进行删除、修改和补充等积极权能，而不能仅在构成侵权时才对其进行救济。上述这些对人格权予以保护的措施本身就是人格权积极权能的体现，人格权的所有这些多元化的保护方式已经大大突破了对人格权的简单消极防御方式，而施加给特殊行为主体以更为积极的行为义务，使得人格权主体对其人格权的保护更为主动、有效和全面。

概言之，伴随着人格权制度的发展，许多人格权不再仅是消极防御性的权利，而逐步具有了可以积极行使乃至积极利用的权能。人格权积极权能的发展将对我国人格权立法产生了深远的影响，侵权责任编无法容纳如此丰富、具体的内容，人格权独立成编具有了现实可能性；尤其是着眼于现代社会人格权未来的发展，更应当通过独立的人格权编为人格权的行使和权能的发展预留进一步发展空间。只有充分认识到这一点，我们才能更好把握人格权的发展趋势，为民法典的人格权制度提出符合时代趋势与未来发展的立法模式。

第六节　人格权的限制

一、人格权的限制概述

所谓人格权的限制，是指基于对国家利益、社会公共利益等因素的考虑，对人格权的内容和行使进行的必要限制。任何权利都是受限制的，人格权尤其是精神性人格权，也是受限制的，过度扩张人格权的内涵和范围，可能会损害其他社会利益。例如，过度扩张隐私权的适用范围，可能会影响他人的行为自由，也可能影响正常的新闻报道和舆论监督。因此，通过法律明确限定人格权的内涵和权利边界，也有利于平衡个人利益和社会利益，防止权利人滥用权利。

---

① 参见张钱：《个人征信侵权责任认定中存在的问题分析》，载《法律适用》2014 年第 3 期。

人格权制度产生于19世纪,自20世纪以来,尤其是两次世界大战以来,得到了迅速的扩张。但在本质上,人格权的发展是人权保障的结果,也可以说是个人主义发达的结果。一方面,人格权的形成是个人要求独立的产物,没有独立的个人则不可能有独立的人格权;另一方面,人格权又是人权保障的产物。人权保障要求,个人的各种权利,尤其是人身权利受到充分的尊重。而人格权作为民事主体的基本权利,权利人可以依法定的权利范围,自由行使其各项人格权利,以满足自己的精神利益和其他利益的需要,维护自己的人格尊严。通过人格权的保护,可以充分实现人权的保障。

然而,自19世纪末期以来,由于个人主义向团体主义发展,法律在逐渐扩大对人格利益的保护范围的同时,也开始对人格权的内容作出适当的限制。例如,在20世纪初,关于姓名权,一些欧洲国家的法律规定,为维护公共利益和未成年人的利益,禁止父母给子女命名违反公序良俗的姓名。[①] 近几十年来,人格权的类型和内容都得到较大的发展;同时,人格权的限制也日益受到重视,以实现社会公共利益。例如,出于新闻自由和舆论监督、公共利益和公共安全等考虑,对公众人物的人格权作出限制。尤其应当指出,出于维护国家安全、公共利益等考虑,人格权也受到一定的限制。例如,美国在“9·11”事件以后,增加了对自然人隐私权的限制。

在我国,《宪法》明确规定,要尊重和保障人权,因此,人格权的尊重和保护是法律的基本精神。但在特殊情况下对人格权进行适当限制也是必要的。只不过,对人格权的限制必须要有充分且正当的理由,具体来说,限制人格权必须是出于如下考虑:一是维护国家利益的需要。例如,国家基于公共安全考虑,对犯罪嫌疑人进行必要的监听、监视;再如,国家出于通缉罪犯的需要,而使用犯罪嫌疑人肖像。二是维护社会公共利益的需要。例如,在SARS、H1N1等流行病爆发时,为了防止疾病大规模传播,政府可以对疑似病例患者进行强制隔离和诊疗。三是保障他人合法权益的需要。在特殊情况下,个人的人格权可能与其他人的人格权相联系,甚至发生冲

---

① See James Q. Whitman, “The Two Western Cultures of Privacy: Dignity Versus Liberty”, *Yale Law Journal*, April, 2004.

突。此时,权利人在行使自身的权利时,要适当考虑相关当事人的权利。例如,恋人分手之后,一方不得随意公开恋爱期间双方的私密照片等,以免他人隐私权受到侵害。

需要指出的是,一些特别法都对该领域内人格权的限制作了特殊规定,但不能因此要求民法典人格权编对这些限制作一一列举。各类人格权都可能受到限制,只不过基于不同的需要、针对不同的被限制对象,限制的程度也会存在差异。一般来说,对于生命、身体、健康等,法律上对其权利内容的限制较少,其限制主要表现在禁止权利人的处分;而对于精神性人格权,其限制主要表现为对其内容、行使等各方面的限制。

二、人格权的限制的基本规则

(一)对人格权限制的法定化

人格权的权利类型、效力等是由法律规定的,对人格权的限制也应当有明确的法律依据。民法典分编草案第 775 条第 2 款规定:"对人格权不得进行非法限制。"该条实际上确立了对人格权限制法定化的原则,之所以采用法定化,主要理由在于:一方面,依据《立法法》第 8 条的规定,"民事基本制度"应当由法律作出规定。人格权属于民事主体所享有的基本民事权利,对人格权的限制在性质上也是人格权制度的重要内容,属于民事基本制度的范畴,应当由法律作出规定。另一方面,如果允许法律之外的规范性文件如行政法规、部门规章等对人格权进行限制,可能会对人格权的保护设置过多的限制,不利于充分保护民事主体的人格权。另外,对人格权的限制由法律作出规定,也有利于协调人格权与其他权利之间的关系,防止权利冲突。人格权类型复杂,各项人格权之间可能存在一定的交叉。例如,隐私权、个人信息权、名誉权之间就可能存在交叉。这就有必要通过法定化明确权利的内涵和外延,防止各项人格权之间发生冲突。人格权法定有利于权利人行使其权利,捍卫其权利,通过人格权的法定,可以区分某一人格权与其他人格权,尤其是对人格权进行法定限制的规则,如隐私权,有利于保障人的行为自由。[①]

---

① 参见马特、袁雪石:《人格权法教程》,中国人民大学出版社 2007 年版,第 16 页。

（二）人格权的合理使用

所谓合理使用，是指基于公共利益等目的的需要而对他人人格权进行使用。[①] 民法典分编草案第779条第2款规定："行为人为维护公序良俗实施新闻报道、舆论监督等行为的，可以在必要范围内合理使用民事主体的姓名、名称、肖像、隐私、个人信息等。"该条实际上确立了人格权的合理使用规则，依据该条规定，人格权的合理使用应当符合如下条件。

一是必须基于维护公序良俗的需要。也就是说，对人格权的合理使用必须是为了维护公共秩序和善良风俗的需要，必须出于维护公共利益的需要，否则不能构成合理使用。在我国，权利都是法律赋予的，并都受到法律的限制。人格权的保护同样需要平衡权利人的利益与公共利益之间的关系，因为人格权作为私权，可能与社会公共利益发生冲突，在特殊情况下，出于维护公共利益的需要，法律可以对人格权的内容作出限制。

二是必须在实施新闻报道、舆论监督等行为时使用。从比较法上来看，各国基于自己不同的国情，规定的合理使用的范围不尽一致。我国民法典分编草案实际上限定了人格权合理使用的范围，即必须出于新闻报道、舆论监督等需要，出于商业目的的使用即难以纳入人格权合理使用的范畴。

三是必须在必要范围内进行使用。人格权的合理使用在性质上属于对人格权的限制，该限制应当在合理范围内进行，避免对人格权构成不当妨碍，否则，人格权合理使用的正当性也将不复存在。例如，如果行为人恶意过度使用他人人格权，即便是为了实施新闻报道、舆论监督等行为，也难以成立合理使用。

四是人格权合理使用的对象为姓名、名称、肖像、隐私、个人信息等精神性的人格权。物质性人格权如生命权、身体权、健康权，是个人最为重要的人格权，事关个人的主体资格，与个人的人格尊严具有最为密切的关系，因此，需要强化对物质性人格权的保护；同时，物质性人格权一般不会与新闻报道、舆论监督等公共利益发生冲突，客观上也难以成为合理使用的对象。因此，虽然该条在规定

---

① 参见张红：《肖像权保护中的利益平衡》，载《中国法学》2014年第1期。

合理使用的人格权益的范围时使用了兜底性的规定，但按照同类解释规则，应当将其限定为精神性人格权。

（三）对公众人物人格权的必要限制

公众人物（public figure）是指在社会生活中具有一定知名度的人，其因特殊才能、成就、经历或其他特殊原因而为公众熟知。公众人物大致包括政府公职人员、公益组织领导人、文艺界、娱乐界、体育界的“明星”、文学家、科学家、知名学者以及劳动模范等知名人士。公众人物的概念最早起源于美国，最初在 1964 年《纽约时报》诉萨利文一案中首先确立了“公共官员”的概念。我国现行立法并没有对公众人物的概念作出规定，但司法实践却发展了公众人物的规则。例如，在“范志毅诉文汇新民联合报业集团名誉权纠纷案”[①]中，上海市静安区人民法院判决范志毅败诉，在判决中首次使用了“公众人物”一语：“即使原告认为争议的报道点名道姓称其涉嫌赌球有损其名誉，但作为公众人物的原告，对媒体在行使正当舆论监督的过程中，可能造成的轻微损害应当予以容忍与理解。”[②]民法典分编草案第 779 条规定：“认定行为人承担侵害人格权的民事责任，应当考虑下列因素：（一）人格权的类型；（二）行为人和受害人的职业、社会身份、影响范围等……”此处所说的“受害人的职业、社会身份、影响范围等”实际上就是考虑公众人物人格权受限制的情况，确立了公众人物人格权受限制的规则。

对公众人物的隐私进行必要的限制，其意义主要在于：一方面，对于反腐倡廉也是有意义的。阳光是最佳的防腐剂，由于公众人物的言行举止，以及他们从事的活动常常关系公共利益，理应受到社会舆论的监督。[③] 所谓“高官无隐私”就意味着，政府公职人员的某些隐私权、名誉权等可能要受限制，公众对于公众人物的公开活动及其公开表示的内容所涉及的全部事实都具有合法的知情权。[④] 另

---

① 上海市静安区人民法院（2012）静民一（民）初字第 1776 号民事判决书。

② “范志毅诉文汇新民联合报业集团侵犯名誉权案”的一审判决。

③ 参见丁晓燕：《论对新闻名誉侵权案件中对公众人物的反向倾斜保护》，载《人民司法》2004 年第 4 期。

④ H De Page, Traite elementaire de droit civil beige, Tome Ⅱ, Les Personnes, volume Ⅰ, par J-P Masson, Brussels, Bruylant, 1990, p. 57.

一方面，对于保障公民知情权、协调舆论监督权和人格权保护的关系也十分必要。因为公众人物作为高官、商贾名流、文体明星等，其有关财产、婚姻、交友、嗜好等言行举止以及某些私生活领域关系到公共利益和公众兴趣，民众有权知道其生活的部分内容。所谓“高官无隐私”的说法，也具有很大的合理性。尤其是在舆论监督过程中，应当侧重保护舆论监督的权利，因为该权利毕竟关系到公共利益的维护。[①] 舆论监督中难免有误会、误伤、夸大其词的情况发生，只要不具有恶意，且情节轻微，一般不宜认定为侵权，对于公众人物的权利限制是公众人物必须付出的成本。

① 参见王军：《舆论监督与公众人物名誉权保护》，载《法学杂志》2005 年第 1 期。

第二章　人格权与相关权利的界分

第一节　人格权与相关权利关系概述

一、人格权与相关权利的冲突

（一）产生冲突的原因

所谓权利的冲突，是指两个以上的权利在行使中出现相互间不能并存的状态。权利的冲突大多是因为法律规定的权利边界不明确而导致的不和谐和矛盾状况，[①]或者是在行使中产生利益冲突。例如，新闻自由与保障人格权，社会知情与个人隐私之间可能发生不同程度的冲突。权利冲突表面上是权利行使界限的交叉，但在权利冲突的背后，隐含的是应否给予某种权利限制或者是否应当对某种权利强化保护的问题。如果要强化保护某种权利，就可能面临着保护一方而使另一方承担责任的问题。例如，生命健康身体与伦理之间的协调、姓名与家庭伦理、肖像权与著作权、名誉权和隐私权与言论自由、个人信息与数据流通共享、人格权与财产权、人格权与其他公共利益之间都可能存在冲突问题。强化对某一种权利的保护就意味着要

---

① 参见王克金：《权利冲突论》，载《法制与社会发展》2004 年第 2 期。

对其他权利进行限制。

人格权之所以会与其他权利发生冲突，是有如下几个方面的原因引起的。

第一，人格权的行使与保护往往涉及与其他权利的关系问题。人格权虽然是以体现人的尊严价值的精神利益为客体，但一些人格权本身具有精神利益和财产利益，或者说与财产权益往往交织在一起。例如，个人就其个人信息享有的权利，往往与数据企业享有的数据财产权相互交织，二者的冲突不可避免；再如，法人名称权和法人财产权都属于法人的财产，两者根本无法截然分开，法人名称权就是法人财产的一部分，法人财产权也包含了主要具有财产权属性的法人名称权这一法人人格权。人格权兼具精神利益与财产利益的属性使人格权的行使往往与财产权交织在一起，因此权利冲突在所难免。

第二，在人格权遭受侵害的情况下，对人格权的保护常常涉及其他法益的保护问题。从实践来看，人格权在行使和保护中常常涉及与其他权利关系的冲突和协调，因此，需要采用利益平衡的方法，妥善协调各项权利之间的关系。例如，民事主体为维护公序良俗而需要实施新闻报道和舆论监督等行为，从而必须要在一定范围内使用民事主体的姓名、名称、肖像、隐私和个人信息等，如果强化对新闻自由和舆论监督权的保护，就要对一些人格权进行合理限制，并且将有可能使一些轻微的侵权行为被免责；①反之，如果要对人格权予以过度保护，就有可能要限制舆论监督与言论自由。

第三，在侵害人格权的场合，对侵权构成要件中行为人主观过错的判断也需要平衡人格权与其他权利的关系。例如，在瑞士法中，在侵害人格权的情形下，如果没有抗辩理由，则将认定行为具有过错，在判断抗辩事由能否成立时，需要将受害人的利益与相对应的私法和公法的利益进行比较，如果相关人格利益的保护是不重要的，则行为人的过错就可能会被排除。② 再如，住宅和公共场所中虽

---

① A Bucher, Natuerliche Persoenen und Persoenlichkeitsschutz, Helbing & Lichtenhahn, 1995, S. 162ff.

② A Bucher, Natuerliche Persoenen und Persoenlichkeitsschutz, Helbing & Lichtenhahn, 1995, S. 162ff.

然都存在隐私,但两者的保护程度是不同的;即使是在公共场所,公众人物的隐私保护和一般人的隐私保护也是有差异的,这都涉及对权利本身的确认和具体保护问题,而不能仅简单套用侵权责任的构成要件。也就是说,人格权在遭受侵害时,判断侵权责任是否成立所要进行的利益考量更为复杂,需要平衡各种冲突的利益。①

(二)解决冲突的规则

在发生人格权与其他权利的冲突时,通过设置一定的规则来化解冲突十分必要。借鉴比较法的经验,可从如下几个方面解决人格权与其他权利的冲突问题。

1. 权利位阶规则

所谓权利位阶,是指权利保护的先后顺序。如果权利位阶能够在法律中确定下来,并有效地解决权利冲突,将会使立法具有确定性和可预见性。这种确定的权利位阶本身就是对价值理论的概括,一旦法律规定了权利位阶,各种权利的类型就不可能得到"平等"的保护,法官在没有充足理由的情况下,不能改变法定的权利位阶来解决权利冲突。诚然,我国现行立法并没有规定权利位阶,但并非不存在位阶秩序,例如,财产权和人格权发生冲突的时候,现代民法的发展趋势是优先保护人格权。人格权与财产权相比较,应当更重视人格权的保护。② 有学者认为,现代民法中"人格性权正在向财产夺回桂冠",这正表明了这种权利位阶的发展趋势。③

在确定权利位阶时,首先必须要从维护基本人权出发,确立人格权尤其是生命健康权优先于财产权的规则。按照民法人文关怀的理念,以人为本是一种基本的价值取向,它强调尊重人类的价值、社会价值和个性价值,尊重人的独立人格、需求、能力差异、人的平等、创造个性和权利,尊重人性发展的需要。以人为本,意味着任何个人都应享有作为人的权利,对任何个人的权利都应给予合理的尊重,给予人性化的思考和关怀。因此,必须注重维护个人的基本人权。在民法典分编草案之中,相关的规则也体现了人格权优先的理

① Larenz & Canaris, Lebrbuch des Schuldrechts, Vol. Ⅱ, 1994, S. 491.

② 参见施启扬:《民法总则》,中国法制出版社1996年自版,第94页。

③ 参见[日]星野英一:《私法中的人》,载梁慧星主编:《为权利而斗争》,中国法制出版社2000年版。

念,例如,民法典分编草案第 801 条关于肖像许可使用合同当双方当事人约定不明时应当做有利于肖像权人解释的规定;同理,分编草案第 802 条第 2 款关于肖像权人在有正当理由的情况下可以单方面解除肖像许可使用合同的规定。这些规定都体现了人格至上的理念,表明在我国未来民法典中,当人格权与他人财产权利发生冲突的情况下,法律原则上将优先保护人格权的立场。

2. 公序良俗规则

公序良俗是由"公共秩序"和"善良风俗"两个概念构成的。所谓公共秩序,是指现存社会的秩序,[①]其中最重要的就是要维护社会全体成员的共同利益,它常常被称为法律所要保护的最高利益。公共秩序主要包括社会公共秩序和生活秩序。善良风俗是指由社会全体成员所普遍认许、遵循的道德准则。人格权的保护往往需要处理好与公序良俗的关系,因为人格权往往与社会公共利益相关。例如,对政府官员的个人财产的披露可能会侵害个人的隐私,但它确实会起到维护官员的廉洁性的作用。再如,1996 年,美国总统克林顿签署的《梅根法》,其中要求社区政府在曾犯有性犯罪的人迁入新社区时应当进行登记和公告。[②] 但有学者批评该法案侵害了迁居者的隐私权,不利于这些曾经犯罪的人回归社会,但大多数人认为,为了让社区成员提高警惕,保护社区成员的安全,有必要通过该法案,而且涉及利益平衡问题。也就是说,社会的公共利益应当大于个人的隐私利益。[③] 可见,解决人格权与其他权利的冲突实际上就是要协调个人和社会之间的关系,妥当处理个人利益与公共利益之间的关系,从而既能够保障个人的独立、尊严,又能够维护社会共同生活的和谐。

从权利位阶规则角度看,生命权、身体权、健康权、人身自由权等具体人格权与其他人格权相比较,其权利位阶较高,在实现上具

① 转引自[德]卡尔·拉伦茨:《德国民法通论》(上册),王晓晔等译,法律出版社 2003 年版,第 598 页。

② 参见[美]阿丽塔·L. 艾伦等:《美国隐私法:学说、判例与立法》,冯建姝等编译,中国民主与法制出版社 2004 年版,第 106 页。

③ 参见[美]阿丽塔·L. 艾伦等:《美国隐私法:学说、判例与立法》,冯建姝等编译,中国民主与法制出版社 2004 年版,第 107 页。

有优先性，其根本的原因也正在于这些具体人格权是社会公共利益的体现①，理应优先予以实现。但是对于精神性人格权而言，当这些权利与公共利益发生冲突的时候，法律仍然应当优先保护公共利益，这就要求适当限制精神性人格权的效力。例如，在奥地利，法律对各项具体人格权作了十分明确的区分，在侵害生命权、身体完整权、自由等最有价值的人格权益的情形下，将直接认定行为人有过错；而在侵害其他人格权益（如肖像权、隐私权、人格尊严）的情形下，在判断行为人是否具有过错时，则需要考虑与此相冲突的其他利益。② 我国民法典分编草案第779条第2款规定："行为人为维护公序良俗实施新闻报道、舆论监督等行为的，可以在必要范围内合理使用民事主体的姓名、名称、肖像、隐私、个人信息等。"该条确立了精神性人格权的合理使用原则，从而表明在精神性人格权与公序良俗发生冲突的情况下，应当优先保护公序良俗，也即需要对精神性人格权进行必要的限制。

3. 利益衡量规则

所谓利益衡量，也称为利益考量、利益平衡，是指在各方利益发生冲突时，对社会公共利益、当事人的利益等各种利益进行考量，以寻求各方利益的妥当平衡，实现社会公平正义。在人格权和其他权利发生冲突的情况下，法院通过比较各种不同的利益，优先考虑哪一种利益应当受到保护。此种方式也称为"个案衡量"（ad hoc balancing），也就是指，就个案事实运用比例性原则调和相冲突的权利。③ 由于权利位阶常常过于抽象，尤其是立法政策在不同的时期有不同的侧重，所以，权利的位阶也具有不确定性。另外，法律规定的权利位阶也可能因社会经济生活的变化具有一定的滞后性，这就有必要给予法官一定程度的自由裁量权，使其能够根据具体案情解决权利冲突。如果权利位阶难以解决权利冲突，不存在对某种价值优先的共识，不能以权利位阶来考虑权利问题，就有必要根据利益

① 参见王轶：《民法原理与民法学方法》，法律出版社2009年版，第31～59页。

② E Karner & H Koziol, Der Ersatz ideellen Schadens im österreichischen Recht und seine Reform: Verhandlungen des 015. österreichischen, Juristentages, lnnsbruck 2003, SS. 34－35.

③ 参见王泽鉴：《人格权法》，北京大学出版社2013年版，第316页。

衡量来解决。

利益衡量是在法律规定有漏洞或者不周延的情况下，由法官根据案件的具体情况，行使法官的自由裁量权。在此情况下，利益平衡实际上就是法官在司法过程中进行价值的衡量和利益的取舍，决定应当优先保护何种利益。正如考茨欧（Koziol）所指出的，从比较法上来看，各国都比较重视侵害人格权尤其是精神性人格权情形下的利益平衡。在言论表达自由、媒体自由与人格权发生冲突时，在某些情况下，需要优先保护言论自由，但不能当然认为应当优先保护媒体自由，因为媒体自身也应当对社会和他人负有一定的义务和责任。当两种利益冲突时，法院在个案中应当进行全面的利益衡量，以确定应当优先保护哪一种权利。[①] 在协调二者之间的关系时，既要尊重个人的人格权，又要维护言论自由。[②] 因此需要进行个案衡量，比较法也采取此种做法。例如，德国法院在侵犯一般人格权的案件中认为，不法性必须依靠利益衡量的方法建立在个案判断的基础上。[③]

民法典分编草案第779条确立了认定行为人承担侵害人格权的民事责任所需考虑的各种因素，具体而言，包括如下内容。

（1）人格权的类型

诚如前述，对人格权的保护常常涉及同其他利益保护的冲突，这就必然需要在诸多利益之间进行平衡。一般认为，关系到人格核心领域的生命权、身体权、自由权等权利在价值排序中处于第一位阶；如果认为肖像、隐私等精神性人格权在价值排序上优先于其他利益保护则是存在问题的，因为相对于生命健康权等权益而言，这些权利需要受到保护的力度理应相对较小，所以必然需要作出利益平衡。[④]

---

① ［奥］考茨奥等：《针对大众媒体侵害人格权的保护：各种制度与实践》，中国法制出版社2012年版，第29页。

② See App. *E of the Report of the Committee on Privacy* (the Younger Report), Cmnd. 5012 (1972).

③ Löffler/Ricker, Handbuch des Presserechts, ch 41, para 3.

④ ［奥］考茨奥等：《针对大众媒体侵害人格权的保护：各种制度与实践》，中国法制出版社2012年版，第5页。

(2)行为人和受害人的职业、社会身份、影响范围等

就行为人而言，判断其承担人格权侵权责任的重点在于确立影响范围，因为不同的侵权后果意味着侵权严重程度的不同，这就必然导致侵权责任也存在程度的差异。当然，如果是行为人自身职业与社会身份的原因，也有可能因此导致特定人格权侵权的影响后果较大，此时直接从影响范围这一层面来考虑即可。就受害人而言，除了考虑影响范围之外，还需要重点考虑其职业与社会身份。从司法实践来看，主要是解决公众人物人格权保护问题，因为公众人物与一般大众不同，其需要接受更高程度的社会舆论监督，国外民法学理论一般认为公众人物的人格权保护需要受到相应限制，这是由其身份的社会性所决定的。正因如此，大众媒体与公众人物人格权保护才一直成为大家探讨的热点。举例而言，媒体报道了普通人约会、离异等信息可能涉及隐私权的侵权，但如果报道的对象是社会公众人物，恐怕就难以认定为侵权。

(3)比例原则的适用

侵权责任的认定必须恰当地运用好比例原则。所谓比例原则，是指手段对于所欲达到的目的而言是适当的和必要的，而且手段与目的二者之间是相当的。[①] 比例原则主要是公法上的概念，其基本含义是指国家在行使权力时对公民权利所造成的损害与其所保护的社会利益之间应保持一定的比例关系。在协调人格权与财产权之间的冲突时，也应当适用比例原则，从而最大限度使法律保障的利益得以实现，最大限度地减少利益的损失。适用比例原则，要考虑达成的目的和限制的手段之间的合比例性，不得过度。举例而言，在网络上谩骂、诋毁他人的侵权后果与在特定空间内谩骂、诋毁他人的侵权后果，两者在最终的责任承担上肯定是存在区别的，同样一个侵权行为在不同时间段实施，其后果也有可能是不一样，责任自然也会存在差别。概言之，侵权责任的确定必须与侵权行为的程度相适应。民法典人格权编草案在名誉权一章中，为了平衡好保护个人权益和发挥新闻报道、舆论监督作用之间的关系，草案还规

---

① 参见[日]青柳幸一:《基本人权的侵犯与比例原则》，华夏译，载《比较法研究》1988年第1期。

定，行为人为维护公序良俗实施新闻报道、舆论监督等行为，影响他人名誉的，不承担民事责任。但是行为人捏造事实、歪曲事实、对他人提供的事实未尽到合理审查义务或者包含过度贬损他人名誉内容的除外（草案第806条）。这一规定实际上既有利于维护人格权，同时也保障了新闻舆论监督的自由。

民法典分编草案第779条明确列举了解决人格权纠纷需要参考的多种具体因素，实际上是为法官裁判人格权纠纷提供了具体的指引和参考。还需要指出的是，人格权的冲突类型非常复杂，而且在具体个案中，利益冲突的表现形式并不完全相同，有的表现为当事人之间经济利益的冲突，有的表现为人身权益与财产利益的冲突，有的还可能涉及社会公共利益问题。很难在法律上规定一个确定的价值位阶，这就需要法官从个案出发，妥当平衡各种利益冲突。例如，在新闻报道侵害名誉权的纠纷中，就涉及舆论监督与名誉权保护之间的冲突，需要法官进行妥当的利益平衡，如法官在案件裁判过程中应当界定新闻报道的内容属于事实陈述还是评论。有观点认为，如果属于事实失实，则行为人即可能需要承担责任，但如果只是评论不当，则更应当倾向于保护舆论监督与言论自由。① 此种观点有一定的道理，法官在个案裁判过程中，应当运用多种方法平衡各种利益。

二、人格权与财产权的冲突

人格权和财产权在行使和保护过程中也可能产生一定的冲突。例如，在美国艾奥瓦州的一个判例中，一名流浪汉进入一家小木屋寻找食物，被房屋主人的弹簧枪击中腿部受伤，流浪汉告房屋主人。该案中即存在人身利益与财产利益保护的冲突问题。② 在该案中，如果要优先保护财产权，那么就应当肯定房屋主人的枪击行为。但如果优先保护个人的人身利益，则应当优先保护流浪汉的生命安全。在该案中，大法官莫尔在判决中提到：法律重述第85节称“人类生命和肢体的价值不仅属于他个人，而且属于整个社会。因此其

---

① 参见黄茂荣：《一般人格权及其保护》，载《植根杂志》第14卷第10期。

② See atko v. Briney, Supreme Court of Iowa, 1971, 183 NW. 2d. 657.

价值高于土地占有者的利益”。[①] 表明人格尊严、人身价值和人格完整,应当置于比财产权更重要的位置,它们是最高的法益。财产是个人的,但人是属于社会的,人身安全、人的尊严等涉及社会利益。在该案件中,法官的裁判体现了生命健康权优先的规则。

关于人格利益与财产利益的关系,从近代大陆法民法来看,一直存在一种重财产权轻人身权的现象。我们把这种现象称为“以财产法为中心”的倾向,或者说出现“泛财产化”倾向。[②] 这种重财轻人的倾向使保护和规制人格利益的法律发展大大落后于财产法的发展。例如,作为大陆法系民法重要法典之一的《德国民法典》就没有规定人格权。随着社会的发展,现代民法更注重对人的人文关怀,将实现人的全面发展作为民法的基本价值和终极目标。无论是民法法典化,还是民法的适用,都应当秉承这一终极性原则,通过对平等、自由、效率与交往安全等民法基本价值的维护,实现人的全面发展这一现代私法的根本价值和目标。《欧洲民法典草案》在评述其指导性原则时强调,自由、交往安全、效率等价值本身并不是终极性的追求;相反,它们是通向另一个具有终局性意义价值的不同途径而已:“增进社会福利,使每个人都有能力去追求其正当目标,有机会去发挥其潜能。”再如,对于不可量物的入侵,许多国家民法认为应当持容忍态度;[③]但从人格利益的全面保护出发,如果不可量物达到一定程度,必然损害受害人的人身利益,此种情况下应放在人格权的框架下去解决。

在人格权和财产权出现冲突时,需要确定应当优先保护哪一种权利。笔者认为,在二者发生冲突时,应当优先保护人格权,特别是在财产权与生命健康权等物质性人格权发生冲突时,应当优先保护人格权,因为现代化的过程是人的全面发展和全面完善的过程,现代化始终伴随着权利的扩张和对权利的充分保护。同样,法律现代化的重要标志也正是表现在对权利的充分确认和保障方面,以及对人的生命健康权的优先保护方面。

---

① atko v. Briney, Supreme Court of Iowa, 1971, 183 NW. 2d. 657.

② 参见薛军:《人的保护:中国民法典编撰的价值基础》,载《中国社会科学》2006年第4期。

③ 参见《德国民法典》第905、906、912条。

人格权优先于财产权受到保护集中体现为生命健康权优先于财产权,即在二者发生冲突时,应当优先保护生命健康权。例如,在某企业因为生产制造的瑕疵产品造成消费者人身伤害时,则受害人的人身损害赔偿请求权应当受到特别保护。如果该企业已进入破产程序,则受害人的人身损害赔偿请求权应当优先于其他债权而优先受偿。采纳这一规则的原因在于:一方面,人格权较之于财产权,更有助于实现人格价值,财产是身外之物,而人格权体现的是人的尊严,按照人本主义的要求,法律应当充分体现对人的关怀,财产权与人格权发生冲突时,应当确立人格权价值的高阶性和保护的优先性。另一方面,尽管财产权也有助于实现个人人格,但此种作用是间接的。正如有学者指出,人格权保障了人的尊严与人身的不受侵犯,也保障了个人身体与精神活动的权利,而人的尊严与人身自由是实现主体其他民事权利的前提与基础,也是实现个人人格的最直接的途径。因此,优先保护人格权有助于保护个人的基本人权,促进个人人格的全面发展和精神利益的满足。

当然,如前所述在人格权和财产权发生冲突的情况下,并不是在任何情况下都适用人格权优先的规则。在具体确定人格权与财产权的优先保护顺序时,应当考虑适用比例原则。如果两种利益之间发生冲突,损害较轻的应当让位于损害较重的。例如,某人在土地上合法建造了临时设施,该设施与他人窗户临近,他人不得以威胁其隐私为由主张拆除该建筑物,在此情况下不能以人格权优先的理论来主张权利。在该案中,在确定是否应当拆除该设施时,即应当按照比例原则进行妥当的利益衡量,如果该设施造成的损害较小而拆除该设施所造成的损失较大,则不应当予以拆除。

三、人格权与言论自由的冲突

所谓言论自由,是指公民在法律规定的范围内有权在各种场合采用书面、言词等方式表达、宣传其思想与观点的自由。公民享有言论自由,但言论自由在任何国家的法律中都是有限制的,这个限制实际上也划定了言论自由的法定范围。除法律之外,任何组织和个人都不得对言论自由加以禁止或限制。[1] 言论自由与人格权保护之间存在一定的冲突，这尤其体现在新闻侵权中，法律若过分强调对个人人格权的保护，则必须适当限制新闻工作者在从事新闻活动中的某些自由；反之，如果法律对舆论监督活动实行优先保护，则必然要求受害人对新闻侵害人格权的行为特别是轻微的侵害人格权的行为予以容忍。

言论自由、舆论监督与公民的人格权制度是统一的、不可分割的整体，而言论自由和舆论监督作用的发挥，也是人格权得以正当行使的保证。法律的价值是多元的，在社会公共利益和个人人格权之间发生冲突时，法律的天平往往会倾斜到公共利益一方。[2] 新闻工作者为维护社会公共利益，需要对一些负面新闻进行报道，这就有可能侵害相关主体的人格权。对新闻报道而言，如果其所报道的事实是真实的，则应当属于正当的舆论监督，不应当承担侵权责任。也就是说，虽然正当的舆论监督在客观上会影响到被批评者的名誉，但社会对他们评价的下降并非新闻批评本身所造成的，而是他们自身的不良行为造成的[3]。当然，由于新闻活动过程环节多、时间短促、专业性强、不可能绝对准确地把握事实和意见，也不可能完全避免过失，[4]所以如果将任何轻微失实的新闻作为新闻侵权处理，则会影响舆论监督的正当行使，也就难以借助大众传播工具予以大胆披露和批评，可能会纵容一些侵害公民权利包括侵害个人人格权的行为。

从比较法上来看，对人格权的确认和保护常常涉及与言论自由、舆论监督等的相互关系，在这些情况下，应对对立双方的利益进行谨慎和恰当的平衡。[5] 与欧洲其他一些国家一样，人格权经常在与表达自由权的权衡中处于次位。[6] 在美国同样如此，沙利文诉

---

① 参见许崇德、张正钊：《人权思想与人权立法》，中国人民大学出版社1992年版，第59页。

② 参见曹三明：《新闻纠纷的法律思考》，载《新闻记者》1991年第7期。

③ 参见刘天运：《浅谈舆论监督与侵权的界限》，载《新闻窗》1992年第4期。

④ 参见王晋闽：《试论新闻侵权》，载《国际新闻界》1991年第5~6期。

⑤ Von Bar, Gemeineuropäsches Deliktsrecht Vol. Ⅰ, 1996, at 588 - 589. Neethling, JM Potgieter & PJ Visser, Neetbling's law of personality(2005) at 129ff.

⑥ Cvon Bar, Gemeineuropäisches Deliktsrecht Vol. Ⅰ, 1996, at 589 - 590.

《纽约时报》案中,美国联邦最高法院的布伦南大法官首次提出了“公共官员”(public offcial)的概念,以及对公众人物隐私权的必要限制。[①] 此案之后,新闻自由处于更高的价值位阶,此种宪法上的特权经常用来作为对诽谤的抗辩。我国司法实践中也出现了大量的人格权与舆论监督之间冲突的案件。例如,在“范志毅诉文汇新民联合报业集团侵犯名誉权案”中,法院认为,范志毅系中国著名球星,自然是社会公众人物,此期间关于国足和范志毅的任何消息,都将引起社会公众和传媒的广泛兴趣和普遍关注。《东方体育日报》依据这一客观情况撰写报道,“其消息来源并非主观臆造,从文章的结构和内容上看,旨在连续调查赌球传闻的真实性。从表面上看,报道涉及的是范志毅个人的私事,但这一私事与社会公众关注世界杯、关心中国足球相联系时,这一私事就不是一般意义的私事,而属于社会公众利益的一部分,当然可以成为新闻报道的内容。新闻媒体对社会关注的焦点进行调查,行使报道与舆论监督的权利,以期给社会公众一个明确的说法,并无不当”。[②]

首先应当看到,对民事主体的人格权应予以充分尊重。人格权既是民法所确认的民事权利,也是宪法所确认的公民的基本权利,它和言论自由一样都是公民享有的基本权利,并应受到法律的充分保护。自由止于权利。同样,新闻工作者行使舆论监督的权利时,也应当尊重自然人、法人以及非法人组织所享有的人格权,不得妨碍其正当行使权利。在现代社会,利用大众传播媒介侵害个人隐私等人格权的行为变得更为容易,所造成的影响也更为严重,因此,法律必须加强对人格权的保护,以限制滥用新闻自由权利的现象。

但是,法律应当妥善平衡人格权保护与言论自由保护之间的关系。在现实生活中,舆论监督机制尚不够健全,舆论监督的作用没有得到充分的发挥。广大新闻工作者对各种丑陋、违法现象进行揭露和批评总会遇到各种阻力和困难,在此情况下,更应该鼓励新闻工作者大胆行使舆论监督的权利,并应对正当的监督实行特殊保护,因为“如果诽谤判得太多,记者和传媒动辄受罚,在我们这样一

---

① See New York T1mes Co. v. Sullivan,376 U. S. 254(1964).

② 上海市静安区人民法院(2002)静民一(民)初字第1776号民事判决书。

个舆论监督本来就不发达的国家，其后果就可想而知了”。[①] 可见，新闻报道自由与言论自由之间的关系并没有得到有效平衡。从实践来看，人格权保护与言论自由之间的冲突主要体现为言论自由与名誉权、肖像权、隐私权等权利保护之间的冲突。关于大量的精神性权利的侵害，行为人是否有过错，判断是非常复杂的，它涉及和言论自由等其他价值的协调。结合民法典人格权编草案的相关规定，在解决言论、表达自由与人格权保护之间的冲突时，主要应当考虑如下因素确定相关行为是否构成对权利人人格权的侵害：

第一，言论的目的、类型、内容。在具体认定相关的言论是否构成对个人人格权的侵害时，应当区分不同类型的言论，具体予以认定。例如，如果相关言论对事实的描述或者转述失实，造成他人社会评价降低的，则应当构成对他人名誉权的侵害；如果相关言论所陈述或者转述的事实基本真实，而相关的评论也不具有侮辱的意思，即便导致个人社会评价降低，也不应当构成他人名誉权的侵害。在基本事实属实的情况下，如果针对基本事实的评论不当也应依据具体情况加以判断，不能一概认为构成侵权。[②] 当然，即便相关言论所陈述的事实基本属实，也有可能构成对他人隐私权、个人信息权等权利的侵害。

第二，权利人是否属于公众人物、机关团体。从比较法上来看，公众人物并不是一个政治概念，而是一个为了保护言论自由、限制名誉权和隐私权而创设的概念，它更多地运用在诽谤法和隐私法中。“公众人物无隐私”，我国现行立法并没有规定公众人物的概念，但司法实践中已经采纳了这一概念。[③] 由于公众人物身上存在社会公共利益和社会公众的兴趣，对公众人物的人格权，如隐私权、名誉权等，应当进行必要的限制，以维护社会公共利益。当然，公众人物的人格权仅应当在必要范围内受到限制，但公众人物所应当享有的核心隐私仍然不能受到剥夺，不能因为某人是公众人物而否定其人格权。至于机关团体的名誉权也应受必要的限制，从而有利于

---

① 孙旭培：《新闻工作者与新闻纠纷》，载《新闻通讯》1991年第6期。

② 张家勇、马志：《名誉权与舆论监督权》，载《西南民族学院学报》（哲学社会科学版）2001年第1期。

③ 上海市静安区人民法院（2002）静民一（民）初字第1776号民事判决书。

公民对机关团体行使公权力的行为进行必要的监督和批评。

第三，言论是否包含侮辱性和隐私披露的内容。如果媒体或者新闻从业人员在有关报纸杂志上恶意损害他人的名誉或披露他人的隐私，或者虽然没有恶意但是存在重大过失而导致他人的名誉严重受损或隐私被非法披露，那么此时不能再因为保护言论自由而使得这些侵权人免责。因为对那些恶意、重大过失的行为给予保护已经超出了维护言论自由的必要的限度，所以没有必要对其言论自由给予特别的保护。

第四，事实陈述或者意见表达与公共利益的关联性。也就是说，如果言论的目的在于保护社会公共利益、维护社会公德，则应当倾斜保护言论表达自由。例如，为了保护食品安全，新闻媒体对某企业产品的质量报道不实，导致该企业的名誉权受损，在认定新闻媒体是否构成侵权时，即应当考虑其保障食品安全的目的。

第五，事实陈述是否真实，陈述人是否具有恶意、是否尽到了合理审查义务。新闻媒体在报道过程中应当对报道素材的真实性尽到合理的审查义务，否则，其就有可能因为报道不实而构成对他人名誉权等人格权的侵害。此外，除法律另有规定外，报道人是否尽到其审查义务，应当由报道者进行举证。

第二节　人格权与宪法上的基本权利

一、人格权与宪法上的基本权利的联系和区别

星野英一指出，“在法律存在以前就已经存在的属于人类的人格权，一方面是可以向国家主张的宪法上的权利，另一方面表现为可以向他人主张的人格权”。[①] 这就涉及宪法规定的基本权利与私法权利的关系问题。

---

① ［日］星野英一：《民法·财产法》，放送大学教育振兴会1994年版，第52页，转引自［日］五十岚清：《人格权法》，［日］铃木贤、葛敏译，北京大学出版社2009年版，第13页。

在我国,宪法上的基本权利和民法上的人格权具有十分密切的关系,主要表现在:一是人格权作为基本人权,首先是由宪法确认的,而民法不过是将宪法所确定的价值理念予以具体化。私法主体同样应承担民事侵权责任,这是法治保障权利精神的具体体现;侵犯基本权利适用民事责任的现象,也被称为"基本权利的民事化"。① 二是民法上的人格权必须符合宪法上基本权利的价值。宪法在我国法律体系中居于根本法和最高法的地位。我国《宪法》所确认的人格尊严成为各个法律部门都必须予以保护的价值。人格权中的许多权利是宪法规定的基本权利。我国《宪法》第 37 条第 1 款规定:"中华人民共和国公民的人身自由不受侵犯。"第 38 条规定:"中华人民共和国公民的人格尊严不受侵犯。……"2004 年,我国对宪法进行修改,修改后的宪法明确规定:"国家尊重和保障人权。"由于人格权是人权的重要组成部分,所以,保护人格权,必须要贯穿宪法基本权利的价值和理念。三是民法上人格权的保障也有助于具体实现宪法基本权利的价值,真正实现宪法保障人权等基本价值。在许多基本权利被私法主体侵犯的情况下,私法主体同样应承担民事侵权责任,这是法治保障权利精神的具体体现。因此,宪法上的人权与人格权之间也存在密切的双向互动关系。当然,这种密切的联系并不能否认二者之间仍然存在一些明显的差异。

人格权是私权,不同于宪法基本权利,民法典分编草案区分了人格权与宪法基本权利的概念。民法典分编草案第 773 条就规定,"本编调整因人格权产生的民事关系",立法机关在草案的说明中也指出,"人格权编这一部分,主要是从民事法律规范的角度规定自然人和其他民事主体人格权的内容、边界和保护方式,不涉及公民政治、社会等方面权利"。② 这表明人格权编调整的是平等民事主体之间的民事权益关系,而不调整国家和个人之间的人权关系。而且从草案的内容来看,其所规定的各项人格权也并没有涉及宪法上的

---

① 参见石佳友:《人权与人格权的关系——从人格权的独立成编出发》,载《法学评论》2017 年第 6 期。

② 沈春耀:《关于提请审议民法典各分编草案议案的说明》,载中国人大网:http://www.npc.gov.cn/npc/cwhhy/13jcwh/2018-08/27/content_2059319.htm,最后访问日期:2018 年 9 月 3 日。

权利义务问题，主要彰显了人格权的私权属性。宪法上的基本权利和民法上的人格权的区别主要表现在：一方面，二者性质不同。宪法基本权利属于公权的范畴，属于公民所享有的基本权利，而人格权则属于私权，是一项民事权利。宪法所规定的人格尊严和人身自由是民法上人格权制度发展的基础，①但并不能据此否定人格权的民事权利性质。另一方面，二者效力不同。人格权作为私权，仅在民事主体之间发生效力，而宪法基本权利主要在国家和公民之间发生效力。我国宪法规定公民有受教育的权利，此项权利，与其说规定的是公民的权利，还不如说规定的是国家的义务，即规定国家负有为每个公民提供相应的教育设施及其他教育条件的义务。人格权作为私权，其他民事主体负有不得侵害的义务，而宪法基本权利则要求国家对公民基本权利进行积极保护。还应当看到，二者救济方式和程序不同。如果公法上的权利遭受侵害，应当依据公法的相关程序获得救济，而不能诉诸侵权责任法。② 因此，认为宪法基本权利可以替代人格权，有了宪法基本权利规则就不再需要人格权规则等看法都是不妥当的。

二、宪法上的基本权利应当具体化

当代宪法理论认为，宪法上保障基本权利的精神应该覆盖和贯穿于所有的法律领域。在比较法上甚至出现了所谓“宪法的私法化”的趋势，具体来说，就是指在民事审判中，法官通过援引宪法规定作为裁判依据或者论证理由，从而强化对当事人权利的保护。③这在某种程度上也使公法和私法的分类变得更为困难。④ 例如，在著名的吕特案的判决中，德国联邦宪法法院就特别指出：“德国基本法中的基本权利规定同时也是一种客观价值秩序，其作为宪法上的基本决定而对所有法领域发生效力。”⑤虽然民法属于私法，但在当

---

① 参见林来梵、骆正言：《宪法上的人格权》，载《法学家》2008 年第 5 期。

② 参见张新宝：《人格权法的内部体系》，载《法学论坛》2003 年第 6 期。

③ 严格地说，“宪法的私法化”也有人称为“基本权利对第三人效力”，但是，基本权利对第三人效力学说和宪法私法化是从两个不同的角度来观察宪法对于私法的影响。

④ See Franz Werro, “Tort Law at the Beginning of the New Millennium. A Tribute to John G. Fleming's Legacy”, 49 *Am. J. Comp.* L. 154.

⑤ BVerGE, 7, 198(198).

代宪法强调人权保障的趋势下,民法上的各项民事权利也开始受到宪法基本权利内涵的影响。民法学说与判例在解释民事权利时,也越来越多地将宪法基本权利的精神融会贯通进去,从而实现宪法权利在民法领域的具体化。

宪法权利具体化的第一种表现就是对基本权利对第三人效力学说的认可。传统学说认为,宪法基本权利的规范效力仅仅在国家和公民之间产生。但是,当代宪法领域产生的基本权利对第三人效力理论则认为,如果公民与公民之间的私人关系对其中一方的基本权利产生了影响,则基本权利的效力可以超越个人与国家关系的范围,而进入到私人之间的民事关系中去。[①] 也就是说,宪法上的基本权利在特定情况下也会对私法领域发生效力,可以在公民之间产生效力。[②] 例如,德国宪法学者在对基本法规定的基本权利进行体系解释时认为,《基本法》第 1 条第 1 款规定的人格尊严应该被作为整个法秩序的"最高建构性原则"(oberstes Konstitutionsprinzip),[③]其他基本权利都以人格尊严为价值基础和核心内容。人的尊严"为基本权利之基准点、为基本权利之出发点、为基本权利之概括条款、属宪法基本权利之价值体系",甚至是整个基本权利体系的基础,在宪法上解释为人性尊严或人的尊严(Human dignity)更具有统摄性。[④] 按照德国《基本法》第 3 条的规定,基本权利对于立法、行政和司法都有着直接的约束力,这意味着民事立法和民法解释都应该贯彻基本权利的精神,其核心正是人格尊严。以人格尊严为基础的基本权利对于民事司法产生的主要影响就体现在:原本只适用民法规范的民事案件的裁判中也要考虑当事人的基本权利。例如,在侵害名誉权纠纷案件中,应当考虑侵权人是否是在正当行使自己的言论自由,这就涉及宪法上的言论自由在民法上的效力,也就是第三人效

---

① 参见张红:《基本权利与私法》,法律出版社 2010 年版,第 52 页。

② Dürig, Festschrift für Nawiasky, 1956, S. 157 ff.; Schwabe, Die sog. Drittwirkung der Grundrechte, 1971; Canaris, AcP 184, 201 ff.; Medicus, AcP 192, 43 ff.; a. A. Hager, JZ 1994, 373; Canaris, Grundrechte und Privatrecht, Walter de Gruyter, 1999; Jörg Neuner (Hrsg.), Grundrechte und Privatrecht aus rechtsvergleichender Sicht, Mohr Siebeck, 2007.

③ Günter Dürig, Der Grundrechtssatz von der MenschenWuerde, AöR, S. 119. 参见张翔:《基本权利的体系思维》,载《清华法学》2012 年第 4 期。

④ 李震山:《人性尊严与人权保障》,元照出版公司 2002 年版,第 4 页。

力的问题。

宪法权利具体化的第二种表现为“宪法的私法化”现象，具体来说，就是在民事审判中，法官大量援引宪法的规定作为裁判依据或者论证理由，从而强化对当事人权利的保护。这在某种程度上也使得公法和私法的分类变得更为困难。[①] 例如，德国法院援引《基本法》第1条“人格尊严不受侵害”，并由此衍生出一般人格权的理论。在美国，隐私权既是一种普通法上的权利，也是一种宪法权利。美国法院通过一系列判例将隐私解释为宪法权利。[②] 而且，美国有十个州在其州宪法中确认隐私权为宪法权利。其原因在于，使隐私权成为一种宪法权利，从而可以保障隐私免予受到政府的侵害。[③] 从各国的经验来看，凡是承认人格权为一种宪法权利的国家，通常法院都有违宪审查的权力，公民也可以提起宪法诉讼，从而为宪法救济提供了一种可能性。

在我国，宪法上的基本权利也有必要进行具体化，但宪法基本权利具体化的方式应当从中国实际出发，而不能完全照搬国外的模式。毕竟在我国，法官不能直接解释宪法，也不存在宪法法院，所以，上述比较法上宪法具体化的方式在我国行不通。因此，应当从中国实际出发，通过民事立法的方式将宪法基本权利具体化。法官在裁判中直接援引民法，从而使宪法的原则、精神得以具体实现。

在此有必要对《乌克兰民法典》的相关规定作出必要的评述，有学者认为，2004年的《乌克兰民法典》规定了独立成编的人格权编，并认为我国民法典将人格权独立成编是借鉴了乌克兰的模式。其实，《乌克兰民法典》根本不存在所谓独立成编的人格权法，《乌克兰民法典》规定的是包括了公权和私权在内的、各类人身非财产权(personal non-property rights)，可以说是把乌克兰宪法所规定的公民基本权利除财产权之外的权利全部置于人身非财产权编之中，从

---

① Franz Werro: Tort Law at the Beginning of the New Millennium. A Tribute to John G. Fleming's Legacy, 49 Am. J. Comp. L. 154.

② 参见[美]阿丽塔·L. 艾伦等:《美国隐私法:学说、判例与立法》,冯建妹等编译,中国民主法制出版社2004年版,第49~59页。

③ 参见[美]阿丽塔·L. 艾伦等:《美国隐私法:学说、判例与立法》,冯建妹等编译,中国民主法制出版社2004年版,第85页。

该法典第二编所规定的自然人的人身非财产权来看,除了规定生命健康、获得医疗服务、自由、人身豁免、器官捐赠、姓名、肖像、信息等权利外,还包括了享有家庭生活的权利、受监护后辅助的权利、环境安全权、保有个性的权利,以及自由创作、自由选择住所和职业、迁徙自由、结社自由、和平集会等权利。[①] 显然,该法把宪法上所规定的公法权利和私法权利一并纳入民法典之中作出规定,这个意义上的民法典已经不是传统意义上的民法典了。该法虽然涉及姓名肖像信息等人格权利,但远不限于此,可以说是公私不分的混合体,这也难怪乌克兰立法者没有用人格权而是用人身非财产权来概括这一编,其重点强调的是非财产性,而不是强调的私法上的人格权。如果与《巴西新民法典》《埃塞俄比亚民法典》《秘鲁共和国新民法典》等民法典相比较,这些民法典都是以“人格权”为题作出规定,而《乌克兰民法典》并没有“人格权”(personality rights)这一表述。乌克兰学者认为,《乌克兰民法典》之所以要规定人身非财产权,主要是为了与有关的国际公约(如1966年的《公民权利和政治权利国际公约》)的规定保持一致,所以该法典就公民所享有的、财产权之外的各种私法上的和公法上的权利作出了规定。由此可见,《乌克兰民法典》中的人身非财产权是一个综合性的权利,是一个包含了公法上的权利和私法权利在内的权利集合体。[②] 这也表明了《乌克兰民法典》并不存在独立成编的人格权法,而采纳的是一种公私法不分的体例结构,这种不区分宪法基本权利与民法上人格权的做法其实已经超越了民法典私法的本质,此种立法体例也是不可取的。

三、宪法基本权利规则难以充分保护人格权

在我国,尽管宪法已经确认了尊重和保障人权的原则以及对人格尊严和人身自由的保护,但并不否认人格权应为一项民事权利,在我国,仅通过宪法基本权利规则难以充分保护人格权,还有必要

---

① 详细内容请参见“乌克兰民法典第二编自然人的人身非财产编”译文,周友军译,载中国民商法律网。

② See O. Kokhanovska, R. Stefanchuk, “Personal Non-Property Rights in the Civil Law of Ukraine”, 2012 *Law Ukr.* : *Legal J.* 44(2012).

通过民法典的编纂将宪法上的基本权利具体化为民法上的人格权，从而真正实现宪法基本权利的价值和目的，主要理由如下。

第一，从各国的经验来看，凡是承认人格权为一种宪法权利的国家，通常承认法院有违宪审查的权力，公民也可以提起宪法诉讼，从而为宪法救济提供了一种可能性。但在我国，《宪法》第 67 条明确规定，解释宪法的权力属于全国人大常委会，而普通法院没有解释和适用宪法的权力。尤其是在 2009 年 10 月 26 日，最高人民法院发布了《关于裁判文书引用法律、法规等规范性法律文件的规定》，其中第 4 条规定："民事裁判文书应当引用法律、法律解释或者司法解释。……"可见，该条并没有将宪法列入民事裁判文书可以引用的范围之列，因此，法官在裁判文书中不能直接援引《宪法》裁判。故而宪法规范并不构成裁判规范，其条文仅是原则性规范，不能直接作为裁判依据。即使承认人格权为一种宪法权利，由于我国宪法不具有直接适用的效力，因而只有通过民法将人格权转化为民事权利，才能获得民事救济。

第二，宪法作为我国的根本大法，其所规定的权利为基本权利，不能涵盖人格权的全部内容。宪法上所说的人权性质上属于国家和个人之间的关系，设定的是国家对个人基本权利的保障义务，而民法上的人格权只是民事主体之间的法律关系。现代社会，人格权越来越复杂和多样，宪法不可能对各种具体人格权及其复杂的内容作出规定。"宪法虽规定人权保障或具体人格权保障，但何谓人权和人格权，仍须加以明确化，不规定在民法中，将人格权的内容巨细靡遗地规定在宪法中并不适宜。"①因此，宪法关于人格权的规定主要具有价值指导和宣示性质，而宪法规定的价值也必须由民法规定予以具体落实。

第三，有权利必有救济，宪法不可能对人格权遭受侵害的情况设定各种救济手段，也不能对侵害各种人格权的具体行为进行详细列举。即使我国将来设立宪法法院，也不能完全根据宪法对各种侵害人格权的行为予以救济，而必须要在民法中确认具体的人格权，并对侵害或妨害人格权行使的行为设定相应的责任方式，从而对受

---

① 谢哲胜等：《中国民法典立法研究》，北京大学出版社 2004 年版，第 81 页。

害人提供充分的救济。更何况,一般的侵害人格权的行为并不涉及政府,没有必要依靠宪法提供救济。[①]

第四,宪法上的基本权利,其义务主体主要是国家。宪法主要调整国家与公民以及国家机关之间的关系,并不调整公民之间的关系。所以,宪法上规定的权利,实质上是为国家规定某种职责。例如,宪法中规定公民享有劳动权,则表明国家应承担为公民提供就业机会的义务。正如有学者指出的,“宪法基本权利规范,旨在保障人民免受国家权力滥用的侵害,其具有针对国家的性质而非针对人民的性质。宪法基本权利规范,只是关乎国家权力的行使,对私人之间,无任何效力而言”。[②]

第五,随着社会经济、文化的发展,人格利益的范围将日益扩张,不可能都由宪法对各类人格权进行详细列举。所以,认为人格权只是宪法权利,不能由民法规定的观点,表面上提高了人格权的地位,实际上是将人格权架空,无法得到实际的保护。[③]

总之,笔者认为,虽然宪法规定人格权为公民的基本权利之一,但这并不否认其作为民事权利的性质,因此,人格权作为一项民事权利,仍然应当在民法典中单独予以规定。

第三节　人格权与身份权

一、身份权的概念

在传统民法中,根据权利的性质和内容将民事权利分为两类:一类是财产权,另一类是人身权。而人身权又包括人格权和身份权。

所谓身份权,是指民事主体享有的与其身份有关的人身权利,

---

① 参见马特:《民法典人格权编争议问题探讨》,载《人民法院报》2003 年 9 月 12 日,第 3 版。

② 沈岿:《“宪法第一案”司法理论及质疑》,载《判解研究》2002 年第 1 期。

③ 参见杨立新:《中国民法理论研究热点问题探索与意见》,载王利明等:《中国民法典基本理论问题研究》,人民法院出版社 2004 年版,第 776 页。

如夫妻间的人身权、父母子女间的人身权等。[1] 身份权是由一定的身份关系所产生的权利，所以，必须具有某种身份地位才能取得某种相应的权利。例如，基于一定的血亲的身份而取得亲权。正如史尚宽先生所言："民法上身份云者，谓基于亲属法上之相对关系之身份，有一定身份后得享有之权利也。"[2]由于个人的身份通常都是基于一定的血亲或姻亲所取得的，所以，身份权主要是婚姻家庭法中的权利。有一些学者将身份权分为两类：一类是基本身份权，即对基本身份地位的总称。依据我国法律，这些权利主要包括夫妻间的身份权和亲权。另一类是派生的身份权，即由基本身份权所派生出的抚养请求权、赡养请求权等。

从古代至今，身份权的内涵经历了一个从权利、义务主体法律地位的不平等到平等的演变过程。传统民法上的身份权主要包括夫权、父权、亲权、家长权等，这些权利都在内容上体现了对他人的支配。不过，这些对他人支配权利的存在与人类社会文明的发展相悖，所以，20 世纪以来特别是第二次世界大战以来，大陆法系许多国家的法律逐渐适应社会政治经济发展的需要，对身份权制度进行了重大改革。许多国家逐渐废除了具有浓厚封建色彩的家长权制度，[3]废除了以男女不平等为基础的夫权的规定，并对亲权制度作出修改，[4]这些都导致了身份法的变化。特别是在传统民法上亲权在内容上表现为父母对子女的支配权，这一制度在现代已经被修改。例如，最初的《法国民法典》第 375、376 条规定，父对子女的行为有重大不满的原因时，可以拘留其子女。但法国于 1970 年 6 月 4 日颁布的法律对《法国民法典》有关亲权的规定作了重大修改，规定父母对子女负有照管、监督及教育的权利、义务，亲权由父母共同行使并废除了父母得拘留子女的规定。

传统民法中身份权制度的改变是否意味着身份权已经逐渐地受到限制，甚至走向消亡呢？笔者认为，传统民法的身份权确实受

① 参见唐德华：《民事审判若干理论与实践问题》，吉林人民出版社 1991 年版，第 163 页。

② 史尚宽：《民法总论》，正大印书馆 1980 年版，第 16 页。

③ 例如，日本在 1947 年修改民法典，废除了家的制度和家长权。

④ 参见梁慧星：《民法》，四川人民出版社 1989 年版，第 343 ~ 345 页。

到了严格的限制并逐渐萎缩。随着现代社会的发展，个人不再作为权利的客体而成为法律关系的主体，并逐渐摆脱了封建身份关系的束缚和家族权的支配，从而具有了独立平等的人格。在人格独立和人格平等的基础上，产生了具有新的内涵的身份权，这一点在我国现行法中表现得尤为突出。我国现行法中的身份权和传统民法中以支配他人人身为内容的身份权的区别在于：我国现行法中的身份权并不是对他人支配的权利，而是以法律上人格独立和平等为前提和基础的。例如，我国《婚姻法》明确规定了男女平等的原则，《民法总则》也明确宣告公民的民事权利能力一律平等，因而在我国法律规定的身份关系中，其权利主体和义务主体都是平等的，权利人在享受权利的同时也要承担相应的义务。

笔者认为，根据我国现行立法和司法实践，可以将身份界定为民事主体在特定的社会关系中所具有的地位，而身份权则是基于该种地位所享有的权利。具体包括：一是基于在亲属关系中的地位而享有的身份权，如基于父母子女关系产生的亲权、[①]基于夫妻关系产生的配偶权、基于监护关系产生的监护权等。在审判实践中，曾经发生因抚养非亲生子而主张损害赔偿的案件，实际上构成对亲权的侵害。[②] 例如，因医院的过错导致抱错子女，并抚养了他人的子女，而要求损害赔偿的案件，[③]就属于侵害亲权的案件。二是在其他社会关系中产生的身份权，如基于特定荣誉的享有而产生的荣誉权。[④]

二、人格权与身份权的联系与区别

人格权和身份权都属于人身权的范畴。作为人身权，它们具有共同的属性。这些共性表现在：第一，它们都是专属权。也就是说，

---

① 参见《宋慧英等诉徐州市第三人民医院因工作失误致其亲子被他人抱走要求找回亲子案》，载《人民法院案例选》1999 年第 4 辑，时事出版社 2000 年版。

② 参见《周德勇诉王俊等返还受欺骗抚养非亲生子费用和侵犯配偶权索赔案》，载《人民法院案例选》2001 年第 2 辑，人民法院出版社 2001 年版。

③ 参见《孙华东夫妇诉通化市人民医院错给所生孩子致使其抚养他人孩子达 20 余年要求找回亲生子和赔偿案》，载最高人民法院中国应用法学研究所编：《人民法院案例选》，人民法院出版社 2004 年版，第 93 ~ 106 页。

④ 参见《鞠瑛等诉郭晋荣以集体名义获得的荣誉应归全体成员享有荣誉权纠纷案》，载《人民法院案例选》1996 年第 1 辑，人民法院出版社 1996 年版。

人格权和身份权都是与权利主体的人身密切联系在一起的，它们的客体都表现为与权利人的人身不可分离的利益。例如，生命、健康、姓名、名誉和身份等只有和特定人联系在一起，才有意义，一旦和人身相分离，也就失去了其存在的价值。由此决定了这种权利都只能由权利人自己享有和行使，而不得转让或由他人继承。[①] 第二，它们都是对世权。也就是说，权利人无需他人的协助就可以实现其权利。这两种权利的义务主体都是不特定的人，权利主体以外的一切人均为义务主体，负有不作为（不为侵害行为）的义务，因而这两种权利都属于能对抗一切人的绝对权，而非仅能对抗特定人的相对权。第三，它们都是非财产权。也就是说，人格权和身份权都是以非财产利益为客体的民事权利。[②] 人身不是财产，不能用金钱来衡量，尽管人身权的行使与财产权有一定的联系，并且会为权利人带来一定的财产利益，但人身权的行使主要是为了实现权利人的内在价值，满足其内在需要，而主要不是为了谋取经济利益。第四，从救济方式来看，对两者的侵害都可采取精神损害赔偿的救济方式，我国有关司法解释已经对此明确予以承认。例如，《精神损害赔偿司法解释》第2条规定："非法使被监护人脱离监护，导致亲子关系或者近亲属间的亲属关系遭受严重损害，监护人向人民法院起诉请求赔偿精神损害的，人民法院应当依法予以受理。"

尽管人格权和身份权存在上述共性，但它们毕竟是两类不同的权利，二者的主要区别如下。

第一，在权利的固有性方面不同。从性质上看，人格权是民事主体所固有的、为维护主体的独立人格所必备的生命健康、人格尊严、人身自由以及姓名、肖像、名誉、隐私等各种权利。这种权利为民事主体所固有，并为法律所承认。任何个人都享有平等的人格权，没有这些权利便使个人丧失了作为人的权利。而对身份权来说，它可以是因人而异的，尽管个人不能脱离亲属关系而存在，但个人可以在取得某种身份的问题上作出选择。就身份权的享有而言，每个人并不一定完全相同，不具备某种身份权并不一定会丧失其作

① 参见王利明主编：《人格权法新论》，吉林人民出版社1994年版，第207页。

② 参见杨立新：《人身权法论》，人民法院出版社2002年版，第103～104页。

为民事主体的资格,也不会使其丧失作为人的权利。[①]

第二,权利的主体不同。从主体上来看,人格权不仅可以由自然人享有,亦可以由法人享有。例如,根据我国法律的规定,法人可以享有名称权和名誉权。而身份权主要基于亲属法上的身份关系产生,因而只能由自然人享有。当然,在例外的情况下,非亲属法上的权利,如荣誉权,也可以是身份权的组成部分,故法人在例外情况下可以因其取得荣誉权而成为身份权的主体。

第三,权利的客体不同。从客体上来看,人格权以人格利益为客体,人格利益包括维护自然人生理活动能力的利益、主体人身专有标志的利益、主体所获得的社会评价和自尊的利益等。而身份权的客体则是基于一定的身份所取得的利益,简称身份利益。严格地说,现代身份权所支配的不是特定的人及其身份,而是因为身份关系而体现的利益。[②]

第四,权利的取得方式不同。人格权因主体的出生或成立而取得,并不需要主体实施一定的行为就可以自然取得。而身份权取得的原因则各不相同,行为人取得某些身份权不仅要有一定的行为能力,而且还要实施一定的法律行为,如因结婚取得配偶权、因收养而形成养父母子女关系等。

第五,权利的存续期限不同。人格权的存续期限与主体作为独立人格的地位是联系在一起的,它因权利人的出生或成立而取得,因权利人的死亡或终止而丧失,权利本身并没有特别的期限限制。而身份权则是以一定的身份的存在为前提,并以身份的存续为权利存续的前提,如夫妻关系解体、配偶关系丧失,则配偶权便消灭;养父母子女因收养解除而丧失父母子女的身份,亲权便消灭。[③]

需要探讨的是,婚姻自主权究竟是人格权还是身份权?婚姻自由是指自然人有权在法律规定的范围内,自主自愿地决定本人的婚姻,不受任何来自外界的干涉或强迫。婚姻自由包括结婚自由和离婚自由。结婚自由是指结婚必须男女双方自主自愿,不允许任何一

---

① 参见杨立新:《人身权法论》,人民法院出版社 2002 年版,第 105 页。

② 参见杨立新:《人身权法论》,人民法院出版社 2002 年版,第 107 页。

③ 参见王利明主编:《人格权法新论》,吉林人民出版社 1994 年版,第 209 页。

方对他方加以干涉或强迫，禁止包办、买卖婚姻，严禁干涉他人的婚姻自由。离婚自由是指当事人双方有权自主处理自己的离婚问题，双方可以自愿地协议离婚，如果不能协商一致，一方要求离婚的，可以诉至法院解决。婚姻自由是我国婚姻法的基本原则之一，也是我国婚姻家庭制度的基石。[①] 有学者认为，婚姻自主权规定在婚姻法中，是身份法上的一项权利，应当是身份权，不应当属于人格权。笔者认为，婚姻自主权应是一项独立的人格权，理由在于：一是婚姻自主权与人身自由权一样都属于精神性人格权。与人格权不同，身份权以主体的一定身份关系为存在前提，而婚姻自主权虽然也与婚姻关系存在一定关系，但其本质上是个人自主决定自己婚姻关系的权利，并不以婚姻关系的存续为前提，因此，婚姻自主权在性质上应当属于人格权而非身份权。二是从我国现行立法来看，婚姻自主权是规定在《民法总则》第 110 条中的，因此，从体系解释的角度看，婚姻自主权在性质上应当属于人格权。三是从婚姻自由的性质而言，婚姻自主权属于一种自由权。它意味着要尊重当事人在婚姻领域的意志自由。婚姻自由实际上是人身自由的主要内容。有学者认为，婚姻自由的基本要素可以分为意志自主权利、人身自由权利和性自由权利三项。[②] 侵害婚姻自由也可能通过侵害人身自由的方式来实现。例如，将妇女非法拘禁、强迫成婚。从广义的人身自由权角度来看，婚姻自由应当包括在内。但作为一项具体的人格权，婚姻自由与人身自由权是不同的。一方面，婚姻自由权与人身自由权的内容和客体是不同的。婚姻自由是自主决定婚姻、配偶的权利，本质上是一种意志自由，而人身自由主要是身体行动的自由。另一方面，婚姻自由在传统民法体系中，主要受亲属法调整，对侵害婚姻自由是否导致精神损害赔偿，现行立法并未作出规定。但是人身自由权则主要是受人格权法调整。现行司法解释也明确规定侵害人身自由权可以产生精神损害赔偿请求权。

---

① 参见杨大文主编：《婚姻家庭法学》，复旦大学出版社 2002 年版，第 92 ~ 93 页。

② 参见徐显明：《公民权利义务通论》，群众出版社 1991 年版，第 292 页。

第四节　人格权与著作权

一、人格权与著作权的联系

从比较法的历史来看，不论是在大陆法系还是英美法系，人格权与著作权这两个概念均有着密切的联系，可以说人格权的概念从产生后就与著作权交织在一起。在法国，19 世纪末期，由于版权中出现了"精神权利"（droit moral）的概念，才促使许多法学家思考承认"人格权"（droit de la personalité）的必要性。1902 年，法国最高法院曾在一个判例中认为，作者对作品的修改权和禁止他人发表权是"作者固有的人格权"。[①] 后来的法国判例在德国理论的影响下，创立了"精神权利"的概念，认为作者对其作品除了享有财产权利之外，还享有精神权利。[②] 从而标志着法国的司法实践接受了人格权的概念。在法国法中，著作权中的精神权利是一种财产权利，由于其涉及作者的人格尊严及作品的完整性，故其具有人格权的特征。[③] 人格权的概念是相当宽泛的，并不限于保护个人的姓名与经历，它还包含全部与个人不可分离的基本权利，以及作者的精神权利。[④]

德国同样出现了类似状况。在人格权产生的过程中，德国理性哲学的代表人物康德等人认为，作品是主体人格的外化和作者人格的实现，所以作者权利是内在的人格权利。[⑤] 此种观点对知识产权理论产生了重要影响。而基尔克则认为，生命健康权、自由权、荣誉权、资格权、自由行为权、姓名权、商标权和知识产权都是"一般人格权"，他强调作品是作者人格的产品，著作权仅仅是人格权，其经济

---

① Stig Strömholm, Right of Privacy and Right of the Personality, Stockholm, 1967, p. 27.

② 参见李琛：《知识产权片论》，中国方正出版社 2004 年版，第 98～99 页。

③ E. Logeais & J-B. Schroeder, "The French Right of Image: An Ambiguous Concept Protecting the Human Persona" (1998) 18 *Loy. L. A. Ent. L. J.* 511 at 535.

④ 参见李琛：《知识产权片论》，中国方正出版社 2004 年版，第 144 页。

⑤ See David Saunders, *Authorship and Copyright*, Routledge, 1992, p. 113.

利益成分应服从其人格利益成分。[①] 科勒则在其1907年出版的一本关于版权法的著作中，认为姓名权、肖像权、隐私权等属于版权的内容。科勒将此种思想产物与人格权进行了区分，并主张个人的思想创造依附于其人格权，但应当属于独立的财产权。[②] 这种观点在德国民事立法中也有体现。例如，作为人格权的重要类型的肖像权，虽然在《德国民法典》中没有规定，但因1898年俾斯麦遗体偷拍案的发生，使1907年9月1日生效的德国《艺术品著作权法》第22～24条、第33条、第37～38条、第42～44条、第48条对肖像权进行了全面规定，这显然是将肖像权作为著作权来加以保护的。

正是因为人格权与著作权的概念之间存在密切的关联，所以在人格权理论发展的过程中，实际上形成了两种学说和理论：一是一元论。此种观点主要由乌尔默（Ulmer）、胡普曼（Hubmann）等人主张，该学说认为著作权是一个同时包含了财产与人格因素的权利，所以著作权包含著作人格权在内。例如，保护作品完整权、作品的署名权、发表权等，都是因为作品本身的独创性而产生的，而并非因与个人的人身相关联的人格利益而产生的。正是从这个意义上说，不能将著作权和人格权相混淆。[③] 二是二元论。此种观点主要由科勒和尤博（Jouber）等人主张，该学说认为作为版权客体的独创性并非仅产生一个单独的权利，而同时形成了著作财产权和著作人格权这两个不同的权利，该学说主张任何未经授权的侵犯著作权的行为，实际上侵害的仍是财产性权利，而非作者的人格权。[④] 两种观点相比较，笔者赞成一元论的观点，理由在于：其一，著作权是基于创作（creation）产生的权利，作者所享有的发表权、署名权、保持作品完整权等，均是以其创作为权源的，而非来自作者人身。换言之，作者的人格利益是著作权的组成部分，与作为无形财产属性的创作是不可分割的。作为一项主观权利的著作权，其内容包括作者基于其作品所享有的各种性质的权利和权益，这是无法否认的客观事实。所以较为恰当的做法是将著作权区分为不可分割的两部分，即作者

---

① 参见徐国栋：《丢失的人格》，载《法律科学》2004年第4期。

② See von Bar, *The common European law of torts*, Vol. 2, OUP Oxford, 2000, p. 61.

③ Hubmann, Urheber-und Verlagsrecht, 1974, S. 149f.

④ Joubert, Grondalae van die Persoonlikheidsreg, 1953, S. 22.

对其创作所享有的财产性权利和非财产权利。[①] 其二，即使作者与其作品已经相互分离，但仍然保留了人格权。然而，这些作者享有的这些人格权主要是在著作权法框架下所享有的。就连注重二元说的优博特(Joubert)教授自己也承认，作者对于作品的处分权是来自创作本身。其三，人格权与著作权的区别主要是基于二者权利客体的区分。著作权作为一项主观权利，主要规制的是作者与其作品之间的关系，著作权的内容主要涉及权利人对其作品享有的处分、收益等权利。

还需要指出的是，侵害人格权和知识产权有可能发生竞合。例如，破坏了作品的完整性，可能会毁损作者的名誉、侵害作者的表达自由，此时，行为人既侵害了权利人的著作权，也侵害了权利人的名誉权。在此情况下，应该允许受害人选择依据何种请求权提出请求，受害人如果希望获得精神损害赔偿，则更适合选择人格权请求权的保护方式。

二、人格权与著作权的区别

笔者认为，人格权和知识产权虽然关系密切，但二者是不同的民事权利，其主要区别如下。

第一，人身专属性的程度不同。人格权具有很强的人身专属性，而知识产权中的专利权、商标权等，并不涉及人格权问题，因而其不具有人身专属性。但问题在于，著作权是否具有专属性？我国通说认为，著作权包括著作人格权和著作财产权，那么，其中的著作人格权是否像人格权一样具有专属性呢？有学者认为，“著作权中的精神权利是以某种受版权法保护的作品的产生为前提的，与人身的依法产生之间并没有任何联系”。[②] 笔者认为，著作人格权虽然具有一定的人身专属性，但与人格权相比，其人身专属性相对较弱。例如，英国虽然在《伯尔尼公约》影响下规定了署名权，但允许放弃署名权，可见，“作者和作品之关联属人格要素”的假设远非普适的

---

① Neethling, JM Potgieter & PJ Visser, Neethling's law of personality, LexisNexis South Africa, 2005 p. 22.

② 参见刘沂江：《著作精神权利基本问题分析》，载《贵州民族学院学报》2004年第2期。

社会观念。[1] 因此,知识产权既不像人格权那样具有普遍性,也不像人格权那样具有专属性。即便是著作人格权,它也并非一定由作者行使。例如,发表权在一定条件下就可由其他人行使,可见,著作人格权并不具有专属性。按照一些学者的看法,著作人格权之所以不具有严格的专属性,还在于对著作权的保护体现了浓厚的公益色彩。例如,署名权和维护作品完整权作为精神权利,其作用并不仅仅在于保护著作权人,而且还有公益的考量,与保护社会文化遗产有密切的联系。[2] 此种看法也有一定的道理。

第二,对物质载体的需求不同。所谓物质载体,是指著作权应当以物质形式将作品固定下来,这种载体可以是书本、纸张,或者是电磁波等。要求作品固定在物质形式上,主要是为了在著作权纠纷出现以后,便于取证。[3] 所以,《美国版权法》第 102 条明确要求作品必须固定在物质形式上,才能享有著作权。在我国,尽管口述作品也受到保护,不要求在一定载体上固定下来,但事实上,口述作品发生纠纷后很难举证,所以著作权应当固定在一定载体上。而人格权保护的客体不是物质,也不是文章载体,而是人格的存在及人格尊严等价值,实质化于生命、身体、姓名、肖像等对象之上,并体现为应受法律保护的人格利益。[4] 因此,人格利益是不需要固定化的,不需要附着于人体以外的物质载体上。

第三,权利客体不同。知识产权的客体主要体现的是财产利益,其指向的主要是智力成果。就专利权和商标权而言,其以财产利益为客体应无疑问。著作权虽体现了一定的人格利益的因素,但它主要还是以财产利益为客体的。尽管在 19 世纪,受理性哲学中主体人格理论的影响,人们认为作品是主体人格的外化,但到了 20 世纪,著作权越来越强调其财产属性。[5] 通常,著作人格权体现的人格利益必须要与作品有关联,而且这种人格利益与一般的人格利益还是有区别的,它既可能体现人格利益,也可能不体现人格利益。

---

① 参见李琛:《知识产权片论》,中国方正出版社 2004 年版,第 106 页。

② 参见李琛:《知识产权片论》,中国方正出版社 2004 年版,第 109 页。

③ 参见郑成思:《版权法》,中国人民大学出版社 1990 年版,第 161 页。

④ Vgl. N. Luhmann, Soziale Systeme, F. a. M., 1984, S. 220 ff.

⑤ 在英美法中,版权(copyright)本身就是财产权。

例如,地图、软件、产品设计图等,就不体现人格利益。而人格权的客体则主要是生命、健康、名誉、肖像、姓名等各种人格利益,人格权所保护的是人的精神方面的利益和需求。

第四,权利的产生不同。即使承认著作权中体现了一定的精神利益,但这种精神利益必须以作品的完成为前提,也只有那些有作品的作者才享有此种利益,所以,著作权基于创作这一事实行为而产生,取得权利的时间是作品完成之时。而人格权的产生不需要与作品发生联系,[①]人格权的产生一般始于人的出生或者法人的成立;而知识产权的产生一般不可能始于人的出生或法人的设立之时。

第五,与人格的联系不同。人格权是维护和实现个人独立、平等人格的前提和保证,它对于维护个人的生存和发展、保障个人从事正常的社会交往活动来说,相对于知识产权而言更为重要。与人格权相比,著作人格权与主体资格的关系并不十分密切。[②] 但个人若不享有人格权,其他权利的享有都是毫无意义的。所以,把人格权等同于知识产权,实际上贬低了生命、健康、名誉、肖像、姓名等权利的重要性。而知识产权主要是人格权与财产权相结合的产物,知识产权本身是以物质财富为客体的,实际上是一种无形的财产权。所以,认为人格权在性质上等同于知识产权的观点是不正确的。

三、人格权与著作权的冲突及其协调

人格权和知识产权的冲突主要体现在与著作权的冲突方面,因为专利权和商标权主要是财产性权利,极少涉及人格权问题。一般来说,只有著作权含有人格权方面的内容,从而可能会与人格权发生冲突,此种冲突主要表现在如下几个方面。

第一,著作权和肖像权的冲突。著作权的对象是著作,当著作的内容涉及具体的人的肖像时,就可能发生著作权和肖像权冲突。在实践中经常发生一方为另一方拍照了剧照、写真集、裸照后,肖像权人要求取得所有照片以及底片的所有权,而拍摄人要求取得著作

① 参见郑成思:《版权法》,中国人民大学出版社 1990 年版,第 161 页。

② 参见刘沂江:《著作精神权利基本问题分析》,载《贵州民族学院学报》2004 年第 2 期。

权,保留照片的底片。这就产生了著作权和肖像权的冲突。从法律上说,既然拍摄人是著作权人,其有权保留底片,并在不损害肖像权人利益的情况下予以发表,拍摄人应当享有署名权。但是,不能未经肖像权人的许可而将裸体相片等照片予以公开,更不能擅自复制予以销售,造成对他人肖像、隐私等权利的侵害。例如,在某个模特画像展案中,画家未经模特同意,在将模特的肖像画出以后,予以公开展出。模特认为,画家公开展出暴露了其身体隐私,构成对其隐私权的侵害,同时因为这种展出使其名誉受到毁损,构成对其名誉权的侵害。而画家认为,人体画是画家在作画过程中加入了自己的艺术创作劳动而创作的艺术作品。对于该艺术作品画家享有著作权,其基于著作权可以享有展览权、发表权。因此,其将该画展出不构成侵权。[①] 笔者认为,本案中,关键要考察作品中的肖像是否确实非常逼真,社会一般人能否辨认本人。如果该作品是对模特的形象的艺术加工,已经不能辨别为该模特,那么,模特根本就不能主张其肖像权,也不能主张其隐私权。如果该作品具有可辨认性,也就是说,作品客观真实地表现了模特的形象,使人们可以辨认出模特本人,那么,模特就可以享有肖像权和隐私权。

关于肖像权与著作权的冲突,一种观点认为,人体画艺术作品属于肖像范畴,未经模特本人同意,将作品展出而盈利的,就构成侵害肖像权。另一种观点认为,人体画是画家在作画过程中渗进了自己的艺术创作而形成的艺术作品,该艺术作品由画家享有著作权,模特不能主张权利。笔者认为,画家基于其著作权确实有权使用其作品,但其行使著作权的行为不得侵害模特的肖像权和隐私权。因此,画家在创作人体作品时,应当与模特协商订约,确定画家是否有权将其作品陈列、展览、复制。如果未经模特的同意或双方未达成协议,则画家虽有权制作、收藏其作品,但无权将其作品展览、陈列、复制,否则将构成对模特权利的侵害。

如果画家未经模特的许可而擅自展出裸模肖像的行为构成侵权,则究竟侵害了模特的肖像权还是隐私权?笔者认为,此种行为既构成对其肖像权的侵害又构成对其隐私权的侵害。其原因在于:

---

① 参见《裸模起诉画家获赔30万》,载《新京报》2012年3月25日,第A01版。

一方面,模特的肖像已经在人体绘画作品中再现。人体画作品是模特肖像的载体,因此,未经模特同意将作品展出并盈利,自然构成了对模特肖像权的侵害。另一方面,裸体油画涉及模特的隐私问题。人体属于部位隐私的范畴,模特自愿受聘让画家作画,表明其同意向画家公开其身体的隐私,但并不意味着模特同意将模特油画公开展出,使其身体的各个部位暴露于公众面前。未经同意即公开展出无疑是非法披露了模特的身体隐私,所以,被告的行为已构成对隐私权的侵害。受害人可以在两项侵害肖像权和隐私权的请求权中选择一种对其较为有利的请求权提出请求或提起诉讼。

第二,著作权和隐私权的冲突。在英美法系国家,沃伦和布兰代斯在《论隐私权》一文中就提出了发表权涉及隐私权,他们认为,"作品的价值不在于通过公开作品而获取利润,而在于凭借阻止他人公开的权利获得精神与信仰方面的安宁"。[①] 这也反映了著作权在实践中与隐私权的关联性。在实践中,未经他人同意利用他人的隐私而创作文学作品,虽然作者对作品享有著作权,但作品的内容体现了他人的隐私,如果作者将作品予以公开发表,势必涉及对他人隐私权的侵害。这就会发生作者的著作权对他人隐私权的侵害,产生两种权利之间的冲突。在我国著名的"钱钟书书信案"中,法院即认为,行为人侵害了权利人的隐私权和著作权。

第三,著作权和名誉权的冲突。作品的内容可以是虚拟的,也可以具有纪实性质,在纪实作品中有可能产生著作权和名誉权的冲突问题。因为作者对作品本身享有著作权,但若著作含有侵害他人名誉的情节,此时,作品的发行就意味着对他人名誉权的侵害。拍摄他人的裸体照片,该照片既是他人的肖像,也涉及他人的隐私和名誉,此时,就涉及著作权和肖像权、隐私权甚至名誉权的冲突问题。

人格权与著作权发生冲突时如何处理?从比较法上来看,如果著作财产权和肖像权发生冲突,首先要根据当事人的约定来解决,如果当事人没有约定,一些国家规定,通过对著作权进行限制,以减

---

① Warren & Brandeis, "The Right of Privacy", 4 *Harv. L. Rev.* 193(1890).

少著作权与肖像权的冲突。[①] 也有一些国家规定,在此情况下应当优先保护肖像权。例如《荷兰著作权法》第21条规定,如果肖像的公开会影响到受描绘人和其近亲属的合理利益,则肖像著作权人不得将肖像公开,此种经验是值得借鉴的。笔者认为,在人格权和著作权发生冲突时,如果当事人之间有约定,则应按照约定处理;如果没有约定,则应当按照权利位阶理论优先考虑保护人格权。采纳该规则的主要理由在于:人格权直接体现的是人格利益,体现了对人的尊严的保护。而著作权虽含有人格权的因素,但其主要还是财产权。按照前述财产权和人格权相比较,人格权应当优先的原则,应当优先保护人格权。当然,在作出利益衡量时,也要考虑比例原则,在人格权与著作权发生冲突时,虽然应当优先保护人格权,但也应当从具体个案出发,兼顾比例原则,不能因为保护人格权而过度损害著作权人的利益。

---

① 参见李扬:《著作权与肖像权的冲突及其对策》,载《律师世界》2000年第1期。

第三章　人格权法的基础理论

第一节　人格权法的概念和调整对象

一、人格权法的概念和特征

人格权法是指民法中专门调整平等主体之间的以生命、健康、名誉、肖像、隐私等人格利益为客体的人格关系的法律，它是民法的重要组成部分。由于人格权法在民法典中独立成编，作为民法的重要组成部分，它应该具有自己相对独立的调整对象和调整方法。通过调整平等主体之间的人格权法律关系，人格权法也能够形成自身完整的体系。

人格权法属于民法的重要组成部分，民法典分编草案第 773 条规定："本编调整因人格权产生的民事关系。"立法机关关于民法典分编草案的说明指出："人格权编这一部分，主要是从民事法律规范的角度规定自然人和其他民事主体人格权的内容、边界和保护方式，不涉及公民政治、社会等方面的权利。"[①]由此可知，人格权法首先具备各种民事法律的共性。人格权法与其他民事法律制度一样，都

---

① 沈春耀：《关于提请审议民法典各分编草案议案的说明》，载中国人大网：http://www.npc.gov.cn/npc/cwhhy/13jcwh/2018-08/27/content_2059319.htm，最后访问日期：2018 年 9 月 3 日。

调整平等主体之间的关系,都要遵循平等、意思自治、公平、诚信等原则,但人格权法作为民法中相对独立的法律,也有其自身特点,主要表现如下:

第一,人格权法主要是权利法。也就是说,人格权法以确认人格权的类型、人格利益的保护范围、各种人格权的内容和权能、人格权的行使与效力以及人格权与其他权利之间的冲突等为其主要内容。它与物权法、知识产权法等法律一样,都应当纳入权利法的范畴。人格权法是以权利为本位构建的规范体系。换言之,人格权法的主要内容应当是确权,需要对人格权的类型、人格权的内容、人格权积极行使以及如何协调权利冲突等进行规定,其本质上与物权法、知识产权法等均属于权利法的范畴。从根本上而言,人格权请求权是构建人格权法的基础之所在,这与属于救济法的以侵权损害赔偿请求权为基础的侵权责任法是存在本质区别的。

第二,人格权法具有浓厚的强行法的特点。由于人格权与个人的主体制度密切相关,而且民事主体因为涉及人的自由、生命、健康的保护,所以其与公共秩序、公共利益紧密相关,这与作为任意法的合同法等是不同的。从比较法上来看,关于人的制度属于公共秩序的范畴,并不允许通过协议的方式加以限制和剥夺。因而,人格权法具有强行法的特征,法律也会对人格权的行使方式与利用方式作出规定,如为了强化对个人的保护,权利人虽然可以许可他人对其人格权进行商业化利用,但一般不得将其人格权转让,这与财产权的行使与利用存在显著区别。此外,关于侵害人格权的侵权责任承担方式等,也都是法律明确规定的。因此,人格权法具有浓厚的强行法色彩。

第三,人格权法是成文法与判例相辅相成发展起来的。从比较法的经验来看,司法判例对人格权制度的发展具有极为重要的作用。以大陆法系代表的法国和德国为例,不论是1804年《法国民法典》还是1900年《德国民法典》,两者本身都没有规定独立的人格权制度,其人格权保护体系的发展主要是由判例推动的,立法也积极吸收了司法实践的经验从而对人格权法体系的形成起到了作用。例如,法国1970年第70-643号法律在民法典中补充了私生活受尊重的权利,《法国民法典》增设第9条确立保护私生活的原则,从而极大地推动了人格权保护的发展。在德国,由于德国成文法对人格权缺乏明确的规定,因而其基本上只能通过大量的判例来发展人格权制度。所以,人格权法的特点在于其是判例法。目前两大法系主要是通过判例来确认人格权的,但不少国家的民法典已经有不少关于人格权的规定,这些规定散见于主体制度和侵权法的有关规定之中。同样,在我国,人格权法的体系化也是立法与司法的合力,我国最高立法机关在21世纪初曾分别制定精神损害赔偿等司法解释来对人格权侵权后果予以强化;从目前审议的民法典分编草案来看,人格权编草案的规定大多是对中国人格权法裁判的司法经验的总结,而且这种总结并不是人格权法的终结,未来人格权法将随着司法实践经验的积累而不断发展。随着社会经济文化的发展,人格利益在不断地发展与演化,因此,成文法的规定固然需要,但仅仅通过立法规定人格权是不够的,还需要与判例相结合,从而使人格权法不断保持开放性,以适应社会发展变化的需要。

第四,兼具本土性和普世性。一方面,人格权具有本土性,也就是说,许多人格利益的保护范围及权利内涵的限制在一定程度上都受到一个国家特定的历史文化传统、社会经济发展水平、人们的物质文化生活程度等各种因素的影响和制约,反映一个国家现实生活对人格权保护的特定要求,所以各个国家对人格权的保护会有所差别。例如,西方社会对隐私权的保护就有较大差别,美国主要从个人自由角度对其加以保护,而传统大陆法系国家主要从人格尊严角度对隐私进行保护。据此,美国学者惠特曼认为,可以根据隐私产生的价值理念,将其分为两种类型,即基于自由而产生的隐私和基于人格尊严而产生的隐私,前者是美国的隐私权概念,后者是欧洲的隐私权概念。这两种制度都根植于各自的历史传统和文化观念。[①] 再如,就姓名权而言,在欧洲,一些国家如比利时等对父母的命名设有严格的限制,认为给孩子取名也涉及其人格利益,因而如果政府认为父母对孩子所取的名字不适当,则可以拒绝登记。但在

① See James Q. Whitman, "The Two Western Cultures of Privacy: Dignity Versus Liberty", *Yale Law Journal*, April, 2004.

美国,则认为取名是个人的自由,政府不应该加以干涉。① 我国人格权法对人格权的保护也必须从中国的社会实际出发,符合中国现实社会发展的相应要求。另一方面,人格权法也具有一定的普世性特点,这是因为对生命、健康、身体、人身自由等人格利益的保护反映了一些普世的价值,国际上也有一系列的公约对此加以规定。人格权之所以具有一定的普世性,其重要原因在于维护人的尊严和价值,保障安全、向往自由、追求幸福,是世界上任何人都具有的愿望和要求,这就产生了生命权、自由权等基本人格权。② 我国人格权法立法中也应当借鉴这些先进的立法经验。

第五,具有开放性和演进性。从人格权法理论的发展来看,人格权法的调整对象和内容体系需要与时俱进、不断发展,以因应社会发展带来的挑战。在民法领域中,人格权法也是最活跃、最具有变动性的领域,它要随着社会经济的发展以及人权保护的加强而不断变化。一方面,现代社会以人的尊严和自由发展为最高价值,法律基于立法技术等原因往往可能不会顾及人格权保护的方方面面,不可能对各种新的人格利益都作出保护规定;另一方面,随着高科技、互联网等的发展,也会相应促进人格利益的发展,对人格利益的保护也会提出新的挑战,例如基因技术的发展,就提出了基因隐私的新课题。随着互联网的发展,个人资料保护问题也变得越来越突出,一些国家甚至产生了信息隐私权。③ 此外,人格权制度的发展也与新兴技术的发展具有密切关系,例如,随着数据收集、分析技术的进步,个人信息权利的保护也随之日益重要。再如,《民法总则》第 110 条所规定的身体权,在当代社会就可能涉及医疗、器官移植、人体捐赠、生物实验、遗传检查和鉴别、代孕、机构监禁、精神评估等特殊问题。所有这些都使得对人格权进行更多层次和更复杂的调整成为必要。因此,相对于物权等绝对权而言,人格权更富有开放性和演进性。

---

① See Jeffery Roson," American See Privacy as a Protection of Liberty, Europeans as a Protection of Dignity. Will One Conception Trump the Other or are Both Destined to Perish?", *Affairs*, September/October, 2004.

② 参见王家福主编:《人权与 21 世纪》,中国法制出版社 2000 年版,第 7 页。

③ 比如,美国马里兰高等法院曾经运用违反保密义务理论保护当事人的银行档案信息隐私。参见[美]阿丽塔·L. 艾伦等:《美国隐私法:学说、判例与立法》,冯建姝等译,中国民主法制出版社 2004 年版,第 155 页。

二、人格权法的调整对象

任何法律都要调整一定的社会关系，萨维尼认为，法律关系是"由法律规定的生活关系"。① 各种社会关系分别由不同的法律部门调整，由此形成了不同的法律关系。人格权法作为民法的组成部分，该法所调整的社会关系具有特殊性，它的调整对象是平等主体之间的关系，民法典分编草案第773条规定："本编调整因人格权产生的民事关系。"据此可见，人格权法所调整的是平等主体之间的人格关系，此种人格权法律关系的特点主要表现在。

第一，它调整的是平等主体之间的社会关系。人格权具有基本的权利属性，它一方面受到人格权法调整，同时也受到宪法、行政法等部门法的调整，如侵犯生命权、健康权的情况下，不仅构成民事侵权，同时也可能构成行政违法乃至刑事犯罪，将由《治安管理法》甚至《刑法》进行调整，但是人格权法只调整私法领域的纠纷，强调的是平等主体之间的纠纷，这是由民法调整平等主体之间的人身关系和财产关系所决定的。国家与个人之间的人格权关系则由公法加以调整。

民法在调整平等主体之间的财产关系和人身关系的过程中，形成了民事法律关系，并使原来的社会关系的内容表现为法律上的权利义务关系。民法调整的法律关系以平等主体为特征，人格权关系也不例外。应当看到，在人格权法律关系中，涉及国家机关和公权力的行使问题，例如，行政机关滥用权力侵犯公民的人格权，应当依法承担责任。但在此情况下，人格权法赋予公民民事救济的渠道，在国家机关承担赔偿责任时，它是作为民事责任的主体承担义务的，从这个意义上说，国家机关也是以平等的主体资格出现的，也属于平等主体。

第二，它调整的是以人格利益为内容的社会关系。民法所调整的社会关系可以分为平等主体之间的人身关系与财产关系。人格权是以主体的人格利益为客体的，因此，人格权具有非财产性。人

① ［德］迪特尔·梅迪库斯：《德国民法总论》，邵建东译，法律出版社2000年版，第121页。

格关系虽然主要以人格利益为内容,但人格权与财产具有关联性,例如,权利人可以许可他人对其姓名、肖像等人格权进行商业化利用,因而,人格关系在一些情形下也具有财产属性。人格权是个人作为社会的人存在的前提,也是个人从事社会交往和活动的必备条件。人格权的享有会直接决定或影响主体对财产权利的享有及行使,由此影响其获得财产的范围。与此同时,对人格权的侵害往往会间接带来受害人财产的损失,如侵害生命健康权造成的受害人丧葬费、医疗费及因误工减少收入等损失。法人的人格权与财产的关联性尤为突出。例如,盗用法人名称不仅会造成法人客户减少,还会影响法人的信誉;毁损法人名誉将会影响法人的社会评价与社会交往,并可能导致其蒙受巨大的财产损失。所以,无论是自然人的人格权,还是法人的人格权,都与财产具有一定的关联性。

第三,它调整的是人与人之间的关系,而不是人对自身的关系。人格权法律关系的主体包括自然人、法人和非法人组织。拉伦茨认为,法律关系是“人与人之间的法律纽带”①,人格权法律关系作为一种权利义务关系,实质上是发生在民事主体之间的社会关系。尽管人格权是人对自身的权利,但人格权法律关系作为一种法律关系,体现为人与人之间的关系,而不是人与自身的关系。

因为一方面,任何法律调整的社会关系,都是人与人之间的社会关系,法律关系的本质不是主体与客体之间的关系,而是人与人之间的关系,人格权法律关系也不例外。纯粹的人与物的关系是自然科学研究的范畴,不属于社会科学的研究对象。在讨论物权法调整的财产关系时,曾经存在一种对物关系说,认为物权的调整对象是人对物的关系,而不是人与人之间的关系。这种观点已经被大多数学者所否定。另一方面,人格权虽然表现为主体对自身人格利益的关系,但法律通过调整人与人之间的社会关系使人格利益转化为人格权法律关系。故有人格权必有人格权法律关系,人格权法律关系作为一种对世性的法律关系,与物权关系一样,第三人主要负有

① [德]迪特尔·梅迪库斯:《德国民法总论》,邵建东译,法律出版社2000年版,第121页。

不侵害的消极义务，但不能因此只承认权利而否认法律关系的存在。实际上，人格权法律关系中，第三人也可能承担积极义务，例如，生命救助义务、行政机关的作为义务等。

虽然人格权受到各个法律部门的保护，但人格权的确认和民法保护则需要通过人格权法来完成。从世界范围来看，人格权属于民法中的新型权利，并且是一项具有广阔前景的民事法律制度。“现代民法的发展显然是以人格权法的发展而展开的。”[①]加强和完善人格权法律制度，代表了现代民法的发展趋势。我国1986年《民法通则》就非常重视对人格权的保护，不仅将“人身权”独立作为一节，而且明确规定了公民、法人的姓名权、名称权、名誉权、肖像权等具体人格权。《民法总则》第110条也对自然人、法人、非法人组织所享有的各项具体人格权作出了规定，这就为人格权法在未来民法典中独立成编提供了法律依据。

第二节　人格权法的立法目的：维护人格尊严

一、维护人格尊严是人格权法的立法目的

“尊严”一词源于拉丁文(dignitas)，意指尊贵、威严。[②] 人格尊严是指人作为法律主体应当得到承认和尊重。它是指每个人作为“人”所应有的社会地位，以及应受到的他人和社会的最基本尊重，是人作为社会关系主体的基本前提。人在社会中生存，不仅要维持生命，而且要有尊严地生活。人格尊严是人基于自己所处的社会环境、工作环境、地位、声望、家庭关系等各种客观要素，而对自己人格价值和社会价值的认识和尊重，是人的社会地位的组成部分。人格

---

① ［日］北川善太郎：《民法典体系的民法模式与比较法》，载《2008年民法体系与侵权法国际研讨会材料》，中国人民大学法学院，2008年。

② 也有学者认为该词与人的尊严无关。See Robin Gotesky and Ervin Laszlo, ed., *Human Dignity—This Century and the Next: An Interdisciplinary Inquiry into Human Rights, Technology, War, and the Ideal*, New York: Gorden and Breach, 1970, p. 42.

尊严是受到哲学、法学、社会学等学科关注的概念。[①] 在民法中，人格尊严是人格权的基石。现代人格权法的构建应当以人格尊严的保护为中心而展开。

人格权制度的基本价值就是维护个人的人格尊严。“人的尊严正是人类应实现的目的，人权只不过是为了实现、保护人的尊严而想出来的一个手段而已”。[②] 人格尊严是各项具体人格权的价值基础，具体人格权的规则设计应当以维护个人的人格尊严为根本目的。例如，物质性人格权是为了维护自然人生理上的存在，精神性人格权则彰显自然人的精神生活需要。美国学者惠特曼(Whitman)认为，整个欧洲的隐私概念都是奠基于人格尊严之上的，隐私既是人格尊严的具体展开，也是以维护人格尊严为目的的。[③] 随着社会的发展，对个人私人生活安宁、私密空间、个人信息的自主决定等的保护日益强化，其背后实际上都彰显了人格尊严的理念。人格尊严不仅是具体人格权的价值基础，其本身也是一般人格权的内容。我国《民法总则》第109条规定：“自然人的人身自由、人格尊严受法律保护。”这就需要借助人格尊严保护规则弥补既有具体人格权规则的不足。实践中，许多损害公民人格尊严的行为，如就业歧视、性别歧视、性骚扰等，都难以通过现有的具体人格权予以保护，当出现这些新类型的案件时，首先要用是否侵害人格尊严作为评价标准，如果构成对个人人格尊严的侵害，则通过《民法总则》一般人格权的条款，实现对各项人格权益的兜底保护。

维护人格尊严，之所以是人格权法的立法目的，主要是因为如下几个方面的原因。

(一)从近代人格权法的发展历程来看，维护人格尊严一直都是人格权法的立法目的

最早正式提出“人格尊严”(或称人的尊严或人性尊严)概念的是意大利文艺复兴时期的学者皮科·米朗多拉(Pico Mirandola,

---

① See, David A. Hyman, “Does Technology Spell Trouble with a Capital ‘T’?: Human Dignity and Public Policy”, 27 *Harv. J. L. &Pub. Pol'y* 3, 3(2003).

② [日]真田芳宪：《人的尊严与人权》，鲍荣振译，载《外国法译评》1993年第2期。

③ See James Q. Whitman, “The Two Western Cultures of Privacy: Dignity Versus Liberty”, *Yale Law Journal*, April, 2004.

1463—1494)。他曾发表了著名的演讲《论人的尊严》(*De dignitate hominis*),在这个演讲中,米朗多拉第一次明确提出了"人的尊严"的概念,该演讲也被誉为文艺复兴的"人文主义宣言"。[①] 在启蒙思想家中,康德是人格尊严思想的集大成者,他承继了霍布斯、洛克、卢梭等人的伦理思想,将人格尊严提升到前所未有的地位。康德认为,"人格"就意味着必须遵从这样的法则,即"不论是谁在任何时候都不应把自己和他人仅仅当作工具,而应该永远看作自身就是目的。"[②]"我们始终那样的活动着,以至把构成我们的人性的力量,决不单纯地看作一个手段,而且同时看作是一个目的,即作为自在的善的实现和检验的力量,并且在善良意志的道德力量那里,在所有世界里自在地绝对善的东西。"[③]康德提出的"人是目的"的思想也成为尊重人格尊严的哲学基础。理性哲学的另一个代表人物黑格尔也认为,现代法的精髓在于:"做一个人,并尊敬他人为人。"[④]这一思想已经比较明确地包含了对人格尊严的尊重,这也是黑格尔法律思想的核心理念。

19 世纪法典化的运动过程中,立法者并没有充分认识人格尊严的价值,在法典中缺乏体现和相应的规定。《法国民法典》并没有对人格权作出规定,《德国民法典》虽然规定了人格权制度,但主要通过侵权法规则调整人格权,即将人格权作为侵权法的保护对象,而没有将人格权置于与物权、债权同等重要的地位。人格权法主要是从 19 世纪末 20 世纪初逐渐发展起来的。两次世界大战使人们深感人权被侵害的切肤之痛。因此,在战后,尤其是第二次世界大战以后,人权运动蓬勃发展,从而极大地促进了人格权制度的迅速发展。例如,在德国,第二次世界大战以后,纳粹时代的种族主义和战后揭露出来的其他的骇人听闻的暴行,促使了德国人深刻反思法律体系的人性基础,并力图为整个法秩序寻找到一个伦理和价值上

---

① 参见孔亭:《〈论人的尊严〉一书评介》,载《国外社会科学》2011 年第 2 期。

② [德]康德:《道德形而上学原理》,苗力田译,上海人民出版社 2002 年版,第 52 页。

③ [美]约翰·罗尔斯:《道德哲学史讲义》,张国清译,上海三联书店 2003 年版,第 57 页。

④ 贺麟:《黑格尔哲学讲演集》,上海人民出版社 2011 年版,第 46 页。

的牢固基础。他们找到的这个基础就是“人格尊严”。[①] 基于对实定法应该基于人格尊严这一客观价值基础的认识,1949 年德国《基本法》的第 1 条就开宗明义地规定:“人格尊严不可侵犯,尊重和保障人格尊严是一切国家公权力的义务。”这一条文为战后德国人格权法理论的发展奠定了坚实的基础,也开启了在法律中规定人格尊严、将人格尊严这一伦理价值实证化的立法先河,对世界人格权法的发展产生了深刻影响。此后,国际公约多次确认了人格尊严在人权体系中的核心地位。[②] 1945 年的《联合国宪章》首次提到人格尊严(human dignity),[③]1948 年的《世界人权宣言》则第一次确认了人格尊严作为一项基本人权的法律地位,极大地推动了人格尊严法律理论的发展。《世界人权宣言》的序言写到,对个人固有尊严地承认是世界自由、正义与和平的基础,该宣言第 1 条明确规定:“人人生而自由,在尊严和权利上一律平等。”该条直接促使了许多国家将人格尊严的条款规定到本国宪法当中。2000 年欧洲联盟《基本权利宪章》第 1 条(人性尊严)就规定:“人性尊严不可侵犯,其必须受尊重与保护。”[④]该条也为欧盟国家强化人格权保护提供了宪法依据。

人格尊严最早是在大陆法系国家被纳入权利体系中,并形成了以人格尊严为基础的基本权利理论体系。[⑤] 这一点,与英美法系有很大的差异。从价值层面来看,这也体现了美国法和德国法在人格权保护价值取向方面的区别。美国耶鲁大学的惠特曼教授就认为,

---

① 当然,这种态度是受到了《联合国宪章》和《世界人权宣言》的影响。参见张翔:《基本权利的体系思维》,载《清华法学》2012 年第 4 期。

② 例如,1966 年《公民权利和政治权利国际公约》第 10 条第 1 款规定:“所有被剥夺自由的人应给予人道及尊重其固有的人格尊严的待遇。”1993 年世界人权大会通过的《维也纳宣言和行动纲领》在序言中强调“承认并肯定一切人权都源于人与生俱来的尊严和价值”。

③ 参见刘兴桂:《略论人权问题》,载《中南政法学院学报》1991 年第 S1 期。

④ 其他的国际和地区公约也反映了联合国宪章和国际人权公约保护人格尊严的基本精神。例如,在《公民权利和政治权利国际公约》(International Covenant on Civil and Political Rights)、《经济、社会及文化权利国际公约》(International Covenant on Economic, Social and Cultural Rights)、《消除一切形式种族歧视的国际公约》(International Convention on the Elimination of All Forms of Racial Discrimination)中,都有保护人格尊严的条款。

⑤ 张翔:《基本权利的体系思维》,载《清华法学》2012 年第 4 期。

美国和欧洲在对个人私生活保护方面存在不同的价值观,美国法主要保障的是个人的人身自由,而欧洲法主要保护个人的人格尊严。[①]例如,人格尊严在德国被确立为宪法的最高建构原则,进而也成为战后整个德国法秩序的价值基础。[②] 德国法院采纳了学者 Nipperdey、Nawiasky 等人的主张,认为宪法所确认的权利可以适用于私法关系,从而根据德国《基本法》第 2 条的规定,创立了"一般人格权"(das allgemeine Persönlichkeitsrecht)的概念。然而,美国的法律体系更多强调的是对个人自由的保障,但近年来,美国法律理论也越来越重视人格尊严的价值,开始介绍和移植相关的理论和制度。不少美国学者认为,人格尊严被涵盖在宪法之中,宪法所保护的根本性价值就是人格尊严。[③]

进入 21 世纪后,尊重与保护人权已经成为整个国际社会的共识,也成为当代法律关注的重心。"从'人格尊严'这一最高宪法原则的意义上来说,并不能够直接得出传统意义上对自由的保护,但是从当代社会的发展和对人格保护的需要来说,(一般人格权)存在其出现的必然性。"[④]从发展趋势来看,人格尊严现在越来越多地被认可为一种可诉之权利,日益突出并占据优势地位。[⑤]

(二)人格权法立法的基本理念就是维护人的尊严

人格尊严是每一项具体的人格权,尤其是精神性人格权的基本价值。在具体人格权构建中,要本着人格尊严的价值理念,以丰富其类型和内容。人格权法立法的基本理念就是维护人的尊严。基于此种维护人的尊严的理念,人格权的具体制度得以展开。物质性人格权是为了维护自然人生理上的存在,精神性人格权则彰显自然人的精神生活需要,而标表性人格权则为人们提供了对外活动的重要表征,这些都彰显了人的主体性价值。人格权制度的发展越来越

---

① James Q. Whitman, "The Two Western Cultures of Privacy: Dignity versus Liberty", 113 *Yale L. J.* 1151(2004).

② Dürig, Der Grundrechtssatz von der Menschenwürde, AöR 1956, 119 ff.

③ Walter F. Murphy, "An Ordering of Constitutional Values", 53 S. *Cal. L. Rev.* 703, 758(1980).

④ BVerfGE 54, 148 [153].

⑤ See C. MCCRUDDEN, "Human Dignity and Judicial Interpretation of Human Rights", in 19 *Eur. J. Int. L.* 655, 667(2008).

要求保障个人的生活安宁、私密空间、个人信息的自主决定等,这些人格利益的背后实际上都体现着人格尊严的理念。例如,在姓名权的保护方面,是否可以扩展到笔名、别名等,从维护人格尊严考虑,应当作出肯定的解释;又如,死者人格利益是否应当受到保护,从维护人格尊严考虑,答案也应当是肯定的。

以隐私权为例,保护隐私权实际上就是为了保护人格尊严。[①]隐私权存在的基础是个人人格的尊严,隐私权实际上表彰了个人人格尊严[②]、个人隐私不受侵犯是人格尊严的重要体现。尊重个人隐私,实际上也是尊重个人的尊严;尊重人格尊严,就要尊重个人的私生活安宁,使个人对自身及其私人空间享有充分的支配,并排斥他人的干涉和妨碍的权利。在此基础上,人们相互之间才能尊重彼此的私生活。特别是像与身体有关的私生活隐私,都与个人尊严相联系,如果暴露这些隐私,将严重损害个人人格尊严。

具体的人不仅作为生命的存在,同时要有尊严地生活,尊重人格尊严,这就是黑格尔所说的"成为一个人,并尊重他人为人"的当然要求。[③] 为了全面维护人格尊严,就必须确认和保障自然人的人格权。一般人格权制度的发展也以人格尊严为基本内容,对侵害人格尊严的各种新类型的人格利益提供兜底保护。

(三)人格尊严是人格权的价值基础,而且是各种新型人格利益获得法律保护的依据

首先,人格尊严是人格权法的基本价值,人格尊严是指作为一个"人"所应有的最起码社会地位,以及应受到的他人和社会的最基本尊重。[④] 以人格尊严为基本价值理念,根本上是为了使人民生活更加幸福、更有尊严。尊重和维护人格独立与人格尊严,才能使人成其为人,能够自由并富有尊严地生活。所以,它可以说是人格权

---

① See James Q. Whitman, "The Two Western Cultures of Privacy: Dignity Versus Liberty", *Yale Law Journal*, April, 2004.

② See Edward Bloustein, "Privacy as an Aspect of Human Dignity: An Answer to Dean Prosser", 39 *N. Y. U. L. Rev.* 34 (1967); Judith Thomson, "The Right to Privacy", 4 *Philosophy and Public Affairs* 295 – 314 (1975).

③ 参见[德]黑格尔:《法哲学原理》,范扬、张企泰译,商务印书馆 1961 年版,第 46 页。

④ 参见梁慧星:《民法总论》,法律出版社 2001 年版,第 119 页。

法诸种价值中的最高价值，指导着各项人格权制度。无论是物质性人格权还是精神性人格权，法律提供保护的目的都是维护个人的人格尊严。因此，只有充分地理解和把握了人格尊严，才能真正理解人格权法的立法目的和价值取向。

其次，人格尊严价值为认定人格权利和人格利益提供法律标准。随着社会发展，出现了许多新型的关于人格利益的主张，这些主张能否得到人格权法的保护，缺乏必要的法律标准。人格尊严作为人格权法的基本价值理念，检验着哪些人格利益应当受到人格权法的保护、哪些不应当受到人格权法的保护，为是否损害人格利益划清了界限。在笔者看来，认定的标准应该为是否涉及受害人的人格尊严。例如，个人信息权究竟是一项人格权还是财产权，在理论界曾存在争议。笔者认为，如果从维护人格尊严的角度看，个人信息是直接关涉人格尊严的，个人信息权是每个人都应当享有的、不受他人非法剥夺的权利，其所彰显的正是个人的尊严。个人信息常常被称为“信息自决权”（informational self-determination right），同样体现了对个人自决等人格利益的保护。① 通过保护个人信息不受信息数据处理等技术的侵害，就可以发挥保护个人人格尊严和人格自由的效果。② 对于每个人来说，无论是穷人还是富人、是名人还是普通百姓，都享有对自己信息的权利，任何人不得非法收集、利用和传送该信息。正是因为个人信息彰显了人格尊严，所以有必要将其作为一项人格权来对待。

与西方的人格尊严发展历程不同的是，我国古代社会并不存在人格尊严的概念。③ 中华人民共和国成立后，“五四宪法”虽然确立了人格自由的概念，却并未规定人格尊严。④ 1966～1976 年的“文化大革命”中，出现了严重侵害个人人格权、践踏人格尊严的现象，诸如戴高帽、架飞机、剃阴阳头、擅自抄家、揪斗等。这些在神州大

① See Margaret C. Jasper, *Privacy and the Internet: Your Expectations and Rights under the Law*, New York: Oxford University Press, 2009, p. 52.

② See Michael Henry ed., “International Privacy, Publicity and Personality Laws”, *Reed Elsevier (UK)*, 2001. p. 164.

③ 荀子曾说：“师术有四，而博习不与焉，尊严而惮，可以为师。”（《荀子·致士篇》）在此处，“尊严”实际上是威严的含义。

④ 参见 1954 年《宪法》第 89 条。

地普遍发生的侮辱人格、蔑视人权的行径,使亿万中国人民承受了巨大的灾难。正是在反思“文化大革命”暴行、总结教训的基础上,1982 年的《宪法》才确认了对人格尊严的严格保护。该法第 38 条规定:“中华人民共和国公民的人格尊严不受侵犯。禁止用任何方法对公民进行侮辱、诽谤和诬告陷害。”为落实《宪法》关于保护人格尊严的规定,1986 年《民法通则》第 101 条规定:“公民、法人享有名誉权,公民的人格尊严受法律保护,禁止用侮辱、诽谤等方式损害公民、法人的名誉。”此外,一些特别法也依据宪法先后规定了对人格尊严的保护。例如,《残疾人保障法》第 3 条第 2、3 款规定:“残疾人的公民权利和人格尊严受法律保护。禁止基于残疾的歧视。禁止侮辱、伤害残疾人。禁止通过大众传播媒介或者其他方式贬低损害残疾人人格。”《民法总则》第 109 条规定:“自然人的人身自由、人格尊严受法律保护。”这就宣示了人格权法的价值基础,从而完善了我国人格权法的价值体系和制度体系。

二、人格尊严具有平等性

从人格尊严的固有属性来看,尊严本身就具有平等性。人作为社会生活的个体,其应当受到平等地对待,这也是黑格尔所说的,使人真正“成为一个人,并尊重他人为人”。[①] 尊严受法律平等保护也是康德“人是目的”思想的引申,康德认为,人格尊严属于“绝对律令”(categorical operatives),[②]这一思想明确包含了人格尊严平等受尊重的内涵,他也因此被称为“人的尊严概念的现代之父”(the father of the modern concept of humandignity)。[③]

尊严在国际人权文件与各国宪法中有不同称谓,诸如人的尊严、人格尊严、人性尊严与人类尊严,但都表达了人人平等享有尊严的含义。正如法国学者 Molfessis 所指出的,“人从来不是其尊严的权利主体……因为尊严所体现的是人之为人的属性,而非每一个具有不同特点的个体的属性。强调存在着一种尊严获得他人尊重的

---

① [德]黑格尔:《法哲学原理》,范扬、张企泰译,商务印书馆 1982 年版,第 46 页。

② 参见[德]康德:《实践理性批判》,邓晓芒译,商务印书馆 1999 年版,第 31 页。

③ 参见郑贤君:《宪法“人格尊严”条款的规范地位之辨》,载《中国法学》2012 年第 2 期。

权利,这将导致产生一种新的权利,它与我们所认为的人的尊严可能并无关系。尊严是人的内在条件,是人之为人的前提,它并不因主体的不同而有所不同”。[①] 由此可见,确认人格尊严受法律保护,实际上就是强调平等保护每个人的尊严,意在强调平等保护的价值。

笔者认为,虽然我国《民法总则》第 109 条在规定人格尊严保护时并没有使用“平等”这一表述,但仍应当认定,其包含人格尊严平等性的内涵,主要理由在于:一方面,我国《民法总则》第 109 条关于人格尊严保护规则源自宪法规范,宪法在确认个人人格尊严受法律保护时,基于维护社会交往秩序的目的,要求平等保护每个人的人格尊严。也就是说,就人格尊严的保护而言,人生而平等,不论是好人还是坏人,都应当受到法律的平等保护和他人的平等对待。另一方面,我国法上人格尊严概念的提出有其特定的历史背景,在理解这一概念时,应当考虑我国特定的语境。1982 年《宪法》第 38 条规定人格尊严受法律保护其实是对“文化大革命”教训进行反思的产物,在“文化大革命”期间,基于人的不同政治身份而导致的歧视和迫害,使个人的人格尊严受到严重践踏。因此,1982 年《宪法》规定人格尊严受法律保护,其实是在反对这种对个人尊严的践踏,其意在宣告人格尊严受法律平等保护的价值理念,也就是说,任何人,无论其财产多寡,政治地位高低,也无论是好人还是坏人,其人格和尊严价值都是平等的,都要平等地受到法律保护。人格尊严的平等保护,既是法治社会的应有内容,也是法律面前人人平等的必然要求。《民法总则》第 109 条肯定人格尊严的平等保护具有如下重要意义。

第一,在立法层面,要基于平等原则维护每个人的尊严的目的构建人格权法的制度体系。也就是说,我国民法典应当按照人格尊严平等保护的原则构建人格权制度体系。例如,关于个人信息的法律保护问题,现在各国法律普遍确认个人信息权,其目的并不只是保护个人信息所蕴含的财产价值,而更在于保护每个人对其信息的

---

① N. Molfessis, « Le respect de la dignité de la personne humaine en droit civil », in *Le respect de la dignité de la personne humaine*, sous la dir. de Th. Revet, Economica, 1999, p. 129.

平等支配权，每个人对自己的个人信息都享有平等的不受他人非法利用、处理、非法转让的权利，任何人收集、利用、存储和处理他人信息时都应当依法进行。[①] 即便是对某个流浪汉个人信息的收集和使用，也必须适用相同的法律规范，获得其同意。应当指出的是，某些人格权尤其是隐私权，具有内容上的可限制性，但法律在作出限制时，必须平等地对待所有民事主体，而不能仅针对某一类人作出限制。例如，在信息公开时，不能因为性别差异而对女性作出歧视性的对待。而且基于个人人格尊严的平等性，对个人人格权的限制应当依法进行，不得在法律规定之外设置额外的限制条件。例如，在对公众人物人格权进行限制时，应当严格依据公共利益的需要进行，该限制不得违反人格平等原则。

第二，在司法层面，要基于平等原则维护每个人人格尊严，切实保护个人的人格权。侵害人格权，就是侵害个人的人格尊严，在人格权受到侵害以后，受害人享有平等地获得保护的权利。《民法总则》第 179 条所规定的“停止侵害”“赔偿损失”“消除影响、恢复名誉”“赔礼道歉”等民事责任方式，都可以适用于人格权受侵害的情形，尤其是精神损害赔偿、消除影响、恢复名誉、赔礼道歉等责任形式，就是专门针对人格权的救济方式。正所谓“无救济则无权利”，只有通过平等的保护，才能实现真正意义上的人格平等。具体来说，在侵害人格权的情形，受害人都应当享有人格权请求权和侵权请求权，从而维护人格权的完整状态，恢复受侵害的权利。按照人格尊严平等保护规则，在人格权受到侵害时，个人所能够援引的法律规则应当是相同的，对于类似的侵害人格权的行为，权利人也应当获得类似的法律救济。

第三，在解释层面，应当基于人格尊严平等原则解释相关的规则，禁止人格歧视。例如，近年来发生的关于乙肝病毒携带者是否可以参加公务员考试、是否应当使女性和男性享有同样的机会，以及对女性公务员求职是否应该进行性病检查等纠纷，[②]都涉及人格权的平等保护问题。对此类纠纷而言，应当基于人格尊严平等解释

---

① 参见《欧盟数据保护一般规范(EU-DSGVO)》第 6 条。

② 参见《女公务员录用查性病被指间接歧视》，载《京华时报》2012 年 3 月 20 日。

相关规则确定其效力，我国司法实践也采取了此种做法。例如，在“高彬诉北京敦煌餐饮有限责任公司人身损害赔偿纠纷案”中，酒吧工作人员以原告“面容不太好，怕影响店中生意”为由而拒绝其入内。法院认定，被告因原告“外形不好”而拒绝其进入消费属不当的人格歧视行为，侵害了原告的人格尊严。[①] 这一判决是合理的。当然，某些俱乐部专门以特定类型的社会群体作为服务对象，如女子健身俱乐部等，并没有包含对特定个人的人格歧视，因而并不违反人格平等原则，也不构成人格歧视。

《民法总则》人格尊严保护规则虽然蕴含了平等保护的内涵，而且其对立法、司法以及法律解释均有重要意义，但这并不意味着人格尊严保护规则可以代替平等原则，因为二者的目的和功能存在一定的差别：平等原则所要解决的问题是禁止歧视和没有任何理由的差别待遇问题，其主要适用于社会法领域；而人格尊严保护规则更多的是为了实现个人的自我决定，防止对人的尊严的侮辱与侵害，其人道价值更为突出，主要适用于生命伦理法领域。在民法领域，平等原则作为一项基本原则，其适用于整个民法，而人格尊严保护主要适用于对个人尊严的保护领域，在适用范围上要小于平等原则。

三、人格尊严转化为民法上的人格权的必要性

人格尊严在民法中的价值体现之一，就是人格权的确立和保护。有一种观点认为，人格尊严只能由宪法予以规定和保护，如果通过民法中的人格权法来规定和保护，则降低了人格尊严的价值和意义。[②] 笔者认为，这种看法并不妥当。作为宪法中的基本权利的人格尊严完全可以转化为民法上的人格权制度，具体说明如下。

从比较法上来看，宪法权利具体化是当代法律发展的重要趋势。在一些国家的司法实践中，法官大量援引宪法的规定作为裁判

---

① 参见刘心稳、亓培冰：《“人格歧视”离我们有多远》，载《人民法院报》2002 年 5 月 21 日。

② 参见尹田：《论人格权的本质兼评我国民法草案关于人格权的规定》，载《法学研究》2003 年第 4 期。

依据或者论证理由,从而强化对当事人权利的保护。[1] 这在某种程度上也使公法和私法的分类变得更为困难。[2] 例如,德国法院援引《基本法》第1条"人格尊严不受侵害",并由此衍生出一般人格权的理论。在美国,隐私权既是一种普通法上的权利,也是一种宪法权利。美国法院通过一系列判例将隐私解释为宪法权利。[3] 而且,美国有10个州在其州宪法中确认隐私权为宪法权利。由于隐私权成为一种宪法权利,从而可以保障隐私免予受到政府的侵害。[4] 从各国的经验来看,凡是承认人格权为一种宪法权利的国家,通常法院都有违宪审查的权力,公民也可以提起宪法诉讼,从而为宪法救济提供了一种可能性。

在我国,宪法法律体系中居于根本法和最高法的地位。我国《宪法》所确认的人格尊严成为各个法律部门都必须予以保护的价值。在各部门法具体制度的建构中,应当充分贯彻对个人尊严的保障。也就是说,虽然宪法上确定了人格尊严,并将其作为基本权利,但是仍然有必要通过民法人格权法予以落实,并使之成为整个人格权法的核心价值。主要理由如下。

第一,虽然人格尊严是一种宪法权利,但宪法作为根本大法,其立法都是粗线条的、高度抽象的,缺乏具体的规定,多数基本权利都被认为是有待立法形成的。[5] 宪法中的人格尊严实际上仍然是一种价值表述和原则表述,无法使裁判具有相对的确定性,无法实现"同等情况同等对待"的基本正义要求。因此,迫切需要人格权制度予以细化,规定人格权的确认和保护,将之体现为能被裁判所依据的具有一定确定性的规则。此外,宪法对人格尊严的保护不可能涵盖

---

① 严格地说,"宪法的私法化"也可以包含在民事司法中"基本权利第三人效力"学说的现象,但是,基本权利对第三人效力学说和宪法私法化是从两个不同的角度来观察宪法对于私法的影响。

② See Franz Werro, "Tort Law at the Beginning of the New Millennium. A Tribute to John G. Fleming's Legacy", 49 *Am. J. Comp. L.* 154.

③ 参见[美]阿丽塔·L·艾伦等:《美国隐私法:学说、判例与立法》,冯建妹等编译,中国民主法制出版社2004年版,第49~59页。

④ 参见[美]阿丽塔·L·艾伦等:《美国隐私法:学说、判例与立法》,冯建妹等编译,中国民主法制出版社2004年版,第85页。

⑤ Ernst-Wolfgang Böckenförde, Grundrechtstheorie und Grundrechtsinterpretation, NJW, 35, 1529(1529).

生活中各种侵害人格尊严的类型。人格尊严可以具体体现为各种人格利益,如名誉、肖像、隐私、信息等。但对各种权利的侵害,其法益内容各不相同,相关侵权行为的构成要件也不相同,因此不能以一个简单的人格尊严条款来包含各种侵害人格权的类型。

第二,法官在进行裁判时,需要引用成文的法律作为裁判的大前提。目前我国司法实践中,法官裁判民事案件时不得直接适用宪法。最高人民法院《关于裁判文书引用法律、法规等规范性法律文件的规定》第4条规定:“民事裁判文书应当引用法律、法律解释或者司法解释。对于应当适用的行政法规、地方性法规或者自治条例和单行条例,可以直接引用。”该条并没有将宪法列入民事裁判文书可以引用的范围之列。由于法官无法直接援引宪法来裁判民事案件,这就决定了在我国直接依据宪法在个案中保护人格尊严是不可能的。如前所述,在许多国家法官可以直接援引宪法裁判民事案件,尤其是在德国等国家,法官可以直接援引宪法中人格尊严的规定裁判民事人格权案件,甚至可以直接以宪法对人格尊严的规定替代民法中的一般人格权规范。但是,在我国,由于宪法不能在民事裁判中适用,我们就必须制定和完善人格权法,特别是对一般人格权作出规定,这样才能使宪法上的人格尊严转化为民法上的人格权制度,从而使宪法人格尊严的规范得到落实。换言之,宪法中的人格尊严必须通过民法中的概括条款、概念和规则才能进入到民法领域,规范民事活动。

第三,通过法律解释的方式来贯彻宪法的规定存在一定的困难。有学者主张,我们可以通过对民事法律中的一般条款的解释,来落实宪法的基本权利或其价值。然而,这样做必然涉及对宪法的解释。我国《宪法》第67条将宪法的解释权排他性地授予了全国人大常委会。因此,如果法官在审理民事案件时,解释宪法规范,势必违反《宪法》的规定。由此可见,希望通过法律解释的方法来贯彻宪法的规定,具有相当的局限性,难以实现对民事主体的充分保护。

第四,将人格尊严转化为民法上的价值和民事权利,也意味着明确了国家的积极保护义务,即国家要通过立法、司法等途径来保障人格尊严。所谓国家的积极保护义务最主要的就是立法者制定相关法律规范的义务,国家应积极通过立法保障人格尊严。在民法上确认人格尊严及相关的制度，正是国家履行其积极保护义务的重要表现。现代民法要求必须贯彻宪法的人权保障精神，其实质就是要体现规范公权、保障私权的法治精神，使人格尊严等人权通过民法的私权保障机制而得以实现。这就要求民事立法要更加积极地对宪法基本权利进行具体化。如果民法立法无法完成这一任务，而更多地依赖民事司法直接适用宪法，就可能对民法固有的秩序造成冲击。

但人格尊严不属于具体人格权，其在性质上属于一般人格权的范畴。所谓具体人格权，是指由法律确认的民事主体所享有的各项具体的人格权利。关于人格尊严是否为一项具体人格权，值得探讨。在比较法上，也有学者认为，应当承认“尊严权”（right to dignity）。德国学者优博特（Joubert）提出了一般性的尊严权，即承认人的精神和道德价值的权利。他认为，随着社会的发展，人格尊严的许多内容都已经成为独立的法律客体，如名誉、隐私等，其甚至认为，对个人隐私的侵害是最为严重的侵害个人人格尊严的行为。[①] 但人格尊严是所有人格权的价值基础，如果在法律上创设“人格尊严权”，就可能将所有的人格权包括其中，这可能导致其他具体人格权类型被架空。[②]

在我国，2001 年的最高人民法院《关于确定民事侵权精神损害赔偿责任若干问题的解释》（以下简称《精神损害赔偿司法解释》）第 1 条使用了“人格尊严权”的表述，但从《民法总则》第 109 条的规定来看，其并没有使用“人格尊严权”的表述，只是使用了“人格尊严”的表述，笔者认为，人格尊严在性质上并不是一项具体人格权，主要理由如下：

第一，将人格尊严界定为一项具体人格权会不当降低其法律地位。如前所述，人格尊严是各项民事权利的价值来源和价值基础，是其他民事权利的母体，将其界定为一项具体人格权，则会矮化其地位和价值。事实上，《精神损害赔偿司法解释》第 1 条在保护人格

---

① Joubert, Grondslae van die Persoonlikheidsreg, 1953, S. 135.

② Neethling, JM Potgieter & PJ Visser, Neethling's law of personality, LexisNexis South Africa, 2005 p. 27.

尊严时虽然使用了“人格尊严权”这一表述，但该司法解释起草人认为，此处的“人格尊严”应当被理解为“一般人格权”，是人格权一般价值的集中体现，在功能上具有弥补具体人格权类型列举不足的重要作用。也就是说，法官在处理具体案件时，可以一般人格权对个人的人格利益进行兜底保护。[①] 例如，名誉权保护个人的社会评价，但并不保护个人的名誉感，这就可以借助人格尊严保护规则对其进行补充保护。[②]

第二，将人格尊严界定为一项具体人格权不利于发挥人格尊严条款的补充功能。人格尊严条款具有弥补具体人格权保护人格利益不足的功能。[③] 也就是说，随着社会的发展，许多新型的人格利益不断出现，但其还难以与其他人格利益进行明确区分，与相关权利的关系也不清晰，能否上升为具体人格权也不明确，不应过早赋予其权利的地位，这就需要借助人格尊严对其提供保护。例如，我国法律很长时间一直未确认隐私权的概念，法律经常采用“尊重隐私”等表述，表明立法只是将隐私作为一种利益而非权利，但由于法律没有确认其为一项独立的权利，实践中主要通过类推适用名誉权的规定对个人隐私进行保护，直至 2009 年，《侵权责任法》第 2 条才正式规定了隐私权。如果将人格尊严规定为一种权利，可直接适用于对某种新型人格利益的保护，就不需要类推适用某具体人格权的规则，而可以直接适用人格尊严保护条款，这就可以起到保护新型人格利益的作用。

第三，将人格尊严界定为一项具体人格权，也存在法律技术上的难题。一方面，人格尊严保护的是人之所以成为人、人成为人类共同体成员的基本的价值，这也是法律所保护的最基础的法益，其并不指向某种具体的人格利益，很难将其认定为一项具体人格权。另一方面，将人格尊严界定为一项具体人格权，也会使其与其他具

---

① 参见陈现杰：《人格权司法保护的重大进步和发展——〈最高人民法院关于确定民事侵权精神损害赔偿责任若干问题的解释〉的理解与适用》，载《人民法院报》2001 年 3 月 28 日；杨立新：《人格权法专论》，高等教育出版社 2005 年版，第 125 页。

② 参见唐德华主编：《最高人民法院〈关于确定民事侵权精神损害赔偿责任若干问题的解释〉的理解与适用》，人民法院出版社 2001 年版，第 30 页。

③ 杨立新主编：《民商法理论争议问题——精神损害赔偿》，中国人民大学出版社 2004 年版，第 8 页。

体人格权在内涵上存在一定交叉，难以进行区分。对各项具体人格权的保护，实际上都体现了对个人人格尊严的保护。例如，保护个人的隐私权、名誉权等，本质上都保护了个人的人格尊严。因此，将人格尊严界定为一项具体人格权，将面临诸多立法技术和解释上的困难。

综上所述，人格尊严虽然是一种宪法基本权，但必须要通过人格权制度将其具体化，并且转化为一项民事权利，才能获得民法的保护。任何人侵害他人的人格尊严，受害人将通过民法获得救济。《民法总则》第 109 条规定："自然人的人身自由、人格尊严受法律保护。"这就宣示了人格权法的价值基础，确立了一般人格权制度，并为新型人格利益的保护提供了法律依据。

第三节　人格权法的演进及其在当代的发展

一、人格权法的历史沿革

在罗马法中，虽然人格概念已经产生，但它只是指法律主体，"可以肯定地说，罗马人并没有预见到人格权理论的清晰表达及发展，也没有提到其为当代学者所考虑的潜在的、受法律保护的特点"。[①] 在罗马法中，也存在抽象人格之外的人格利益，这些人格利益主要限于姓名、名誉等。早在《十二铜表法》中，就存在以列举的方式关于保护人格的规定，例如第八表第 1 条 B 规定，"假如有人编造或歌唱含有诽谤或侮辱他人的歌词时，则认为必须执行死刑。"当然，《十二铜表法》没有严格区分民法和刑法，其保留了诸法合一的原始法的特点。此外，罗马法中，对身体、自由、名誉的侵害有不法之诉（actio injuriarum）、被害物品最高价格赔偿准诉权（actio legis aguiliae utilis）等诉权的保护，在侵害诉讼中不考虑行为人主观上究竟属于故意还是过失。从罗马法昌明时期起，罗马法学家将各种具

---

① Eric H. Reiter，" Personality and Patrimony：Comparative Perspectives on the Right to One's Image"，76 *Tul. L. Rev.* 673.

体侵害人格的行为统一归入“不法”的单一要件下,[①]形成了“不法之诉”(actio iniuriarum)。提起该诉讼必须以故意(dolus)为必要要件。[②]

中世纪法学家大多是从基督教文本的角度来考虑人格利益,认为对名誉等利益的侵害构成一种罪过,例如,托马斯·阿奎那在其一部著作中讨论了各种对姓名或名誉侵害的行为,包括诽谤、诬陷、造谣等,认为这些都是人类的罪恶。在教会法中,有关诽谤、伤害等,在性质上是宗教上的罪过而非单纯的民事侵权问题。教会法将对侵害人格权的行为规定为犯罪。例如,将违背贞操、损坏他人名誉等行为都规定为犯罪。由于教会法庭对于婚姻家庭享有独立的管辖权,因而对贞操等人格利益形成了一些具体规则。在中世纪,也有一些学者曾经探讨过有关人格与教会法理念分离的问题,例如在意大利,14 世纪的彼得拉克,15 世纪的皮柯·德拉·米兰都拉等人道主义者,都主张保护个人的权利和人格,认为应将它们从中世纪教会和宗教的世界观中解放出来。不过,直到 1983 年的《罗马天主教教会法法典》第 220 条仍然认为人格侵害属于罪过,并且根据教会法,人格利益是一种纯粹的精神利益,而不具备财产属性。不过,英国法在中世纪已经开始逐步形成了普通法中的诽谤法(the law of defamation)。最初,普通法只是对生命财产的侵害提供救济,以后逐渐扩张到对名誉等精神利益的侵害也提供救济。最初的殴打(battery)只限于实际的伤害,以后扩张到企图殴打或者具有殴打的危险也要承担责任。在 1348 ~ 1349 年已经出现了诽谤方面的民事诉讼,并在此基础上形成了诽谤法。[③] 在大陆法系国家,自罗马法复兴之后,罗马法的债法对这些国家的侵权法产生了一定的影响,并已开始通过债法保护有关名誉等人格利益。

直到 19 世纪末期,人格权的概念和系统化的人格权理论才开始出现。一般认为,德国学者噶莱斯(Karl Heinrich Franz von

---

① 参见罗马早期法学家拉贝奥(Labeo)的观点(载《学说汇纂》47,10,15,26)。

② See Eric H. Reiter," Personality and Patrimony: Comparative Perspectives on the Right to One's Image",76 *Tul. L. Rev.* 673.

③ See Louis Nizer,"The Right of Pribacy, A Half Century's Developments", *Mic. Law Rev.* Vol. 39 1941.

Gareis)于 1877 年首次提出了人格权与主体资格的界分,并区分了人格权与其他私法上的权利。他的理论深刻地影响了现代人格权法的发展,因此噶莱斯也被称为“现代人格权法之父”。[①] 受其观点的影响,一些国家立法开始逐步接受人格权的概念,一般认为,1794 年的《普鲁士一般邦法》是欧洲大陆法典化运动的先驱。其虽然在严格意义上并不是一部民法典,但其中的民法部分却是民事法律法典化的第一次尝试。该法第 83 条明确规定:“人的一般权利建立在天生的自由基础上,即能够在不损害他人的前提下寻求和促进自己的幸福。”[②]该法第一编第六章第 1 条以下规定了各种具体人格权,如身体、自由、名誉等。此种具体人格权在一定程度上受到了“当代应用法学派”的影响。该法可以说是近代法中第一部正式确认人格权的法典。

人类社会进入 20 世纪以后,人格权制度逐步勃兴。产生人格权制度在近几十年来急剧发展的原因主要在于:两次人类社会的世界大战,尤其是第二次世界大战,给世界各国人民造成了极大的伤害,战争带来的生灵涂炭导致战后世界各国人民权利意识与法治观念的觉醒,社会越来越强调对作为社会个体的公民之间的平等、人格尊严不受侵犯以及人身自由的保护。这也极大促进了 20 世纪中叶的世界各国人权运动的巨大发展。面对轰轰烈烈的人权运动,各国立法都强化了对人格权的保护,因为人格权是人权的重要内容。随着现代化进程的发展,人们认识到现代化的核心应当是以人为本,人格尊严、人身价值和人格完整,应该置于比财产权更重要的位置,它们是最高的法益。现代化的过程是人的全面发展和全面完善的过程,现代化始终伴随着权利的扩张和对权利的充分保护以及对人的终极关怀。对人格权的保护就是实现这种终极关怀的重要途径。还要看到,20 世纪是一个人类科学技术突飞猛进的时代,现代网络通信技术、计算机技术、生物工程技术等高科技的发展对自然

---

① Leuze, Die Entwicklung des Persönlichkeitsrechts im 19. Jahrhundert, 1962, S. 93. Neethling, JM Potgieter & PJ Visser, Neethling's law of personality, LexisNexis South Africa, 2005, pp. 6 – 7.

② “Die allgemeinen Rechte des Menschen gründen sich auf die natürliche Freiheit, sein eigenes Wohl, ohne Kränkung der Rechte eines Andern, suchen und befördern zu können.”

经济状态下的罗马法中产生的民商法以及风车水磨时代的19世纪产生的民商法的挑战无疑是革命性的。随着互联网和现代信息技术的发展,在保护信息与计算机网络的同时,也提出了关于隐私权和其他人格权保护的新问题。凡此种种,都说明了现代科技与人格权有着不可分割的关系。

正是因为上述原因,从世界范围看,强化对人格权的保护成为各国民法所共同面临的任务,在大陆法系国家,人格权的保护模式主要有两种:一是主要通过侵权法予以保护。最为典型的是法国法。法国法直接继承于自然法的"不得损害他人"(neminem laedere)侵权法的一般条款,结合罗马法中的不法之诉(actio iniuriarum)的模式,在损害赔偿法中平等地对待经济损失和非经济损失。侵权法的一般条款可以适用于对人格权的侵害。此种模式被比利时、荷兰、西班牙、瑞士等国家所采用。[①] 不过,1970年法国修改《法国民法典》,隐私权被纳入《法国民法典》第9条,"一切人拥有要求其私生活受到尊重的权利(chacunadroitaurespectdesavieprivée)"成为一项基本法律原则。关于身体权的保护,《法国民法典》就增加了十多个条款。由此可见,在人格权保护这一问题上,法国法出现了从消极保护向积极确权的发展趋势。二是主要通过人格权制度保护。1911年的《瑞士民法典》尽管是在借鉴《德国民法典》的基础上产生的,但是,在内容和体系上有所突破,一般认为,1907年的《瑞士民法典》除规定姓名权规则外,还规定了对自由的保护,如自由不得让与、限制自由不得损害法律及道德等规则,最早规定了一般人格权。[②] 但也有观点认为,《瑞士民法典》的上述规则实际上是关于民事权利能力和民事行为能力的规定,该法真正规定一般人格权是在1983年。[③] 在一般人格权之外,它还规定了姓名权等权利。该法典是一部承前启后、从近代民法典过渡到现代民法典的民法典。它反映了20世纪民法典编纂的新的发展,尤其体现在对人格

---

① Gert Brüggemeier, Aurelia Colombi Ciacchi andPatrick O'Callaghan Edited, *Personality Rights in EuropeanTort Law*, Cambridge University Press 2010, p. 8.

② 参见马俊驹、王恒:《未来我国民法典不宜采用"一般人格权"概念》,载《河北法学》2012年第8期。

③ 参见徐国栋:《人格权制度历史沿革考》,载《法制与社会发展》2008年第1期。

权的态度上。该法开宗明义，第一编第一章第一节第 27 条以下专门对人格权的保护作出了明文的规定。1940 年制定的《希腊民法典》是大陆法系国家第一个系统规定人格权制度的法典，该法在第 57 ~ 60 条中专门规定了人格权的保护。尽管该法没有明确给人格权下定义，但它对姓名、身体以及智力成果中的人格权都作了明确规定。

从比较法上看，强化人格权保护是各国立法和司法实践的重要发展趋势，近几十年来颁布的一些民法典也大大增加了对人格权的规定，例如，1991 年的《加拿大魁北克民法典》、2009 年的《罗马尼亚民法典》，都有十多个条文规定了人格权，《埃塞俄比亚民法典》专门在第一章第二节规定人格权，从第 8 ~ 31 条采用 24 个条文规定了人格权。《巴西新民法典》第一编第一题第二章以专章的形式（“人格权”）对人格权作出了规定，从第 11 ~ 21 条采用 11 个条文对人格权作出了规定。《秘鲁共和国新民法典》第一编（“自然人”）第二题专门规定了人格权，该题从第 3 ~ 18 条共 16 个条文规定了人格权，该编第三题对“姓名”作出了规定（第 19 ~ 32 条），两题加起来一共 30 个条文。1970 年，《法国民法典》修改时新增第 9 条关于隐私保护的条款，[①]实际上是将隐私权的保护作为一项基本原则加以规定的。除民法典外，有关保护人格权的国际公约日益增加，如《公民权利和政治权利国际公约》中，有大量篇章专门处理和规定各类具体的人格权。可见，最新的立法趋势是进一步强化对人格权的保护。

此外，在英美法系国家采纳了不同的模式。在英国法中，虽然没有体系化的人格权制度，但其 17 世纪就通过判例制度形成了诽谤法，对名誉权等权利进行保护。1852 年英国颁布了《名誉诽谤法》，对名誉权以及其他的人格利益如个人尊严进行系统保护。英国的普通法并没有正式地承认所谓隐私权。然而，从 1998 年的《人权法案》开始，英国法对待隐私的态度也发生了变化，逐步形成了隐私权制度。在美国，自 19 世纪末期形成隐私的概念以来，判例学说

---

① Roger Nerson, « La protection de la vie privée en droit positif français », in Revue internationale de droit comparé, 1971, Numéro 4, pp. 740 et s.

逐步形成隐私权制度,并为立法所承认。隐私不仅仅是一项受普通法保护的权利,而且是受宪法保护的权利。在美国,判例法也严格保护各种人格利益如个人尊严、人身自由和隐私等。

二、人格权法在当代的发展趋势

适应现代社会经济、文化、科技等社会文化发展的需要,现代民法中的人格权制度出现了许多新的发展趋势,主要表现在如下几点。

1. 从消极保护到积极确权是人格权制度重要的发展趋势。早期的法律主要采用了消极保护模式。最早的人身权益,如生命、健康、名誉等,都是通过侵权法进行保护的。《法国民法典》第1382条规定:"任何行为使他人受损害时,因自己的过失而致行为发生之人,对该他人负赔偿责任。"这一规定并没有具体列举人格性权利,但却形成了侵权损害赔偿的一般条款,其可以广泛适用于各种侵权行为,并对后世的侵权行为立法产生了重大影响。1911年的《瑞士民法典》尽管是在借鉴《德国民法典》的基础上产生的,但在内容和体系上有所突破,一般认为,它是一部承前启后、从近代民法典过渡到现代民法典的民法典,反映了20世纪民法典编纂的新的发展,尤其体现在对人格权的态度上。该法开宗明义,第一编第一章第一节第27条以下专门对人格权的保护作出了明文的规定。1940年制定的《希腊民法典》是大陆法系国家第一个系统规定人格权制度的法典。《德国民法典》主要通过主体制度和侵权法规则保护人格权,可以说是采用了消极保护的模式,而随着经济社会的发展,人格权制度也日益发展,德国联邦法院在"读者来信案"中,通过解释《德国民法典》第823条第1款中的"其他权利",承认了一般人格权。从近几十年各国民法典的规定来看,各国民法典也大大增加了人格权保护的规定,并且普遍强调通过积极确权的模式保护人格权。例如,1991年的《加拿大魁北克民法典》、2009年的《罗马尼亚民法典》,都有十多个条文规定了人格权。

2. 人格利益的类型化与具体人格权的发展。随着人格权观念的深化,民法理论和实务逐步将一些人格利益确认为具体的人格权利形态。人格权的保护范围不断宽泛,具体人格权内容不断增多。

例如,《德国民法典》中仅规定了姓名、身体、健康和自由等具体人格权,但近几十年来,判例和学说逐渐承认了名誉权、肖像权、隐私权、尊重私人领域的权利和尊重个人感情的权利等。[①] 尽管其中一些权利是在一般人格权的解释下产生的,但名誉和隐私等权利逐渐成为独立的具体人格权。[②] 在美国,通过隐私权、公开权来保护许多人格利益。随着隐私权的发展,也出现了一些对个人的信息、肖像、声音、个人的空间作为隐私利益加以保护的做法。

3. 从物质性人格权到精神性人格权的发展。最初一些国家的判例和立法主要对生命、健康等基于自然属性而产生的物质性人格权进行保护,以后逐渐认可了基于社会属性而产生的精神性人格权,加强了对人的社会属性的关注,所以,有关名誉、隐私等人格权在人格权体系中的地位日益凸显。随着高科技的发展,个人信息作为重要的人格利益的价值日益凸显。从普通法的经验来看,最初是对个人生命和财产的有形的(physical)侵害提供救济和保护,在发展过程中,逐渐将救济扩展至个人的精神权利,也包括其内心感情和智识。从今后的发展来看,精神的利益以及对这种利益的保护都将是未来法律关注的重心。[③]

4. 隐私权的内涵和外延迅速拓展,在现代民法中日益重要。沃伦和布兰代斯于1890年提出隐私权概念时,提出"个人的人身和财产应当受到保护的原则像普通法一样古老,但是该原则也应当根据时代的变化而赋予其新的性质和内容。政治、社会和经济的变化应当确认新的权利"。[④] 因此,他们呼吁应当尽快确认隐私权制度。一百多年来,隐私权的内涵和外延不断扩张,从最初保护私人生活秘密扩张到对个人信息、通信、个人私人空间甚至虚拟空间以及私人活动等许多领域的保护,不仅在私人支配的领域存在隐私,甚至

---

① 参见施启扬:《从个别人格权到一般人格权》,载台湾大学《法学论丛》第4卷第1期。

② See Basil S. Marksinis, *Protecting Privacy*, Oxford University Press, 1999, pp. 36 - 37.

③ Daniel J. Solove & Paul M. Schwartz, *Information Privacy Law*, Third Edition, Wolters Kluwer, 2009, p. 13.

④ Samuel D. Warren & Louis D. Brandeis, "The Right to Privacy", 4 *Harv. L. Rev.* 193, 193 (1890).

在公共场所、工作地点、办公场所都存在私人的隐私。隐私权扩张的原因是多方面的，有人认为，现代社会对人权的保护，对个人尊严的尊重，市场的扩张，科技的发展，互联网络的发展等，都对隐私权的发展产生了重要影响。[①] 现代科学技术的发展提出的新问题，如网络的发展对隐私的侵犯，基因技术的发展对人的尊严的妨害，都提出了大量新课题，大数据详细记载了我们过去所发生的一切，现在发生的一切，还可以预测我们未来的行为。[②]

大数据分析技术的发展也使信息共享与利用的方式日益多样化，这也给个人隐私保护带来了巨大威胁。美国迈阿密大学的Froomkin教授曾经撰写了一篇题为《隐私已经死亡了吗?》的文章，其中提到，日常的信息资料的收集、在公共场所的自动监视的增加、对面部特征的技术辨认、电话窃听、汽车跟踪、卫星定位监视、工作场所的监控、互联网上的跟踪、在电脑硬件上装置监控设施、红外线扫描、远距离拍照、透过身体的扫描等，这些现代技术的发展已经使人们无处藏身，所以，他发出了“隐私已经死亡”的感慨。[③] 正是因为个人隐私遭受到比以往任何时期都要严重的威胁，所以对隐私的保护也显得更为迫切和重要。

5. 网络环境下的人格权保护日益重要。互联网的发展使人类进入了一个信息爆炸的年代，也使身处地球每一个角落的人沟通更为便捷，但互联网的发展也给人格权的保护提出尖锐的挑战。一方面，由于计算机联网和信息的共享，使对个人信息的收集、储存、公开变得更为容易，“数据的流动甚至可能是跨国的，最初在某个电脑中存储，传送到他国的服务器中，从而被传送到他国的网站上”，[④] 因此，网络技术的发展对隐私权等人格权的侵害变得越发容易，且损害后果也更为严重。另一方面，随着计算机网络的广泛应用，网上侵权日益增多，且侵犯的民事权利涉及诸多类型，如网络暴力、网

---

① Robert P Kouri et al. ed., *Privat Law Dictionary and Bilingual Lexicons* 320 (2d rev. ed. 1991).

② 参见杨澜:《人工智能真的来了》，江苏凤凰文艺出版社2017年版，第226~227页。

③ Michael Froomkin, “The Death of Privacy?” 52 *Stan. L. Rev.* 1461 (1999-2000).

④ Raymond Wacks, *Personal Information*, Oxford University Press, 1989, p. 205.

络谣言、泄露隐私等。由于网络本身的特点,不仅造成了侵权事实认定的困难,有时甚至很难认定侵权主体和权利主体,网络的特点在一定程度上也使侵权后果难以确定。因此,互联网对人格权的保护提出了新的课题和挑战,需要司法和立法予以应对。

6. 一般人格权制度建立。1907 年《瑞士民法典》明确将与权利主体的人格利益有关的权利称为人格权,并在其债务法第 49 条中规定了人格利益受到侵害时受害人主张损害赔偿的请求权。一般认为,该法对一般人格权作出了规定。在第二次世界大战以后,德国法确立了一般人格权,标志着人格权制度日益完善。[①] 在德国法中,一般人格权主要是通过判例产生的。德国联邦法院在 1954 年 5 月 25 日的读者来信(Leserbrief-Urteil)[②]案件中承认了一般人格权。此后,德国联邦法院在一系列的案件中不断承认一般人格权。[③] 联邦宪法法院一直持有这样的观点:作为一般人格权的后果,个人被赋予了请求政府和法院保护的权利,并且民事法院必须在判决形成过程中遵循宪法约束以使在法律适用中确保价值合理。[④] 随着社会发展而出现新型人格利益,此种人格利益需要得到法律的保护,并且有必要上升为独立的权利形态,建立一般人格权这种框架性权利为此提供了充分的空间,并形成一种开放的人格权法体系,不断扩大人格权保障的范围。

7. 精神损害赔偿制度的发展和完善。自 19 世纪末期产生人格权制度以来,对人格权进行保护的许多措施也相应产生。尽管关于精神损害赔偿的名称在各国立法上规定不一,有的规定为抚慰金,有的规定为非财产损害赔偿,但毫无疑问,精神损害赔偿已经为各国立法所普遍采纳。在 19 世纪还被严格限制适用的精神损害赔偿责任,在 20 世纪得到了急剧的发展,极大地便利了受害人的救济,为人格权保护提供了有力的保护依据。

8. 人格权的商业化利用。人格权商业化利用是指在市场经济社会,人格权与财产权结合在一起,形成一种商业化的利益,任何人

---

① Basil S. Marksinis, Protecting Privacy, Oxford University Press, 1999. pp. 36 – 37.

② BGHZ 12, 334 ff.

③ BGHZ 15, S. 249 ff.; BGHZ 20, S. 345 ff.; BGHZ 24, S. 200 ff.

④ BVerfG NJW 1999, 483.

侵害这种可商业化利用的人格权,都应当承担相应的损害赔偿责任。市场经济条件下,人格权商业化利用趋势日益明显,例如,名称可以注册为商标,也可以成为商号。特别是名人的姓名、肖像等人格标志具有特殊的影响力,具有较大的商业价值和感召力,当将名人的形象、姓名用作广告时,对于产品的促销能够产生巨大的推动作用。[①] 也正是因为这一原因,人格权商业化利用现象越来越受到许多国家的重视。例如,在日本,出现了商业化利用权,不仅对一些可商业化利用的人格权进行保护,而且对非人格权的形象(如卡通形象、表演形象等)也予以保护。[②] 而在英美法系,自从美国提出公开权概念之后,对于隐私权之外的有关姓名、肖像等权利在商业上的利用予以特别保护。公开权常常被界定为具有财产权性质的权利。[③]

9. 人格权受到国际公约的保护。人格权也受到许多有关国际公约的保护,例如,《世界人权宣言》第 122 节规定:“任何人的私生活、家庭、住所、信件与通信联络,或是名誉与荣誉都不应遭受任意诽谤。任何人都有权要求得到法律保护,免遭侮辱或诽谤。”《公民权利和政治权力国际公约》第 17 节中规定:“1. 任何人的私生活、家庭、住宅、通信或信件都不应受到任意或非法干涉,任何人的荣誉或信誉(声誉)都不应受到非法攻击。2. 所有人都有权得到法律保护,以免遭受侮辱或诽谤。”除上述国际条约以外,一些地区缔结的公约也规定了人格权保护规则。例如,《美洲个人权利宣言》第五部分规定:“任何人都享有受到法律保护的、其荣誉、名誉、个人与家庭生活免予遭受恶意攻击的权利。”《美洲人权协定》(《哥斯达黎加圣何塞公约》)第 11 节规定:“1. 每个人都有权使自己的荣誉得到尊重、尊严获得承认。2. 任何人的私生活、家庭生活、住所、信件或通信都不应受到任意或恶意侮辱或诽谤,或是本人的荣誉或名誉被非法攻

---

① 参见杨立新等:《〈中国民法典·人格权编〉草案建议稿的说明》,载王利明主编:《中国民法典草案建议稿及说明》,中国法制出版社 2004 年版,第 327 页。

② 参见[日]荻原·有里:《日本法律对商业形象权的保护》,载《知识产权》2003 年第 5 期。

③ See Michael Henry ed., “International Privacy, Publicity and Personality Laws”, *Reed Elsevier*(UK),2001, p. 88.

击。3. 所有人都有权受到法律保护,以免遭受侮辱或诽谤。”由此可见,许多人格权具有一种普适的特点,尤其是有关生命健康、隐私等权利,被各国普遍采纳。

总之,人法地位的提升是现代民法最为重要的发展趋势,人格权制度也属于民法中最新和最富有时代气息的研究领域。由于人格权的扩张,使人格权与其他权利的冲突也越来越突出,因此需要协调人格权和其他权利的关系。例如,现代社会,报纸、电视、广播以及互联网等大众传媒的发达在便捷信息交流的同时,使人格权更加脆弱,处于极易受到侵害的地位。如何协调表达自由、新闻自由、舆论监督和人格权保护的关系,成为人格权法所必须面临的重要问题。

三、人工智能对人格权法的影响

1956 年夏,在一场关于机器模拟智能的研讨会上,首次提出了“人工智能”这一概念。人工智能作为一门新兴学科,其与基因工程、纳米科学共同被称为 21 世纪的三大尖端技术。作为引领新一轮科技革命的技术,人工智能系统在替代人类从事简单性、重复性以及危险性工作方面存在广泛的应用价值,目前在金融、安防、客服等行业领域已实现应用,并且在精确度和效率上确实已远超人工。[①]半个世纪以来,伴随着现代科技的发展,特别是移动互联网、大数据、脑科学等新理论、新技术的发展,人工智能近些年的发展极为迅速,已经成为国际竞争的新焦点和经济发展的新引擎。[②] 从某种程度上而言,人工智能以信息技术为核心,“信息主权”话题[③]的探讨一定程度上也决定了人工智能未来在国际竞争中的地位。人工智能技术以信息技术为核心,直接造就了信息主权话题的探讨。

我们已经进入人工智能时代,机遇与危险并存。美国电影《终结者》曾预测人工智能机器人超级战士击败人类的结果;科学家霍

① 参见中国电子技术标准化研究院:《人工智能标准化白皮书》(2018 年版),第 1 页。

② 参见国务院《新一代人工智能发展规划》(国发〔2017〕35 号)第一部分。

③ 参见许志华:《网络空间的全球治理:信息主权的模式建构》,载《学术交流》2017 年第 12 期。

金生前始终认为,人工智能的发明可能是人类历史上最大的灾难。如果管理不善,人工智能确实可能成为霍金所预言的“最糟糕的发明”,会思考的机器人可能会为人类文明画上句号,这样的论断绝非危言耸听。“问题就是时代的口号”,借助于大数据的人工智能,其在改变我们生产与生活方式的同时,也给我们带来了诸多法律上的新问题、新挑战。正如国务院《新一代人工智能发展规划》所言:“人工智能是影响面广的颠覆性技术,可能带来改变就业结构、冲击法律与社会伦理、侵犯个人隐私、挑战国际关系准则等问题,将对政府管理、经济安全和社会稳定乃至全球治理产生深远影响。”这些问题亟待我们予以回应并加以解决。

人工智能的发展涉及人格权保护的一系列问题,至少包括如下几个方面。

第一,人工智能对物质性人格权保护的影响。在实践中,机器人致人损害的案例已经发生,2015 年 7 月,德国大众汽车制造厂一名 21 岁的工人在安装和调制机器人时,被机器人“出手”击中胸部,并被碾压在金属板上。无独有偶,2016 年,Google 无人驾驶汽车在美国加州山景城测试时,与一辆公交大巴相撞,后经法院认定,Google 公司在此次事故中负有责任。我国也出现了人工智能机器人伤人的事件,据报载,2016 年 11 月,在深圳举办的第十八届中国国际高新技术成果交易会上,一台名为小胖的机器人突然发生故障,在没有指令的前提下自行打砸展台玻璃,砸坏了部分展台,并导致一人受伤。[①] 表面上看,机器人是人制造的产品,在造成他人损害时,应当由机器人的研发者负责,这似乎在法律上没有争议。但机器人又不同于普通的产品,对普通的产品而言,追踪产品的生产者较为容易,而对人工智能机器人而言,其是依靠自身的算法在运作,有其自身独特的运作程序。因此,在人工智能机器人造成他人损害时,不能简单地认定由该机器人的生产者承担责任,应当由该程序的发明者承担责任,而人工智能机器人的运作程序可能是由多个主体共同开发的,很难确定具体的程序研发个人或者组织,这就给确

---

① 《深圳高交会出现中国首例机器人伤人事件》,载《联合早报》2016 年 11 月 18 日。

定人工智能机器人的责任带来了困难。

第二,人工智能对隐私的保护提出了新挑战。例如,伴随着人工智能技术的发展,无人机技术也蓬勃发展,无人机被形象地描述为"冰冷的观测技术产品",能够以各种方式"进入"人们想要到达的区域。童话小说中描述的在苍蝇身上绑上摄像机去他人房间窥探他人隐私的设想,目前已经由无人机技术得以实现,这就对隐私权的保护提出了新的挑战。美国已经发生了多起无人机侵犯他人隐私的纠纷。在无人机窥探他人隐私的情形下,受害人往往难以进行举证,甚至难以确定具体的行为人,[①]这就需要法律进一步强化隐私权的保护,以更好地应对人工智能技术的发展。

第三,人工智能对个人信息的保护提出了新挑战。我们已经身处大数据时代,大数据记载了我们过去发生的一切和现在发生的一切,并能准确地预测我们的未来。现代社会的人就好像"裸奔"一样,我们的一切都有可能被他人"监视",都可能时刻暴露在"第三只眼"之下,"亚马逊监视着我们的购物习惯,谷歌监视着我们的网页浏览习惯,而微博似乎什么都知道,不仅窃听到了我们心中的'TA',还有我们的社交关系网"。[②] 无论我们走到哪里,只要携带手机,相关软件借助于 Cookie 技术,就可以时刻掌握我们的准确定位。借助于大数据分析技术,人工智能也会对个人信息权利的保护带来威胁,一些智能机器人大规模地收集个人信息,并将其植入程序之中,也会对隐私等个人信息构成重大威胁。如何从技术层面、法律层面规范智能机器人收集个人信息的合法性问题,将成为人工智能时代的一项新挑战。例如,在全国首例利用人工智能技术侵犯公民个人信息案中,行为人即利用人工智能技术识别验证码,破解了相关的技术防范措施,并获取了受害人的个人信息,人工智能技术对相关技术防范措施的破解速度快至毫秒级,令人极为震惊。[③]

---

① 参见《我们应该如何看待无人机侵犯大众隐私的问题》,载 https://baijia. baidu. com/s? old_id = 470904,最后访问日期:2018 年 2 月 12 日。

② [英]维克托、迈尔—舍恩伯格:《大数据时代》,盛杨燕等译,浙江人民出版社 2013 年版,第 193 页。

③ 参见《人工智能成窃取公民个人信息"帮凶"! 系全国首例》,载 http://www. sohu. com/a/197343129_99931689,最后访问日期:2018 年 2 月 12 日。

除收集个人信息外，人工智能技术还可能被用来研究和开发以大数据为基础的各种产品，并凭借大数据无穷的潜力获取利益，从而刺激人们进一步采集、分析人们的大数据信息。随着个人信息收集和分析方式越来越先进，成本也越来越低廉，大规模的数据收集已成为常态，并会越来越普遍，这就进一步加剧了对个人信息和隐私的威胁。① 我国《民法总则》对个人信息权利的保护作出了规定，但并没有专门规范利用人工智能收集、利用个人信息的行为，未来立法有必要专门设置相关的法律规则，防止人工智能应用过程中的数据非法收集、泄露、贩卖等问题，以有效保护个人信息的安全。②

第四，人工智能对肖像权的保护提出了新的挑战。人工智能技术可能借助光学技术、声音控制、人脸识别技术等新型技术，收集他人肖像，并传播、模仿他人的肖像。例如，借助于光学技术和摄像技术，人工智能可以拍摄高分辨率的照片，使夜拍图片具有与日拍图片同等的效果，这样就使得对肖像权的获取与利用更为简便，这也对肖像权的保护提出了新的挑战。近年来，利用大数据的人工智能人脸识别技术在各领域都开始了实质性运用，从刷脸支付、整治闯红灯到抓捕逃犯，甚至公共领域的发厕纸管理之中，该技术都得到了实质利用。③

第五，人工智能对自然人声音、表情、肢体动作等人格利益的保护提出了新挑战。现在很多人工智能系统把一些人的声音、表情、肢体动作等植入其中，使所开发的人工智能产品可以模仿他人的声音、形体动作等，甚至能够像人一样表达，并与人进行交流。但如果未经他人同意而擅自进行上述模仿活动，就有可能构成对他人人格权的侵害。随着人工智能和语音合成技术的新发展，声音保护的重要性日益凸显。人工智能不仅可以给电影、电视台配音，而且可以模仿任何人的声音，模仿出来的声音一般人很难识别。声音的模仿

---

① 参见张宪丽、高奇琦：《人工智能时代公民的数据意识及其意义》，载《西南民族大学学报》(人文社科版)2017 年第 12 期。

② 参见吴汉东：《人工智能时代的制度安排与法律规制》，载《法律科学》(西北政法大学学报)2017 年第 5 期。

③ 参见《人脸识别系统半个月抓住 3 名逃犯还有哪些用途?》，载 http://news.163.com/17/0604/07/CM2PVCQ70001875P.html，最后访问日期：2018 年 2 月 2 日。

技术已经非常成熟。每个人的声音一旦被收集，就可以被加工处理，讲出一段话在网上发布，内容不是我们想要表达的话，甚至和我们的意思完全相反。这就会侵害个人的声音权。

第六，人工智能对数据中个人信息保护的影响。产权清晰是市场经济的基本要求之一，然而大数据和人工智能使这一传统命题迎来新的挑战。“数据＋算法”被视为人工智能技术开发的核心，数据的收集和分析技术的发展成为人工智能进行机器学习和开发的基本方法。目前，大数据已经是人工智能的一种重要分析工具，其得力于传感器与微处理器的硬件支撑。[①] 借助大数据分析技术，人工智能可以进行相关的演练和操作。从人工智能的技术原理来看，其也有赖于大数据分析系统的支持，人工智能功能的强弱在很大程度上也取决于其所包含数据库的多少，人工智能需要依赖大量来自不同主体的数据，数据的抓取和利用在人工智能行业无处不在。人工智能利用的数据主要有三类，分别是个人所有的数据、私人企业和组织所有的数据和公共机构管理的数据。有观点认为：数据财产权的基本原则是谁的数据归谁所有，没有任何主体指向的数据是公共资源。[②] 但是人工智能不仅会储存收集原始数据，而且可以对收集的各种数据进行加工并产生衍生数据。与此同时，数据的占有和转移占有是无形的，同时也没有有效的权属证明。所以，在大数据时代，法律所遇到的一个严峻挑战即应当如何确认数据的权利归属，既要保护被收集人的个人信息权，又要保护数据开发者、合法利用者的数据财产权，迄今为止，如何对数据进行确权并且构建起权利内容和权利转移的制度尚未解决，需要法律予以尽快完善。

人工智能时代已经来临，其不仅改变人类生产和生活方式，也会对人类的法律制度产生深刻的影响。21 世纪初，华裔著名经济学家杨小凯就提出：如果中国仅仅重视技术模仿，而忽视制度建设，后发优势就可能转化为后发劣势。[③] 因此，我们不能仅注重技术的

---

① 参见王博、郝银钟：《大数据条件下司法公开对我国法官制度的新要求》，载《学术交流》2017 年第 12 期。

② 参见吴晓灵：《大数据应用不能牺牲个人数据所有权》，载《清华金融评论》2016 年第 10 期。

③ 参见涂子沛：《数据之巅》，中信出版社 2014 年版，第 337 页。

引用,而忽视其可能带来的负面效果。我们的法学理论研究应当密切关注社会现实,积极回应大数据、人工智能等新兴科学技术所带来的一系列法律挑战,从而为我们立法的进一步完善提供有力的理论支撑。“不谋万世者,不足以谋一时”,法治不仅仅是要考虑当下,也要考虑未来。法治要提供制度环境安排,为新兴科技等的发育预留法律空间。特别是要充分认识和拥抱科学技术对社会生产和生活带来的结构性、革命性的影响,尽早观察和预测未来法律发展的方向,促进良法制定,以良法保障和促进人工智能技术的健康发展,消除其对人类社会可能产生的副作用。因此,我国正在编纂的民法典应当考虑到人工智能可能带来的各种新挑战,制定相应的法律规则,以体现出民法典与时俱进的品格,并真正地应对未来的技术发展,成为一部 21 世纪的民法典。

第四节　人格权法的体系

一、人格权法的体系概述

所谓人格权法的体系,是指人格权法内部所应当具有的逻辑一致的整体结构。人格权制度是有关对生命、健康、名誉、肖像、隐私等人格利益加以确认并保护的法律制度。人格权法作为与其他法律制度相区别的独立成编的法律,它应当具有自身的逻辑体系。人格权法的体系不能为其他法律所替代,也不是其他法律制度的简单重复。否则,人格权法就没有独立存在的必要。同时,人格权法的体系具有开放性,随着社会生活的进步,大量的新型人格利益将不断涌现,所以,人格权法律体系不能是一个封闭的体系,而应当保持适当的开放性和包容性。①

人格权法的体系首先是建立在人格权的体系基础之上的,从比较法上来看,各国关于人格权的保护模式并不相同。从大陆法系国家法律规定和司法实践来看,主要有以下几种模式。

---

①　类似论述参见张新宝:《人格权法的内部体系》,载《法学论坛》2003 年第 6 期。

一是以德国民法为代表的一般人格权和具体人格权相结合的体例。1896 年《德国民法典》最终并没有承认生命、身体、健康、自由等为人格权。受萨维尼的影响，以及反对绝对主义的自然法思想的影响，[①]《德国民法典》没有将其规定为人格权，但《德国民法典》也规定了一些具体人格权（或称为特殊的人格权），其第 823 条第 1 款规定了对生命、身体、健康、自由的保护，第 825 条规定对贞操的保护，第 826 条规定对信用的保护，第 12 条规定了姓名权。随后，在 1899 年的俾斯麦灵堂偷拍案（Bismarck-photograph case of 1899）中，法院承认了肖像权，[②]该权利后来写入了德国的《艺术作品著作权法》（Kunsturhebergesetz）。总的来看，《德国民法典》没有规定太多的具体人格权，尤其是精神性人格权（如名誉权和隐私权）。但德国民法对人格权的保护在第二次世界大战以后发生了根本性的变化。1949 年德国颁布了《基本法》，有力地促进了人格权的发展。1954 年的“读者来信案”（Schacht-Leserbrief-BGH）之后，法院根据《德国基本法》第 1 条第 1 款关于人性尊严的规定，认为一般人格权必须被视为由宪法所保障的基本权利。[③] 不过，德国一般人格权只是通过判例进行确认，并没有在民法典中得到认可。但也有一些大陆法系国家在立法中采取了一般人格权与具体人格权相结合的模式。例如，《匈牙利民法典》第 85 条承认了一般人格权。第 75 条又规定了姓名、肖像、荣誉等具体人格权。《葡萄牙民法典》第 70 条第 1 款规定了一般人格权，但同时在第 72 ~ 80 条规定了姓名权、使用笔名的权利，通讯秘密、肖像、隐私等权利。

二是以瑞士、加拿大魁北克民法典为代表的具体人格权保护模式。此种模式表现为，具体列举各项具体人格权，而没有承认一般人格权。1907 年的《瑞士民法典》尽管是在借鉴《德国民法典》的基础上产生的，但是，在内容和体系上有所突破，《瑞士民法典》除规定姓名权规则外，还规定了对自由的保护，如自由不得让与、限制自由

---

① Gert Brüggemeier, Protection of personality rights in European Tort Law, Cambridge University Press, 2010, p. 18.

② RG 28. 12. 1899, RGZ 45, 170.

③ BGH 25. 05. 1954, BGHZ 13, 334. 有关本案的介绍，可参见[德]迪特尔·梅迪库斯：《德国民法总论》，邵建东译，法律出版社 2000 年版，第 805 ~ 806 页。

不得损害法律及道德等规则。加拿大魁北克民法也是此种模式的代表。1991 年的《加拿大魁北克民法典》第 3 条规定:“任何人均享有人格权,包括生命权、人身不可侵犯和身体完整权、姓名权、名誉权和隐私权。此类权利不得转让。”基于该规定,民法典将这些权利具体展开,在第一编第二分编规定了“某些人格权”(第 10 ~ 49 条)。第一至四章分别规定了身体完整权、儿童权利、名誉及私生活的尊重、对死后身体的尊重。第 35 ~ 41 条进一步细化了名誉权和隐私权的保护。第三分编题为“与人的状况相关的某些要素”;其第一章为“姓名”(第 50 ~ 74 条)。《加拿大魁北克民法典》第 37 ~ 41 条规定了个人就其身份信息所享有的权利,包括免费查询其信息的权利;免费更正信息错误的权利;以合理价格复制其信息的权利;获取可以辨识的信息复制品的权利等。[①] 可以说,该法典开创了在民法典中规定个人信息权的先河。

三是以法国法为代表的围绕隐私权而采取的保护模式。如前所述,1804 年的《法国民法典》并没有规定人格权,只是通过民法典第 1382 条关于过错责任的一般条款来保护人格权。到 19 世纪中期,法国的司法实践已经开始注重对肖像的保护。[②] 在 1958 年 6 月 16 日的一个判例中,法院认为,肖像权是一个人的绝对的权利,禁止他人未经本人以及家庭成员的允许复制和出版某人的相片,“禁止他人复制自己照片的权利是绝对的权利”。[③] 此后,判例也逐渐承认了姓名权。法国法关于人格权保护的变化,主要发生在 20 世纪 70 年代。受 1950 年《欧洲人权公约》第 8 条的直接影响,1970 年 7 月 17 日法国议会通过立法,保护隐私权。根据该法案,《法国民法典》中增加了著名的第 9 条:“每个人均享有其私生活受到尊重的权利。”但何为私生活(vie privée)受尊重的权利,法律并没有定义,而交由法官进行解释。在实践中,法院对于私生活的解释范围十分宽泛,包括了家庭和个人生活、日常的家事、健康状况、爱情生活、友

---

① 参见石佳友:《人格权立法的历史演进及其趋势》,载《中国政法大学学报》2018 年第 4 期。

② Gert Brüggemeier, Protection of personality rights in European Tort Law, Cambridge University Press, 2010, p. 11.

③ Trib. civ. Seine, 16 Jun. 1858, D. 1858, 3, 62.

谊和假期等许多领域。[①] 私生活受到尊重的权利是《法国民法典》所承认的第一项人格权,加上民法典规定身体权以及此前为判例所承认的姓名权和肖像权,共同构成了法国人格权的核心。法国法院经过大量的判例,确定私生活的范围包括:肖像、情感生活、家庭生活、性关系、财务状况、私人回忆、健康状况、政治和宗教信仰等;[②]私生活受保护的权利还包括声音权、名誉权和荣誉权。[③]

比较上述三种模式,笔者认为第一种方式更为合理。此种方式首先强调了人格权的法定性,即人格权作为一种绝对权必须由法律明确规定才能使主体享有一种排斥他人侵害和妨碍的权利,并且对侵害各种人格权的行为予以制裁提供了法律上的依据。其次,此种方式强调将对具体人格权的保护和一般人格权的保护相结合,从而形成了对人格利益的周密的保护。因为仅仅只保护一项或几项具体人格权是不够的,且具体列举的方式有限,不能将各项人格权列举穷尽。只有结合一般人格权的规定才能形成对人格权的周密的保护。我国民法典在设计构建人格权法一编时,应当按照人格权法定的原则,详细列举各种具体的人格权,也就是说,凡是在法律上能够规定的人格类型,都应当具体列举。而在各类人格权之中,如果能从内容上对其进一步具体化,也应当具体规定其内容。例如,隐私权可以进一步区分为私生活秘密、私生活安宁、私生活自主等。但是,在对各类具体人格及其内容作具体列举之后,为了避免列举主义模式的弊端,还应当规定一般人格权,从而发挥类似"兜底条款"的功能。因此,我国民法典应当在一般人格权和具体人格权双重并立的基础上,构建我国人格权法的完整体系。

二、我国人格权法的体系

(一)我国人格权立法的体系

我国民事立法历来重视对人格权的保护,1986 年通过的《民法

---

① Cornu, Droit civil10, no. 516 pp. 234 – 235.

② Gert Brüggemeier, Protection of personality rights in European Tort Law, Cambridge University Press, 2010, p. 12.

③ 关于法国法的介绍参见石佳友:《人格权立法的历史演进及其趋势》,载《中国政法大学学报》2018 年第 4 期。

通则》以专章的形式规定民事权利,并明确规定了人身权,具体列举和规定了公民所享有的各项人格权,这是我国人权保障道路上具有里程碑意义的大事。《民法通则》将人格权与物权、债权等权利并列规定,体现了与物权、债权一样,应当独立成编。对具体人格权作出了较为全面的规定,对人格利益的保护范围十分广泛。《民法通则》专门以一节的篇幅规定人身权,其中主要为人格权,包括生命健康权、姓名权、名称权、肖像权、名誉权、婚姻自主权。在民事责任一章中又有专门保护人身权的条文,以相当的篇幅和条款对人身权利作了较为系统、集中的规定,我国《民法通则》规定如此众多的人格权条文,这在世界各国的民事立法中是十分罕见的。《民法通则》单设一节对人格权作较为系统和集中的规定,并被实践证明是成功、先进的立法经验。正是因为《民法通则》对人格权的系统规定,使其获得了"民事权利宣言书"的美誉。当然,《民法通则》在人格权体系的构建方面也存在一定的不足,具体而言:一是没有规定一般人格权。人格权的类型应当是由一般人格权 + 具体人格权所构成的完整的体系,而《民法通则》只是规定了各项具体人格权,而没有规定一般人格权,在人格权类型体系构建方面存在一定的不足。二是没有规定对人格利益的保护。从《民法通则》的规定来看,其只是具体列举了各项具体人格权,而没有对具体人格权之外的人格利益的保护规则作出规定。

2009 年《侵权责任法》明确列举了受保护的各类人格权,该法第 2 条第 2 款规定:"本法所称民事权益,包括生命权、健康权、姓名权、名誉权、荣誉权、肖像权、隐私权、婚姻自主权、监护权、所有权、用益物权、担保物权、著作权、专利权、商标专用权、发现权、股权、继承权等人身、财产权益。"该法同时规定了侵害人格权的责任承担方式以及精神损害赔偿,这都是对人格权法律制度的进一步完善。《侵权责任法》在《民法通则》规定的基础上,进一步完善了人格权的体系,具体而言:一是丰富了具体人格权的类型。《侵权责任法》将生命健康权进一步区分为生命权与健康权,符合生命权与健康权的内涵,也丰富了人格权的类型体系。同时,《侵权责任法》在总结我国立法和司法实践经验的基础上,明确规定了隐私权,也进一步完善了具体人格权的类型体系。二是对人格利益提供保护。从《侵权责任法》第2条第2款的规定来看，其所规定的"等人身、财产权益"中就包含了人格利益，实现了对人格利益的保护。当然，与《民法通则》一样，《侵权责任法》也没有对一般人格权作出规定，同时，受侵权责任法救济法功能的影响，其只是将各项人格权和人格利益作为侵权法的保护对象而加以规定，并没有从正面对各项人格权的内涵、效力等作出规定。

2017年3月15日颁行的《民法总则》在中国民事立法史上具有里程碑式的意义，该法虽然用4个条款（第109、110、111、185条）规定了人格权保护，但其内容已经成为《民法总则》的最大亮点，并受到广泛好评。这4个条款充分彰显了《民法总则》保护人格权的中国特色和时代特征，对于全面推进人格权的保护具有重要的规范意义和现实意义，具体而言：一是《民法总则》第109条规定了一般人格权，完善了《民法通则》《侵权责任法》具体列举人格权类型的不足，为各项人格利益的保护提供了法律依据。二是全面列举了各项具体人格权，尤其是第一次规定了身体权等权利，从而完善了《民法通则》具体列举人格权的不足。三是《民法总则》第111条第一次规定了对个人信息的保护。《民法总则》对人格权的规定实际上构建了我国未来民法典人格权编的内在体系，这就是由具体人格权和一般人格权所组成的完整的人格权益体系。四是《民法总则》第185条规定了英烈人格利益保护规则，对于淳化社会风气，维护公共道德等具有重要意义。当然，从《民法总则》的规定来看，其也只是对各项人格权进行简单列举，并没有对各项人格权的内涵、效力等作出规定，在人格权体系的构建方面也存在一定的不足，需要民法典分则人格权编予以进一步完善。

2018年8月27日，民法典各分编草案首次提交全国人大常委会审议，这是继2017年《民法总则》颁行后民法典编纂迈出的第二步，也是民法典编纂进程中最为关键的一步。民法典各分编草案将人格权作为独立的一编加以规定，该编下设六章，包括45个条文，详细规定了生命权、身体权、健康权、姓名权、名称权、肖像权、名誉权、荣誉权、隐私权、个人信息等权益，并规定了人格权保护的一般规则。从体系上看，民法人格权编（草案）的规定具有如下特点。

1. 体系的完整性。人格权编（草案）既规定了一般人格权（草案第774条第2款),也规定了具体人格权(包括生命权、身体权、健康权、姓名权、名称权、肖像权、名誉权、荣誉权、隐私权);既包括物质性人格权,也包括标表性和精神性人格权;既规定了人格权,也规定了人格利益(个人信息等);既规定了个人生前享有的人格权益,也规定了个人死后的人格利益保护(草案第777条);既规定了实体空间人格权的保护,也规定了网络环境下人格权的保护;此外,草案还规定了各种人格权在行使中可能涉及的各种法律问题,如禁止性骚扰、非法跟踪、偷拍偷录,维持信用记录准确完整,保障个人的基因和遗传信息隐私等。

2. 保护权益范围的开放性。从比较法上来看,人格权作为一项主观权利在法律上得到了广泛认可。[①] 既然人格权支配的是人格利益,所以需要借助法律的确认,才能使个人对其人格利益的支配合法化。可见,人格权是一种法定的权利,这也是法律对各项人格利益进行类型化规定的结果,但是,人格权也不可能像物权那样必须绝对法定化,这是因为一方面,随着社会生活的发展,各种新型人格利益将不断涌现,人格权绝对法定化将不利于新型人格利益的保护。另一方面,在法定化的人格权类型之外,还有大量的人格利益,尤其是适应社会的变迁和科技的发展,人格权的体系需要保持其开放性。例如,伴随着人工智能的发展,个人声音的利用方式也越来越多样化,声音作为一种人格利益的保护也会越来越重要。这就有必要在民法典中保持人格权体系的开放性,形成人格权保护的兜底条款。正是基于这一原因,人格权编(草案)第774条第1款在宣告民事主体的人格权受法律保护的同时,该条第2款又规定:"除本编规定的人格权外,自然人享有基于人身自由、人格尊严产生的其他人格权益。"该条使用"其他人格权益"的表述,表明了除民法典具体规定的人格权受到法律保护之外,即便民法典没有明确规定的人格利益,也同样受到法律保护,这就保持了人格权益体系的开放性。

3. 行为规范和裁判规范的统一结合。所谓行为规范,是指调

---

① Leuze, Die Entwicklung des Persönlichkeitsrechts im 19. Jahrhundert, 1962, S. 93. Neethling, JM Potgieter & PJ Visser, Neethling's law of personality, LexisNexis South Africa, 2005, pp. 6 – 7.

整对象指向受规范之人的行为，要求受规范之人按照这些规范所规定内容而行为。所谓裁判规范，是指调整对象指向法律上裁判纠纷之人或者裁判机关，要求他们以这些规范所规定的内容为标准进行裁判。

一方面，人格权编（草案）规定了大量的行为规范。例如，草案第790条第2款规定："用人单位应当在工作场所采取合理的预防、投诉、处置等措施，预防和制止性骚扰行为。"该条规定对用人单位采取必要措施预防性骚扰的义务作出了规定，该条在性质上即属于行为规范，该规定为民事主体确立了明确的行为规则，使其明确自由行为的范围，超越法定范围的后果和责任，从而对其行为后果产生合理预期。作为社会生活的规则，它是人们长期以来生活习惯的总结，确立了人与人正常交往关系的规范，是社会公共道德和善良风俗的反映。按照民法的规则行为，有助于建立人与人正常和睦的生活关系，维护社会生活的和谐与稳定。草案中有不少规定是宣示性条款，但其仍然具有价值宣示和行为引导的功能。从强化对民众权利尊重和保护的角度来看，这些条款在未来也将具有重要的意义。通过独立成编的人格权法对公民的人格权予以系统的构想和确认，有助于对公众公开宣示关于人格尊严和人格发展的美好未来前景，并培育公民的人格权观念，激励公民以实际行动去主张自身的人格权和尊重他人的人格权，从而形成一种关于人格权保护的新观念和新境界。①

另一方面，草案确立了一些裁判规范，为法院审理民事纠纷提供了明确的依据。草案全面列举和保护人格权，未来将为法院的司法裁判提供便利，便于法官的找法以及释法工作，一定程度上也有利于提高司法效率甚至直接关系到司法公正。人格权的独立成编将为法官在裁判人格权纠纷中找到相关法律依据提供极大的便利，也有利于保障司法裁判的统一。完全通过法官造法的方式保护人格权，必然导致"同案不同判，同法不同解"的后果，危害法治的统一性和权威性。立法的缺位也必然会造成法官随意创立各种权利，诸

① 参见孟勤国：《人格权独立成编是中国民法典的不二选择》，载《东方法学》2017年第6期。

如司法实务中出现的生育权、贞操权、亲吻权、祭奠权等,这就会随意为相对人设定义务,也损害了司法的统一性。

4. 预防和救济的结合,各种救济方式的结合运用。一方面,在网络时代,应当更加重视对人格权侵权行为的预防,因为与传统社会的信息传播方式不同,网络信息的传播具有即时性,而且网络的无边界性以及受众的无限性,也使网络环境对信息的传播具有一种无限放大效应,网络信息一经发布,可以瞬间实现全球范围的传播,损害后果将被无限放大。尤其是在网络环境下,侵害人格权的损害后果往往具有不可逆性,损害一旦发生,即难以恢复原状,这就需要更加重视对侵害人格权侵权行为的预防。为此,许多国家都采用了禁令、删除、屏蔽、断开链接等方式来保护网络侵权的受害人,以防止损害的进一步扩大。我国民法典人格权编在积极总结我国司法实践经验,同时借鉴外国经验的基础上,于第 780 条规定了禁令制度,强化了对人格权侵害的事先预防。另一方面,在人格权遭受侵害的情况下,草案第 778 条第 1 款规定:"侵害民事主体人格权的,应当依照本法和其他法律的规定承担停止侵害、排除妨碍、消除危险、赔偿损失、消除影响、恢复名誉、赔礼道歉等民事责任。"这些方式既体现了对侵害人格权行为的事先预防,又体现了对侵害人格权损害后果的事后救济,显然是采用了多种方式对人格权进行救济。另外,草案第 782 条规定:"因当事人一方的违约行为,损害对方人格权造成严重精神损害,受损害方选择请求其承担违约责任的,不影响受损害方请求精神损害赔偿。"该条对违约责任中的精神损害赔偿责任作出了规定,将有助于弥补现行立法违约责任规定的不足。

(二)我国司法实践对人格权体系的完善

自《民法通则》颁行以后,我国司法实践也进一步强化了对人格权的保护,最高人民法院作出了大量的批复,颁行了大量的司法解释,不断地扩充人格权保护的范围,各级审判机关也通过裁判的方式解决了大量的人格权侵权纠纷,提供了诸多宝贵经验,为人格权法体系的完善提供了有益的经验。例如,早在 1988 年,最高人民法院就针对著名的"荷花女案"作出了相关的批复。[①] 在此之后,最高

① 《最高人民法院关于死亡人的名誉权应受法律保护的函》,(1988)民他字第 52 号。

人民法院又作出了大量关于人格权保护的复函和批复。[①] 最高人民法院还颁行了许多关于人格权的司法解释，如1998年的《关于审理名誉权案件若干问题的解释》、2001年的《关于确定民事侵权精神损害赔偿责任若干问题的解释》、2003年的《关于审理人身损害赔偿案件适用法律若干问题的解释》等，这些司法解释的规则具有很强的针对性，也是经实践检验的适应我国人格权保护实践需要的具体规则，能够为民法典人格权编的规则实践提供有益的参考。

我国司法实践对人格权体系的完善主要体现在如下几个方面：

一是扩充了具体人格权的权利类型。最高人民法院在2001年通过的《关于确定民事侵权精神损害赔偿责任若干问题的解释》第1条第1款规定："自然人因下列人格权利遭受非法侵害，向人民法院起诉请求赔偿精神损害的，人民法院应当依法予以受理：（一）生命权、健康权、身体权；（二）姓名权、肖像权、名誉权、荣誉权；（三）人格尊严权、人身自由权。"较《民法通则》对人格权具体权利事项的列举而言，该司法解释条款首次将《民法通则》第98条规定公民享有的生命健康权明确解释为生命权和健康权，同时，该司法解释也是首次提出了身体权的概念，从而完善了物质性人格权的体系。正是这一司法解释的出台，生命权、健康权、身体权的三分法才得以正式确立，并最终被《民法总则》所采纳。

二是确立了一般人格权这一内涵极为丰富的概念。前述最高人民法院于2001年通过的《关于确定民事侵权精神损害赔偿责任若干问题的解释》第1条第1款所规定的第（三）项人格权利"人格尊严权、人身自由权"也属于这一司法解释的原创，此即民法学理论所称之一般人格权，对于我国全面保护个人的人格权益具有重要意义。正是这一司法解释的规定，我国人格权保护基本确立了"具体人格权+一般人格权"的立法模式，《民法总则》及学界共识都基本延续这一框架。

---

① 例如，仅就名誉权而言，最高人民法院就出台了大量的函件和批复，如1993年的《关于审理名誉权案件若干问题的解答》、1995年的《关于中国人民解放军第四医大附属西京医院、樊代明和杨林海名誉权纠纷一案的函》、1999年的《关于赔偿义务机关应当为受害人消除影响恢复名誉赔礼道歉的批复》、2000年的《关于广西高院请示黄仕冠、黄德信与广西法制报社、范宝忠名誉侵权一案请示的复函》等。

三是丰富了人格权法的体系内容，为具体人格权的类型化研究提供了丰富的实证经验，为人格权理论的研究与立法奠定了坚实基础。以隐私权为例，我国对其承认也是伴随着社会进步、权利意识的加强才得以确立的，我国司法解释曾将泄露公民隐私的行为通过名誉权加以保护，以隐私权为例，在“中国裁判文书网”中以“隐私权”为关键词进行检索，可发现有上万份裁判案例（检索时间截至2018年2月5日），从这些案例可以看出，隐私权的内容多种多样：如私生活秘密、通讯安全、个人财务隐私安全、未成年人隐私的保护、住宅隐私的保护、公共场所隐私的保护、公众人物隐私的保护和限制、偷窥他人个人隐私、隐私权的合理限制、隐私权与舆论监督的矛盾与冲突以及互联网、微博、微信等现代科技发展与隐私的保护等均需要在法律上加以规定，从而为裁判提供明确的规则。我国立法应当积极总结司法实践经验，对隐私权的规则作出细化规定，如私生活秘密、通讯安全、个人财务隐私安全、未成年人隐私的保护、住宅隐私的保护、公共场所隐私的保护、公众人物隐私的保护和限制、偷窥他人个人隐私、隐私权的合理限制、隐私权与舆论监督的矛盾与冲突以及互联网、微博、微信等现代科技发展与隐私的保护等等均需要在法律上加以规定，从而为裁判提供明确的规则。

四是确立了死者人格利益的概念。关于死者人格利益的保护，我国法律一直欠缺明确的规定，主要通过最高人民法院的司法解释、批复等对死者人格利益加以保护。迄今为止，最高人民法院颁布了五项关于死者人格利益保护的司法解释，[①]填补了我国民事立法中关于死者人格利益保护的空白。

（三）人格权法的体系

构建人格权法体系，应当注重其结构的逻辑一致性。人格权法是调整自然人、法人、非法人组织的人格利益的制度，人格权法在对各种人格利益进行保护和调整的基础上形成了自身逻辑的体系。在人格权法体系内部，应当遵循从总则到分则的顺序，先规定具有

---

① 这五项司法解释分别是最高人民法院《关于死亡人的名誉权应依法保护的复函》《关于范应莲诉敬永祥等侵害海灯法师名誉权一案有关诉讼程序问题的复函》《关于审理名誉权案件若干问题的解答》《关于确定民事侵权精神损害赔偿若干问题的解释》《关于审理人身损害赔偿案件适用法律若干问题的解释》。

总则特点的一般规则,再规定具体的人格权类型。在人格权法分则的内部,关于具体人格权的列举顺序,应当先规定生命权、身体权、健康权等与人的生存密切相关的人格权,然后规定姓名权、肖像权、名誉权、隐私权等与人格有密切联系的人格权;先规定自然人人格权,再规定法人和非法人组织的人格权。根据我国既有的立法和实践经验,并借鉴国外的立法经验,笔者认为,人格权法的体系主要应当由如下两部分构成。

1. 人格权法总则

人格权法总则是关于人格权一般规则的规定。人格权法既然能够独立成编,就应当形成其自身完整的体系。这就要求,人格权法应当通过提取公因式的方法,将人格权制度中共性的法律制度提取出来,作为总则部分加以规定。当然,人格权法总则应当具有其独特的内容,而不应当是民法典总则部分内容的简单复制或者简单演绎。总则应当包括如下几个问题。

一是人格权法调整的范围。人格权法是民法的重要组成部分,其调整的对象是因民法上的人格权而产生的法律关系,而不调整宪法上的人格权。人权主要是宪法上的概念,其强调的是国家和个人之间的关系,个人享有人权,就意味着国家负有保护个人人权的义务。作为宪法上的权利,人权指向的对象主要是国家,约束的义务主体主要是公权力机关。而人格权则主要是民法上的概念,民法上人格权强调的是民事主体之间的关系,其常常被认为是私法上的人权,[①]所约束的义务主体为私法关系的当事人。另外,人格权被认为是私法所确认的保护人的精神利益的权利,可以直接受到侵权法的保护;而人权并不一定都通过侵权法来保护;该草案第1条就规定,“民事主体的人格权益受法律保护”,这表明人格权编调整的是平等民事主体之间的民事权益关系,而不调整所有国家和个人之间的人权关系。而且从草案的内容来看,其所规定的各项人格权也并没有涉及公法上的权利义务问题,彰显了人格权的私权属性。

二是明确人格权的法定性与开放性。一方面,人格权不应该完

---

① Gert Brüggemeier, Aurelia ColombiCiacchi, Patrick O'Callaghan, ed. *Personality Rights in European Tort law*, Cambridge University Press, New York, 2010, p. 5.

全理解为天赋的权利,而应当通过法律予以界定。通过对人格权的确认,有利于明确人格权和其他权利的边界,这不仅对权利人本身形成周密的保护,而且明确了社会一般人的义务。对人格权的界定,不仅要将人格利益与财产利益相互区分,而且也要对不同类型的人格利益进行区分,否则将引起法律上的不确定性。① 另一方面,人格权又应当保持其开放性。人格权不能因为法律的确认,而导致其封闭,法律上应当为新型人格权益的产生和发展预留空间。这种开放性就要求,没有明确规定的人格权和人格利益也应当受到法律保护。

三是人格权的效力。人格权的效力分为积极效力和消极效力。积极效力就是指人格权的支配效力、利用效力。虽然对于物质性人格权而言,其主要是防御性的权利,但是,也有不少人格权具有支配和利用的效力,例如,姓名权、名称权、肖像权等。随着人格权制度的发展,人格权的内涵和效力也都出现了扩张,部分人格权不再是消极防御性的权利,而具有了一定的积极利用的权能。② 尽管人格权原则上不能转让,但某些人格权的权利人可以许可他人对其人格权进行利用。③ 随着个人信息的收集、"黑名单"的设置、信用记录的收集等现象的出现,信息失真、记载错误等也给相关当事人的社会生活和经济交往活动带来了不良影响。④ 如果行为人在有关的媒体和网上发表毁损他人名誉的言论,受害人也有权在该媒体和网站作出回应,澄清事实,相关媒体和网站有义务予以刊载,此种权利称为回应权。从比较法上看,法国、瑞士等国家明确规定了受害人的回应权。⑤ 在行使该权利的情形下,即便行为人没有构成侵权,也应

---

① Neethling, J. M. Potgieter & P. J. Visser, Neethling's law of personality, LexisNexis South Africa, 2005 p. 24.

② Huw Beverley-Smith, The Commercial Appropriation of Personality, Cambridge University Press, 2002, p. 173.

③ 参见王叶刚:《人格权中经济价值"可让与性"之反思》,载《广东社会科学》2014年第2期。

④ 参见张钱:《个人征信侵权责任认定中存在的问题分析》,载《法律适用》2014年第3期。

⑤ U. Kerpen, Das internationale Privatrecht der Persoenlichkeitsrechtsverletzungen, 2003, S. 134.

当强化对个人信息权利的保护，赋予其请求相关主体对信息进行补充、更正、修改以及回应等积极权能，而不能仅在构成侵权时才对其进行救济。个人对与其人格利益有关的事务，也享有决定权。[①] 此种自决就包含了对个人信息的利用等自主决定。还要看到，除个人信息外，个人对其身体组成部分进行合法捐赠，只要不违反法律规定和公序良俗，法律也不禁止。这是人格权在21世纪的最新发展。人格权实践的发展说明了其并非仅具有防御性权利的功能，而且还具有积极保护和确认的人格权权能。这就需要人格权设置相关的人格权利用规则，如哪些人格权可以进行积极利用，人格权利用过程中应当遵循哪些规则，等等，均需要法律作出明确规定。同时，人格权在行使过程中也可能与其他人格权或者其他权利之间发生一定的冲突，这就需要设置相关的人格权行使规则，解决相关的权利冲突。所谓人格权的消极效力，就是指人格权请求权。一般认为，应当将其纳入人格权保护制度之中。

四是进一步完善人格权的限制规则。人格权作为一项民事权利，除生命健康权因其固有属性具有不可限制性以外，许多人格权都可能基于保护社会公共利益等原因而在不同程度上受到限制。我国《民法总则》虽然规定了民事权利的限制规则，如禁止权利滥用规则，但人格权的限制规则具有一定的特殊性，需要法律作出特别规定。例如，我国司法实践确立了公众人物隐私权应当受到限制的规则，但公众人物的人格权应当在何种程度上受到限制，公众人物人格权的限制应当考虑哪些因素，等等，均需要法律作出细化规定。民法典人格权编应当在《民法总则》规定的基础上，对人格权特有的限制规则作出规定，以更好地协调各项权利之间的冲突。

五是一般人格权制度。总则在规定一般人格权时，应当明确其价值内涵以及侵害一般人格权侵权责任的构成要件。从人格权体系来看，如果具体人格权要置于分则之中进行规定，则一般人格权就应当置于总则之中进行规定。因为一般人格权具有开放性，具有兜底条款的作用，而且是具体人格权产生的基础，所以，它不应当置于分则部分与具体人格权并列规定。

---

① 参见韩强：《人格权确认与构造的法律依据》，载《中国法学》2015年第3期。

六是人格权的延伸保护。人格权的延伸保护主要是指胎儿的人格利益保护和死者的人格利益保护。死者人格利益的保护，还应该进一步区分几种情形：一是一般的死者人格利益保护。二是烈士的人格利益保护。对于烈士的人格利益保护，因为其涉及社会公共利益，因此，其往往都要通过公益诉讼来解决。在损害发生以后，即使烈士的近亲属没有提起诉讼，也可以由法律授权的机关或组织提起公益诉讼。至于具有人格象征意义的特定纪念物品，如遗体、遗骨、骨灰，这些在本质上属于特殊的物，对这些物的侵害应当置于侵权法之中予以保护。

七是人格权请求权和人格权的其他保护方法。所谓人格权请求权，是指民事主体在其人格权受到侵害、妨害或者有妨害之虞时，有权向加害人或者人民法院请求加害人停止侵害、排除妨害、预防损害、恢复人格权的圆满状态。人格权请求权也是人格权效力的具体体现。[①] 另外，总则中有必要对精神损害赔偿和侵害人格权的财产损害赔偿责任作出规定。精神损害赔偿主要适用于侵害人格权的情形，因此，应当在人格权法中对其作出细化规定。同时，由于部分人格权逐渐包含经济价值，侵害他人人格权益可能产生财产损失，因而，人格权法应当对侵害人格权益的财产损害赔偿责任作出规定。

2. 具体人格权

各国规定的具体人格权的类型不尽相同。例如，巴西著名法学家庞蒂斯·德·米兰达将人格权分为：生命权、保持身体完整权、对精神完全的权利、自由权、知情权、名誉权、对本人肖像的权利、平等权、对本人姓名的权利、对本人笔名的权利、对本人商号的权利、隐私权。此种分类被称为“米兰达分类法”。[②] 而法国学者 E. H. Perreau 认为，人格权可以分为三类：一是物质性人格权，包括生命权、有关身体完整性权利、迁徙自由、性自主、死后对身体的保护的权利；二是精神人格权，包括与伴侣的关系、尊重伴侣的权利、作为

---

① 参见马俊驹、张翔：《人格权的理论基础及其立法体例》，载《法学研究》2004 年第 6 期。

② See Michael Henry, *International Privacy, Publicity and Personality Laws*, London: Butterworth, 2001, p. 65.

配偶的权利、对祖传遗产的权利；三是社会人格权，包括姓名和其他身份标识的权利、有关肖像和声音的权利、有关私人生活的权利。①各国关于人格权的列举，受到其历史、文化、传统等因素的影响，同时对具体人格权的列举又受到较为抽象的人格权或一般人格权的影响。例如，英美法中隐私权的范围十分宽泛，包括肖像权、姓名权等权利，因而在一定程度上限制了其他具体人格权的发展。

具体人格权的类型列举应当本着人格权法定的原则，总结我国现行的立法和司法实践经验，从中国的现实情况出发进行构建。在我国，根据《民法总则》第110条、第111条的规定，具体人格权包括生命权、健康权、姓名权、名称权、肖像权、名誉权、隐私权等。我国《刑法》《律师法》《居民身份证法》等一系列法律也都对个人信息的保护作出了相应的规定，《反不正当竞争法》还规定了信用保护的规则。总结我们以往的立法和司法实践，笔者认为，除了婚姻自主权和荣誉权在学理上尚存在争议，不宜简单地规定为人格权外，其他的人格权都应予以归类整合最终纳入民法典的人格权法体系中去。

我国民法典分编草案构建了较为完整的人格权法体系，其分为总则和分则两部分，总则主要就人格权法的一般规则予以概括，分则部分详细列举各项具体人格权并构建了各自的规则体系。

(1)生命权、身体权、健康权。我国《民法总则》第110条规定了生命权、身体权、健康权，民法典分编草案人格权编部分沿袭了这一立法经验，在第二章规定了生命权、身体权、健康权。在该章之中，还规定了法定救助义务、人体器官等的捐献、人体试验、禁止性骚扰等规则，从而强化了对物质性人格权的保护。值得注意的是，该分编草案第791条规定了人身自由，该条实际上将人身自由权规定为一项独立的具体人格权，人身自由权在内涵上主要是指身体活动自由，人格权法应当对此作出规定。物质性人格权是民法所保护的最高法益，是其他人格权乃至于整个民事权利产生的基础和前提。因而，应当将其作为第一种类型优先予以规定。

(2)姓名权、名称权。民法典分编草案人格权编第三章规定了

① See E. H. Perreau, Des droits de la personnalité, in Revue internationale de Droit compare, 1909, p. 501.

姓名权和名称权。众所周知,《民法总则》《民法通则》对姓名权的规定较为简略,不能适应司法实践中新类型案件增长的需要,因此,我国立法机关就姓名权的保护专门作出了立法解释,最高人民法院关于姓名的变更也曾作出相关的司法解释,未来有必要将其纳入到民法典之中;此外,涉及法人和非法人组织名称的登记、转让等,以及名称简称的保护都有必要在法律上作出规定。同时,名称权也是法人等组织从事生产、经营活动的前提,《民法通则》对法人等组织的名称权作出了规定,人格权法应当继承这一立法经验,对法人名称权作出规定,同时明确其行使和转让的具体规则。需要指出的是,名称权的权利主体较多,不仅仅限于法人,还包括独资企业、合伙等非法人组织。

(3)肖像权。民法典分编草案人格权编第四章规定了肖像权,并将肖像权保护的核心从面部特征扩大到了可被识别的形象,大大强化了该权利的保护。早在1986年的《民法通则》中,该法第100条规定的以营利为目的作为侵权的要件,不利于保护肖像权人的利益,民法典分编草案修改了这一规定,在该编部分,还强化了肖像权的合理使用、肖像权许可使用合同之类的相关规定,并允许将肖像权合理使用的规则类推适用于其他人格权之中。

(4)名誉权、荣誉权。民法典分编草案人格权编第五章规定了名誉权和荣誉权,对于名誉的概念、名誉权与新闻报道舆论监督等的冲突解决坚决规则、行为人的审查义务、侵害名誉权必须指向特定对象等规则进行了规定。此外,该章继续沿袭了《民法通则》规定荣誉权为人格权的做法,明确规定荣誉权为法定人格权。尤其需要指出的是,该章在标题上虽然没有确认信用权为一项独立的人格权,但是该章第808条和第809条这两个具体条文对信用权做了相应的规定。

(5)隐私权、个人信息。民法典分编草案人格权编第六章规定了隐私权和个人信息。该草案第811条第2款将隐私定义为“具有私密性的私人空间、私人活动和私人信息等”,并且在第812条采取反面列举的方式对隐私内涵加以了明确。该草案第813条对于个人信息的概念也做了明确的界定,规定了收集、使用自然人个人信息所应当遵循的原则和条件,还规定了信息权利人享有的查询、提出异议、更正、要求及时删除等权利，也规定了收集、使用、公开个人信息的免责事由，并明确了信息收集人对于所收集信息的安全保障义务。

综上所述，民法典分编草案人格权编虽然较为具体地列举了人格权，但尚有改进空间，部分条款也需要做进一步完善。例如，草案没有规定体现人格利益的声音权，对于个人信息仍只是与《民法总则》一样将其作为一项权益而非独立的权利进行保护，这些都有待于今后予以进一步完善。

第四章　人格权法在民法典中的地位

第一节　关于人格权在民法典中独立成编的争论

传统大陆法系的立法体例中,有关人格权的规定极为简略,有些国家的民法典甚至根本未涉及,因此人格权法并未在民法中成为一门相对独立的法律。英美法虽然重视对名誉、隐私等人格利益的保护,但对这些利益的保护主要是由侵权法来实现的。那么,在我国现行的民法体系中,是采纳传统的大陆法系国家的立法体例,将人格权的法律规范视为主体制度和侵权法的组成部分,还是应当单独设立人格权法?这确实是一个值得探讨的问题。

作为20世纪初特别是"二战"以来形成和发展的一项新型民事法律制度,人格权制度在《法国民法典》与《德国民法典》中并不占有十分重要的地位。然而,随着一百多年的人类社会经济、文化的发展,法治的进步,人格权的重要意义日益凸显,其类型与具体内容都得到了极大的丰富。在我国当前制定民法典的情况下,如何正确地认识人格权制度在民法典中的位置,引起了学者的普遍争论。目前主要有赞成人格权独立成编与反对人格权独立成编两种观点。

1. 赞成说。赞成者认为，人格权应独立成编，其主要理由在于：首先，人格权独立成编有助于完善人格权法的体系，强化对人格权的保护。人格权独立成编可以完善权利体系，凸显民法所弘扬的尊重人格的时代精神。[①] 只有人格权独立成编，才能充分容纳现代中国的人格权问题，科学规定并充分保护各项人格权。[②] 其次，独立成编能够完善民法典自身固有的体系，因为人格权作为一项基本的民事权利，人格权法只有独立成编之后才能与财产法相协调。人格权独立成编不仅具有足够的理论支持和重大的实践意义，而且从民法典的体系结构来看，完全符合民法典体系的发展规律。[③] 再次，人格权法与侵权法可以分离，侵权法上的保护不能解释人格权的可支配性等规则。[④] 最后，人格权制度经过20世纪后半期以来的巨大发展，积累了许多实践经验，可以为建立一个相当完善的人格权体系提供借鉴。[⑤]

2. 反对说。反对人格权单独设编的理由主要在于：首先，我国属于大陆法系，在大陆法系立法例尤其是在《德国民法典》中人格权制度并不具有独立的地位。其次，人格权与人格相始终，不可须臾分离，主体资格不消灭，人格权不消灭。人格权与其他民事权利的区别，在于人格权不是存在于人与人之间的关系上的权利。再次，民法总则的法律行为、代理、时效、期间、期日等制度，不能适用于人格权。人格权法单独设编，混淆了人格权与其他民事权利的区别，破坏了民法典内部的逻辑关系。[⑥] 人格权只有在受到侵害时才有意义，因此只能在侵权行为法中加以规定。最后，人格权是一种宪法

---

① 参见薛军：《人格权的两种基本理论模式与中国人格权立法》，载《法商研究》2004年第4期。

② 参见孟勤国：《人格权独立成编是中国民法典的不二选择》，载《东方法学》2017年第6期。

③ 参见袁雪石：《人格权不宜独立成编？——与米健先生商榷》，载《人民法院报》2004年11月12日，第3版。

④ 参见马俊驹、张翔：《人格权的理论基础及其立法体例》，载《法学研究》2004年第6期。

⑤ 参见薛军：《人格权的两种基本理论模式与中国人格权立法》，载《法商研究》2004年第4期。

⑥ 参见梁慧星：《制订民法典的设想》，载《现代法学》2001年第2期。

上的权利，不能由民法规定[①]。此外，人格权是一种最高度概括、最高度抽象的权利，它具有不确定性、不具体性和思想的内在性，所以只能一般地原则性规定，不能具体地个别规定。[②]

这些观点都具有一定的合理性，应当看到，目前各国民法典关于人格权的规定大都是散见于民法总则、人法或侵权行为法各编。一般有两种模式：一是主要规定在侵权法中，如《德国民法典》、《日本民法典》、旧《瑞士债务法》等；二是规定在民法总则或人法中，如《巴西新民法典》《秘鲁共和国新民法典》《法国民法典》等。但这是否意味着人格权必须规定在民法总则的主体制度或者侵权法中？笔者认为，人格权法是当代民法特别是第二次世界大战以来的民法适应社会发展需要而产生的一项新的制度。虽然目前大陆法国家的民法典对人格权的规定都比较简略，但人格权法是民法总则和侵权责任法不能完全替代的，我国民法典应当使人格权独立成编。2018 年 8 月 27 日，十三届全国人大第五次会议审议了民法典各分编草案，该草案将人格权作为独立的一编加以规定，该编下设六章，共包括 45 个条文，详细规定了生命权、身体权、健康权、姓名权、名称权、肖像权、名誉权、荣誉权、隐私权、个人信息等权益，并规定了人格权保护的一般规则。这就开创了人格权立法的新模式，即独立成编模式。

民法典人格权编草案基于中国的现实，参考比较法上人格权制度的最新发展趋势，在人格权的诸多重要制度中进行了非常重要的创新，为 21 世纪世界各国共同面临的人格权立法问题提供了中国方案和贡献。从草案的内容来看，其立足于解决我国现实问题，认真总结了我国现行法律、行政法规和司法解释经验，将为解决 21 世纪人类共同面临的人格权保护问题提供中国智慧、中国方案。草案的规定将会成为我国民法典的最大亮点。人格权独立成编的立法构造为人格权法理论的发展提供了立法支撑，将有助于人格权法理论的研究，从而极大丰富了人格权法理论的内容，最终将反过来促

---

① 参见尹田：《论人格权的本质——兼评我国民法草案关于人格权的规定》，载《法学研究》2003 年第 4 期。

② 参见米健：《民法编纂——人格权不宜独立成编》，载《人民法院报》2004 年 10 月 15 日，第 3 版。

使人格权立法得以进一步完善。

需要指出的是，草案目前将人格权置于物权、合同之后，置于第三编，这一体系安排主要是基于《民法通则》关于民事权利的规定，但严格地说，这一编排体例并不合理，笔者建议，应当将人格权编置于分编之首，理由主要在于：一方面，与《民法总则》第2条的规定相一致。《民法总则》第2条在确定民法的调整对象时，明确规定调整平等主体的自然人、法人和非法人组织之间的人身关系和财产关系，并且将人身关系置于财产关系之前，可见，与我国《民法通则》第2条相比较，该条更凸显了对人身关系的重视。另一方面，把人格权放在第一编，能够更好地体现以人民为中心、以人为本这一思想，依据人与物、人与人之间的逻辑关系来排列编章顺序，应当把人格权编放在第一编。[①] 将人格权编置于民法典分编之首，可以充分体现现代民法的人本主义精神，体现对个人的终极关怀。试想如果生命、健康、自由都不能得到保障，所谓"万贯家财"又有何用？还应当看到，财产是个人的，但生命健康权等涉及社会利益。人格尊严作为法律的最高价值，应当具有优先于财产利益和私法自治的价值，将其作为重要价值加以保护，也体现了民法的现代性。《德国民法典》的五编制模式虽不无道理，但因其过度强调财产权的中心地位，给人以"重物轻人"之感。[②] 因此，人格权应当置于民事权利之首。人格尊严、人身价值和人格完整，应该置于比财产权更重要的位置，它们是最高的法益。在提交全国人大常委会审议的民法典草案中，物权编被置于民法典分则各编之首，延续了《民法通则》第五章"民事权利"的体例。

---

① 参见朱宁宁：《多位常委会委员建议应将人格权编放在民法典分编之首》，载《法制日报》2018年9月4日。

② 参见薛军：《人的保护：中国民法典编撰的价值基础》，载《中国社会科学》2006年第4期。

第二节　人格权法独立成编的理由

一、人格权独立成编是实现人民群众对美好生活向往的需要

按照马克思主义理论,人的地位是最高的。马克思主义倡导人的解放,实现人的全面发展,归根结底都是为了人。当前,中国特色社会主义已经进入了新时代,党的"十九大"报告在深刻分析了我国经济社会现实的基础上明确指出:"我国社会主要矛盾已经转化为人民日益增长的美好生活需要和不平衡不充分的发展之间的矛盾。"经过改革开放四十年来的发展,我国持续稳定地解决了十几亿人的温饱问题,中国已经成为世界第二大经济强国,人民物质生活条件得到了极大改善,总体上实现了小康,不久将全面建成小康社会。在这样的背景下,人民美好生活的需要日益广泛,广大人民群众不仅对物质文化生活提出了更高的要求,对精神生活的要求也日益增长,希望过上更有尊严、更体面的生活,尤其是在民主、法治、公平、正义、安全、环境等方面的要求更加强烈。[①] 马斯洛曾经提出著名的"需求层次理论",即当人们只满足于基本物质需要时,人们对隐私等精神性人格权的诉求会相对很少,而当人的生存需要基本满足之后,对文化和精神的需要将越来越强烈。[②] 马斯洛把这种心理需要归纳为自尊需要。[③] 正因如此,党的十九大报告在民生部分提出了要保障公民的合法权益,并且特别强调了"保护人民人身权、财产权、人格权"。"人格权"一词首次写入党的全国代表大会报告,具有重大深远的意义,这实际上就是将人格权的保护作为保障人民美好幸福生活的重要内容,突出了人格权保护的重要价值。

人格权制度的基本价值就是维护个人的人格尊严。人格尊严是指每个人作为"人"所应有的社会地位,以及应受到的他人和社会

---

① 参见张文显:《法治与国家治理现代化》,载《中国法学》2014年第4期。

② [美]马斯洛:《马斯洛人本哲学》,成明编译,九州出版社2003年版,第52～61页。

③ [美]马斯洛:《动机与人格》,华夏出版社1987年版,第51～52页。

的最基本尊重。维护人格尊严是法律制度的重要目标。进入新时代以后,人民对美好幸福生活的向往不仅包括吃得饱、穿得暖,也包括老有所养、住有所居、病有所医,还应当使每一个人活得有尊严。由于人格权法律制度的根本目的在于保护个人的人格尊严,各项人格权都体现了人格尊严的保护要求。因此,在民法典中加强人格权立法,使其在民法典分则中独立成编,实质上就是为了全面保护人格权,使人民生活得更有尊严,其根本目的是实现新时代人民群众对美好幸福生活的向往。

《法国民法典》的制定者波塔利斯有句名言:“法为人而立,非人为法而生”。法律说到底是为人制定的,它不仅仅是人民意志的体现,而且也要符合人民的根本利益。保护人的尊严是法律的最高价值追求,侵害人格权,就是对人的人格尊严的侵害。因此,确认和保护人格权理应成为民法典的重要任务,而人格权独立成编正是实现这一目标的重要途径。

二、人格权独立成编是有效应对科技进步和社会发展的需要

(一)人格权独立成编是适应互联网时代的需要

互联网技术的发展给人格权特别是隐私权的保护带来了巨大挑战。在互联网和大数据时代,个人隐私等人格权面临威胁,网络侵害人格权事件易发,对受害人损害严重。随着互联网的发展,各种“人肉搜索”泛滥,非法侵入他人邮箱、盗取他人的信息、贩卖个人信息、窃听他人谈话的现象时有发生,通过网络非法披露他人短信、微信记录等行为更是屡见不鲜,此类的行为不仅污染了网络空间,更是构成对他人人格权的侵害。例如,在著名的“艾滋女网络谣言案”等案件中,行为人就是通过散布网络谣言的方式,侵害他人的人格权益。由于互联网登录和使用的自由性,使通过网络侵害人格权的行为具有易发性。同时,互联网受众的无限性和超地域性也使其对侵害人格权的损害后果具有一种无限放大效应,也就是说,相关的侵权信息一旦发布,即可能在瞬间实现世界范围的传播,相关的损害后果也将被无限放大,这也使损害后果的恢复极为困难。因此,在互联网时代,如何预防和遏制网络侵权行为,是现代法律制度所面临的严峻挑战。

（二）人格权独立成编是适应高科技和信息社会发展的需要

21世纪是高科技和信息爆炸的时代，现代科技是价值中立的，[①]科学技术的迅速发展是一把“双刃剑”，一方面，其给人类带来了巨大的福祉，极大地改变了人类的生产和生活方式，甚至改变了人类社会的组织方式。另一方面，科学技术一旦被滥用，反过来也可能损害个人的隐私、个人信息、生命健康等，从而损害人类的福祉。例如，随着生物科技的发展，代孕问题、DNA鉴定错误等问题变得越来越普遍。针对现代科学技术发展对个人隐私等人格权带来现实威胁，美国学者Froomkin提出了“零隐权”（zero privacy，意思是隐私权已经不存在）的概念，认为各种高科技、互联网的发明在给人类带来巨大福祉的同时，也都有一个共同的副作用，即对我们的隐私权保护带来了巨大威胁。[②] 例如，互联网、卫星技术、生物辨识技术、监控技术等越来越多地成为个人信息收集的工具，以前科幻小说中假想的通过苍蝇携带相机到他人家中偷拍，也已随着无人机技术的发展变成了现实。各种高科技的发明已经使人类无处藏身，如何强化对隐私权等人格权益的保护，成为现代法律制度所面临的最严峻的挑战。[③] 生物技术所引发的人体胚胎、代孕、整容以及器官移植、人体器官捐赠、生物试验等，都对人的主体性和人格尊严保护带来了现实威胁。人从主体沦为客体的担忧也越来越具有现实性。[④] 人工智能的发展也涉及人格权保护问题，由于人工智能通过模仿他人的声音、形体动作等，能够像人一样表达，并与人进行交流，现在很多人工智能系统把一些人的声音、表情、肢体动作等植入内部系统中，但如果未经他人的许可而模仿他人的声音，就有可能构成对他人人格权的侵害。

大数据的发展使个人信息所包含的经济价值日益凸显。大数

---

① 张志成：《论科技法学的法理学基础及其二元结构》，载《科技与法律》2005年第3期。

② See A. Michael Froomkin，“Cyberspace and Privacy：A New legal Paradigm？The Death of Privacy？” 52 *Stan. L. Rev.* 1461，2000.

③ 参见徐明：《大数据时代的隐私危机及其侵权法应对》，载《中国法学》2017年第1期。

④ 参见刘媛：《十字路口上的未来：基因专利问题研究》，载《科技管理研究》2015年第4期。

据技术能够有效整合碎片化的个人信息，实现对海量信息的分析和处理，从而发挥其经济效用。但大数据技术的开发也涉及个人人格权益保护尤其是对隐私和个人信息自主决定的保护，[①]在数据越来越重要的同时，对个人信息的非法利用、泄露等现象较为严重，导致电信诈骗事件频发。《中国网民权益保护调查报告（2015）》显示，2014 年来，网民因个人信息泄露、垃圾信息、诈骗信息等现象，导致总体损失约 805 亿元，人均 124 元，其中约 4500 万网民近一年遭受的经济损失在 1000 元以上。这实际上也提出了个人网络信息安全的现实问题。因此，需要有效规范个人信息的收集与利用行为，妥当平衡个人人格权益保护与个人信息利用之间的关系、个人信息保护和数据资产化之间的关系。

三、人格权独立成编是适应市场经济的发展的需要

市场经济的发展、商业模式的改变以及网络营销等发展，在深刻改变我们消费方式的同时，也对我们的个人信息安全、隐私权保护等构成了一定的威胁。个人信息的收集与利用极大地促进了社会经济的发展。据统计，2016 年，全球大数据市场规模实现 16.5% 的增长，预计将连续 3 年保持增速在 15% 左右。[②] 由于电子商务的迅猛发展，网络购物如今已经进入寻常百姓家，成为许多人日常生活的必备内容，电子商务带来诸多的新型广告模式，如针对特定消费者个人消费癖好的分析，商家投放具有明确针对性和个性化的广告。这就意味着电子商务过程中必然涉及对消费者大量信息的收集和利用，从而也会给个人隐私权等人格权益的保护带来了现实挑战。电子商务运行过程中涉及对消费者住址、购物记录、消费习惯、银行卡账号等大量信息的收集和使用，从而要求强化对个人信息、隐私等人格权益的保护。现代商业营销具有精准投放的特征，其以收集和利用个人信息为基础，也提出了对个人信息、个人隐私保护的现实问题。一些商家违规收集个人信息，或者违反约定利用个人

---

① 参见谢远扬：《信息论视角下个人信息的价值——兼对隐私权保护模式的检讨》，载《清华法学》2015 年第 3 期。

② 参见王轶辰：《大数据怎么赚钱》，载《作家文摘》2017 年 7 月 25 日，第 13 版。

信息,这实际上都构成了对个人信息权利的侵害。征信制度、黑名单制度的建立也都给个人信息的保护带来了挑战。各种名目繁多的评级、企业自己建立的黑名单制度,因信息失真导致评价不准确等问题,不仅会导致对他人名誉、信用等的损害,也会影响他人正常的经营活动。

四、人格权独立成编是全面保护人格权的需要

人格权独立成编就是要构建完整的人格权体系,这既顺应了域外的立法趋势,也可以满足我国社会现实的需要,从而为全面保护人格权奠定了制度基础。从比较法上看,强化人格权保护是各国立法和司法实践的重要发展趋势。1970 年,《法国民法典》修改时新增第 9 条关于隐私保护的条款,[①]实际上是将隐私权的保护作为一项基本原则加以规定的。除民法典外,有关保护人格权的国际公约日益增加,如《公民权利和政治权利国际公约》等,都有大量篇章专门处理和规定各类具体的人格权。可见,最新的立法趋势是进一步强化对人格权的保护。

从我国司法实践来看,人格权在审判实践中的数量呈逐渐增长趋势。自《民法通则》确立了人身权制度以来,有关人格权的案件每年都在快速增长,其中大量涉及名誉、肖像、隐私、姓名、名称、个人信用、人身自由等,在实践中,侵害人格权的事件大量发生,尤其是随着互联网、高科技的发展,网络暴力、网络谣言、人肉搜索、网络诽谤、信息泄露等时有发生,这就尤其需要立法作出应对并强化对人格权的保护。相对于世界发展趋势和现实社会需要,我国《民法总则》的几个条文过于原则、简单,远不能达到全面保护人格权益的立法目的。同时,我国《民法总则》第 110 条虽然对各项具体人格权进行了列举,在一定程度上完成了人格权类型的确认,但其并没有规定各项人格权的具体内容,尤其是义务人应当承担的各项行为义务、尊重人格权应当遵循的各项具体规则、权利行使中各项利益的协调关系,以及在侵害人格权的情形下的保护规则等,因此并未真

---

① Roger Nerson, «La protection de la vie privée en droit positif français» in Revue internationale de droit comparé, 1971, Numéro 4, p. 740 et s.

正完成人格权的确权任务。事实上，每一项具体人格权本身就是一项制度，许多人格权还可以进行类型化，如隐私权可以区分为生活安宁、通讯自由、隐私信息自主决定等，而《民法总则》第110条仅规定了隐私权，该条文尚不能彰显隐私权极为复杂的内容，无法真正实现对人格权的确权，这就需要在民法典分则中将该条展开，并在此基础上构建完整的人格权体系。

还应当看到，人格权的体系具有开放性，其类型和内容是不断发展的，[①]应当通过独立成编的人格权法为人格权制度预留发展空间。尤其是考虑到现代社会生活的复杂性，科学技术的发展将持续给人与社会的关系带来影响，而人对自身发展的诉求也将随之发展，人的主体性意识和诉求也将增强。在这样的背景下，人格权的类型和内容都会不断发展，法律在未来还会有必要确认新型的人格权益，[②]民法典中关于人格权的类型在未来还可能增加。人格权这种与时俱进的开放性特点，在独立成编的框架下显然更具有可能性，因为在独立的人格权编中，法官可以通过对既有人格权范式的参照和类推适用，发现和确认新型的人格权法益，从而更好地确认和保护新型的人格权益。

五、人格权独立成编是完善民法典体系的需要

人格权法的独立成编不仅具有足够的理论支持和重大的实践意义，而且从民法典的体系结构来看，完全符合民法典体系的发展规律，并对民法典体系的丰富和完善具有十分重要的作用，主要表现在以下几个方面。

第一，人格权独立成编是符合民法典体系结构的内在逻辑的。人格权独立成编凸显了民法作为“人法”的本质，有助于改变传统民法“重物轻人”的体系缺陷。传统民法过分注重财产权制度，未将人格权作为一项独立的制度，甚至对人格权规定得极为“简略”。这本身反映了传统民法存在一种“重物轻人”的不合理现象，也不能突出

---

① Jean-Christophe Saint-Pau(dir.),Droits de la personnalité,LexisNexis,2013,p.37.

② 参见高圣平：《比较法视野下人格权的发展——以美国隐私权为例》，载《法商研究》2012年第1期。

其作为民事基本权利的属性。而且人格权不能独立成编,分则条款明显是以财产法为绝对主导,会给人以民法主要就是财产法的印象,这也将成为我国民法典体系的一大缺陷。因此,我国民法典应当将人格权独立成编,并将其列入分则之首,在全面规定各项具体人格权的同时,对一般人格权作出规定,从而形成对各种人格权益的周延保护,并弥补传统民法典体系的不足。

第二,人格权独立成编与我国《民法总则》所确立的调整对象是相吻合的。我国《民法总则》第 2 条在规定民法的调整对象时,将人身关系规定在财产关系之前,凸显了对人身关系的重视。这实际上表明,我国民法典要求进一步强化对人身权益的保护,这一精神应当在民法典分则中得到体现。《民法总则》第 109 条、第 110 条采用高度概括的方式列举了一般人格权和具体人格权,这些权利的具体内容并没有规定,这就需要在民法典分则中对其作出规定。同时,《民法总则》所规定的民事权利实际上都需要通过各个分编以及特别法作出细化规定。例如,物权、债权等都有分编保护,身份权有婚姻家庭法保护,其他投资性权利通过公司法等特别法予以保护,但人格权迄今为止仍缺乏细化的保护规则,这就难以实现《民法总则》的立法目的。

第三,民法典侵权责任编无法解决人格权保护问题。传统大陆法系国家民法典主要通过侵权法的规则对人格权提供保护。侵权责任法主要是救济法,是对已经遭受的侵害进行救济,其主要功能不是确认权利,而是保护权利,无法对每一项具体人格权及其详细的权能等作出规定。人格权法是权利法,与物权法等法律一样,具有确权功能。只有通过人格权法规定各项人格权及其内容、效力等,才能为侵权责任法的救济提供基础。将人格权独立成编,较之将其置于侵权责任法中规定的做法,在立法技术上也更为合理。

六、人格权兼具消极防御和积极利用权能也要求人格权独立成编

在民法典分则编纂过程中,对人格权是否应当独立成编争议很大,其中也涉及对人格权属性的不同认识。反对人格权独立成编的观点认为,人格权属于防御性权利,主要受侵权法保护,因此,只要

在总则中集中列举人格权的类型,再辅之以侵权责任编的相关规定,即可有效保护人格权。[①] 简单来说,通过“简单列举人格权类型 + 侵权责任方式”的立法模式已足以保护人格权,而无需通过独立的人格权编对人格权予以详细规定。笔者不赞同此种观点,认为人格权兼具消极防御和积极利用的效力,在此基础上应通过独立的人格权编确认各项人格权的类型和内容。

如前所述,人格权兼具消极保护权能和积极利用权能。在人格权最初形成过程中,一些国家,如法国民法,主要将人格权当成为一种消极防御性的权利,没有关注其积极利用的权能,其规范的重心是,立法只有在遭受侵害的情形下,权利人才能主张权利。基于这一原因,只需要简单列举人格权的类型即可,对人格权的确权、行使、保护等方面的规则就显得多余了,侵权法规则就足以应对人格权保护问题,在这一背景下,传统大陆法民法中的人格权制度是寄居在侵权法之中的。但随着人格权观念的发展,人格权的积极利用权能被揭示出来并日益凸显,在此首先涉及对人格权的确认问题,这就是拉伦茨和卡纳里斯教授所指出的,应当确立权利所具有的归属功能,也就是说,这些权利具有哪些内容,应当归属于谁,由谁支配和行使。在德国,除了前述对物质性人格权积极权能的学理分析,司法实践和学理将姓名权、肖像权等具体人格权归为《德国民法典》第 823 条第 1 款意义上的“其他权利”,它们同样具有利用功能和排除功能,这一点已经成为共识。[②] 不仅如此,在不当得利法领域,姓名权、肖像权的归属内容(Zuweisungsgehalt)也已经被承认,由权利人自主决定,是否将自己的姓名、肖像交给第三人商业化利用。[③]

在我国,正如前述,物质性人格权有积极行使的实践,由于物质性人格权不能商业化,因而不能积极利用,但也在一定范围内能够行使。而姓名权和肖像权等精神性人格权的积极权能更无疑问。

---

① 参见中国社会科学院民法典工作项目组:《民法典分则编纂中的人格权立法争议问题》,载《法治研究》2018 年第 3 期。

② Jauernig/Teichmann,16. Aufl. ,2015,BGB § 823,Rn. 12 f.

③ BeckOK BGB/Wendehorst,2017,BGB § 812,Rn. 130; Schwab,in: Münchener Kommentar zum BGB,7. Aufl. 2017,BGB § 812,Rn. 312.

比如，权利人使用姓名以表明自己的身份，固然体现了姓名权的积极权能，如果姓名权人有正当理由可以变更姓名，但登记机关予以拒绝，在此情形下，姓名权人有权行使变更权。这同样也是姓名权的行使，同样体现了姓名权的积极权能，这表明，即使没有发生侵权行为，权利人仍然能积极行使姓名权。又如，权利人不仅自己能公开自己的肖像，还可以同意他人制作、公开自己的肖像，即未经权利人许可，他人不得制作和公开权利人肖像。可以说，人格权不单纯是消极防御性的权利，它们还有积极的使用权能，在法律上需要对这些权利进行确权，这种确权功能显然是侵权法作为救济法难以负担的功能，只有由作为权利法的人格权法负担。正是因为人格权能够行使或积极利用，法律上就有必要对人格权能够行使和利用的效力、利用的方式等作出规定。而这些问题显然不能交给侵权责任法解决，只能通过独立成编的人格权法来规范。对各项人格权进行精细化的界定也有利于强化对人格权的保护。

人格权既然不是单纯的消极防御性的权利，必然可以由权利人行使，也可以许可他人利用，在行使过程中就涉及大量的人格权的行使规则，包括人格权与其他权利以及舆论监督等的关系的协调，这不仅使人格权制度规则体系本身日益丰富外，还使人格权制度越来越多地与合同法律制度等发生联系，这也就使人格权制度突破了侵权法的调整范围，难以完全通过侵权法规则调整人格权制度，从而客观上也要求人格权在民法典中独立成编。

从我国司法实践来看，因姓名权、肖像权等人格权益积极利用而引发的纠纷也日益普遍。我国人格权立法应当对人格权积极利用法律制度作出系统规定。为有效规范人格权的积极利用权能，防止权利人不当行使其人格权，也需要人格权立法有效规范人格权的积极利用权能，防止人格权的不当行使而损害人格权人的利益。例如，关于器官捐赠、人体医学试验等，涉及身体权、健康权的积极行使，需要人格权法予以有效规范，这也有利于保护人格权人的利益，防止个人出于经济利益等方面的需要而对自己的人格权益作出不当处分。需要指出的是，人格权积极利用虽然以合同为媒介，但合同法规则主要是以财产权为原型设计的，难以直接适用于人格权。例如，关于合同的法定解除，合同法出于鼓励交易的需要，严格限制了合同的法定解除事由，而就人格权积极利用合同而言，其虽然也需要考虑鼓励交易，但更应当注意保护个人的人格权，保护个人的人格尊严，因此，不宜对人格权经济利用合同的法定解除事由进行过于严格的限制。因此，合同法的许多规则无法直接适用于人格权制度，这就需要人格权法对人格权积极利用的规则作出系统规定。

由此可见，人格权积极权能的发展将对我国人格权立法乃至民法典的体系等都会产生深远的影响，因而，侵权责任编已经无法容纳如此丰富、具体的内容，需要民法典中预留空间规定上述内容。尤其是着眼于现代社会人格权未来的发展，应当通过独立的人格权编为人格权的行使和权能的发展预留空间。

第五章　人格权法与民法总则的关系

第一节　《民法总则》奠定了人格权独立成编的基础

一、《民法总则》的规则应当可以适用于人格权编

所谓民法总则，是关于民法的基本规则，也称为私法的基本法。《民法总则》采取"提取公因式"的方式所确立的规则，是民法典中最基础、最通用，同时也是最抽象的部分，所以它可以普遍适用于各个民商事单行法律。民法总则是民法典的总纲。总则不仅统领民法典、普遍适用于民法各个部分，而且统领整个民商立法，是民法各个部分共同适用的基本规则。总则是潘德克顿法学的产物。民法总则的制定重新开启了我国民法典的编纂进程，并将极大地推进民事立法的体系化过程。它是根据提取公因式的方法，将民法分则中的基本规则抽象出来加以规定。而民法的其他各编则是总则中民事法律关系的具体展开。我国民法典各分编草案采用了六编制的体例，从总体上说，这个体系是以民事权利为中心而构建起来的，即由物权、合同债

权、人格权、婚姻家庭中的权利(亲属权)、继承权以及对权利进行保护的法律即侵权责任编所构成。这表明我们的民法本质上是一部权利法,民法典分编通过全面保障民事权利,全面体现和贯彻了法治的价值。另外,这一体系构建也是我国多年来民事立法和司法实践经验的总结,我国民法通则在民事权利的列举中,重点规定了物权、债权、人格权等权利,因此,民法典分编实际上是民法通则以来我国民事立法传统的继承和发展。

民法总则是私法的基本法,它应当普遍适用于所有平等主体之间的关系。总则当然可以适用于人格权编。应当看到,在《德国民法典》编纂过程中,就是否应当设置总则编,曾经引发了争议,反对设置总则编的一个理由就是,总则的规定不能完全适用于婚姻、继承编,但《德国民法典》仍然设置了总则。梅迪库斯指出,民法典总则的规则虽然可以适用于分则,但也有一些例外情形,如有关意思表示的规则就难以适用于婚姻或者遗嘱等领域。[①] 婚姻、继承的情形与人格权也类似。因为人身关系本身和财产关系不完全相同,财产关系的相关规则(如民事法律行为的规则)确实难以完全适用于人格权,但是总则的绝大多数规则都是可以适用于人格权的,如民法的基本原则,民事权利行使的基本规则,主体制度中自然人的出生、死亡,法人的设立终止等,都直接影响人格权的享有和消灭,民事责任、诉讼时效更是可以直接适用于人格权。即使就民事法律行为和代理制度而言,在人格权要素可以经济利用的情形下,也可能涉及合同的效力认定等,民事法律行为的相关规则也仍有较大的适用空间。所以,人格权是民法总则民事权利的展开,人格权编应当适用民法总则的规则。

但是,从法律适用上看,民法总则和人格权编是一般法与特别法之间的关系,当二者规定不一致时,应当以人格权编规定为准,在人格权编没有作出规定时,则适用民法总则的规则。例如,《民法总则》第 185 条对侵害英雄烈士等人格权益的民事权益作出了规定,人格权编即无须对此作出规定,关于英烈人格利益的保护可以直接

---

① 参见[德]迪特尔·梅迪库斯:《德国民法总论》,邵建东译,法律出版社 2000 年版,第 31 页。

适用《民法总则》的规则。

二、《民法总则》为人格权独立成编提供了充分的依据

《民法总则》第2条为人格权独立成编提供了充分的依据。该条在确定民法的调整对象时,明确规定调整平等主体的自然人、法人和非法人组织之间的人身关系和财产关系,并且将人身关系置于财产关系之前,可见,与《民法通则》第2条相比较,该条更凸显了对人身关系的重视。这实际上表明,我国民法典要求进一步强化对人身权益的保护。但是如果民法典分则中人格权不能独立成编,根本就无法体现《民法总则》第2条突出人身关系重要性的意义。从民法典体系发展来看,传统大陆法系国家民法虽然以保障人身权和财产权为己任,却仅在分则中规定了财产权(物权、债权)和身份权(有关亲属、继承的规定),但对人身权中最重要的权利即人格权,却没有在分则中作出规定,这本身表明,传统民法存在"重物轻人"的体系缺陷。[①]《民法总则》第2条在确定民法的调整对象时,将民法的调整对象确定为人身关系和财产关系,财产关系已经在分则中分别独立成编,表现为物权编、合同编,而人身关系主要分为两大类,即人格关系和身份关系,身份关系将表现为婚姻编、继承编。但如果人格权不能独立成编,则人身关系中仅限于身份关系受到分则的详细调整,而人格关系却未能受到分则的规范,这将导致各分编的规则与民法总则规定之间的不协调。另外,如此设计也使民法典分则明显是财产法为绝对主导,给人的感觉,民法主要就是财产法。这就使整个民法典体系存在明显的缺陷,同样存在传统大陆法系民法典"重物轻人"的体系缺陷。因此,人格权独立成编,将有助于进一步完善民法典的体系结构,构建科学、合理的人格权体系,从而形成对各种人格权益的周延保护。

《民法总则》奠定了人格权独立成编形式体系的基础。从《民法总则》关于人格权的规定来看,其虽然仅用四个条款保护人格权,但这四个条款充分彰显了《民法总则》保护人格权的中国特色和时代特征,对于全面推进人格权的保护具有重要的规范意义和现实意

---

① 参见孙鹏:《民法法典化探究》,载《现代法学》2001年第2期。

义，具体而言：一是《民法总则》第109条规定了一般人格权，完善了《民法通则》具体列举人格权类型的不足，为各项人格利益的保护提供了法律依据。二是全面列举了各项具体人格权，尤其是第一次规定了身体权、隐私权等权利，从而完善了《民法通则》具体列举人格权的不足。三是《民法总则》第111条第一次规定了对个人信息的保护。《民法总则》对人格权的规定实际上构建了我国未来民法典人格权编的内在体系，这就是由具体人格权和一般人格权所组成的完整的人格权益体系。《民法总则》第185条第一次规定了对英雄、烈士人格利益的保护。然而，构建这一体系，需要对上述四个条款予以全面展开，即在全面规定各项具体人格权的同时，对一般人格权作出规定，在此基础上构建一个完整的人格权编的具有内在逻辑性的形式体系。然而，如果人格权不能独立成编，仅仅靠上述四个条款，显然不可能构建这样一个体系，也难以实践适用，全面保护民事主体的各项人格权益。

《民法总则》第109条为人格权独立成编奠定了价值基础。该条规定："自然人的人身自由、人格尊严受法律保护。"该条首次从宏观层面对"人格自由"和"人格尊严"作了规定，在学理上被理解为一般人格权的基础。该规定宣示了人格权制度的立法目的与根本价值，即尊重与保护个人的人身自由、人格尊严。这一规定具有鲜明的时代特点，是中国现代民事立法的人文精神和人文关怀的具体体现。在我国社会主义进入新时代、人民群众物质生活已经得到极大改善的背景下，我们更应当让每个中国人有尊严地生活，让人格尊严作为基本人权受到法律保障。《民法总则》第109条的规定不仅将进一步提升我国对公民人格权的法律保护水平，而且为我国后续的民法典编纂工程提供了基础性指引。

《民法总则》关于人格权的规定也突出了人格权独立成编的必要性。《民法总则》虽然仅用了四个条款保护人格权，但将其置于各项民事权利之首，凸显了人格权保护的重要意义。从总则的关于民事权利的其他规定来看，目的是将其留在民法典分则中予以具体完善。人格权独立设编是保障每个人人格尊严的需要，也是21世纪时代精神和时代特征的体现，尤其是人类社会已进入互联网和大数据时代，互联网以及各种高科技的发明在给人类带来福祉的同时，也给个人人格权的保护带来了巨大威胁。[①] 人格权独立设编也有利于回应互联网和大数据时代的需要。目前，社会发生巨大的变化，可从多个侧面和角度予以描述，包括网络社会、科技社会、传媒社会、消费社会、风险社会、商业社会等，这些变化使对人格权不能仅仅是消极和简单的保护，涉及社会生活诸多方面的人格权需要在法律上予以规范。例如，《民法总则》第110条所规定的身体权，当代社会中就会涉及医疗、器官移植、人体捐赠、生物实验、遗传检查和鉴别、代孕、机构监禁、精神评估等特殊问题。所有这些都使对人格权进行更多层次和更复杂的调整成为必要，人格权的内容日益复杂化，需要对人格权确立更多的细致规则，而这只有通过人格权独立成编才能得到更好的贯彻和实现。因此，在《民法总则》规定的基础上，人格权独立成编也是回应社会发展变化的需要。

诚然，从大陆法系各国民法典的编排体例来看，并没有将人格权独立设编的先例，但这并不能成为否定人格权独立成编的理由。一方面，之前的各国民法典之所以未独立规定人格权编，是因为在各国民法典制定之时，侵害人格权的行为形态较为简单，借助侵权法规则能够基本解决人格权的保护问题。随着社会的发展，人格权的类型更为多样化，[②]侵害人格权的形态也更为多样化，人格权商业化利用也逐步得到重视。今天我们所面临的许多问题，如肖像和姓名的商业许可使用、代孕、人肉搜索等，这些都是在《法国民法典》《德国民法典》制定的时代所完全不存在的。因此，不能因为传统大陆法系国家民法典没有独立的人格权编，就不允许当代的民法典进行创新。为了回应我们这个信息和科技突飞猛进的时代的众多挑战，需要今天的民法典作出积极回应，这也是中国民法典在当代负有的使命。另一方面，大陆法系各国民法典虽然没有将人格权独立设编，但其通过大量的司法判例对人格权提供保护，其中也形成了许多具体的裁判规则。尤其是，有的国家通过援引宪法规范保护人

---

① See A. Michael Froomkin, "Cyberspace and Privacy: A New legal Paradigm? The Death of Privacy?" 52 *Stan. L. Rev.* 1461, 2000.

② 龙卫球：《中国民法“典”的制定基础——以现代化转型为视角》，载《中国政法大学学报》2013年第1期。

格权，也强化了对人格权的保护。[①] 但在我国，根据我国相关司法解释，法院无权直接援引宪法裁判案件，因此，在我国无法采用国外判例法的方式对人格权进行保护。我国也没有承认判例的法律渊源地位，判例本身的零散、非系统性也不适合作为系统保护人格权的方式，人格权的规则只能交由民法典来规定，这无疑是最为合适的选择。此外，民法典的形式体系本身是适应社会的发展而不断发展的，从来都不是一成不变的，每个国家民法典的体例安排都是从本国国情出发的，实践的需要是民法典体系设计首要考虑的问题。例如，《荷兰民法典》从本国国情出发，在体例上有重大创新，增加了运输编，这种做法在大陆法系国家是从没有先例的；再如，《法国民法典》最近从现实需要出发，改变了其三编制的体例，新增设了担保编作为第四编，这在大陆法系国家也是没有先例的。所以，我们在探讨人格权法独立成编的必要性时，不应受国外某些国家民法典既有体例的束缚，不能以国外没有人格权独立成编的先例就否定我国民法典人格权独立设编的意义。我们应当从中国实际出发，针对解决中国的现实问题，基于比较法经验和我国的司法实践基础，设计出高质量的人格权法。

因此，《民法总则》制定后，更进一步凸显了人格权独立成编的必要性，可以说，我国的民法典设立独立的人格权编，既是立足于中国当代社会实际需要的必要之举，也是中国民法典所可能做出的重大创新，它将是中国民法典对于世界法律发展可能作出的重要贡献。

第二节　《民法总则》不能替代人格权法

一、《民法总则》为人格权独立成编预留了空间

事实上，相对于世界发展趋势和现实社会需要，《民法总则》第

---

① 参见李永军：《从权利属性看人格权的法律保护》，载《法商研究》2012 年第 1 期。

109条至第111条的规定过于原则,未能彰显全面保护人格权益的立法目的。从当前人格权保护的立法发展趋势来看,不论是1991年的《加拿大魁北克民法典》、2002年的《巴西民法典》,还是2009年的《罗马尼亚民法典》,都有十多个条文规定了人格权,这表明,最新的立法趋势是进一步强化对人格权的保护。[①] 从《民法总则》的人格权保护规则来看,即使和《民法通则》相比,其也是不足够的,因为《民法通则》用了9个条文保护人格权。在《民法通则》颁布30多年后,我国人格权保护已经取得了长足的进步,司法审判实践已经总结了大量的经验,形成了大量的规则,[②]这些成果应当在民法典中得到体现。如果将来人格权不能独立成编,而侵权法的规定显然不能把《民法通则》规定的内容全部纳入其中,那就意味着《民法总则》对人格权的保护还不如《民法通则》,这就给人造成一种错觉,似乎我国民法典对人格权的重视程度还不如30多年前的《民法通则》,这很难体现出法律在新的社会阶段的进步。

《民法总则》关于民事权利的系统规定为人格权独立成编提供了依据。关于民法典的体系安排,萨维尼以法律关系为中心,从理论上构建了一个民法典的体系,该体系反映出的编排方法被后世学者称为"萨维尼编排法"。[③] 潘德克顿学派将整个法律关系的理论运用到法典里面去,构建了一个完整的潘德克顿体系结构(Pandektensystem)。采纳德国法系的国家大都接受了这一体系。[④]法律关系编排方式被大多数学者认为是科学的编排方式,民法的各项制度都是围绕民事法律关系而展开的,法律关系包含主体、客体、内容三项要素,三项要素可以完整覆盖民法典的各项内容。总则之中应当包括法律关系的基本要素,即主体、客体、法律行为、责任。

我国民法典的分则也应以法律关系的内容(民事权利)为中心展开,《民法总则》单设一章规定"民事权利"是《民法通则》立法经

---

① 参见王泽鉴:《人格权法》,北京大学出版社2013年版,第13~40页。

② 参见张善斌:《民法人格权和宪法人格权的独立与互动》,载《法学评论》2016年第6期。

③ 参见[葡]平托:《民法总则》,澳门大学法学院、法律翻译办公室1999年版,第5页。

④ [葡]孟狄士:《法律研究概述》,黄显辉译,澳门基金会、澳门大学法学院1998年版,第78页。

验的延续,这也为民法典分则的体系安排奠定了基础。《民法总则》系统、全面地确认和保护各项民事权利,构建了民事权利体系,弘扬私法自治,强化对人格尊严价值的保障。因此,民法总则的制定不仅奠定了民法典分则制度设计的基本格局,而且也为整个民事立法的发展确定了制度基础。也就是说,民法典分则各分编的设计应当以《民法总则》所规定的民事权利类型为基础。从《民法总则》"民事权利"一章的规定来看,其首先规定了人格权,然后才规定了财产权等权利,这也意味着我国民法典分则应当将人格权独立成编。

二、《民法总则》人格权保护规则不能完全替代人格权编

如前所述,《民法总则》用四个条款规定了对人格权的保护,这四个条款实际上构建了我国未来民法典人格权编的内在体系,即由一般人格权和具体人格权所组成的完整的人格权益体系。但是,相对于现实社会需要,上述四个条款显得过于原则抽象,未能彰显全面保护人格权益的立法目的。《民法总则》对人格权采取简单列举的方式对人格权作出集中规定,其本意即是为了在民法典分则中对上述规则予以细化,[①]如果认为《民法总则》已经足以保护人格权,而不需要在分则中作出细化规定,显然不符合立法者的本意。

《民法总则》刚刚颁布,如果寄希望于对《民法总则》进行修订,对其内容规定做大幅度调整,增加人格权的内容,对体系也进行重构,则难以实现。因为如果此时就对 2017 年 10 月 1 日才施行的《民法总则》的内容进行大的调整,就会破坏法律的稳定性,也会影响立法者的权威性。[②] 这显然是不现实的。笔者认为,即便在民法典编纂过程中可以对《民法总则》进行大规模的修订,也不宜在民法典总则编中全面规定人格权,因为在总则中全面规定人格权,存在如下立法上的难题。

第一,不符合我国改革开放以来民事立法的传统。法治是一个

---

① 参见石宏主编:《中华人民共和国民法总则条文说明、立法理由及相关规定》,北京大学出版社 2017 年版。

② 参见江平:《人格权立法与民法典编纂体例》,载《北京航空航天大学学报》(社会科学版)2018 年第 1 期。

循序渐进的过程,民法典编纂应当尊重我国既有的民事立法传统,而不能另起炉灶,从头开始。从我国《民法通则》以来的民事立法传统来看,我国民事立法并没有将人格权规定在民事主体制度中的习惯。《民法通则》以专章的形式规定民事权利,并以专节的形式规定了人身权,其中主要是人格权,而没有在民事主体部分规定人格权。《民法总则》同样是在"民事权利"一章中规定了人格权。可见,我国民事立法历来都是将人格权规定为一项具体权利,而没有在民法总则主体制度中对其作出规定。这种制度安排符合民事主体制度与人格权制度的关系,事实上,民事主体在社会交往中将会与他人形成各种人身关系和财产关系,这种关系显然是主体制度难以涵盖的。人格(主体资格)作为一种主体性资格,是主体享有一切财产权利和人身权利的前提和基础,①但人格既不属于财产权,也不属于人身权,而是凌驾于二者之上的统摄性范畴,而人格权则是一项民事权利,不可将人格与人格权相混淆。②

第二,民法总则无法规定人格权的利用制度。现代民法发展的重要趋势,不仅是确认和保护权利,而且侧重于对权利进行利用,这与现代社会资源的有限性和稀缺性有关,对资源的有效利用也在客观上要求民法典及时确认相关的权利利用规则,从而为权利的有效利用创造条件。③ 这一点在物权中表现得非常明显,但在人格权法中也出现了同样的趋势。在人格权领域,传统民法主要通过侵权法对人格权进行消极保护,但随着现代大众传媒业的发展,人格权商业化利用的现象日益普遍,例如,名人的肖像常常被运用于各种商业广告,从而促进其商品的销售。使用名人肖像可以达到一种公众对其商品质量认可的目的,也有助于吸引公众的注意力,提高产品的知名度;再如,在大数据时代,对个人信息应当坚持利用与保护并举,但更应当侧重于利用,对个人信息的保护只是对个人信息进行

---

① 参见李新天:《对人格权几个基本理论问题的认识》,载《法学评论》2009 年第 1 期。

② 参见郭明瑞:《关于人格权立法的思考》,载《甘肃政法学院学报》2017 年第 4 期。

③ 参见刘守英:《中共十八届三中全会后的土地制度改革及其实施》,载《法商研究》2014 年第 2 期。

利用的一个限制条件。这种发展趋势表明，随着市场经济的发展，人格权已逐渐与主体制度发生分离，仅以生命、健康、自由来解释人格权显然是不妥当的。主体资格是不可转让的，但某些人格权的部分权能可以转让，由此回应人格权的利用趋势。如果将人格权制度规定在主体制度中，将导致某些人格权的部分权能不能转让，也就无法实现人格权的商业化利用，这显然不符合人格权发展的现实状况，也不能针对人格权这种商业化发展趋势制定有效的人格权利用规则。

第三，将面临体系设计的困难。将人格权规定在民法典总则部分，将遇到一个根本性的难题，即人格权究竟应当放到哪一个部分之中作出规定。对此有两种选择，一是置于总则中的自然人部分。但如此做法也会遇到体系上的障碍，即法人、非法人组织的人格权将无法规定在自然人部分。同时，将自然人、法人、非法人组织的人格权规则在主体制度中加以分散规定，也不能实现法典化的目标。因为法典化旨在体系化，如果将相关规则加以分散规定，实质上等于违背了编纂民法典的目的。还应当看到，如果在自然人和法人中分别规定人格权，不仅不能将人格权规定得比较详细，而且这种分别规定的方法存在一个固有的缺陷，即不能设定人格权的一般规则，如一般人格权、人格权的行使和限制、死者人格利益保护、对人格权商业化利用以及对人格权的特殊保护规则，从而必然会产生体系上的漏洞。二是置于总则中的民事权利部分。一些学者建议，将人格权规定在民事权利部分。如此同样遇到一个难题，即民法总则要构建完善的民事权利体系，其只是对各类民事权利进行简单列举，而无法对各项权利作出细化规定。从现行《民法总则》的规定来看，其在第五章“民事权利”一章中具体列举了人格权、物权、债权、知识产权、继承权、股权和其他投资性权利，以及其他各类新型的财产权利，并且还要对权利行使的基本规则作出规定。如果在民事权利一章中详细规定人格权，将会导致人格权和其他权利的规定极不协调，即人格权的规则十分详细，而其他民事权利的规则十分简略，这就会使民事权利一章的体系十分紊乱。

第四，无法调整各种具体的人格关系并解释人格权的限制制度。现代民法坚持人格平等，并不存在罗马法中的人格减等制度，每个人都享有平等的民事权利能力和主体资格,民事权利能力具有总括性、无法限制性和不可克减性的特点。而人格权作为具体的民事权利,则可以基于公共利益等原因而受到不同程度的限制。所谓“公众人物无隐私”,这并非是说公众人物不享有隐私权,而是说,基于公共利益等原因,应当在法律上对公众人物的隐私权进行必要的限制。[①] 其他人格权也会基于公共利益保护等原因而受到不同程度的限制,当然,对人格权的限制必须由法律明确规定,而不能由公权力机关随意作出限制。人格权受到限制并不会影响权利人的主体资格,只是影响民事主体的具体人身利益。[②] 还应当看到,主体资格强调的是民事主体人格的平等和民事主体应当享有的能力,其本身并不涉及人格权被侵害后的救济问题。而人格权遭受侵害后,则存在救济问题,如果人格利益不能成为独立的权利,而仍然属于主体资格的一部分,则侵权法就难以对人格权进行充分的救济。从这个意义上讲,人格权理应被置于民法典分则,通过主体制度涵盖人格权制度不利于实现对人格权的充分保护。

第五,将使总则编的内容、体系过度膨胀。无论是把人格权置于民事主体部分,还是规定在民事权利部分,都会产生一个现实的问题,即人格权的内容十分复杂,置于哪一部分都会导致其内容十分膨胀,这些内容难以容纳在民法总则编。人格权的内容涉及自然人、法人、非法人组织的人格权,仅《民法总则》所列举的具体人格权类型就有 12 项,同时还包括个人信息等权利,这些内容如果作进一步细化的规定,将十分复杂。各项人格权的规则较为具体,不论置于民法总则哪一部分,都不符合总则的抽象性特点,也会导致民法总则的内容过于庞杂。

第六,民法总则无法规定死者人格利益保护问题。自然人死亡后,其人格利益也应当受到法律保护,但民法总则无法对死者人格利益保护的问题作出规定,因为民法总则作为民法典的总纲,是关于民法典的一般规则,其规则原则上可以适用于民法典分编,其无

---

① 参见张新宝:《隐私权的法律保护》(第 2 版),群众出版社 2004 年版,第 16 页。

② 参见曹险峰、田园:《人格权法与中国民法典的制定》,载《法制与社会发展》2002 年第 3 期。

法对死者人格利益保护的具体规则，如死者人格利益保护的范围、期限以及侵害死者人格利益的法律责任等作出具体规定。

相对于世界发展趋势和现实社会需要，我国《民法总则》的几个条文过于原则、简单，远不能达到全面保护人格权益的立法目的。同时，我国《民法总则》第110条虽然对各项具体人格权进行了列举，但各项人格权的内容、权能、行使规则等十分复杂，而《民法总则》只是简单地列举了各项人格权类型，并没有对人格权的具体规则作出细化规定。另外，每一项具体人格权本身就是一项制度，许多人格权还可以进行类型化，如隐私权可以区分为生活安宁、通讯自由、隐私信息自主决定等，而第110条仅仅规定了隐私权，这远远不能涵盖隐私权的具体的、复杂的内容，无法真正实现对人格权的确权，这就需要在民法典分则中设立独立成编的人格权法将该条展开，并在此基础上构建完整的人格权的体系。

第三节　民法总则与人格权编的关系

一、人格权不宜完全纳入民法典总则之中

民法总则是提取公因式的产物，它将民法典各编的共性规则提炼出来，集中加以规定，这有利于降低法律规则重复的概率。总则的设定使民法典形成了总分结构，民法典的规则体系也呈现从一般到个别的特点，在法律规则适用过程中，特别规则的适用要优先于一般规则，法律适用是从具体到抽象的反向过程，这就是梅迪库斯所说的“从后往前看”的阅读过程①。因此，总则的使命是规定法典最为一般性的规则，而把更为具体的规定置于分则之中，由于总则能够适用于分则的所有内容，这必然要求总则中的规定是高度抽象和一般性的规则，不能包含特殊性或者技术性的规则。而人格权制度的规则具有复杂性、具体性和发展变动性，其中包含大量的技术

---

① 参见［德］迪特尔·梅迪库斯：《德国民法总论》，邵建东译，法律出版社2000年版，第514～516页、第527页。

性规范,这与民法总则规范的一般性和抽象性存在区别,这些内容显然不适合放入总则中。

概言之,民法总则和人格权制度在规范性质上存在区别,不宜在民法总则中对人格权作出全面规定。

其一,人格权属于民法典分则的内容这一地位决定人格权不宜纳入总则予以规定。作为人身权的重要组成部分,人格权是与财产权相对应的,如果可以在民法总则中对人格权进行规定,那么财产权是否也应当置于总则之中,而不应该在分则中独立成编。有学者认为,人格权对实现个人人格的独立和发展具有重要意义,因此应当规定于总则中。财产权同样对个人人格独立和发展具有基础性作用,但并未有观点主张将财产权规定于总则中。总则虽然可以列举各类民事权利类型,但其不可能也没有必要对各类具体的民事权利作出具体规定,否则,总则就失去了其存在的价值。此外,还应当看到,在婚姻家庭制度回归民法典后,其也将与人格权制度共同构成完整的人身权体系,一方面,民法典本身就是确认和保护财产权和人身权两大权利,民法典就是围绕这两个权利而展开,财产权已经在分则中独立成编,而在婚姻家庭法回归民法典之后,身份权也独立成编,但如果将人格权单独置于总则中进行规定,而不独立成编,这将存在逻辑上的问题。另一方面,我国《民法通则》单设第五章民事权利,也为未来民法典分则确立了基本的体系架构,在该章之中,人格权被放在人身权之中规定,这就表明,人格权应当与身份权共同作为分则内容,这符合《民法通则》所确立的体系结构。

其二,人格权具有的开放性特征决定人格权不宜纳入总则予以规定。人格权是极富发展变动性的法律领域,为适应现代社会充分保障人格尊严、强化人文关怀的需要,人格利益的范围不断扩张,许多人格利益逐渐类型化为人格权。例如,传统民法重点保护物质性人格权,如生命健康等权利,而在现代社会,一些精神性人格权的地位在不断上升,如名誉权、隐私权等,各种权利外的人格利益也在不断发展,如声音、形象以及死者人格利益等,在大数据时代,个人数据权也越来越具有重要性,此外,为有效保护人格权外的各种新型人格利益,也出现了一般人格权的概念,它形成了一种兜底性的条款，从而适应了新型人格利益发展的需要。[①] 由此表明，人格权的内容越来越丰富，相关的法律规则也更为具体和细致，民法总则抽象宣言式的规定已经不能适应人格权制度的发展趋势，因此不宜在民法总则中对人格权制度进行全面规定。

其三，人格权的利用和保护可能涉及大量的技术性规范，这一发展趋势决定人格权不宜纳入总则予以规定。随着人格权制度的发展，一些人格权独有的利用规则和保护规则大量产生，例如，有关法人名称、自然人肖像权能的转让涉及合同的成立、生效的规则，生命健康权领域可能产生器官移植、代孕、人体试验、药物试验等新的技术性规则。这些烦琐、复杂的技术性规则显然不宜出现在民法总则之中。此外，人格权的保护规则也可能日益复杂。例如，人格权关于责任构成要件、责任形式、责任竞合等规定，这些内容如果作为总则的一章，显然导致该章过分膨胀，与总则的其他章节之间不协调，损害法典的形式美感。而且总则也无法全部囊括此种技术性规范，否则将丧失总则原本的功能。

人格权是一个开放、变动的权利体系，也是现代民事权利新的发展领域。我们在编纂民法典的过程中，不能以 19 世纪的图景观察 21 世纪。由于 19 世纪的社会形态较为简单，其人格权内容较为确定，侵害人格权的方式也较为简单。21 世纪是信息社会、网络社会、科技社会、消费社会、风险社会，人格权的类型、内容处于持续发展之中，内容更为难以确定，人格权的利用与保护规则也较为复杂，侵害人格权的手段也日益复杂多样，而且人格权的利用与保护还涉及科技发展、言论自由、商业利用、公法管制等多层次的复杂关系。这都要求我们的民法典为各类人格权提供更为充分的保护规范，人格权是一个开放、发展的体系，随着社会环境的不断变化，其所需的规范内容也将越来越多，因此，民法总则已经无法涵盖人格权制度的全部内容，应当在民法典分则中单独成编地对人格权作出规定。

《民法总则》第 109 条本身可以成为一种对人格利益进行兜底保护的条款，有利于适应未来人格利益发展的需要。《民法总则》的上述规定都彰显了人格尊严的价值，强化了对人格尊严的平等保

---

① Basil S. Marksinis, *Protecting Privacy*, Oxford University Press, 1999, pp. 36 - 37.

护,《民法总则》第 109 条关于人格尊严保护的规定包含了非常丰富的内容,而且该法将人格尊严放在所有民事权利之首加以规定,也反映了人格尊严是所有民事权利的价值来源和基础。法律保护个人的各种民事权利,本质上都是为了维护个人的人格尊严。随着社会的发展,一些新型人格利益不断出现,很难通过已有的具体人格权类型予以保护。[①] 这就需要借助人格尊严保护规则弥补既有具体人格权规则的不足。在一起案件中,行为人在受害人举行结婚仪式前,故意将垃圾泼洒在其家门口,法院最终判决被告应当赔偿原告精神损失。[②] 该案实际上也是侵害人格尊严的纠纷。实践中,许多损害公民人格尊严的行为,如就业歧视、有偿代孕等,都难以通过现有的具体人格权予以保护,当出现这些新类型的案件时,首先要用是否侵害人格尊严作为评价标准,如果构成对个人人格尊严的侵害,权利人应当得到人格权法的救济,行为人应当承担精神损害赔偿责任。人格尊严的内涵具有开放性,可以为新型人格利益的保护提供法律依据,从而实现对人格权益的兜底保护。

二、《民法总则》的相关规定应通过人格权编予以完善和细化

《民法总则》第 109 条和第 110 条确认了一般人格权和具体人格权,尤其是在第 110 条中具体列举了自然人所享有的生命权、身体权、健康权、姓名权、肖像权、名誉权、荣誉权、隐私权、婚姻自主权以及法人所享有的名称权、名誉权、荣誉权等人格权。但该列举并不全面,并未对信用权、个人信息权、声音权等进行规定,而且从《民法总则》的人格权保护规则来看,其本身也需要进一步完善。

1.《民法总则》第 111 条个人信息保护规则的完善

《民法总则》第 111 条对个人信息保护规则作出了规定,该条规定了信息的依法取得、保护信息安全、禁止信息非法买卖、提供、公开等内容,对于有效保护个人信息具有重要意义。民法典规定个人信息的意义还在于,在个人信息权遭受侵害后,个人也可以积极主

① 参见唐德华主编:《最高人民法院〈关于确定民事侵权精神损害赔偿责任若干问题的解释〉的理解与适用》,人民法院出版社 2001 年版,第 30 页。

② 河南省济源市人民法院民事判决书(2011)济民一初字第 238 号。

张相关权利,并可以寻求各种救济方式。如请求停止侵害、赔礼道歉甚至主张精神损害赔偿,必要时还可以申请禁令。只有在民法典中确认个人信息权之后,才能为个人信息保护的特别立法提供民事基本法依据。由于个人信息权在信息社会中的重要性,因此,首先应当在民法典中对个人信息权作出规定,特别法应当在民法典规定的基础上,对个人信息的保护作更具体的规定。但该条在个人信息保护方面仍然存在一定的不足,需要将来民法典人格权编予以进一步完善。

第一,没有将个人信息权规定为具体人格权。从《民法总则》的规定来看,其只是规定了个人信息保护规则,没有规定独立的个人信息权。《民法总则》之所以没有将个人信息权规定为具体人格权,可能是因为个人信息保护制度是一个较新的领域,对其研究还不成熟,尤其是个人信息与隐私的区分等问题学界尚未达成共识。因此,《民法总则》只是用反面排除的方式,对行为人不得侵害他人信息的义务作出了规定,而没有将其规定为一种具体人格权,以期待司法实践和法学理论发展对其不断完善。笔者认为,《民法总则》只是从消极层面规定了个人信息保护规则,而没有规定独立的个人信息权,此种做法存在一定的问题:一方面,在法律上确认个人信息权,有利于进一步明确个人信息权的各项具体权能,从而不仅宣示了个人所享有的个人信息权,而且也可以为权利人具体行使和维护个人信息权提供明确的指引。另一方面,明确规定个人信息权,也可以为特别法保护个人信息提供上位法依据。从比较法上来看,许多国家和地区的法律都确认了个人信息权,这一经验值得我们借鉴。此外,《民法总则》只是从消极层面对个人信息保护作出规定,而未规定个人信息权,也不利于区分个人信息权与其他权利(如隐私权、肖像权、姓名权),这可能会增加法律适用中的冲突。

第二,侵害个人信息的责任构成要件有待进一步完善。依据《民法总则》第 111 条,行为人不得非法进行数据处理活动,如何理解该条所规定的“非法”?在行为人非法处理个人信息时,应当适用《侵权责任法》第 6 条第 1 款的规定?还是适用其他法律规定?该条规定并没有作出明确规定。从比较法上看,信息处理的合法性通常以当事人的同意和法律的保留为前提。我国相关立法中虽然也涉及个人信息保护的内容，如相关的司法解释对网络环境中的个人信息保护作出了规定，但其缺乏全面性，没有将其保护范围扩张及于其他个人信息。① 因此，从立法层面看，我国目前仍然缺乏全面保护个人信息的法律依据，侵害个人信息的侵权责任构成要件仍不清晰。例如，如何界定非法利用行为，侵害个人信息权利是否必须造成实际的损害后果，因果关系如何判断，等等，均需要进一步明确。因此，为保障《民法总则》第111条关于个人信息保护规则的有效适用，应当在民法典人格权编中就上述问题作出细化规定。

第三，安全维护权内涵不清晰，需要进一步完善。《民法总则》第111条虽然规定了"应当依法取得并确保信息安全"，确立了个人信息的安全维护权，但并没有明确其内涵，即其是否仅指信息控制者本人不得非法利用，其是否还包括防止他人的侵害行为，等等，该条并没有作出明确规定。《民法总则》没有对此作出细化规定与其规范模式存在密切联系，因为该条在规范个人信息保护规则时采用的是"行为排除模式"，即只是从反面规定了他人不得为某些行为，而没有从正面对个人信息权的权利内容本身作出规定，这也有待于将来的人格权编对此作出明确规定。

2. 数据保护规则需要进一步完善

《民法总则》第127条规定："法律对数据、网络虚拟财产的保护有规定的，依照其规定。"这一规定反映了21世纪互联网、大数据时代的需要，也顺应了高科技发展的要求，体现了21世纪的时代特征。现代社会，数据不仅具有重要的科研价值，而且具有重要的财产价值，数据作为一种无形财产，也可以成为民事权利的客体。数据本身作为一项综合性的权利，应当受到法律保护。《民法总则》第127条的规定为未来单独制定数据保护的法律提供了民事基本法依据。但是数据的保护不仅要保护数据本身的权利，②还应当保护数据中所涉及的个人信息和隐私保护，数据的开发和利用不应非法

---

① 例如，2014年10月10日颁行的《最高人民法院关于审理利用信息网络侵害人身权益民事纠纷案件适用法律若干问题的规定》，第12条对利用网络侵害个人信息的行为作出了规定。

② 目前关于数据权利究竟是知识产权，还是一般的财产权，或者是一种综合性的权利，存在不同看法。

侵害个人的隐私和个人信息。①

笔者认为,数据中包含的权利是多种多样的,由于大数据是对海量的信息所进行的收集、存储和分析,因而,大量的数据涉及个人的个人信息和隐私,甚至涉及个人的敏感信息和核心隐私。② 例如,将个人病历资料开发成大数据,或者将个人的银行存款信息汇总开发成大数据。如果对这些数据资料没有进行匿名化处理,或者匿名化处理得不完整,从相关的数据中仍然可以了解个人的相关信息和隐私,这就可能侵害他人的个人信息权利和隐私权。通过大数据技术的运用,一些机构可以从相关的数据中分析出个人的身份、财产、消费习惯等方面的信息。③ 如果这些信息经过整合后再投入数据黑市进行交易,这些行为可能触犯刑法的规定,构成非法侵入计算机信息系统罪、侵犯公民个人信息罪等罪名。④ 当然,即便行为人的上述行为不构成犯罪,其也构成对他人个人信息权利和隐私权的侵害。因此,相关主体收集、利用个人信息数据,应当以保护当事人对个人信息的控制权和隐私权为前提,信息的收集者和利用者应当负有保护个人信息和隐私的责任。⑤ 保护个人数据的主要目的是维护个人自治及自我认同,从而维护个人的人格尊严,因此数据开发中应当注重对个人信息的保护。⑥ 在未来有必要规定大数据中个人信息和隐私的保护问题,这也是适应信息社会、大数据时代的特殊要求、面向21世纪的当然要求。

大数据技术本身的特点也要求强化对个人信息权利和隐私权

---

① 参见姚维保、韦景竹:《个人数据流动法律规制策略研究》,载《图书情报知识》2008年第2期。

② See Allen, Anita L., "Protecting One's Own Privacy in a Big Data Economy", *Harvard Law Review Forum*, Vol. 130, Issue 2 (December 2016), pp. 71 – 78. also see Jarass, in: ders., EU-Grundrechte-Charta Art. 8, Rn. 5.

③ See Allen, Anita L., "Protecting One's Own Privacy in a Big Data Economy", *Harvard Law Review Forum*, Vol. 130, Issue 2 (December 2016), pp. 71 – 78.

④ 参见叶竹盛:《是时候给大数据套上法律笼头了》,载《新京报》2017年5月31日。

⑤ Gola/Klug/Körffer, in: Gola/Schomerus, BDSG, § 13, Rn. 49.

⑥ 参见刘静怡:《从Cookies以及类似资讯科技的使用浅论因特网上个人资讯隐私权保护问题》,载《科技资讯透析》1997年第10期。

的保护。[1] 大数据技术能够通过特定的算法从信息中不断挖掘出新的信息,这就可能侵害个人信息权利和隐私权,同时,个人信息利用和流转过程中存在多元的利益主体,这也可能对个人信息权利和隐私权的保护构成严峻挑战。[2]《民法总则》并未区分不同类型的数据分别进行保护,从实际需要来看,数据所包含的个人信息类型不同,应当有不同的法律保护规则,有些信息属于个人敏感信息,有些则属于非敏感个人信息,在保护方面应当有所区别,对敏感信息进行特殊保护。[3] 从法律角度看,个人对其个人信息享有权利,这些权利主要包括:一是个人对其个人信息的利用权。个人许可他人使用其信息,并获得报酬,商业化利用。二是对一般的信息收集未必都需要个人的同意,但如果是个人的敏感信息,则在进行大数据开发时,应当得到个人的同意。[4] 三是信息的安全维护权。相关主体在开发个人数据时,对于所收集到的个人敏感信息,应当尽到安全维护义务,在个人信息存在泄露和不当利用的危险时,个人有权请求相关主体采取必要措施,以维护其个人信息的安全。四是信息利用权,即禁止他人发行、传播数据库中的数据。保护数据中包含的权利应当由法律保护。

3. 第 185 条英雄烈士人格权益保护规则的完善

《民法总则》第 185 条对英雄烈士等人格利益的保护规则作出了规定,这是《民法总则》的重要创新。因为英雄、烈士是一个国家和民族精神的重要体现,是引领社会风尚的标杆,是人们行为的榜样。因此,该条强化对英雄、烈士姓名、名誉、荣誉等的法律保护,对于维护民族精神、弘扬社会公共道德、有效保护英雄烈士人格利益、

---

① Lenard, Thomas M., "Big Data, Privacy and the Familiar Solutions, Journal of Law", *Economics & Policy*, Vol. 11, Issue 1, Spring 2015, pp. 1 – 32.

② 范为:《大数据时代个人信息保护的路径重构》,载《环球法律评论》2016 年第 5 期。

③ 参见《欧盟数据保护一般规则(EU-DSGVO)》第 8 条,德国《联邦数据保护法(BDSG)》第 4a 条第 3 款都对特殊类型个人信息的处理设置了特别规范。

④ Gola/Schomerus, BDSG: Bundesdatenschutzgesetz Kommentar, C. H. Beck, 2007, § 4a, Rn. 34.

弘扬社会主义核心价值观，具有重要意义。[①] 但从该条规定来看，其仍然有需要完善之处。

第一，应当扩大该条所保护的人格权益的范围。从该条规定来看，其仅保护英雄烈士等的姓名、肖像、名誉、荣誉四项人格利益，保护范围过小。事实上，除上述四项人格利益外，侵害英雄烈士等的其他人格权益，同样可能会损害社会公共利益，应当受到法律的同等评价。[②] 如侵害英雄、烈士等的隐私，行为应当受到法律的同等评价。因此，应当扩大该条所保护的人格权益的范围。

第二，明确保护的主体范围。从该条规定来看，其使用了"英雄烈士等"这一表述，关于烈士的范围，我国专门颁行了《烈士褒扬条例》和《中华人民共和国民政部军人抚恤优待条例》，分别对公民被评定为烈士的条件和现役军人被批准为烈士的条件作出了规定。[③] 因此，关于何为烈士，并不存在太大争议，但关于本条所保护的主体范围，仍存在争议，需要未来人格权立法予以细化：一是明确本条中"英雄"的内涵。关于本条中"英雄"的内涵，学界存在一定的争议，一种观点认为，此处的"英雄"在性质上属于形容词，应当将该条的"英雄烈士"解释为"具有英雄品质的烈士"；[④]另一种观点认为，该条中的"英雄"属于名词，其属于与烈士并列的人，而且此处的"英雄"应当指已经去世的英雄人物。[⑤] 本书认为，本条中的"英雄"应当属于名词，即属于与"烈士"并列的人，当然，从该条规定来看，其并没有要求"英雄"必须已经牺牲，因此，其既可以是已经牺牲的英雄，也可以是未牺牲的英雄。所以，该条并不限于保护已经故去的英雄、烈士，还包括仍然健在的英雄等主体。二是明确本条中"等"

---

① 参见石宏主编：《中华人民共和国民法总则条文说明、立法理由及相关规定》，北京大学出版社 2017 年版，第 440 页。

② 参见王叶刚：《论侵害英雄烈士等人格权益的民事责任》，载《中国人民大学学报》2017 年第 4 期。

③ 参见《烈士褒扬条例》第 8 条、《中华人民共和国民政部军人抚恤优待条例》第 8 条。

④ 参见张新宝：《〈中华人民共和国民法总则〉释义》，中国人民大学出版社 2017 年版，第 400 页。

⑤ 参见杨立新：《英烈与其他死者人格利益的平等保护》，载 http://www.legaldaily.com.cn/fxjy/content/2017-03/16/content_7056376.htm?node=70948，最后访问日期：2017 年 4 月 15 日。

的内涵。关于本条中"等"字的理解，有观点认为，本条中的"等"字有特定的指向，即指"在我国近现代历史上，为争取民族独立和人民自由幸福、国家繁荣富强作出了突出贡献的楷模"，"只要是能够作为民族精神的代表、民族文化的旗帜的人"，都属于本条中"等"字的范畴。[①] 笔者认为，该条使用"英雄烈士等"这一表述，表明本条的保护范围不限于英雄、烈士，也包括其他人格利益，但按照同类解释(Eiusdem Generis)规则，[②]其他人也应当是与英雄、烈士类似的人，[③]因此，本条并不包括一般的死者人格利益。

第三，明确公共利益的内涵。该条以损害社会公共利益作为行为人依据本条承担民事责任的条件，公共利益在性质上属于不确定概念，应当通过具体化等方式明确其内涵。否则，可能会不当限制个人的行为自由，使个人动辄得咎。因此，应当在民法典人格权编明确该条中公共利益的内涵，以保障该条的准确适用。

第四，明确该条民事责任的请求权主体。从该条规定来看，其以损害社会公共利益作为行为人依据本条承担民事责任的条件，表明该条的规范目的并不在于保护死者近亲属，而在于保护社会公共利益。在符合本条民事责任构成要件的情形下，应当由谁向行为人提出请求，该条规定并没有明确，有观点认为，应当由国家公权力机关提起诉讼。[④] 笔者认为，鉴于本条的规范目的在于保护社会公共利益，因此，在符合本条规定的情形下，如果死者近亲属没有在法院提起诉讼，相关的公权力机关或者公益应当有权提出请求。

第五，明确其与受害人本人或者其近亲属损害赔偿请求权的关系。《民法总则》第185条的规范目的应当在于保护社会公共利益，其所规定的民事责任与受害人本人或者其近亲属请求行为人所承担的民事责任不同，这就需要明确两种民事责任之间的关系。《民

---

① 参见张新宝：《〈中华人民共和国民法总则〉释义》，中国人民大学出版社2017年版，第402页。

② 同类解释规则是指如果法律上列举了具体的人或物，然后将其归属于"一般性的类别"，那么，这个一般性的类别就应当与具体列举的人或物属于同一类型。

③ 参见李适时主编：《中华人民共和国民法总则释义》，法律出版社2017年版，第580页。

④ 参见张新宝：《〈中华人民共和国民法总则〉释义》，中国人民大学出版社2017年版，第403页。

法总则》第 185 条并未对此作出规定,需要民法典人格权编予以完善。笔者认为,两种责任应当可以并存,也就是说,在行为人侵害英雄烈士等人格权益的情形下,行为人除需要依据《民法总则》第 185 条承担民事责任外,受害人本人或者其近亲属也应当有权请求行为人承担侵权责任。[①]

上述内容都有待于在民法典人格权编中作出细化规定。实际上,除了《民法总则》规定的内容之外,人格权涉及的内容和范围十分宽泛,许多规则都需要通过独立的人格权编予以进一步完善。

① 参见王叶刚:《论侵害英雄烈士等人格权益的民事责任》,载《中国人民大学学报》2017 年第 4 期。

第六章　人格权法与侵权责任法的关系

第一节　从消极保护到积极确权的发展趋势

一、比较法视野下的人格权保护模式演变

所谓人格权积极确权模式，是指通过立法正面列举的方式，对具有广泛共识的人格性利益加以确认，进而实现人格权的积极保护。与此相对应的一种模式则是消极保护模式，即法律上并不详细规定人格权的诸种具体形态，而是在人格权遭受侵害之后由法官援引侵权法的相关规定对人格权予以救济。从人格权制度的发展历史来看，其主要经历了由消极保护到积极确权的发展过程。

（一）消极保护模式：人格权的早期保护

早期的法律主要采用了消极保护模式。最早的人身权益，如生命、健康、名誉等，都是通过侵权法进行保护的。罗马法中私犯包括对人格和人体的侵害，罗马法上还存在“侵辱之诉”，即凡是以语言文字侮辱他人的，都可以视为侵害人格作为私犯

处罚。[①] 例如,convicium(公开侮辱他人人格)的侵权行为统一调整侵犯人格权和财产权的行为,有助于实现统一规定,并赋予法官创设权利的自由裁量权,这种模式对之后大陆国家的立法产生了深远影响。

在18~19世纪,由于人格权还没有形成一种独立的权利,其主要受到侵权法的保护。虽然一些大陆法系国家民法典在侵权法中对生命、名誉、姓名等人格权做出了规定,但在保护方式上都采纳了消极保护模式,此种模式又可以进一步分为以下两种:一是法国模式,即通过侵权法的一般条款对人格权进行保护。受罗马法影响,1804年《法国民法典》把侵权行为作为"非合意而生之债"列入第三卷"取得财产的各种方法"中,并用"侵权行为"和"准侵权行为"代替了罗马法中的"私犯"和"准私犯"的概念,把身体健康等权益都纳入了侵权法的保护范畴。《法国民法典》第1382条规定:"任何行为使他人受损害时,因自己的过失而致行为发生之人,对该他人负赔偿责任。"这一规定并没有具体列举人格性权利,但却形成了侵权损害赔偿的一般条款,其可以广泛适用于各种侵权行为,并对后世的侵权行为立法产生了重大影响。正如《法国民法典》起草人塔里伯所评论的那样,"这一条款广泛包括了所有类型的损害,并要求对损害作出赔偿"。[②] 该条既调整侵害财产权益的行为,也调整侵害人身权益的行为。因此,从理论上来说,对人格权的侵害行为都可以通过该条的适用来进行规制。[③] 法国法的做法被比利时、西班牙、意大利等国继受。[④]

二是德国模式。德国法并不通过侵权法一般条款保护权利和法益,而是通过列举的方式明确侵权法所保护的权益范围。在19世纪的德国,私法学者关注的重心是合同自由、财产权利和财产损害。民法尚未对人格权的保护提供全面救济。例如,在1908年的

---

① 参见陈朝璧:《罗马法原理》,法律出版社2006年版,第138页。

② Jean Limpens, International Encyclopedia of Comparative Law, Vol. 4, Torts, Chapter 2, Liability for One's Own Act, J. C. B. Mohr(Paul Siebeck, Tübingen), 1975, p. 14.

③ See Gert Brüggemeier, Aurelia Colombi Ciacchi, Patrick O'Callaghan, *Personality Rights in European Tort Law*, Cambridge University Press, 2010, pp. 10-15.

④ See Gert Brüggemeier, Aurelia Colombi Ciacchi, Patrick O'Callaghan, *Personality Rights in European Tort Law*, Cambridge University Press, 2010, p. 8.

一个德国案例中,帝国法院宣称,“民法尚不知何谓人格权”。[①]《德国民法典》仅在第12条从正面规定了姓名权,其他人格利益主要是通过侵权规则进行保护的,如该法典第823条第1款规定对生命、身体、健康和自由等几种人格权益的保护。而且《德国民法典》对侵害人格权益的财产损害赔偿责任作出了严格限制,即只有在严重侵害人格权益的情形以及没有其他救济方式能够提供救济时才能适用。[②] 可见,德国法也主要是通过侵权法规则对人格权益进行保护,但其与法国模式的不同之处在于,其对具体人格权作了非常有限的列举,也给法官提供了较为具体的指引。欧洲大陆其他国家的法律主要是借鉴这两种模式。例如,《奥地利民法典》在侵权法部分规定了对隐私(第1328条)、人身自由(第1329条)、名誉(第1330条)的侵害,尤其是第1328A条关于保护私人领域的权利,也扩张到身体健康、荣誉、肖像、死者人格利益等私人领域的保护。新近的《欧洲示范民法典草案》也主要通过侵权法对人格权进行保护。从总体上看,该草案主要调整与合同和其他法律行为、合同与非合同上的权利义务以及相关的物权问题等有关的事项,其主要调整财产关系,没有对人格权作出详细规定,但该草案在“合同外责任”部分规定了对人格尊严、自由以及隐私的侵害(第6-2:204条)。

早期立法之所以对人格权采用消极保护模式,主要是基于如下原因:第一,早期的民事立法是以财产法为主导的,并没有过多关注人格权制度,从《法国民法典》《德国民法典》的规定来看,其主要规则是财产法规则,虽然法典中也有关于“人”自身的规则,但其侧重于保护人的主体地位,维护人的平等法律地位,并没有对人自身给予过于细致的关注。第二,受当时经济社会发展水平的影响,人格权利用制度并不发展,利用形式有限,这也使人格权的效力主要体现为消极防御性,客观上并不需要赋予其积极利用的权能,这使得通过侵权法规则保护人格权已经足够,并不需要将人格权从侵权法中剥离出来。第三,受当时哲学伦理观念的影响,按照康德伦理哲

---

① RG,07.11.1908,RGZ 69,401,403 – Nietzsche letters.

② See Gert Brüggemeier, Aurelia Colombi Ciacchi, Patrick O'Callaghan, *Personality Rights in European Tort Law*, Cambridge University Press, 2010, p. 8.

学的观念，人应当是主体而不是作为客体的工具。按照萨维尼的观点，如果肯定人对自身享有权利，可能推导出人享有自杀的权利，这显然是不妥当的。在上述因素的促使下，早期立法并没有全面规定自然人的各项人格权。

（二）积极确权模式：人格权制度的新发展

从近几十年各国民法典的规定来看，各国民法典也大大增加了人格权保护的规定，并且普遍强调通过积极确权的模式保护人格权。值得注意的是，《法国民法典》虽然通过消极保护模式保护人格权，但该法典在 1970 年修订时，新增了第 9 条关于隐私保护的条款①，该条规定："每个人有私生活得到尊重的权利"。根据法院的判例，私生活包括：住址、肖像、声音、健康状况、情感生活、私人通信等。这实际上也从正面确权的角度强化了对隐私的保护。上述规则实际上都是从正面确权的角度强化了对人格权的保护。除民法典外，有关保护人格权的国际公约日益增加，如《公民权利和政治权利国际公约》，都有大量篇章专门处理和规定各类具体的人格权。可见，从消极保护到积极确权是人格权制度重要的发展趋势。

之所以出现这一发展趋势，主要是基于如下原因：

第一，人权保障理念的发展。人权是每个人应当享有的、须臾不可离开的权利。人格权制度的勃兴乃是现代民法的产物。两次世界大战使人们深感人权被侵害的切肤之痛，因此，在战后尤其是第二次世界大战以后人权运动获得了蓬勃发展，产生了很多专门保护人权的国际公约。例如，《世界人权宣言》第 12 条规定："任何人的私生活、家庭、住宅和通信不得任意干涉，他的荣誉和名誉不得加以攻击。人人有权享受法律的保护，以免受这种干涉或攻击。"一些国家的司法实践甚至援引基本法对人格权提供保护。例如，在德国，第二次世界大战以后，《联邦基本法》第 1 条开宗明义地提出"人的尊严不受侵害"，把"人的尊严"规定在基本法中，并由此衍生出一般人格权的理论，从而极大地推进了人格权制度的完善。20 世纪 60 年代以来人权运动的蓬勃发展，也进一步推动了人格权制

① Roger Nerson, «La protection de la vie privée en droit positif français », in Revue internationale de droit comparé, 1971, Numéro 4, pp. 740 et s.

度的全面展开。进入 21 世纪之后,尊重与保护人权已经成为整个国际社会的共识,而尊重且充分保护人格权也成为当代民法关注的重心。各国大多通过在民法典中增加人格权保护条款,或者在司法裁判中创造性地运用相关法律规则,以强化对人格权的保护。

第二,人格权制度自身的发展。随着社会的发展,人格权保护范围不断扩展,客观上也需要通过积极确权的方式加以保护。一方面,人格权的类型不断丰富,产生了一些新型人格权,一些人格权的内涵也在不断扩张。从法律的发展趋势来看,最初一些国家的判例和立法主要承认对生命、健康等基于自然属性而产生的物质性人格权进行保护,以后逐渐地认可了基于社会属性而产生的精神性人格权,加强了对人的社会属性的关注,名誉权、隐私权等人格权在人格权体系中的地位日益凸显。从今后的发展来看,精神的利益以及对这种利益的保护都将是未来法律关注的重心。[①] 另一方面,人格权的内容也在不断扩张。例如,隐私权在 1890 年由沃伦和布兰代斯提出后,其内涵仅限于私生活的安宁,即"免受外界干扰的、独处的"的权利(the right to be let alone)。[②] 1960 年,普洛塞教授(Prosser)在总结以往 200 多个判例的基础上,不仅对隐私权进行了重新定义,而且将隐私权概括为四种类型。[③] 至 60 年代,美国法院(尤其是联邦最高法院)又通过一系列的判例,将隐私逐渐从普通法上的权利上升为一种宪法上的权利,创设了"宪法上的隐私权"(constitutional privacy)的概念。[④] 大陆法系各国也普遍采纳隐私权的概念,致使隐私权的概念不断扩张,隐私权逐渐扩张到私人的生活秘密。现在已经逐渐扩张到对个人资料、个人生理信息、身体、健康、财产、基因等的保护,甚至私人谈话(例如使用电子监视器)也成为一种隐私。1999 年德国联邦最高法院关于摩洛哥卡罗琳公主案

---

① See Daniel J. Solove & Paul M. Schwartz, *Information Privacy Law*, Third Edition, Wolters Kluwer, 2009, p. 13.

② See Samuel D. Warren & Louis D. Brandeis, "The Right to Privacy", 4 *Harv. L. Rev.*, 1890.

③ See William L. Prosser, "Privacy", 48, *Cal. L. Rev.* 383 - 389 (1960).

④ See Richard G. Turkington & Anita, L . Allen: *Privacy* (Second Edition), West Group, 2002, p. 9.

的判决表明,隐私也存在于公共场合。[①]

第三,侵权法规则难以有效涵盖人格权保护。如前所述,传统大陆法系国家民法典主要通过侵权法规则保护人格权,但随着人格权制度的发展,侵权法在全面保护人格权方面变得越来越捉襟见肘,难以应对。一方面,侵权法无法满足人格权确权的需要。侵权法主要是救济法,而非权利法,其虽然可以规定侵害人格权的侵权责任,但无法从正面对人格权进行确权,也无法对各项具体人格权的内涵、效力等作出规定,这就难以实现对人格权的正面确权功能。从人格权制度的发展来看,人格权的类型越来越复杂,除了传统的生命、健康、身体等物质性人格权和姓名权、名誉权之外,还产生了隐私权、个人信息、声音、信用等大量的新型人格权益,而侵权法不可能针对每一种权利的侵害分别设置相应的规则,而只能对人格权遭受侵害的后果、归责原则、构成要件、损害赔偿的计算等一般性规则作出规定,这就决定了侵权法不可能担负起具体、全面确认人格权的任务。另一方面,侵权法规则难以满足人格权制度发展的需要。随着社会的发展,许多新型人格权益不断产生,既有人格权的内涵也在不断扩张,这就需要在法律上确定各项权利并明确其内容,这显然是侵权法难以胜任的。例如,隐私权在美国的急剧扩张,迫使美国 1974 年颁布了《隐私法案》(Privacy Act)。法国于 1970 年修改民法典时,增加了关于隐私的保护规则,并将其置于第 9 条作为一项原则加以规定,这也表明,《法国民法典》的侵权责任一般条款已无法涵盖隐私权的保护。还要看到,人格权的利用方式日益多样化,现代社会,由于商业模式的改变、网络营销等的发展,深刻地改变了我们的消费方式,但也会带来一定的副作用。例如,网络购物在给我们生活带来便利的同时,网店经营者也收集了大量的个人信息,这些个人信息一旦被非法公开和利用,将给个人的隐私、信息安全带来极大威胁。尤其是随着人格权商业化利用实践的发展,带来了一些新的问题,如哪些人格权益可以进行商业化利用,人格权商业化利用应当遵循哪些规则等,对于如此纷繁复杂的规则,侵

① See Michael. Henry, *International Privacy, Publicity and Personality Laws*, Butterworths p ress, pp. 157, 169.

权法作为救济法，显然难以全面规定上述规则。同时，人格权商业化利用不仅受侵权法调整，而且还需要借助合同实现人格权的许可使用，这显然也是侵权法难以涵盖的。[1]

第四，从消极保护到积极确权适应了高科技发展的需要，因为随着现代科学技术的发展，人格权保护所涉及的法律关系越来越复杂，就某一特定类型的人格权而言，其在现代社会所涉及的问题也越来越多，其内容日益复杂化，需要对人格权法确立更多的细致规则。例如，就身体权而言，在当代社会就可能涉及医疗、器官移植、人体捐赠、生物实验、遗传检查和鉴别、代孕、机构监禁、精神评估等特殊问题。[2] 所有这些都需要通过积极确权的方式对其作出规定。例如，《法国民法典》于 1994 年单设第 16 条对身体权的保护作出规定，该条规定："法律须确保人的优先性，禁止对人的尊严的侵害，保证人自其生命伊始即得到尊重。"第 16－1 条规定："任何人均有权要求他人尊重其身体。人的身体不可侵犯，人体、其要素和产品不得成为财产权的标的。"由此，民法典确立了人体的不可侵犯以及禁止人体的商业化两项基本原则；[3]这是对身体自由的限制，禁止以合同等形式有偿处分自己的身体或其组成部分。[4] 而且随着人类社会进入到一个科技爆炸的时代，现代网络通讯技术、计算机技术、生物工程技术等高科技的迅猛发展给人类带来了巨大的福祉，但大量的高科技也具有一个共同的副作用，这就是对每个人隐私和个人信息的威胁。因而许多学者认为现代法律所遇到的最严峻挑战是如何对个人隐私和个人信息进行保护。[5] 又如，生物技术的发展、试管婴儿的出现改变了传统上对生命的理解，人工器官制造技术、干细胞研究、克隆技术和组织工程学的发展为人类最终解决器官来源问题

---

① See Huw Beverley-Smith, Ansgar Ohly, Agnes Lucas-Schloetter, Privacy, *Property and Personality*: *Civil Law Perspectives on Commercial*, Cambridge University Press, 2005, pp. 2－3.

② 参见杨立新、曹艳春：《脱离人体的器官或组织的法律属性及其支配规则》，载《中国法学》2006 年第 1 期。

③ A. Marais, *Droits des personnes*, Dalloz, 2014, p. 133 et s.

④ Jean-Christophe Saint-Pau (dir.), *Droit de la personnalité*, LexisNexis, 2013, pp. 1298－1300.

⑤ See A. MichaelFroomkin, "Cyberspace and Privacy: A New legal Paradigm? The Death of Privacy?" 52 *Stan. L. Rev.* 1461, 2000.

铺平了道路；与此同时，上述科学技术也对生命、身体、健康等人格权提出了新的挑战。例如，“无锡冷冻胚胎案”就提出了冷冻胚胎的法律地位问题，[①]冷冻胚胎是否可以作为人格物，从而受人格权法的保护，在受到侵害时能否适用精神损害赔偿，人格权法是否应允许有偿代孕，等等，均需要法律作出回应。

第五，人格权保护从消极保护到积极确权的发展，也适应了互联网社会和信息社会发展的需要。随着计算机和互联网技术的发展，互联网深刻地改变了人类社会的生活方式，给人类的交往和信息获取、传播带来了巨大的方便，高度发达的网络使人与人之间的距离越来越小，我们的生活也与互联网密不可分。在这一过程中，传统民法规则注定会面临来自诸多方面的机遇和挑战。首先，网络技术的发展创造出了多项前所未有的权利类型，网络环境下的人格利益具有扩展性、集合性、保护方式的特殊性等特点。例如，声音、特有的肢体动作等，作为人格利益的重要性并不突出，但借助于网络，其经济价值日益凸显，而且也可以作为一种人格权的客体存在。有一些学者甚至认为，网络环境下的人格利益可以成为一种权利。[②] 其次，在网络环境中，侵权损害具有易发性、广泛性等特点，网络无边界性以及受众的无限性，使侵权言论一旦发表就可以瞬间实现全球范围的传播，而且在网络环境下，信息的传播具有快速性和广泛性，损害一旦发生，就难以恢复原状。网络侵权主要针对的是人格权和知识产权。还要看到，从实践来看，网络暴力、网络谣言、人肉搜索、网上非法传播隐私、非法利用个人信息等，都不仅污染了网络环境，而且也危害了社会秩序，还严重侵害了个人的人格尊严。因此，需要通过强化人格权的保护来回应网络时代的现实问题。

还应当看到，20 世纪 80 年代以来，人类逐渐进入了信息社会

---

① 江苏宜兴一对双独年轻夫妻不幸因车祸身亡，小两口生前曾在南京鼓楼医院做试管婴儿，并留下 4 枚冷冻胚胎。为争夺胚胎保留香火，双方老人与医院对簿公堂，要求医院归还胚胎。二审法院判决支持双方老人共同处置 4 枚冷冻胚胎。参见江苏省无锡市中级人民法院民事判决书，(2014)锡民终字第 01235 号。

② Gert Brüggemeier, Aurelia ColombiCiacchi, Patrick O'Callaghan, Personality Rights in European Tort Law, Cambridge University Press, 2010, p. 575.

(information society),许多新型人格权益不断出现,其中最为突出的是个人信息权。网店以及网络服务提供者也收集了大量的网络用户信息,一旦非法公开或者利用,就会对个人的隐私以及个人信息安全造成极大损害。基于此,在未来民法典的编纂过程中,必须要强化人格权立法,采取积极确权的模式,对上述问题作出规定,这也是回应现代社会对民事立法的挑战和需求,是 21 世纪时代精神的具体体现。

二、我国民事立法历来通过积极确权模式保护人格权

我国民事立法历来重视对人格权的正面确权。1986 年通过的《民法通则》以专章的形式规定民事权利,单设"人身权"一节,其中主要为人格权,包括生命健康权、姓名权、名称权、肖像权、名誉权、婚姻自主权,实现了对人格权的正面确权。《民法总则》对具体人格权作出了较为全面的规定,对人格利益的保护范围十分广泛。《民法通则》将人格权与物权、债权等权利并列规定,体现了与物权、债权一样,应当在民法典中独立成编。除"人身权"一节外,《民法通则》在民事责任一章中又有专门保护人身权的条文,以相当的篇幅和条款对人身权利作了较为系统、集中的规定,我国《民法通则》规定如此众多的人格权条文,这在世界各国的民事立法中是十分罕见的,此种做法也被实践证明是成功、先进的立法经验,并使该法获得了"民事权利宣言书"的美誉。

2017 年 3 月 15 日颁行的《民法总则》在我国民事立法史上具有里程碑式的意义,该法虽然用 4 个条款(第 109、110、111、185 条)规定了人格权保护,但其内容已经成为《民法总则》的最大亮点,并受到广泛好评。《民法总则》人格权保护条款对于全面推进人格权的保护具有重要的规范意义和现实意义,《民法总则》第 109 条对一般人格权作出了规定,完善了《民法通则》具体列举人格权类型的不足,为新型人格利益的保护提供了法律依据,并构建了由一般人格权 + 具体人格权所构成的人格权保护体系。《民法总则》全面列举了各项具体人格权,尤其是第一次规定了身体权、隐私权等权利,从而完善了《民法通则》具体列举人格权的不足。《民法总则》对人格权的规定实际上构建了我国未来民法典人格权编的内在体系,这就

是由具体人格权和一般人格权所组成的完整的人格权益体系。《民法总则》虽然仅用四个条款保护人格权,但将其置于各项民事权利之首,凸显了人格权保护的重要意义。从《民法总则》关于民事权利的其他规定来看,目的是将其留待民法典分则中予以具体完善。因此,《民法总则》的规定实际上是再次确认了人格权保护的积极确权模式,这也为人格权法的独立成编奠定了基础。

除民事基本法外,我国其他相关立法中也包含了大量的人格权保护规则。以个人信息保护为例,《网络安全法》第四章专门就网络信息安全作出了规定,其中大量规定了网络运营者保护个人信息的义务,这实际上也肯定了个人对其网络信息所享有的相关权利。全国人大常委会还于 2012 年作出了《关于加强网络信息保护的决定》,专门就网络信息服务者等主体保护个人信息的义务作出了规定,从个人角度来看,其实际上也规定了个人对其个人信息所享有的信息安全等权利。其中许多规则都对我国民法典人格权编个人信息保护规则的设计具有重要借鉴意义。我国一些特别法也涉及人格权的保护,如《妇女权益保障法》《未成年人保护法》《残疾人权益保障法》等。此外,全国人民代表大会常务委员会于 2014 年发布了《关于〈中华人民共和国民法通则〉第九十九条第一款、〈中华人民共和国婚姻法〉第二十二条的解释》,规定了姓名权的行使规则、命名规则,这对我国民法典人格权完善姓名权的规则奠定了良好的规范基础。

可见,我国民事立法除通过侵权法规则保护人格权外,也历来重视对人格权的正面确权,强调明确界分各项具体人格权,我国正在进行的民法典编纂工作应当坚持这种积极确权的保护模式。可以说,采用积极确权的方式保护人格权,是我国民事立法、司法实践经验的总结,这种方式的优越性在于:一方面,有利于彰显人文关怀的价值理念。通过积极确权的方式规定个人享有哪些人格权,以及确认人格权内容、行使方式等,从而实现好、发展好、维护好最广大人民群众的根本利益,有助于全面落实《宪法》关于保护人格尊严和人格发展的基本原则,并激励公民以实际行动去主张自身的人格权和尊重他人的人格权，从而维护社会的和谐稳定。① 另一方面，从法律适用层面看，通过积极确权模式确立人格权体系的立法、司法成本较低，其可以有效避免法官造法的混乱和缓慢，迅速确立一个人格权框架体系，通过积极确权的方式能够使法官明晰不同的权利，从而精准找法，作出正确的裁判。此外，通过积极确权模式保护人格权也有利于划定个人行为自由的界限。权利的确认本身也是对自由的一种界定。权利的核心和本质都是类型化的自由，权利确认的自由都是具有外部性的自由，确认某种权利给予权利人行为自由的同时，也划定了其他人的行为自由界限。就人格权保护而言，消极保护模式无法准确划定权利人和第三人行为自由的界限，从而难以有效发挥维护行为自由的功能。

三、人格权积极确权的发展必须要求人格权法独立成编

人格权积极确权的发展必须要求人格权法独立成编，理由如下。

第一，符合民法发展的必然规律。人格权从消极保护到积极确权的发展是民法发展的重要趋势，也是法律发展的必然之路。从历史发展的视角看，罗马法上只有对人之诉（actio in personam）、对物之诉（action in rem），没有物权、债权的区分，后来经过中世纪法学家的整理，才逐渐形成了物权和债权的概念。② 由于绝对权确权的发展，逐步形成了物权法、知识产权法等法律领域，对这些权利的确认也更为精细，对这些绝对权利的保护也更为全面。人格权法的发展也同样如此，最初，人格权制度主要受侵权法的保护，作为侵权法的保护对象，但随着人格权类型的丰富和发展，人格权的内涵和效力都出现了扩展，侵权法难以有效涵盖人格权制度，人格权制度逐渐与侵权法相分离。人格权法注重权利的边界和义务人的义务边界，而侵权责任法注重侵害的后果和损害，所以，人格权的规范构成了侵犯人格权的侵权责任的前提和基础，从这个意义上说，侵权责

---

① 参见李新天、孙聪聪：《人格伦理价值的民法保护——以体系化视角界定人格权的内涵》，载《法商研究》2014 年第 4 期。

② 参见黄风：《罗马法》，中国人民大学出版社 2009 年版，第 18～19 页。

任法以人格权法的存在为前提，而非相反。例如，生命健康身体与伦理之间的协调、姓名与家庭伦理、肖像权与著作权、名誉权和隐私权与言论自由、个人信息与数据流通共享、人格权与财产权、人格权与其他公共利益之间都存在极为困难的协调问题，所有这些都涉及权利的边界，因此确定一些基础规则以方便在裁判中确定人格权的权利边界，同时便利界定义务人的具体行为义务，这只有通过人格权法才能更为方便地予以实现，因此人格权法要具体界定民事主体人格权的内容、边界和保护方式。

第二，全面确认具体人格权。随着人格权制度的发展，权利的类型越来越丰富，权利的内容也越来越复杂，通过侵权法无法有效调整人格权制度，必须对人格权进行积极的正面确权。如果通过简单列举人格权的类型并配合侵权法规范，根本无法充分保护人格权。除隐私权外，其他人格权如姓名权、肖像权、名誉权、名称权等人格权的内容、效力、权利冲突规则等，也十分复杂。如此复杂的人格权规则显然是侵权责任编所难以涵盖的。笔者认为，我国民法典应当有效总结人格权保护的实践经验，在《民法总则》的基础上，以独立的人格权编对人格权的规则作出细化规定，以更好地促使人格权制度体系的进一步发展。

第三，进一步完善民法典体系。我国《民法总则》规定了人格权、物权、债权等权利，构建了完整的民事权利体系，迄今为止，我们已经颁布了《合同法》《物权法》《婚姻法》《继承法》等法律，对债权、物权、身份权、继承权作出了系统、全面的保护，我国《著作权法》《专利法》《商标法》也对知识产权作出了系统规定，可见，除人格权外，各类民事权利都已经有民事基本法作出了细化规定，但唯独人格权迄今为止仍缺乏专门的民事基本法对其作出全面、细化的规定，这显然难以实现对人格权的全面保护。2009 年《侵权责任法》第 2 条第 2 款在规定《侵权责任法》的保护范围时，对民事主体所享有的生命权、健康权、姓名权、名誉权、荣誉权、肖像权等各项具体人格权作出了相对全面的列举。同时，与《民法通则》相比，《侵权责任法》还第一次从民事基本法的层面新增规定了隐私权，实现了对隐私权的初步确权。但侵权法是权利救济法，根本无法对人格权的内容等作出细化规定。还应当看到，侵权法不仅保护人格权，而且还保护物权、知识产权等,但并不能因为物权、知识产权受侵权法保护就无需制定单独的物权法、知识产权法。我国民法典应当通过积极确权的模式对人格权作出规定,《民法总则》虽然对一般人格权和各项具体人格权作出了规定,但没有对各项人格权的边界作出明确区分,也没有规定各项人格权的内容,从这一意义上说,《民法总则》并没有真正完成对人格权的确权。这就需要在民法典中设置独立的人格权编,对各项人格权的内容、效力、行使规则、限制规则、冲突规则等作出规定。

第四,积极应对现代社会强化人格权保护的需要。随着互联网的发展以及科学技术日新月异,现代社会在大大提升人类对客观世界掌控能力、为人类带来极大福祉的同时,也对人的主体地位带来了前所未有的挑战与威胁。这就需要 21 世纪的民法与时俱进,回应现代社会最需要解决的对隐私等人格权的保护。而要做到这一点,就必须要在民法典中使人格权独立成编,为人格权的保护留下足够的空间,对人格权进行全面保护。随着互联网和信息社会的发展,也出现了大量的侵害人格权的现象,亟须法律予以规范。例如,我国近几年出现的"艳照门事件",网络谣言、人肉搜索、披露隐私、信息泄露、广告垃圾,以及通过微博、微信等方式侵害他人人格权的现象等,亟须法律作出规范。最近发生的脸书(Facebook)将 5000 多万网民的信息泄露给英国的一家名为"剑桥分析"的数据分析公司,以及我国实践中出现的"大数据杀熟"问题,都表明保护个人隐私自决的重要性。实践的发展为人格权法的发展提供了大量的素材,而人格权法的发展也有助于规范此类现象。如果在人格权方面立法的缺位,就会使法官自己创设一些人格权,如生育权、贞操权、亲吻权、祭奠权等,造成司法的不统一;人格权独立成编就是要留下足够空间以适应未来人格权发展。

第五,进一步强化对人格权的保护。随着社会的发展,人格权制度本身也日益丰富和完善。例如,就人格权的保护方式而言,侵犯人格权并不仅仅产生损害赔偿问题,还包括其他一些责任形式,如消除影响、恢复名誉和赔礼道歉,侵害人格权情形下的更正和回应权主要适用于侵犯人格权的情形,规定在人格权法中更为符合体系。甚至赔礼道歉中涉及其与不表意自由之间的利益协调,还有停止侵害、排除妨碍、消除危险、消除影响、恢复名誉和赔礼道歉请求权不受诉讼时效限制。再如,人格权还涉及延伸保护的问题。不存在侵犯死者的财产权问题,因为财产权在主体死亡后可以继承,由继承人享有,侵犯的就是继承人的财产权利。死者利益保护主要涉及死者的人格利益保护,需要由人格权法作出特别规定,而不适宜由规定侵犯所有权利一般规则的侵权责任法规定。除消极保护外,人格权还涉及积极行使的问题,如人体器官不能买卖,只能无偿捐赠,自然人姓氏选取的限制,以及个人信息收集利用时的同意等。这些都需要在独立的人格权编中作出系统规定。

十八届四中全会公报提出:"实现公民权利保障法治化。"现代社会中人格权制度的发展已经具有极度的复杂性,主张通过"简单列举人格权类型+侵权责任方式"的立法模式来保护人格权,实际上就意味着我国现行立法已经足以保护人格权,这显然不能满足民众的期待,不符合我国司法实践发展的需要,也不符合当今社会发展的现实需求。

第二节　人格权法与侵权责任法的分离

一、人格权法不同于侵权责任法

诚然,传统大陆法系民法(如《法国民法典》《德国民法典》),主要是通过侵权法的规则对人格权提供保护。比较法上,有不少学者认为,人格权作为对人格利益最为主要的救济手段,其可以放在侵权法规则之中。[①] 我国《侵权责任法》第2条在规定侵权法保护的权利范围时列举了18项权利,其中近半数是人格权,由此表明了对人格权保护的高度重视。同时,该法第15条关于侵权责任承担方式的规定以及第22条关于精神损害赔偿责任的规定,也可以适用于对人格权的救济。因此,有学者主张,应当在民法典侵权责任编

① Neethling, JM Potgieter & PJ Visser, Neethling's law of personality, LexisNexis South Africa, 2005 p. 3.

中对人格权作出集中规定。这一观点不无道理。笔者认为,侵权法和人格权法之间虽然关系密切,但二者仍然存在明显的区别,不能通过侵权法完全替代人格权法,两者的主要区别如下。

第一,规范内容不同。侵权法主要调整侵权行为及其责任,从而对民事主体的人身或财产利益进行保护;而人格权法主要调整人格关系,其主要内容是确认主体所享有的各项人格权益,并明确其基本内容。故二者所保护的权益范围也不同。侵权责任法主要解决合法权益受到侵害时的法律救济问题,除人格权之外,侵权责任法还保护物权、知识产权等绝对权,这些权利也同样可以借助于侵权法对受害人予以救济,而人格权法则主要调整人格权法律关系。

第二,是否具有确权功能不同。侵权法主要是救济法,它主要对受害人已经遭受的侵害进行救济,通过这种救济保护民事主体的合法权益,因此其主要功能是保护权利,而非从正面确认权利;而人格权法是权利法,其与物权法等法律一样,具有确权功能,只有通过人格权法规定各类人格权及其内容、效力等,才能为侵权法的救济提供基础。例如,侵权责任法虽然可以通过侵权责任保护隐私权,但其无法从正面确认隐私权,也无法规定隐私权的具体内容。隐私权的内容可以进一步类型化为独处的权利、个人生活秘密的权利、通信自由、私人生活安宁、住宅隐私等。就私人生活秘密而言,又可以进一步分类为身体隐私、家庭隐私、个人信息隐私、健康隐私、基因隐私等。不同的隐私因为类型上的差异,在权利的内容以及侵权的构成要件上,都可能有所差异。对于如此纷繁复杂的权利类型,侵权责任法作为救济法的特点决定其不能全面列举并作出详细规定。正是因为人格权法具有确权的功能,所以,只有人格权法具体规定人格权的内容和效力,侵权责任法才能在此基础上规定人格权的保护方式。①

第三,是否可以具体确认每一项具体人格权的权能不同。我国《侵权责任法》第 2 条虽然宣示要保护 8 项人格权,但是,它没有也不可能进一步规范各种权利的具体权能。每一种权利都具有其自

---

① 参见马俊驹、张翔:《人格权的理论基础及其立法体制》,载《法学研究》2004 年第 6 期。

身的作用或功能，这些权能不是单一的，各种权能的结合构成了其内容。例如，肖像权具有形象再现权、肖像使用权、转让等权能。自然人和法人的各项具体人格权，都具有较为丰富和复杂的权利内容，且各自内容并不相同。例如，名誉权的内容不同于肖像权的内容，而自然人的姓名权与法人的名称权的内容也不完全相同（因为法人的名称权可以转让，而自然人的姓名权不能转让）。显然，自然人、法人所享有的各项人格权内容是不能通过侵权责任法加以确认的，必须在人格权法中具体规定。法律不仅要列举与表彰各种权能，也要具体规定各种权能的行使与表现效果。正是在这个意义上，只有制定人格权法，才能更充分地体现私权行使和保护的需求，侵权责任法显然不具备上述功能。

第四，能否规定人格权的利用、行使等规则不同。法律不仅要列举与表彰各种权能，也要具体规定各种权能的行使与表现效果。尽管人格权原则上不能转让，但权利人可以许可他人对其人格权进行利用。例如，肖像权的使用权能可以转让，法人的名称权可以转让。尤其是如果未来人格权法中规定个人信息权，也必须规定该权利的利用规则。还应当看到，自然人的大多数人格权是与生俱来的，如生命健康权等，但还有一些人格权需要通过实施一定的行为才能取得，如名誉权等。法律也应当规定人格权的具体行使、利用规则，这些规则显然非侵权责任法所能包括。

侵权责任法无法规定权利的冲突及其解决规则。人格权在行使过程中，常常会与其他权利发生冲突。如实践中常见的人格权与财产权、隐私权与新闻自由、名誉权与舆论监督等权利的冲突。人格权在行使过程中，也可能与公权力的行使发生冲突。① 还应看到，各项具体人格权之间也可能发生交叉和冲突，从而需要在人格权法中确立解决冲突的规则。例如，当生命权与财产权发生冲突时，应当优先保护生命权。而侵权责任法不能解决权利行使和权利冲突的问题。此外，为了维护公共利益、社会秩序等，在法律上有必要对人格权作出一定的限制，这些限制规则不能在侵权责任法中规定，

---

① See Richard C. Turkington & Anita L. Allen, Privacy Law, Cases and Materials, West Group, 1999, p. 2.

而只能由人格权法加以规定。例如,对公众人物人格权的限制、人格权权利不得滥用、人格权与言论自由的关系等。从这个意义上说,人格权法的独立成编,也可以起到和侵权责任法相互配合的作用。

从根本上说,侵权责任法的性质和功能决定了其不可能替代人格权法,我国《侵权责任法》的颁行虽然强化了对人格权的保护,但这丝毫不应影响人格权法的制定和颁行。相反,为了配合《侵权责任法》共同实现对人格权的确认和保护,应当制定独立的人格权法。应当看到,《侵权责任法》采取的多种责任形式,大多可以适用于人格权的保护。尤其是侵权责任法所规定的赔礼道歉、消除影响、恢复名誉等责任形式,并不都需要在侵权责任法中作出细致规定,由于这些责任形式主要适用于对人格权的侵害,因而可以考虑在人格权法中对上述责任形式作出细化规定。

二、侵权责任编集中规定人格权将产生体系违反现象

应当看到,我国《侵权责任法》通过扩张权利范围以及采用形式多样的责任形式,强化了对人格权的保护,并且人格权法中所规定的具体行为规范,也有助于对侵权责任的认定,二者关联密切。因此,将人格权法置于侵权法中的观点,较之于将人格权法置于主体制度的主张,应当说更具有说服力。笔者认为,侵权责任编中集中规定人格权难以有效保护人格权,并不符合民法典体系化的要求。体系是具有一定的逻辑系统所构成的一个制度安排,法典化就是体系化,体系化是法典的生命,民法典体系就是由具有内在逻辑联系的制度所构成的具有内在一致性的价值所组合的体系结构,其中各项制度又是由具有内在逻辑的规范所构成的整体。“民法典的制定乃基于法典化的理念,即将涉及民众生活的私法关系,在一定原则之下作通盘完整的规范。”笔者认为,通过立法确认和保护人格权是现代民法重要的发展趋势,人格权独立成编本身就是提升民法典体系化的重要举措;相反,在侵权责任编中集中规定人格权制度,并不符合民法典形式体系的要求,也不符合侵权法救济法的要求,有违科学立法的要求。

第一,在侵权责任编集中规定人格权制度不利于民法典的体系

化。从民法典体系来看，民法总则是采取提取公因式的方式，对民事法律关系的主体、客体、民事法律行为等共性问题作出的规定，而民法典分则是以民事权利为主线展开的。德国潘德克顿五编制模式并没有将人格权独立成编，这也使其明显存在“重物轻人”的体系缺陷。如果我国民法典将人格权独立成编，则可以弥补这一传统民法典立法模式的体系缺陷。此外，还应当看到，我国民法典分则具有一个很重要的特点，即通过独立的侵权责任编对侵害民事权利的行为作出侵权责任的系统规定，而认定侵权责任的前提必须是确权，即对各项民事权利作出规定。就人格权保护而言，侵权责任法是救济法，而人格权法是权利法，权利必须走在救济之前，这也是立法科学性的具体体现。

第二，在侵权责任编集中规定人格权制度将打乱侵权责任编的体系。众所周知，我国现行《侵权责任法》的体系是按照总分结构构建起来的，总则是对侵权责任的一般规则所作出的规定，而分则则是按照特殊主体＋特殊归责原则所构建的规则体系，特殊的归责原则指过错责任之外的归责类型，如严格责任、过错推定责任等。我国侵权责任法体系的最大特点首先表现在其本土性上。它完全是从中国的实际、现实需要出发，总结中国的立法和司法经验，体现了鲜明的中国特色。我国侵权责任法是基于归责原则来构建体系的。其主要采纳了三元的归责原则体系，即过错责任、过错推定责任和严格责任。《侵权责任法》适用特殊归责原则的侵权责任的类型化，而不是根据侵害的对象构建侵权责任体系的。围绕归责原则这一“中心轴”形成严谨的体系，也就是说，有关过错责任的一般归责适用总则部分的内容，而侵权责任法的分则基本上是按照特殊归责原则构建的。因此适用过错责任的都是一般侵权，属于总则内容；凡是适用过错原则之外的特殊归责原则的，如严格责任、过错推定责任等，都是分则的内容。如果将人格权置于侵权法中，它主要适用过错责任。因为侵权责任法分则采用了特殊归责原则构建，侵犯人格权大都适用过错责任原则，这就很难在侵权责任编的分则部分规定，否则与侵权责任编分则体系发生冲突。侵害人格权的责任也不能专门纳入侵权法总则，因为总则主要规定侵权责任的构成要件和抗辩事由，总则不是根据侵害对象构建的。

在侵权责任编中集中规定人格权,还将面临如下立法技术上的难题:首先,如果在侵权责任编中对人格权进行集中规定,可能需要重新构建现行侵权责任法的体系,这意味着我们将浪费 2009 年以来所积累的侵权责任法宝贵立法经验,也将打乱整个侵权责任法所建构起来的理论研究与教学体系。其次,人格权作为独立一章在侵权责任编的分则部分规定,将面临立法技术上的难题。以生命权、健康权、身体权为例,不论是动物致人损害责任还是机动车交通事故责任,抑或是环境污染侵权责任、物件致人损害责任,都存在侵害个人生命权、健康权、身体权的情形,显然难以将其规定在侵权责任编分则部分;同样,如果将人格权规定在侵权责任编总则部分,也无法全部涵盖人格权的规则。从上述分析可见,我国《侵权责任法》的颁行虽然强化了对人格权的保护,但这不应影响人格权法的制定和颁行。相反,为了配合侵权责任法共同实现对人格权的确认和保护,应当制定独立的人格权编。

第三,在侵权责任编集中规定人格权制度将打乱绝对权保护的体系。从我国民事立法来看,物权、知识产权等绝对权都是通过单行法确权 + 侵权法规则予以保护的。例如,虽然学理上普遍认为,物权保护应当适用物权独有的保护方法,即物权请求权,但司法实践对侵害物权的行为人多通过侵权法来保护,且现行物权法中就存在大量的侵权法规则。侵犯人格权的规则如只能在侵权责任编之中规定,将形成一个逻辑问题,即人格权本身是绝对权,物权、知识产权也是绝对权,都要受到侵权法的保护,为何侵害人格权的侵权规则只能置于侵权法之中,不能置于人格权法之中,而物权、知识产权的侵权规则却能够置于物权法和知识产权法之中,不必要全部包含在侵权法之中?如果将侵害物权、知识产权等规范都在侵权责任编中集中规定,不仅需要重构侵权责任编的体系,与现行物权法、知识产权法也将发生严重的冲突,导致现行物权、知识产权法的内容体系被打乱,而且还会使侵权责任编的规则体系过于庞杂。同理,有学者认为将人格权法单独成编实际上是肢解了《侵权责任法》的完整体系,此种观点也是难以成立的,因为侵权责任法是关于侵权责任的一般规则,而就特定的民事权利而言,其会有一些特殊的侵权规则,难以甚至不可能全部规定在侵权责任法中。正是基于这样的事实,物权法、知识产权法中也才会存在自身的侵权法规则,而并未全部包含于侵权责任法之中,人格权也理应如此。况且,人格权相对于这两大财产权利而言,其地位无疑更为重要,若以侵权法编包含了人格权侵权规则为由反对人格权的独立成编,这既意味着人格权法的立法地位不如物权法与知识产权法,这种体系安排可谓让人匪夷所思。

第四,在侵权责任编集中规定人格权制度不利于构建人格权法自身的体系。从人格权制度本身来看,其已经形成了自身完整的体系,一方面,人格权的类型体系已经十分丰富,形成了一般人格权+具体人格权的权利类型体系;另一方面,每一项人格权的内涵、效力等已经十分细化和丰富,司法裁判中也进一步丰富了各项人格权的内涵、效力等。如果只是在侵权责任编中对各项人格权进行简单列举,将难以构建完善的人格权体系。事实上,人格权法涉及的范围十分宽泛,远远超出了侵权法的涵盖范围,无论是人格权的内涵,还是人格权的行使、利用、限制等一系列问题,都远远超出了侵权法规则的涵盖范围。举例而言,从两大法系来看,侵害姓名权的案件最典型的是假冒行为,[①]但姓名权纠纷则远远超出了这一范畴。比如,涉及姓名的行使、利用、命名、变更等,这些显然已经超出了侵权法保护的范畴。[②] 在我国,出现了很多姓名命名的纠纷,如个人的姓名不符合公序良俗,或者离婚后的未成年子女应该从父姓或者母姓,能否随意取名等,这些纠纷本身并不涉及侵害他人权利的问题,而是姓名权本身如何界定,能否对其进行限制,以及如何限制等问题,这些问题显然不是侵权法所调整的范围。例如,在最高人民法院发布的第89号指导案例"'北雁云依'诉济南市公安局历下区分局燕山派出所公安行政登记案"中,法院认为,"公民选取姓氏涉及公序良俗……如果任由公民仅凭个人意愿喜好,随意选取姓氏甚至自创姓氏,则会造成对文化传统和伦理观念的冲击,违背社会善良风俗和一般道德要求",因此,该案中孩子的父母"仅凭个人喜好愿望并

---

① 参见[德]克雷斯蒂安·冯·巴尔:《欧洲比较侵权行为法》(下卷),焦美华译,法律出版社2001年版,第111页。

② 参见[德]克雷斯蒂安·冯·巴尔:《欧洲比较侵权行为法》(下卷),焦美华译,法律出版社2001年版,第110~113页。

创设姓氏，具有明显的随意性”，属于有违社会公序良俗的表现，因此，公安机关不准许其户口登记的行为是合法的。[①] 该案即涉及姓名的命名问题，显然难以为侵权法规则所涵盖。

第五，不符合权利走在救济之前的逻辑。权利的确认是权利救济的前提，侵权责任法是救济法，而人格权法是权利法，权利必须走在救济之前，这也是立法科学性的具体体现。虽然侵权责任法也可以间接地发挥权利确认的功能，但是，其毕竟无法直接地确认权利。因此，要落实《宪法》上的“人格尊严”条款，就要进一步加强民事立法，将宪法的要求转化为人格权的立法。从比较法上来看，在人格权领域确实存在一种“宪法私法化”的现象。[②] 例如，在德国，其人格权的发展很大程度上是法官通过援引宪法而进行司法造法的结果。而在我国，依据最高人民法院的司法解释，法官不能援引宪法裁判案件，因此，我国不能走德国等国家的人格权发展道路，即由法官通过解释宪法来完成人格权的创设与发展，只能将宪法保护人格权的相关规定转化为民事法律的具体规定，通过民法典人格权编确认人格权，才能为法官裁判提供更明确的规则。

第六，不符合侵权责任法作为救济法的特征。各项人格权规则的内涵十分丰富，不仅包括了对权利的救济，还包括了对权利的行使、限制以及相对人应负有的义务等的规定，这些内容不是作为救济法的侵权责任法所应当包括的。最佳的方式是在人格权编中对各项人格权的内容、效力、行使规则等作出细化规定，这也可以为侵犯人格权责任的认定提供前提和标准。[③] 例如，从前述检索的一万多个隐私权的案例可以看出，侵害隐私的案例极为纷繁复杂，法律要对隐私权加以保护，首先必须对隐私的类型、内容等作出具体规定，从而为法官确定隐私权侵权责任提供依据，否则，让法官仅凭“隐私权”这一抽象概念判断相关行为是否构成侵害隐私权，可能不利于维护司法裁判的统一，也难以实现通过编纂民法典统一司法裁

---

① 山东省济南市历下区人民法院(2010)历行初字第4号行政判决书。

② See Franz Werro, Tort Law at the Beginning of the New Millennium. A Tribute to John G. Fleming's Legacy, 49 Am. J. Comp. L. 154.

③ 参见黄忠：《人格权法独立成编的体系效应之辨识》，载《现代法学》2013年第1期。

判依据的目的。尤其需要指出的是，人格权法的许多内容，都无法纳入侵权责任编之中。例如，针对正在实施和即将实施的侵害他人人格的行为，受害人可以请求法院颁发禁令；刑事附带民事诉讼的受害人请求精神损害赔偿的权利，必须得到确认；在网络或媒体上发布侵害他人名誉或隐私的行为后，允许受害人在该网络或媒体上作出回应，以正视听；禁止他人通过短信、电子邮件等方式骚扰他人，妨碍他人的私生活安宁。这些规则都是我们生活在现代社会，需要在法律上确认的重要规则，这些内容不可或缺但难以包括在侵权责任法中。

第七，难以发挥法律的行为引导功能。侵权责任编代替人格权编，使大量的确认和保护人格权的相关规则，如诉前禁令、禁止性骚扰、禁止非法买卖人体器官等规则难以纳入侵权法，从而不利于发挥法律的行为引导作用。人格权编不仅仅为法官提供裁判规则，还要为人民正确行使人格权、尊重他人人格权和人格尊严而提供行为的指引。因此，有必要就义务人所负有的义务，以及侵害人格权的行为作出规定。例如，法律规定公民的身体等权利，但同时应规定禁止性骚扰。此种规定也为相对人设定不得侵害身体权等的义务。此类禁止性的规定就不宜规定在侵权责任法之中。即使在人格权编中针对各类人格权遭受的类型和形态作出规定，也并非都属于侵权责任法的固有内容。因为这些内容既可以发挥宣示性作用，从而起到对社会公众的行为指引功能，也可以与人格权请求权制度结合，实现对人格权的预防性保护。因此，即便仅就这部分法条而言，其也不能说就是侵权责任法的固有组成部分，也并非必须置于民法典侵权责任编之中予以规定。

另外，从侵权责任法的层面来看，其设定相关的规则只能从构建侵权责任构成要件的角度进行。例如，就隐私权的侵害和名誉权的侵害，两者的构成要件是不同的。隐私权侵害的前提是擅自披露他人隐私或者利用他人隐私，而名誉权侵害的前提是以侮辱、诽谤等手段而使受害人的社会评价降低。如果从侵权责任构成要件的角度予以规定，仍然需要以权利的确认为前提，而在侵权责任编之中直接确认人格权的类型，只能从侵害对象角度简单列举各项遭受侵害的人格权益，这不仅在立法技术上比较粗糙，表述上是重复的，而且并没有真正解决人格权保护的具体问题。

三、侵权责任编替代人格权编将影响侵害人格权责任的准确认定

“权利的存在和得到保护的程度，只有诉诸民法和刑法的一般规则才能得到保障。”[①]如前所述，人格权法是权利法，侵权责任法是救济法，其是对民事主体在民事权益遭受损害之后提供救济的法律，即在权利受到侵害以后对受害人予以救济的法。但二者又是相辅相成、相互配合的，一方面，权利法是界定救济法适用范围的前提，侵权责任法作为调整在权利被侵害以后形成的社会关系的法律，其解决的核心问题是，哪些权利或利益应当受到其保护。[②] 另一方面，救济法又是权利法实现的保障，且救济法可补充权利法在权利保护规则上的不足，并可以限制法官在立法者的预设范围之外自由创设新的权利类型。因此，实现权利法和侵权法的有效衔接，是全面保障私权的最佳方式。

但是，试图通过救济法确认权利的类型和内容是不现实的，也是救济法难以承受之重，如果不在民法典中设置独立的人格权编，则侵权责任编的立法将遇到一个难题，即如何具体确定各项具体人格权的内容和范围，以及如何认定侵害人格权的责任。笔者认为，如果不设置独立的人格权编，而以侵权责任编替代人格权编，将不利于准确认定侵害人格权的责任，主要理由如下。

一是难以明确侵权法保护的权益范围。虽然《侵权责任法》第2条第2款列举了8项具体人格权，但各项人格权的具体范围是不清晰的，这将不利于各项人格权的保护。因为人格权的类型繁多，各项权利的权能也较为复杂，侵权责任法虽然可以规定侵害人格权的一般构成要件、责任形式等内容，但无法具体规定各项人格权的内容和权能，这可能就使法官认定侵权责任遇到困难。例如，就隐私而言，其包括私生活秘密、通讯安全、个人财产隐私安全、未成年

---

① ［美］彼得·斯坦、约翰·香德：《西方社会的法律价值》，王献平译，中国人民公安大学出版社1989年版，第41页。

② 参见欧洲侵权法小组编著：《欧洲侵权法原则：文本与评注》，于敏、谢鸿飞译，法律出版社2009年版，第52页。

人隐私的保护、住宅隐私的保护、公共场所隐私的保护等内容，如果法律不对隐私权的内容、隐私权的限制规则以及隐私权保护与舆论监督的冲突解决规则等作出规定，既不利于权利人主张权利，也难以为法官提供明确的裁判规则。从我国现行立法来看，不论是《侵权责任法》还是《民法总则》，在保护隐私权时仅规定了“隐私权”三个字，这显然无法为解决大量的隐私权纠纷提供明确的裁判规则。如果法律不对隐私权的内涵作出界定，在隐私权纠纷中，哪些情形下应当保护权利人的隐私权，哪些情形下应当优先保护个人的行为自由等其他利益，将完全交由法官进行判断，这可能不利于隐私权的保护，也可能导致司法裁判的不统一。

二是难以为过错的认定提供明确的标准。“过错是一个社会的概念”，①其通常是指行为人违反了法律上确定的应当作为或者不作为的义务，或一个合理人应当尽到的注意义务。义务的确定是过错认定的前提，侵害人格权的行为通常违反的是法定义务，这一法定义务应当由人格权法进行全面确认。例如，就肖像权而言，《民法通则》第 100 条规定了肖像权保护规则，该条规定：“公民享有肖像权，未经本人同意，不得以营利为目的使用公民的肖像。”但现实中大量存在非以营利为目的而以侮辱、诽谤的方式侵害他人肖像权的行为，此种情形下，行为人是否具有过错，需要法律作出明确规定。因此，人格权编有必要规定，任何组织和个人未经许可不得使用他人肖像，不得以歪曲、侮辱或者其他不正当方式侵害他人的肖像权。如此才能够在涉及此类侵权行为时为法官判断过错提供明确的标准。

还应当看到，与侵害财产权的情形不同，侵害人格权的情形下，在判断行为人是否具有过错，需要进行更为复杂的利益衡量，侵害财产权的过错判断是比较简单和明晰的，即只要造成财产的损害，不论是故意还是过失，行为人都要承担责任。侵害人格权的侵权责任需要考量多种利益，不能简单适用侵权责任的一般构成要件。例如，住宅和公共场所中虽然都存在隐私，但其保护程度是不同的；再

① Andre Tunc, *International Encyclopedia of Comparative Law Vol.* 4, *Torts*, *Introduction*, J. C. B. Mohr, Paul Siebeck, Tübingen, 1974, p. 63.

如，同样是在公共场所，公众人物和一般人隐私的保护也是有差异的，这本身都涉及对权利本身的确认和具体保护问题，而不仅仅只是简单套用侵权责任构成要件。也就是说，人格权在遭受侵害时，判断侵权责任是否成立所要进行的利益考量更为复杂，需要平衡各种冲突的利益。[①] 正如考茨欧（Koziol）所指出的，从比较法上来看，各国都比较重视侵害人格权尤其是精神性人格权情形下的利益平衡。例如，在奥地利，法律对各项具体人格权作了十分明确的区分，在侵害生命权、身体完整权、自由等最有价值的人格权益的情形下，将直接认定行为人有过错；而在侵害其他人格权益（如肖像权、隐私权、人格尊严）的情形下，在判断行为人是否具有过错时，则需要考虑与此相冲突的其他利益。[②]

三是难以为责任的减轻和免除提供明确的标准。侵权责任编中责任减轻和免除的规则无法直接适用于人格权侵权的情形。我国《侵权责任法》第三章对责任的减轻和免除规则作出了规定，但其无法直接适用于所有人格权侵权的情形，因为每种人格权的内涵不同，其所涉及的利益关系也不同，这也决定了侵害各类具体人格权的责任限制规则应当是个性化的，需要法律分别作出规定，无法一概适用侵权责任一般的责任减轻和限制规则。例如，隐私权可能因为权利人是公众人物而受到限制，而肖像权则可能因为合理使用而受到限制。在瑞士法中，在侵害人格权的情形下，如果没有抗辩理由，则将认定行为具有过错，在判断抗辩事由能否成立时，需要考虑受害人的利益与相对应的私法和公法的利益相比较，如果相关人格利益的保护是不重要的，则行为人的过错就可能会被排除。[③] 可见，与财产权不同，在认定侵害人格权侵权责任的免责和减轻责任事由时，需要进行更为复杂的利益衡量。之所以存在此种差异，是因为各项人格权本身的内容、权能的差异性，如果没有对权利内容和权

---

① Larenz & Canaris, *Lebrbuch des Schuldrechts*, Vol. 11/2, 1994, S. 491.

② E. Karner & H Koziol, *Der Ersatz ideellen Schadens im ösferreichischen Recht und seine Reform: Verhandlungen des* 015. *Ösferreichischen* Juristentages, lnnsbruck 2003, SS. 34 – 35.

③ A Bucher, Natuerliche Persoenen und Persoenlichkeitsschutz, Helbing & Lichtenhahn, 1995, S. 162ff.

能的确认，法官可能很难把握各个构成要件的差异。例如，未经他人许可，披露了他人的私密信息，这些信息可能并没有导致受害人社会评价降低，反而可能提升其社会评价，从侵害名誉权的角度观察，其可能不构成侵权，而从隐私权的角度，其可能构成侵权。此种情形在实践中经常存在，如果法律只是简单列举各项人格权，而不具体规定其具体内容，则法官在判断这类侵权时，针对不同的侵权，要考虑行为的性质、严重性、损害后果、行为的动机和目的等，具体认定具体人格权的内容，这可能赋予法官过大的自由裁量权，也可能产生同案不同判的结果，影响司法的统一。

此外，如果侵权责任编完全替代人格权编，也会遇到一个立法上的难题，即是否需要具体列举侵害各项人格权的侵权责任，抑或仅仅通过侵权责任的一般条款保护人格权。① 显然，仅仅通过设置类似于《德国民法典》第 823 条第 1 款的过错责任的一般条款，也不足以保护人格权，因为在人格权纠纷中，可能需要依靠法官根据具体案情判断是否构成侵权，这必然造成“同案不同判，同法不同解”的后果。同时，由于每一项人格权的内涵、权能等都是十分丰富的，在侵权责任编中全面列举侵害每一项人格权的侵权责任，也可能导致侵权责任编的规则过于庞杂和烦琐。事实上，列举人格权内容、权利行使等规则并不是救济法的功能，而应当交由权利法解决。由此也说明，侵权责任编在功能上也无法完全替代人格权编。

还有观点认为人格权的独立成编将会肢解侵权责任法，从而使侵权责任法成为一个单纯侵犯财产权的法律。对此，笔者认为这并不能成为否定人格权独立成编的理由：首先，人身权与财产权都存在侵权责任，并不意味着两者必须都规定在侵权责任法之中，这一点，我国侵权责任法脱离债法编独立成编的立法经验与司法实践已经表明是成功的，同样，人格权的侵权形态从侵权责任法之中脱离出来，并不意味着就是错误的，相反将能有利于侵权法理论的精细化。其次，从逻辑上来说，人格权侵权与知识产权侵权同样属于特殊的侵权类型，而我国一直以来都将著作权侵权、商标权侵权、专利

---

① 参见［德］克雷斯蒂安·冯·巴尔：《欧洲比较侵权行为法》（下卷），焦美华译，法律出版社 2001 年版，第 108 页。

权侵权分散于相关单行法之中,从未有观点认为这种立法模式肢解了侵权责任法,事实上,物权法也就物权的侵权做了物权请求权的规定,所以说,将人格权侵权在人格权编之中加以独立规定并不意味着肢解了侵权责任法。同时,从法律适用上而言,侵权责任法作为侵权的一般性法律规则,其可以对人格权等特殊的侵权类型加以补充。

第三节 强化人格权保护应有效衔接人格权编与侵权责任编

一、应有效衔接人格权编与侵权责任编

在设置人格权编后,就侵害人格权的侵权责任,存在人格权编与侵权责任编的衔接问题,这首先需要明确两法各自不同的调整范围。从功能上看,人格权法是权利法,侵权责任法是救济法,权利必须走在救济之前,救济不能代替确权,这也是立法科学性的具体体现。按照这一逻辑,首先应当由人格权法对各项人格权的内涵、类型等作出规定,确定各项人格权的边界和其他人的具体行为义务,然后再由侵权法对各项人格权提供救济。各项人格权的内涵十分丰富,在民法典总则编或者侵权责任编中对各项人格权进行简单列举,既无法明确各项人格权的边界,难以有效区分各项人格权,也不利于有效保护人格权。最佳的方式是在人格权编中对各项人格权的内容、效力、行使规则等作出细化规定,这也可以为侵犯人格权责任的认定提供明确的前提和标准。[①] 当然,也正是因为有侵权法的保护,才使得人格权获得充分的保障和实现。正是从这个意义上说,人格权法与侵权责任法是相互配合、相得益彰的。

为进一步有效衔接侵权责任编与人格权编的规则,有必要在侵权责任编中区分人格权请求权和侵权损害赔偿请求权。我国《侵权

① 参见黄忠:《人格权法独立成编的体系效应之辨识》,载《现代法学》2013 年第 1 期。

责任法》历来采用“大侵权”模式，即通过采用各种对绝对权以及利益的侵害提供救济，从而对受害人提供有效救济，但并没有对各种责任形式的适用条件进行区分，从而不利于权利保护的精细化。未来侵权责任编也可以继续保留这种“大侵权”模式，对各种权益特别是新型的权益提供保护，但在人格权遭受侵害后，如果没有造成损害，而只是造成了妨害，则应当首先适用人格权请求权对人格权提供特别保护，有关人格权请求权可以在人格权编中作出规定，但在单纯造成实际损害的情形下，则应当适用侵权损害赔偿责任，侵权法对人格权的侵害主要采用损害赔偿的方式提供救济。也就是说，在侵害人格权造成损害的情形下，受害人在主张损害赔偿责任时，则应当适用侵权责任编的规则。当然，如果侵害人格权的行为既造成了损害，又造成了妨害，在此情形下，受害人可以直接援引侵权责任法的“大侵权”保护模式提出请求，也可以同时主张人格权请求权和侵权损害赔偿请求权。

还应当看到，即便侵权责任编对侵害人格权的责任作出了规定，也不应影响人格权编的设置，人格权编的设置与侵权责任编的保护规则是相辅相成、相互配合的，二者共同发挥保护人格权的作用。由于涉及与侵权责任编规则的协调，人格权编的一些规范确实有可能是不完全规范，但其并非不具有任何裁判价值，其仍然可以对人格权益的内容与行为人的具体行为义务作出规定，与侵权责任编规范的结合，同样可以发挥裁判规范的作用。同时，即便人格权编的一些规范是不完全规范，其仍然具有行为规范的作用，设置此类规范具有重要的立法框架价值，从而构成行政执法行为的私法基础。换言之，人格权编的规范不仅具有裁判的司法价值，也同样具有行为引导价值与规范行政权行使的价值。诚然，人格权的类型基于人身自由和人格尊严的价值而必然具有开放性，[①]而且每一种人格权的概念也必然存在核心领域和边缘领域，但这与人格权独立成编并不矛盾。因此，人格权编在保持人格权类型开放性的同时，总结现有法律、法规和司法解释，对各项具体人格权的核心内容和边

---

①　参见马俊驹：《人格与人格权立法模式探讨》，载《重庆大学学报》（社会科学版）2016 年第 1 期。

界进行界定,对其他主体所负有的行为义务进行尽量清晰的规定,有助于侵权责任编规则的适用,也可以为衡量人格权与其他不同价值之间的关系提供价值框架和规范基础。

二、功能区分:协调侵权责任法与人格权法的基本框架

如果采取积极确权模式,就会产生如何协调与侵权责任法之间的关系这个问题。我国《侵权责任法》第 2 条就所保护的权利范围列举了 18 项权利,其中近半数是人格权,由此表明了对人格权保护的高度重视,该法第 15 条规定的 8 种救济方式以及第 22 条的精神损害赔偿都可以适用于侵害人格权的救济。我国《侵权责任法》通过扩张权益保护范围及采用多种责任形式的方式,强化了对人格权的保护,从而使侵权责任法与人格权法的关系变得更加密切。但即便如此,也不能忽略侵权责任法与人格权法在法律功能上的区分。

在我国未来民法典的编纂过程中,人格权法独立成编必须要解决好其与侵权责任法的相互衔接和协调的问题。两者之间的权利其实就是权利法和救济法之间的关系,不仅人格权独立成编会遇到这样的问题,物权法、知识产权在与侵权法分离时,也会遇到同样的问题。关键在于,如何有效协调二者之间的关系。事实上,有关人格权的规则主要是四个方面的规则,即确权规则、保护规则、利用规则和冲突协调规则。这些规则应当置于人格权法中,侵权责任法虽然也可能会或多或少涉及上述规则,但无法全面涵盖上述规则。人格权法与侵权法的法律功能不同,不应以侵权责任法完全取代人格权法。

第一,人格权的类型确认应由人格权法完成。侵权法主要是救济法,其主要功能并不是正面确认权利,而是填补损害、预防损害。而人格权法是权利法,其与物权法等法律一样,主要功能在于确权,即通过规定各类人格权及其内容与效力,从而为侵权法的救济提供法律依据。而且随着人格权法律制度的发展,各种新型人格权益不断出现,人格权的具体保护规则、利用规则等,均需要法律作出明确规定,作为救济法的侵权法显然无法胜任这一功能。因为公民、法人所享有的各项具体人格权及其内容是不能通过侵权责任法加以确认的,而必须在人格权法中具体规定。

第二,人格权的具体内容宜由人格权法规定。每一种人格权都具有其自身的作用或功能,这些权能不是单一的,而是多样的。我国《侵权责任法》第2条虽然宣示要保护8项人格权,但它没有也不可能进一步地规范各种权利的具体权能。例如,肖像权具有形象再现、肖像使用、转让等权能;隐私权的内容可以进一步类型化为独处的权利、个人生活秘密的权利、通信自由、私人生活安宁、住宅隐私等;[①]就私人生活秘密而言,又可以进一步分类为身体隐私、家庭隐私、个人信息隐私、健康隐私、基因隐私等,不同的隐私因为类型上的差异,在权利的内容以及侵权的构成要件上又有所差异。公民和法人的人格权不管是一般人格权还是各项具体人格权,又都具有较为丰富和复杂的权利内容,正是在这个意义上,只有制定人格权法,才能全面确认人格权的各项具体内容,充分回应私权行使和保护的需求。

第三,人格权的利用、行使规则应由人格权法规定。当代社会,人格权制度已经取得了较大发展,人格权种类和内涵都在不断扩展。例如,互联网技术的发展使个人信息的经济效用日益凸显,而且侵害个人信息的现象也日益普遍,这也推动了个人信息权制度的发展。人格权的内涵也在不断扩张,如人格权的商业化利用,人格权的外延不断扩大,而内涵不断丰富,部分人格权不再是消极防御性的权利,而具有了一定的积极利用的权能。[②] 法律不仅要列举与表彰各种权能,也要具体规定各种权能的行使与表现效果。尽管人格权原则上不能转让,但权利人可以许可他人对其人格权进行利用。例如,肖像权的使用权能可以转让,法人的名称权可以转让。尤其是如果未来人格权法中规定个人信息权,也必须规定该权利的利用规则。还应当看到,公民的大多数人格权是与生俱来的,如生命健康权等,但还有一些人格权需要通过实施一定的行为才能取得,如名誉权等。法律也应当规定人格权的具体行使、利用规则,这些规则显然是侵权责任法所不能包括的。

---

① See Patrick O'Callaghan, *Refining Privacy in Tort Law*, Springer, 2013, pp. 32 - 34.

② Huw Beverley-Smith, *The Commercial Appropriation of Personality*, Cambridge University Press, 2002, p. 173.

第四,人格权与其他权利的冲突规则应由人格权法规定。人格权在行使过程中,常常会与其他权利发生冲突。如实践中常见的人格权与财产权、隐私与新闻自由、名誉权与舆论监督等权利的冲突。人格权在行使过程中,也可能与公权力的行使发生冲突。还应看到,各项具体人格权之间也可能发生交叉和冲突,从而需要在人格权法中确立解决冲突的规则。例如,在美国沙利文诉《纽约时报》一案中,法官就提出了"实际恶意"(actual malice)的标准,以平衡公众人物人格权保护与舆论监督之间的冲突。这一经验值得我们借鉴,在"孔庆东与南京广播电视集团、吴晓平名誉权纠纷案"中,法院也采纳了这一标准。[①] 而侵权责任法难以确立解决权利行使和权利冲突的规则。此外,为了维护公共利益、社会秩序等,在法律上有必要对于人格权作出一定的限制,这些限制规则(如对公众人物人格权的限制、人格权权利不得滥用、人格权与言论自由的关系等)也很难在侵权责任法中加以规定,而只能由人格权法规定。

三、功能协调:人格权法与侵权责任法的配合与互动

即便人格权法规定的上述规则,也不意味着要完全割裂其与侵权责任法之间的关系。人格权法属于权利法的范畴,积极确权模式正是人格权法作为权利法的必然要求。当然,人格权法的独立成编并不会弱化侵权法的功能。相反,如果体系和内容设计得当,则能够实现相互补充、相得益彰的效果。例如,知识产权法从传统民法中分离后,形成了一个相对独立的法律部门,但在知识产权受到侵害后,仍然需要从侵权法中寻找具体的裁判规则,这也实现了知识产权法与侵权法的有机协调。这种经验对人格权立法同样适用,也就是说,可以通过独立成编的人格权法积极确认人格权,再通过侵权法的具体规则保护人格权,从而形成二者的良性互动。因此,对人格权的积极确权和消极保护之间可以相互衔接、相辅相成。

需要进一步探讨的是,在法律适用层面,积极确权模式是否会弱化对人格权的保护?有一种观点认为,采积极确权模式之后,有关人格权的规定仍然是一个不完全法条,因为此种规定并没有明确

---

① 北京市第一中级人民法院(2015)一中民终字第02203号判决书。

规定在侵害个人类格权的情形下的法律后果。因此，还不如将其全部纳入侵权法中予以规定，可形成一个完全法条，并形成对人格权的周密保护。这种观点也是反对人格权法在民法典中独立成编的一项重要理由。笔者认为，此种观点虽不无道理，但缺乏现实可行性，因为侵权法主要是救济法，其无法对人格权进行正面确权，而且侵权法也不可能针对每一种人格权和人格利益涉及救济条款，形成完全法条。人格权利纷繁芜杂，且呈现出开放性和发展性特性，根本不太可能在侵权法中得以充分展示。而通过人格权法对人格权进行正面确权，可以为侵权法对人格权的保护提供依据，这不仅不会弱化对人格权的保护，反而可以起到一种权利宣示作用，强化对人格权的保护。还应当看到，人格权法既是裁判规范又是行为规范，对人民的生活具有指引功能。因此，从正面规定人格权不仅有利于对人格权提供保护，而且还能指引人民正当的生活，如尊重生命、对生命的救助义务、尊重他人隐私和自由等。英美法也开始通过成文法的方式来确认人格权，例如美国 1974 年颁布了隐私法（Privacy Act of 1974），尤其是，美国的一些成文法也确认了对隐私权的保护。从 1968 年到 1978 年，美国国会就制定了 6 部法律保护个人的信息隐私。美国一些州也制定了相应的法律法规来强化对隐私的保护。目前，至少在 10 个州的宪法中明确了对隐私权的保护。[①]

尤其需要指出的是，积极确权模式有利于发挥侵权法的裁判功能：一方面，人格权法关于人格权的规定和侵权责任法的规定可以共同构成人格权保护的完全法条。通常所谓完全法条，是指兼备构成要件与法律效果两个要素的法律条文。作为大前提的法律规范，一般应包括构成要件和法律效果两个部分。但一个完全法条并非仅仅是通过一部法律或者一个孤立的法条能够形成的。事实上，不完全法条的结合运用，并与事实要件相吻合，得出裁判结论。此种模式也是三段论推论中的一种类型。[②] 就人格权保护而言，通过人

① 加利福尼亚州、佛罗里达州、路易斯安那州、阿拉斯加州、亚利桑那州、夏威夷州、伊利诺伊州、蒙大拿州、南卡罗来纳州、华盛顿州。

② 王泽鉴：《民法思维》，北京大学出版社 2009 年版，第 158 页。

格权法对人格权进行正面确权，与人格权请求权结合形成完全法条，也可以通过侵权法确定相关的保护规则，二者可以共同组成裁判的依据。例如，人格权法规定肖像权及其利用规则，而在行为人未经许可侵害了权利并造成损害的情况下，法官完全可以通过援引人格权法的相关规则，并结合侵权责任法的损害赔偿规则形成一个完全法条，判令侵权人承担损害赔偿责任。另一方面，从逻辑上看，必须先有原权利，才能构成对原权利的侵害产生救济权。英美法崇尚“救济走在权利前面”，英美法是救济先于权利，法官可以创设判例直接提供救济，不依赖于成文法对实体权利的确认。但大陆法系的特点是成文法，法官依法裁判，必须先有权利才能给予救济，先正面确立人格权，才能构建侵害人格权的救济体系。例如，物权法中规定了各类物权，其当然受到侵权法的保护，但是，我们并不能认为，有关物权的规范和侵权法保护的规范必须合而为一，物权的保护不限于侵权请求权，其自身的物权请求权具有更多的优势。人格权法的保护也是如此，不应当将人格权的确权规则与保护规则都规定在侵权法中，而应当通过人格权法的正面确权，为侵权法提供保护依据。因此，积极确权模式也有利于更好地发挥侵权法的裁判功能。另外，人格权的积极确认模式为司法裁判积极确认和保护人格权提供了明确的充分依据。据统计，仅从 2014 年 1 月至 2015 年 6 月，全国法院公布的人格权案件就达 11 万件。[①] 其中不少属于新型的人格利益纠纷。虽然我国《侵权责任法》第 2 条关于侵权法的权益保护范围采取了开放列举的方式，并采用民事权益的表述方法。但在实践中，由于新型的人格利益不断发展，诉争的人格权类型也日益复杂化。在不少的情况下，即便法官有足够的价值共识去保护某一种新生的人格利益诉求，但鉴于《侵权责任法》第 2 条规定的一般性和抽象性，法官常难以寻找到一个足够的依据。这也使司法判决经常难以给当事人提供一个足够明确的立法依据，因而也影响到人格权保护和司法裁判本身的权威性。

具体来说，人格权法在对人格权进行确认后，在如下几个方面

---

① 参见王竹：《编纂民法典的合宪性思考》，中国政法大学出版社 2015 年版，第 360 页。

还需要侵权责任法予以协调与配合，从而形成二者在功能上的衔接和互动。

第一，在确认某项人格权之后，需要通过侵权责任法确定对侵害人格权的救济方式。侵权法无法列举具体每一类侵害人格权的侵害行为和救济方式，因为侵权法的列举不可能是事无巨细和非常烦琐的。人格权的具体内涵、行使规则、侵权责任的特殊构成要件等，都应当由人格权法作出具体规定，而侵害人格权的一般构成要件、侵害人格权的责任承担等，则可以由侵权法作出规定。在侵权的构成方面，人格权中的规定有助于确定侵权法所保护对象的具体范围。事实上，侵权法第6条第1款规定了因过错侵权的一般条款，一般条款本身可以和权利法所确定的规范结合起来，从而形成完全规范。例如，在侵害姓名权的情形下，《民法通则》第99条和《侵权责任法》第6条第1款就构成了一个侵害姓名权的完全法条。

第二，在确权之后，可以同时从反面列举禁止性的规定，禁止性的规定通常是指法律的强制性规定，其可以确定人们行为自由的范围，禁止性规定应当在权利列举的规定中列举，而不应当在侵权法中列举。禁止性规范是“命令当事人不得为一定行为之法律规定”，其在性质上属于禁止当事人为一定行为的强行性规范。[①] 禁止性规范本质上属于行为规范的范畴，而主要不是裁判规则，且其通常属于对权利行使的限制，因而，其在民法上应当属于权利行使的范围，与侵权法所设立的权利救济规则并不相符，因而不应纳入侵权法的范畴。就人格权领域而言，禁止性规范通常是由人格权法所规定的，《民法通则》在列举人格权的规范时，也同时规定了一些禁止性规范，但禁止性规范可与侵权责任法的规定结合起来，同时构成侵害人格权的构成要件。例如，《民法通则》第101条规定：“公民、法人享有名誉权，公民的人格尊严受法律保护，禁止用侮辱、诽谤等方式损害公民、法人的名誉。”禁止用侮辱、诽谤等方式损害公民、法人的名誉本身就成了侵害名誉权的行为要件，该条可以与《侵权责任法》第6条第1款关于过错责任的一般条款的规定结合起来，从而形成名誉权保护的完整规范。

---

① 参见王轶：《论物权法的规范配置》，载《中国法学》2007年第6期。

第三,人格权法中的权利冲突规则能够与侵权责任法的规定结合起来。例如,在实践中,常常出现人格权与言论自由、舆论监督等权利发生冲突。肖像权也可能会与著作权发生冲突。在此情况下,究竟哪一种权利应当得到优先保护,的确有必要确认一个权利保护的规则。权利冲突规则有助于划定行为人所承担的注意义务,从而有助于准确判断过错侵权责任中的过错构成要件。例如,隐私权、肖像权等人格权可能与舆论自由等发生一定的冲突,如新闻报道可能会使用他人的隐私、肖像等,但其一般并不构成对他人人格权的侵害。这实际上也确定了个人人格权的权利边界和相应的限制规则。可见,从某种意义上说,权利冲突规则本质上是界定各项人格权权利边界的规则,这些规则属于人格权设权规范的范畴,应当规定在人格权法中。但在发生权利冲突后,在具体判断相关的行为是否构成侵害他人的人格权益,以及如何认定具体的责任时,则应当借助于侵权法规则,人格权法中的权利冲突规则可以为相关侵权责任的认定提供前提和基础。

第四,人格权法规定有关人格权的商业化利用规定可以与侵权法中有关财产损害赔偿规则衔接起来,构成完全法条。人格权最终属于消极防御性的权利,此时,侵权法已经足以对人格权提供充分的保护,但随着人格权制度的发展,尤其是人格权商业化利用实践的开展,人格权的积极利用权能在不断发展,人格权逐渐发展成为一项主观权利。人格权商业化利用本质上是人格权积极利用权能扩展的结果,因此,有关人格权商业化利用的规则也应当属于人格权的正面确权规范,应当规定在人格权法中。但在行为人未经许可对他人的人格权益进行商业化利用时,则构成侵害他人人格权益,具体的责任认定和承担则应当适用侵权法规则。以肖像权为例,《民法通则》第 99 条第 2 款规定:“法人、个体工商户、个人合伙享有名称权。企业法人、个体工商户、个人合伙有权使用、依法转让自己的名称。”该条实际上规定了名称权的积极利用规则。但在名称权受到侵害时,则应当依据侵权法的规则具体认定行为人的侵权责任。我国《侵权责任法》第 20 条对此作出了规定。可见,我国现行立法已经采纳了人格权积极利用与侵权法保护规则相衔接的做法。

第五,人格权法有必须详细规定人格权请求权,并与侵权损害赔偿请求权相分离。《侵权责任法》第15条虽然规定了侵权责任承担方式,但仅适用于人格权的责任形式,如赔礼道歉、恢复名誉,以及《侵权责任法》第22条所规定的精神损害赔偿等,相关的规定过于简略,尤其是人格权请求权在责任构成要件上与侵权损害赔偿存在区别,这就有必要在人格权法中对人格权请求权的责任形式作出细化规定。近几十年来,由于网络侵害人格权的发展,一些国家对人格权的保护措施做了特殊规定,如采用禁令等方式,防止损害后果的扩大。[①] 在最终判决作出之前,法官还可以作出预先裁决,责令行为人停止出版、禁止发行流通,或责令将出版物全部或部分予以查禁。[②] 德国法也经常采用禁止令对侵害人格权的行为进行规制。[③] 一些国家的法律普遍赋予了受害人以删除权、请求声明撤回等权利。这尤其表现在以言论的方式侵害他人名誉的情形。[④] 在我国,针对人格权请求权以及专门保护人格权的精神损害赔偿,有必要在人格权法中进一步细化。以精神损害赔偿为例,《侵权责任法》第22条虽然对其作出了规定,但该规定较为简略,由于精神损害赔偿责任的具体认定规则非常复杂,该条不能为精神损害赔偿责任的适用提供细化的规则。最高人民法院已于2001年出台了《精神损害赔偿司法解释》,我国未来人格权法可以以此为基础、总结我国既有的司法实践经验,对侵害人格权的精神损害赔偿的侵权责任作出全面的规定。

综上所述,即使采取以侵权法救济的消极确认人格权的模式,也不能否认人格权法作为一个独立的民事法律部门的正当性。在民法典之首设独立一编规定人格权的内容,不仅有助于完善民事权利的体系,彰显人格利益,推动我国人权法制建设,而且集中反映我国民法学者积极探索我国社会条件对民法体系的要

---

① 《法国民法典》第9条第2款规定:"在不影响对所受损害给予赔偿的情况下,法官得规定采取诸如对有争执的财产实行保管、扣押或其他适于阻止或制止妨害私生活隐私的任何措施;如情况紧急,此种措施得依紧急审理命令之。"

② 参见[奥]考茨欧等:《针对大众媒体侵害人格权的保护:各种制度与实践》,余佳楠等译,中国法制出版社2013年版,第170页。

③ BGHZ 138,311,318.

④ [奥]考茨欧等:《针对大众媒体侵害人格权的保护:各种制度与实践》,余佳楠等译,中国法制出版社2013年版,第284页。

求，如此才能够使中国民法在世界民法中确立自己的位置。事实上，无论是积极确权还是消极保护，都涉及权利的确认，若未界定为权利，侵权法很难提供保护。比较而言，在权利确认上，积极确权模式的优势明显。

四、内容协调：人格权编应当重点规定的内容

有效衔接人格权编与侵权责任编之间的关系，首先必须要在内容上对人格权编与侵权责任编进行区分，即明确哪些规则应当规定在人格权编中，哪些规则应当规定在侵权责任编中。笔者认为，人格权法作为权利法，应当从正面对各项人格权的内容、效力、特殊的保护规则等作出规定，除此之外的人格权保护规则，则可以适用侵权责任编的规则。具体而言，人格权编应当重点规范四个方面的内容。

第一，确认人格权的类型和内容。每一项人格权都具有其自身的作用或功能，这些权能不是单一的，各项权能的结合共同构成了人格权的内容。例如，肖像权具有形象再现权、肖像使用权、转让等权能。无论是自然人人格权，还是法人、非法人组织人格权，也不论是具体人格权，还是一般人格权，都具有十分丰富和复杂的权利内容，不可将各项权利混淆。例如，名誉权的内容不同于肖像权的内容，自然人的姓名权与法人的名称权的内容也不完全相同（因为法人的名称权可以转让，而自然人的姓名权不能转让）。侵权责任法是救济法，其无法对各项人格权的内容作出全面规定，这就需要在人格权法中对其作出规定。随着社会的发展，许多新型人格权益不断产生并受到法律保护，《民法总则》第110条虽然列举了自然人、法人、非法人组织所享有的各项具体人格权，但仍然有所遗漏。例如，《民法总则》并没有对信用权作出规定，从实践来看，许多企业随意对个人进行信用评级，并设置相关的“黑名单”“红名单”等，这可能构成对个人信用权的侵害。[①] 再如，《民法总则》也没有规定个人信息权，从比较法上看，许多国家都规定了个人信息权，以适用信息社会的发展需要，强化对个人信

① 参见李红玲：《论信用权的若干问题》，载《政治与法律》2006年第4期。

息权利的保护。我国《民法总则》第111条虽然规定了个人信息保护规则，但并没有将其规定为具体人格权，这就需要在人格权编中对个人信息权作出规定。

同时，人格权编还应当进一步细化人格权的内容。《民法总则》虽然对各项具体人格权进行了列举，但并没有对各项人格权的内容、效力等作出规定，这可能不利于司法实践中准确运用相关的规则。事实上，每一项具体人格权的内容都是十分丰富的，都有其独特的作用与功能。就姓名权而言，其规则能够扩张适用于笔名、别名、艺名等的保护，也需要法律作出明确规定。只有通过独立成编的人格权法，才能全面确认人格权的各项具体内容。

第二，确认相对人所应当负有的义务。一方面，人格权法应当确定各项人格权的边界和其他人的具体行为义务，并在此基础上规定侵害人格权的侵权责任。每一项人格权的内涵都极为丰富，同时，这些权利也都对应着相对人应当负有的义务。这些内容是侵权法无法规范的，只能通过人格权法作出具体规定，从而为侵权的判断提供前提和标准。例如，如果确认住宅等私人空间属于隐私权的内容，而不仅仅是财产权，那么，相对人就负有不得非法窥视、搜查、侵入他人住宅等私人空间的义务。这首先需要人格权法对此作出明确规定，否则，让裁判者仅凭借"隐私权"这一抽象概念去判断相关行为是否构成侵权，也不符合编纂民法典便于裁判的目的。另一方面，通过积极确权模式保护人格权也有利于划定个人行为自由的界限。权利的核心和本质是类型化的自由，确认权利本身既有利于明确权利行使的范围和方式，也划定了他人行为自由的界限。就人格权保护而言，仅通过侵权法保护人格权，而不从正面规定人格权的内容和效力，将难以划定权利人和第三人行为自由的界限，从而难以有效发挥维护行为自由的功能。

第三，人格权的行使、利用以及人格权的限制规则。按照传统观点，人格权属于消极防御性的权利，权利人无法积极行使人格权，也无法积极利用其人格权，现在一般认为，人格权已经成为一项可以积极行使的主观权利，[①]部分人格权不再是消极防御性的权利，而

---

① 参见王泽鉴：《人格权法》，北京大学出版社2013年版，第252～257页。

是具有了一定的积极利用的权能,[①]权利人可以许可他人对其人格权进行利用。[②] 例如,肖像权的使用权能可以转让,法人的名称权可以转让。尤其是如果未来人格权法中规定个人信息权,也必须规定该权利的利用规则。这就需要人格权法设置相关的人格权利用规则,如哪些人格权可以进行积极利用,人格权利用过程中应当遵循哪些规则,等等,均需要法律作出明确规定。这就需要法律对人格权的行使、利用规则作出规定,如规定人格权利用的方式、可进行利用的人格权益的范围等,侵权法作为救济法,显然难以对此类规则作出规定。此外,为了维护公共利益、社会秩序等,在法律上有必要对人格权作出一定的限制。因为人格权作为一项民事权利,除生命健康权因其固有属性具有不可限制性以外,许多人格权都可能基于保护社会公共利益等原因而在不同程度上受到限制。我国《民法总则》虽然规定了民事权利的限制规则,如禁止权利滥用规则,但人格权的限制规则具有一定的特殊性,需要法律作出特别规定。例如,我国司法实践确立了公众人物隐私权应当受到限制的规则,但公众人物的人格权应当在何种程度上受到限制,公众人物人格权的限制应当考虑哪些因素等,均需要法律作出细化规定。民法典人格权编应当在《民法总则》规定的基础上,对人格权特有的限制规则作出规定,以更好地协调各项权利之间的冲突。需要指出的是,人格权的限制规则无法在侵权责任法中规定,而只能由人格权法加以规定。例如,法律应当规定公众人物人格权限制的规则、人格权不得滥用规则以及人格权与言论自由的冲突解决规则等。

第四,对人格权进行特殊保护的规则。民法典草案第一稿第778条第2款规定:"民事主体依照前款规定提出的停止侵害、排除妨碍、消除危险、消除影响、恢复名誉、赔礼道歉请求权不受诉讼时效的限制。"该条对人格权请求权作出了规定,并区分了人格权与侵权损害赔偿请求权,因此,人格权请求权作为一种绝对权请求权属性的权利,本身不应受到诉讼时效的限制。人格权请求权的确立,

---

① See Huw Beverley-Smith, *The Commercial Appropriation of Personality*, Cambridge University Press, 2002, p. 173.

② 参见王叶刚:《人格权中经济价值"可让与性"之反思》,载《广东社会科学》2014年第2期。

不仅构建了人格权保护的完整体系,完善了人格权遭受侵害和妨害的救济规则。同时也构建了系统完整的请求权体系,完善了我国民法对民事权利保护的制度构建。人格权请求权的行使即便在没有发生侵权的情形下,受害人也可以行使这些权利,这也是人格权请求权与侵权损害赔偿请求权的区别所在,因为侵权损害赔偿请求权的适用应当是以发生侵权为前提。据此,民法典分编草案第 808 条规定:"民事主体可以依法查询自己的信用评价;发现信用评价错误或者侵害自己合法权益的,有权提出异议并要求采取更正、删除等必要措施。"民法典分编草案第 815 条第 1 款规定:"自然人可以向信息持有人依法查阅、抄录或者复制其个人信息;发现信息有错误的,有权提出异议并要求及时采取更正等必要措施。"从这些规定来看,我国人格权编草案实际上已经区分了人格权请求权与侵权损害赔偿请求权。但是,应当看到,人格权的保护也存在一些特殊规则,无法在侵权责任编中进行细化规定,而应当规定在人格权编中。

一是精神损害赔偿责任。我国《侵权责任法》第 22 条对精神损害赔偿责任作出了规定,其保护范围限于人身权益,其中主要是人格权益。但该条的规定十分简略,草案虽然规定了违约中的精神损害赔偿,但对刑事附带民事诉讼中的精神损害赔偿责任没有作出规定,这也恰好是司法实践中亟待解决的重大疑难问题。关于确定精神损害赔偿数额的考量因素、法人是否可以享有精神损害赔偿请求权、侵害死者人格利益的精神损害赔偿等问题,该条均没有作出规定,这就需要人格权编对其作出细化规定。在我国民法典编纂不对现行《侵权责任法》进行大幅修改的情形下,应当将精神损害赔偿责任的细化规则规定在人格权编中。

二是停止侵害、排除妨害、消除危险、恢复名誉、赔礼道歉等责任形式。这些责任形式属于人格权请求权,主要适用于人格权,《侵权责任法》对其作出的规定也十分简略。如就赔礼道歉而言,如果责任人不主动承担此种责任,是否可以在媒体上公布判决书,或者通过罚款等方式实现对责任人的间接强制等,也应在人格权编中对其作出细化规定。

三是回应权。该权利是指定期发行的媒体,如果其中的报道涉及特定的个人,则相关的个人有权在法定期限内就相关事实作出回应。回应必须针对报道，而且必须在规定的期限内作出，相关的媒体也有义务刊载。回应权由法国法首创，《瑞士民法典》在 1983 年法律修订时对其作出了规定。法律上规定回应权一方面有利于权利人保护其名誉等人格权益，另一方面也有利于减少人格权纠纷①。在很多情况下，权利人的回应在媒体上刊载后，使其名誉能够得到及时维护，我国民法典人格权编也可以考虑对此种救济方式作出规定。

四是更正权。所谓更正权，是指新闻媒体、网站所刊载的报道内容失实或者信息控制者记载、公开的信息有误，权利人有权要求新闻媒体、网站或信息控制者及时更正。通过及时更正，可以将对受害人的损害降至最低限度，在最大限度上减少损害。更正权和回应权的规定，有利于体现人格权请求权的特点，并与侵权损害赔偿请求权进行严格区分，即使在没有构成侵权的情形下，权利人也有权行使这些权利，从而恢复权利人对其人格利益的圆满支配状态。在人格权遭受侵害的情形下，这些补救措施比恢复原状可能更有效率，对受害人救济而言，恢复名誉比金钱赔偿可能更为有效。② 我国民法典人格权编也可以考虑对这些保护方式作出细化规定。

---

① U. Kerpen, Das internationale Privatrecht der Persoenlichkeitsrechtsverletzungen-Ein Untersuchung aufrechtsvergleichender Grundage, 2003, S. 134.

② Neethling, JM Potgieter & PJ Visser, "Neethling'slaw of personality", *LexisNexis South Africa*, 2005, p. 171.

第二编

人格权编总则立法研究

第七章　一般人格权

第一节　一般人格权概述

一、一般人格权的概念和特征

一般人格权(das a11gemeine Persönlichkeitsrecht)，是相对于具体人格权而言的，即以人格尊严、人格平等、人身自由为内容的、具有高度概括性和权利集合性特点的权利。一般人格权主要是德国判例中发展起来的概念，最早提出一般人格权概念的是德国学者基尔克，他认为，一般人格权是统一的基本权利，构成所有其他主观权利的基础，这些主观权利包括了物权和人身权等绝对权利。[①] 因而，一般人格权是从各类民事权利之上抽象出一个更高层次的权利。也有一些德国学者认为，一般人格权是一种人格关系。例如，德国学者冯·卡尔莫勒(von Caemerer)等人引用《瑞士民法典》第 28 条第 1 项的规定，主张一般人格权即为一般人格关系。[②] 按照拉伦茨的观点，“一般人格权是指受尊重的权利、直接言论(如口头和书面言论)、不受侵犯的权利以及

---

① Otto von Gierke, Deutsches Privatrecht, Bd I(1895), S. 703.

② von Caemmerer, Wandlungen des Deliktsrechts, Karlsruhe: C. F. Müller, 1960, S. 107.

不容他人干预其私生活和隐私的权利。”[①]在德国法中,借助于一般人格权的概念,不仅促进了人格权体系的完整,也为其未来的发展保留了充分的空间。[②]

对一般人格权而言,我国《民法总则》第 109 条规定:“自然人的人身自由、人格尊严受法律保护。”未来民法典拟延续这一立场,民法典分编草案第 774 条第 2 款规定:“除本编规定的人格权外,自然人享有基于人身自由、人格尊严产生的其他人格权益。”结合上述规定,笔者认为,一般人格权是相对于具体人格权而言的法律概念,它是以人格尊严、人格自由和人格平等为内容的一般人格利益。一般人格权在性质上属于一种“兜底”性或弹性的权利。[③] 一般人格权并非人格关系,也不能等同于主体的人格,更不是超乎于所有民事权利之上的抽象权利,其仍然是人格权体系的组成部分。与具体人格权相比较,一般人格权具有如下特点。

1. 抽象概括性

所谓抽象概括性,一方面指一般人格权是一种框架性的权利,此种权利的具体内容并不明确,它需要法官根据案件的具体情况,通过解释予以补充。一般人格权可以包括各种人格利益,但已经为法律确定的具体人格权的利益,就不应当包括在一般人格权中。任何一种人格权的客体,都可以概括在一般人格权利益之中,因此,一般人格权可以成为一些具体人格权的渊源,成为一些新型人格权产生的基础。[④] 另一方面,一般人格权又可以成为解释各种具体人格权的渊源。一般人格权和具体人格权是抽象和具体的哲学范畴在人格权领域的运用。一般人格权确定了一般的人格利益,而具体人格权则确定了具体的、特殊的人格利益。一般人格权概括了具体人格权,而具体人格权又丰富了一般人格权的内容,从此种意义上讲,一般人格权可以看作具体人格权的上位概念。应当指出的是,一般

① [德]卡尔·拉伦茨:《德国民法通论》,谢怀栻等译,法律出版社 2003 年版,第 171 页。

② 参见薛军:《人格权的两种基本理论模式与中国人格权立法》,载《法商研究》2004 年第 4 期。

③ 参见尹田:《论一般人格权》,载《法律科学》2002 年第 4 期。

④ 参见杨立新主编:《民商法理论争议问题——精神损害赔偿》,中国人民大学出版社 2004 年版,第 179 页。

人格权并不是具体人格权简单的相加。一般人格权在内容上超出了现行法规定的具体人格权范围，其权利客体具有高度的概括性，其权利内容具有广泛性。[①] 所以，立法确定一般人格权的概念，必将有助于大大拓宽人格权的保护范围。

一般人格权主要对各项具体人格权之外的人格利益提供保护，因此，其内涵较为宽泛，很难进行具体列举，当然，法律对一般人格利益保护到什么程度，还必须受社会的实际经济生活条件的制约。在判断某一人格利益能否纳入一般人格权的保护范围时，应当根据该人格利益与人格尊严以及人身自由的关联性，在个案中具体予以判断。例如，对自由的保护应充分考虑社会的现实情况，而不能允许个人享有脱离社会实际条件的自由。

2. 兜底性

从一般人格权产生的原因来看，主要是因为《德国民法典》中仅列举了有限的人格权益，例如，姓名权、生命、身体、健康、自由等，而没有对人格利益的保护设置兜底性的规定，因而，法院有必要以判例的方式对于民法典没有列举的人格权益予以保护。从一般人格权包含的内容来看，它既包含权利又包含法益。首先，一般人格权是一种权利，正是因为它是一种权利，所以，在一般人格权受到侵害以后，要受到侵权法规则的保护。其次，一般人格权又包括法定的具体人格权之外的一些人格利益，法律之所以要将这些具体的人格利益上升为一般人格权，是需要通过一般人格权的设定形成兜底条款，将为随着社会发展而出现的需要法律保护的新型人格利益上升为独立的权利形态提供充分的空间，并经法官的公平裁量使之类型化，上升为法律保护的权利，形成一种开放的人格权法体系，从而不断扩大人格权益保障的范围。[②] 可以说，一般人格权体现了一种权利的创设功能。一般人格权是由自然人所享有的人格利益，创设的目的在于强化对自然人的保护，也就是说，法律所列举的具体人格权的类型是十分有限的，通过一般人格权可以对具体人格权之外的

---

① 参见杨立新等：《人身权法论》，人民法院出版社2002年版，第373～374页。

② 参见薛军：《人格权的两种基本理论模式与中国人格权立法》，载《法商研究》2004年第4期。

人格利益提供兜底、补充性的保护。[①]

3. 价值的导向性

所谓一般人格权的价值导向性,是指可以借助一般人格权的保护规则对新型人格利益加以识别,并提供不同程度的保护。正是由于这一原因,德国有学者将其称为"框架权利"。[②] 但是,一般人格权以人的自由发展的基本价值理念为依据,并在此基础上形成了以人格平等、人格尊严、人格自由为内容的权利。人格平等、人格尊严、人格自由作为民法上人的全面发展的价值体现,对于具体人格权的确认、保护等都具有重要的价值指引作用。如果出现了某种新的人格利益,不受具体人格权的保护,此时就应审查其是否符合一般人格权所保护的价值,从而确定是否有必要将其纳入一般人格权的保护范围。正是从这个意义上说,一般人格权的设定,可以对人格权和人格利益的保护提供价值指引。我国《民法总则》第 109 条规定:"自然人的人身自由、人格尊严受法律保护。"依据该条规定,一般人格权在内容上包括人身自由和人格尊严,这实际上也宣示了强化对人身自由和人格尊严进行保护的价值导向,具体而言,一是人身自由。许多学者认为自由权应当作为具体人格权,但实际上,自由的概念非常广泛,包括财产自由、人身自由、经济自由、竞争自由、行为自由、发展自由等内容。一般人格权中所说的自由,主要是指人格自由,它是作为具体人格权的人身自由权之外的自由利益。人身自由除作为一般人格权的内容外,也应当属于具体人格权的内容。例如,为讨债而非法限制债务人的人身自由,就构成对其人身自由权的侵害。二是人格尊严。人格尊严是指自然人基于自己所处的社会环境、地位、声望、工作环境、家庭关系等各种客观条件而对自己和他人的人格价值和社会价值的认识和尊重。[③] 人格尊严是一般人格权的重要内容,也是人格权民法保护的核心要素(the core

---

① 参见尹田:《论一般人格权》,载《法律科学》2002 年第 4 期。

② [德]迪特尔·梅迪库斯:《德国民法总论》,邵建东译,法律出版社 2000 年版,第 808 页。

③ 参见王利明、杨立新、姚辉:《人格权法》,法律出版社 1997 年版,第 35 页。

elements)。[1] 例如,在"超市搜身案"中,某超市的保安怀疑原告偷拿财物,对其进行搜身,该搜身行为虽然没有侵犯原告的名誉权,但实际上侵犯了原告的人格尊严;再如,在另外一起案件中,被告于原告举行结婚仪式前,故意将垃圾撒在其家门口,法院判决被告赔偿原告精神损失。[2] 此案也侵害了原告的人格尊严。如前所述,有时行为人的行为并未造成原告的社会评价的降低,故无法认定其为侵害名誉权的行为,只能认定为侵害人格尊严。

由于一般人格权体现了上述基本权利的价值,因而,它有助于强化对基本权利的保障,同时,也有助于在整个人格权制度中贯彻上述基本价值。由于一般人格权以人格平等、人格尊严、人格自由为内容,因而,一般人格权与具体人格权的目的具有同一性,即二者均在于维护个人的人格尊严。[3]

4. 基础性和本源性

一般人格权是每个人作为人应当享有的基本权利,它具有基本权利的属性。科勒(Kohler)提出,一般人格权是具体权利的源泉和母权。[4] 从其产生来说,一般人格权本身就是由德国法院从 1949 年《基本法》的第 1 条和第 2 条关于人格尊严和人的自由发展这两项基本权利的解释中推导出来的。从这个意义上说,它是一项基础的权利。一般人格权表达了这样一种观念,即一个人不论其在社会中有何种政治地位、身份和实际能力,都应平等地享有这些权利。相对于具体人格权来说,一般人格权又是基本的权利。一方面,它是具体人格权的基础,决定和派生着各种具体的人格权。另一方面,相对于具体人格权来说,它具有概括性的特点且更为抽象,如果不能解释一般人格权,就不能说明具体人格权产生的前提。所以说,一般人格权是基本人格权。还要看到,一般人格权也是一种源生性的权利。它是具体人格权产生的基础,对具体人格权的适用发挥着

---

① See Gert Brüggemeier, Aurelia Colombi Ciacchi, Patrick O Callaghan, *Personality Rights in European Tort Law*, Cambridge University Press, 2010, p. 568.

② 参见河南省济源市人民法院(2011)济民一初字第 238 号民事判决书。

③ 参见罗卫平:《论一般人格权的立法选择》,载《时代法学》2004 年第 5 期。

④ Kohler, Lehrbuch der Rechtsphilosophie, 2. Aufl, 1917, SS. 129 – 131.

指导性的作用。[①]

二、关于法人是否享有一般人格权问题

关于法人是否具有一般人格权，存在两种不同的观点。赞成说认为，法人作为民事主体，也享有人格独立，法人的人格独立是直接与其财产独立联系在一起的，这也是法人人格权与自然人人格权的不同之处。法人享有人格自由，体现为法人的意志自由，法人人格由法律拟制，法人的意志依照法律或章程而发生，并受法律和章程的约束。作为民事主体，法人与自然人之间、法人之间人格都是平等的，因此，法人享有一般人格权。[②] 即法人应当享有一般人格权，但法人一般人格权应当以经营自由和经营安全为中心。[③] 为加强对法人人格权的保护，有必要设立法人的一般人格权制度，法人的一般人格权的高度概括性和抽象性，使其具有创造和补充的功能。[④] 反对说认为，一般人格权的功能在于弥补传统民法保护自然人自由与人格尊严规定之不足，与法人人格之保护毫无关系，确认法人的一般人格权，不存在任何民法价值；同时，如果将民法有关自然人一般人格权的规定适用于法人，则不仅混淆了自然人人格与法人人格之界限，冲淡和模糊了一般人格权所包含的重大社会意义，而且还会导致实务上的被动。[⑤]

就此，民法典分编草案第 774 条第 2 款规定："除本编规定的人格权外，自然人享有基于人身自由、人格尊严产生的其他人格权益。"该条是对一般人格权的确定，但从字面来看，一般人格权的主体被限定于自然人，并未包含法人在内。笔者赞成立法机关的这一立场，主要理由如下。

第一，法人不享有专属于自然人的人身自由和人格尊严。换言之，法人虽享有人格权，但是一般人格权的内容主要是人身自由和

---

① 参见李艳：《我国精神损害赔偿之调整范围》，载《中州学刊》2004 年第 3 期。

② 参见杨立新主编：《民商法理论争议问题——精神损害赔偿》，中国人民大学出版社 2004 年版，第 189 页。

③ 参见许中缘、颜克云：《论法人名誉权、法人人格权与我国民法典》，载《法学杂志》2016 年第 4 期。

④ 参见谭小斌：《法人人格权探微》，载《邵阳学院院报》2004 年第 3 期。

⑤ 参见尹田：《论一般人格权》，载《法律科学》2002 年第 4 期。

人格尊严,这些均属于自然人的特性,其主体自然应当限于自然人。①

第二,法人人格权具有法定性,没有必要作扩张解释。换言之,法人人格权的内容均由法律直接规定,必须依法产生,没有法律的规定就没有具体的人格权,且法人人格权均限于具体的人格权,没有必要再行设定一般人格权。

第三,承认法人享有一般人格权不符合人格权制度的设立初衷。一般人格权作为个人的基本权利,是个人享有的最重要的人格权,②德国法采用一般人格权的概念也是为了扩张精神损害赔偿的适用范围。如果承认法人也有一般人格权,就可能导致精神损害赔偿适用到法人,这与精神损害赔偿的本质相违背。法官甚至可以在法律没有明文规定的情况下,以法人的一般人格权为依据,作出对法人的精神损害赔偿判决。③

第四,不承认法人一般人格权并不妨碍对法人新的人格利益的保护。自然人的人格权处于不断发展变化状态中,而法人人格权的类型则保持相对稳定性。我国现行法律确认的各项法人人格权基本上已经概括了法人的无形的人格利益,因而,将来即便真的出现了新的需要保护的利益类型,也可以通过侵权法、知识产权法、反不正当竞争法以及其他制度加以解决,不必要一定通过设立一般人格权制度来解决。

三、一般人格权的功能

一般人格权的功能就是指一般人格权所具有的作用。明确一般人格权的功能对建立一般人格权以及在司法实践中正确适用一般人格权,不无意义。一般人格权具有以下功能。

第一,权利创设功能。所谓权利创设功能,是指一般人格权制度为生成新的具体人格权提供了依据或土壤,可以对某些具体人格

---

① 笔者过去一直赞成法人也享有一般人格权,但现在认为,一般人格权应当仅限于自然人。

② Stig Strömholm, Right of Privacy and Right of the Personality, Stockholm, Norstedt, 1967, pp. 58 – 61.

③ 参见尹田:《论一般人格权》,载《法律科学》2002 年第 4 期。

利益先按照一般人格权给予保护，而在成熟之后，再提升为具体人格权。由于人格权的内容和范围无法明确地界定，而人格权又是不断发展的权利，这就有必要设定一个抽象的一般条款。人格权本身具有开放性，在法律上不可能穷尽列举，所以，除了法律明文规定的人格权外，有必要在法律上确认一般人格权，使法官可以从保护基本人权和维护公共利益的角度考虑，保护一般人格利益。一般人格权的重要功能在于采用一个抽象的、概括的规定，弥补了列举具体人格权所遗留下的不完整。[①] 应当看到，具体列举人格权的方式确有其局限性，如果单纯采用这种方式，可能使列举非常烦琐，而且许多列举的权利难以和其他权利划清边界，更何况这种列举也是难以穷尽的。而一般人格权则解决了不适宜列举为具体人格权的人格利益的保护问题。所以，对一般个别的侵害人格利益的行为，就通过一般人格权来保护受害人的利益。一般人格权就体现为一种将一般人格利益上升为一种权利的方法，它实际上扩张了人格权的范围。

第二，价值指引功能。一般人格权也有价值指引的功能。《民法总则》采用概括性条款保护人身自由和人格尊严，具有宣示保护人格尊严和提供价值指引的功能。保护人身自由和人格尊严是建立人格权法律制度的根本目的，法律之所以保障各种人格权，在很大程度上就是为了维护个人的人格尊严。自然人的各项人格权体现了人格尊严不同的保护要求。事实上，许多侵害人格权的行为，如侮辱和诽谤他人、宣扬他人隐私、毁损他人肖像、抽打他人耳光等，均有损他人的人格尊严。显然，一般人格权中的人格尊严更为直接地体现了人格权保护的基本目的。从比较法上看，一些国家将人格尊严保护提高到了基本法的层面，如《德国联邦基本法》第 1 条、第 2 条就明确规定了人格尊严的保护，该法第 1 条规定："人之尊严不可侵犯，尊重及保护此项尊严为所有国家机关之义务。"第 2 条规定："人人有自由发展其人格之权利，但以不侵害他人之权利或不违犯宪政秩序或道德规范者为限。"据此维护人格尊严在德国被

① 参见杨立新主编：《民商法理论争议问题——精神损害赔偿》，中国人民大学出版社 2004 年版，第 187 页。

确立为宪法的最高建构原则,进而也成为战后整个德国法秩序的价值基础。[①] 我国《民法总则》将人格尊严保护规定在"民事权利"一章之首,其实也宣示了其在民事权利中的价值基础地位。

《民法总则》将人格尊严保护置于各项民事权利之首加以规定,表明人格尊严作为保护民事权利的价值来源和价值基础,也表明其具有最高价值。在法律上,人格尊严是人格权民法保护的核心要素(the core elements),[②]具有绝对性和不可克减性。科学技术本身是一种工具,其应当服务于人的全面发展的目的。[③] 联合国教科文组织 2005 年《世界生物伦理与人权宣言》第 3 条也规定了同样的内容。可见,人格尊严作为法律秩序的最高价值,具有绝对性,任何情况下都不得以牺牲人格尊严为代价去保护其他价值,甚至有观点认为,人格尊严具有高于生命权的地位,即便在保留死刑的国家,生命权可以被合法剥夺,但人格尊严并不能被剥夺。[④]

第三,兜底保护功能。所谓兜底保护,是指在具体人格权和人格利益保护规范不足的情形下,可以借助一般人格权对相关人格权益提供兜底保护。在德国法上,一般人格权的产生,最初的原因就是在于弥补民法典列举的有限性。为了适应人格权的开放性和发展性的特点,有必要设立一般人格权,来补充民法典列举的局限。日本法学家星野英一先生指出,一般人格权的产生,使得对那些需得到保护而实体法条文未具体规定的人格利益,或伴随社会发展而出现的新型人格利益给予保护成为可能。[⑤] 一般人格权旨在保护具体人格权之外的一般人格法益,尤其是因为一般人格权具有高度的概括性和抽象性,所以,存在具体人格权时,必须首先适用具体人格

---

① Dürig, Der Grundrechtssatz von der Menschenwürde, AöR 1956, 119 ff.

② See Gert Brüggemeier、Aurelia Colombi Ciacchi、Patrick O Callaghan, *Personality Rights in European Tort Law*, Cambridge University Press, 2010, p. 568.

③ 参见王卫国:《技术理性对人的全面发展的影响》,载《商业文化》(下半月)2011 年第 3 期。

④ Patrick FRAISSEIX, « la protection de la dignité de la personne et de l'espèce humaines dans le domaine de la biomédecine : l'exemple de la Convention d'Oviedo », in Revue internationale de droit comparé, 2000, Vol. 2, p. 397.

⑤ 参见[日]星野英一:《私法中的人》,王闯译,载梁慧星主编:《为权利而斗争》,中国法制出版社 2000 年版,第 359 页。

权,不能直接适用一般人格权,这就需要排除一般人格权的滥用,限制法官的自由裁量,保证法律的确定性和安全性。《民法总则》颁行前,我国司法实践已经提出了一般人格权的概念,2008 年最高人民法院《民事案件案由规定》就将一般人格权纠纷作为独立的案由。《精神损害赔偿司法解释》第 1 条更是采用了"人格尊严权"的表述,按照起草人的解释,"人格尊严"在理论上被称为"一般人格权",它是人格权利一般价值的集中体现,具有补充法律规定的具体人格权类型不足的重要作用,在处理具体案件时,可以通过一般人格权保护个人的人格尊严,以补充具体人格权的不足。[①] 由此可见,我国司法实践实际上已经确认了一般人格权,这有利于弥补我国因一般人格权制度的欠缺而导致的人格权制度的不足,而且为充分而全面地保护公民所享有的各项人格利益提供了依据。

我国《民法总则》第 109 条对一般人格权作出规定,有利于形成对人格权益的兜底保护。人格权具有法定性,具体人格权的类型都是由法律规定的,但随着社会的发展,一些新型人格利益不断出现,很难通过已有的人格权类型加以保护。[②] 当现行法对具体人格权的规定存在不足或者有漏洞时,可以依据侵害人格尊严的规定进行弥补。人格尊严的内涵具有开放性,可以为新型人格利益的保护提供法律依据,从而实现对人格权益的兜底保护。

第四,实施宪法的功能。《民法总则》规定人格尊严条款具有承接宪法基本价值取向的功能。《宪法》在我国法律体系中居于根本法和最高法的地位,《宪法》第 38 条确认的保护公民人格尊严的原则,应成为各个法律部门都必须予以保护的价值。也就是说,各部门法应当通过制度的建构,具体落实宪法保护人格尊严的精神。《民法总则》开宗明义宣告,要"根据宪法,制订本法",并规定人格尊严条款,这实际上是对宪法"人格尊严"保护规则的一种具体化,具有承接宪法规则的意义。宪法中的人格尊严实际上仍然是一种

---

① 参见陈现杰:《人格权司法保护的重大进步和发展——〈最高人民法院关于确定民事侵权精神损害赔偿责任若干问题的解释〉的理解与适用》,载《人民法院报》2001 年 3 月 28 日,第 3 版;杨立新:《人格权法专论》,高等教育出版社 2005 年版,第 125 页。

② 参见唐德华主编:《最高人民法院〈关于确定民事侵权精神损害赔偿责任若干问题的解释〉的理解与适用》,人民法院出版社 2001 年版,第 30 页。

价值表述和价值指引，无法保证裁判具有相对的确定性，难以实现"同等情况同等对待"的基本正义要求。因此，迫切需要对人格尊严的保护予以细化，确定具体各项人格权的内容和保护范围，将之具体化为能被裁判所适用的有效性规则。《民法总则》中对人格尊严保护作出规定，就可以满足这一需要。《民法总则》中规定人格尊严保护条款，既具有价值宣示功能，也可作为裁判依据，有利于更好地实现《宪法》保护人格尊严的立法目的。

第二节　一般人格权的产生和发展

一、一般人格权的沿革

在人格权制度的发展历史上，首先出现具体人格权，然后才形成一般人格权的概念，而一般人格权的产生和发展，标志着人格权制度的日趋完善。1804 年的《法国民法典》受法国《人权宣言》的影响，极其重视个人的自由，提出了契约自由、过失责任和无限制所有权的近代民法三大基本原则，从而为后世资产阶级民法提供了蓝本。但该法典中却未提及人格权的概念，更未涉及一般人格权的概念。不过，1994 年法国修正了民法典，在其中增加了第 16 条，规定"法律确保人的至上地位，禁止对人之尊严的任何侵犯，并且保证每一个人自生命开始即受到尊重"。由此，确立了尊重个人人格尊严的原则。该条在功能上具有类似于一般人格权的效果。

1907 年《瑞士民法典》进一步强化了对人格利益的保护，该法典第 28 条规定："（1）人格受到不法侵害时，为了寻求保护，可以向法官起诉任何加害人。（2）除受害人允许的，或因重要的私利益或公利益或依法律规定能提供正当理由的情形外，其他侵害行为均为不法。"该法典的起草人胡贝尔（Huber）在法典的草案中曾写道："凡人格受到不法侵害者，得请求除去妨害并赔偿损害，又得依情形，请求一定金额之金钱给付，以作补偿。"据此，许多学者认为，法典单设一部分并称为"人格的保护一般规定"，旨在"承认'一般人格权'的概念,对人格权(关系)的保护树立原则性的规定"。[①] 但严格地说,该条款只是规定了一般人格利益的保护,并没有真正确认一般人格权。[②]

一般认为,一般人格权概念产生于德国。在德国,哲学家康德在其哲学体系中提出了人格的理论,将人格视为自由展开的能力,这已经类似于后世的一般人格权理论。[③] 1866 年民法学家诺依内尔(Neuner)提出了人格权的概念,他认为人格权是主张自我目的并且展开自我目的的权利,人格权作为一种新型的权利,能够融入到潘德克顿法学体系之中,并将人格权界定为人自身目的的存在和人自我目的的宣示和发展的权利。[④] 诺依内尔不仅主张个人享有对生命的权利、对身体的权利、对自由的权利、对名誉的权利等,其还表达了个人应当享有一般人格权的观点,并将其与各项人格权并列。[⑤] 一般认为,诺依内尔是一般人格权的首倡者。[⑥]

在 1895 年,德国学者基尔克曾在其《德国私法》一书中,强烈呼吁应当在法律上使用一般人格权的概念,但 1900 年的《德国民法典》并没有采纳这一观点,也没有接受一般性的、广泛的人格权,只是规定了生命、健康、姓名等个别的人格权。按照拉伦茨的看法,《德国民法典》之所以没有使用一般人格权的概念,是因为难以给这种权利划界,而划界则明显地取决于在具体财产或利益的相互冲突中,究竟哪一方有更大的利益。[⑦] 梅迪库斯认为:"民法典有意识地既未将一般人格权,也未将名誉纳入第 823 条第 1 款保护的法益范围。"[⑧]直到第二次世界大战以后,德国民法才开始强化对人格权的

---

① 施启扬:《关于侵害人格权时非财产上损害赔偿制度的研究修正意见》,载台湾《法学丛刊》第 83 期;胡长清:《中国民法总论》,台湾商务印书馆 1979 年版,第 92 页。

② 参见易军:《民法基础理论新视域》,法律出版社 2012 年版,第 197 页。

③ Kant, Kritik der praktischen Vernunft, 1788, Erster Teil, I, Buch, 3.

④ Neuner, Wessen und Arten der Privatrechtverhaeltniss, 1866, S. 15.

⑤ Neuner, Wessen und Arten der Privatrechtverhaeltniss, 1866, S. 16.

⑥ Stefan Gottwald, Das allgemeine Persönlichkeitsrecht : ein zeitgeschichtliches Erklärungsmodell, Berlin : Berlin-Verl. Spitz [u. a.], 1996, p. 12.

⑦ 参见[德]卡尔·拉伦茨:《德国民法通论》,王晓晔、邵建东等译,法律出版社 2003 年版,第 171 页。

⑧ [德]迪特尔·梅迪库斯:《德国民法总论》,邵建东译,法律出版社 2000 年版,第 805 页。

保护。战后基本法对人类尊严的重视,促使了民法人格权理论的发展。依据基本法的规定,德国法院采纳了德国学者 Nipperdey、Nawiasky 等人的主张,认为宪法所确认的权利可以适用于私法关系,从而根据德国战后基本法第 2 条关于"人类尊严不得侵犯。尊重并保护人类尊严,系所有国家权力(机关)的义务","在不侵害他人权利及违反宪法秩序或公序良俗规定范围内,任何人均有自由发展其人格的权利"的规定,确定了"一般人格权"(das allgemeine Persönlichkeitsrecht)的概念。在 1954 年的 Schacht-Leserbrief 的案例("读者来信"案)中,法院判决认为,被告的行为将原告置于一种错误的事实状态中,让读者误以为其同情纳粹,这侵害了原告的人格。法院根据《德国基本法》第 1 条关于人格尊严的规定,认为一般人格权应当被视为由宪法所保障的基本权利,并推导出一般人格权的概念。① 此后,在 1957 年的一个案例中,法院明确地将一般人格权解释为《德国民法典》第 823 条第 1 款中的"其他权利"(绝对性权利)。②

需要注意的是,根据联邦最高法院以后的相关判例,一般人格权最直接的法律渊源为《德国民法典》第 823 条第 1 款所规定的"其他权利",德国民法学上称其为"框架性权利"。德国法院采用一般人格权的概念,解释出一系列具体的人格权。例如,德国法院在司法实践中根据"一般人格权"具体确定了对肖像的权利、对谈话的权利、秘密权、尊重私人领域的权利等,完善了对人格利益的司法保护。③ 从德国判例来看,一般人格权的具体保护对象包括:隐私、肖像、名誉、形象、姓名、同一性、信息自决、尊严、荣誉、名誉等。④ 在某些案例中,德国联邦法院认为,侵害一般人格权并非直接导致精神损害赔偿,而只是产生恢复原状的效力,剥夺行为人因侵害一般人

---

① Schacht-Brief Decision,13BGHZ 334(1954). 有关本案的介绍,可参见[德]迪特尔·梅迪库斯:《德国民法总论》,邵建东译,法律出版社 2000 年版,第 805～806 页。

② BGH,02. 04. 1957,BGHZ 24,72.

③ 参见施启扬:《从个别人格权到一般人格权》,载《台湾大学法学论丛》第 4 卷第 1 期。

④ See Gert Brüggemeier, *Protection of personality rights in European Tort Law*, Cambridge University Press,2010,p. 25.

格权而获得的全部利益。自“骑士案”[1]之后，一些案例表明侵害一般人格权也会产生精神损害赔偿。[2]

不过，德国法院直接援引基本法而创设出一般人格权的概念、扩大具体人格权的范围的做法，在法学方法上也受到一些权威学者，如拉伦茨等人的批评。他们认为此种做法超越了法院的职权，加剧了法律的不确定性。[3] 一些德国学者认为，一般人格权的概念富有广泛性和不确定性的特点，不宜作为法律概念。例如，拉伦茨认为，一般人格权在内容上极难确定，故侵害一般人格权不适用民法关于侵权行为的规定。[4] 也有人认为，因为一般人格权在内容上“无止境地扩大”，因此可能危及法律的安全性，对言论自由及新闻自由也可能发生妨碍。[5] 尤其是这一制度给予法官以自由解释法律和创设人格利益的权力，因此，对于法律制度并无裨益。但是，大多数德国学者认为，法律不可能通过列举的方式将各种具体的人格权列举穷尽，为扩大人格权的保护范围，需采纳一般人格权的概念。尤其是一般人格权的概念可广泛运用于对自然人人格利益的保护，从而可弥补法律规定的不足。因此，采纳一般人格权的概念是必要的。目前，在德国，一般人格权概念已得到广泛确认。

有一些大陆法系国家，在民法典中明确承认了一般人格权。例如《匈牙利民法典》第 85 条承认了一般人格权。《葡萄牙民法典》第 70 条第 1 款规定了一般人格权。在荷兰，受《欧洲人权公约》的影响，荷兰最高法院已经确认要尊重每一个公民私生活的一般权利，与该权利相同的称谓为隐私权、保护隐私的权利、人格权、一般人格权等。[6] 尽管一般人格权的法律属性并不确定，但其被认为是

---

① 26 BGHZ 349(1958).

② See Basil S. Marksinis, *Protecting Privacy*, Oxford University Press, 1999. pp. 36 - 37.

③ 参见王泽鉴:《人格权之保护与非财产损害赔偿》，载王泽鉴:《民法学说与判例研究》(第 1 辑)，自版 1992 年版，第 31 页。

④ Larenz, Lehrbuch des Schuldrechts, Bd. II. 1962, S. 366.

⑤ Palandt, Kommentar zum Bürgerlichen Gesetzbuch, 15. Aufl. , 1956, S. 674.

⑥ Supreme Court, 12 June 1992, NJ 1992, 589. Supreme Court, 6 January 1995, NJ 1995, 422, para 5. 10: right to be let alone derives from the general personality right.

其他一些权利(如隐私权)的基础。[1]

《日本民法典》深受德国民法的影响,也没有承认独立的人格权制度,只是在第710条中规定:"不问是侵害他人身体、自由或名誉情形,还是侵害他人财产权情形,依前条规定应负赔偿责任者,对财产以外的损害,亦应赔偿。"由此可见,《日本民法典》也是如德国法一般通过侵权法中的相关规定来对人格利益提供保护。从20世纪50年代开始,日本也逐渐以个别增加的方式发展人格权制度。[2] 一些学者主张采纳"一般人格权"概念,实务采取了扩张解释《日本民法典》第709条"权利的侵害"的态度,认为它与《法国民法典》第1380条同样包含了广泛的各种"法律上应受保护的利益的侵害",因此不存在有将认定损害赔偿的前提仅限于具体人格权的必要。[3]

在美国法中,并不存在人格权或一般人格权的概念,因为英美法从中世纪后期就产生了诽谤法,并形成了一个完整的体系,对名誉等权利进行保护,使名誉权等人格利益置于侵权法的保护之下,这就限制了人格权作为独立民事权利的理论发展。尤其是英美法中并没有统一的人格概念,有关姓名、肖像、名誉等人格利益是分别依照仿冒之诉、诽谤之诉等相应的诉因进行的,所以难以形成统一的人格权概念。值得注意的是,从20世纪初以来,美国的隐私权制度得到迅速发展,隐私权包容的范围非常宽泛,已经具有了与一般人格权相同的功能。

由此可见,从比较法上看,各国都在不断强化对人格权益的保护,即在具体人格权之外,也逐步强化对人格利益的保护,许多国家都通过一般人格权实现对新型人格利益的保护,这也使人格权益的保护体系更为完整,在保护范围上也更为周延。经过几十年的发展,一般人格权的内容已经非常丰富,并形成了体系化和类型化的内容结构,同时,一般人格权在性质上属于框架性权利,可以为许多新型人格利益的保护提供法律依据,从而不断满足社会发展的需要。

---

① M. Smits, Constitutionalisering van het vermogensrecht' in JM Smits et at (eds) Preadvtezen uitgebracht voor de Nederlandse Vereniging voor Rectsvergelijking (2003) 124.

② 参见邓曾甲:《日本民法概论》,法律出版社1995年版,第116页。

③ 参见[日]星野英一:《私法中的人——以民法财产法为中心》,中国法制出版社2004年版,第181页。

二、我国民法中的一般人格权

我国《民法通则》在“民事权利”一章中单设了“人身权”一节，其中详细规定了各种具体的人格权，其并没有规定一般人格权的概念。该法第120条只规定具体人格权的损害可以请求加害人承担民事责任，侵害人格尊严的侵权行为并不包括在内。《民法通则》关于人格权的规定采取了具体列举的方式，此种列举方式的优点是能够明确界定受法律保护的各种特定的人格利益，以及侵犯人格权的构成要件，有助于使民事主体认识其享有何种人身权利，并主动地行使和捍卫这些权利；同时也为司法审判人员正确处理人格权的侵权案件提供了具体的法律依据。自《民法通则》颁布以来，大量的侵害人格权的案件被法院受理并得到正确的处理，说明《民法通则》关于人格权的规定对保护民事主体人格权确实发挥了极为重要的作用。可是，这并不意味着我国《民法通则》关于人格权的规定已臻于完善。一方面，具体列举的方式，严格限定了具体人格权的范围，从而使人格权制度成为一个封闭的体系，并使一些新的人格利益或与各项具体人格权不完全相同的人格利益难以获得法律保护；另一方面，仅有具体人格权制度而缺乏一般人格权制度在体系上是不完整的，并难以解释对具体人格权的保护目的。王泽鉴先生在评述我国《民法通则》时曾指出，此种列举方式对人格权的保护较欠周全，由于无一般人格权制度，因此在自由、贞操、隐私等人格利益遭受侵害时应如何处理尚缺乏依据。① 从我国现实需要来看，也急需建立一般人格权制度。由于具体人格权制度仅对特殊的人格利益予以保护，如对名誉、肖像、姓名等权利的保护，这显然是不够的。在社会生活中，自然人的许多人格利益虽未实际成为权利，但从维护自然人的人身自由和人格尊严出发，又需要保护此种利益。尤其应当看到，人格权和其他类型民事权利相比较，其具有更为明显的开放性特点，会随着社会生活的发展和科学技术的进步不断发展出许多的新的人格利益，而这些新的人格利益出现之后，法律上又难以将其

---

① 参见王泽鉴：《民法学说与判例研究》（第6册），中国政法大学出版社1998年版，第293页。

纳入现有的权利体系之中，因而在司法上必须借助一般人格权制度为其保护提供依据。一般人格权和具体人格权构成了人格权法完整周密的体系，一般人格权也成为具体人格权列举之外的兜底条款。

从我国立法和司法实践来看，也越来越关注具体人格权之外的一般人格权制度的重要性。最高人民法院《关于确定民事侵权精神损害赔偿责任若干问题的解释》第 1 条将人身自由权和人格尊严权纳入精神损害赔偿制度保护的范围。按照起草人的解释，"人格尊严"在理论上被称为"一般人格权"，是人格权利一般价值的集中体现，因此，它具有补充法律规定的具体人格权利立法不足的重要作用。在处理具体案件时，可以将人格尊严作为一般人格权以补充具体人格权。[①] 由此可见，最高人民法院实际上也已经将宪法关于"中华人民共和国公民的人身自由不受侵犯"和"中华人民共和国公民的人格尊严不受侵犯"的规定，解释为人身自由权和人格尊严权，这实际上是通过司法解释确认了一般人格权。《民法总则》第 109 条对一般人格权作出了规定，不仅弥补了我国因一般人格权制度的欠缺而导致的人格权制度的不足，而且也为充分全面地保护个人所享有的各项人格利益提供了依据。

第三节　一般人格权的内容

一、人身自由

人身自由有广义和狭义之分，从狭义上理解，人身自由特指身体活动的自由，从这个意义上理解，人身自由在性质上应当属于具体人格权的范畴，民法典分编草案第 791 条规定："自然人的人身自由不受侵犯。任何组织或者个人以非法拘禁等方式剥夺、限制他人的行动自由，或者非法搜查他人身体的，受害人可以依法请求行为

---

① 参见陈现杰：《〈最高人民法院关于确定民事侵权精神损害赔偿责任若干问题〉的解释的理解与适用》，载《人民法院报》2001 年 3 月 28 日，第 3 版。

人承担民事责任。”该条规定实际上就是将人身自由作为一项具体人格权加以规定。而从广义上理解,人身自由不仅包括人身自由权,还包括精神的自由、个人依法享有的自主决定的权利,从这一意义上说,人身自由在性质上又属于一般人格权的范畴。我国《民法总则》第109条所规定的“人身自由”,应理解为一般人格权的内容。民法典分编草案第774条第2款规定:“除本编规定的人格权外,自然人享有基于人身自由、人格尊严产生的其他人格权益。”该条中所说的人身自由,实际上是一般人格权的内容。

人身自由作为一般人格权的内容,首先可以解释为对一些新型人格权加以保护的基础。例如,在德国法上,由于民法典中本来也没有隐私权的概念,因此,无法沿用隐私权对个人信息加以保护。随后,德国法院发展出了所谓的“信息自决权”,其理论基础就是一般人格权。除此之外,对于一些新的人格利益,如果援用具体人格权无法保护,也可以援引一般人格权中的人格自由加以解释和保护。具体来说,人身自由包括如下几个方面的内容。

第一,身体活动的自由。此处所说的身体活动的自由,主要是肢体行为等物理活动上的自由,即个人可以自由支配其身体组成部分,并且进行自由活动。在德国1957年的Elfes案件中,法官Dieter Grimm根据《德国基本法》第2条,提出了“自由发展个人人格的权利”。① 从保障人权的角度看,“保障人身自由权是保障一切人权的基础”已成为各国的共识,这也表明了人身自由原则的极端重要性。② 因此,身体活动自由是人身自由的重要内容。

第二,自主决定。关于自主决定是否应该成为一项独立的人格权,存在不同观点。从比较法上看,一些国家通过判例确立了自主决定权,例如美国罗伊诉韦德堕胎案(Roe v. Wade)中确认堕胎自由属于个人自主决定的范围。③ 我国也有不少学者主张将自主决定权作为一项独立的具体人格权。笔者认为,自主决定不应作为一项

---

① Donald P. Kommers, *The Constitutional Jurisprudence of the Federal Republic of Germany*, Duke University Press, 1997, p. 315.

② 参见谢佑平:《公民人身自由权的宪法保障与司法保护》,载《河南省政法管理干部学院学报》2005年第1期。

③ See Roe v. Wade, 410 U. S. 113(1973).

独立的人格权。主要理由在于：一方面，自主决定是私法自治的延伸，如果将自主决定权作为一项独立的人格权，其范围将很难确定，而且有很多具体的人格权都会涉及自主决定，也就容易造成不必要的竞合。自主决定的范围比较模糊，如果将其认可为独立的人格权，则很难确定权利的边界，也容易导致此种权利与其他权利不易区分。另一方面，人格权法上的自主决定是与人格利益联系在一起的，例如，我国《侵权责任法》规定了患者自主决定权，再如，我国《婚姻法》所规定的婚姻自主是对婚姻利益的一种自主决定。这些自主决定权都是人格自由的内容，不宜作为一项具体人格权。人格权法上的自主决定不是一般意义上的自主决定，而是指可以包含在一般人格权的人格自由之中的人格利益。

笔者认为，自主决定可以作为人身自由的内容，从而弥补具体人格权规定的不足。由于人身自由的内涵十分宽泛，可以将自主决定包含其中。从我国现行立法来看，有的法律将自主决定作为具体人格权的内容。例如，我国《侵权责任法》规定了患者的自主决定权，此种权利很难包括在隐私权之中。它和隐私权不同之处在于，患者自主决定权很难说是对私生活的决定，其主要是对个人事务的自由决定。如果医疗机构侵害了患者的自主决定权，没有造成患者的损害，是否可以作为侵害一般人格权，而请求精神损害赔偿？例如，在日本曾经发生过违反患者的意愿为其输血的案件，虽然其没有导致患者的生命权或健康权的侵害，但是，侵害了患者的自主决定。[①] 对此，侵权法上没有明确规定，笔者认为可以通过一般人格权制度为受害人提供保护。

在此需要讨论，精神活动的自由是否属于一般人格权的范围？所谓精神活动自由，是指自然人按照自己的意志和利益，在法律规定的范围内自主思维的权利，是自然人自由支配自己内在思维活动的权利，[②]是自然人进行意思表示或其他民事活动的意志决定自由。[③] 在我国台湾地区，有学者认为，在欺诈、胁迫等情形，受害人有

① 参见日本最高法院判决，平成12年(2000年)2月29日，民集54－2－582。
② 参见杨立新：《人格权法专论》，高等教育出版社2005年版，第324页。
③ 参见冉克平：《论人格权法中的人身自由权》，载《法学》2012年第3期。

权请求侵害精神活动的自由的赔偿。也有学者主张精神自由权的概念。[①] 笔者认为,精神自由权不宜规定为具体人格权,但其可以作为一般人格权在例外情形下保护受害人。尤其是考虑到精神自由概念的模糊性,法官认定侵害精神自由时应当尽到充分的论证义务。

二、人格尊严

所谓人格尊严,是指作为法律主体得到承认和尊重,换言之,是人作为人应当受到的尊重。人在社会生活中生存,不仅仅是维持其生命,而是要享有尊严地生活。因此,人格尊严是人作为社会关系主体的一项基本前提。公民作为一个人所应有的最基本的社会地位并且应当受到社会和他人的最基本的尊重,是公民基于自己所处的社会环境、地位、声望、工作环境、家庭关系等各种客观条件而对自己和他人的人格价值和社会价值的认识和尊重。

人格尊严之所以应该成为一般人格权的具体内容,是因为一方面,人格尊严体现人格权保护的基本价值,表达了人格权保护的根本目的;换言之,法律之所以保障各种人格权,很大程度上就是为了维护个人的人格尊严。另一方面,法律的终极目标是个人的幸福和福祉,而这一切都离不开对人格尊严的保护。正如有学者所指出的,人不是为社会和国家而存在的;相反,社会和国家是为人而存在的。人是目的,社会和国家是手段,因此,维护个人的人格尊严也是国家的重要目的。[②] 可见,确认人格尊严原则对于维护社会的和谐具有重要的意义,只有真正贯彻人格尊严原则,才能实现人格权法的宗旨和目的。社会的和谐要求人们彼此互相尊重他人的人格尊严,也只有尊重他人,才会获得他人的尊重,从而使公民能够作为与他人平等的社会成员而与他人进行正常的交往。

《民法总则》第 109 条对人格尊严的保护作出规定,第一次在法律上将人格尊严规定为一般人格权。作出此种规定,有利于保持人格权法的开放性,提升对各种新型人格利益的周密保护,因为随着

---

① 参见杨立新主编:《民商法理论争议问题——精神损害赔偿》,中国人民大学出版社 2004 年版,第 8 页。

② 参见王家福主编:《人权与 21 世纪》,中国法制出版社 2000 年版,第 7 页。

现代生活和科技的发展,新型人格利益将不断出现。人格权的内容通过具体的列举是难以穷尽的,而一般人格权作为一项框架性权利则能够为新型人格利益提供可能的保护。作出此种规定,也有利于规范法官在认定与保护新型人格利益方面的自由裁量权。从我国的司法实践来看,法官在保护新型人格利益时创设了一些新型权利,如亲吻权、[①]悼念权(祭奠权),[②]引发了不少争议。如果肯定一般人格权,并借助与人格尊严的关联性来认定新型人格利益,则可以有效规范法官的自由裁量权。此外,作出此种规定,也有利于克服立法的缺陷,为各种人格利益的保护提供法律依据。例如,《民法总则》第 185 条规定了英雄烈士等死者人格利益的保护,但是英烈以外的人格利益如何保护,而英烈自身的除该条所列举的四种人格利益外,其隐私等人格利益如何保护,则缺乏法律依据。在此即可以考虑援引《民法总则》第 109 条关于人格尊严保护的规则,这实际上起到了一种兜底保护的效果。现实生活中也经常发生侵犯人格尊严的情形。当然,由于一般人格权具有高度的概括性和抽象性,在存在具体人格权时,必须首先适用具体人格权,不能直接适用一般人格权,这就需要排除一般人格权的滥用,限制法官的自由裁量权,保证法律的确定性和安全性。《民法总则》保护人格尊严条款具有一般条款的功能,能够在保护人格尊严的具体法律适用过程中发挥拾遗补阙的功能。

第四节　一般人格权与具体人格权

一、一般人格权与具体人格权的关系

我国学界关于一般人格权的本质,存在不同的认识,概括起来

---

① 参见“陶莉萍诉吴曦道路交通事故人身损害赔偿纠纷案”,(2001)广汉民初字第 832 号。

② 参见“崔妍诉崔淑芳侵犯祭奠权案”,北京市丰台区人民法院(2007)丰民初字第 08923 号(2007 年 7 月 18 日),载《人民法院案例选》(2009 年第 1 辑),人民法院出版社 2009 年版。

有如下几种学说。

1. 人格关系说。一般人格权,在瑞士法中称为“人格关系”。不过,瑞士学者对一般人格权或“人格关系”均无明确的定义。我国台湾地区学者施启扬在对瑞士民法的规定进行解释时,也认为人格关系(persönliche Verhaltnisse)即为一般人格权。他提出应该将台湾“民法”中关于侵害“人格法”的规定(第18条)改为侵害人格关系,“因为人格权是一个‘上层概念’,人格权中的各种具体内容权利,只是一种地位或资格,与一般权利在性质上并不相同”。[①]

2. 概括性的权利说。大多数德国学者将一般人格权视为一种概括性的权利。如拉伦茨认为,一般人格权具有“概括广泛性”。[②]而另一个德国学者莱普迪(Nipperdey)则认为一般人格权不仅涉及国家和个人的关系,而且也涉及《德国民法典》第823条所包括的具体人格权,一般人格权范围极为广泛,在内容上是不可列举穷尽的。[③] 法官的任务只是依有关价值观念将一般人格权具体化并确定其界限。因为人格的本质不易明确划分其界限,一般人格权作为概括性权利,在内容上是不易完全确定的。[④] 按照许多德国学者的观点,一般人格权是一种“渊源权”(Muttergrundrecht Quellrecht),或“权利的渊源”,由此可引导出各种具体的人格权。[⑤] 按照艾内克卢斯(Enneccerus)等人的观点,依据“一般人格权”可发掘出某些具体的人格权,这样可扩大人格权的保护范围。[⑥]

3. 个人的基本权利说。在20世纪50年代,德国学者胡伯曼针对否定一般人格权的观点主张,否定一般人格权实际上否认了个人的基本权利。他认为,一般人格权不同于人格权本身,亦不同于各

---

① 施启扬:《关于侵害人格权时非财产上损害赔偿制度的研究修正意见》,载台湾《法学丛刊》第83期。

② Larenz, Lehrbuch des Schuldrechls, Bd. II, 1962, S. 366.

③ Stig Strömholm, Right of Privacy and Right of the Personality, Stockholm, Norstedt, 1967, p. 57.

④ 参见施启扬:《从个别人格权到一般人格权》,载《台湾大学法学论丛》第4卷第1期。

⑤ 参见施启扬:《从个别人格权到一般人格权》,载《台湾大学法学论丛》第4卷第1期。

⑥ Enneccerus-Kipp, Lehrbuch des bürgerlichen Rechts, Recht der Schuldverhäl tnisse, 1995. S. 937.

项具体人格权。他将一般人格权分为：发展个人人格权的权利、保护个人人格权的权利、捍卫个人独立性的权利，这三种权利分别受到公法、私法等法律的保护，并共同组成为一般人格权。①

4. 一般权利说。有学者认为，一般人格权相当于知识产权的概念，而具体人格权则相当于著作权、商标权等具体的知识产权。有学者认为，从实际产生过程来看，一般人格权的概念不是作为具体人格权的抽象而提出的，而是作为具体人格权的补充而提出的，也就是说，一般人格权不是一种抽象权利，而是一种现实权利。②

以上四种学说从不同角度阐述了一般人格权的本质。笔者认为，一般人格权既是各种权利的概括，同时也是各种具体人格权产生的基础。一般人格权具有渊源权的功能。一般人格权作为个人的基本权利，最本质地表现了人格权的特点。

拉伦茨和卡纳里斯曾质疑确认各项具体人格权的意义，即认为有一般人格权之后，便不再需要确认各项具体人格权。③ 一般人格权的目的在于保护个人人格利益的完整性，但事实上，一般人格权的概念过于抽象，可能没有实际的价值，所以，需要通过具体人格权将其具体化，④这些权利提供了人格权利益保护的精细化，这也有利于实现法律的确定性。但是，一般人格权不能等同于人格关系，因为人格权是人格关系的内容，而不同于人格或人格关系。要真正了解一般人格权的本质，还必须清楚一般人格权与具体人格权之间的关系。具体来说，两者之间应当具有如下关系。

第一，抽象的和具体的关系。具体人格权就是指由法律具体列举的由自然人、法人和非法人组织享有的各项人格权，如生命健康权、姓名权、肖像权、名誉权等。一般人格权作为民事主体全部人格利益为标的的总括性权利，是指以民事主体依法享有并概括和决定其具体人格权的人格利益。正如哲学上的一般和具体、普遍和个别

---

① Stig Strömholm, Right of Privacy and Right of the Personality, Stockholm, Norstedt, 1967, p. 39.

② 参见胡吕银：《一般人格权探析》，载《学海》2001 年第 5 期。

③ U. Kerpen Das internationale Privatrecht der Persoenlichkeitsrechtsverletzungen (2003) at 12 – 13.

④ E. Guldix & A. Wylleman, "De positie en de handhaving van persoonlijkheidsrechten in het BeIgisch privaatrecht" (1999) 36 TPR 1589 at 1621.

的关系一样，一般人格权和具体人格权实际上也是这种一般和个别的关系。也就是说，一般人格权是一般性的权利，而具体人格权是个别的人格权。一般人格权确定了人格权的基本价值，其包容的价值非常抽象、概括；具体人格权具有确定的内涵和外延，并且被法律确定为特定的权利。

一般人格权也可以说明具体人格权存在的正当性。一般人格权凸显以人为本的理念，明确了人格权立法的目的与宗旨，因为人格权要作为一项独立的制度而存在，就必须要有自身的原则与宗旨。对一般人格权的确认，将有助于解释个别人格权保护的目的，如对自然人的生命健康、名誉、肖像、隐私等各项具体人格权的保护，都是由自然人依法享有人身自由和人格尊严所决定的，同时也将表明我国法律对人格利益的高度重视。例如，将自然人享有人身自由和人格尊严确认为一般人格权，这不仅是对自然人作为人的共同价值的确认，也是对社会主义条件下公民价值的认可，同时也表明公民能够在不违法的条件下自由从事各种活动，依法享受各种人身利益和财产利益。①

第二，本源和派生的关系。尽管从人格权发展历史来看，先有具体人格权，之后逐步形成一般人格权。一般人格权确定了人格权的基本价值，因此在产生一般人格权之后，又推动了具体人格权的发展。尤其是一般人格权揭示了人格权的基本价值，因此从中派生了许多具体人格权。从这个意义上说，两者之间是本源和派生的关系。一般人格权是和具体人格权是相对应的，一般人格权具有统摄和创设的功能，相当于一种渊源权。

一般人格权虽然不是一项非常具体的权利，但可以为各项新的人格利益的产生提供价值基础，它可以进一步地扩大对人格利益保护的范围。② 一般人格权确定了民法中的基本价值，因此它和民法的基本原则具有相似性。因为民法基本原则是一项克服成文法局限性的立法技术，它在普遍性、概括性等方面和一般人格权有些相

---

① 刘心稳：《试论人身权》，载《政法论坛》1988 年第 2 期。

② M-T Frick Persoenlichkeitsrecbte. Rechtsvergleichende Studie ueber den Stand des Persönlichkeitsschutzes in Ostereich, Deutschland, der Schweiz und Liechtenstein (1991) at 24.

近。但规定一般人格权和设立民法基本原则并不冲突,因为民法基本原则更为抽象,其普遍适用于民法的各个部门,基本原则本身不具有创设权利的功能,而一般人格权具有创设权利的功能,且法官可以依据一般人格权来确定哪些属于人格利益或非人格利益,这种功能是基本原则所不具有的。但二者都具有概括和抽象的特点,都给法官留下了一定自由裁量的空间。

第三,既定和补充的关系。尽管在法律上,人格权不能实行法定列举主义,但是也不能任由当事人对其进行自由设定。同时,人格权作为一种需要予以规范的权利,也不能由法官任意裁量。如果其中存在需要法律提供保护的合法人格利益时,则将其归入具体人格权或者一般人格权特别是其中的人格尊严中加以保护,对不宜提供法律保护的部分,则不能上升为人格权,而只能作为一种人格利益加以保护。由于许多新型人格利益不可能在法律上获得权利的地位,因此需要借助一般人格权来补充。在具体人格权类型化还不丰富时,可以适用一般人格权来保护各种新型的人格利益。例如,侮辱他人并未被第三人知道,受害人的社会评价未降低,故不构成侵害名誉权,同时也不构成对身体权的侵害,此时具体人格权没有受到侵害,则就可以通过一般人格权来对受害人加以保护。

第四,一般和特殊的关系。在一般人格权与具体人格权的法律适用上,一般认为,在具体处理案件时,应当优先适用具体人格权的规定,而将一般人格权作为补充适用的条款。[①] 拉伦茨认为,对于"一般人格权"和"特别人格权"的关系可做如下概括:"一般人格权作为任何人都应当尊重的权利,是所有特别人格权的基础,特别人格权是一般人格权的一部分。因此,从法律逻辑上说,一般人格权优先于特别人格权。在法律适用中,如特别人格权受到侵害,但因难以划界从而不能援引关于一般人格权的规定,则优先适用特别人格权。与'一般人格权'相比,特别人格权在内容上规定得较为明

---

① 参见陈现杰:《人格权司法保护的重大进步和发展——〈最高人民法院关于确定民事侵权精神损害赔偿责任若干问题的解释〉的理解与适用》,载《人民法院报》2001 年 3 月 28 日,第 3 版。

确,或者还可以规定出来。"[①]所以,一般人格权和具体人格权之间可以说是一般和特殊的关系。如果某种人格利益受到侵害以后,能够从具体人格权中找到法律适用的依据,首先应当适用具体人格权的规定;如果没有具体人格权的规定,则可以按照一般人格权的规定予以适用。

二、新型人格利益的保护

一般人格权是由法律采取高度概括的方式赋予自然人享有的具有包容性的、以人格利益为内容的权利。它不仅具有兜底条款的作用,而且为法官判断何种人格利益应当受法律保护提供了判断标准。一般人格权"随着人格自觉、社会进步、侵害的增加而扩大其保护范畴"。[②] 日本法学家星野英一先生指出,一般人格权的产生,使得对那些需得到保护而实体法条文未具体规定的人格利益,或伴随社会发展而出现的新型人格利益给予保护成为可能。[③] 因此,在法律上确认一般人格权,将会为随着社会发展而出现的需要法律保护的新型人格利益上升为独立的权利形态提供充分的空间,形成一种开放的人格权体系,不断扩大人格权保障的范围。从未来发展趋势来看,很多新型人格利益借助一般人格权受到保护,并且在成熟的时候发展为独立的人格权利。在一些新的人格利益产生之后,在确定此种利益是否构成人格利益,应当考虑这些利益是否体现了人格平等、侵害这些人格利益是否违反了一般人格权中所包含的价值。

具体来说,《民法总则》第109条所规定的"人身自由""人格尊严",可以具体包含如下几种类型。

(一)各种新型的人格利益

现代社会进入了一个互联网、大数据时代,科学技术发展日新月异,这使许多新型人格不断涌现,亟须法律作出应对。市场经济

---

① [德]卡尔·拉伦茨:《德国民法通论》(上册),王晓晔等译,法律出版社2003年版,第173页。

② 王泽鉴:《侵权行为法·一般侵权法》(第1册),中国政法大学出版社2001年版,第137页。

③ 参见[日]星野英一:《私法中的人》,王闯译,载梁慧星主编:《为权利而斗争》,中国法制出版社2000年版,第359页。

的发展、商业模式的改变以及网络营销等的发展，在深刻改变我们消费方式的同时，也对我们的个人信息安全、隐私权保护等构成了一定的威胁。征信制度、黑名单制度的建立也都给个人信息的保护带来了挑战。各种名目繁多的评级、企业自己建立的黑名单制度，因信息失真导致评价不准确，不仅会导致对他人名誉、信用等的损害，也会影响他人正常的经营活动。因此，信用利益的保护在现代社会显得越来越重要。正是因为上述原因，导致新型人格利益不断出现，我国《民法总则》第 109 条确立一般人格权，能够有效应对社会生活的发展需要，许多新型人格利益遭受侵害后，都可以借助一般人格权加以调整。例如，声音、肢体动作、悼念等，只要这些利益遭到侵害，人格尊严和人身自由等基本价值受到损害，就可以受到一般人格权的保护。

（二）《民法总则》第 185 条所列举的四项英烈的权益之外的其他人格权益，都可以依据《民法总则》第 109 条获得保护

例如，侵害英雄烈士的隐私、个人信息，无法类推适用死者人格权利益的保护规则，就有必要通过一般人格权来保护。

（三）其他具体人格利益无法包含的利益

1. 遗体利益

死者的遗体不仅关系到死者的人格尊严，而且也关系到生者的人格利益。自然人死亡以后，遗体在法律上具有何种性质，是否应当受到人格权法的保护，对此在学界存在不同的看法，主要有三种观点：一是“人格利益说”。此种观点认为，死者的遗体和遗骨体现了其人格利益，自然人在其生前和死后都存在与身体权客体即身体利益相区别的先期身体利益和延续身体利益，这些利益都是受法律保护的法益，人在生存期间对其身体享有的支配权利属于身体权，死亡后该权利并不消灭，须予以“延伸保护”，由死者的近亲属进行保护。[①]《精神损害赔偿司法解释》将其与侵害死者人格利益的其他情形一起规定，就表明其认为，遗体、遗骨也属于死者人格利益的范畴。二是“权利客体说”。此种观点认为，死者的遗体、遗骨并非一种人格利益，只不过是一种特殊的物，自然人死亡之后，其遗体不

---

① 参见杨立新：《公民身体权及其民法保护》，载《法律科学》1994 年第 6 期。

具有人格,而是人身之外的物质实体,具有客观物质性,并能够为人力所支配。[①] 对于这种物,所有权最初为死者生前享有,死后即为其最亲近的亲属取得。[②] 按照此种观点,死者的遗体、遗骨应当由其继承人予以保管,他人非法利用死者遗体、遗骨即侵害了死者继承人的权利,但不能认为是侵害了死者的人格利益。三是"折中说"。该说认为,遗体是一种特殊性质的物,但不能简单将其作为权利客体对待,否则,继承人将有权对该遗体进行使用、收益,甚至可以抛弃,这与法律和善良风俗是相违背的。因此,死者遗体不能成为财产所有权的标的,而是火化、埋葬、祭祀的标的,死者的近亲属对遗体的权利为管理权,即负责进行火化、埋葬,并保持其人格尊严不受侵犯。因而,遗体是管理权的标的。[③] 死者亲属对遗体不享有所有权,只负有照管权利及义务,这一管理权的权限仅以死者的安葬为限,对其作出的处分也不得有悖公序良俗。[④]

笔者认为,首先,遗体不同于自然人的身体,其不具有生命特征,不能够作为自然人身体权的对象。身体区别于遗体的地方在于它是活体,自然人死亡后,身体就转化为遗体,因此,也就谈不上身体利益了。自然人一旦死亡,其主体就归于消灭,身体权也就当然随之消灭了。因此,即使存在所谓的延伸利益,其也不是死者的利益了,因为死者不再是民事主体,不可能独立享有任何利益。在民法上,除了人之外,所有的物都无法成为权利的主体。[⑤] 遗体既非活体,当然就不会承载人格。其次,遗体也不同于单纯的物,不能简单地将其视为权利客体。遗体本身体现了一定的精神利益,不能将遗体简单地作为所有权的客体,因为遗体寄托了近亲属的个人感情、对死者的怀念、死者和生者的尊严,也体现了一定的善良风俗。

---

① 参见余能斌等:《论人体器官移植的现代民法理论基础》,载《中国法学》2003 年第 6 期。

② 参见龙显铭:《私法上人格权之保护》,中华书局 1948 年版,第 59 页。

③ 参见刘春茂主编:《中国民法学 · 财产继承》,人民法院出版社 2008 年版,第 107 页。

④ 参见[德]迪特尔 · 梅迪库斯:《德国民法总论》,邵建东译,法律出版社 2000 年版,第 876 页。

⑤ 参见余能斌等:《论人体器官移植的现代民法理论基础》,载《中国法学》2003 年第 6 期。

依据《精神损害赔偿司法解释》第3条的规定,行为人"非法利用、损害遗体、遗骨,或者以违反社会公共利益、社会公德的其他方式侵害遗体、遗骨"的,死者近亲属有权主张精神损害赔偿责任。该条实际上已经对遗体的保护作出了规定。但死者近亲属究竟对死者遗体享有何种人格利益,该条并没有作出规定。笔者认为,在行为人侵害死者遗体的情形下,死者近亲属应有权主张其一般人格权遭受侵害,并据此请求行为人承担侵权责任。从我国司法实践来看,在侵害死者遗体的情形下,法院也大都通过一般人格权对受害人提供救济。例如,在"汪某某、李某某与程某某、程×某等一般人格权纠纷案"中,法院认为,"父母对子女具有人格上的利益。汪某某死亡后,其父母汪某某、李某某有权对遗体进行告别、悼念,且遗体的处理属于其父母汪某某、李某某的人格权利。而上诉人程某某在死者的母亲李某某没有到场的情况下,也没有充足证据证明其已获得汪某某、李某某的明确授权以及征询汪某某母亲李某某意见的前提下,代为签字同意火化死者汪某某的遗体,侵犯了汪某某和李某某的一般人格权,上诉人程某某存在一定过错,应当承担赔偿责任"。[①]

2. 祭奠利益

祭奠利益是指公民基于亲属关系等而产生的对死者表示追思和敬仰的利益。[②] 中华民族历来重视通过祭奠仪式寄托生者对逝者的悼念和追思,因此,祭奠利益在性质上应当是一项重要的人格利益。我国现行立法并没有对祭奠利益作出明确规定,笔者认为,祭奠利益应当属于一般人格权的范畴。从我国司法实践来看,侵害他人祭奠利益的行为主要体现为破坏他人坟墓、遗失他人骨灰等。例如,在"孟某与孟×等一般人格权纠纷案"中,法院认为,"孟某与孟×均系孟某某与宋某某之子女,现双方因宋某某去世后的祭奠等问题发生争议。对此本院认为,孟某某、孟×、孟某作为宋某某的直系亲属均有知悉宋某某的去世、遗体告别及祭奠的权利,但孟某某、

---

① 参见湖北省随州市中级人民法院民事判决书,(2015)鄂随州中民一终字第00304号。

② 参见张红:《侵害祭奠利益之侵权责任》,载《法学评论》2018年第2期。

孟×未能知悉宋某某的去世，孟×在将宋某某火化后亦自行处理了其骨灰”，该行为侵害了孟某某等人的一般人格权。①

3. 墓碑、坟墓等体现的人格利益

墓碑和坟墓记载了死者的相关信息，还可能包含了生者对死者的相关评价，因此是重要的死者人格利益。同时，墓碑和坟墓虽然是有形财产，但也寄托了生者对死者的哀思，其中也包含了人格尊严和人格利益，应当受到法律保护。从司法实践来看，侵害他人墓碑、坟墓的，一般通过一般人格权对受害人提供救济。例如，在“邱某某、王某某一般人格权纠纷案”中，法院认为，由于上诉人邱某某家祖坟没有墓碑、安葬刘某某的时间较长久，墓冢不明显，因此，上诉人王某某在平整屋后土地之前没有提前与墓冢的后人协商，在听到提醒、阻止之后，也未停工协商处理，上诉人王某某存在过错，其行为导致邱某某家族今后无法寄托对亲人的哀思，给上诉人邱某某的家族成员带来精神上的损害。②

4. 婚姻仪式中体现的人格利益

我国有重视婚姻仪式的传统，婚姻仪式也寄托了个人对婚姻关系的重视，个人对婚姻仪式应当享有重要的人格利益。行为人破坏他人的婚姻仪式，将有损他人的人格尊严，侵害他人的一般人格权。例如，在“赵某某、郎某某、赵某某与扎兰屯市金百灵大酒店有限责任公司人格权纠纷案”中，法院认为，“被告扎兰屯市金百灵大酒店在婚庆订单上明确写明新娘名字的情况下，婚庆主持人在婚礼现场两次说错其名字，可见被告作为专业的婚庆服务机构，未尽到相应的义务，存在过错。然而原告人格权是否受到损害，应依据婚礼主持人的错误是否得以消除及是否造成严重后果加以判断”。③ 在该案中，行为人在婚姻仪式上两次念错新娘的名字，破坏了他人的婚姻仪式，应当构成对他人一般人格权的侵害。除破坏婚姻仪式外，如果行为人损坏了他人与婚姻相关的特定纪念物品，也可能侵害他人的一般人格权。例如，在“白某某与莒县施华洛婚纱摄影店一般

---

① 参见北京市高级人民法院民事裁定书，(2018)京民申118号。

② 参见四川省宜宾市中级人民法院民事判决书，(2015)宜民终字第1369号。

③ 参见内蒙古自治区扎兰屯市人民法院民事判决书，(2016)内0783民初944号。

人格权纠纷案"中,法院认为,"婚庆录像是属于具有人格象征意义的特定纪念物品,加之婚礼仪式的特殊性和不可重复性,录像光盘的丢失给被上诉人造成一定程度的伤害,原审支持被上诉人的精神损害抚慰金并无不当"。[①] 在该案中,法院实际上认为,丢失他人的婚姻仪式录像光盘,也构成对他人一般人格权的侵害。

第五节　一般人格权的适用

一、一般人格权的请求权基础

人格权作为绝对权,其他主体都负有不得非法侵害的义务,人格权请求权就是这种请求他人履行不作为义务的体现,这一权利属性也是人格权请求权与侵权损害赔偿请求权最大的区别。换言之,人格权请求权具有对世性,而人格权侵权损害赔偿请求权作为债权请求权,其具有相对性。

按照德国学界的通说,《德国民法典》第 1004 条的除去和不作为请求权(Beseitigungs-und Unterlassungsanspruch)也适用于一般人格权的保护。[②] 具体来说,针对一般人格权的侵害应当通过类推《德国民法典》第 12 条、第 862 条和第 1004 条主张除去和不作为请求权。[③] 换言之,德国法没有明确规定人格权请求权,而是由司法实践将《德国民法典》第 1004 条的物权请求权扩张适用于人格权保护。[④] 德国法之所以采取此种模式,是因为其没有单独规定人格权请求权,而只能类推适用物权请求权。我国民法典草案单设人格权编,其中就规定了人格权请求权,该草案第 778 条第 2 款规定:"民

① 参见山东省日照市中级人民法院民事判决书,(2016)鲁 11 民终 546 号。

② MüKoBGB/Baldus, 7. Aufl. 2017, BGB § 1004, Rn. 32; Staudinger/Gursky (2012), BGB § 1004, Rn. 15; Staudinger/Hager(2017), BGB § 823, Rn. C 258, 270.

③ MüKoBGB/Rixecker, 7. Aufl. 2015, BGB § 12 Anh. Das Allgemeine Persönlichkeitsrecht, Rn. 249, 255; Staudinger/Hager (2017), BGB § 823, Rn. C 258; BeckOK BGB/Bamberger, 2017, BGB § 12, Rn. 312.

④ Götting/Schertz/Seitz, Handbuch Persönlichkeitsrecht, C. H. Beck, 2008, § 49, Rn. 1.

事主体依照前款规定提出的停止侵害、排除妨碍、消除危险、消除影响、恢复名誉、赔礼道歉请求权不受诉讼时效的限制。”该条对人格权请求权作出了规定，并区分了人格权与侵权损害赔偿请求权，从请求权基础理论角度来说，正是人格权请求权的存在，才使人格权独立成编不仅具备了现实基础也在理论层面得以证成，使得本就应该得到民法关注的人格权法得以与物权法、侵权责任法、合同法等相并列，人格权请求权不仅为具体人格权提供了依据，也为一般人格权提供了理论基础。也就是说，当行为人侵犯他人人格利益之时，如果受害人不能从具体人格权中找到侵权损害赔偿的请求权基础，则可以援引《民法总则》第 109 条的规定并基于人格权请求权请求行为人停止侵害、排除妨碍等。在行使该项权利时，并不要求行为人具有过错，也不要求权利人遭受一定的现实损害，而且该权利不受诉讼时效的限制。

但是，人格权请求权主要起到恢复权利人对其人格利益圆满支配的状态，其本身并不是对损失的救济，如果侵害主要是造成损害，包括精神损害和财产损害，则权利人无法仅通过人格权请求权获得救济，其还必须通过主张侵权损害赔偿请求权获得救济。

二、一般人格权的适用条件

一般人格权是一种高度概括的权利，其适用应当受到一定的条件限制，因为一般人格权规定是弹性较大的条款，具有很强的包容性，适用一般人格权给予法官很大的自由裁量空间，如果对一般人格权的适用缺乏限制，就会使得一些不应受到人格权保护的利益受到一般人格权的保护，并无限制地扩张了精神损害的范围，其结果会造成法律的不确定性，所以一般人格权的适用应当具有严格的条件限制。笔者认为，一般人格权适用的条件主要包括如下几个方面。

1. 必须发生侵害不能为具体人格权所包含的合法的人格利益之行为

一般人格权只有在侵害人格利益的情况下才能适用。这并不意味着所有侵害人格利益的行为都应该适用一般人格权。一般人格权只有在不能适用具体人格权时才有适用余地，因为一般人格权只是补充具体人格权的规定,如果具体人格权有适用余地,则不必适用一般人格权;法律有具体条款规定,必须先适用具体规定,只有在穷尽了具体条款之后,才能用一般条款进行裁判。否则就会出现“向一般条款逃逸”的趋势。在借鉴德国法上一般人格权的概念时,必须要注意到这样的事实,即《德国民法典》中具体人格权的规定并不发达,德国法官在实践中从一般人格权中解释出具体人格权。因为我国《民法总则》已经规定了一些重要的具体人格权,在此情况下不必要通过援引一般人格权解释出众多的具体人格权,也没有必要通过一般人格权发展出具体的人格权。而应当优先适用具体人格权的规定,只有在没有相关具体人格权的规定时,才有必要适用一般人格权的规定补充有关具体人格权规定的不足。

2. 无法类推适用和准用具体人格权

在侵害新型人格利益且又缺乏一般人格权的规定的情况下,法院往往只能通过类推适用的方法对其提供及时的保护,这种办法也在一定程度上为自然人人格利益提供保护。在一般人格权设立以后,也应给予法官保护新型人格利益自由裁量的空间和技术手段。因此在出现新的人格利益需要作为权利加以保护之后,法院也不必采用类推的方式保护人格利益。我国《民法通则》没有建立一般人格权保护制度,因此,在司法实践中,对于侵害一般人格权的侵权行为,只能采取法律类推的方式,对受害者进行法律保护。最明显的例证是,《民法总则》第 185 条对侵害英烈等的姓名、肖像、名誉、荣誉四项人格利益的民事责任作出了规定,但侵害英烈等上述四项人格利益之外的人格利益,如隐私,则无法适用《民法总则》第 185 条的规定,这就需要类推适用该条对相关的行为予以规范;再如,关于简称的保护,《民法总则》虽然规定了法人、非法人组织的名称权,但并没有对法人、非法人组织的简称保护作出规定,这也需要类推适用名称权的规则。

不过,从立法上看,司法上的类推适用仅属于权宜之计,其存在明显的缺陷。一方面,类推适用给予法官过大的自由裁量权,容易造成法律适用的不安定性。因为各种新型具体人格权是大量存在的,很难完全借助于法官的自由裁量权予以判断。另一方面,某些新型人格利益往往可能超出具体人格权内容的涵盖范围,此时类推适用有可能造成牵强附会,造成体系上的不和谐。例如名誉和隐私存在较大的差异性,自然人的一般人格权包括人身自由和人格尊严,而名誉权则是具体人格权中的一项具体的权利,二者并不是同一概念。对法律尚未规定为权利的具体人格利益,采取类推方式保护的方法是不足取的。只有全面建立一般人格权的民法保护机制,才能充分实现宪法关于保护公民人格权的原则,切实保护公民的一般人格权。因而,凡是在不能类推的情况下,才能通过一般人格权进行保护。

另外,在某些情况下,法律可能规定,在特殊情况下,要准用其他具体人格权的规则。例如,司法解释就侵害隐私的行为,规定可以准用侵害名誉的规定;再如,法律可能规定,就声音的侵害,可以准用侵害肖像的规定。在这些情况下,因为法律规定了准用的规则,所以法官也不能直接适用一般人格权的规则。

3. 新的人格利益符合一般人格权所承载的价值

如前所述,一般人格权的价值包括人格自由、人格尊严,这也应该成为对新型人格利益进行司法保护时的重要判断标准。当某种新的人格利益出现以后,应该根据一般人格权所承载的价值判断其是否需要得到保护。在实践中存在这样一些案例,如在他人墓碑上书写侮辱他人的言词或砸毁他人的墓碑,或者故意向他人发出噩耗以愚弄他人,殡仪馆将原告父亲的骨灰盒弄错致使原告遭受精神痛苦等,在这些案件中,如何确定是否应该适用一般人格权应当分为两个步骤加以考虑:一是法官应当判断是否存在人格利益遭受侵害的情形。这就是说,法官应当首先判断受侵害的利益究竟是财产利益还是人格利益。例如,毁损他人的墓碑,虽然也包含了财产利益的侵害,但其主要是对人格利益的侵害。二是应当根据社会一般人的看法、生活习惯、传统伦理道德等多种因素来考虑,原告所遭受侵害的人格利益是否符合一般人格权的价值。同时,法官还应当结合具体案件的情况,通过衡平考虑各种应受法律保护的利益和价值判断受害人的利益是否需要保护。① 例如,在原告吴某某等诉被告鄱阳县殡仪馆人身损害赔偿纠纷一案中,原告的父亲去世后,原告与

① Fuchs, Deliktsrecht(2 Aufl. ,1996),S. 35.

殡仪馆协商好了火化时间,但嗣后因为设备故障,导致原告的父亲没有按照约定的时间火化,也影响到原告父亲的按时安葬。法院认为,“关于侵犯死者的人格尊严权方面:就人格尊严权这个概念在民法上来说,不是一个具体的人格权,属于一般人格权的范畴”。[1] 笔者认为,此种观点不无道理。从社会一般人的观念来看,被告的行为虽然没有造成原告的财产损失,但造成了原告人格尊严的损害,我国现行立法没有规定此种行为侵害了原告的何种人格利益,此时,即可通过一般人格权对原告进行兜底保护。

4. 加害人的行为违反善良风俗

在侵害一般人格权的情况下,通常来说,行为人的行为都违反了善良风俗。根据我国《精神损害赔偿司法解释》第 1 条第 2 款的规定,“违反社会公共利益、社会公德侵害他人隐私或者其他人格利益,受害人以侵权为由向人民法院起诉请求赔偿精神损害的,人民法院应当依法予以受理。”依据该条规定,侵害其他人格利益的责任应以行为人的行为违反社会公共利益、社会公德为要件。笔者认为,该条规定中的“人格利益”并非指一般人格权,但其所规定的责任要件也可适用于一般人格权。主要原因在于:一方面,由于一般人格权包含的范围非常宽泛,应当对其做必要的限定。毕竟一般人格权的规定属于弹性很大的条款,其保护的法益范围不宜过宽,不然就会危及法律的稳定性,给法官随意裁判提供机会。另一方面,现行立法缺乏规定,通过善良风俗原则加以限制能够将社会生活中最低限度的道德要求引入法律裁判过程中,提供了这些道德要求法律化的途径。

此外,在通过适用一般人格权对受害人提供精神损害补救时,也应当考虑受害人是否实际遭受了精神损害,应当结合社会的一般观念和受害人个人的感受来确定是否遭受精神损害以及受害程度。

---

① 参见江西省鄱阳县人民法院(2006)鄱民一初字第951号。

第八章　死者人格利益保护

第一节　死者人格利益的保护

一、死者人格利益是人格权益的组成部分

死者人格利益是指自然人死亡以后，其姓名、肖像、名誉、隐私等利益，这些人格利益是否应当受到保护，历来有赞成和否定两种观点。赞成说认为，保护死者人格利益是人身权的延伸法律保护，①或者说是对遗属的名誉权的保护，因为死者名誉的损害会不同程度地侵害到其遗属的名誉权。② 否定说认为，人格权是专属性的权利，这就决定了除自然人本人以外，其他人都不可能通过转让、继承来取得他人的人格权。所以，自然人死亡以后，其姓名、肖像、名誉等受损的事实，不能视为近亲属民事权利受损。人格权应当伴随主体的人格始终，始于出生，终于死亡，故而死者不享有人格权。保护死者人格利益是保护家庭的人格利益，死者名誉和遗属名誉可以用家庭利益为中介连接，法律保护的是

① 参见杨立新：《人身权的延伸法律保护》，载《法学研究》1995 年第 2 期。

② 参见史浩明：《关于名誉权法律保护的几个理论与实践问题》，载《学术论坛》1990 年第 3 期。

家庭的人格利益。[①]

上述各种观点都不无道理,但笔者认为,对死者人格利益应当予以保护。从法律上看,死者人格利益本身是人格权益的组成部分。保护人格权益,就是要保护人格尊严,这种人格尊严不仅要在自然人生前获得保护,在其死后也应当获得保护。古人说得好,"神龟虽寿,犹有尽时,""人固有一死",但生前的荣耀不应随着死后而丧失。亚里士多德认为,"死者也有善与恶(一个人活着的时候会碰到善与恶,但是对这些毫无意识),例如子孙后代们是享受荣誉或是屈辱,或是遭受好运和厄运"。[②] 康德曾经说过:"一个人死了,在法律的角度看,他不再存在的时候,认为他还能够占有任何东西是荒谬的,如果这里所讲的东西是指有形物的话。但是,好名声却是天生的和外在的占有(虽然这仅仅是精神方面的占有),它不可分离地依附在这个人身上。"[③]这就是说,人格尊严不仅仅在自然人活着的时候存在,而且延续到其死亡之后。法律保护其生前的人格尊严与保护其死后的人格尊严,这是一个不可分割的整体。

从比较法上来看,各国立法和判例大多肯定了应当通过侵权责任对死者的人身利益进行保护,然而对于死者的人格利益在何种情况下予以保护则存在不同观点:一种观点认为,既然所有的人格权在人死亡的时候就已经终止,那么死者人格权的观点就不应被接受。死者的遗体、隐私和名誉,只有在与其在世(近)亲属的人格权相关时,才能够得到保护(例如,对死者表达哀思的权利)。[④] 法国和瑞士采纳该立场。另一种观点(主要被德国和奥地利采纳)认为,人所享有的人格权特别是人格尊严,应在其死后延续并由其亲属作为受托人来维护,这形成了一种没有主体的主体权利的延续。[⑤] 某些国家(例如荷兰)规定,如果死者还活着的情况下应给予赔偿,那么在死者客观上已经死亡的情况下也应当对其给予精神性赔偿

---

① 参见陈爽:《浅论死者名誉与家庭名誉》,载《法学研究生》1991 年第 1 期。

② 参见[古希腊]亚里士多德:《尼各马可伦理学》,王旭凤、陈晓旭译,中国社会科学出版社 2007 年版,第 33 页。

③ [德]康德:《法的形而上学原理——权利的科学》,沈叔平译,商务印书馆 1991 年版,第 118 页。

④ Fisher, Die Entwicklung des postmortalen Persönlichkeitsschutzes (2004), S. 52 ff.

⑤ Larenz & Canaris, Lehrbuch des Schuldrechts Vol. 11/2 (1994), S. 531 ff.

(non-patrimonial damages),这种赔偿同时旨在解决对于亲属感情造成的伤害。[①] 还有观点认为,如果死者的身份具有商业价值,死者的继承人也可以主张财产性赔偿(patrimonial damages)。[②] 由此可见,许多国家都明确规定了对死者人格利益的保护。[③]

对此,我国早在 2001 年通过最高人民法院关于精神损害赔偿司法解释第 7 条就确认了对死者人格利益的保护。未来民法典在总结司法实践经验的基础上也拟延续这一立场,我国民法典分编草案第 777 条规定:“死者的姓名、肖像、名誉、荣誉等受到侵害的,其配偶、子女、父母可以依法请求行为人承担民事责任;死者没有配偶、子女和父母的,其他近亲属可以依法请求行为人承担民事责任。”笔者赞成这一观点,因为从社会效果来看确实有保护死者人格利益的必要。

第一,有助于促进社会的进步。社会的进步与个人追求良好的名声具有密切的关系。俗话说,“雁过留声,人过留名”,许多人生前为社会作出贡献,甚至为了民族、社会的利益而献身,也是为了青史留名,至少不希望受后人指责甚至唾弃。文天祥说“人生自古谁无死,留取丹心照汗青”,这就典型地反映了人们希望通过自己生前的努力以获得一个死后的好名声。多少仁人志士修身养性、廉洁自律,追求事业功名,也是为了博取好的名声。正是因为人们对好名声的不懈追求,才推动了社会道德的进步和人类文明的提高。所以,任何社会都要鼓励人们获得符合社会要求的良好名誉。因此,保护死者人格利益尤其是死者的名誉,对于鼓励生者积极向上、奋发有为,从而促进社会的进步,具有重大的意义。[④]

第二,有助于维护良好的社会风尚。尊重死者既是对死者人格的尊重,也是对人们追求良好的道德、风尚、声誉等的尊重。在德国 1954 年的 Cosima Wagner 案中,德国联邦法院认为,“本院确信,当

① von Bar, Gemeineuropäisches Deliktsrecht Vol. (1996), S. 131.

② Fisher, Die Entwicklung des postmortalen Persönlichkeitsschutzes (2004), SS. 199 ff., 266 – 271.

③ 参见《匈牙利民法典》第 85 条、《捷克民法典》第 15 条。

④ 参见亓培冰:《死者肖像权的保护及其法律适用》,载《人民司法》2005 年第 1 期。

个人能够信赖其生活形象于死亡后仍受维护，不被重大侵害，并在此种期待中生活，宪法所保障之人的尊严及个人在生存期间的自由发展始能获得充分保障”。[1] 绝大多数的社会成员，都希望其死后不会受到他人的贬损和侮辱，这是一个社会可以延续下去的重要保障。康德即赞成“一位好名声的人死后继续存在的权利”的学说，[2] 如果对死者的人格利益不予保护，实际上就是不鼓励人们在生前从事正当的行为，这就会引发严重的道德风险，[3]也会导致人们的价值观、荣辱观、道德观遭到扭曲，社会利益将受到极大损害，同时也不利于社会秩序的稳定。

第三，有利于维护社会公共利益。许多名人的名誉、肖像等已经成为社会利益，甚至是国家利益的组成部分。尤其是领袖、伟人的肖像等涉及整个国家利益和公共利益，对其的贬损，不仅是对历史的不尊重，而且是对民族感情的伤害。所以，对于这些人，即使其近亲属不提起诉讼，有关机关也应当有权提起诉讼，请求停止侵害。[4] 漠视死者人格，实际上就是蔑视生者对良好的道德的追求，所以对生者人格利益的保护，涉及社会的公共道德。

第四，有助于安慰死者的近亲属。死者的人格利益与生者的感情、尊严、名誉等是不可分的，辱骂他人的长辈、祖先，在某种程度上，也是对生者的辱骂。中华民族素有慎终追远的传统，保护死者名誉，可安慰死者近亲属对死者的追思之孝心，侮辱死者实际上也可能同时侮辱了死者近亲属。[5] 所以，死者的名誉、隐私等常常和生者的名誉等联系在一起。侵害死者的人格利益往往也侵害了生者的人格利益。正如康德所说：“他的后代和后继者——不管是他的亲属或不相识的人——都有资格去维护他的好名声，好像维护自己的权利一样。理由是，这些没有证实地谴责威胁到所有人，他们死

---

① BGHZ 15,249.

② 参见[德]康德：《法的形而上学原理》，沈叔平译，商务印书馆 1997 年版，第 119 ~ 121 页。

③ 参见魏振瀛主编：《民法》，北京大学出版社、高等教育出版社 2000 年版，第 54 页。

④ 参见亓培冰：《死者肖像权的保护及其法律适用》，载《人民司法》2005 年第 1 期。

⑤ 参见刘春堂：《民商法论集》(三)，台湾元照出版公司 2016 年版，第 175 页。

后也会遭到同样对待的危险。”[①]另外,即使不涉及近亲属的名誉等,侵害死者人格,也会侵害近亲属的追思之情,这是社会人伦的体现。

虽然对死者人格利益的侵害往往会伴随着对生者人格利益的侵害,但将死者人格利益等同于其遗属的利益或者家庭的利益,显然是不妥当的。一方面,如果将死者的人格利益等同于生者的利益,在法律上也很难明确地确定行为人究竟侵害了生者的何种权利,行为人的行为和生者的权益受到侵害之间是否具有因果联系。因为生者要主张精神损害赔偿,应当证明其权利受到侵害。[②] 另一方面,死者可能根本没有近亲属,但这并非意味着死者人格利益就不应当受到保护,因为即使没有近亲属,而毁谤已故名人,也可能侵害了公共利益,故也应当保护死者的人格利益。还要看到,将死者人格利益等同于其遗属的利益或者家庭的利益,实际上是否定了死者人格利益的存在。[③] 当然,自然人死亡后,死者的名誉好坏有可能影响对其近亲属的评价,因此,侵害死者名誉、披露其隐私可能同时侵害其亲属的名誉。如果其近亲属可以证明自己的人格利益因此而受到侵害,可以单独以自己的人格利益受到侵害为由提起诉讼,并不一定要以死者人格利益受到侵害为由来主张权利。[④]

二、死者人格利益的性质

关于死者人格利益的性质,在学界存在不同看法,主要有以下几种不同的学说:一是人身权延伸保护说。该说认为,人格权的保护和所有权一样,是一种无期限的权利,即使在死后也应受到保

---

① [德]康德:《法的形而上学原理——权利的科学》,沈叔平译,商务印书馆 1991 年版,第 120 页。

② 参见魏振瀛:《侵害名誉权的认定》,载《中外法学》1990 年第 1 期。

③ 在德国,宪法法院不赞成德国联邦法院的观点,否定死者享有人格利益,其主要理由在于个人死亡以后,其遗属为保护死者的名誉、秘密,只能根据自己的权利,以自己人格利益受侵害为由主张权利。参见黄立:《民法总则》,中国政法大学出版社 2002 年版,第 112 页。

④ 参见魏振瀛:《侵害名誉权的认定》,载《中外法学》1990 年第 1 期。

护。[①] 民事主体在其诞生前和死亡后，存在与人身权利相区别的先期法益和延续法益。先期的人身法益与延续的人身法益以及人身权利相互衔接，统一构成民事主体完整的人身利益。向后延伸保护的是人死亡后的人身法益。[②] 二是权利保护说。该说认为，死者仍然是民事主体，仍然享有权利。这种理论的直接依据是有的国家的法律没有规定人的民事权利能力终止于死亡。最高人民法院有关司法解释采取此种观点。[③] 三是法益保护说。该说把应当保护的死者的人格利益称为法益，这种法益保护，实际上保护的是社会利益而不是私人利益。[④]

上述几种观点的争议涉及对死者人格利益的性质界定问题。从侵权法的角度来看，对权利和利益的保护，就其责任的构成要件而言，是存在差别的。对权利的侵害采取侵权责任法的一般归责原则，即过错责任原则，故意和过失都可构成。但对利益的侵害往往要求加害人具有故意或重大过失，行为人仅具有一般过失，可能不构成侵权。

就死者人格利益的性质界定问题，笔者认为权利保护说虽不无道理，但在法理上值得商榷。一方面，该学说与民事主体制度之间存在明显的冲突。既然自然人已经死亡，权利主体已经消灭，怎么可能仍然享有权利呢？死者是不可能再享有任何权利的，否则在法律上便出现了没有主体的权利。另一方面，赋予死者人格权也无法实际行使，因为权利主体已经不存在，权利也就失去了载体，人格权和人格权主体不可分离，赋予死者人格权没有实际的意义。

笔者认为“延伸利益说”虽然指出了对死者人身利益进行延伸保护的必要性，但是没有指出进行此种保护的实质原因，仅仅说是

---

① 参见杨立新、王海英、孙博：《人身权的延伸法律保护》，载《法学研究》1995 年第 2 期。

② 参见杨立新、王海英、孙博：《人身权的延伸法律保护》，载《法学研究》1995 年第 2 期。

③ 参见最高人民法院 1989 年《关于死亡人的名誉权应受法律保护的函》认为：“吉文贞（艺名荷花女）死亡后，其名誉权应依法保护，其母陈秀琴亦有权向人民法院提起诉讼。”在该解释中，确定了死者的名誉应当受到保护。

④ 参见王利明主编：《人格权法新论》，吉林人民出版社 1994 年版，第 444 ~ 445 页。

一种“延伸利益”,过于笼统,并没有明确说明为什么人格利益要延伸,而财产利益不延伸,为什么有些人格利益要延伸,而有些不需要延伸。另外,此种说法没有揭示出延伸的根源,尤其是在很多情况下,对死者利益的保护和对生者利益的保护交织在一起,此种说法也没有揭示此种利益归属于谁。

从民法典分编草案第777条的规定来看,我国并未承认死者的人格利益是一种权利,而仍是延续了精神损害赔偿司法解释的规定将死者利益作为一种权益保护的立场。

笔者主张,死者人格利益在法律上仍然是一种法益,法律出于维护社会道德和近亲属的感情以及维护社会公共利益的需要,有必要对死者的人格利益予以保护。自然人在死亡以后,尽管其不再享有任何权利,其名誉、肖像等人格权也不复存在,但其人格利益并不因死亡而消灭。权利内容本身是个人利益和社会利益的产物。在利益中,不仅包括民事主体的个人利益,可能还包括社会公共利益。例如,对于死者的名誉、肖像而言,在死者死亡后其个人享有的利益已经不复存在,但由于这种利益在一定程度上体现了社会公共利益和公共道德,从公序良俗的要求出发,有必要对该利益加以保护。实际上,保护死者的人格利益是社会公共道德和公序良俗原则的体现,本质上也是社会公共利益的一种具体表现形态。我国《民法通则》第5条规定:“公民、法人的合法的民事权益受法律保护。……”此处兼采权利和利益的概念,表明在权利之外仍然有一些合法的利益存在,但它们仍然没有被确认为权利。我国《侵权责任法》第2条第2款规定:“本法所称民事权益,包括生命权、健康权、姓名权、名誉权、荣誉权、肖像权、隐私权、婚姻自主权、监护权、所有权、用益物权、担保物权、著作权、专利权、商标专用权、发现权、股权、继承权等人身、财产权益。”死者人格利益就属于该条规定的“人身、财产权益”范畴。

还需要指出的是,对死者的人格利益不能用一般人格权予以概括性的保护,只能明确规定应当受到保护的几种具体人格利益。其原因在于:一方面,一般人格权本身是一种权利,尤其是其中包含的人格自由和平等,只是生者所能享有的权利,死者无所谓自由、平等的问题;另一方面,一般人格权是一个兜底条款,对于死者人格利益而言，本身就是法律特别列举的保护，故不能适用人格权的兜底条款，扩张保护死者人格利益的范围。

三、死者人格利益保护的范围

所谓死者人格利益保护的范围，是指死者的哪些人格利益应受法律保护。显然，一个人生前所享有的人格权和其死后所享有的人格利益是不可能同一的，不能认为生者的所有人格利益在死后都要受到保护。有学者认为，死者人格利益包括名誉、肖像、身体、隐私、姓名和名称、荣誉、亲属。[①] 笔者认为，这一解释过于宽泛。例如，人生前所享有的物质性人格权在死后不可能继续存在，而与身体相联系的人格权，如身体权等，死者也不可能享有。而与人身有密切联系的权利，如人身自由权等也不可能继续存在。即使就精神性人格权而言，像贞操等人格利益在人死后也是不能受到保护的。

关于死者人格利益的保护范围，在司法实践中存在一个不断发展的过程。它最初仅限于名誉利益，以后逐步扩及隐私等利益。《精神损害赔偿司法解释》第 3 条规定："自然人死亡后，其近亲属因下列侵权行为遭受精神痛苦，向人民法院起诉请求赔偿精神损害的，人民法院应当依法予以受理：(一)以侮辱、诽谤、贬损、丑化或者违反社会公共利益、社会公德的其他方式，侵害死者姓名、肖像、名誉、荣誉；(二)非法披露、利用死者隐私，或者以违反社会公共利益、社会公德的其他方式侵害死者隐私；(三)非法利用、损害遗体、遗骨，或者以违反社会公共利益、社会公德的其他方式侵害遗体、遗骨。"这一解释显然扩张了死者人格利益保护的范围，它不限于对死者名誉利益进行保护，还包括死者的姓名、肖像、名誉、荣誉、隐私以及遗体和遗骨等人格利益方面的保护。

(一)侵害死者精神性人格利益

1. 侵害死者的姓名、肖像、名誉利益。《精神损害赔偿司法解释》第 3 条的规定，"以侮辱、诽谤、贬损、丑化或者违反社会公共利益、社会公德的其他方式，侵害死者姓名、肖像、名誉、荣誉"；依据这一规定，此类情况可以包括如下几种行为：第一，侵害死者姓名。主

---

① 参见杨立新：《人身权法论》，人民法院出版社 2002 年版，第 307～308 页。

要表现形式为非法利用死者的姓名、招摇撞骗,利用死者的姓名从事其他非法活动,导致对死者人格的贬损。至于未经死者近亲属的同意,擅自利用死者的肖像从事营利性活动,牟取非法利益,是否构成侵权,从上述规定来看,显然不属于该条所规定的情形。例如,在著名的鲁迅冠名权案中,绍兴市中级人民法院一审判决被告绍兴鲁迅外国语学校将鲁迅姓名用于学校的命名属于正当行为。[①] 笔者认为,该判决符合上述司法解释的规定。第二,侵害死者肖像。《最高人民法院关于周海婴诉绍兴越王珠宝金行侵犯鲁迅肖像权一案应否受理的答复意见》[②]中指出:“公民死亡后,其肖像权应依法保护。任何污损、丑化或擅自以营利为目的使用死者肖像构成侵权的,死者的近亲属有权向人民法院提起诉讼。”例如,擅自在网上披露死者的裸体照片,或者丑化死者的肖像等。关于以营利为目的非法利用死者的肖像,是否构成侵权,从该规定来看,显然只限于以贬损、丑化或者违反社会公共利益、社会公德的方式侵害死者肖像,并没有包括以营利为目的的使用,因而上述司法解释没有包括此种情况。第三,侵害死者的名誉、荣誉。在审判实践中,对死者人格利益的侵害主要是指故意诋毁死者的名声、辱骂或者丑化死者等,从而侵害了死者的名誉。例如,著名的荷花女案、海灯法师案、徐大雯状告宋祖德和刘信达侵犯谢晋名誉权案等就属于此类情形。[③] 需要指出的是,该条对侵害死者人格利益的侵权方式作出了明确规定,即行为人必须是“以侮辱、诽谤、贬损、丑化或者违反社会公共利益、社会公德的其他方式”侵害死者人格利益,否则,受害人难以依据该条规定请求行为人承担责任。

---

① 该案已经二审调解,双方达成和解协议。参见《鲁迅冠名权纠纷:周海婴收回起诉书　双方庭外和解》,载《北京青年报》2001 年 12 月 20 日。

② 最高人民法院民他字(1998)第 17 号。

③ 在徐大雯状告宋祖德、刘信达侵犯谢晋名誉权案中,法院认定,被告宋祖德在博客里称谢晋因嫖妓致死及与他人有私生子均非事实,法院由此作出一审判决,要求被告宋祖德、刘信达立即停止对谢晋名誉的侵害;在判决生效之日起十日内连续十天在多家网站和报纸醒目位置刊登向原告徐大雯公开赔礼道歉的声明,致歉声明内容须经法院审核同意,消除影响,为谢晋恢复名誉;赔偿损失 29 万元。参见《谢晋遗孀告“大嘴”宋祖德名誉侵权案昨一审宣判宋祖德被判赔 29 万登报道歉》,载《扬子晚报》2009 年 12 月 26 日。

2. 侵害死者的隐私利益。依据《精神损害赔偿司法解释》第3条的规定，"非法披露、利用死者隐私，或者以违反社会公共利益、社会公德的其他方式侵害死者隐私"，侵害死者的隐私即便没有侵害名誉的，也应当受到法律的保护，并适用精神损害赔偿。之所以将死者隐私单独规定，这主要是因为，我国法律当时并未对隐私权作出规定，但实践中出现了大量的侵害隐私的情形，因此，有必要专门对此作出规定。依据该条规定，侵害死者隐私的方式主要有两种，一是非法披露。例如，在"甘维寿案"中，行为人将原告已经死亡的女儿的姓名、年龄、两性关系等隐私信息泄露，法院认为，该行为人侵害了死者的隐私，应当承担精神损害赔偿责任。[①] 二是非法利用。如未经死者近亲属同意，擅自将死者隐私改变成剧本，拍成电影、电视等节目。这两种方式都以违反社会公共利益、社会公德的其他方式侵害了死者隐私。在最高人民法院的上述司法解释出台以后，隐私利益仍然是作为一种权利外的利益加以保护的。

（二）侵害遗体、遗骨利益

严格地说，自然人死亡后，其物质性人格权已经不复存在，但其遗体、遗骨、骨灰等仍与其人格尊严存在密切联系，仍有保护的必要。从比较法上看，许多国家都有禁止侵害遗体完整性的规定，因为遗体不仅关系到死者的人格尊严，而且关系到生者对死者追思敬慕的感情。[②] 中华民族的优良传统要求尊重自己祖先或者长辈，其中就包括了对死者遗体和遗骨的尊重，中国传统文化也历来认为，掘墓毁尸是严重违反社会伦理的极端行为。可见，遗体寄托着生者对死者的感情和思念，在一定程度上也体现了对死者的尊重和对生者人格利益的保护，保护遗体并不是为了保护身体权，而是为了保护死者人格尊严和死者近亲属的人格利益。同时，对遗体的保护还涉及公共利益和公共道德的保护，因为如果允许人们随意侮辱死者的遗体，显然也是对公共道德的蔑视和侵犯。基于这一原因，有学者认为，应当承认死者身体受尊重权以及亲属的遗体处置权。[③] 从

---

① 新疆维吾尔自治区奇台县人民法院民事判决书(2006)奇民一初字第524号。

② 参见税兵：《超越民法的民法解释学》，北京大学出版社2018年版，第86页。

③ 参见徐国栋主编：《绿色民法典草案》，社会科学文献出版社2003年版，第84页。

实践来看,侵害遗体、遗骨的行为主要表现为:擅自盗取死者的器官、[①]抛撒死者的遗骨或骨灰、[②]丢失死者的遗骨[③]等。

关于遗体、遗骨的法律定位,在学理上存在"人格利益说""特殊物体说"等观点。笔者赞成死者遗体、遗骨在性质上并非单纯的物,而是体现了一定人格利益的物,[④]《精神损害赔偿司法解释》第3条第3款规定:"非法利用、损害遗体、遗骨,或者以违反社会公共利益、社会公德的其他方式侵害遗体、遗骨"的,应当对死者的近亲属予以精神损害赔偿。从该规定来看,其认为死者遗体、遗骨也体现了死者的人格利益,如果因此造成死者近亲属严重精神痛苦的,应适用精神损害赔偿。该条对侵害遗体、遗骨的行为适用精神损害赔偿责任具有一定的合理性,因为侵害死者遗体、遗骨的行为直接伤害了生者对死者的感情和尊严,也会给生者造成一定的精神痛苦。除民事立法外,我国相关立法也对遗体、遗骨的保护作出了规定。例如,《刑法》第302条专门规定了"盗窃、侮辱、故意毁坏尸体、尸骨、骨灰罪",依据该条规定,"盗窃、侮辱、故意毁坏尸体、尸骨、骨灰的,处三年以下有期徒刑、拘役或者管制"。

依据上述司法解释,构成侵害遗体、遗骨的精神损害赔偿责任应当符合如下条件:第一,行为人实施了侵害遗体、遗骨的行为。例如,在"韩某某诉中铁六局集团北京铁路建设有限公司一般人格权案"中,法院认为,被告的施工行为致使原告家位于施工范围内的墓穴及墓穴周围地貌发生了改变,其行为侵犯了原告的合法权益,给其造成精神痛苦,应承担精神损害赔偿责任。[⑤] 第二,违反了社会公共利益、社会公德。例如,在"周某与俞甲一般人格权纠纷上诉案"中,周某故意驾车冲撞俞甲父亲的出殡现场,撞倒骨灰盒、灵牌、花篮,法院认为该行为构成以违反社会公共利益,社会公德的其他方

① 参见《杨某某等诉兰州军区乌鲁木齐总医院擅自解剖死者尸体留取脏器侵权纠纷案》,载《人民法院案例选》1994年第3期(总第9期)。

② 参见《何美英等诉普觉寺墓园工作人员帮助安放骨灰盒时不慎跌落致使骨灰泼洒精神损害赔偿案》,载《人民法院案例选》2001年第2辑(总第36辑)。

③ 参见《叶繁荣、叶凡庆等与梁仲有侵权责任纠纷一审民事判决书》,广东省信宜市人民法院民事判决书,(2015)茂信法民一初字第291号。

④ 参见冷传莉:《论人格物的界定与动态发展》,载《法学论坛》2010年第2期。

⑤ 北京市门头沟区人民法院(2008)门民初字第771号民事判决书。

式侵害遗体、遗骨。[①] 以违反善良风俗的方式侵害遗体、遗骨不同于一般的非法利用和损害遗体遗骨就在于，该行为本身是不道德的。第三，行为人主观上具有故意。在侵害他人遗体、遗骨的情形，行为人主观上都是出于故意，从该司法解释规定来看，因过失行为而侵害他人遗体、遗骨的，一般不适用精神损害赔偿责任。

（三）对死者人格利益的限制

笔者认为，对死者人格利益应当采取法定的限制，不得对其作扩张的解释。这些限制主要体现在三个方面：第一，受保护的死者人格利益范围具有限制性。依据《精神损害赔偿司法解释》第 3 条规定，受保护的死者人格利益范围包括死者姓名、肖像、名誉、荣誉、隐私以及遗体、遗骨，在对死者人格利益进行保护时应以此为限。第二，侵犯死者人格利益的侵权责任构成要件应具有严格性。就侵权方式而言，除了《精神损害赔偿司法解释》第 3 条所明确列举的侮辱、诽谤、贬损、丑化、非法披露、非法利用、非法损害等侵权方式外，其他侵犯死者人格利益的方式应以"违反社会公共利益、社会公德"为必要。第三，对死者人格利益的保护还有期限性，如果年代过于久远，则可能难以对其加以保护。

四、死者人格利益保护的期限限制

在比较法上，不少学者认为对死者人格利益的保护应当有一定的期限限制。例如，德国学者 Fisher 就曾主张对于死者人格利益的保护应该如著作权一样设置一定期限。[②] 从客观上而言，对死者利益的保护设置一定的期限是具有合理性的：一方面，死者如果年代已久，其涉及隐私、名誉等的问题已经无从考证，从法律角度看，其人格利益已经进入公共领域。如果法律要对其进行保护，则失去保护的正当性。另一方面，对死者人格利益进行保护的正当性在于要维护其与近亲属间的感情，如果死者的年代已久，也就谈不上近亲属，因此从近亲属的角度保护就没有必要。尤其应当看到，年代已

---

① 浙江省舟山市中级人民法院民事判决书（2011）浙舟民终字第 86 号。

② Fisher, Die Entwicklung des postmortalen Perönlichkeitsschutzes（2004）, SS. 195 – 197.

久,对死者人格利益仍然进行保护,从诉讼的角度来看,也存在一定的困难。究竟谁有资格提起诉讼本身就存在问题。① 如果对死者人格利益无期限地进行保护,必然将引发千百年前的死者的保护问题,并引发一系列争议,1976 年发生在台湾的“诽韩案”就足以说明这一问题。② 最近,潘金莲后人在北京市朝阳区人民法院提起诉讼,起诉电影《我不是潘金莲》的导演冯小刚等人,要求为其先人潘金莲正名,引起媒体广泛关注。③

从国外立法来看,普遍对死者的人格利益的保护有一定的期限限制。国外关于死者人格利益的保护期限有两种模式。一是仅规定肖像利益受到期限的限制,其他人格利益并不作严格限制。例如,德国《艺术与摄影作品著作权法》第 22 条第 3 款和第 4 款规定,死者肖像在死后十年的期限内,可以受到保护。④ 当然,在有的案件中,法官认为,自然人死亡后,其精神性的人格利益仍应当受到法律保护,当然,应当根据具体情形判断该精神利益的保护期限,而且行为人不得侮辱诽谤死者,否则近亲属可以请求损害赔偿。⑤ 美国加州法律规定,肖像权在权利人死后 50 ~ 70 年间仍受法律保护,印第安纳州和俄克拉荷马州则规定的是 100 年。⑥ 二是对各种死者人格都不作期限限制,但限定在其近亲属范围内。例如,《希腊民法典》第 57 条规定:“如果侵害行为针对死者的人格,那么上述权利归属于死者的配偶、后代、直系尊亲属、兄弟姐妹或遗嘱指定的遗产承受人。上述权利不排除基于侵权行为法而进一步要求损害赔偿。”⑦

在我国,也有论者主张对死者人格利益的保护应当在法律上规

---

① 参见杨仁寿:《诽韩案之启示》,载杨仁寿:《法学方法论》,中国政法大学出版社 1999 年版,第 3 ~ 8 页。

② 所谓“诽韩案”,是指有人撰文认为韩愈“曾在潮州染风流病,以致体力过度消耗”,其第 39 代孙(该案原告)以“孝思忆念”为由提起了“名誉毁损”之诉。

③ 参见颜甲:《潘金莲状告冯小刚 潘家后人:这是骂我祖宗十八代!》,载《重庆晨报》2017 年 3 月 22 日。

④ 参见杨巍:《死者人格利益之保护期限》,载《法学》2012 年第 4 期。

⑤ BGH Urteil vom 5. 10. 2006 – I ZR 277/03 = BGHZ 169,193 = NJW 2007,684 = VersR 2007,550

⑥ See Ind. Stat. § 32 – 12 – 1 et seq. (West Supp. 1993) and Okla. Stat. Ann. tit. 12 § § 1448 supp. et seq. (West Supp. 1993).

⑦ Greek Civil Code, translated by C Taliadoros, 1992.

定一定的期限。有人认为，随着时间的流逝，死者的人格利益进入公共领域，成为历史事实，因此应当以死后 30 年作为期限加以限制。[①] 就此，我国立法并未就此做过专门规定。最高人民法院《关于审理名誉权案件若干问题的解答》第 5 条规定："死者名誉受到损害的，其近亲属有权向人民法院起诉。近亲属包括：配偶、父母、子女、兄弟姐妹、祖父母、外祖父母、孙子女、外孙子女。"民法典分编草案第 777 条规定："死者的姓名、肖像、名誉、荣誉等受到侵害的，其配偶、子女、父母可以依法请求行为人承担民事责任；死者没有配偶、子女和父母的，其他近亲属可以依法请求行为人承担民事责任。"该条实际上是采纳了最高人民法院的上述立场，但是如何认定死者近亲属，民法典分编草案第 822 条规定，"配偶、父母、子女、兄弟姐妹、祖父母、外祖父母、孙子女、外孙子女为近亲属"，同时归纳"共同生活的公婆、岳父母、儿媳、女婿，视为近亲属"。从上述规定可以看出，在死者人格利益受损情况下，享有诉权的主体仅限于死者三代以内的直系血亲以及部分旁系血亲，当这些近亲属也已经离世之时，原则上也就并不存在死者人格利益保护问题了。在死者人格利益遭受侵害的情形下，将请求权主体限于死者近亲属，这本身就是对死者人格利益保护期间的限制。笔者认为，对死者利益保护期限予以必要的限制是合理的，因为毕竟死者存在近亲属，才可以由其近亲属主张权利，且只有存在近亲属的情况下，才具有维护死者的利益的动力。

如果没有三代以内的近亲属，确有必要提起公益诉讼，也可允许第三人提出，但要考虑死者的人格利益是否直接关系到社会公共利益。例如，侮辱死者将构成对历史的玷污，伤害全体国民的感情，对这种已损害社会公共利益的行为，即使死者年代久远，也应当允许有关国家机关或者个人提出诉讼。

五、死者人格利益保护中请求权的主体

关于请求权的主体，是指在人格利益遭受侵害以后，究竟由谁来主张对死者人格利益的保护。从比较法上来看，在侵害死者人格

---

① 参见亓培冰：《死者肖像权的保护及其法律适用》，载《人民司法》2005 年第 1 期。

利益的情形下，关于提起请求权的主体，存在不同观点：一种观点认为，在缺乏实体法依据的情形下，仍应当肯定死者近亲属对行为人的损害赔偿请求权；另一种观点则认为，自然人死亡后，其主体资格消灭，在法律上并未对死者人格利益保护作出特别规定的情形下，应当否定死者近亲属的请求权。[①] 但我国司法实践历来明确限定了死者人格利益保护的请求权主体范围。1993 年《关于审理名誉权案件若干问题的解答》明确规定，死者名誉受到侵害，其近亲属可以作为原告提起民事诉讼，从而解决了死者名誉是否应当受法律保护的问题。但该解释仅仅涉及死者名誉侵害的问题，而没有对死者的其他人格利益侵害作出规定。最高人民法院《精神损害赔偿司法解释》第 7 条规定："自然人因侵权行为致死，或者自然人死亡后其人格或者遗体遭受侵害，死者的配偶、父母和子女向人民法院起诉请求赔偿精神损害的，列其配偶、父母和子女为原告；没有配偶、父母和子女的，可以由其他近亲属提起诉讼，列其他近亲属为原告。"作出这种解释是因为，"当前的中国社会，当代同堂、四代同堂的大家庭很多，除了父母、配偶、子女之外，祖父母与孙子女、外祖父母与外孙子女以及兄弟姐妹之间长期共同生活，建立了深厚的感情，他们之间也存在着法定的赡养、抚养和扶养关系"。[②]

就此，民法典分编草案第 777 条规定："死者的姓名、肖像、名誉、荣誉等受到侵害的，其配偶、子女、父母可以依法请求行为人承担民事责任；死者没有配偶、子女和父母的，其他近亲属可以依法请求行为人承担民事责任。"从该条内容来看，将请求死者人格利益的主体限定为死者的"近亲属"条内容，笔者认为由近亲属作为死者人格利益受损的侵权请求权主体是较为合适的。因为在一般情况下，人格利益并不直接表现为公共利益，不能由国家机关进行管理，仍然应由死者的近亲属进行管理。但问题在于，近亲属的概念依然比较宽泛，根据最高人民法院《关于贯彻执行〈中华人民共和国民法通则〉若干问题的意见（试行）》（以下简称《民法通则意见》）第 12 条

① 参见刘春堂：《民商法论集》（三），台湾元照出版公司 2016 年版，第 17 ~ 19 页。

② 唐德华主编：《最高人民法院〈关于确定民事侵权精神损害赔偿责任若干问题的解释〉的理解与适用》，人民法院出版社 2001 年版，第 56 ~ 57 页。

的规定,"民法通则中规定的近亲属,包括配偶、父母、子女、兄弟姐妹、祖父母、外祖父母、孙子女、外孙子女。"

有关死者近亲属是否存在顺序问题,按照《民法通则》的解释,近亲属都应当可以提起诉讼,按照有关司法解释起草者的解释,该条实际上存在一个顺位的规定,第一顺位是配偶、父母、子女;第二顺位是其他近亲属。如果第一顺位的人不提起诉讼,那么,第二顺位的人无权提起诉讼。如果他们都是受害人,就都有通过诉讼获得救济的权利。[①] 笔者认为,死者人格利益的保护是对生者的感情利益的保护,对死者利益的侵害还涉及社会公共道德和风气的保护,如果设定提起诉讼的顺序,则未免与死者人格利益保护制度设置的目的相悖。所以,原则上不得采取近亲属按序主张权利的方式。比如,其中某一家庭成员因侵权行为而死亡后,会给其他家庭成员带来极大的精神伤害,使其产生极大的精神痛苦。如外祖父母和外孙子女长期在一起生活,建立了深厚的感情,外祖父母死亡后,其人格利益遭受侵害,如果在第一顺序的人不主张,而又不允许外孙子女主张精神痛苦,则是不妥当的。

关于近亲属以外的其他人能否主张对死者人格利益的保护,笔者认为,近亲属范围可以扩张解释到没有血缘关系,但是长期在一起生活的人,例如与死者长期同居的伴侣等,如果其与死者曾经有很深的感情,在死者人格利益受到侵害后,其确实遭受了精神痛苦,应当可以请求赔偿。当然,法律上对这种赔偿应该有严格的限制。

死者人格利益保护中还会涉及公益诉讼问题。许多学者认为,如果死者人格利益关系到公共利益,尤其是像历史名人、领袖等伟人,其形象与名誉往往与历史传统、民族感情、国家形象紧密联系,损害其死后的人格,必将会损害公共利益,也会危害公共道德。所以,在没有近亲属提起诉讼时,法律上也可规定公益诉讼。如《匈牙利民法典》第 86 条规定:"如果损害死者(或者已撤销的法人)声誉的行为同时也损害社会利益,则检察长也有权提起诉讼。"这一观点从理论上说确有一定的道理。我国《民法总则》第 185 条规定:"侵

---

① 参见唐德华主编:《最高人民法院〈关于确定民事侵权精神损害赔偿责任若干问题的解释〉的理解与适用》,人民法院出版社 2001 年版,第 58 页。

害英雄烈士等的姓名、肖像、名誉、荣誉,损害社会公共利益的,应当承担民事责任。”该条出于维护公共利益出发,对侵害英烈人格利益的侵权责任作出了规定,其中也涉及对死者人格利益的保护。从该条规定来看,行为人依据该条规定承担侵权责任时,应当以其行为损害社会公共利益为前提。笔者认为,在判断死者人格利益是否涉及公共利益时较为困难,因为死者人格利益主要还是涉及私法上的利益,按照私法自治原则,国家机关一般没有必要进行干预。但如果确实涉及公共利益的死者人格利益保护,其近亲属又不能主张的,为维护社会公共利益,有必要由检察机关直接向人民法院起诉。当然,对此应当作出严格的限制。可以考虑,将其限定在确实涉及重大公共利益,且近亲属又不能主张的情况。

六、关于精神损害赔偿的适用

对死者人格利益的侵害是否要有精神损害赔偿,对此,学理上存在不同看法。德国判例一般不支持在侵害死者人格权情况下关于精神损害赔偿的请求。但是,如果能够认定侵害死者人格权的同时也侵害了其亲属的人格权,二者之间存在法律上的因果联系,则其亲属可以要求精神损害赔偿。① 美国判例中对死者姓名、肖像等人格利益的保护,只承认财产损害赔偿,而不承认精神损害赔偿。②

在我国,一般认为,只有因为侵害了死者人格利益而导致近亲属的人格利益受到侵害的情况下,其近亲属才有权主张精神损害赔偿。在侵害死者人格利益造成其近亲属精神损害的情形下,涉及死者人格利益保护的直接保护模式与间接保护模式问题,直接保护模式认为,在侵害死者人格利益的情形下,法律规定行为人应当承担侵权责任,其直接保护死者本人;间接保护模式则认为,在侵害死者人格利益的情形下,法律主要保护的是死者的近亲属,即通过保护死者近亲属利益的方式间接地达到保护死者人格利益的目的。两种保护模式各有利弊,正如王泽鉴先生所指出的,“此种间接保护方

---

① Schricker/Gerstenberg, Urheberecht, 1987, ss 22 and 60 of the Kunsturhebegesetz, para 24withexamples.

② See David Collins, “Age of the Living Dead: Personality Rights of Deceased Celebrities”, 39 *Alberta L. Rev.* 924.

式的优点在于维持传统人格权专属性的理论，即人死亡时，其权利能力、人格权消灭。其主要缺点在于将死者保护转为对遗族的保护，此种主体的变更，理论上难作圆满说明。请求权人的范围、保护期间难以界定”。①

我国司法实践实际上经历了从直接保护模式向间接保护模式转变的过程。在1989年的“荷花女案”中，最高人民法院发布了《关于死亡人的名誉权应受法律保护的函》[(1988)民他字第52号]，其中指出，“吉文贞(艺名荷花女)死亡后，其名誉权应依法保护，其母陈秀琴亦有权向人民法院提起诉讼”。从该批复的规定来看，最高人民法院肯定了吉文贞(艺名荷花女)死亡后仍然享有名誉权，显然是采纳了直接保护模式。② 可见，我国早期的司法实践对死者人格利益采取了直接保护模式。但在随后的司法实践中，最高人民法院在死者人格利益保护方面的态度发生了一定的转变，最高人民法院在1993年发布了《关于审理名誉权案件若干问题的解答》(法发〔1993〕15号)，其中规定：“死者名誉受到损害的，其近亲属有权向人民法院起诉。近亲属包括：配偶、父母、子女、兄弟姐妹、祖父母、外祖父母、孙子女、外孙子女。”《精神损害赔偿司法解释》第3条规定：“自然人死亡后，其近亲属因下列侵权行为遭受精神痛苦，向人民法院起诉请求赔偿精神损害的，人民法院应当依法予以受理……”从上述规定来看，最高人民法院实际上已否定了死者仍然享有人格权的观点，在侵害死者名誉等人格利益的情形下，死者的近亲属有权提出请求，而且死者近亲属提出请求的主要目的是救济自身所遭受的精神损害，这实际上是采纳了间接保护模式。

笔者认为，采用间接保护模式更为合理。直接保护模式通过肯定死者具有部分权利能力，实现对死者的直接保护，虽然具有一定的合理性，但如果采用此种保护模式，可能需要对我国既有的法律制度进行较大的调整，尤其会对我国的民事主体制度、民事权利能

---

① 王泽鉴：《人格权法》，台湾三民书局2012年版，第64页。

② 再如，在“海灯法师案”中，最高人民法院于1992年作出了《关于范应莲诉敬永祥侵害海灯名誉一案如何处理的复函》[(1992)民他字第23号]，其中规定，“敬永祥的行为已侵害了海灯法师及范应莲的名誉权，应承担相应的民事责任”。该批复也肯定了死者享有名誉权，实际上是对死者人格利益采纳了直接保护模式。

力制度等产生较大冲击；而间接保护模式通过保护死者近亲属的利益，间接保护死者本人，则能够更好地契合我国既有的法律制度。在间接保护模式下，如果因为侵害而导致近亲属遭受了精神痛苦，应当给予抚慰。法律之所以设立精神损害赔偿是为了对近亲属的精神损害予以安慰，如果近亲属并没有遭受任何精神损害，近亲属以死者人格利益受到侵害为由，主张精神损害赔偿，这和法律设定精神损害赔偿的目的是不符合的。除非因行为人的同一行为同时侵害了死者人格利益和近亲属的人格利益，如辱骂某某人之父亲，从而也损害了近亲属的利益，在此情况下，可以认为，该行为既侵害了死者的人格利益，也侵害了近亲属的人格利益。此种行为将分别产生两种不同的请求权，即近亲属既可以主张死者人格利益受到侵害的请求，也可以主张自身人格利益遭受侵害的请求。但是，考虑到其造成的直接后果仍然是对近亲属人格利益的侵害，最终后果仍然应由其近亲属承担。所以，只能以近亲属是否遭受精神痛苦给予补偿，也只能以近亲属人格利益是否遭受侵害提出请求。

综上所述，对死者人格利益的保护，主要应当采用停止侵害、消除危险、恢复名誉等方式对死者人格利益提供补救，对因死者近亲属遭受的精神损害的赔偿应作严格限制。

第二节　英雄烈士等人格利益的保护

《民法总则》第 185 条对侵害英雄烈士人格利益的民事责任作出了规定，有利于弘扬良好的道德风尚，培育和践行社会主义核心价值观。英雄烈士是一个国家和民族精神的重要体现，是引领社会风尚的标杆，是人们行为的榜样。因此，强化对英雄烈士人格利益保护，有利于弘扬烈士精神，培养公民的爱国主义精神，增强中华民族的凝聚力，也有利于激发实现中华民族伟大复兴中国梦的强大精神力量。[①]

---

① 参见张新宝：《〈中华人民共和国民法总则〉释义》，中国人民大学出版社 2017 年版，第 400 页。

一、英雄烈士等人格利益保护的概述

“天地英雄气，千秋尚凛然。”英雄烈士是我们民族的脊梁，也是激励我们前行的力量。在《民法总则》颁行前，我国司法实践中出现了一些侵害英雄、烈士人格利益的纠纷，如“邱少云案”[①]“狼牙山五壮士案”，[②]此种行为不仅损害了广大人民群众的民族情感，也不利于凝聚民族精神。[③] 为了有效规范此类行为，保护英雄烈士等的人格利益，《民法总则》第185条规定：“侵害英雄烈士等的姓名、肖像、名誉、荣誉，损害社会公共利益的，应当承担民事责任。”该条对侵害英雄烈士等人格利益的民事责任作出了规定，具有重要的现实意义。该条强化对英雄、烈士姓名、名誉、荣誉等的法律保护，对于维护民族精神、弘扬社会公共道德、有效保护英雄烈士人格利益、弘扬社会主义核心价值观，具有重要意义。[④] 2018年4月27日通过的《中华人民共和国英雄烈士保护法》（以下简称《英雄烈士保护法》）也专门对英雄烈士的人格利益保护作出了规定，该法进一步细化了英雄烈士人格利益保护的条件，并对侵害英雄烈士的民事责任规则作出了细化规定。

关于侵害英雄烈士等人格利益民事责任的立法目的，存在不同看法。有观点认为，《民法总则》第185条属于死者人格利益保护条款。[⑤] 笔者认为，《民法总则》第185条并非专门的死者人格利益保护条款，主要理由在于：一方面，该条保护的范围是“英雄烈士等”，其并不限于已经故去的烈士，还包括英雄以及其他主体，因此，将该条界定为死者人格利益保护规则并不妥当；另一方面，从《民法总则》第185条规定的文义来看，侵害英雄烈士等人格利益民事责任

---

① “邱少华与孙杰等一般人格权纠纷案”，北京市大兴区人民法院(2015)大民初字第10012号民事判决书。

② “洪振快诉葛长生名誉权纠纷案”，北京市第二中级人民法院(2016)京02民终6272号民事判决书。

③ 参见陈甦主编：《民法总则评注》（下册），法律出版社2017年版，第1324页。

④ 参见石宏主编：《中华人民共和国民法总则条文说明、立法理由及相关规定》，北京大学出版社2017年版，第440页。

⑤ 杨立新主编：《中华人民共和国民法总则要义与案例解读》，中国法制出版社2017年版，第687页。

的成立以“损害社会公共利益”为要件，目的在于淳化良好的社会道德风尚，强化社会主义核心价值观。在行为人侵害英雄烈士等人格利益并未损害社会公共利益时，相关主体则无法依据《民法总则》第185条的规定请求行为人承担民事责任。因此，该条在性质上并不属于专门的死者人格利益保护条款。尤其应当看到，在侵害死者人格利益的情形下，请求权人限于死者的近亲属，而在侵害英雄烈士人格利益的情形下，请求权人的范围并不限于英雄烈士的近亲属，也就是说，有关机关出于维护公共利益的需要，也可以向行为人提出请求。《英雄烈士保护法》第25条第1、2款规定：“对侵害英雄烈士的姓名、肖像、名誉、荣誉的行为，英雄烈士的近亲属可以依法向人民法院提起诉讼。英雄烈士没有近亲属或者近亲属不提起诉讼的，检察机关依法对侵害英雄烈士的姓名、肖像、名誉、荣誉，损害社会公共利益的行为向人民法院提起诉讼。”依据该条规定，在行为人侵害英雄烈士人格利益的情形下，英雄烈士的近亲属可以请求行为人承担民事责任，该条第1款在规定英雄烈士近亲属的请求权时，并没有以损害社会公共利益作为行为人承担民事责任的条件，可见，该条第1款的目的在于保护英雄烈士近亲属的利益，而不是为了保护社会公共利益。该条第2款在规定检察机关的请求权时，仍然将“损害社会公共利益”作为条件，可见，该款的规范目的在于保护社会公共利益。

二、侵害英雄烈士等人格利益民事责任的构成要件

（一）侵害了英雄烈士等的利益

依据《民法总则》第185条的规定，行为人承担民事责任必须是侵害了英雄烈士等的人格利益。关于烈士的范围，我国专门颁行了《烈士褒扬条例》和《中华人民共和国民政部军人抚恤优待条例》，分别对公民被评定为烈士的条件和现役军人被批准为烈士的条件作出了规定。[①] 但关于本条中“英雄”的内涵，学界存在一定的争议：一种观点认为，此处的“英雄”在性质上属于形容词，应当将该条

---

① 参见《烈士褒扬条例》第8条、《中华人民共和国民政部军人抚恤优待条例》第8条。

的“英雄烈士”解释为“具有英雄品质的烈士”；[①]另一种观点认为，该条中的“英雄”属于名词，其属于与烈士并列的人，而且此处的“英雄”应当指已经去世的英雄人物。[②] 笔者认为，本条中的“英雄”应当属于名词，即属于与“烈士”并列的人。当然，从该条规定来看，其并没有要求“英雄”必须已经牺牲，因此，其既可以是已经牺牲的英雄，也可以是未牺牲的英雄。所以，该条并不限于保护已经故去的英雄、烈士，还包括仍然健在的英雄等主体。

关于保护范围，该条使用了“英雄烈士等”的表述，这就表明其并不仅仅保护英雄、烈士的人格利益，也应当包括一般的死者人格利益。因此，关于何为烈士，并不存在太大争议，但关于本条中“等”字的理解，存在争议。

需要指出的是，《英雄烈士保护法》在规定英雄烈士人格利益保护时，并没有继续使用《民法总则》第185条的“英雄烈士等”这一表述，表明其保护范围限于英雄烈士，而不包括一般的死者人格利益。可见，《民法总则》在保护范围上要大于《英雄烈士保护法》，因此，在行为人侵害英雄烈士以外的人的人格利益并损害社会公共利益的，相关主体仍可依据《民法总则》第185条向行为人提出请求。

（二）侵害了姓名、肖像、名誉、名誉四项人格利益

从《民法总则》第185条和《英雄烈士保护法》第25、26条的规定来看，其所保护的英雄烈士等的人格利益范围限于姓名、肖像、名誉、荣誉。《英雄烈士保护法》第22条规定：“禁止歪曲、丑化、亵渎、否定英雄烈士事迹和精神。英雄烈士的姓名、肖像、名誉、荣誉受法律保护。任何组织和个人不得在公共场所、互联网或者利用广播电视、电影、出版物等，以侮辱、诽谤或者其他方式侵害英雄烈士的姓名、肖像、名誉、荣誉。任何组织和个人不得将英雄烈士的姓名、肖像用于或者变相用于商标、商业广告，损害英雄烈士的名誉、

---

① 参见张新宝：《〈中华人民共和国民法总则〉释义》，中国人民大学出版社2017年版，第400页。

② 参见杨立新：《英烈与其他死者人格利益的平等保护》，载 http://www.legaldaily.com.cn/fxjy/content/2017－03/16/content_7056376.htm? node＝70948，最后访问日期：2017年4月15日。

荣誉。公安、文化、新闻出版、广播电视、电影、网信、市场监督管理、负责英雄烈士保护工作的部门发现前款规定行为的,应当依法及时处理。”上述规则在规定英雄烈士等的人格利益保护范围时,采取了具体列举的模式,即仅限于姓名、肖像、名誉、荣誉这几种人格利益。从实践来看,侵害英雄烈士等人格权益的行为主要也是侵害姓名、肖像、名誉、荣誉的行为。

当然,该条采用封闭式列举的方式确定所保护的人格权益的范围,也存在一定的问题,因为除上述人格权益外,行为人侵害英雄烈士等的其他人格权益,同样可能损害社会公共利益,如侵害英雄、烈士等的隐私等。关于如何规范此类行为,存在三种观点:一种观点认为,应当类推适用《民法总则》第 185 条的规定规范此类行为,追究行为人的民事责任;另一种观点认为,应当适用《民法总则》第 126 条关于民事权益保护的规则规范上述行为;还有一种观点认为,应当适用《民法总则》第 109 条关于一般人格权保护的规定规范上述行为。笔者认为,《民法总则》第 185 条涉及社会公共利益问题,由于个人信息、隐私等一般不涉及社会公共利益,因此立法者将其排除在外,类推适用第 185 条的规定并不妥当。但其毕竟属于一种人格利益,因此应当受到法律保护。但究竟应当适用第 109 条还是第 126 条? 笔者认为,《民法总则》第 126 条的保护范围十分宽泛,其适用于所有的人格权益的保护,与《民法总则》第 126 条的规定相比,《民法总则》第 109 条关于一般人格权的规定更具有针对性,因此,应当适用《民法总则》第 109 条的规定规范侵害英雄烈士等隐私、个人信息的行为。

(三)损害社会公共利益

依据《民法总则》第 185 条规定,行为人在依据本条规定承担民事责任时,要求其行为必须损害了社会公共利益。社会公共利益其实是一种反射利益,也就是说,是因为侵害了英雄烈士等姓名、肖像、名誉、荣誉而引发的一种间接损害。由于英雄烈士的人格利益常常会与社会公共利益联系在一起,因此需要特别保护。《英雄烈士保护法》第 1 条明确规定:“为了加强对英雄烈士的保护,维护社会公共利益,传承和弘扬英雄烈士精神、爱国主义精神,培育和践行社会主义核心价值观,激发实现中华民族伟大复兴中国梦的强大精神力量，根据宪法，制定本法。"英烈的事迹成为社会公众追随的榜样，其与我国的社会共识和主流价值观密切相关，在某种程度上已经成为中华民族共同记忆和民族感情的重要组成部分，正是从这个意义上说，侵害英雄烈士等的人格利益，同时也会伤害社会公众的民族感情，损害社会公共利益。例如，在"叶挺后人诉'暴走漫画'"案中，法院认为，"叶挺烈士在皖南事变后在狱中创作的《囚歌》充分体现了叶挺烈士百折不挠的革命意志和坚定不移的政治信仰，表现出的崇高革命气节和伟大爱国精神已经获得了全民族的广泛认同，已成为中华民族共同记忆的一部分，是中华民族宝贵的精神财富和社会主义核心价值观的重要内容，同时也是叶挺烈士享有崇高声誉的基础。西安摩摩公司制作的该视频篡改了《囚歌》内容，亵渎了叶挺烈士的大无畏革命精神，损害了叶挺烈士的名誉，不仅给叶挺烈士亲属造成精神痛苦，也伤害了社会公众的民族和历史感情，损害了社会公共利益，故被告西安摩摩公司上述行为已构成名誉侵权"，判决被告赔礼道歉，并赔偿10万元人民币。① 因此，侵害英雄烈士等人格利益的案件可以作为公益诉讼案件，在受害人及其近亲属未提起诉讼的情形下，检察机关以及有关公益组织有权提起诉讼，请求行为人承担相应的民事责任。

三、侵害英雄烈士等人格利益的民事责任

（一）请求权主体

在侵害英雄烈士等人格权益的情形下，哪些主体有权请求行为人承担责任？《民法总则》第185条并没有对此作出明确规定。依据《英雄烈士保护法》第25条的规定，在行为人侵害英雄烈士人格利益的情形下，英雄烈士的近亲属可以依法向人民法院提起诉讼，如果英雄烈士没有近亲属或者近亲属不提起诉讼的，检察机关依法对侵害英雄烈士的姓名、肖像、名誉、荣誉，损害社会公共利益的行为向人民法院提起诉讼。笔者认为，不论是《民法总则》还是《英雄烈士保护法》，其保护英雄烈士人格利益的目的均在于保护社会公

---

①　参见《叶挺后人诉"暴走漫画"案宣判：公开致歉赔10万元》，载《法制晚报》2018年9月28日。

共利益,而非直接保护英雄烈士近亲属的利益,因此,应当由国家公权力机关(如检察院)提起诉讼。[①] 当然,在行为人的行为损害英雄等本人或者英雄烈士等近亲属的利益,导致其精神损害的情形下,其本人或者其近亲属也应当有权向行为人提出请求。笔者认为,英雄等本人或者英雄烈士等的近亲属对行为人的损害赔偿请求权应当可以与行为人依据《民法总则》第 185 条所承担的责任并存,也就是说,在行为人侵害英雄烈士等人格权益的情形下,行为人除了需要依据《民法总则》第 185 条承担民事责任外,受害人本人或者其近亲属也应当有权请求行为人承担侵权责任。[②] 例如,在"彭家惠诉《中国故事》杂志社名誉权纠纷案"中,法院认定,《中国故事》于 1998 年第 4 期刊登的小说《祸祟》,"虚构情节,用较大篇幅将在辛亥革命中英勇牺牲的彭家珍烈士,描写为令人厌恶的反面人物,严重丑化了彭家珍烈士的人格,侵害了彭家珍烈士的名誉,事实清楚,证据充分,各当事人对此均无异议。由于彭家珍烈士的父母已故,其本人没有配偶和子女,原告彭家惠是彭家珍烈士的妹妹,有权向侵害彭家珍烈士名誉权的单位或个人提起民事诉讼"。但彭家惠作为彭家珍烈士的近亲属起诉,是维护彭家珍烈士的名誉,而非自身的名誉权受到侵害。[③] 一般来说,如果死者近亲属已经提起了诉讼,有关机关就没有必要再提起诉讼。

(二)责任形式

从《民法总则》第 185 条和《英雄烈士保护法》第 25、26 条规定来看,其只是规定了在英雄烈士人格利益遭受侵害的情形下,行为人应当承担民事责任,但行为人究竟应当承担何种民事责任,并不明确。笔者认为,对于法律规定的各种民事责任形式而言,在符合法律规定的条件下,相关的责任形式即可以适用。例如,如果行为人的不法侵害行为正在进行,相关主体有权请求行为人停止侵害;在加害行为导致英雄烈士近亲属精神损害的情形下,则英雄烈士的

① 参见张新宝:《〈中华人民共和国民法总则〉释义》,中国人民大学出版社 2017 年版,第 403 页。

② 参见王叶刚:《论侵害英雄烈士等人格权益的民事责任》,载《中国人民大学学报》2017 年第 4 期。

③ 参见《最高人民法院公报》2002 年第 6 期。

近亲属应有权请求行为人承担精神损害赔偿责任。

第九章 人格权的商业化利用

第一节 人格权商业化利用概述

一、人格权商业化利用的历史发展

人格权的商业化利用，是指在市场经济社会，人格权的某些权能可以依法转让或者授权他人使用，以及在其遭受侵害以后可以通过财产损害赔偿的方式获得救济。世界知识产权组织国际局(International Bureau of WIPO)曾将商业化利用定义为："为了满足特定顾客的需要，使顾客基于与角色的亲和力而购进这类商品，或要求这类服务，通过虚构角色的创作者或者自然人以及一个或多个合法的第三人在不同的商品或服务上加工或主要利用该角色的实质人格特征。"①这一定义就解释了人格权商业化利用的部分内涵。从历史发展的角度看，人格权商业化利用理论是近代民法的产物。在古代社会，在商品经济并不发达的情况下，人格权不可能作为财产进行利用或者交易。例如，罗马法区分了有体物和无体物，认为名誉、荣誉等并非有体物，不是财产。直到中世纪，市场经济也尚未

---

① 王文英：《商品化权之反不正当竞争法保护》，载《行政与法》2003年第7期。

确立，也缺乏对人格利益进行财产评价的有效机制，如侵害人格利益不能通过市场价格来计算损失，因此不存在人格权商业化利用现象，甚至对侵害人格权的行为的制裁，也不是补偿性的，而只能是惩罚性的。①

19世纪德国著名学者基尔克提出了人格权商业化利用理论。他认为，某些具体人格权同时也是财产权。② 在19世纪末期，虽然立法者已经注意到非法利用他人姓名或肖像以获取利益的行为是客观存在的，但对此并没有给予重视。当时的司法界普遍认为，允许通过支付费用的方式利用自己的姓名、肖像供他人获取利益的市场化行为是违背人的尊严的。但在19世纪就已经开始出现人格权商业化利用的实践，③19世纪初人身保险的兴起以及收养市场的出现，已经提出了人格权商业化的问题，④19世纪末20世纪初，一些名人的姓名和肖像已经被广泛用于香水、雪茄和药品。⑤ 在两大法系中，都存在人格权商业化利用的发展趋势。但在两次世界大战以后，随着人格权观念的发展以及对人格权保护的加强，德国司法实务和民法理论越来越重视人格权的商业化利用的问题，在著名的"Paul Dahlke"一案中，德国联邦最高法院认为，在广告中使用名人的肖像，在很多情况下只能通过支付巨额费用才能够获取对方的同意，从而在法律上承认了人格权市场化的行为。⑥ 德国联邦最高法院在此案中也将肖像权归入为"具有财产价值的排除权"(vermögenswertesAusschließlichkeitsrecht)。此后，该观点亦适用于姓名权，而且一般人格权也具有财产价值成分。⑦ 欧洲其他一些国家也广泛承认了人格权的商业化利用。例如，在意大利，对非法利

---

① See Eric H. Reiter, " Personality and Patrimony: Comparative Perspectives on the Right to One's Image", 76 *Tul. L. Rev.* 676.

② O. Gierke, Deutsches Privatrecht, I, Leipzig, 1895, p. 706.

③ See J. P. Wood, *The Story of Advertising*, New York, New York: Ronald Press Co. 1958, p. 123.

④ See V. Zellzer, "Human Values and the Market: The Case of Life-Insurance and Death in 19th Century America", in 84 *Am. J. Soc.* 591 (1978).

⑤ See Huw Beverley-Smith, Ansgar Ohly, Agnes Lucas-Schloetter, *Privacy, Property and Personality*, Cambridge University Press, 2005, p. 1.

⑥ BGHZ 20, 345, 353.

⑦ 参见1999年德国联邦最高法院关于"Marlene Dietrich"一案(BGHZ, 214, 219)。

用他人的姓名、肖像等行为被法学家们界定为对人格权中肖像权或姓名权的触犯。[①] 在人格权商业化利用理论的影响下,公开权仍然被视为人格权的组成部分。[②] 总之,现代社会,人格权的专属性与非专属权的概念界限日渐模糊。[③] 与此同时,人格权商业化利用理论也在不断发展,该理论主要是近代民法的产物。

从比较法上来看,对人格权商业化利用的模式主要有两种:一是大陆法系统一保护模式,此种模式并不承认人格权商业化利用产生的独立人格权,而认为是人格权中财产利益的实现。二是以美国法为代表的公开权(the right of publicity)保护模式,此种模式认为,个人人格标志中的经济价值在性质上属于独立的公开权,公开权在性质上属于财产权,可以转让。关于我国民法典规范人格权商业化利用的模式,笔者认为,我国不宜采用美国法上的公开权模式。因为尽管公开权理论的兴起体现了现代社会某些人格标志商业化利用、市场化的趋势,但这一概念是美国法律体系中的一个特有的产物,完全照搬到中国来是比较困难的。公开权将人格权的商业化利用现象视为产生了一种新的权利,此种权利在内容上很难界定,而且也很难与隐私权等其他人格权相区别。事实上,人格权的商业化利用并非产生了一种特殊的权利,它只是包括在人格权中,只能理解为某些人格权的权能,特别是利用的权能发生了扩张,而不是生成了其他的独立的权利,更不能说在人格权之外还存在另一项并立的商业化利用权。当然,应当看到,在商业化利用中有一些现象,如虚拟人物的权利是人格权和知识产权所无法保护的。对这一类的财产利益可通过其他法律保护。例如,未经他人许可擅自使用他人所创作的虚拟角色,则可通过反不正当竞争法予以保护。

还应当看到,我国长期以来继受的是大陆法系的人格权理论,我国立法实际上也主要采用了大陆法系中的统一保护模式。例如,《民法通则》肯定肖像权、名称权可以进行利用,而没有在肖像权、名

---

① See P Vercellone, Diritti della personalita e rights of publicity, Rivista trimestrale di diritto e procedura civile, 1995, pp. 1163 – 1174.

② Corte di Cassazione, 93/2740.

③ See T. HASSLER, *La crise d'identité des droits de la personnalité*, in *Pet. Aff.*, 2004, n. 244, 3.

称权之外创设类似于公开权的独立的权利类型。从我国立法来看,《民法通则》实际上已经承认了肖像权的利用,该法第 100 条规定:"公民享有肖像权,未经本人同意,不得以营利为目的使用公民的肖像。"《民法通则》还对法人等组织的名称权利用规则作出了规定,该法第 99 条第 2 款规定:"……企业法人、个体工商户、个人合伙有权使用、依法转让自己的名称。"依据《民法总则》第 111 条的规定,行为人不得"非法收集、使用、加工、传输他人个人信息",按照反面解释,如果经过法律允许或者被收集者同意,则行为人即可收集、使用、加工、传输他人的个人信息,这实际上也肯定了个人信息可以成为商业化利用的对象。因此,我国民法典在规定人格权商业化利用的模式时,应当采纳德国的统一权利模式,承认人格权中包含财产利益和精神利益两部分,从而实现对人格权商业化利用现象的有效调整。

二、人格权商业化利用的主要原因

人格权商业化利用是市场经济社会的必然产物,也是民法发展的重要趋势,应该引起民法学理论的充分重视。笔者认为,在市场经济条件下,人格权可以进行商业化利用的主要原因如下。

第一,某些人格权尤其是标表性人格权本身具有一定的可利用价值。例如,名人的姓名、肖像、声音以及法人的名称等,具有一定的社会知名度,可以成为商业利用的对象,其价值也可以用金钱加以衡量。实践中,个人的肖像就可以用作商标或企业标志(例如,肯德基就使用了创始人本人的肖像作为其企业的标志,同时也作为其产品的商标使用)。此外,人格权之外的特定人格利益,如声音、个人特有的肢体动作等也都具有利用的价值,这也是人格权商业化利用的基础。"人格权上财产利益的肯定,非谓将人格权本身加以财产化,而是肯定个人的一定特征具有财产价值。"[①]正是因为人格权财产利益的确认,人格权的行使和利用才成为必然。当然,行为人未经他人同意而对其肖像、隐私等进行商业化利用的,应构成对他人人格权的侵害。

---

① 王泽鉴:《人格权法》,北京大学出版社 2013 年版,第 296 页。

某些人格权具有一定的可利用价值也使此类人格权包含一定的经济价值，行为人侵害此类人格权的，权利人有权请求行为人承担财产损害赔偿责任。有观点认为，虽然侵害某些人格权可能引发财产损害赔偿责任，但人格权并不包含财产价值。① 笔者认为，此种观点并不妥当，因为如果人格权不包含经济价值，则在遭受侵害时，权利人将无法主张财产损害赔偿责任，一旦肯定侵害人格权的财产损害赔偿责任，即应当认定人格权中包含了一定的经济价值。②

第二，人格权的某些权能具有可分离性。按照传统观点，人格权具有很强的人身专属性，与个人的主体资格不可分离，这就使其难以成为商业化利用的对象。但随着人格权商业化利用实践的开展，人格权的专属性出现了一些松动，某些人格权的权能具有一定程度的可分离性。例如，就姓名权、肖像权等人格权而言，权利人既可以自己利用，也可以许可他人使用，这也为人格权商业化利用创造了可能。

第三，市场经济的发展也推动了人格权商业化利用实践的开展。按照传统观点，人格权并不能成为商业利用的对象，而且人格权在遭受侵害后，受害人也不能主张财产损害赔偿，否则可能贬低个人人格。而随着市场经济的发展，尤其是大众传媒业的发展，人格权商业化利用现象开始出现，从某种意义上说，人格权商业化利用现象的产生实际上是市场经济发展和商业模式创新的结果。尤其在现代社会，随着互联网技术的进步和大数据技术的发展，碎片化的个人信息经过分析后，都可能成为商业化利用的对象。市场经济的发展、商业模式的改变以及网络营销等发展，在深刻改变我们消费方式的同时，也推动了人格权商业化法律制度的发展。

正是因为人格权可以进行商业化利用，所以，权利人可以通过协议的方式许可他人利用其人格权。同时，既然权利人可以在合同

---

① W. A. Joubert Grondslae van die persoonlikbeidsreg(1953) at 121.

② See Johann Neethling, "Personality rights: a comparative overview", *The comparative and international law journal of South Africa*, 2005, Vol. 38, No. 2, p. 224.

项下允许他人使用自己的部分人格权益,并且获得一定的收益,使人格权益具有了商业价值,那么这种商业价值自然也就能够在其死后被其继承人所继承。[①] 当然,从我国死者人格利益保护的司法实践来看,在死者人格利益遭受侵害的情形下,死者近亲属是因其本人人格利益遭受侵害而主张权利,而非死者本人的人格利益,但死者人格利益中涉及财产价值的部分,则应当是可以继承的。

从人格权法的发展来看,已经呈现商业化利用发展的趋向。在欧洲出现了所谓的"形象代言人权利",甚至一个人的声音、笔迹、舞台的形象等都可以受到人格权法的保护。[②] 随着高科技以及互联网的发展,各种新的人格利益的商业化利用会越来越宽泛,价值会越来越凸显,这必将成为人格权发展的重要趋势。某些人格权的可商业化利用并不意味着产生了一种新型的人格权,只是指某些人格权具有可利用性和财产属性,但是,如何实现人格权的商业化利用,并且不违背人格权的本质和人格权法的价值取向,这些都是人格权商业化利用必须解决的问题。

三、合同法不能解决人格权的利用问题

人格权商业化利用是人格权制度重要的发展趋势,并成为民法保护个人人格的新的领域。[③] 由于人格权商业化利用通常采用合同的方式实现,也正是因为这一原因,不能完全通过侵权责任法调整人格权商业化利用问题。虽然人格权商业化利用主要通过合同的方式实现,但并不意味着完全可以将其规定在合同法中,而不需要在人格权编中对其作出规定,主要理由如下。

第一,人格权商业化利用问题并不是纯粹的合同问题,其本身也是人格权的行使问题。按照传统观点,人格权仅具有消极防御的效力,并不具有积极利用的权能,因此,在传统大陆法系国家民法

---

① 参见张民安主编:《公开权侵权责任研究:肖像、隐私及其他人格特征侵权》,中山大学出版社 2010 年版,第 11 页。

② See Gert Brüggemeier、Aurelia Colombi Ciacchi、Patrick O'Callaghaned., *Personality Rights in European Tort Law*, Cambridge University Press, 2010, p. 572.

③ See Gert Brüggemeier、Aurelia ColombiCiacchi、Patrick O'Callaghan, *Personality Rights in European Tort Law*, Cambridge University Press, 2010, p. 572.

中,人格权主要是通过侵权法和主体制度进行调整的。但随着人格权商业化利用实践的开展,人格权积极利用权能得到了发展,在此情形下,人格权不仅具有消极防御的效力,而且具有积极利用的权能,这就需要通过"积极确权模式"对人格权作出规范。人格权商业化利用本身是人格权行使的重要体现,需要人格权编对此加以确认和调整,而不能仅仅通过合同法加以调整。尤其应当看到,在人格权擅自商业化利用的情形下,一些国家采用拟制许可使用费标准确定受害人的财产损失数额,或者考虑规定获利返还请求权等,①都已经超出了合同法的范畴。

第二,人格权商业化利用中包含了大量的特殊规则,在人格权商业化利用过程中,人格权许可使用合同是对人格利益的利用,对合同的解释、解除以及可商业化利用的人格权益的范围的限制等方面都采取了特殊的规则。未经许可对人格权商业化利用涉及精神损害赔偿、财产损失问题,尤其是对财产损害赔偿,可以考虑采用许可使用费标准或者获利返还。由此表明,人格权商业化利用确实涉及一些特殊的规则。除财产损害赔偿外,人格权商业化利用还涉及对个人人格尊严的保护问题,也就是说,法律应当设置相关的规则,防止人格权的过度商业化利用。② 例如,对人格权许可使用合同而言,可以考虑在特殊情形下赋予权利人解除该许可使用合同的权利,而合同法仅能对合同解除一般规则作出规定,无法对人格权许可使用合同的特殊法定解除事由作出规定。

第三,合同法无法对人格权商业化利用规则作出详细规定,难以有效调整人格权商业化利用制度。合同法是就一般的财产交易规则进行规定,其规则对各种交易关系均具有可适用性,无法专门就人格权许可使用合同的特殊规则专门作出规定。还应当看到,人格权商业化许可使用合同在某些规则上虽然具有一定的特殊性,但目前仍然难以将其纳入民法典合同编有名合同的范畴,故合同法无法对其作出专门调整,也难以对其作出详细规定。

---

① 参见朱岩:《"利润剥夺"的请求权基础——兼评〈中华人民共和国侵权责任法〉第20条》,载《法商研究》2011年第3期。

② 参见姚辉:《关于人格权商业化利用的若干问题》,载《法学论坛》2011年第6期。

第四，并不是所有涉及合同的规则都需要规定在合同法中，对于具有特殊性的交易规则，应当在合同法之外专门作出规定。例如，我国物权法中关于土地承包经营权流转合同、建设用地使用权转让合同等，都是合同的问题，但并不意味着都需要规定在合同法中。从我国立法来看，其在合同规则之外，也专门规定了人格权商业化利用规则。《民法通则》中对肖像权规定了人格权的利用，该法第100条规定："公民享有肖像权，未经本人同意，不得以营利为目的使用公民的肖像。"该条实际上规定了肖像权的利用问题。可见，在合同规则之外单独规定人格权商业化利用规则，也是我国既有立法经验的体现。

第二节 人格权商业化利用的范围

人格权法的发展已经呈现商业化利用发展的趋向。如何实现人格权的商业化利用，并且不违背人格权的本质和人格权法的价值取向，是人格权商业化利用必须解决的问题。可进行商业化利用的人格权益主要有以下几种。

（一）姓名权

按照传统观点，姓名权在性质上属于精神性人格权，并不具有财产价值，其主要功能是防止个人身份的混淆。姓名权作为人格权的重要类型，由于其对个人的身份具有一定的识别作用，将一些名人的姓名用于产品的宣传广告，可以对产品销售产生一定的推动作用，姓名也可以用作商标、企业名称。随着市场经济的发展，姓名权商业化利用的实践也在不断发展。姓名权商业化利用是姓名权积极利用权能发展的重要体现。从我国的司法实践来看，法院一般认可权利人有权许可他人对其姓名进行商业化利用，并可从中获利。例如，在"姚明与武汉云鹤大鲨鱼体育用品有限公司侵犯人格权及不正当竞争纠纷上诉案"[①]中，法院认为："未经权利人授权或许可，任何企业或个人不得擅自将他人姓名、肖像、签名及其相关标识进

① 湖北省高级人民法院（2012）鄂民三终字第137号民事判决书。

行商业性使用。武汉云鹤公司未经权利人许可,多次使用姚明的姓名及肖像,将其生产和销售的运动型产品与姚明相联系,并进行引人误解的宣传,其行为违背了诚实信用原则,既侵害了姚明的姓名权及肖像权,也构成不正当竞争。"由此可以看出,法院在判决中肯定了权利人有权许可他人对其姓名进行商业化利用。

(二)名称权

依据《民法总则》第110条第2款的规定,法人和非法人组织享有名称权。名称权不仅具有标识法人及其他组织身份的功能,而且具有一定的商业利用价值,权利人既可以许可他人对其名称进行利用,而且依据《民法通则》第99条第2款的规定,权利人还可以通过转让的方式利用其名称。由此可以看出,名称权的利用方式比姓名权更为广泛,即权利人不仅可以许可他人使用其名称,而且可以依法转让其名称权。从我国司法实践来看,一般也肯定权利人有权对其名称权进行商业化利用。例如,在"王某等与哈尔滨市松江塑料化学技术研究所侵害企业名称权及名誉权纠纷申请案"①中,被告未经许可擅自使用他人登记注册合法有效的企业名称,侵害了原告的企业名称权,法院判决行为人承担相应的侵权责任。由此可以看出,权利人有权许可他人对其名称进行商业化利用。

(三)肖像权

随着肖像权商业化利用实践的开展,肖像权中的经济价值逐渐得到法律的肯定与保护,权利人既可以自己使用,也可以许可他人使用其肖像权。我国《民法通则》第100条规定承认了肖像权可以经权利人同意许可他人使用,这实际上是肯定了肖像权可以成为商业化利用的对象。同时,在肖像权受到他人侵害后,权利人既可以请求行为人承担精神损害赔偿责任,也可以依据《侵权责任法》第20条请求行为人承担财产损害赔偿责任。我国司法实践一般肯定了肖像权可以进行商业化利用。例如,在"张柏芝诉江苏东洋之花化妆品有限责任公司等肖像权纠纷案"②中,被告未经原告许可,在

---

① 最高人民法院(2014)民申字第493号民事裁定书。

② 安徽省合肥市高新技术产业开发区人民法院(2003)合高新民一初字第137号民事判决书。

其网站上使用张柏芝的肖像,法院认为,"江苏东洋之花公司与张柏芝之间并无关于使用张柏芝肖像的合约,故江苏东洋之花公司以营利为目的,在其注册所有的网站上张贴张柏芝的肖像,是侵犯了原告的肖像权"。在该案中,法院虽然否定了原告的精神损害赔偿请求权,但肯定了其财产损害赔偿请求权。由此可以看出,我国司法实践实际上肯定了权利人许可他人使用其肖像的权利。

(四)隐私权和个人信息权

隐私权可以成为商业化利用的对象,如近几年兴起的网络直播,就属于经权利人同意而对其个人的生活起居、工作等进行直播,这实际上就是对隐私权的积极利用。个人信息也可以成为商业化利用的对象,因为,个人信息本身就兼具人身属性和财产属性,绝大多数个人信息都可以进行经济利用,如将个人信息汇聚成大数据由他人共享,或者用于商业分析和商业规划等。随着信息社会的发展,个人信息的利用价值越来越大,被称为21世纪的"数据金矿"。

(五)其他人格利益

除上述人格权外,其他人格利益也可以进行商业化利用。例如,自然人死亡后,其人格要素如姓名、肖像等,仍具有商业利用的价值,也可以成为商业利用的对象。① 例如,在"周某诉黄某、贵州人民出版社肖像权纠纷案"中,被告将鲁迅的肖像编入《鲁迅像传》一书中,一共使用了114张鲁迅的肖像照片并配以文字解说。法院虽然认为被告的行为是对鲁迅肖像的合理使用,不构成侵权。但也肯定了死者的人格要素可以成为商业化利用的对象。除死者人格利益外,其他人格利益,如个人特有的声音、肢体动作等,均可成为商业化利用的对象。

在现代社会,不仅应当关注人格权的保护,还应当更多地关注人格权的有效利用,人格权制度是由确认、利用和保护三类规范共同组成的。人格利益如姓名、肖像、声音、隐私等,在传统上被认为是财产之外的没有价格的利益。随着近几十年来人格权商业化利用的发展,这些权利越来越具有财产属性,权利人有权许可他人使

---

① Jean-Christophe Saint-Pau, L'article 9, matrice des droits de la personnalité, in Recueil Dalloz, 1999, n° 37, p. 541.

用。现代各国法律确定个人对其信息所享有的支配权，目的之一就是促进个人对信息的利用，对信息的保护和利用构成个人对信息所享有的权利的两个支柱。由此表明，现代社会中，对人格权的主动利用趋势日益突出和普遍，人格权的内涵在逐渐扩张，利用方式不断丰富，适用范围也不断扩大。但由于人格权自身的特殊属性，对于人格权的利用，应与物权、知识产权等财产权有所区别，因而，有必要构建一套以保护人格尊严为基础的人格权利用制度。

正是因为人格权许可使用合同的牵涉面比较广，涉及多项人格权的适用，规则具有广泛的适用性，所以不应该规定在具体人格权类型中，而应该作为人格权编总则的规则予以规定。需要指出的是，为保护个人的人格尊严，应当对可进行商业化利用的人格权益的范围进行一定的限制，以防止人格权的过度商业化利用。从比较法上来看，各国一般禁止对物质性人格权进行商业化利用，主要将人格权商业化利用的权利范围限于精神性人格权。[①] 例如，《法国民法典》第 16－5 条规定："任何赋予人体、人体之各部分以及人体所生之物以财产价值的协议，均无效。"笔者认为，我国民法典在界定可商业化利用的人格权益的范围时，需要平衡保障个人商业化利用其人格权的自由与人格尊严保护之间的关系。参考比较法上的通行做法，可以采用排除规定的方法界定可商业化利用的人格权的范围，即明确规定不宜成为商业化利用对象的人格权益的范围，除此之外的人格权益原则上都可以成为商业化利用的对象。[②] 同时，在具体界定不宜成为商业化利用对象的人格权益的范围时，明确将物质性人格权如生命权、身体权、健康权等排除在外，因为此类人格权益与主体资格存在密切联系，对个人正常的生活具有较大影响，一旦允许个人对其物质性人格权进行商业化利用，可能导致人沦为权利客体，因为个人可能会基于经济方面的原因而放弃其物质性人格权。

---

①　参见[美]古奥乔·瑞斯塔：《人格利益商品化——比较法的考察》，载《2010 年国际民法论坛论文集：人格权保护——历史基础、现代发展和挑战》，第 135 页。

②　参见王叶刚：《论可商业化利用的人格权益的范围》，载《暨南学报》2016 年第 11 期。

第三节　人格权许可使用合同

一、人格权许可使用合同的概念和特征

所谓许可使用，是指权利人通过合同的方式，许可他人在约定的期限和范围内使用其人格权。人格权的商业化利用往往需要通过合同来进行，比如，在合同中需要明确权利人授权许可他人利用哪些特定人格利益，在人格权商业化利用应以不侵害权利人的人格尊严和人身自由等为前提。对人格权许可使用合同而言，被许可人应当按照约定的期限和方式使用他人人格权，否则不仅构成违约，而且也构成对他人人格权的侵害。例如，在"任达华与海南正大汇龙房地产开发有限公司肖像权纠纷上诉案"[①]中，法院认为，被告仅与原告签订《演出协议书》，而没有签订肖像权许可使用合同，其利用原告肖像的行为已经超出许可使用的范围，故构成侵权，应当承担侵权责任。

从本质上而言，人格权许可使用合同是一种典型的合同类型，但是这并不意味着，人格权法不能涉及许可他人使用肖像权等权益的内容，因为人格权许可使用是人格权的具体行使方式，正如建设用地使用权是物权法的调整对象一样，人格权许可使用合同也理应受到人格权法的调整。相反，正是因为人格权许可合同本质上属于合同，所以有关人格权许可使用合同的成立、生效等规则理应适用合同法总则的有关规定。当然，人格权许可使用合同又不同于财产权交易合同，故无法简单适用合同法的规则，应当由人格权法对肖像权等人格权许可使用合同的特殊规则作出规定。换言之，人格权许可使用合同事关人格利益的利用，这就需要在涉及合同解释、合同解除以及限制可商业化利用的人格权益范围等方面构建诸多特殊的规则，因而不能完全适用合同法的规则。从法律适用角度而言，在人格权编对人格权许可使用合同作出特别规定的情形下，人

① 海南省高级人民法院(2013)琼民三终字第59号民事判决书。

格权许可使用合同的规则可视为合同法的特别规则，就该编的规定与合同法规定的关系而言，按照“特别规范优于一般规范”的法理，理应优先适用人格权编的相关规定。

一般认为，人格权许可使用合同主要具有如下特征。

第一，主体范围具有宽泛性。人格权许可使用合同的主体范围十分广泛。有观点认为，只有所谓“名人”才能对其人格权进行商业化利用，一般人难以对其人格权进行商业化利用。笔者认为，此种观点并不妥当，这显然是对人格权商业化利用现象的一种误解，因为一方面，随着自媒体的发展，所谓“名人”与普通人往往难以区分，将人格权商业化利用的主体范围限于“名人”并不妥当。另一方面，与所谓“名人”相比，普通人人格权中所包含的经济价值虽然相对较低，但其仍然可以成为商业利用的对象。从实践来看，不仅是“名人”，普通人的人格权也可以成为商业化利用的对象。例如，将他人的私人活动直播到网上，一般人的肖像、隐私等也可以成为商业利用的对象；再如，未经许可抓拍某人在公共场所的形象，用于制作相关的作品、广告等，显然也是对他人人格权的一种利用。

第二，客体的特殊性。人格权许可使用合同针对的是人格权商业化利用，而此种利用并非财产的转让，因此此类合同不同于一般的财产转让合同。就作为人格权许可使用合同客体的人格权而言，其具有很强的人身专属性，除了法人名称权等特殊人格权之外，对人格权只能进行许可使用而不能进行转让。为了尊重和保障人格权，法律上应当对人格权商业化利用进行一定的规范，例如，法律原则上就需要禁止针对生命权、身体权、健康权进行许可使用。

第三，许可期限应当进行一定限制。诚如前述，人格权只能许可使用而不能转让，这就决定了人格权许可使用合同必须有一定的期限限制，否则将可能导致人格权许可使用异化为人格权的转让合同，并最终有损于人格权人的合法权益。

第四，许可合同不具有可转让性。人格权许可合同的被许可人应当在许可使用的范围内利用他人人格权，而不能将该使用权予以转让；在权利人同意转让的情况下，宜将此解释为权利人与他人之间达成了新的人格权许可使用合同。有观点认为，人格权的许可使用仅能使被许可人享有债权，并不符合现代社会对人格要素使用的要求,也与人格权的积极使用、收益权能不相符合,因此,我国立法应当承认具有物权性质的人格权使用权。[①] 对此,笔者认为,此种理解虽然因为使被许可人享有物权性的利用权而有利于其权益的保护,但这种见解也可能使相关人格标志的利用脱离权利人的控制,从而不利于保护个人的人格尊严。因此,被许可人应当在合同约定的期限内,按照合同约定的方式对人格权加以利用,否则将构成对他人人格权的侵害。肖像许可使用合同可以采取口头形式、书面行使以及其他形式。

二、人格权许可使用合同的内容

人格权许可使用合同是以人格权的许可使用为核心内容的合同,其包括了如下主要内容。

第一,许可使用的对象。权利人许可他人使用的人格权,权利人可以与相对人在合同中约定相对人可以对哪些人格权的载体形式加以利用,被许可人仅能在该约定范围内对人格权人的人格权加以利用,否则不仅构成违约还将构成对人格权人人格权的侵害。换言之,被许可人究竟可以使用权利人何种人格权以及何种程度的表现方式,这些均应当通过人格权许可合同进行约定。以肖像权为例,双方约定的肖像权可以是通过绘画、摄影等方式呈现的外部形象,也可以是以其他形式展示的个人外部形象。

第二,许可使用的方式。人格权许可使用合同的当事人对于人格权的许可使用通常都要明确进行使用的具体方式,例如,在他人的特定商品包装上使用、在特定商品或服务的广告中使用等。从保护人格权人的利益出发,如果合同条款就许可使用的范围约定不明确,则应当尽量对该条款作有利于人格权人一方的解释。民法典分则草案第 801 条规定:"肖像许可使用合同中就肖像使用的范围、方式等约定不明确的,应当作出有利于肖像权人的解释。"该条实际上采纳了这一观点。

此外,当事人还可以在合同中对人格权许可使用的具体方式作出约定,即被许可人究竟是独占性许可使用还是非独占性许可使

---

① 参见黄芬:《商品化人格权的定限转让》,载《河北法学》2017 年第 1 期。

用。例如,被许可人是饮料的生产商,当事人可以约定,人格权人不得许可其他饮料的生产商使用其人格权。如果当事人明确约定被许可人对人格权人的人格权享有独占性使用权,则人格权人即不得再次许可他人利用其人格权,否则将构成违约。

第三,许可使用的期限。如前所述,人格权许可使用一般都有一定的期限限制,当事人应当在合同中对人格权许可使用的期限作出约定。被许可人仅可在许可使用的期限内使用权利人的人格权。如果当事人未在合同中明确约定人格权的许可使用期限,则双方当事人应当有权随时解除合同,当然,当事人解除合同时应当在合理的期限之前通知对方。

三、人格权许可使用合同的解释

民法典分编草案第 801 条规定:"肖像许可使用合同中就肖像使用的范围、方式等约定不明确的,应当作出有利于肖像权人的解释。"该条对人格权许可使用合同的解释规则作出了特别规定。依据该条内容,在合同条款约定不明确时,对该条款应当作有利于人格权人的解释。作出此种规定主要是为了进一步强化对权利人人格利益的保护,体现了人格权优于财产权保护的立场。当然,此种优位并不损害当事人地位的平等。事实上,当事人的法律地位仍然是平等的,只不过因为权利效力的不同,即基于利益衡量的考虑对人格权和财产权进行区别对待。当然,此处的多种解释方案中有利于权利人的解释的选择的前提条件在于,多种解释方案本身均是合理的解释方案。

四、人格权许可使用合同的解除

关于人格权许可使用合同的法定解除,有观点认为,人格权许可使用合同解除的规则可以适用合同法定解除的一般规则,而不需要设置特殊的规则。笔者认为,此种观点并不妥当,因为我国合同法的规则是以财产权为原型而设计的,将其直接适用于人格权许可使用合同,可能不利于保护个人的人格权。为了强化对人格权的保护,应当就人格权许可使用合同的解除规则作出特别规定。因为人格权不同于财产权,对财产权交易合同而言,出于鼓励交易的目的,应当对合同的法定解除事由进行严格限制，但是对于人格权而言，与鼓励交易相比，更应当注重对人格权的保护，因此，不应当仅以鼓励交易为由而严格限制人格权许可使用合同的法定解除条件。因此，应当尽量放宽人格权许可使用合同中人格权人依法享有解除权的法定解除条件。正是基于同样的考虑，有学者认为如果被许可人的行为影响权利人人格发展的需要，则为了满足人格权人人格利益自治的需要，应当允许其解除合同。① 也有人认为，如果人格权人价值观的变化，或者是被许可人的行为侵害了权利人的一般人格权，人格权人有权解除合同。②

对此，2018 年 8 月 27 日首次审议的民法典分编草案第 802 条规定："当事人对肖像许可使用期限没有约定或者约定不明确的，任何一方当事人可以随时解除肖像许可使用合同，但是应当在合理期限之前通知对方。当事人对肖像许可使用期限有明确约定，肖像权人有正当理由的，可以解除肖像许可使用合同，但是应当在合理期限之前通知对方。因解除合同造成对方损失的，除不可归责于肖像权人的事由外，应当赔偿损失。"该条在肖像权部分就肖像许可使用合同的解除规则作出了规定，该条区分了许可使用合同是否有约定的期限，并设置了不同的解除规则，即在当事人未明确约定许可使用的期限时，双方当事人均有权随时解除合同；在当事人约定了许可使用期限时，则人格权人在有正当理由时可以依法解除合同。但如何理解此处的"正当理由"，该条并没有作出明确规定。从立法目的判断，此处的正当理由即对人格权人单方解除权的限制，是为了防止权利的滥用，也可以说是诚信原则的延伸。从该条文整体上分析，可知赋予肖像权人单方解除权，有利于充分保护肖像权。解除权是当事人以单方的意思使合同效力终止的权利，人格权与个人的人格尊严密切关联，如果继续利用有损害个人人格尊严，为了维护尊严，就应当允许权利人解除合同。

单方解除权本质上是为了强化对人格权的保护，体现了人格权

---

① 参见姚辉：《人格权法论》，中国人民大学出版社 2011 年版，第 395 页。

② 参见刘召成：《人格商业化利用权的教义学构造》，载《清华法学》2014 年第 3 期。

较之于财产权处于更优越的地位。在实践中，人格权人在签订人格权许可使用合同时可能因为考虑不周延，事后发现需要弥补时，应当给予权利人解除合同的权利和机会。赋予权利人单方解除权，是为了保障个人的人格尊严，维护其对人格利益的控制，体现了权利人对其人格利益的支配。与此同时，以"正当理由"对人格权人这一权利进行限制，则更好地平衡了合同各方当事人的权益。笔者认为，此处所说的"正当理由"既包含前述学者所言的"影响权利人人格发展的需要"，也应当包含其他一切导致人格尊严受损的情形。换言之，一切继续使用损害尊严和人格利益，都属于此处所说的"正当理由"。此外，对人格权许可使用合同而言，如果人格权人的宗教信仰或者政治观念发生了变化，或者客观情况发生了变化，则应当允许其撤回其许可。[①]

通常，当事人订立人格权许可使用合同后，被许可人应当在合同约定的期间和范围内对他人人格权进行利用，否则即可能构成对他人人格权的侵害。当然，为保障个人的人格尊严，应当对人格权商业化利用的方式进行一定的限定。对法人、非法人组织的人格权而言，其可以通过许可使用或者转让的方式加以利用，但对自然人的人格权益而言，为了保护个人的人格尊严，同时考虑人格权的人身专属性，应当禁止权利人转让其人格权，因而，应当将其利用方式限定为许可使用。

第四节　未经许可使用他人人格权的损害赔偿责任

一、未经许可使用他人人格权的精神损害赔偿

行为人未经许可对他人人格权进行商业化利用时，权利人可能遭受一定的精神损害，在此情形下，权利人应当有权依据《侵权责任

---

① See Huw Beverley-Smith、Ansgar Ohly & Agnes Lucas-Schloetter, *Privacy, Property and Personality: Civil Law Perspectives on Commercial Appropriation*, Cambridge University Press, 2005, p. 137.

法》第22条请求行为人承担精神损害赔偿责任。从我国的司法实践来看，在一些案件中，法院没有考虑受害人的财产损害，而主要通过精神损害赔偿对受害人进行救济。例如，在“崔永元诉北京华麟企业（集团）有限公司侵害肖像权、名誉权案”①中，由于原告未举出其他证据证明其遭受了经济损失，因而法院并未支持原告赔偿经济损失的请求，但法院肯定了原告的精神损害赔偿请求权，并根据侵害肖像权、名誉权的范围，侵权方式，过错程度等情况酌定精神损害赔偿数额；再如，在“昆明市园林索道管理处因肖像权纠纷上诉案”②中，法院认为，肖像权主要是一种公民精神上的人格权利，原判关于由上诉人赔偿经济损失（律师费）的内容不当；又鉴于上诉人所印制和销售印有被上诉人肖像的索道票及简介数量较大，具有营利性，且使用门票、简介者的处理方式不同，加之乘坐索道缆车的游客来自四面八方，致使该肖像侵权的扩散面较宽，客观上给两名被上诉人的身心造成一定程度的损害，故上诉人应负担因此给被上诉人造成的精神损害赔偿。

从我国的司法实践来看，在原告因无法证明其损失而难以获得救济的情形下，法院一般会通过适当提高精神损害赔偿的方法来弥补受害人的损失。当然，完全以精神损害赔偿来替代财产损害赔偿也是不妥当的，因为精神损害赔偿的目的主要是抚慰受害人，并不能达到剥夺侵权人收益的目的；而且精神损害赔偿的数额是有限的，无法达到制裁侵权人的目的，甚至在一定程度上鼓励了侵权行为，难以发挥侵权法的损害预防功能。

笔者认为，在人格权商业化利用的情形下，在适用精神损害赔偿责任时，应当考虑权利人的财产损害，从而实现财产损害赔偿与精神损害赔偿的平衡。精神损害赔偿本身具有调节功能，在财产损害不足的情况下，可以通过精神损害赔偿的方式予以调节。当然，在行为人未经许可对他人人格权进行商业化利用的情形下，单纯的精神损害赔偿无法对人格权中的财产利益进行有效的保护，还必须借助传统的财产损害赔偿方法。因为从实践来看，在人格权商业化

---

① 北京市朝阳区人民法院（1999）朝民初字第4247号民事判决书。

② 云南省昆明市中级人民法院（2000）昆民终字第684号民事判决书。

利用的情形下,权利人所遭受的损害主要是财产损害,只有在极少数案件中,受害人才会遭受精神损害。在商业化利用趋势下,保护人格权中的财产利益是人格权保护的一个重要内容,在现实生活中,如果仅仅提供精神痛苦的抚慰,而不对财产损失进行补偿,尤其是在不法行为人侵害他人人格权取得非法的巨大经济利益的情况下,如果不予财产补偿将可能导致对受害人严重不公平的后果。因此,对人格权的侵害应当区分精神损害和财产损害,并进一步分别计算赔偿额。法官在衡量精神损害赔偿数额时,可以考虑行为人的获利情况,从而有效剥夺行为人的获利,充分发挥侵权责任的损害预防功能。

二、未经许可使用他人人格权的财产损害赔偿

如前所述,在行为人未经许可对他人人格权进行商业化利用的情形下,权利人也可能遭受一定的财产损害,为全面救济受害人,应当注重发挥财产损害赔偿的功能。《侵权责任法》第 20 条对侵害人身权益的财产损害赔偿责任作出了规定,其主要适用于人格权商业化利用的情形,该条规定:“侵害他人人身权益造成财产损失的,按照被侵权人因此受到的损失赔偿;被侵权人的损失难以确定,侵权人因此获得利益的,按照其获得的利益赔偿;侵权人因此获得的利益难以确定,被侵权人和侵权人就赔偿数额协商不一致,向人民法院提起诉讼的,由人民法院根据实际情况确定赔偿数额。”依据该条规定,在行为人未经许可对他人人格权进行商业化利用的情形下,权利人有权请求行为人承担财产损害赔偿责任,关于财产损害赔偿数额的确定,该条确立了如下规则。

(一)按照实际损失赔偿

在行为人未经许可对他人人格权进行商业化利用的情形下,依据《侵权责任法》第 20 条的规定,如果权利人能够证明其实际财产损失数额,则其有权请求行为人按照该数额承担损害赔偿责任。尽管行为人侵害的对象是他人的人身权益,但由于造成了受害人财产损害,所以,也适用财产损害赔偿的原则。另外,从侵权责任法的一般原理来说,损害赔偿就是按照受害人的现实损害进行赔偿,所以,该条规定也符合一般原理。因此,在造成财产损失

的情况下，受害人应当举证证明损害的存在和范围，据此确定损害赔偿的数额。

在权利人选择请求行为人按照实际损失赔偿时，按照损害确定性的要求，权利人应当证明其客观上遭受了确定的财产损害，也需要证明其财产损失的具体数额，否则将难以获得救济。

（二）按照获利数额赔偿

依据《侵权责任法》第20条的规定，在权利人的损失难以确定时，如果行为人有获利的，则权利人有权请求行为人按照其获利承担财产损害赔偿责任。《侵权责任法》确立的获利赔偿规则有利于剥夺行为人的非法获利，从而发挥侵权法的损害预防功能。早在罗马法中，就确立了"禁止非法获利"的原则，这是罗马法法谚"任何人不得因他人不法行为获利"（neminem cum alterius detrimento et iniuria fieri locopletiorem）的基本要求。禁止非法获利也是矫正正义的具体体现，《侵权责任法》第20条规定了获利返还请求权，创设了"获利视为损害"的规则，这一方面有利于缓解受害人证明其客观上遭受财产损害的困难；另一方面，将行为人的获利视为受害人的损害，也可以有效剥夺行为人的非法获利。

获利标准也称为侵权获利标准，也就是说，在受害人的损失难以确定时，可以按照侵权人的获利进行赔偿。《侵权责任法》第20条被称为"获利视为损害"的规则。这一规定符合侵权责任法上的完全赔偿原则，即只要是与侵权行为有因果关系的损害，都应当予以赔偿，以使受害人恢复到如同损害没有发生的状态。该条适用于侵害他人人身权益的情况，被侵害人身权益包括的范围非常宽泛，不仅包括人格权、身份权，而且包括权利以外的人身利益，但是不能包括财产权益。它适用的典型情形就是侵害肖像权。这一规则主要运用于可商业化利用的人格权受侵害的情形。在确定行为人的获利数额时，存在如下标准。

第一，依据权利人人格权在行为人全部获利中的贡献度确定数额。德国学者 Schultz 认为，应该根据不同考量要素（商品、版权、劳动力、企业等)对获利的贡献进行公平的分割,并根据贡献进行分配。[①] 例如,以他人的肖像做广告,对产品的促销究竟有多大的作用,应当综合考量上述因素加以判断。

第二,使用费标准。从比较法上看,德国法允许权利人按照拟制的许可使用费标准请求行为人赔偿,即在行为人未经许可对他人人格权进行利用时,受害人有权请求行为人按照其通常的许可使用费赔偿。[②] 我国也有学者主张,在人格权侵权的情形下,可以考虑引入使用费标准,即将《侵权责任法》第 20 条所规定的赔偿损失解释为包括使用费标准。[③]

第三,比较标准,即比较行为人因利用他人权利后获得的利润总额与假如未利用他人权利而获得的利润总额,二者之间的差额就应当是因利用他人权利而获得的利益。例如,某人未经他人许可而利用其肖像做广告,因此节省了相应的广告费用,所以,他应赔偿聘请同类的人做广告所应支付的费用。如果某个肖像权人是明星等公众人物,使用其肖像所得利益比使用普通人的肖像虽然更大。一般而言,肖像权人的名气和获益成正比关系,因此,在计算损害赔偿金额时,可以考虑明星肖像使用许可的市场价格。对于肖像的非商业化的利用,如果确实造成精神损害,应当赔偿精神损害。

(三)法院酌定标准

依据《侵权责任法》第 20 条的规定,酌定的情形适用于获利难以确定的情况,也包括了侵权人没有获利的情况。在此情况下,受害人仍然无法证明自己的损失,因此,运用前述标准来赔偿是不可能的,只能通过法院酌定的办法来确定赔偿额。法院在酌定赔偿数额时,虽然没有最高或最低限额的限制,但是也应当谨慎确定,避免赔偿数额过高或过低。就侵害肖像权的案件来说,法院在酌定赔偿数额时,应对侵权人的过错程度、具体的侵权行为和方式、造成的损

---

① Schultz, "System der Rechte auf dem Eingriffserwerb", 105 AcP 1 (1909); Kellmann, Grundsatze der Gewinnhaftung, 139 (1969).

② Dreier/Schulze/Dreier, UrhG, § 97, Rn. 58; Ohly/Sosnitza/Ohly, UWG, § 9, Rn. 14; Fezer, Markenrecht, § 14, Rn. 1024 f.

③ 参见张红:《人格权总论》,北京大学出版社 2012 年版,第 209 页。

害后果和影响等因素进行综合考量并确定。[①] 在司法实践中，有的法院认为："如果有一般许可使用费可以参照，法院可以结合侵权人过错、侵权的情节、该许可使用的范围、时间、受害人知名度等因素，参照许可使用费确定赔偿数额。"[②]此种看法不无道理。事实上，在《侵权责任法》颁行前，有的法院在决定人格权商业化利用财产损害赔偿数额时，已经开始参考拟制的许可使用费。例如，在"艾瑞比·鲍威尔·泰勒诉人像摄影杂志社侵犯著作权、肖像权纠纷案"[③]中，法院认为，对于赔偿的具体数额，本院将参照模特行业肖像使用费的一般付费标准及被告侵权的情节等因素酌情予以确定。

针对利用网络侵害他人人身权益造成他人财产损失情形下财产损失赔偿数额的确定，最高人民法院《关于审理利用信息网络侵害人身权益民事纠纷案件适用法律若干问题的规定》第 18 条第 2 款规定："被侵权人因人身权益受侵害造成的财产损失或者侵权人因此获得的利益无法确定的，人民法院可以根据具体案情在 50 万元以下的范围内确定赔偿数额。"其也适用于未经许可在网络环境下对他人人格权益进行商业化利用的行为，该条规定可以看作《侵权责任法》第 20 条规定的一种具体化。如果将该数额与精神损害赔偿数额相比较，从我国司法实践来看，法院所确定的精神损害赔偿数额一般在 10 万元以下，[④]由此可以看出，该司法解释所确定的财产损失赔偿数额明显高于精神损害赔偿数额，这也有利于剥夺行为人的获利，从而更好地发挥侵权法的损害预防功能。

在行为人未经许可对他人人格权进行商业化利用的情形下，法院在酌定行为人的财产损害赔偿数额时，还应当考虑行为人的侵权

---

① 参见全国人大常委会法制工作委员会民法室编：《侵权责任法条文说明、立法理由及相关规定》，北京大学出版社 2010 年版，第 76 页。

② "张柏芝诉梧州远东美容保健品有限公司肖像权案"，江苏省无锡市中级人民法院(2005)锡民初字第 101 号民事判决书，江苏省高级人民法院(2006)苏民终字第 109 号民事判决书，载《人民法院案例选》(2006 年第 4 辑)，人民法院出版社 2006 年版。

③ 北京市第一中级人民法院(2003)一中民初字第 10253 号民事判决书。

④ 例如，在"范冰冰与毕某、贵州易赛德文化传媒有限公司侵犯名誉权纠纷案"中，法院判决毕某和易赛德公司应分别承担赔偿精神抚慰金 3 万元和 2 万元；再如，在"徐某与北京新浪互联信息服务有限公司侵犯名誉权纠纷案"中，法院判定新浪公司赔偿原告精神损害抚慰金人民币 2 万元。

方式。例如,在行为人未经许可对他人肖像权进行商业化利用的情形下,法院在确定行为人的财产损害赔偿数额时,应当考虑肖像制作的背景、是否具有私人或公共属性、如何制作、是否公开制作、使用何种设备(如是否使用长聚焦镜头)、肖像的类型与特征是什么、制作了多长时间、肖像的尺寸大小如何、肖像以前是否可以获得、有无涉及隐私部位、肖像是否曾被复制、被告是否从中获利、肖像所要传递的信息是否具有娱乐价值、肖像权人的地位和特征如是否属于公众人物、本人是否愿意出版肖像、出版肖像对本人是否有实际的不利等情况。如果侵害肖像权造成了对其他人格利益的侵害,如散布他人裸体照片,导致他人的名誉、隐私等权利受侵害,表明受害人的损害后果是综合性的,较为严重,在确定财产损害赔偿数额时也应当考虑此种情况。

第十章　侵害人格权的责任方式

第一节　侵害人格权的责任方式

一、我国侵害人格权民事责任的立法体例和特点

从我国现行立法规定来看，我国立法并没有对侵害人格权责任形式的优先顺序作出明确限定，而是规定了多元化的责任形式。我国《民法通则》第120条第1款规定："公民的姓名权、肖像权、名誉权、荣誉权受到侵害的，有权要求停止侵害，恢复名誉，消除影响，赔礼道歉，并可以要求赔偿损失。"《侵权责任法》第15条规定："承担侵权责任的方式主要有：(一)停止侵害；(二)排除妨碍；(三)消除危险；(四)返还财产；(五)恢复原状；(六)赔偿损失；(七)赔礼道歉；(八)消除影响、恢复名誉。以上承担侵权责任的方式，可以单独适用，也可以合并适用。"《民法总则》第179条也规定了多种民事责任方式，其中许多责任方式也可以适用于人格权遭受侵害的情形。从上述规定来看，我国法律对于人格权侵害的救济，并没有采取单一的方法，而是通过各种责任形式对受害人予以补救，特点表现为：一方面，在损害赔偿之外规定了多种责任形式，这有利于通过多种责任形式对受害人提供救济。例

如,在加害行为正在进行的情形下,与损害赔偿责任方式相比,停止侵害等责任方式更有利于预防、防止损害后果的进一步扩大。其不仅注重对受害人的事后救济,也重视对损害的事先预防。另一方面,强调多种责任形式的综合运用。我国《民法通则》《侵权责任法》《民法总则》均规定了多种责任形式,而且可以依据具体的情况合并适用。通过这些责任形式的综合运用,可以针对侵害的不同形态,妥善救济受害人。还要看到,我国现行立法注重发挥侵权责任的多重功能,既包括恢复原状,也包括金钱赔偿。在实际运用中,为强化对受害人的保护,赋予了受害人选择权。所以,我国法律的规定相较于德国和日本的法律规定更有利于保护受害人。

依据《民法总则》第 179 条的规定,侵害人格权的民事责任方式主要包括停止侵害、排除妨碍、消除危险、赔偿损失、消除影响、恢复名誉等。民法典分编草案也延续了这一立场,草案第 778 条第 1 款规定:“侵害民事主体人格权的,应当依照本法和其他法律的规定承担停止侵害、排除妨碍、消除危险、赔偿损失、消除影响、恢复名誉、赔礼道歉等民事责任。”因此,在侵害人格权的情形下,要采用多种责任形式对受害人提供全面救济,受害人既可请求恢复名誉,赔礼道歉,又可以请求损害赔偿,而且可以同时请求恢复名誉和赔偿损失,从而将两种责任方式有效地结合起来,充分地发挥其制裁不法行为人,并保护受害人利益的作用。

在我国,侵害人格权的民事责任方式与侵害财产权的民事责任方式并不完全相同,侵害人格权的民事责任方式的特点主要有以下几点。

1. 救济目的的全面性

救济目的的全面性包括几个方面的内容:一是从救济对象来看,对人格权益的所有侵害都应该提供救济,既包括法定的人格权,也包括一般的人格法益。二是在具体救济目的上,不仅要对财产损害进行救济,还要注意对侵害人格权益所产生的非财产损害进行救济,这样才符合对受害人全面救济的目的。救济目的的全面性也要求采用多样化的救济方式。也就是说,侵害人格权的救济方式应该与人格权自身的特点相适应,不能完全照搬侵害财产权的救济方式。

2. 救济方式的多样性

如前所述，传统大陆法系民法对人格权的保护主要采取恢复原状或损害赔偿的救济方式，《欧洲侵权法基本原则》中也只有损害赔偿和恢复原状两种。[①] 我国侵权责任法全面列举各种责任形式，共有 8 款之多。其中针对人格权保护的责任方式就包括了停止侵害、排除妨碍、消除危险、赔偿损失、赔礼道歉、消除影响、恢复名誉，实际上，责任形式还不限于第 15 条所列举的 8 种，例如在损失赔偿之外，还有精神损害赔偿（第 22 条）和惩罚性赔偿（第 47 条）。我国侵权责任法之所以采取责任方式多元化的方式，主要是以受害人为中心，强化对受害人全面救济的理念，落实侵权法保护民事主体合法权益、预防并制裁侵权行为等目的。可见，侵害人格权的民事责任方式的多样性很大程度上是由对相关侵害进行救济的目的全面性所决定的。责任方式越丰富，表明对受害人的救济越完全。还需要指出的是，侵害人格权的责任可能具有惩罚性，《侵权责任法》第 47 条规定的产品责任中的惩罚性赔偿只能适用于生命健康等人格权，而财产权的侵害只能是损害的补偿。

从具体救济方式上看，在侵害人格权的情形下，可能发生金钱性的和非金钱性的两种补救手段。一是金钱性的补救手段，它主要是指损害赔偿，又可分为财产损害赔偿和精神损害赔偿，二者都通过要求受害人支付一笔金钱使受害人得到补偿，在侵害人格权的情况下，并不能够简单地通过市场价格计算受害人遭受的损害，所以不能采取完全赔偿原则使受害人遭受的损害全面恢复，精神损害赔偿是一种特别适用于人格权保护的方法。因为特殊的权利需要特殊的补救方式。所以侵害人格权的损害赔偿与侵害财产权的损害赔偿是不同的。二是非金钱性的补救手段。非金钱的补救手段主要包括停止侵害、恢复名誉、赔礼道歉等方式，由于金钱不能够完全弥补受害人的损害，而且许多受害人并不注重金钱的赔偿而更注重对损害的预防、对损害所造成的不良影响的消除、行为人对受害人的道歉等，此外，损害赔偿可能是滞后的，未必能够对受害人提供充

---

① 参见《欧洲侵权法基本原则》第六编救济方式，其中主要规定了损害赔偿和恢复原状两种。

分救济,因此,非金钱性的补救手段对防止损害扩大和解决纠纷是有效的。[①]

3. 救济功能的特殊性

救济始终与权利结合在一起,在侵害财产权的情况下,补救目的在于补偿受害人的损害,而在侵害人格权的情况下,补救功能并不是单一的补偿,而是多元的。应当看到,在侵害人格权的情况下,补偿也是人格权救济手段的一个重要目的,精神损害赔偿作为主要适用于人格权侵害的补救方法,也部分体现了补偿的功能,[②]但侵害人格权的补救方式所具有的功能不限于补偿,还包括对不法行为人的制裁、对受害人的精神抚慰,以及对可能发生的侵害行为的预防等多重功能。

4. 赔偿数额的受限制性

在侵害财产权情况下,实行全面赔偿原则,无论发生的损害后果有多大,法律都要求行为人提供相应的全部赔偿,对赔偿的数额并没有严格的限制。但在人格权遭受侵害的情况下,不管是财产损害赔偿还是精神损害赔偿,都无法当然适用全面赔偿原则。例如,死亡赔偿金或者精神损害赔偿数额的确定,都需要根据法定的标准进行限定。其原因在于无限制的赔偿范围,既有可能会过分加重加害人的负担,影响其正常的生产生活,也有可能会导致受害人额外获取不当利益。

5. 救济方式的可选择性

依据我国法律规定,侵害人格权的责任方式有多种,各种责任方式可以单独适用,也可以并用。例如,在适用精神损害赔偿以后,受害人仍然可以请求行为人承担其他的责任,这样,在选择责任方式时,应当通过利益平衡确定应当适用的责任方式。人格利益受到侵害,最有效的保护方法就是使遭受侵害的人格利益尽可能得到恢复,这就有必要采用恢复名誉、消除影响、恢复信誉等方式,如果损害仍在持续中,则应当采取停止侵害、排除妨害等方式。这些方法

---

① Harry Shulman, Fleming James, Jr. Qscar, S. Gray, *Cases and Material*, *Torts*, The Fundation Press, 1976, p. 952.

② 参见曹险峰等:《人格权法与中国民法典的制定》,载《法制与社会发展》2002 年第 3 期。

是直接消除损害源的方法，是对人格利益受到侵害最有效的补救方式。同时，精神损害赔偿本身也应当具有调节的功能，即在确定赔偿数额时，应当考虑受害人遭受的损失、加害人的赔偿能力等因素综合考虑而确定。

概言之，民法典分编草案仍然采纳了《侵权责任法》所开创的大侵权责任承担模式，从而形成了对人格权予以保护的责任体系。

二、侵害人格权责任方式

（一）停止侵害

所谓停止侵害，是指受害人在面临即将发生的损害或正在发生损害的情况下，有权请求加害人停止其实施侵害行为。据此可见，停止侵害主要针对两种情形：一是正在发生的侵害行为，二是即将发生的侵害行为。我国《民法总则》第179条、《侵权责任法》第15条都将停止侵害作为承担民事责任的首要方式加以规定，因此，此种方式可适用于各类侵权案件，在侵害人格权的情况下，此种方式常常是对人格权最有效的补救方式。其原因在于：一方面，如果损害正在进行，采取停止侵害的方式能够及时制止侵害行为，防止损害后果的产生或蔓延。例如，某人在网上非法发布他人的个人信息，一旦蔓延，会给权利人带来重大的损害，对此，权利人有权要求停止侵害，以避免损害的扩大。另一方面，在侵害人格权行为发生之后，若受害人直接向行为人提出停止侵害的要求，而行为人停止了侵害，且造成的损害又较为轻微，则不一定通过诉讼的方式进行救济。此外，对于即将发生的损害也可以采取这一方式，制止损害的发生。例如，甲在网上散布乙的裸体照片等涉及隐私的信息，这些信息一旦传播开来，其后果极为严重，在此情况下，就应当允许乙申请禁令，禁止甲上传发布此类信息。再如，原告认为某刊物所刊载的文章具有诽谤的言词，可以请求法院停止该刊物的发行。[①]

依据《侵权责任法》第36条的规定，针对网络侵权行为，采取删除、屏蔽、断开链接等措施，都是停止侵害的具体实施方式。笔者认

---

① 参见杨立新主编：《民商法理论争议问题——精神损害赔偿》，中国人民大学出版社2004年版，第159页。

为,对于停止侵害,无论采取何种具体的实施方式,都需要达到防止损害发生或者扩大的实际效果。现代侵权法不仅注重对损害的填补,也注重对损害后果的预防,尤其是在网络侵害人格权的情形下,损害后果一旦发生,后果往往具有不可逆转性,因此,更应当强调通过停止侵害等方式对损害后果进行预防。停止侵害作为一种请求权,权利人既可以以此向法院提出诉讼,也可以直接向行为人提出请求。作为一种责任方式,停止侵害的请求权的适用应当符合如下条件。

第一,侵害行为正在进行过程中或即将发生。这意味着受害人正在面临着人格权侵害持续以及现实损害将要发生的可能,在此情形下,采取其他的责任方式如损害赔偿都难以使受害人获得有效的保护。如果损害已经终了,就没必要采取停止侵害的责任方式,可以采取损害赔偿的方式进行事后的救济。

第二,侵权行为必须是可以确定的。也就是说,对人格权的损害必须是明显的、显而易见的。尽管判决尚未确认该侵权行为成立,但从一般的社会观念可以确认该侵权行为,则可以通过停止侵害的责任形式防止损害的进一步扩大。例如,被告在互联网等媒体发表诽谤他人的言词或者披露他人的隐私,原告可以要求及时停止侵害。

第三,损害的发生具有可能性。在侵害行为发生的情况下,如果不及时制止,就有可能进一步造成实际的损害,并会给受害人带来难以完全挽回的损失。为了防止损害的进一步扩大,有必要及时制止损害。尤其是在通过大众传媒、网络散布诽谤言词或披露他人隐私的情况下,如不及时制止,传播后果将非常严重,因此,需要通过停止侵害的方式予以及时制止。例如,侵害隐私权的行为,一旦将他人秘密公开,则事实上不可能再恢复到原来的私密状态。

第四,停止侵害的适用,不以侵害人具有故意或者过失为要件。只要侵害行为正在继续,并持续对权利人构成了侵害,受害人就有权请求停止侵害。在审判实践中,一些法院要求查明被告是否愿意停止侵害,以表明其愿意减轻损害。[1] 笔者认为,停止侵害的运用不必考虑被告是否愿意,法院都可以作出此种裁判。

第五,停止侵害责任方式的适用不以诉讼方式为必要。停止侵害既可以作为诉讼之前的救济措施,也可以在裁判中适用。因此,停止侵害可以分为两种,即审理前和审理后作出的停止侵害判决。如果行为人已经实施或将要实施侵害他人人格权的行为,受害人在法院审理前就可要求加害人停止侵害,如果加害人接受,则此种责任方式就获得实现。如果加害人仍未停止侵害,受害人就可以通过诉讼的方式要求法院判决加害人停止侵害。

第六,停止侵害的适用不要求行为人主观上具有过错。也就是说,只要人格权正在遭受侵害或者即将遭受侵害,权利人即可请求行为人停止侵害,而无论行为人主观上是否具有过错,这就有利于降低权利人的举证负担,更有利于人格权的救济与保护。

(二)排除妨害、消除危险

所谓排除妨害,是指受害人面临行为人正在实施的妨害其人格利益的行为,其有权请求行为人予以排除。排除妨害请求权针对的是正在进行的妨害人格利益的行为。例如,某征信机构关于某人的信用记录有误,给受害人造成了损害,则受害人有权请求该征信机构及时修改、补充相关的信用信息,以排除妨害。针对行为人的妨害行为,权利人可以请求行为人撤回、改正、补充相关的错误陈述,以及停止相关的侵害人格利益的行为。[2]

所谓消除危险,是指侵害人的侵害行为对他人人身或财产安全造成威胁,即人身或财产存在遭受危险的可能性时,受害人有权要求侵害人采取有效措施消除已经形成的危险。就人格权的保护而言,消除危险主要适用于危害他人生命、健康权的情形。例如,某人在从事地面施工时,因未设置安全措施,可能对邻人的生命安全构成威胁,在此情形下,受害人有权请求行为人消除危险。在特殊情形下,精神性人格权也可能面临现实的危险,例如某人已经刊印了

---

① 参见龙云彬等:《关于人身权纠纷、医疗纠纷、劳动争议、物业管理纠纷、涉车纠纷案件审理情况及问题研究》,载《审判丛刊》2004 年第 2 期。

② Verena Fricke, Der Unterlassungsanspruch gegen Presseunternehmen zum Schutz des Persönlichkeitsrechts im IPR, Tübingen, 2003, S. 128.

包含诽谤言词的宣传品,但尚未散发,一旦散发,就可能侵害他人的人格权。此时,权利人可以请求法院销毁该宣传品。消除危险实际上消除了损害的发生来源,从而防患于未然,如果侵害行为已经实际发生,则权利人只能请求行为人停止侵害,或者请求行为人承担损害赔偿责任。

(三)消除影响、恢复名誉

1. 消除影响

消除影响,是指行为人因其侵害了他人人格权而应承担的、在影响所及的范围内消除不良后果的一种责任方式。近几十年来,德国司法实践在《德国民法典》第 1004 条所规定的物权请求权的基础上发展出了撤回请求权(Widerrufsanspruch),以保护权利人的名誉。① 此种请求权也具有消除影响的功能。而法国等国家所承认的回应权也具有消除不法行为不良影响的作用。② 消除影响主要适用于侵害名誉权等精神性人格权的情形。例如,某人在网上发布了诋毁他人名誉的言论,并且该言论已经被不少网站转载,造成了不良影响,受害人要求网络发布者删除该言论,并刊载有关更正信息,以消除影响。消除影响的主要功能在于消除已经给他人的声誉造成的不良影响,从而使受害人的名誉得到恢复。消除影响本身并没有固定的形式,行为人消除影响的方式可以根据侵权行为的具体情况予以确定,对于受害人的请求,只要有助于消除影响,都可以考虑予以采用。例如,通过网络侵犯他人的名誉权,可以通过通知网络运营商删除侵权言论的方式来消除影响;而通过口头方式侵害他人的名誉权,则可以通过向他人进行解释的方式来消除影响。

消除影响和停止侵害虽然都具有损害预防的功能,但二者存在一定的区别:一方面,停止侵害所针对的可能是正在进行的不法行为,也可能针对即将发生的不法侵害行为,而消除影响则针对已经

---

① BeckOGK/Spohnheimer,2017,BGB §1004,Rn. 14. 司法实践在适用该请求权时有时直接适用第 1004 条,有时类推适用第 1004 条,有时直接适用第 1004 条和第 823 条,有时又类推适用第 823 条和第 1004 条,虽然路径不一,但结果基本一致,即不要求行为人具有过错。BeckOGK/Spohnheimer,2017,BGB §1004,Rn. 326.

② 岳业鹏:《论作为名誉损害救济方式的回应权——兼评〈出版管理条例〉第 27 条第 2 款规定》,载《北方法学》2015 年第 5 期。

产生不良影响的不法行为；另一方面，消除影响主要针对名誉权遭受侵害的情形，对物质性人格权则无法适用，而停止侵害既可以适用于精神性人格权的保护，也可适用于物质性人格权的保护。

消除影响的适用要件包括：一是必须造成了人格权益的侵害。而并不适用于财产权益的侵害，这里所说的影响是指对他人人格权益所造成的不利影响。具体而言，消除影响主要针对精神性人格权尤其是名誉权遭受侵害的情形。二是必须造成了不良后果。消除影响是以实际损害的发生为前提的，必须给受害人造成了不良后果，包括使受害人的社会评价降低、给受害人的工作就业造成不利后果、给受害人的正常生活造成妨碍等。三是不以行为人具有过错为适用条件。也就是说，只要行为人的不法行为造成了相应的不良影响，权利人即有权请求行为人消除影响，而无论行为人是否具有过错。

2. 恢复名誉

所谓恢复名誉，是指行为人因其行为侵害了自然人、法人或非法人组织的名誉，而应在影响所及的范围内将受害人的名誉恢复至未受侵害时的状态的一种责任形式。严格地说，在名誉权遭受侵害的情况下，已经遭受损害的名誉不可能像遭受损害的财产一样，完全恢复原状。但是，仍然可以通过一些积极的行为澄清事实，纠正诽谤的言论。在特定的范围内，消除公众对受害人的不良印象，尽可能使受害人的名誉得到恢复，通过承担这一责任承担方式至少可以部分地使受害人的名誉得到恢复。在实践中，此种责任主要通过更正、澄清等方式来实现。例如，某网站发布不实信息，侵害他人名誉，受害人应有权要求网站无偿刊载其回应的文章，澄清有关事实，恢复其名誉。恢复名誉的适用要件主要包括：

第一，必须侵害了人身权益，特别是侵害了名誉权。恢复名誉的责任是侵害名誉权所特有的形式，也就是说，此种责任方式只是在侵害名誉权的情况下才能采用，对侵害其他人格权的行为一般不采用这种方式。例如，侵害他人健康权，就与名誉损害以及恢复名誉无关。侵害名誉权的直接后果乃是造成受害人的名誉毁损。而只有使加害人承担恢复名誉的责任，才能彻底消除侵害名誉权的直接后果，消除造成受害人精神痛苦和财产损失的根源。而仅仅采用精神损害赔偿的方式既难以弥补受害人的损失,也难以消除不良后果。①

第二,必须导致了名誉的损害。受害人请求恢复名誉,必须证明其名誉受到毁损。而要证明其名誉受到毁损,则要证明加害人对受害人实施的侮辱诽谤行为已为第三人所知悉,从而影响到受害人所受到的社会评价。如果受害人不能证明其社会评价降低,只是表明其名誉感或尊严受到损害,或者仅表明其遭受到精神上的痛苦,则不能适用此种请求权。

第三,不考虑行为人是否具有过错。恢复名誉和停止侵害一样,不考虑行为人的过错。只要行为人造成了受害人名誉的贬损,则无论是否具有故意或过失的主观心态,都应当对受害人的损失进行弥补,恢复其名誉。

行为人必须采取合理的措施恢复受害人的名誉。恢复名誉的具体措施是否合理,通常要根据侵害行为及造成的名誉毁损的后果来决定。一般来说,恢复名誉的措施应该与毁损名誉行为所影响的范围一致。例如,在报纸杂志上发表的新闻报道或评论,有损他人的名誉权,则应当在曾刊载有该侵权内容文章之报纸杂志上刊登书面声明,对错误内容进行更正,并向被侵害人赔礼道歉。如果仅在某个场所对某人散布了诽谤的言词,则应在适当的场合消除影响。总之,因侵害名誉权而造成的不良影响越大,加害人应采取更多的措施,以消除不良影响。但如果受害人要求恢复名誉的方式不适当,法院可以驳回其请求。例如,仅仅是发生在某一个地区的毁损名誉的案件却要求在全国性的报纸上更正和道歉,这显然是不适当的。

恢复名誉责任的适用应当及时。因为加害人侵害受害人的名誉权以后造成不良影响的时间越长,则再公开的机会越多,对受害人则更为不利,同时也增加了消除影响的困难,所以,这种责任方式应当及时采用。

(四)赔礼道歉

1. 赔礼道歉的概念和性质

赔礼道歉是指责令违法行为人通过一定方式在一定范围内向

---

① 参见奚晓明主编:《〈中华人民共和国侵权责任法〉条文理解与适用》,人民法院出版社2010年版,第121页。

受害人认错并表示歉意。赔礼道歉主要适用于侵害人格权尤其是精神性人格权的情形,对其他民事权利的侵害,一般不采用此种责任方式。这主要是因为,一方面,侵害人格权常常会损害人格尊严、人身自由,赔礼道歉可以促使侵权行为人意识到其错误,促使其悔过,也有助于维护受害人的人格尊严;另一方面,赔礼道歉本身可以体现一种抚慰的功能,使受害人在其人格利益遭受侵害之后得到心理的抚慰,也表达了对受害人人格尊严的尊重。对人格利益遭受侵害本身并不能采取财产赔偿的方法来补救,受害人更注重的是心灵的安抚,通过赔礼道歉恰恰可以起到这种作用。还要看到,通过赔礼道歉可以及时地更正其不正当的行为,这也有利于化解纠纷,避免损害的进一步扩大。

关于赔礼道歉是否应当作为一种责任方式,对此一直存在争议。在《侵权责任法》制定过程中,有不少学者对此提出异议。有人认为,赔礼道歉不仅违反了宪法上的良心自由原则,而且违反了道德相对主义。[①] 也有人认为,此种方式超出了法律可以强制的事项范围,也难以执行,因为赔礼道歉应当是发自内心的,无法通过司法强制的形式来实现,实践中出现的公布判决书等替代方式,实际上已经不是真正意义上的赔礼道歉。[②] 笔者认为,赔礼道歉应当是一种独立的责任方式,主要理由如下。

第一,从比较法来看,尽管赔礼道歉是以道德为基础的,但其在本质上不是道德责任,仍然是一种法律责任,在英美诽谤法中,赔礼道歉(apologies)是在侵害名誉权中经常采用的责任方式。在大陆法系国家,《日本民法典》第 723 条最早规定了赔礼道歉。自该法典颁布以来,日本法院就要求在报纸或画刊上发表公开道歉,这被视为恢复名誉的一种合适的惩罚手段。[③] 我国《侵权责任法》第 15 条也对赔礼道歉的责任方式作出了规定,因此,在人格权遭受侵害时,权利人有权请求行为人赔礼道歉。我国《民法总则》第 179 条也承

---

① 参见杨彪:《论恢复原状独立性之否定——兼及我国民事责任体系之重构》,载《法学论坛》2009 年第 5 期。

② 参见周友军:《我国侵权责任方式的反思》,载《法学杂志》2009 年第 3 期。

③ 参见[奥]考茨欧等:《针对大众媒体侵害人格权的保护:各种制度与实践》,余佳楠等译,中国法制出版社 2013 年版,第 284 页。

认其为民事责任方式。

第二,赔礼道歉是一种独立的责任方式,不能为消除影响、恢复名誉所替代。这三种责任方式各自具有其独特的适用范围。同时,赔礼道歉不仅具有抚慰受害人的功能,而且还具有制裁、惩罚行为人的功能。在实践中,很多人格权益遭受侵害的受害人都期望对方赔礼道歉,这表明此种方式具有独特的功能。

第三,作为一种承担民事责任方式的赔礼道歉,与一般道义上的赔礼道歉有所不同。作为民事责任的赔礼道歉是依靠国家的强制力保障实施的。即便在被告拒绝赔礼道歉的情形下,法院也可以将被告的败诉判决在一定范围内公开,尤其是在被告所在的社区公开,从而实现赔礼道歉的功能。[①] 在司法实践中,通过多种方式已经使赔礼道歉具有可强制执行性。

关于赔礼道歉是否违背了良心自由原则,从而违背了宪法的精神,学界确有不同的看法。在韩国,民法典第 764 条规定了赔礼道歉,但其宪法法院于 1991 年 4 月 1 日作出判决,以合宪性目的限缩解释方法,解释《韩国民法典》第 764 条的规定,认为该条违反了宪法关于基本权利的规定,其所违反的基本权利,除《韩国宪法》第 19 条人民享有良心自由的规定外,尚包括宪法对于人格权所为的保障。[②] 我国一些学者认为,在道德相对主义的时代背景下,自然人应当拥有良心自由,强迫被告就其行为道歉,是不甚妥当的。[③] 笔者认为,赔礼道歉并没有违反良心自由,是符合我国《宪法》精神的,理由主要在于:一方面,我国《宪法》强调对人格尊严的保护,侵权人侵害他人之后,通过赔礼道歉的方式救济受害人,有助于实现对人格尊严的保护。更何况,行为人也可能遭受他人的侵害,此时其作为受害人也可以请求赔礼道歉,因此,从民事主体的角色互换性角度考虑,也应当认可此种责任。另一方面,赔礼道歉有助于唤醒侵权人

---

① 参见最高人民法院中国应用法学研究所编:《人民法院案例选》(第 4 辑),人民法院出版社 2011 年版,第 91 页。

② 参见王泽鉴:《人格权法》,北京大学出版社 2013 年版,第 434 页。

③ 参见周友军:《我国侵权责任形式的反思》,载《法学杂志》2009 年第 3 期。

的良知，这并非意味着对被告良心的侵犯。[①] 此外，赔礼道歉并非一种道德责任，而是一种法律责任。赔礼道歉作为一种法律责任，其有助于从心理层面救济受害人，在一定程度上实现从心灵上安抚、慰藉受害人的目的。虽然赔礼道歉在一定程度上也体现了道德的要求，但其本质上属于法律责任。强制的赔礼道歉更多地表现为对正义观念的捍卫、人际矛盾和社会冲突的化解以及对一般公民的教育。[②] 因而，在整体上，赔礼道歉的责任形式符合我国宪法强化权利保护的精神。更何况，强制的赔礼道歉并没有使行为人遭受侮辱，因为赔礼道歉可以是私下的，也可以是公开的；即便是公开的，赔礼道歉也只是使行为人认识到自己的错误。行为人就自己实施的错误行为向受害人表示歉意，这也是社会一般行为规范的要求。

2. 赔礼道歉的功能

第一，教育功能。赔礼道歉通过要求行为人承认自己的违法行为是错误的，向受害人表示歉意，从而使其产生一种畏惧感和羞耻感，这就有助于产生教育的效果。中国传统文化主张一种道德的自省、反求诸己。自省思想是儒家理论体系中的重要组成部分。作为一种修养方法，曾子曰“吾日三省吾身”。孟子则提出“万物皆备于我矣。反身而诚，乐莫大焉”的思想。这些都是要求人们不断地反省自己的言行举止，辨察、修正其中的丑恶，提高自身的道德水准。我国传统文化强调道德自省，本身就是一种重要的道德教化形式。行为人赔礼道歉表明了其对是非曲直的正确认识。其实，对于大多数人格权遭受侵害的受害人而言，更重要的救济是对有关是非的辨明以及对加害人的必要谴责。

第二，预防功能。通过赔礼道歉，使行为人能够意识到自己的错误，澄清是非曲直，也表明了加害人为自省而付出的努力。这在一定程度上可以平抑和减缓侵权行为的损害后果，促成加害人和受害人之间的沟通与合作。如果道歉得到了受害人的接受，双方就有可能达成和解。赔礼道歉也是一种道德自省，这种道德自省可以预

---

① 参见黄忠：《赔礼道歉的法律化：何以可能及如何实践》，载《法制与社会发展》2009 年第 2 期。

② 参见黄忠：《赔礼道歉的法律化：何以可能及如何实践》，载《法制与社会发展》2009 年第 2 期。

防纠纷、维护和谐。因为一个人只有深刻认识到了某种行为的违法性,才能真正实现法律的预防作用。赔礼道歉的真正作用是将法律的制裁和道德的教化结合起来,通过法律的惩戒和道德教化的结合,来防止加害人再犯类似的错误。

第三,安抚功能。当受害人的人格权遭受侵害时,其人格尊严受到了侵害,不仅造成了其心理创伤,而且造成了其精神痛苦。这种心理创伤是难以通过损害赔偿予以救济的。所以,通过赔礼道歉,可以抚慰受害人。赔礼道歉表明侵害人已经认识到其行为的错误,同时也表达了对受害人人格尊严的尊重。由此,可以发挥一种抚慰的功能,使受害人在其人格利益遭受侵害之后获得某种心理的抚慰。

第四,制裁功能。赔礼道歉的方式将使受害人的人格尊严得到尊重、形象得到维护。而对于加害人来说,公开的道歉也使其错误行为曝光,道歉就是对其行为的否定评价。这在一定程度上也体现了对行为人应有的惩罚。有人称为"脸面惩罚",使其产生"知耻感"。这种说法也不无道理。例如,在宋祖德与徐大雯名誉权纠纷案中,法院就判决宋祖德登报道歉。宋祖德主动承担了赔礼道歉的责任,这也体现了对其行为的制裁。①

3. 赔礼道歉的适用范围

(1)赔礼道歉仅适用于侵权责任。赔礼道歉原则上应当限于侵权责任,而不应适用于合同责任。因为一方面,合同本质上是一种交易关系,因违约造成的损害原则上是财产损害,而非精神损害。所以,不需要通过赔礼道歉来抚慰受害人的精神损害。作为一种交易关系,通过违约金、损害赔偿的方式,足以保护受害人,没有必要在这些违约责任之外再给予赔礼道歉的救济。另一方面,虽然在《民法总则》中没有将赔礼道歉具体限定在侵权责任领域,但是,《合同法》并没有将其作为一种违约救济方式。可见,将赔礼道歉适用于合同关系欠缺法律依据。还要看到,我国司法实践也普遍认为赔礼道歉仅适用于侵权责任。例如,在"朱某诉云南机场地面服务有限公司、成都航空有限公司航空旅客运输合同纠纷案"中,法院没

① 参见《宋祖德自称"孙子"向谢晋遗孀道歉,补缴15万元现金》,载《京华时报》2010年5月25日。

有支持原告提出的要求被告赔礼道歉的请求，法院认为，"对原告要求二被告连带在《春城晚报》《都市时报》《中国民航报》《中国民航》杂志上向原告赔礼道歉的诉请，因航班延误造成的损失必须是实际的经济损失，不包括因延误给旅客造成的精神损失，且合同纠纷中并没有赔礼道歉的违约责任承担方式，被告成都航空有限公司在事后也积极采取了相应补救措施，故原告的该项诉请没有相应事实和法律依据，人民法院亦不予支持"。[①]

（2）赔礼道歉主要适用于人格权遭受侵害的情形。在财产权遭受侵害的情形下，通过损害赔偿等方式已经足以填补受害人的损害，没有必要适用赔礼道歉的方式，因此，赔礼道歉主要适用于人格权遭受侵害的情形。同时，赔礼道歉主要适用于精神性人格权遭受侵害的情形。从我国司法实践来看，一些法院认为，只有在精神性人格权遭受侵害的情形下，才能适用赔礼道歉的方式。例如，在"吴某诉北汽福田汽车股份有限公司诸城汽车厂人身损害赔偿纠纷案"中，一审法院和二审法院都没有支持原告赔礼道歉的请求，理由就是，赔礼道歉仅适用于精神性人格权。[②] 从我国现行立法来看，其并没有将赔礼道歉的适用对象限于精神性人格权，在物质性人格权受侵害的情况下，包括侵害生命、身体、健康，受害人也会遭受心理创伤，也可以考虑允许权利人请求行为人赔礼道歉。

4. 赔礼道歉的适用

（1）必须要由原告提出。赔礼道歉作为一种责任方式，并非在任何侵权责任中都必须采用，是否采用应该由原告决定。赔礼道歉的适用，还应当由原告主张，不能由法院依据职权要求被告赔礼道歉。主张赔礼道歉责任的原告，既可以是自然人，也可以是法人。因为法人本身也有人格权，在其人格权利益遭受侵害的情况下，也可以通过赔礼道歉予以救济。比较典型的是发生在毁损法人名誉的情形。因此，法律上应当允许法人请求被告赔礼道歉。例如，在上海市闵行区上海春城业主委员会诉张某等名誉权纠纷案中，原告

---

① 参见云南省昆明市官渡区人民法院（2011）官民一初字第3207号判决。

② 参见江苏省盐城市中级人民法院（2008）盐民一终字第251号判决。

上海春城业主委员会诉请被告赔礼道歉，就得到了法院的支持。①

（2）一般应当为被告接受。与损害赔偿等方式不同，就损害赔偿等方式而言，无论被告是否接受，都可以适用，而赔礼道歉则主要通过被告发自内心的认错道歉，从而对原告的精神痛苦起到一种抚慰作用，因此，如果被告拒绝赔礼道歉，则即便适用赔礼道歉的方式，也难以真正实现对受害人的精神抚慰功能。适用赔礼道歉，必须要求加害人对于给受害人造成的损害表示悔过。一般来说，如果行为人始终拒绝赔礼道歉，法院可采取在一定范围内公开判决书的方式，实现赔礼道歉的功能。但是，如果在判决前其已经表示同意赔礼道歉的，此时就可以由其写出道歉书，法院可以判决赔礼道歉。一旦法院作出判决，即使其反悔，也可以通过刊载道歉书的方式进行赔礼道歉。如果加害人以赔礼道歉的方式承担了侵权责任，且为受害人所接受，并为法院所认可的，法官应当在判决书中叙明。②

在原告提出以后，如果对方接受，则双方可以协商道歉的内容和方式，如果双方能够通过协商确定道歉的内容，法院可以通过判决对其加以认可。如果协商不能达成一致意见，则由法院对原告的诉讼请求进行审查确立合理的道歉形式和内容。如果有多个侵害人，则这些侵害人都应该道歉。③

（3）赔礼道歉方式的多样性。一是既可以私下赔礼道歉，也可以是公开赔礼道歉。所谓私下赔礼道歉，是指在行为人和受害人同时在场的私人空间内所进行的赔礼道歉。所谓公开赔礼道歉，既包括在网络媒体、纸质媒体、电台电视台之上公开，也包括张贴道歉启事向一定范围的社会公众公开等。例如，在社区内张贴道歉书，在全体职工会议上公开宣读道歉书等。我国现行立法并没有对赔礼道歉的方式作出明确规定，笔者认为，公开赔礼道歉和私下赔礼道歉，各有利弊，不可一概而论。赔礼道歉既可以是公开赔礼道歉，也可以是私下赔礼道歉，对于侵害行为比较轻微、造成的精神损害也

---

① 参见上海市闵行区人民法院（2013）闵民一（民）初字第14622号判决。

② 参见龙云彬等：《关于人身权纠纷、医疗纠纷、劳动争议、物业管理纠纷、涉车纠纷案件审理情况及问题研究》，载《审判丛刊》2004年第2期。

③ See David Price and Korieh Duodu, *Defamation, Law, Procedure and Practice*, London: Sweet & Maxwell, 2004, p. 241.

比较轻微的，私下的赔礼道歉就足以对受害人提供了救济。但如果被告实施了故意的侵权行为，造成了严重的损害后果，尤其是造成了不良的社会影响，则可以判决要求其公开赔礼道歉。

二是赔礼道歉既可以由加害人向受害人口头表示承认错误，也可以由加害人以写道歉书的书面形式进行，但是，对各种方式的运用，应当考虑到侵害行为发生的地点、损害后果波及的范围、侵害行为的具体情节等因素来确定。例如，如果损害后果只是在小范围内，则可以采取口头道歉的方式；但若在网上诋毁他人，损害后果波及面更广，这就需要通过网上赔礼道歉的方式进行补救。[①]

（4）赔礼道歉可以与其他责任形式结合适用。赔礼道歉的方式可以与其他责任形式结合适用，尤其是要与精神损害赔偿结合起来适用。精神损害赔偿应该考虑被告的过错程度而确立不同的数额。如果赔礼道歉不与精神损害赔偿的数额发生一定的联系，则很难促使被告作出道歉。因为被告会认为，无论其是否进行赔礼道歉，其损害赔偿责任都是一样的，这将很难促使其积极履行该责任方式。我国民事立法虽然没有明确规定此种方式，但是在刑法中存在相关规定。例如，我国《刑法》第 37 条、《刑事诉讼法》第 277 条等都对"赔罪减刑"作出了明确规定。在我国实践中，一些法院采用了"道歉减责"的做法。例如，在任某诉河南省南阳市财政局等身体权、健康权纠纷案中，法院就采用了这一做法。[②] 再如，在陈某诉新加坡航空公司等侵犯人格权益纠纷案中，法院也将赔礼道歉作为减少精神损害赔偿数额的因素。[③] 这种方式的优点在于，通过精神损害赔偿与赔礼道歉的结合适用，有助于督促被告积极履行其赔礼道歉的义务，也有利于化解矛盾，救济受害人。[④]

赔礼道歉的责任方式通常是作为一种辅助的形式而与损害赔

---

① 参见最高人民法院中国应用法学研究所编：《人民法院案例选》（第 4 辑），人民法院出版社 2011 年版，第 93 页。

② 参见河南省南阳市中级人民法院（2008）南民一终字第 207 号判决。

③ 参见广东省高级人民法院（2005）粤高法民四中字第 318 号判决。

④ 参见黄忠：《一个被遗忘的"东方经验"——再论赔礼道歉的法律化》，载《政法论坛》2015 年第 4 期。

偿、恢复名誉等责任方式并用的,[①]但赔礼道歉也可以单独采用,通常,原告只要求赔礼道歉而不要求被告采取其他任何责任方式,则可以单独适用赔礼道歉方式。如果赔礼道歉与其他责任方式并用,则采用了赔礼道歉之后,也应对其他责任方式尤其是损害赔偿产生一定的影响,因为,一旦侵害人道歉,就表明其乐意悔过,一些制裁性的责任方式就不必采用。

（五）关于消除影响、恢复名誉和赔礼道歉的适用

1. 消除影响等方式应当与侵害后果相适应

在行为人侵害他人人格权造成他人人格利益受损时,受害人要求他人承担侵权责任时,无须证明他人主观过错。与此同时,人格权请求权在性质上不同于侵权损害赔偿请求权,但作为人格权受到侵犯时的责任承担方式,其与侵权责任的承担一样,必须遵守责任方式与侵害后果相当的原则。对此,民法典分编草案第 781 条的规定:"侵权人依法承担消除影响、恢复名誉或者赔礼道歉等民事责任的,应当与侵权的具体方式和造成的影响范围相当。"该条规定实际上是要求消除影响等方式的适用应当与侵害后果相适应,该规定是对我国司法实践经验的总结。2014 年施行的《最高人民法院关于审理利用信息网络侵害人身权益民事纠纷案件适用法律若干问题的规定》第 16 条第 1 句明确规定:"人民法院判决侵权人承担赔礼道歉、消除影响或者恢复名誉等责任形式的,应当与侵权的具体方式和所造成的影响范围相当。"

消除影响等方式的适用应当与侵害后果相适应的规则有利于强化对人格权的保护,而且有利于避免给行为人强加过重的负担。在适用消除影响、恢复名誉的责任方式时,首先应明确消除影响、恢复名誉的范围(如在某地区、某学校等消除影响)、方式(采取口头或书面以及其他形式)。一般来说,在什么范围内造成损害的,就应当在什么范围内消除影响。例如,行为人在报纸上骂人则需要在报纸上赔礼道歉以消除影响,在本单位同事之中散播谣言的则应当在同事之间进行辟谣。其次,消除影响的方式也应当根据侵权行为的

---

① 有人认为,如果是公开的道歉,实际上和恢复名誉等没有区别。笔者认为,即使是公开道歉,其与恢复名誉也存在本质的区别。

具体情况予以确定。例如,通过网络侵犯他人的名誉权,则可以通过通知网络运营商采用删除侵权言论的方式来消除影响,而通过口头表述的方式在一定范围内侵权他人的名誉权,则可以通过向他人进行解释的方式来消除影响。

2. 消除影响、恢复名誉和赔礼道歉的强制执行

消除影响、恢复名誉和赔礼道歉等方式的执行在实践中常常遇到困难。例如,受害人要求行为人赔礼道歉时,行为人可能拒绝赔礼道歉,此时强制要求行为人赔礼道歉,就有可能损害行为人的人格尊严,也可能违背行为人的良心自由。由于存在执行上的困难,许多学者对赔礼道歉方式的正当性提出了质疑。[①] 司法实践中,如果侵害人不愿意道歉,法院也可以通过强制登报等方式进行,登报等费用则由侵害人承担,这实际上是借鉴了行政法上的代履行的责任方式。最高人民法院《关于审理利用信息网络侵害人身权益民事纠纷案件适用法律若干问题的规定》第 16 条规定:“人民法院判决侵权人承担赔礼道歉、消除影响或者恢复名誉等责任形式的,应当与侵权的具体方式和所造成的影响范围相当。侵权人拒不履行的,人民法院可以采取在网络上发布公告或者公布裁判文书等合理的方式执行,由此产生的费用由侵权人承担。”这就认可了此种强制执行的形式。

在总结司法实践经验的基础上,民法典分编草案第 781 条规定:“侵权人拒不履行的,人民法院可以采取在报刊、网络等媒体上发布公告或者公布生效裁判文书等方式执行,产生的费用由侵权人负担。”该规定实际上确立了这一责任方式运用中的代履行制度,即在行为人拒绝履行消除影响、赔礼道歉等义务时,可以由人民法院代其在报刊等相关媒体上发布相关的公告,由此产生的费用则由行为人负担,这实际上是将赔礼道歉、消除影响等义务转化为金钱负担,更有利于此类义务的履行。

---

① 参见吴小兵:《赔礼道歉的合理性研究》,载《清华法学》2010 年第 6 期。

第二节 诉前禁令

一、诉前禁令的概念

在程序法上，诉前禁令是指在原告提起诉讼前，为防止诉讼迟误可能对权利人造成不可弥补的损害或者证据被销毁的危险，法院依照一方当事人请求，采取及时有效的临时性措施，责令侵权人停止有关侵权行为的一种诉讼保全措施。[①] 实体法上的诉前禁令，则是指当侵害他人权益的行为已经发生或即将发生，如果不及时制止，将导致损害后果迅速扩大或难以弥补，在此情形下，受害人有权依法请求法院颁发禁止令，责令行为人停止相关侵权行为。其主要功能在于及时制止不法行为，防止损害的发生或者持续扩大，对权利人提供及时的救济。

从比较法上看，各国法律大多采纳了诉前禁令制度。[②] 英美法中，禁令是由英国历史上的衡平法院发展而来的，是一种由法院自由裁量给予当事人的救济，用以弥补普通法法院给予的法律救济的不足，其主要作用在于预防侵权行为的发生和制止侵权行为的继续。在英美毁谤法中，"诉前禁令"被称为"临时性禁令"，适用对象针对情况紧急的状态，采用诉前禁令措施以防止损害后果的扩大；[③] 这一制度也经常适用于对名誉等权利的保护，例如，为了制止诽谤性的言词进一步传播，造成不可弥补的后果，受害人则有权申请"临时的禁令"（inter injunctions）以制止损害的传播。[④] 法院经过审查可以向侵权行为人本人发布停止侵权的命令，一旦禁令到达侵权行

---

① 参见李义凤：《论环境公益诉讼中的诉前禁令》，载《河南社会科学》2013 年第 6 期。

② E Guldix & A Wylleman "De positie en de handhaving van persoonlijkheidsrechten in het BeIgisch privaatrecht" (1999) 36 TPR 1589 at 1645 ff.

③ 参见李义凤：《论环境公益诉讼中的诉前禁令》，载《河南社会科学》2013 年第 6 期。

④ See David Price and Korieh Duodu, *Defamation*, *Law*, *Procedure and Practice*, London: Sweet & Maxwell, 2004, p. 231.

为人本人便对其发生法律效力。在美国法中,诉前禁令针对的是那些情况紧急的情况,当事人申请禁令应当提供足够的证据,法院应当及时进行审查,而且往往具有紧迫性,因此,法院常常对申请人的请求进行形式审查。①

大陆法系中与英美法的禁令制度比较类似的是诉前保全制度。采取此种保全措施,对于避免侵权行为所造成的持续损害具有重要意义。② 例如,法国法上与其相似的制度称为临时裁定,指法官根据一方当事人的请求,发布命令制止侵权行为的继续,主要适用于紧急情况。③ 但有一些大陆法国家也借鉴英美法的做法,采取了禁令的方式。例如,在德国,针对侵害知识产权的行为,法院在最终判决作出之前,可以作出预先裁决,责令行为人停止出版、禁止发行流通,或责令将出版物全部或部分予以查禁。④ 德国法也经常采用禁止令对侵害人格权的行为进行规制。⑤ 日本司法借鉴美国的经验,认为当某人的精神权利将要被侵犯或正在被侵犯时,法院可以采取禁令救济的方式,⑥以避免将要发生的侵害或减轻正在发生的侵害。在日本债法修改中,许多学者就建议应该在人格权请求权中规定禁令制度,以预防和制止侵权的发生和扩大。⑦ 欧洲人权法院也采用此种方式为受害人提供救济。例如,在审理 Editions Plon v. France 一案中,⑧欧洲人权法院针对被告出版违反医疗保密义务的书籍,将侵害法国前总统密特朗的隐私的情形,法院颁发禁止出版令,以防止损害的扩大。

在我国民事诉讼法修改之前,我国知识产权法中就已经规定了

---

① 参见和育东:《试析专利侵权诉前禁令制度存在的问题》,载《法学杂志》2009 年第 3 期。

② 参见李义凤:《论环境公益诉讼中的诉前禁令》,载《河南社会科学》2013 年第 6 期。

③ 参见沈达明编著:《衡平法初论》,对外经济贸易出版社 1997 年版,第 290 ~ 291 页。

④ 参见[奥]考茨欧等:《针对大众媒体侵害人格权的保护:各种制度与实践》,余佳楠等译,中国法制出版社 2013 年版,第 170 页。

⑤ BGHZ 138,311,318.

⑥ Supreme Court,11 June 1986,Hanrei-Times No 605,p. 42(Hoppou Journal Case).

⑦ 《民法改正案》,载《法律时报》2009 年增刊,第 232 页。

⑧ Editions Plon v. France. Application No. 58148/00.

诉前禁令制度,[①]即在知识产权权利人有证据证明他人正在或者即将实施侵权行为、如果不制止将使其合法权益遭受难以弥补的损害时,可以在起诉前向法院申请责令停止有关行为。2013 年修改的《民事诉讼法》第 100 条第 1 款规定:“人民法院对于可能因当事人一方的行为或者其他原因,使判决难以执行或者造成当事人其他损害的案件,根据对方当事人的申请,可以裁定对其财产进行保全、责令其作出一定行为或者禁止其作出一定行为;当事人没有提出申请的,人民法院在必要时也可以裁定采取保全措施。”这就从程序法的角度确立了诉前禁令制度。《民事诉讼法》规定的诉前禁令制度虽然也可以对实体法的禁令制度有适用的价值,但仍然无法代替实体法上的禁令制度。因为一方面,在当事人人格权遭受侵害或有可能遭受侵害的情况下,情况紧急,受害人需要请求法院颁发诉前禁令,只能以实体法为依据,而不能以程序法为依据。而且法院在审查是否具备颁发禁令的条件,尤其是是否存在胜诉的可能性时,也必须要援引实体法。另一方面,民事诉讼法所规定的诉前禁令制度在性质上是一项程序性规范,而人格权法所规定的诉前禁令制度在性质上则属于人格权请求权。实体法上的诉前禁令不仅具有救济的功能,而且还具有预防侵权行为发生的功能。尤其是在民事诉讼法中,诉前禁令措施被称为行为保全,[②]但与财产保全不同,人格权法中的诉前禁令是一种人格权请求权的形态,其主要功能并不在于保全财产以保障将来判决的有效执行,而在于制止不法侵害行为的发生或者扩大。因此,不宜以民事诉讼法中的诉前禁令制度替代人格权法中的诉前禁令制度。

在我国司法实践中,有的法院已经在侵害人格权的纠纷中采用了禁令的方式。例如,在“杨季康(笔名杨绛)诉中贸圣佳国际拍卖有限公司(简称中贸圣佳公司)、李国强侵害著作权及隐私权纠纷案”中,中贸圣佳公司于 2013 年 5 月间发布公告称,其将于 2013 年 6 月 21 日公开拍卖上述私人信件,并在拍卖前举行研讨会和预展活动。此后杨季康提出诉前申请,请求法院发布禁令,法院经审查依

① 参见《著作权法》第 50 条、《专利法》第 66 条和《商标法》第 65 条。

② 参见赵钢、占善刚、刘学在:《民事诉讼法》,武汉大学出版社 2008 年版,第 8 页。

法于6月3日做出了禁止中贸圣佳公司实施侵害著作权行为的裁定,中贸圣佳公司随后宣布停拍。[①] 由于人格权中没有规定禁令制度,所以该案是通过侵害著作权的禁令制度对权利人提供救济,这可能导致许多侵害人格权的行为无法得到有效制止。因此,民法典分编草案在总结司法实践经验的基础上对侵害人格权的诉前禁令制度作出了规定。当然,民法典和未来相关法律应当进一步明确禁令的适用程序和条件,以防止当事人恶意申请,滥用禁令制度。

二、诉前禁令的特征

民法典分编草案在借鉴我国知识产权法和民事诉讼法立法经验的基础上,为了强化对人格权的救济,于第780条规定:"民事主体有证据证明他人正在实施或者即将实施侵害其人格权的行为,如不及时制止将会使其合法权益受到难以弥补的损害的,可以在起诉前依法向人民法院申请采取责令停止有关行为的措施。"该条试图就侵害人格权的诉前禁令制度作出了规定,笔者认为,该制度的设立是从中国实际出发、针对实践中大量出现的侵权而采取的一种预防侵害人格权行为的有效方式。诉前禁令的特征主要表现在如下几个方面。

第一,仅适用于情况紧急的侵害行为。一般认为,诉前禁令适用于现实、紧迫的不法侵害行为,在此情形下,如果不及时采取禁令措施,侵权行为继续进行,就会造成损害的进一步扩大,甚至导致权利人遭受经济损害以外的其他损害(如其他人格利益的损害、商誉的减损等)。在人格权遭受现实紧迫侵害的情形下,仅通过停止侵害制度无法为权利人提供有效的救济,因为停止侵害作为一种侵权责任承担方式,必须是在责任确认之后才可以由法院作出,此时损害后果已经产生,并可能被无限扩大,从这一意义上说,停止侵害是一种事后救济措施,这就有必要在实体结果作出判决之前,通过诉前禁令制度在程序法上给予当事人一种临时的救济措施,以防止损害后果的发生和扩大。

第二,其主要功能在于预防侵害行为的发生和扩大。在美国法

---

① 参见北京市高级人民法院民事判决书,(2014)高民终字第1152号。

中,诉前禁令旨在判决前制止侵权行为,其主要目的在于避免损害的发生或者继续扩大,而不是为了保障将来判决的顺利执行。[①] 我国人格权采纳该规定,也是为了发挥类似的功能。一方面,诉前禁令要阻止侵权行为的发生。诉前禁令的适用既可能是为了防止侵权行为的继续,也可能是在有发生侵权行为之虞时,阻止侵权行为的发生。因为在这种情况下,诉前禁令制度能够阻止损害的实际发生,客观上起到了预防效果。另一方面,诉前禁令可以用于阻止侵权损害后果的扩大,这就是说,在侵权行为处于持续状态时,通过禁令制止行为人的侵权行为,可以有效防止损害后果的持续扩大。例如,行为人在网上散布严重毁损他人名誉的言论,受害人一经发现,即可以申请法院颁行禁令,要求网站予以删除、屏蔽,以防止该行为损害后果的扩大。由于禁令的适用并不要求具有不法性,也不要求具有过错,[②]在互联网和大数据时代,这一救济方式对人格权的保护具有重要意义。从这个角度来说,诉前禁令制度与停止侵害的责任方式具有一定相似性。但诉前禁令不同于停止侵害,停止侵害一般要求侵害行为正在进行,而且行为人的行为已经构成侵权,同时,停止侵害作为责任承担方式,以判决的生效为前提条件;而对诉前禁令而言,行为人的行为是否构成侵权有时尚不确定,与停止侵害不同,在相关的侵害行为尚未实施时,权利人难以主张行为人停止侵害,但可以采用禁令的方式,预防侵害行为的发生,同时,诉前禁令的适用发生在诉讼开始之前,也就是说,民事主体有证据证明他人正在实施或者即将实施侵害其人格权益的行为,如不及时制止将会使其合法权益受到难以弥补的损害的,可以依法向人民法院申请采取责令停止有关行为的措施。因此,诉前禁令制度能够通过将法院强制性命令发出时间点提前而将损害预防更早实现。

另外,诉前禁令也具有救济的功能,当权利受到侵害或者有侵害之虞时,为了制止损害的发生或者扩大,避免权利人遭受难以弥

---

① 参见郭小冬:《民事诉讼侵害阻断制度释义及其必要性分析》,载《法律科学》(西北政法大学学报)2009 年第 3 期。

② Kerpen, Das internationale Privatrecht der Persoenlichkeitsrechtsverletzungen-Ein Untersuchung aufrechtsvergleichender Grundage, 2003, S. 26.

补的损害，这就有必要及时制止行为人的不法侵害行为。[①] 也就是说，在人格权遭受侵害或者受侵害之虞时，诉前禁令可以为权利人提供一种临时性的救济。人格权编草案所规定的诉前禁令作为一种人格权请求权，在权利人对其人格利益圆满支配状态受到不当影响时，权利人可以通过申请诉前禁令的方式，制止不法行为的发生或者持续，从而维护权利人对其人格利益的圆满支配，从这一意义上说，诉前禁令也可以被视为一种救济措施。

第三，具有临时性措施的特征。禁令是一种临时性的措施，即针对侵权人实施的侵权行为，申请法院责令被申请人停止一定行为。所谓临时性措施主要表现在如下几个方面：一是诉前禁令是出于紧迫情况而发布的，其不同于法院的终局判决。诉前禁令的程序保障程度较低，法院往往只是根据申请人的陈述即可颁行禁令，而且由于情况紧急，法院往往只是对当事人的申请进行书面审查，这就使禁令缺乏审判中的质证等程序。二是诉前禁令的功能在于临时制止行为人的侵害行为，即在人格权在遭受侵害或者有受侵害之虞时，通过颁发禁令的方式临时制止行为人的侵害行为，其并不能终局性地确定当事人之间的权利义务关系。三是诉前禁令的效力期间较短。与法院的终局判决不同，诉前禁令的有效期一般较短，判决中停止侵权行为的效力可以面向未来一直发生效力，而禁令的有效期间则往往较短。当然，在诉前禁令的有效期间经过后，当事人可以重新申请禁令，使其效力延长。

第四，属于人格权请求权的一种类型。也就是说，与程序法所规定的诉前禁令制度不同，诉讼法所规定的诉前禁令制度在性质上是一种诉前保全制度，而侵害人格权的诉前禁令制度是人格权请求权的重要内容。所谓人格权请求权，是指民事主体在其人格权受到侵害、妨害或者有妨害之虞时，有权向加害人或者人民法院请求加害人停止侵害、排除妨害、消除危险、恢复名誉、赔礼道歉，以恢复人格权的圆满状态。作为人格权请求权的一种类型，诉前禁令的功能在于维护权利人对其人格利益的圆满支配状态，即权利人通过申请

① 参见郭小冬：《民事诉讼侵害阻断制度释义及其必要性分析》，载《法律科学》（西北政法大学学报）2009年第3期。

诉前禁令的方式,积极地排除对其人格权的不法侵害行为。另外,禁令的适用并不要求具有不法性,也不要求具有过错,[①]不论损害后果是否已经发生,都可以适用,据此可见,禁令在性质上应当是人格权请求权的一种类型。

此外,诉前禁令与先予执行也十分类似。[②] 所谓先予执行,是指法院在诉讼作出判决之前,申请人可以请求法院裁定债务人给付一定数额的金钱或其他财物,实施或停止某种行为。[③]《民事诉讼法》第 106 条规定:"人民法院对下列案件,根据当事人的申请,可以裁定先予执行:(一)追索赡养费、扶养费、抚育费、抚恤金、医疗费用的;(二)追索劳动报酬的;(三)因情况紧急需要先予执行的。"该条对先予执行作出了规定,从该条规定来看,与诉前禁令类似,先予执行也适用于情况紧急的情形,但诉前禁令不同于先予执行,二者的区别主要体现为:一是适用范围不同。诉前禁令适用于所有民商事案件,包括侵权案件,而先予执行仅适用于双方具有持续性关系,或者有在先合同关系的案件中,在侵权纠纷中无法适用先予执行制度。二是适用条件不同。先予执行的适用要求双方当事人之间的权利义务关系明确、债务人有履行能力、不先予执行将会给债权人的生产生活造成严重损失的情形,而诉前禁令制度则是为了制止紧迫的"不法"侵害行为。三是制度功能不同。先予执行是为了使权利人的权利在判决之前全部或部分地得到实现和满足,而诉前禁令则是为了制止行为人的不法侵害行为。四是适用时间不同。先予执行只能在诉讼过程中适用,[④]而诉前禁令则适用于诉讼开始之前。五是制度价值不同。诉前禁令制度作为行为保全制度的一种,其着眼点在于保全,并不等同于最终裁判结果,而先予执行虽然不是对

---

① Kerpen, Das internationale Privatrecht der Persiinlichkeitsrechtsverletzungen (2003) at 26.

② 有观点认为,我国的行为保全制度与英国的禁制令在效力上、法院是否有必要采取强制执行措施等方面存在明显区别。参见周翠:《行为保全问题研究——对〈民事诉讼法〉第 100 ~ 105 条的解释》,载《法律科学》2015 年第 4 期。

③ 参见江伟、肖建国:《民事诉讼法》,中国人民大学出版社 2008 年版,第 244 页。

④ 参见江伟、肖建国:《民事诉讼中的行为保全初探》,载《政法论坛》1994 年第 3 期。

案件实质的最终解决，但往往预示着庭审的可能结局。[①]

三、诉前禁令的适用条件

诉前禁令是在诉讼前当事人一方提出申请，而且诉讼尚未发生，这就使诉前禁令的颁发不可能像诉讼活动那样，经由双方的举证、质证、辩论等环节确定法律事实，由于时间紧迫，无法查明案件事实，因此，就有可能导致诉前禁令制度的滥用。所以，为了防止诉前禁令制度被不当使用，需要明确诉前禁令的适用条件，并由法院对诉前禁令的适用条件进行必要的审查。

（一）诉前禁令的适用条件

第一，正在实施或者即将实施侵害人格权的行为。诉前禁令必须存在侵害或者可能侵害人格权的情形，具体而言，存在如下两种情形：一是行为人正在实施侵害他人人格权的行为。例如，行为人已经在网上发布他人的裸照，如果不及时制止，就可能使受害人的名誉、隐私遭受重大损害。二是行为人的行为有侵害他人人格权之虞。所谓有侵害人格权之虞，是指未来将有可能发生侵害人格权的危险，且发生的盖然性较高。这就是说，对此种侵害之虞的判断通常需要用社会一般人的观点来判断，但针对不同的侵害行为，也应该有不同的判断标准。按照王泽鉴教授的观点，对于第一次侵害人格权的情形，权利人申请诉前禁令时需要提供充分的证据，而在第一次侵害之后，其可以推定行为人有侵害之虞；同时，也需要区分不同的人格权类型，对生命权、健康权的侵害，应从宽认定，而对侵害名誉、隐私等，需要与言论自由等法益的保护相平衡，因此，认定时应当更加审慎。[②] 此种看法值得赞同。

第二，如不及时制止将会使损害后果迅速扩大或难以弥补。诉前禁令针对的是正在发生和将要发生的侵害行为，损害常常具有急迫性。也就是说，如果通过正常的诉讼程序维权，因为诉讼耗时的原因，可能导致如下后果：一是会造成损害后果的迅速扩大。例如，

---

① 参见江伟、肖建国：《民事诉讼中的行为保全初探》，载《政法论坛》1994 年第 3 期。

② 参见王泽鉴：《人格权法》，北京大学出版社 2013 年版，第 390 页。

在网上发布他人的裸照，如果不及时屏蔽或者删除，则可能瞬间实现全球范围的传播。因此，有必要通过诉前禁令的程序及时制止不法行为。二是会造成难以弥补的损害。对人格权侵害而言，损害后果难以弥补是指这种损害对人格权益的侵害无法通过金钱弥补，或者说这种损失具有不可逆性，无法通过金钱赔偿予以恢复原状。事实上，对人格权侵害而言，一旦发生侵害行为，损害后果往往都难以恢复原状，特别是在互联网时代，隐私、名誉等很多与人格损害关系重大的人格尊严问题，一旦发生之后，经济赔偿实际上并不足以完全弥补对受害人造成的损害。因此，应当通过诉前禁令制度防止损害的发生或扩大。如果损害后果的发生不具有急迫性，或者即便发生也可以通过其他方式弥补，则一般不宜采用此种方式。例如，在行为人未经权利人许可擅自利用其肖像，其主要损害权利人的财产利益，可以通过财产损害的方式对其提供救济，此时，一般不宜通过诉前禁令制度解决纠纷。但如果是将某人的裸照用于网上广告用途，一旦传播，则可能造成受害人的严重精神损害，而且该损害难以通过金钱赔偿恢复原状，此时，就有必要通过禁令制度对权利人提供救济。

第三，具有胜诉的可能性。这就是说，当受害人提出颁发诉前禁令的请求之后，法院虽然不进行实质审查，但应当对胜诉的可能性进行初步判断，只有当权利人所申请禁止实施的行为确有可能构成侵权，而且将依法承担法律责任，法院才有必要颁发诉前禁令。如果相关行为不构成侵权，匆忙颁布诉前禁令，就可能损害正当的言论自由或行为自由，尤其是当禁令与最终的判决不一致时，还会损害司法的权威性。因此，在判断是否要颁发禁令时，法院要考虑正在发生或者将要发生的行为的性质、所可能导致的后果、该行为与他人合法权益以及公共利益关系的考量，以最终确定胜诉的可能性。当然，此种胜诉的可能只是一种盖然性的判断，这种盖然性应当达到一定的程度，法院才能够颁发诉前禁令。

第四，民事主体有证据证明。这就是说，要求颁发禁令应由受害人提出，但受害人提出发布禁令的请求时，不能仅仅提出请求，还必须提出相关的证据证明已经具备适用诉前禁令的条件。通常来说，权利人必须证明侵害人格权的行为已经发生并将持续发生，而此种情形具有急迫性。在此有必要区分侵害人格权的行为是否已经发生，对于已经发生的侵害行为，权利人的举证较为简单，而对损害尚未发生的情形，则应当适当提高申请人的举证负担，以防止诉前禁令制度的滥用。

（二）对诉前禁令适用条件的审查

在英美法中，诉前禁令被视为一种“不寻常的法律救济”，[①]所以，必须要严格依法适用。在我国，一旦人格权编规定诉前禁令后，因为禁令并不通过正常的诉讼程序，双方当事人不能按照法定程序表达自己的主张，很容易导致该制度的滥用。尤其是这种制度给予法官过大的自由裁量权力，一旦法官过度放宽其适用条件，可能导致该制度被滥用。所以，为了规范诉前禁令，限制法官的自由裁量，法官应当对其适用进行审查。从比较法上看，美国法上适用诉前禁令时，法官应当对该申请进行必要的审查。法官在审查时需要考虑如下因素：一是根据事实原告胜诉的可能性；二是在颁布禁令之外是否有其他的法律救济手段；三是不颁布禁令是否会导致无法弥补的损害；四是不颁布禁令给原告造成的损失是否会超过被告因禁令可能遭受的损失；五是颁布禁令是否会危及公共安全。[②] 这一经验值得我们借鉴。法院之所以要进行审查，关键是要判断受害人有无证据证明侵权行为已经实施或者将要实施，且这种侵权行为造成的后果具有紧迫性，同时，法院也要审查受害人胜诉的可能性。具体而言，审查内容应当包括如下几个方面。

第一，要确定相关行为是否构成侵权。对于正在实施的侵害行为，法院在审查时应当确认有证据证明行为人正在实施加害他人的行为；而对将要实施的侵害行为，法院在审查时应当确认有证据证明行为人将要实施侵害行为，并有可能造成受害人不可弥补的损害。法院应当根据不同的人格权类型来对审查条件进行区分。由于人格权的类型内部可以简单划分为物质型人格权和精神型人格权，侵犯物质型人格权的损害后果主要表现为人身伤亡，但这些损

① 参见毕潇潇、房绍坤：《美国法上临时禁令的适用及借鉴》，载《苏州大学学报》（哲学社会科学版）2017 年第 2 期。

② 参见王迁：《知识产权法教程》，中国人民大学出版社 2016 年版，第 13 页。

害可依法转化为经济损失，而侵犯精神型人格权则将导致人格权人精神利益受损。法院在判断行为人的行为是否造成损害或可能造成损害时，就有必要区分不同的损害。

第二，行为人正在实施或者将要实施的行为所造成或可能造成的损害是否具有紧迫性。也就是说，一方面，行为必须造成现实的损害，如果相关行为不可能造成损害后果，则不应颁发禁令。另一方面，这种损害应当具有紧迫性，如果不及时制止，可能造成难以弥补的损害。例如，行为人在某个公开场合辱骂他人，此时损害已经发生，颁发禁令已不具有任何实际意义，已无必要。

第三，应当进行利益平衡。从实践来看，对人格权的侵害是否构成侵权，往往涉及人格权与其他权益冲突的平衡问题。例如，行为人所发布的某则新闻报道因为时效性的要求而来不及对信息内容进行严格审查，此时因消息不实造成他人损害是否构成侵权，就需要进行利益的平衡。

法院在作出禁令裁定时需要对权利人的申请进行必要的审查，问题在于，此种审查究竟是形式审查还是实质审查？笔者认为，法院仅对权利人的申请进行形式审查，将无法确定发布禁令的条件是否具备，因此，只有进行实质审查，才能确定胜诉可能性的问题，其涉及行为的定性问题，并不限于审查证据的形式要求或者申请材料的完整性，而需要对已经提交的证据进行初步判断，并对行为的性质及其可能造成的后果进行分析，对涉及的权益进行平衡，这显然已经超出了形式审查的范围。

四、诉前禁令的效力

诉前禁令一旦颁布，到达行为人时即发生效力，行为人应当按照诉前禁令的要求立即停止相关侵权行为。虽然诉前禁令不是法院的终审判决，但其也具有法律效力，行为人违反诉前禁令的要求时，法院可以强制执行。此外，在临时禁令的有效期内，行为人违反禁令造成申请人损害的，则申请人有权请求行为人赔偿。此种损害赔偿纠纷通常与案件一并审理。

关于诉前禁令效力的存续期间，存在不同的观点，一种观点认为，在诉讼活动开始或者作出新的禁令时，诉前禁令的效力即归于消灭。[①] 另一种观点认为，在法院的终局判决生效时，诉前禁令的效力归于消灭。笔者认为，诉前禁令应当在如下两种情况下失去效力。

第一，终局判决生效后才失去效力，理由如下：一方面，诉前禁令的制度价值在于，阻止侵权行为造成更大的损害后果，在终局判决生效之前，如果认定诉前禁令失去效力，则被禁止的行为可能继续实施，这可能导致禁令颁发的目的落空。另一方面，在终局判决生效之前，诉前禁令所禁止的行为在法律上是否构成侵权，是否允许实施，是悬而未决的问题，只有通过终局判决，才能最终确定行为人所实施的行为是否构成侵权。[②]

诉前禁令的功能在于制止不法侵害行为，其并不具有证明侵权行为成立的效力，因为法院在审查禁令申请时对证据的审查不同于诉讼中对相关证据的审查，在采取禁令措施时，法院需要及时制止不法行为，对证据的审查是单方面的，可能具有一定的片面性，行为人的行为是否构成侵权还需要在诉讼中具体判断。

第二，申请人未在法定期间内提起诉讼时则当然失效。前述诉前禁令在终局判决生效后才失去效力当无争议，但值得考虑的是，权利人申请诉前禁令后，是否必须要提起诉讼？笔者认为，诉前禁令只是临时性的救济措施，而不是确定当事人权利义务关系的终局依据。该制度的名称就包含了申请人必须在法院颁布禁令后起诉的内涵。一般而言，法院发布禁令肯定是在诉讼之中，诉前禁令是一项特别的行为保全制度，行为人必须进行相关起诉。如果行为人在申请法院颁布禁令后又不提起诉讼的，此时法院颁布的禁令已经事实上损害到了他人的行为自由并可能给他人造成特定损害，应当推定行为人之前的申请行为构成侵权，并应当承担相应的侵权责任。就此而言，我国目前的诉前禁令制度还存在立法的不完善之处，理应规定诉前禁令申请人负有起诉的义务。

诉前禁令本身并不具有终局裁判的效力，其效力延续到本案判

---

① 参见毕潇潇、房绍坤：《美国法上临时禁令的适用及借鉴》，载《苏州大学学报》（哲学社会科学版）2017 年第 2 期。

② 参见毕潇潇、房绍坤：《美国法上临时禁令的适用及借鉴》，载《苏州大学学报》（哲学社会科学版）2017 年第 2 期。

决作出时，诉前禁令与终局裁判的关系表现在如下两个方面：一方面，终局裁判可以改变临时禁令的措施，权利人主张停止侵权，但判决认为驳回原告的请求，则临时禁令应当失效。如果与终局判决不一致，以终局判决为准，则会造成被告的损失；另一方面，终局裁判一旦生效，则诉前禁令的效力即归于消灭。也就是说，终局裁判生效后，应当以该终局裁判作为确定当事人权利义务关系的依据，禁令的效力随即终止。如果行为人不履行该终局裁判，则应当依据该终局裁判追究其法律责任，而不再依据诉前禁令追究其责任。同时，在终局裁判生效后，因为诉前禁令所导致的损害，申请人应当承担相应的法律责任，受害人可以另诉请求申请人赔偿。

第三节　精神损害赔偿责任

一、精神损害赔偿的概念和特征

精神损害赔偿是侵权责任的承担方式之一，其主要针对人格权遭受侵害的情形予以救济，即在人格权遭受侵害后，对受害人所遭受的精神损害予以救济。1986 年《民法通则》第 120 条第 1 款明确规定："公民的姓名权、肖像权、名誉权、荣誉权受到侵害的，有权要求停止侵害，恢复名誉，消除影响，赔礼道歉，并可以要求赔偿损失。"该条所规定的"赔偿损失"实际上就是指精神损害赔偿。自《民法通则》颁行后，最高人民法院于 2001 年颁行了《精神损害赔偿司法解释》，于 2003 年颁行了《关于审理人身损害赔偿案件适用法律若干问题的解释》（以下简称《人身损害赔偿司法解释》），对精神损害赔偿责任作出了细化规定，2009 年颁行的《侵权责任法》第 22 条也对精神损害赔偿责任作出了规定。

在人格权请求权和侵权损害赔偿请求权分离后，对侵害人格权产生的财产损害赔偿责任和精神损害赔偿责任，都应当是侵权责任法的规范内容。但鉴于精神损害赔偿责任主要适用于人格权遭受侵害的情形，因此，民法典人格权编也可以对其作出规定，而且鉴于我国《侵权责任法》对精神损害赔偿责任的规定较为简略，也有必要在人格权编中对其作出细化规定。

精神损害赔偿责任的特征主要表现在如下几方面。

第一,精神损害赔偿是针对自然人因人身权益受损而遭受的精神损害所提供的补救。所谓精神损害,是指自然人在遭受外界刺激后所产生的精神痛苦和不良情绪。精神损害以自然人的生理和心理感受为基础,[①]一是肉体上的痛苦(physical pain and physical impairment),主要是指侵害物质性的人格权而造成的肉体上的疼痛、奇痒、失禁、恶心、听力损害、视力下降、功能丧失等。[②] 二是精神上的痛苦(mental distress),是指因为侵害各类人格权利而造成的精神痛苦。精神痛苦要区分侵害身体造成的精神痛苦和非侵害身体造成的精神痛苦。[③] 三是因侵害各类权利而造成的各种不良情绪,包括忧郁、绝望、怨愤、失意、悲伤、缺乏兴趣、惊惧、不安、羞辱等。精神痛苦本身即为不正常的心理状态,这种不良反应会导致受害人缺乏食欲、疲乏、焦虑,轻者致人食欲不佳,重者可能导致精神疾病,甚至危及生命。精神损害源于生理上和心理上的损害。在法律上,精神损害是自然人人格权遭受侵害的一种损害后果,需要在法律上提供救济。

第二,精神损害赔偿是针对自然人所遭受的精神痛苦、肉体痛苦等进行补救的方式。由于法人和非法人组织是法律拟制的主体,虽然侵害法人、非法人组织的人格权可能造成法人、非法人组织成员的精神痛苦,但并不会造成法人、非法人组织自身的痛苦。因此,法人和非法人组织不能提起精神损害赔偿请求。对此,《精神损害赔偿司法解释》第5条规定:"法人或者其他组织以人格权利遭受侵害为由,向人民法院起诉请求赔偿精神损害的,人民法院不予受理。"精神损害赔偿是对精神痛苦、肉体痛苦等精神损害的赔偿。精神痛苦是自然人的人格权益遭受侵权后所产生的各种不良情绪的,

---

① 参见杨立新主编:《民商法理论争议问题——精神损害赔偿》,中国人民大学出版社2004年版,第18页。

② 参见杨立新主编:《民商法理论争议问题——精神损害赔偿》,中国人民大学出版社2004年版,第19页。

③ F. Bydlinski, System und Prinzipien des Privatrechts, Wien, 1996, S. 222.

包括愤怒、心理障碍、不安、极度苦恼等，它们都应纳入损害赔偿范围。[①] 需要讨论的是，在相关侵害人格权益的行为发生后，如果个人意识不到该损害，则受害人能否主张精神损害赔偿？对此存在不同观点。笔者认为，个人是否意识到相关损害的存在，原则上并不影响其精神损害赔偿请求权。例如，在受害人处于昏迷状态时，或者受害人是法律上的人，或者是婴儿时，在此情形下，即便上述受害人没有感受到损害，也不应当据此否定损害的存在。[②] 在侵害婴儿和儿童的权利的情形下，即便其没有感受到精神上的痛苦，也应当认定损害的存在。[③] 当然，在有的情形下，如果受害人没有意识到其遭受了相关的损害，并不存在严重的精神痛苦，则将难以主张精神损害赔偿责任。例如，权利人在客观上被行为人限制了行为自由，但权利人主观上并没有意识到该损害的存在，则很难说权利人因此遭受了严重的精神痛苦，其也难以主张精神损害赔偿责任。

第三，精神损害赔偿是以侵权为基础而请求的损害赔偿。在单独设立人格权编的情形下，人格权编主要规定人格权请求权，精神损害赔偿主要应当适用侵权责任编。就请求权基础而言，从比较法上看，德国债法改革后，精神损害赔偿的适用范围开始扩张，但仍适用侵权责任的一般规定，以侵权责任为基础。而我国台湾地区"民法"也同样将精神损害赔偿责任的请求权基础限定于侵权领域。[④] 我国《侵权责任法》第22条也将精神损害赔偿责任的适用范围限于侵权领域。因此，精神损害赔偿应以侵权请求权为基础。

诚然，精神上的痛苦除了可能因人身伤害引起之外，还可能因财产损害等其他原因引起，如因为一方严重违约而使非违约方产生精神痛苦；一方毁损他人重要财物导致受害人产生精神痛苦等。精神损害赔偿是否可以基于违约而请求，比较法有不同的做法。依据我国《侵权责任法》第22条的规定，只有在因侵权造成他人严重精

---

① See W. V. Horton Rogers(ed), *Damages for Non-Pecuniary Loss in a Comparative Perspective*, Springer Wien New York, 2001, p. 260.

② Johann Neethling, "Personality rights: a comparative overview", *The comparative and international law journal of South Africa*, 2005, Vol. 38, No. 2, p. 225.

③ von Bar, The common European law of torts, Vol. 2, OUP Oxford, 2000, p. 22.

④ 参见王泽鉴：《人格权法》，北京大学出版社2013年版，第410～411页。

神损害时才能请求赔偿。因此,精神损害赔偿原则上只能适用于侵权责任,在违约责任中一般不能适用。

第四,精神损害赔偿的主要目的在于对受害人的抚慰和对加害人的制裁,其功能具有多重性。一方面,精神损害赔偿可以对受害人所遭受的精神痛苦予以安慰。尽管"赔偿"一语有所不当,但赔偿概念的包容性更为广泛。正是因精神损害赔偿具有补偿性,所以在刑事附带民事诉讼中,也应当适用精神损害赔偿。另一方面,精神损害赔偿也具有制裁不法行为人的作用。也正是基于这一原因,在衡量精神损害赔偿的数额时,应当考虑行为人的过错程度,行为人的过错程度越高,其精神损害赔偿数额就可能越大。

二、精神损害赔偿责任的构成要件

(一)主要适用于侵害人格权的情形

从比较法上来看,各国法律大多认为,在人格权遭受侵害时可以适用精神损害赔偿责任,例如,根据《日本民法典》第709条、第710条的规定,抚慰金的覆盖范围包括:人格利益、身份利益以及财产权因受到不法侵害时产生的精神损害。但德国法则对精神损害赔偿责任的适用进行了严格限制。根据《德国民法典》第253条第2款的规定,仅身体、健康、自由以及性自主受到侵害的,可请求非物质损害赔偿。[①] 精神损害赔偿之所以主要适用于侵害人格权的情形,原因在于,侵害人格权虽然可能导致个人的损害,造成个人非金钱损失,此种损害很难通过市场价值进行精确的衡量,因而财产损害赔偿难以对受害人提供充分的救济。[②]所以,一般认为,精神损害赔偿是对人格利益进行直接保护的救济方式。对于财产权和合同权利的侵害,通常不会导致对个人人格利益的直接侵害,由此引发的精神损害通常也不会得到赔偿,除非此种损害严重侵害了人的尊

---

① 但这种做法一直受到批评,经过债法现代化改革,精神损害赔偿的适用范围进一步扩大。

② E Karner & H Koziol Der Ersatz ideellen Scbadens im osterreicbischen Recht und seine Reform: Verhandlungen des Filnjzehnten Osterreicmscben Juristentages lnnsbruck 2003 volllil(2003) at 242.

严或人的身体完整性。[①] 精神损害赔偿虽然是通过金钱赔偿的方式抚慰受害人的精神痛苦,但这并不等同于对人的精神利益进行金钱衡量,精神损害赔偿责任的主要功能仍然是对受害人进行抚慰。

(二)一般适用于侵权案件

精神损害赔偿原则上仅适用于侵权案件。《精神损害赔偿司法解释》第1条明确规定,只有在受害人以侵权为由向人民法院起诉请求赔偿精神损害的,法院才可以受理,因此,精神损害赔偿限于侵权的范畴,而排斥了在违约情况下的适用。我国《侵权责任法》第22条对精神损害赔偿责任作出规定,原则上也将精神损害赔偿的适用范围限于侵权责任。当然,在例外情况下,如果合同的履行与人格利益的实现具有密切的联系,尤其是订约即是为了实现某种人格利益时,此时由于一方违约而导致另一方精神损害,是否可以适用精神损害赔偿,还有待于探讨。我国现行立法并未对此作出规定,学界也存在两种截然不同的观点:一种观点认为,违约责任不能适用精神损害赔偿,其主要理由是,精神损害是合同当事人在订约时难以预见的,因此不能基于合同之诉请求赔偿,如果确因一方的违约给另一方造成人身权益的损害,可产生违约和侵权责任的竞合。[②] 另一种观点认为,违约责任中应适用精神损害赔偿,因为在以实现或维持精神利益为主要履行利益的合同(如旅游合同等)中,违约导致精神损害赔偿是订立合同时当事人所能够预见的。[③] 违约责任中适用精神损害赔偿也不会产生不当得利,因为判处违约方承担财产损害赔偿与精神损害赔偿,受害人弥补了财产损失之后,非财产损失也得到补偿,并未得到双重赔偿。[④]

从传统债法原理和立法例来看,绝大多数国家和地区都曾将精神损害赔偿限于侵权领域。但随着该制度的发展,也有一些国家或地区立法例开始承认例外情形下基于违约也可以请求精神损害赔

---

① Neethling, JM Potgieter & PJ Visser, Neethling's law of personality, LexisNexis South Africa, 2005, pp. 63-65.

② 参见陈明添等:《精神损害赔偿法律关系之客体研究》,载《福建政法管理干部学院学报》2002年第7期。

③ 参见沈晓明:《完善我国现行精神损害赔偿制度的若干构想》,载《法律适用》2004年第5期。

④ 姜作利:《美国合同法中的精神损害赔偿探析》,载《法学论坛》2001年第6期。

偿。例如,《德国民法典》在债法改革之后,于第 253 条规定认为精神赔偿也可能源自当事人对合同义务的违反;自德国 2002 年修订债法后,第 253 条第 2 款的精神损害赔偿(德国法称为公平的金钱赔偿)也适用于合同责任。[①] 该规定以前位于第 847 条(不法行为)适用于侵权责任,经过债法现代化改革,该条位置提前,进入损害赔偿一般规定,意味着其适用范围也扩张至整个损害赔偿法。[②] 法国法和奥地利法也认为,违约如果造成他人人身权益严重受损的,非违约方也可基于违约损害赔偿请求权主张精神损害赔偿。[③] 我国台湾地区"民法"第 227 条之一规定:债务人因债务不履行,致债权人之人格权受侵害者,准用第一百九十二条至第一百九十五条及第一百九十七条之规定,负损害赔偿责任。具有较大影响的《欧洲示范民法典草案》第 III－3:701 条规定,非经济损失包括肉体痛苦和精神痛苦,以及生活品质的缺损,也从一定侧面表明违约若造成他人精神痛苦,则守约方可主张精神损害赔偿。从这些规定来看,精神损害赔偿原则上不适用于违约领域,但如果因违约造成他人人格权损害,并因此造成受害人严重精神痛苦的,则一些国家和地区的立法承认受害人有权主张精神损害赔偿责任。

我国《侵权责任法》第 22 条规定:"侵害他人人身权益,造成他人严重精神损害的,被侵权人可以请求精神损害赔偿。"该条采用"侵害他人人身权益"的表述,表明只有侵权法才能提供对精神损害的补救,而合同法对因违约行为而造成的精神损害,一般是不提供补救的。笔者认为,应当坚持违约责任与侵权责任在结果上的划分标准,对违法行为造成精神损害的,一般应当归入侵权责任的范畴,如果违约行为已经构成侵权行为,则因此引发的精神损害应受侵权法的保护。能否对精神损害提供补救,也是违约责任和侵权责任的重要区别之一。一般情况下,对违约损害赔偿,主要应当赔偿财产损失,而不包括非财产损失,特别是精神损害。当然,在特殊情形

---

① [德]马克西米利安福克斯:《德国侵权行为法》,齐晓琨译,法律出版社 2006 年版,第 224 页。

② MüKoBGB/Oetker,7. Aufl. 2016,BGB § 253,Rn. 18.

③ 参见[德]U. 马格努斯:《侵权法的统一:损害与损害赔偿》,谢鸿飞译,法律出版社 2009 年版,第 281 页。

下,如果依据法律规定,因违约造成的精神痛苦可以通过精神损害赔偿责任予以救济,此时,应当在相应的违约责任中适用精神损害赔偿责任。

《侵权责任法》的上述规定只是一般规则,在发生竞合的情形下,则应允许受害人基于违约主张精神损害赔偿。民法典分编草案第782条规定:“因当事人一方的违约行为,损害对方人格权造成严重精神损害,受损害方选择请求其承担违约责任的,不影响受损害方请求精神损害赔偿。”该条实际上是对精神损害赔偿的特殊规定,表面上看,该规定似乎是与《侵权责任法》第22条不相符合,但二者本质上是一致的。从该规定来看,在违约责任中适用精神损害赔偿责任,应当符合如下条件。

一是产生责任竞合,所谓竞合,是指一种行为侵害了受害人的人格权和财产权,既符合违约责任的构成要件,也符合侵权责任的构成要件,受害人有权从中选择。例如,受害人在就餐时,餐馆煤气爆炸导致受害人面部受损,或者受害人在整容时,手术失败导致受害人人身损害,因此引发精神痛苦。在上述情形下,因为当事人之间事先存在一种合同关系,行为人的行为既构成违约,也构成对受害人人格权的侵害。

二是必须侵害了受害人的人格权。因违约造成的精神损害是时有发生的,例如,债务人欠债不还,恶意违约,即可能导致债权人的精神痛苦,但并不能将其认定为侵害人格权遭受的损害。只有在因违约侵害受害人人格权时,才有适用精神损害赔偿责任的可能。例如,在前述案例中,餐馆煤气爆炸导致受害人面部受损,侵害了受害人的身体权、健康权,造成受害人严重精神痛苦,此时,才有可能适用精神损害赔偿责任。

三是因损害对方人格权造成严重精神损害。如果仅造成受害人轻微的精神痛苦,则可以通过财产损害的方式对受害人提供救济,而不需要通过精神损害赔偿责任对受害人提供救济。同时,如果对轻微的精神损害也进行救济,可能导致诉讼的泛滥。

总之,原则上单纯的违约不能赔偿精神损害,因为一方面,对精神损害提供补救违反了合同法的可预见性规则。诚然,违约行为会发生精神损害,但精神损害毕竟是违约当事人在订约时难以预见的。因为违约当事人在缔约时很难知道在违约发生以后，非违约方会产生的精神痛苦、不安、忧虑等精神损害，也不知道究竟会有多大的精神损害。且精神损害是因人而异的，是违约方在缔约时难以预见的。另一方面，在违约中实行精神损害赔偿，将会给缔约当事人带来极大的风险，并会增加交易成本，极不利于鼓励交易。如果在一方违约以后，要求违约方赔偿因违约造成的精神损害，尤其是精神损害赔偿的数额过大时，将会给缔约当事人带来极大的风险，交易当事人将会对是否订约顾虑重重，甚至害怕从事相关交易，从而会严重妨害交易和市场经济的发展。合同法重在帮助缔约当事人合理安排其将来的交易，预见到所订立的合同对其利益状态可能发生的影响，如果在违约中实行精神损害赔偿，合同法的这一功能将难以实现。还应当看到，在违约责任中适用精神损害赔偿责任，也可能赋予法官过大的自由裁量权，因为与侵权责任相比较，受害人证明对方当事人违约较为简便，因此获得救济的机会明显高于证明侵权责任所获得的救济。同时，精神损害的最大特点是难以用金钱计算和准确确定数额，只能由法官考虑各种参考系数确定。因此，在一般情形下，无需通过违约责任对受害人的精神损害赔偿进行救济。

（三）须因侵害人格权等权益造成严重精神损害后果

在比较法上，由于精神损害难以准确评估和确定，这也导致法官在衡量精神损害赔偿数额时享有较大的自由裁量权，为了限制法官的自由裁量权，一些国家对精神损害赔偿责任的适用作出了严格限制。例如，在法国，在作出精神损害赔偿的判决时，通常要有医学证据。当受害人的健康状况趋于稳定时，法院会传唤医学专家，不仅要求他们对受害人的损害进行描述，而且要求他们通过百分比的方式，对损害的程度进行量化。① 这种身体或者精神上的痛苦必须具有严重性和时间上的持续性，而且必须获得医学上的认可，否则可能难以获得救济。②《精神损害赔偿司法解释》第 8 条第 1 款规

① W. V. Horton Rogers (ed): Damages for Non-Pecuniary Loss in a Comparative Perspective, Springer Wien NewYork, 2001, p. 90.

② W. V. Horton Rogers (ed): Damages for Non-Pecuniary Loss in a Comparative Perspective, Springer Wien NewYork, 2001, pp. 251 – 252.

定:“因侵权致人精神损害,但未造成严重后果,受害人请求赔偿精神损害的,一般不予支持,人民法院可以根据情形判令侵权人停止侵害、恢复名誉、消除影响、赔礼道歉。”我国《侵权责任法》第22条规定,必须是在造成严重精神损害时才能赔偿,因此,如果受害人只是遭受轻微的精神痛苦,无权主张精神损害赔偿。这就是说,精神损害的后果不是轻微的损害后果,而应当是严重的侵害后果。法律上作出此种限制,一方面是为了限制法官的自由裁量权,另一方面是为了防止滥诉,将实践中一些轻微的精神损害排除在外,以有效防止诉讼的泛滥。

如何判断某种精神损害是否构成严重精神损害?学界对此看法不一。所谓严重后果的严重性,可从如下几个方面进行判断:一是精神痛苦的严重性。也就是说,因侵害人格权所造成的痛苦已经超出社会一般人的容忍限度。[①] 精神损害是否严重往往具有主观性,常常是因人而异的,但并非没有客观判断标准,如果这种痛苦按照一般人的标准已经超出了常人可以忍受的程度,则可以认定其是严重的。二是造成后果的严重性。也就是说,造成精神痛苦伴随一定的后果,导致受害人无法正常工作,甚至精神抑郁等。如果普通人在权利遭受侵害的情况下,都难以忍受和承受的精神痛苦和肉体痛苦,并会对受害人的正常生产、生活造成负面影响,则可以认为已经构成了严重后果。所以,判断严重后果,不仅要考虑受害人生理与心理上的反应,也要考虑是否影响其正常的生活、工作以及影响其正常交往的程度等。三是具有持续性。也就是说,损害所造成的痛苦不是立即消失的,而是持续了一段时间,如果受害人只是遭受了偶尔的精神痛苦或者心理情绪上的不愉悦,则不属于应予赔偿的精神损害。[②]

---

① 参见张礼洪:《意大利法中非财产性人身损害赔偿制度及其启示》,载《2009年中日侵权责任法研讨会会议资料》,全国人大常委会法工委民法室和中国人民大学法学院2009年,第43页。

② 参见扈纪华、石宏:《侵权责任法立法情况介绍》,载《人民司法》(应用)2010年第3期。

三、关于刑事附带民事诉讼中的精神损害赔偿

许多侵害人格权尤其是侵害物质性人格权的行为，也可能同时构成犯罪。我国《刑事诉讼法》第 101 条第 1 款规定："被害人由于被告人的犯罪行为而遭受物质损失的，在刑事诉讼过程中，有权提起附带民事诉讼。被害人死亡或者丧失行为能力的，被害人的法定代理人、近亲属有权提起附带民事诉讼。"但在刑事附带民事诉讼中，受害人是否可以主张精神损害赔偿的问题，理论上存在两种不同的观点：一是肯定说。此种观点认为，既然精神损害赔偿在一般的民事侵权中可以适用，那么在附带民事诉讼中也可以适用。因为刑事附带民事诉讼本质上仍然是民事诉讼，应贯彻民事诉讼的理念和原则。否则，在一般的侵害人身权利的民事诉讼中，受害人可以主张精神损害赔偿，而在严重侵害人身权利的民事诉讼中，受害人却不能主张精神损害赔偿，这既不符合逻辑，对受害人也不公平，况且适用精神损害赔偿，有利于制裁和教育犯罪人。[①] 二是否定说。此种观点认为，刑事附带民事诉讼只是给予受害人必要的财产补偿，但并不包括精神损害赔偿。尤其是对犯罪行为人实施刑事制裁以后，受害人已经得到了一定程度的公正待遇，在精神上已经得到抚慰，所以不应该再行请求精神损害。[②]

在最高人民法院颁布的一些司法解释中，否认了刑事附带民事诉讼中的受害人可以请求精神损害赔偿。最高人民法院《关于适用〈中华人民共和国刑事诉讼法〉的解释》第 138 条第 2 款规定："因受到犯罪侵犯，提起附带民事诉讼或者单独提起民事诉讼要求赔偿精神损失的，人民法院不得受理。"依据该条规定，刑事案件被害人不论是在刑事附带民事程序还是单独提起民事诉讼，都无法主张精神损害赔偿。最高人民法院《关于刑事附带民事诉讼范围问题的规

---

① 参见郭卫华等：《中国精神损害赔偿制度研究》，武汉大学出版社 2003 年版，第 356～357 页。

② 在号称"中国第一贞操案"中，加害人以强奸罪被深圳市中级人民法院判处有期徒刑 12 年，但受害人向深圳中院提出的要求赔偿精神损失 10 万美元的诉讼请求被驳回。法院驳回的主要理由是，原告的起诉理由不符合《刑事诉讼法》的相关规定，且对此法无明文规定。参见《我国大陆第一例：女青年贞操受损获赔八万元》，载《新民周刊》2001 年 4 月 4 日。

定》(法释〔2000〕47 号)第 1 条规定:“因人身权利受到犯罪侵犯而遭受物质损失或者财物被犯罪分子毁坏而遭受物质损失的,可以提起附带民事诉讼。对于被害人因犯罪行为遭受精神损失而提起附带民事诉讼的,人民法院不予受理。”2002 年 7 月 15 日公布的最高人民法院《关于人民法院是否受理刑事案件被害人提起精神损害赔偿民事诉讼问题的批复》(法释〔2002〕17 号)则进一步规定:“对于刑事案件被害人由于被告人的犯罪行为而遭受精神损失提起的附带民事诉讼,或者在该刑事案件审结以后,被害人另行提起精神损害赔偿民事诉讼的,人民法院不予受理。”依据上述规定,在刑事案件中,被害人无权主张精神损害赔偿责任。

《侵权责任法》第 4 条规定:“侵权人因同一行为应当承担行政责任或者刑事责任的,不影响依法承担侵权责任。”尽管该条没有明确规定刑事附带民事案件中的精神损害赔偿,但笔者认为,可以从目的性扩张的角度,肯定刑事附带民事诉讼中受害人的精神损害赔偿请求权。当然,最好的方案是在民法典人格权编中对刑事附带民事诉讼中权利人的精神损害赔偿请求权作出规定,主要理由如下。

第一,按照举轻以明重的当然解释方法,既然侵权责任中都允许受害人主张精神损害赔偿,犯罪行为显然是更为严重的侵权行为,可能给受害人造成更大的精神痛苦,当然更应当允许受害人主张精神损害赔偿责任。另外,此种做法也符合刑事附带民事诉讼的固有性质。在刑事附带民事诉讼中,就民事部分而言,其是因犯罪行为而发生的民事赔偿,且仍然是民事诉讼。因此,在刑事附带民事诉讼中,允许受害人提起精神损害赔偿,符合刑事附带民事诉讼的性质。

第二,刑事责任不应当取代精神损害赔偿。无论对行为人采取了何种刑事制裁,都不能替代其所应承担的民事责任,包括精神损害赔偿责任。对受害人而言,尽管刑事责任的承担在一定程度上确实具有精神抚慰的作用,但仅仅承担刑事责任还不能完全消除受害人所遭受的精神痛苦。只有精神损害赔偿才具有某种补偿功能,通过补偿给受害人一定的金钱,给受害人提供精神上的抚慰,抚平心灵的创伤，并能制裁不法行为人。[①]

第三，有利于简化诉讼程序，节约司法资源。允许受害人在刑事附带民事诉讼中主张精神损害赔偿，其就不必再单独提起民事诉讼，从而可以简化诉讼，提高审判效率。

第四，允许受害人主张精神损害赔偿也符合相关的国际法规则。1985年联合国批准通过的《为罪行和滥用权利行为受害者取得公理的基本原则宣言》第1条规定："'受害者'一词系指个人或整体受到伤害包括身心损伤、感情痛苦、经济损失或基本权利的重大损害的人，这种伤害是由于触犯会员国现行刑事法律，包括那些禁止非法滥用权利的行为或不行为所造成的。"第4条规定："对待罪行受害者时应给予同情并尊重他们的尊严。他们有权向司法机关申诉并为其所受伤害迅速获得国家法律规定的补救。"从该规则来看，在刑事案件的受害人遭受损害以后，加害人不仅应赔偿受害人财产损失，还应赔偿其所遭受的精神损害。

第四节　侵害人格权益的惩罚性赔偿

一、惩罚性赔偿在例外情形下可以适用于人格权侵权

惩罚性赔偿也称为惩戒性的赔偿或报复性的赔偿，它是指由法院在裁判中决定的赔偿数额超出实际损害数额的赔偿。[②] 惩罚性赔偿作为集补偿、惩罚、遏制等功能于一身的一项制度，主要在美国法中采用，是美国法固有的制度。[③] 近几十年来，该制度开始受到广泛关注，并在有些国家逐步被采纳。该制度已被我国的相关法律规定所采纳。[④]

---

① 参见尹飞：《人身伤亡的精神损害赔偿》，载王利明主编：《人身损害赔偿疑难问题：最高人民法院人身损害赔偿司法解释之评论与展望》，中国社会科学出版社2004年版，第661页。

② See "Exemplary Damages in the Law of Torts", 70 *Harv. L Rev.* 517, 517 (1957).

③ See Malzof v. United States, 112 S. Ct. 711, 715 (1992).

④ 参见《消费者权益保护法》第55条、《侵权责任法》第47条。

从比较法上来看,一些国家的判例认为,惩罚性赔偿可以针对故意侵犯人格权情形而适用。例如,在德国法中,金钱赔偿具有部分的惩罚性,只要损失是严重的,无论行为是故意侵权,还是过失侵权,受害人都有可能主张惩罚性赔偿。[①] 再如,根据瑞士法,在侵害人格权的情形下,根据加害人行为的严重程度以及行为人对受害人所采取的其他救济措施,受害人也可以主张金钱赔偿。[②] 在法国,在人格权遭受侵害的情形下,如果符合侵权责任的一般条款,受害人即可以主张精神损害赔偿。[③] 按照英国法,在侵害人格权的情形下,即便只是导致受害人非财产损害,受害人也可以主张赔偿,至于是否需要行为人具有过错,则取决于不同的侵权类型,而且在一些特殊情形下,如非法冒犯他人或者诽谤的情形下,受害人也可以主张更高的损害赔偿数额或者主张惩罚性赔偿。[④]

由此可见,在侵权人故意侵害他人人格权益尤其是具有获利的故意时,允许受害人主张惩罚性赔偿,这是比较法上最新的发展趋势。

在我国,现行立法并没有对惩罚性赔偿作出一般性的规定,尤其是在侵害人格权的情形下,我国立法并没有专门规定惩罚性赔偿责任。从我国司法实践来看,在侵害人格权的情形下,法院一般也较少适用惩罚性赔偿制度。例如,在"刘某某与于某某生命权、健康权、身体权纠纷案"中,双方因口角而引发争执,一方将另一方打伤,受害人请求行为人承担惩罚性赔偿责任,法院认为,原告遭受的财产损失应当予以救济,但其主张行为人承担惩罚性赔偿责任则于法无据。[⑤] 再如,在"原告夏某与被告葛某某、葛某×健康权纠纷案"

---

① SD Lindenbergh "De positie en de handhaving van persoonlijkheidsrechten in het Nederlandse privaatrecht"(1999)36 1PR 1665 at 1693 - 1694.

② Frick Persiinlicbke!. tsrecbte. Recbtsvergleicbende Studie uber den Stand des Persiinlicbkeitsschutzes in Ostereicb, Deutscbland, der Scbweiz und Liecbtenstein (1991) at 239 ff.

③ U Kerpen Das internationale Privatrecht der Persiinlichkeitsrechtsverletzungen (2003) at 47.

④ von Bar The common European law of torts, Vol. 2, OUP Oxford, 2000, pp. 271 - 272.

⑤ 河北省任丘市人民法院民事判决书,(2016)冀0982民初2076号。

中,双方因债务清偿而发生纠纷,被告将原告打伤,原告请求被告承担惩罚性赔偿责任,法院认为,原告主张的惩罚性赔偿欠缺法律依据,因此不予支持。[①] 在上述案例中,一方殴打另一方,造成另一方身体伤害,法院较少支持受害人的惩罚性赔偿请求权,此种做法有一定的道理。

笔者认为,比较法上承认惩罚性赔偿制度具有一定的合理性,但是应当严格限制惩罚性赔偿责任的适用,在通常情况下不应当适用惩罚性赔偿,可通过精神损害赔偿和财产损害赔偿来对权利人予以救济。主要理由在于:一方面,在人格权遭受侵害的情形下,依据《侵权责任法》的相关规定赔偿受害人的医药费、护理费等,可以有效填补受害人的财产损害,通过精神损害赔偿也可以对受害人的精神损害提供充分的补救,没有必要再额外适用惩罚性赔偿。而且精神损害赔偿责任本身已经具有了一定的惩罚性色彩,如果在精神损害赔偿责任之外再广泛适用惩罚性赔偿责任,可能导致对行为人的过度惩罚。因此,只有在通过财产损害赔偿和精神损害赔偿难以对受害人提供有效救济的情形下,才能考虑适用惩罚性赔偿制度。另一方面,惩罚性赔偿是一种加重责任,给予了法官过大的自由裁量权,而且涉及复杂的适用问题,如惩罚性赔偿的数额、计算方法以及惩罚性赔偿的归属等,都需要法律予以细化规定,如果不严格限制其适用,可能会不当加重行为人的负担,不当限制个人的行为自由。而且,法院可能会被大量的琐碎的人格权纠纷所困扰。[②] 此外,在人格权遭受侵害的情形下,对受害人的救济主要是对其精神痛苦进行一种抚慰和安抚,而赔礼道歉、消除影响、恢复名誉等责任形式已经足以对受害人提供救济,因此,没有必要普遍承认侵害人格权的惩罚性赔偿责任。

当然,借鉴比较法的经验,我国立法在例外情况下也有必要承认惩罚性赔偿在人格权侵权领域的适用,这对于强化人格权保护是很有必要的。一方面,受害人要主张精神损害赔偿要就其遭受的精

① 南京市栖霞区人民法院民事判决书,(2014)栖霞民初字第 37 号。

② Johann Neethling,"Personality rights: a comparative overview", *The comparative and international law journal of South Africa*,2005,Vol. 38,No. 2,p. 223.

神损害举证，这种证明对受害人来说是十分困难的。受害人因故意侵权，遭受了严重的精神损害，但因举证困难而难以主张较高的精神损害赔偿，使其损害难以救济。这就需要引入惩罚性赔偿责任制度，以弥补精神损害赔偿责任制度的不足。另一方面，针对一些故意且造成严重后果的人格权侵权行为，适用惩罚性赔偿制度有利于制裁和惩罚不法行为人，违法成本的增加最终将有利于强化人格权的保护，能够起到预防侵权行为发生的事前防御作用，①这也是侵权法维护权利人合法权益的最佳途径。

二、侵害人格权惩罚性赔偿的适用

（一）适用条件

惩罚性赔偿责任的适用至少应该满足如下两个构成要件。

其一，行为人主观上故意甚至恶意侵害他人。惩罚性赔偿的核心功能在于对行为人进行惩罚，即行为人除了对其行为所造成的损害需要承担弥补损失这一侵权责任之外，还需要额外承担赔偿责任，这一加重责任体现了法律对行为人不法行为的否定性评价。如果未来立法要肯定惩罚性赔偿制度在人格权侵权领域的适用，那么也应当局限于行为人故意甚至恶意侵害他人的情形，②如果行为人因过失造成他人损害，不应当适用惩罚性赔偿责任，而应当通过普通的财产损害赔偿责任和精神损害赔偿责任对受害人进行救济。之所以需要进行这种区分，核心理由在于惩罚性赔偿制度的关键点在于体现惩罚，是法律对侵权人主观恶性所作的否定性评价。

其二，造成了通过现有救济制度无法使受害人得到充分救济的重大损害后果。从比较法来看，德国、荷兰和南非等国的立法规定，人格权遭受侵害的受害人若需获得损失之外的赔偿，则必须是侵害人格权的结果是严重的或者性质是特别严重的。③ 这一经验值得借鉴，因而在行为人故意或者恶意侵害他人造成重大损害后果的情形

---

① See Johann Neethling, "Personality rights: a comparative overview", *The comparative and international law journal of South Africa*, 2005, Vol. 38, No. 2, p. 222.

② 参见石佳友：《守成与创新的务实结合：〈中华人民共和国民法人格权编（草案）〉评析》，载《比较法研究》2018 年第 2 期。

③ von Bar The common European law of torts, Vol. 2, OUP Oxford, 2000, pp. 20 – 21.

下,只要求行为人承担普通的财产损害赔偿责任,虽然也可以填补损害,但并不能充分体现对行为人的惩罚,这就有必要适用惩罚性赔偿责任。而在行为人的侵权行为没有造成受害人损害或者受害人难以证明其损害的情形下,通过普通的财产损害赔偿难以对受害人提供有效的救济,这就需要运用惩罚性赔偿责任。

需要指出的是,行为人因侵权而获得利益不应当作为构成要件,剥夺行为人的侵权获利也不应当是惩罚性赔偿的功能,而且行为人的侵权获利可以通过《侵权责任法》第20条予以剥夺,不需要借助惩罚性赔偿责任剥夺该获利。当然,在行为人因侵权而获得利益,或者行为人侵权的目的在于获利,则在衡量惩罚性赔偿的数额时可以考虑行为人的获利情况。

(二)其他问题

1. 惩罚性赔偿责任的赔偿标准

如前所述,精神损害赔偿责任在适用过程中所面临的问题之一,就是损害赔偿数额难以确定,精神损害的基本特点也在于无法以金钱数额予以计算。[①] 因此,惩罚性赔偿责任要克服精神损害赔偿责任的不足,就应当有明确的赔偿标准。否则,完全将惩罚性赔偿责任的赔偿数额交由法官自由裁量,极有可能出现法官权力过大以致任意裁判的局面。如果惩罚性赔偿的赔偿数额过高,可能会过分加重行为人的负担,也可能与社会一般人的观念差距太大,而难以被普通民众所接受,甚至行为人也可能因不能支付而使判决难以执行;但赔偿数额过低,则难以起到惩罚的作用,也难以有效抚慰受害人。从目前的实际情况来看,最好的办法是制定一个在各地统一的数额,各地的情况差异很大,城市和农村的情况也不相同,可以由各省的高级人民法院结合本地的情况制定一个较为合理的数额。

2. 惩罚性赔偿责任的利益归属

在适用惩罚性赔偿责任时,应当将该惩罚性赔偿金归属于受害人抑或应当收归国家,对此存在不同观点。笔者认为,应当由受害人获得该赔偿金,由受害人获得该惩罚性赔偿金并不会使其获得不

① 参见王泽鉴:《民法学说与判例研究》(第2册),中国政法大学出版社1998年版,第244页。

当利益，因为惩罚性赔偿责任除了对故意或者恶意的行为人进行惩罚外，也是为了解决受害人人格权遭受侵害后损失难以计算的困难。无论是身体受到伤害还是精神受到伤害，这些损失都是难以用金钱评价的，正如生命无价，身体也是无价的一样，说到底身体是生命的载体，身体受到损害，根本不可能准确地计算受到损害的数额，而赔偿医疗费只是赔偿了受害人所遭受的很小的一部分损失，而不是受害人所遭受的全部损失，从这个意义上说，受害人获得惩罚性赔偿，完全是其应该获得的赔偿。

将惩罚性赔偿的赔偿金归属于受害人，也有利于形成有效的利益激励机制，鼓励受害人主张权利。从实践来看，许多受害人在受到他人故意或者恶意侵权后之所以不愿意向法院提起诉讼，是因为受害人请求以后得不到足够的赔偿。提起诉讼所获得的赔偿与受害人在时间和精力上的花费极不相称，从而不能从利益上形成一种激励机制，鼓励人们提起诉讼。如果采用惩罚性赔偿的做法，受害人在遭受殴打等恶意侵害人格权的行为，如果可以获得一笔数额较高的赔偿金，这就会促使受害人积极地提起诉讼捍卫自身的权利。

第十一章　人格权请求权

第一节　人格权请求权概述

一、人格权请求权的概念和特征

所谓人格权请求权,是指民事主体在其人格权受到侵害、妨害或者有妨害之虞时,有权向加害人或者人民法院请求加害人停止侵害、排除妨害、消除危险、恢复名誉、赔礼道歉,以恢复人格权的圆满状态。正如德国学者拉伦茨所指出的,人格权请求权的内容具有特殊性,即在人格权有受到侵害之虞时,司法实践准许权利人请求消除危险;在继续受到侵害时,准许请求停止侵害。[①] 人格权请求权的产生与发展是人格权制度的重要发展趋势。在立法上,完善人格权请求权基础规范,可以为人格权的司法保护提供明确的法律依据,从而有利于更好地保护人格权。

在我国民法典制定中,人格权请求权能否从侵权责任编中分离出来,与侵权请求权相分离,是人格权能否独立成编的关键和核心问题。我国民法典草案第 778 条第 2 款规定:"民事主体依照前款

---

① 参见[德]卡尔·拉伦茨:《德国民法通论》(上册),谢怀栻等译,法律出版社 2004 年版,第 169 ~ 170 页。

规定提出的停止侵害、排除妨碍、消除危险、消除影响、恢复名誉、赔礼道歉请求权不受诉讼时效的限制。"该条实际上对人格权请求权已经作出了规定，但这一规定的理论基础以及其与侵权损害赔偿请求权的区别仍然值得深入探讨。[①]

在民法中，基础性的民事权利都有相应的请求权，并因基础权利的功能差异而各自独立，物权请求权与债权请求权的区隔就是适例。人格权不同于其他民事权利，人格权请求权因此也具有独立性。人格权作为一项保护人格利益的绝对权，也需要成为一项独立的请求权。[②] 在人格权关系中，却一直未能形成独立的人格权请求权，这反映了立法的不完备性，因此需要确立人格权请求权制度。人格权请求权主要具有如下特征。

第一，人格权请求权附随于人格权，是人格权效力的直接体现。人格权具有积极效力和消极效力两个方面。一是积极效力。它是指人格权所具有的支配、控制、依法利用等权能。人格权与其他的绝对权一样，有积极行使的功能。例如，肖像权人有权利用其肖像，并许可他人利用其肖像，如用于广告宣传等。二是消极效力。所谓消极效力，是指人格权受到侵害或可能受到侵害时，权利人享有的保护其权利的权能。例如，在名誉权遭受侵害的情况下，权利人有权要求恢复名誉。人格权请求权主要是基于人格权的消极效力而产生的，也是因为人格权所具有的绝对性和排他性而产生的，在人格权遭受侵害的情况下可以使其恢复到圆满状态。人格权请求伴随着人格权的产生而产生，人格权被确认之后就当然产生此种效力，从而达到恢复权利人对人格利益的圆满支配状态、防患于未然的目的。

第二，人格权请求权旨在保护人格权，针对侵害人格权的行为采取预防与保护措施。一方面，对于财产权的侵害，大多可以通过金钱赔偿而恢复原状。而对于人格权的侵害，其往往具有不可逆转性（如隐私一旦公开就无法恢复原状），所以，应当更多地采用损害

---

① 民法典草案第一稿第778条第1款规定："侵害民事主体人格权的，应当依照本法和其他法律的规定承担停止侵害、排除妨碍、消除危险、赔偿损失、消除影响、名誉、赔礼道歉等民事责任。"

② Vgl. MüKoBGB/ Rixecker BGB § 12 Anh. Rn. 58 ff.

预防和停止侵害的方式。损害赔偿并不能够对受害人所遭受的损害提供完全的救济，还需要通过停止侵害、恢复名誉、消除影响等方式为人格权提供救济。另一方面，人格权请求权是专门针对人格权的保护而设立的。例如，消除影响、恢复名誉就是专门针对人格权的侵害而设立的制度。再如，赔礼道歉也仅适用于人格权的侵害。正如拉伦茨所指出的，人格权请求权使人格权主体能够排除行为人的不法侵害行为，以恢复人格权的圆满状态。[①] 正是因为人格权具有特殊性，在其遭受侵害以后，要恢复其圆满状态，就必然要采取与救济财产权不同的方式。

第三，人格权请求权是基于人格权的支配性和排他性而产生的。人格权是绝对权，具有支配性和排他性，这一点与物权、知识产权等绝对权无异。所谓人格权的支配性，是指权利人对其人格利益的支配，而不能将其简单地视为对其人身的支配。基于人格权，权利人对其人格利益具有支配的权能，并能产生对抗第三人的效力，只要权利人对其人格利益的圆满支配状态受到了不法侵害，权利人都有权提出相关请求，以恢复此种圆满支配状态，而且权利人在提出此种请求时，不以行为人的行为构成侵权为前提。相反，债权属于相对权，而非支配权，因此，也就不能产生类似于“人格权请求权”的效力。所谓排他性，是指人格权作为对世权，任何人都负有不得非法侵害权利人的人格权的义务。权利人所享有的人格权依法可以向任何人主张。由于人格权可以禁止任何人实施侵害其权利的行为，所以人格权也被称为绝对权。[②]

第四，人格权请求权具有专属性。我们说人格权请求权具有专属性，是指该权利只能由人格权人享有，不能转让继承，也不能许可他人使用，它要附随于人格权，不能与人格权相分离而独立存在，权利人死亡时，人格权请求权也一并消灭。[③] 从某种意义上说，人格权的专属性也可以理解为是人格权请求权的“附随性”的体现。因此，只要人格权确定存在，人格权请求权即随之产生，一旦其行使受到

① 参见[德]卡尔·拉伦茨：《德国民法通论》(上册)，谢怀栻等译，法律出版社2004年版，第326～328页。

② Otto von Gierke, Deutsches Privatrecht, Band I, Leipzig, 1895.

③ Vgl. Jauernig/Teichmann BGB § 823 Rn. 64 ff.

或者可能受到妨碍,无论是否构成侵权,权利人都可以主张人格权请求权。而且,权利人在主张人格权请求权时,并不以其提起侵权诉讼为前提。例如,在个人信息记载有误的情形下,信息权利人有权要求信息控制者采取更正等措施,这些也是人格权请求权行使的体现。

总之,作为保护人格利益的绝对权,人格权不同于其他民事权利,和其他绝对权一样,其也具有自身独立的请求权。[①] 我国《侵权责任法》第 15 条规定了侵权请求权,但并没有规定人格权请求权。为了强化对人格权的保护,我国民法典人格权编应当就人格权请求权作出规定,从而形成人格权保护的完整制度体系。

二、人格权请求权的具体内容

人格权请求权是指在侵害人格权和妨害人格权行使的具体行为出现以后,权利人有权行使停止侵害、消除危险、恢复名誉等请求权。[②] 人格权请求权的目的在于预防和停止侵害以及填补损害,人格权请求权是一种特殊的请求权,不能将侵权法中的请求权纳入其中。因此,在人格权遭受侵害之后,权利人虽然也有权请求财产损害赔偿,以使自己的损害得到补救,但损害赔偿在性质上应当属于侵权法上的请求权,而不能为人格权请求权所包含。

停止侵害、消除危险、恢复名誉等请求权既是侵害人格权的责任承担方式,也是人格权请求权的内容。除此之外,依据我国现行立法规定,权利人积极主动行使更正权等权利,也是人格权请求权行使的体现,有利于恢复人格权的圆满状态。具体而言:一是更正权的行使。所谓更正权,是指报刊、网络等媒体刊载的报道内容失实或有关信息控制者记载、公开的信息有误,侵害他人人格权益的,则受害人有权请求该媒体或信息控制者及时更正。国务院《出版管理条例》第 27 条规定了此种权利。民法典各分编草案第 808 条规定:“民事主体可以依法查询自己的信用评价;发现信用评价错误或

---

① Vgl. MüKoBGB/ Rixecker BGB § 12 Anh. Rn. 58 ff.

② 参见崔建远:《债法总则与中国民法典的制订》,载《清华大学学报》2003 年第 4 期。

者侵害自己合法权益的，有权提出异议并要求采取更正、删除等必要措施。信用评价人应及时核查，经核查属实的，应当及时采取必要措施。”二是删除权的行使。所谓删除权，是指在信息的收集发生错误，或者信息收集的目的已经达到等情形下，权利人可以请求相关的信息收集者、持有者及时清除相关的信息。《网络安全法》第43条规定了此种权利。民法典各分编草案第815条第2款在总结上述规定的基础上，进一步规定：“有下列情形之一的，自然人可以请求信息持有人及时删除其个人信息：（一）存在非法收集、使用信息的行为；（二）持有侵害自然人合法权益的信息；（三）持有的信息储存期限依法已经届满；（四）根据收集或者使用的特定目的，信息持有人持有信息已经没有必要；（五）其他没有正当理由继续持有信息的情形。”这就进一步确认了信息主体的删除权。三是回应权（droit de réponse）的行使。所谓回应权，是指当有关报刊、网络等媒体披露、报道的信息包含直接涉及他人名誉的事实时，权利人可以请求该媒体及时采取合理的方式免费发布其针对相关事实的必要回应。国务院《出版管理条例》第27条规定：“报纸、期刊发表的作品内容不真实或者不公正，致使自然人、法人或者其他组织的合法权益受到侵害的，当事人有权要求有关出版单位更正或者答辩，有关出版单位应当在其近期出版的报纸、期刊上予以发表；拒绝发表的，当事人可以向人民法院提起诉讼。”该条中的“答辩”，其实就是回应。在行使回应权的情形下，权利人只要提出初步证据证明行为人报道的事实有误，并不需要证明行为人是否有过错以及是否造成实际损害，就可以在相关媒体上作出回应。上述权利的行使是人格权请求权行使的具体体现，彰显了人格权的效力。正是因为上述权利的行使不需要权利人证明行为人构成侵权，由此也表明，人格权请求权可适用于未构成侵权的情形。

同时，与其他权利的保护一样，对人格权的保护也应当体现民法的平等保护及充分救济的原则，在受到侵害之后，权利人也有权请求财产损害赔偿，以使自己的损害予以补救。损害赔偿请求权虽然是人格权的重要保护方法，但其应当属于侵权法上的请求权，不属于人格权请求权。人格权请求权是一种特殊的请求权，不能将侵权损害赔偿请求权纳入其中。

第二节 人格权请求权的发展

一、人格权请求权的产生和发展

人格权请求权是随着人格权的发展而产生和发展的。在人格权产生之初,并没有形成独立的人格权请求权,而主要借助于侵权法予以保护。但随着人格权地位的提升,人格权请求权在不断发展。

从比较法上看,《德国民法典》并没有将人格权作为民法典的独立组成部分,而主要通过侵权法规则保护人格权,也没有规定独立的人格权请求权。[①] 但在司法实践中,法官通过类推适用物权请求权制度(《德国民法典》第 1004 条),从而确立了人格权请求权制度。人格权请求权的适用不以行为人有故意过失为必要,但以加害行为具有违法性为要件,其功能在于排除行为人对人格利益的侵扰。[②] 具体来说,通过类推适用《德国民法典》第 1004 条,德国司法上确认了两种类型的人格权请求权:一是排除妨害请求权(Beseitigungsanspruch),该请求权主要针对不实的陈述、损害名誉的报道、损害名誉的表述以及苛刻的批评、未经授权使用或者扭曲肖像以及对隐私的公开等。[③] 目的在于排除行为人对权利人人格利益的侵扰。[④] 二是消除危险请求权(也称为不作为请求权),该请求权主要针对即将发生的、迫在眉睫的不法侵害。例如,行为人即将在网络上发布相关的侵权信息,则权利人有权请求其消除危险。这种做法早在《德国民法典》施行的五年后即在保护姓名权的司法实

---

① Vgl. Jauernig/Teichmann BGB § 823 Rn. 64 ff.; MüKoBGB/Wagner BGB § 823 Rn. 363.

② Verena Fricke, Der Unterlassungsanspruch gegen Presseunternehmen zum Schutze des Persönlichkeitsrechts im IPR, Tübingen, 2003, S. 137.

③ MüKoBGB/Baldus BGB § 1004, Rn. 32 f.

④ Verena Fricke, Der Unterlassungsanspruch gegen Presseunternehmen zum Schutze des Persönlichkeitsrechts im IPR, Tübingen, 2003, S. 137.

践中得到了运用。[①] 由此可见,德国在实践中已经确认了人格权请求权。

《法国民法典》中并没有针对人格权的保护设立特殊的规则。在人格权遭受侵害后,主要依据侵权法的一般条款(《法国民法典》第1382条)对人格权予以概括保护,[②]而并没有承认人格权请求权。但在实践中,随着隐私权、身体权等权利的确认,人格权请求权已逐步形成。1970年,《法国民法典》修订时增设第9条关于私生活受尊重的权利,该条在适用中逐步形成了独立的诉讼。例如,法国最高法院在1996年11月5日的一个判决中确认,《法国民法典》第9条独立于第1382条侵权责任,构成一项独立的诉讼,不需要以过错为要件,只要证实损害的存在就应当使受害人获得赔偿。[③] 这就是说,对他人私生活一切任意性的干涉都是非法的,对他人私生活的不法调查应受到法律制裁。有论者指出,这是对主张侵权责任一般原则吸收《法国民法典》第9条论点的彻底推翻。[④] 由此可见,至少就隐私权等人格的侵害而言,法国法也承认受害人享有与侵权请求权相区别的人格权请求权。

《瑞士民法典》最早规定了人格权的一般保护规则,开创了人格权请求权的先河,该法典第28条第1款规定人格权受侵害者得诉请排除妨害,该条第2款规定其得诉请损害赔偿,或以立法明文规定为限,得诉请慰抚。一般认为,《瑞士民法典》是最早以明确方式规定人格权请求权的民法典。在瑞士法中,人格权请求权与侵权请求权是相分离的,《瑞士民法典》和《瑞士债法典》分别对此作出了规定,确立了绝对权请求权诉讼与侵权诉讼的二元模式。[⑤] 第一种模式是防御性诉讼,即由《瑞士民法典》第28a条第1款规定的三种类型的防御性诉讼,包括预防损害诉讼(对即将发生的侵害人格权

---

① BeckOGK/Spohnheimer, 2017, BGB §1004 Rn. 14; BeckOGK/Spohnheimer, 2017, BGB §1004 Rn. 326.

② 参见马特、袁雪石:《人格权法教程》,中国人民大学出版社2007年版,第15页。

③ Cass. Civ. 1ère, le 5 novembre 1996, in *Bulletin Civil*, I, n° 378.

④ Cass. Civ. 1ère, le 25 février 1997, in JCP, G., 1997, II, p. 22783, note J. Ravanas.

⑤ Olivier Guillod, *Droit des personnes*, 4e edition, Basel: Helbing Lichtenhahn, 2015, pp. 135–143.

的行为而提起的诉讼)、停止侵害诉讼(针对正在持续的不法侵害行为而提起的诉讼)以及确认权利之诉(权利人所提起的请求确认侵害行为不法性的诉讼)。第二种模式是损害赔偿诉讼,即针对人格权受侵害所遭受的损失所提起的诉讼,此类诉讼由《瑞士债法典》第41条(侵权一般条款)和第49条(侵害人格权)所规定。损害赔偿诉讼既包括财产损害赔偿诉讼、精神损害赔偿诉讼,还包括返还侵权得利诉讼。[①] 在瑞士法中,人格权请求权与侵权请求权的差别在于是否要证明行为人具有过错、是否适用诉讼时效以及责任的重点在于赔偿损害还是预防和消除危险。[②] 可见,在瑞士法中,人格权请求权与包括侵权损害请求权在内的其他请求权是相分离的。

日本最高法院在"北方杂志案"的判决中明确指出:名誉遭受违法侵害者,除可要求损害赔偿及恢复名誉外,对于作为人格权的名誉权,出于排除现实进行的侵害行为或预防将来会发生的侵害的目的,应解释为还可以要求加害者停止侵害。日本法上在名誉权遭受侵害的情况下,权利人除可以要求损害赔偿及恢复名誉外,对于现实的侵害行为和将来可能发生的侵害行为,权利人还可以请求行为人停止侵害。[③] 总体来讲,日本的学说总体上倾向于支持本国法院的判例,承认人格权请求权的独立性,否认侵权请求权包括停止行为请求权。[④]

由此可见,虽然许多国家的立法没有明确规定人格权请求权,而主要通过侵权请求权保护人格权,但在司法实践中都或多或少地承认了人格权请求权。而《瑞士民法典》则明确规定了人格权请求权。这种模式的优点在于,其针对人格权保护的特殊性,就人格权的保护设置了与物权请求权相类似的绝对权请求权保护方法,而且与侵权请求权相比,人格权请求权的成立并不要求行为人的行为构

---

① 参见石佳友:《人格权立法的历史演进及其趋势》,载《中国政法大学学报》2018年第4期。

② 参见石佳友:《人格权立法的历史演进及其趋势》,载《中国政法大学学报》2018年第4期。

③ 姚辉:《民法上的"停止侵害请求权"——从两个日本判例看人格权保护》,载法苑精苑编辑委员会编:《中国民法学精萃》(2003年卷),机械工业出版社2004年版,第578~580页。

④ 杨立新:《人格权法》,中国法制出版社2006年版,第63页。

成侵权，只要其可能侵害人格权，影响人格权的实现，权利人即可提出人格权请求权，且不受诉讼时效限制，这显然更有利于人格权的保护。①

近几十年来，随着人格权制度的发展，人格权请求权也呈现一些新的发展，主要表现在如下方面。

第一，广泛采用停止侵害的方式，预防侵害人格权行为的发生。在互联网和大数据时代，由于网络环境对人格权的损害后果具有无限放大性，而且互联网的受众具有无限性，因此，侵害人格权的损害后果一旦发生，即可能被无限放大，甚至如覆水难收，无法恢复原状，且相关的损害后果将是无法估计的。针对人格权侵害的特殊性，各国都广泛采用了停止侵害的方式。例如，如果相关出版、发行的作品可能侵害他人的人格权，则在最终判决作出之前，法官还可以作出预先裁决，责令行为人停止出版、禁止发行流通，或责令将出版物全部或部分予以查禁。② 在法国法上，依据《法国民法典》第9条第2款的规定，“在不影响对所受损害给予赔偿的情况下，法官得规定采取诸如对有争执的财产实行保管、扣押或其他适于阻止或制止妨害私生活隐私的任何措施；如情况紧急，此种措施得依紧急审理命令之”。在德国法上，禁制令的救济也是侵害人格权救济中通常采用的方式。③

第二，请求撤回声明的权利。所谓撤回，是指在行为人侵害他人名誉的情形，所出声明，将所作出的言论撤回。德国司法实践中，也承认了撤回陈述或者修正其陈述的责任方式。④ 按照德国通说见解，撤回属于排除妨害的一种具体情形，其以侵害行为具有违法性为要件，以侵害人有故意或过失为前提。⑤ 通过由被告声明撤回其不当言论，有助于防止损害后果的继续扩大，且有利于减少纠纷。

---

① 参见石佳友：《人格权立法的历史演进及其趋势》，载《中国政法大学学报》2018年第4期。

② 参见[奥]考茨欧等：《针对大众媒体侵害人格权的保护：各种制度与实践》，余佳楠等译，中国法制出版社2013年版，第170页。

③ BGHZ 138,311,318.

④ 张民安主编：《名誉侵权的法律救济：损害赔偿、回应权、撤回以及宣示性判决等对他人名誉权的保护》，中山大学出版社2011年版，第3页。

⑤ 参见王泽鉴：《人格权法》，北京大学出版社2013年版，第431页。

第三，补充、更正及删除请求权的产生。所谓补充，是指相关的文字或信息不完整，而给受害人造成损害，则受害人有权要求补充其内容。所谓更正，是指相关的文字或信息有误，则受害人有权要求予以修改和纠正。所谓删除，是指行为人发布相关的侵权文字或信息造成受害人损害的，受害人有权请求删除相关的文字或信息。从比较法来看，许多国家立法和判例都承认了更正、删除权。例如，德国法中司法实践中通过适用补充和更正请求权（Der Anspruch auf Ergänzung und Richtigstellung），[①]消除、更正原有文义给大众带来的不良印象，有利于保护个人人格权。在有些情况下，即使言论并非直接针对受害人本人，而采用影射等方式，也可以请求加害人进行补充性的更正，以使言论更加客观真实。在言论传播到第三人的情况下，如果表意人本身没有足够明确地表达且未加以核实即加以传播，则权利人可以主张隔离相关言论（Anspruch auf Distanzierung），以停止该言论的传播。[②] 这些请求权的行使并不要求受害人已经遭受现实的损害，也不要求行为人的行为已经构成侵权。

第四，回应权（droit de réponse）的广泛运用。回应权是指定期出版发行的媒体（包括报刊、电台、电视台等）如有涉及毁损他人名誉等错误报道，则被报道者有权做出回应。[③] 该权利最早由法国1881年7月29日法律所规定，有法国学者认为其属于最为典型的人格权。[④] 法国民法采取的做法主要是责令被告自费公告法官对其作出的名誉侵权判决摘要及回应权。《瑞士民法典》1983年修订后，第28g－281条规定了“回应权”。德国司法实践也承认了所谓相应报道请求权（Degendarstellungsanspruch），即权利人有权要求行

---

① MuekoBGB/Rixecker, 7. Aufl. 2015, BGB § 12 Anh. Das Allgemeine Persönlichkeitsrecht Rn. 264.

② MuekoBGB/ Rixecker, 7. Aufl. 2015, BGB § 12 Anh. Das Allgemeine Persönlichkeitsrecht Rn. 265.

③ 参见石佳友：《守成与创新的务实结合：中华人民共和国人格权编（草案）评析》，载《比较法研究》2018年第2期。

④ Jean-Christophe Saint-Pau（dir.），Droits de la personnalité，pp. 1001－1002，转引自石佳友：《守成与创新的务实结合：〈中华人民共和国民法人格权编（草案）〉评析》，载《比较法研究》2018年第2期。

为人在公开场合(通常是公共媒体)对其之前错误的陈述作出修正,以保护受害人自身社会形象的完整性。[①] 此种权利类似于回应权。从广义上说,回应权是人格权请求权的一项积极权能,其基础是主体所享有的人格权(如名誉权)。

第五,赔礼道歉的产生与发展。自《日本民法典》颁布以来,日本法院就要求在报纸或报刊上发表公开道歉,这被视为是恢复名誉的一种合适的惩罚手段。[②] 除日本以外,在亚洲一些国家和地区(如韩国、越南、印度尼西亚、中国台湾地区等)也承认赔礼道歉是一种强制性的救济方式。在欧洲,捷克等国家也承认此种救济方式。英国和威尔士也颁布了所谓的道歉立法。[③]

在现代社会,针对人格权保护的特殊性,许多国家都开始在侵权请求权之外,通过一些特殊方式保护人格权,可见,人格权请求权的产生和发展是现代民法发展的重要趋势。

二、我国民法中的人格权请求权

在民法典编纂中,我国有必要借鉴瑞士法的做法,在侵权请求权之外,单独规定人格权请求权。人格权是一项独立的支配权,为了保护此种支配权的完整性,法律上有必要承认独立的人格权请求权制度。由于人格权请求权是基于人格权所产生的,人格权主要是精神利益,人格利益大多体现为一种精神利益,其与财产利益一般具有有形的特征不同,尤其是名誉、肖像、隐私、贞操、自由等利益,都是行为与精神活动的自由和完整的利益,且以人的精神活动为核心。对自然人人格利益的侵害,必然造成主体精神上的痛苦,损害受害人的精神利益,[④]这也使人格权在遭受侵害后,无法完全通过财产损害赔偿的方式对受害人予以救济。这就需要借助人格权请求权,如恢复名誉、赔礼道歉等,对人格权的精神利益予以维护。因此

---

① Rüdiger Klüber, Persönlichkeitsrechtsschutz und Kommerzialisierung, Tübingen, 2007, S. 118.

② 参见[奥]考茨欧等:《针对大众媒体侵害人格权的保护:各种制度与实践》,余佳楠等译,中国法制出版社2013年版,第284页。

③ Compensation Act 2006(UK), S. 2.

④ 参见杨立新:《人身权法论》,人民法院出版社2002年版,第89页。

规定独立的人格权请求权是由人格利益的自身属性所决定的。人格权以维护人之尊严为其核心价值，充分有效保护人格权是现代民法的重要价值目标，也是我国民法典编纂所要达到的基本目标之一。[①] 正如前述，人格权请求权与侵权损害赔偿请求权存在本质差异，单靠后者来保护人格权，不仅不能实现充分有效保护，反而会削弱人格权保护。为了充分有效保护人格权，人格权请求权必须与侵权损害请求权分离。

从我国物权保护的立法经验来看，《民法通则》并没有规定独立的物权请求权，只是通过第106条所规定的侵权请求权对物权进行保护。而《物权法》则规定了独立的物权请求权，规定独立的物权请求权有利于减轻物权人的举证负担，更有利于物权的保护，人格权的保护同样如此。

具体而言，在充分有效保护人格权方面，人格权请求权与侵权损害赔偿请求权的分离有以下主要意义。

第一，弥补现行法在人格权保护制度方面的不足。我国现行法没有单独规定人格权请求权，在人格权遭受侵害的情形下，现行立法主要通过侵权请求权对权利人提供救济。《侵权责任法》第15条规定了多种责任形式，被称为“大侵权模式”。此种模式的优点是在一定程度上便利当事人的诉讼，可以通过一次侵权诉讼解决损害赔偿和权利的防御性保护问题。与此同时，因其没有区分绝对权请求权（如物权请求权、人格权请求权）与侵权损害赔偿请求权，产生了相当突出的问题：一方面，其无法明确区分不同请求权的主张所要求的构成要件。如前所述，对侵权损害赔偿请求权而言，其一般适用过错责任原则，例外情形下适用严格责任，而对停止侵害、排除妨碍、消除影响等预防性的责任形式而言，其并不当然适用过错责任归责原则，而“大侵权模式”并没有对此进行必要的区分，这不利于各种责任形式的准确适用。例如，如果要求所有责任形式的适用都以过错为前提，就会加重原告的举证负担。另一方面，因为绝对权

---

① 沈春耀在《关于〈民法典各分编（草案）〉的说明》中指出：“全国人大常委会法工委研究认为，人格权是民事主体对其特定的人格利益享有的权利，关系到每个人的人格尊严，是民事主体最基本、最重要的权利。保护人格权、维护人格尊严，是我国法治建设的重要任务。”《民法典分编草案首次提请审议》，载《人民日报》2018年8月28日。

请求权不适用诉讼时效,但是,在“大侵权模式”之下,难以解释为何某些类型的侵权责任不适用诉讼时效。而通过人格权请求权与侵权损害赔偿请求权的分离,可有效弥补“大侵权模式”的不足,能更充分有效地保护人格权。前文提及的域外经验也验证了这一点,即针对人格权保护的特殊性,就人格权的保护设置了与物权请求权相类似的绝对权请求权保护方法,而且与侵权请求权相比,人格权请求权的成立并不要求行为人的行为构成侵权,只要其可能侵害人格权,影响人格权的实现,权利人即可提出人格权请求权,且不受诉讼时效限制,这显然更有利于人格权的保护。[①]

第二,有助于加强对人格权侵害的有效预防。人格权请求权具有突出的损害预防的功能,即使是在没有构成侵权的情形下,只要有可能将要造成对人格权的侵害,权利人就可以主张人格权请求权,预防未来发生的损害。在财产权遭受侵害的情形下,通过金钱赔偿可以有效填补受害人的损害,而在人格权遭受侵害的情形下,损害后果往往具有不可逆转性(如隐私一旦公开就无法恢复原状),所以,应当更多地采用消除危险和停止侵害的方式。在此限定下,损害赔偿对人格权侵害而言只是事后救济,是消极的应对方法,难以有效保护个人的人格尊严,而人格权请求权具有预防损害发生的功能,能防患于未然,更有效地保护权利人的精神利益。而且,损害赔偿无法对受害人所遭受的损害提供完全救济,这就需要通过停止侵害、恢复名誉、消除影响等方式为提供救济。正如德国学者拉伦茨所指出的,人格权请求权的内容具有特殊性,即在人格权有受到侵害之虞时,司法实践准许权利人请求消除危险;在继续受到侵害时,准许请求停止侵害。[②]

尤其要看到,在互联网、大数据时代,强化对侵害人格权损害后果的预防更加重要。网络技术在给我们带来极大便利的同时,也给我们的生活带来了一些负面影响,与传统社会的信息传播方式不同,网络信息的传播具有即时性,而且网络的无边界性以及受众的

---

① 参见石佳友:《人格权立法的历史演进及其趋势》,载《中国政法大学学报》2018年第4期。

② 参见[德]卡尔·拉伦茨:《德国民法通论》(上册),谢怀栻等译,法律出版社2004年版,第169~170页。

无限性，也使网络环境对信息的传播具有一种无限放大效应，网络信息一经发布，可以瞬间实现全球范围的传播；在网络环境下，侵害人格权的损害后果具有不可逆性，损害一旦发生，即难以恢复原状。网络环境下损害后果的易扩散性，也使人格权在现代社会显得十分脆弱，极易遭受侵害，特别是其名誉、隐私、肖像、姓名等精神性人格权，很容易遭到他人的侵犯。[①] 这些都使网络侵权行为具有易发性、损害后果具有不可逆性。人格权在遭受侵害后，很难恢复原状，因此，就人格权保护而言，应当更加重视对损害后果的预防。这就需要借助人格权请求权，对权利人提供事先救济，使权利人有权在损害发生前向行为人提出请求，从而预防损害后果的发生。

如前所述，德国、法国、日本等大陆法国家司法实践中都是基于人格权请求权的作用，而强化了其预防功能，从而与侵权损害赔偿请求权相分离。我国司法实践也基于现代社会发展的需求，在相关的人格权纠纷中，有的法院也在侵权责任承担方式之外，运用了预防性的救济方式。例如，在著名的"钱钟书书信案"中，北京市第二中级人民法院在充分考虑该案对隐私权可能造成的侵害后，准确地作出了司法禁令，禁止被告从事拍卖书信的行为，既有效保护了著作权人权利，又保护了原告的隐私权。[②] 可见，虽然我国立法主要通过侵权法规则保护人格权，而没有单独规定人格权请求权，但从司法实践来看，人格权纠纷的解决并非只能按照侵权处理，在人格权可能遭受侵害的情形下，也可能通过人格权请求权对权利人进行救济。

第三，有助于法官准确适用法律并保障司法的统一。"大侵权模式"在适用中存在一个突出问题，即极易使法官产生一种误解，即所有侵权责任承担方式的适用要件都是相同的，都必须构成侵权才能适用，且权利人需要证明行为人有过错，甚至也不考虑在时效方面是否存在区别，这就不利于一些责任形式的准确适用。我国《侵权责任法》第 15 条、《民法总则》第 179 条对各种责任承担方式作出

---

① Kenneth C. Creech, *Electronic Media Law Regulation*, Fifth Edition, Elsevier, Focal Press, 2007, p. 288.

② 参见《钱钟书书信案引出新民诉法首例诉前禁令》，载《法制日报》2014 年 2 月 26 日，第 5 版。

了规定，但两部法律均将各种责任形式规定在一起，给人的感觉是各种责任承担方式的适用条件是相同的，似乎没有必要对不同民事责任形式的适用条件进行区分。事实上，人格权请求权与侵权损害赔偿请求权在构成要件、诉讼时效的适用等方面存在差异，采取人格权请求权与侵权损害赔偿请求权相分离的模式，将人格权请求权单独规定，进而与侵权损害赔偿请求权相区分，有助于明确两种构成要件的不同，避免混淆，更有利于法官的适用。尤其应当看到，在各种保护人格权的方式中，停止侵害等人格权请求权具有独特的责任要件和功能，应当在立法上确认此种请求权，这也有利于凸显人格权请求权作为绝对权请求权的权利属性。如果立法不对此种请求权作出特别规定，可能也不利于法官准确运用此种请求权，因而不利于人格权的保护。

采取人格权请求权与侵权损害赔偿请求权相分离的模式，有利于实现“同案同判”，维护司法裁判的统一。我国《侵权责任法》虽然规定了各种责任形式，但并没有规定各项责任形式的适用条件，这就可能导致司法裁判的不统一。从司法实践来看，就排除妨碍、消除危险的法律适用，有的法院要求原告证明被告有过错，有的法院并未作此要求。以信用权纠纷为例，针对个人的信用记录不实造成个人损害的案件，有的法院认为，行为人构成对权利人名誉权的侵害，应当承担删除不良信用记录、张贴书面道歉声明、送达书面道歉说明等责任。① 而有的法院则认为，“商业银行应当遵守中国人民银行发布的个人信用数据库标准及其有关要求，准确、完整、及时地向个人信用数据库报送个人信用信息”，行为人将权利人的相关信用信息报送至中国人民银行征信中心时未能做到准确、及时、完整，构成对权利人名誉权的侵害，应当予以消除。② 在该案中，法院在认定行为人构成对权利人名誉权的侵害并应当承担消除相关不良影响后果的责任时，并没有提及行为人是否需要具有过错。必须看到，司法实践中的同案不同判，会严重损害法律的权威性。所以，

---

①　参见“朱某某与尉氏县农村信用合作社名誉权纠纷案”，河南省高级人民法院民事裁定书，(2015)豫法立二民申字第00159号。

②　参见“宦某某等诉洪洞联社等名誉权纠纷案”，山西省临汾市中级人民法院民事判决书，(2015)临民终字第1209号。

民法典人格权编将人格权请求权独立出来，明确人格权请求权的适用并不需要过错，也不需要当事人证明行为人是否具有过错，这也有利于统一司法裁判。

第四，有助于应对现代社会发展中出现的人格权保护的新问题。人格权是不断发展的权利，随着经济社会的发展，人格权的类型也日益丰富，而人格权请求权与人格权有不可分性，人格权作为绝对权的发展，必然导致人格权请求权的发展。将人格权请求权与侵权损害赔偿请求分离，能适应人格权发展的新趋势，解决人格权保护的新问题。

确认人格权请求权在一定程度上也能促成新型人格权的生成和发展，即一旦立法规定了人格权请求权，法官可以依据这一制度，促进人格权本身的发展，促成新型人格权的产生。例如，我国现行立法并没有对声音的保护作出规定，但通过人格权请求权的适用，声音的保护也逐渐得到认可，并最终可能形成一种新型人格权。在瑞士，由 Tercier 教授主持的人格权立法草案理由的报告中也指出，“人格的范围不能也不应该以严格的方式去界定，应该交由法官根据社会观念和对人格的各种危害的变化，来逐渐填补其内容”。①所以，未来一旦我国在人格权法中规定了人格权请求权，法官就可以援引这些规则，来丰富和发展人格权的类型，强化对人格权的保护。

第三节　人格权请求权与相关请求权

一、人格权请求权不同于损害赔偿请求权

从瑞士法的经验来看，人格权请求权与侵权请求权相分离，很大程度上是因为将单独保护人格权的各种请求权与侵权损害赔偿相区分，从理论和实践上看，侵权损害赔偿请求权难以涵盖人格权

① 石佳友：《人格权立法的历史演进及其趋势》，载《中国政法大学学报》2018 年第 4 期。

请求权。

侵权请求权是对所有绝对权的救济方法,是对所有的绝对权遭受侵害提供救济,人格权请求权则是专门针对人格权的救济方法。在人格权遭受侵害后,人格权请求权的作用在于恢复人格权的圆满状态,而不是为了填补权利人的实际损害。尤其是传统大陆法系的侵权法与物权法主要保护的对象是所有权等物权,因此,无论是损害赔偿请求权,还是物权请求权,都仅仅是针对所有权等物权给予的保护,正因如此,对于损害的界定采取的是差额说等标准。但人格权被侵害不同于物权等财产权被侵害,无法以差额说来界定人格权被侵害时受害人所遭受的损害。尤其应当看到,在人格权遭受侵害的情形下,侵权损害赔偿不能对受害人提供充分的救济,损害赔偿是一种事后救济,而且对精神利益的侵害,仅仅通过金钱的支付可能难以有效补救。而通过恢复名誉、消除影响、赔礼道歉等方式,在救济精神损害方面可能比金钱赔偿更为有效。早在一百多年前,德国学者耶林曾经抨击了罗马法中广泛采用的赔偿制度的不合理性,当损害难以举证或受害人提起诉讼不是为了获得金钱利益,而是"为了主张人格本身及其法感情这一理想目的",则盲目采用损害赔偿无助于对权利的充分保护。[1] 还要看到,在人格权遭受侵害的情形,受害人所遭受的主要是精神损害,而且人格权遭受侵害后,损害后果也难以通过修理、重做或者金钱赔偿予以消除。正因如此,人格权请求权既不同于财产损害赔偿请求权,也难以被物权请求权等其他绝对权请求权所替代。

第一,是否考虑过错不同。侵权损害赔偿之债一般适用过错责任原则,其成立需要受害人证明行为人主观上存在一定的过错。侵权损害赔偿也是救济人格权的重要方法,但此种责任形式在构成要件上原则上要求过错,[2]从而保障一般行为自由,实现行为的可预期性。而人格权请求权在性质上属于绝对权请求权,绝对权请求权的目的都在于恢复个人对其绝对权利益的圆满支配状态,人格权请求

① 参见耶林:《为权利而斗争》,载梁慧星主编:《民商法论丛》(第2卷),法律出版社1994年版,第21页。

② 参见王泽鉴:《人格权法》,北京大学出版社2013年版,第394页。

权也不例外，因此该请求权的行使并不要求行为人具有过错。正如《瑞士民法典》起草人胡贝尔教授在解释该法所设立的人格权请求权制度时指出，停止侵害诉讼的目的就在于排除侵害行为，而不考虑行为人是否存有过错。[①] 在德国法中，排除妨碍并不需要直接证明妨碍人具有主观上的过错，只要妨碍人格权益等绝对权益的事由是客观存在的，就可以通过《德国民法典》第1004条请求排除对权利人所带来的实体以及精神上的影响。[②] 由此可见，在人格权遭受侵害或者有遭受侵害的危险时，赋予权利人人格权请求权，并且不考虑行为人是否具有过错，有利于防止损害的发生或者扩大，这也更有利于人格权的保护。也就是说，只要行为人的行为影响到权利人的权利实现的圆满状态，权利人即有权主张人格权请求权，以消除相关的危险或者不法侵害行为，而不需要行为人主观上具有过错，这显然更有利于减轻权利人的举证负担。

第二，是否具有对人格权侵害的预防功能不同。在瑞士法中，人格权请求权被纳入防御性诉讼中（actions défensives），就是因为人格权请求权具有防御功能。侵权损害赔偿主要是一种事后的救济，是在各种绝对权遭受侵害的情况下对受害人的事后补救，而人格权请求权并不完全侧重于对损害的事后救济，而侧重于对损害的事先预防。一方面，在行为人妨害他人人格权不构成侵权时，权利人仍然可以主张人格权请求权，但其将无法主张侵权请求权。正是因为这一原因，其就可以发挥损害预防的功能。另一方面，人格权请求权所包含的各种责任方式，如就停止侵害、消除危险等预防性的侵权责任形式而言，其本身可以起到预防的作用。因为许多人格权一旦遭受侵害，损害后果具有不可逆转性，很难恢复到如同损害没有发生的状态。例如，某个名人的隐私照片被公布，就不能再恢复到受侵害以前的状态。所以，许多学者认为，人格权的保护要注重"防患于未然"。[③] 还应该看到，按照传统观点，人格权在性质上

---

① 石佳友：《人格权立法的历史演进及其趋势》，载《中国政法大学学报》2018年第4期。

② Vgl. BGH NJW 2011, 1005 BGH BeckRS 2011, 4947.

③ L. Enneccerus/H. Lehmann, Recht der Schuldverhältnisse, Tübingen, 15. Auflage 1958, S. 1008f.

属于消极防御性的权利，只有在遭受侵害时，权利人才能主张权利，[1]而人格权请求权则具有积极主动的特点，尤其是随着个人信息保护、隐私保护等的发展，人格权请求权主动的特点更有利于有效维护个人人格权的完整性。例如，在侵害隐私和个人信息权时，受害人有权要求采取更正、删除、封锁、补充等措施，以保护其权利。可见，侵权损害赔偿制度侧重于提供事后的救济，其一般以发生实际损害为前提，而人格权请求权制度则更注重事前的预防，因此，其不以损害的实际发生为前提，而仅需要人格权受到妨害或者有受到妨害的可能。

第三，是否要求证明实际损害不同。因为人格权请求权主要目的在于"防患于未然"，因此其并不要求损害已经实际发生，在人格权益存在受损的风险时，权利人即可以要求行为人消除危险，而在侵害行为正在进行时，虽然侵害结果还没有发生，权利人也可以要求行为人停止侵害。由于侵权损害赔偿之债以填补受害人实际损害为主要目的，因此，其适用需要受害人证明其遭受了实际损害，即受害人应当证明其损害已经实际发生，并且损害结果达到一定程度，超过社会一般的容忍限度，在被侵害人证明存在实际的精神或者物质损害之后，行为人才需要承担损害赔偿责任。从比较法上看，许多国家都采取了同样的做法。例如，根据法国最高法院的判例，对隐私权的侵害并不要求过错的存在，因此，《法国民法典》第 9 条与第 1382 条在责任要件上实现了相互独立。[2] 正因为此类责任形式的适用并不要求受害人证明其遭受了实际损害，从而极大地减轻了受害人在人格权遭受侵害情形下的举证负担，同时在损害有可能发生时，即使侵害人无过错也可以行使人格权请求权，这样可以"防患于未然"，发挥损害预防的作用。

第四，是否以构成侵权为适用条件。对侵权损害赔偿请求权而言，其适用前提是行为人的行为已经构成侵权。而人格权请求权的功能在于维持权利人对其人格利益的圆满支配状态，其适用并不需

---

① 参见王泽鉴：《人格权法》，北京大学出版社 2013 年版，第 252 ~ 253 页。

② Cass. Civ. 1ère, le 5 novembre 1996, in *Bulletin Civil*, I, n° 378.

要行为人的行为已经构成侵权。[①] 例如,有关新闻媒体、网站所刊载的报道内容失实或者有明显错误,侵害他人人格权的,受害人有权要求新闻媒体、网站及时更正。上述情形并不一定要求行为人的行为构成侵权,也不要求权利人必须证明行为人的行为应当承担侵权责任。只要权利人能够证明行为人的行为可能影响其人格利益的保护,其就可以主张人格权请求权,如主张消除危险、排除妨害等。因此,与侵权损害赔偿请求权相比,人格权请求权可以将损害预防的时间提前,真正做到"防患于未然",更有利于人格权的保护。

第五,是否适用诉讼时效不同。侵权损害赔偿之债作为一种债的关系,应当适用诉讼时效制度。也就是说,如果权利人没有在时效期间内主张权利,债务人将享有时效利益,可以对权利人履行债务的请求提出抗辩。当然,除了损害赔偿责任,许多责任形式也难以适用诉讼时效。例如,就停止侵害、排除妨害等责任形式而言,由于相关的侵害行为处于持续状态,因此难以适用诉讼时效制度。对此,我国《民法总则》第 196 条第 1 款也规定,"请求停止侵害、排除妨碍、消除危险"的请求权不适用诉讼时效,此处所说的"请求停止侵害、排除妨碍、消除危险"的请求权也包括了人格权请求权。关于人格权请求权是否适用诉讼时效,存在一定争议。民法典草案第一稿第 778 条第 2 款规定:"民事主体依照前款规定提出的停止侵害、排除妨碍、消除危险、消除影响、恢复名誉、赔礼道歉请求权不受诉讼时效的限制。"草案作出此种规定的主要理由在于:一方面,人格权请求权作为一种绝对权请求权属性的权利,本身不应受到诉讼时效的限制。在人格权受到侵害或者妨碍的情形下,权利人应当有权随时提出请求,以恢复权利人对其人格利益的圆满支配状态,因此该请求权不应当受到诉讼时效的限制。[②] 人格权请求权的功能在于保护个人对其人格利益的圆满支配,只要该圆满支配的状态受到不当影响,权利人即有权主张人格权请求权。因此,人格权请求权原则上不应当适用诉讼时效。如果对人格权的侵害和妨碍处于持续状态,则权利人即应当享有人格权请求权,以消除相应的不利影响。

---

① 参见杨立新、袁雪石:《论人格权请求权》,载《法学研究》2003 年第 6 期。

② 王泽鉴:《人格权法》,北京大学出版社 2013 年版,第 387 页。

另一方面,我国《民法总则》第 196 条第 1 项规定,“请求停止侵害、排除妨碍、消除危险”的请求权不适用诉讼时效,而停止侵害、排除妨碍、消除危险本身也是人格权请求权的主要内容,在请求停止侵害、排除妨碍、消除危险的情形下,由于行为人的侵权行为一直处于持续状态,诉讼时效无法确定起算点,因此,不应当适用诉讼时效。以生命权、健康权为例,只要侵害或者妨碍生命权、健康权的行为一直持续,则权利人即应当有权主张人格权请求权。

正是因为人格权请求权和损害赔偿请求权存在明显区别,因此,有必要在人格权编中设立专门条文对人格权请求权作出明确规定。

二、人格权请求权与物权请求权

人格权请求权与物权请求权有很多相似之处,由于人格权和物权都是绝对权,所以,在德国法上人格权的保护可类推适用物权请求权,采取停止侵害、排除妨害的请求权等保护人格权。我国台湾民法理论也深受此种观点的影响。[①] 应当看到,人格权请求权与物权请求权确实有很多相似之处:一方面,由于人格权和物权都是绝对权,所以可以产生对抗第三人的效力,都可以受到侵权法的保护;另一方面,人格权和物权受到侵害,都会造成财产损害的后果,都可以适用损害赔偿的救济方式。但笔者认为,人格权请求权不能被物权请求权所替代,主要原因如下。

第一,产生的基础不同。物权请求权的产生基础为物权,而人格权请求权的产生基础为人格权,这也决定了二者的保护对象不同。人格权请求权主要是为了保护人格权益,维护个人的人格尊严,预防和制止他人对人格权的侵害和对受害人提供补救,所以此种请求权能够实现人的基本价值;而物权请求权所维护的是物权的圆满状态,物权请求权保护的是人的财产,而不是人本身,其特别针对物权或者财产权提供保护,旨在恢复权利人对物权的圆满支配状态,与人格权请求权的保护对象存在明显区别。

第二,功能不同。物权请求权的功能主要是为了恢复物权的圆

---

① 施启扬:《从个别人格权到一般人格权》,载《台大法学论丛》第 4 卷第 1 期。

满状态,而人格权的主要功能是维护人格权的圆满状态。就人格权而言,在人格权遭受侵害以后,往往难以恢复原状,这就决定了人格权请求权与物权请求权在功能和目的方面存在一定区别,人格权请求权为了维护人格权的圆满状态,更加注重对损害的预防,避免因不可逆的侵害导致受害人无法获得充分救济;同时,人格权请求权可以弥补侵权请求权的不足,以充分保护个人的人格权。因此,与物权请求权相比,人格权请求权更加注重对损害的预防,以防止损害后果的发生与进一步扩大。

第三,具体内容不同。由于功能上的不同,导致两种请求权在内容上也有所差异,物权请求权的规则无法直接适用于人格权的侵害。例如,物权请求权中有返还原物的内容,而在侵害人格权时并无类似的规则。同时,如前所述,人格权请求权更加注重对损害的预防,因此,人格权请求权在内容方面不同于物权请求权,以满足人格权救济的需要。例如,在个人信息遭受侵害后,还应当赋予权利人请求更正和补充等权利,这在物权请求权中也没有对应的内容。

第四,责任后果不同。尽管在侵害两种权利的情况下都存在妨害和侵害的情况,但物权受到的侵害通常表现为物理性的妨害,此种损害存在物质的载体,并且可以通过市场价格来衡量。而对人格权的侵害通常表现为无形的妨害,无法简单以市场价格来计算。因此,在侵害物权时,一般采用返还原物、损害赔偿等方式,而且这些责任方式已经足以对权利人提供保护。而在侵害人格权时,虽然也存在赔偿损失等责任,但主要是采用赔礼道歉、精神损害赔偿等方式提供救济。

第四节　人格权请求权的立法完善

如前所述,在我国现行的立法模式下,通过“大侵权模式”来涵盖人格权请求权和侵权损害赔偿请求权,以侵权责任方式解决所有的民事权利保护问题,但在“大侵权模式”中,包括了人格权请求权,此种模式可称为“吸收模式”。该模式的成功之处在于简明扼要,但其没有区分损害和侵害;同时,此种立法模式对所有的责任形式适用统一的责任构成要件，既不利于对人格权的保护，也不利于维护合理的行为自由。因此，有必要对现有的“大侵权模式”做出必要的改造，这就是说，在我国民法典制定中，有必要在侵权责任编中继续保留“大侵权模式”，同时在人格权编中使人格权请求权与侵权损害赔偿请求权相分离，并在人格权编中对人格权请求权作出系统规定，此种模式可称之为“分离模式”。换言之，在侵害人格权的情形下，侵权责任法主要是对已经造成的实际损害给予救济，但对其他侵权行为如妨害、正在进行的侵害和危险等，可以适用人格权请求权等绝对权请求权。事实上，我国民法典草案第一稿在侵权责任编中区分了损害和侵害，且主要是以损害赔偿为中心构建责任体系。一方面，该草案已经将《侵权责任法》第6条第1款中“侵害”改为“损害”，[①]这实际上是将过错归责原则界定为损害的归责原则，而不是包括了所有的绝对权遭受侵害的不利后果，因为妨害、危险以及正在持续的侵害，还没有造成实际的损害后果，或者虽然发生了一定的后果，但损害仍在持续，在此情形下，不能适用过错责任，而应当适用严格责任，且不能适用时效，因此，不能适用侵权责任法的过错责任原则，这也有必要规定独立的人格权请求权。侵权责任编的此种修改虽然只是一字之差的改动，但其实际上是对归责原则适用范围的重新界定，侵权责任法的过错责任原则应当聚焦于损害，而损害之外的绝对权遭受的妨害等不利后果，则应当适用绝对权请求权予以调整。这也为人格权请求权与侵权损害赔偿请求权的区分提供了有力支撑。另一方面，侵权责任编中的多个条款都强调了造成损害承担侵权责任。民法典草案侵权责任编没有延续《侵权责任法》中大侵权的“吸收模式”，同时，在人格权编和物权编中分别规定了人格权请求权和物权请求权，此种立法模式符合我国现行立法的做法，值得肯定。

在区分侵权损害赔偿请求权与人格权请求权的模式下，准确适用两种请求权应当注意如下问题。

---

① 《侵权责任法》第6条第1款规定：“行为人因过错侵害他人民事权益，应当承担侵权责任。”“民法典草案（第一稿）”第944条第1款规定：“行为人因过错损害他人民事权益，应当承担侵权责任。”

（一）区分损害和妨害的不同情形，分别适用人格权请求权和侵权请求权

在人格权受到侵害或者妨害的情形，究竟应当适用人格权请求权还是侵权请求权，需要明确两个制度的各自的适用范围。原则上来说，人格权受到妨害（或持续的侵害）或可能受到妨害时，应当适用人格权请求权；而人格权受到侵害并且造成了损害时，就应当适用侵权损害赔偿请求权。这里的关键就是要区分妨害和损害，为人格权请求权和侵权损害赔偿请求权寻找各自的适用领域。从德国法的经验来看，德国学界通过一系列的判决扩张适用了《民法典》第1004条的规定。[①] 该条规定于民法物权编之中，其原本的规范意旨仅仅是为了排除对于物权人特别是所有权人行使物上权利的障碍，但为了填补人格权益保护的需要，通过类推的方式，将第1004条的适用范围扩张到保护人格权益特别是一般人格权的情况。具体来说，对于损害名誉、侵害肖像以及公开个人隐私之类的情况，法院都会通过适用《民法典》第1004条而非传统的第823条以下，来制止和排除对于人格权益的现实的和正在发生的侵害。[②] 排除妨害请求权解决的是为了将来而排除损害源（Schadenquelle）或妨害源（Störungsquelle）的问题，而不是赔偿已经造成的损害。其所适用的是严格责任，而非过错责任。

这一经验给我们的启示在于，可以通过区分损害和妨害，而分别适用人格权请求权和侵权请求权。所谓损害，是指因侵权行为而造成受害人的不利益，此种不利益往往可以通过金钱价值予以评价，所以，可以通过"差额说"予以估算，并对受害人提供准确的救济。[③] 损害是已经发生的、客观存在的，受害人请求行为人承担损害赔偿责任时，应当证明损害的具体程度和数额。但妨害则是一种持续性的不利影响，损害是已经结束的侵害状态，而妨害则是正在进行、尚未结束的一种侵害状态。妨害行为常常无法用金钱价值予以衡量，其表现为对受害人绝对权的圆满支配状态构成持续性的干

① Vgl. G. Wagner, FS Medicus, 2009, S. 589 ff.

② Vgl. MüKoBGB/Baldus BGB § 1004, Rn. 35.

③ 参见程啸：《侵权责任法》，法律出版社2015年版，第217页。

涉。区分侵权损害赔偿请求权与人格权请求权等绝对权请求权关键在于将损害与妨害进行必要的区分，凡是因侵权行为致他人损害的情形，应当统一适用侵权损害赔偿请求权，而损害之外的其他妨害，如果没有选成实际损害，可以适用人格权请求权。侵权损害赔偿请求权以补偿功能（Kompensationsfunktion）为主要功能，妨碍排除请求权更强调预防功能（Präventionsfunktion），一般不具有补偿功能。[①] 在区分侵权损害赔偿请求权与人格权请求权的模式下，准确适用人格权请求权与侵权请求权，需要区分损害和妨害的不同情形。

一是妨害和损害并存。在人格权既受到妨害又受到侵害并导致损害的情形，仅仅适用人格权请求权，不能对损害提供救济，还必须要适用侵权请求权，因为侵权请求权旨在对受害人提供事后的救济，而人格权请求权则旨在对受害人提供事前的预防。此时，将会发生人格权请求权和侵权请求权的聚合。这就是说，权利人既可以主张侵权请求权，又可以主张人格权请求权。例如，某人在网络上非法披露他人隐私，受害人既遭受了损害，又因为信息仍然存在于网络上而存在对人格权的妨害。虽然从表面上看，权利人既要主张人格权请求权，又要主张侵权请求权，似乎比较烦琐，不如所谓“吸收模式”简便，但这是法律科学性和法律准确适用的必然要求。在既有损害又有妨害的情形下，适用“吸收模式”可能产生一定的问题：如果对损害和妨害都不要求行为人具有过错，则可能不当妨害行为自由；反之，如果都要求行为人具有过错，则可能不利于人格权益的保护。因此，在妨害和损害并存时，应当综合考虑责任形式的适用。例如，在“马某林诉沈立波模仿其字体制作铭牌并署其名侵犯姓名权纠纷案”中，被告模仿原告的字体为学校做铜字铭牌，并署了原告的姓名，法院认为，该行为构成对原告姓名权的侵害，被告应当承担赔礼道歉、消除影响的责任，并赔偿原告的财产损失。[②] 笔者认为，对此种情形，在民法典人格权编规定人格权请求权之后，对妨

---

① Staudinger/Karl-Heinz Gursky（2012）BGB § 1004，Rn. 139；Pfeiffer，a. a. O.，S. 8 f.

② 参见最高人民法院中国应用法学研究所编：《人民法院案例选》（民事卷 6），人民法院出版社 2017 年版，第 3152 页。

害应当适用人格权请求权，而对受害人所遭受的损害，则应当适用侵权损害赔偿请求权。

二是仅有损害而无妨害。在仅有损害而无妨害的情形下，通过侵权请求权已经足以对权利人提供救济，此时，也就没有必要再行使人格权请求权。例如，被告驾驶机动车导致受害人受伤，就属于仅有损害而无妨害，此时，侵权损害赔偿请求权已经足以对权利人提供救济，权利人无权再主张人格权请求权。例如，在“吴某、张某某生命权、健康权、身体权纠纷案”中，吴某侵害张某某的身体，致张某某的健康及精神遭受损害，法院判决被告应当赔偿原告的损失。① 在该案中，权利人仅遭受损害而并未遭受妨害，此种情形下，侵权损害赔偿请求权已经足以对权利人提供充分救济，权利人无权再主张人格权请求权。

三是仅有妨害而无损害。在此种情况下，权利人的人格权只是受到一定的妨害，而没有遭受现实的损害，此时，通过人格权请求权已经足以对权利人提供救济。例如，行为人将他人的隐私非法制作成视频，即将在网上发布，受害人知道后要求立即制止。在此情形下，权利人的人格权只是受到一定的妨害，此时，人格权请求权已经足以对权利人提供充分的救济，由于权利人并没有遭受现实的损害，因此，其无权主张侵权损害赔偿请求权。例如，在“文某诉张某隐私权纠纷案”中，被告作为小区业委会副主任，擅自在小区业主微信群中公告原告起诉小区业委会的信息，并在微信群内发布了原告起诉小区业委会的起诉书，其中包括了原告的姓名、住址、身份证号码、电话号码等隐私内容。法院认为，被告侵害了原告的隐私权，应当承担排除妨害、删除帖子、赔礼道歉等责任，但原告无法证明自身遭受了严重的精神损害后果，因此无权主张精神损害赔偿。② 笔者认为，本案中，原告仅遭受了妨害，并未遭受现实的损害，在我国民法典规定人格权请求权之后，权利人主张人格权请求权已经足以救济其权利，而不需要再主张侵权损害赔偿请求权。

---

① 参见河南省郑州市中级人民法院民事判决书，(2018)豫01民终6899号。

② 参见北京市昌平区人民法院民事判决书，(2017)京0114民初15482号。

人格权请求权所对应的责任承担方式具有显著的多样性,[①]重点救济对人格权益的妨害,但在行为人侵害他人人格权造成权利人损害的情形下,人格权请求权难以为权利人的损害提供有效救济,应当交由侵权损害赔偿请求权提供救济;侵权责任则主要聚焦于损害,侧重于救济现实的损害。即便侵权责任编对停止侵害等预防性的责任承担方式作出规定,而且某些人格权请求权在形式上似乎是一些预防性的责任形式的具体化,但不宜将人格权请求权与此类预防性的责任承担方式的关系认定为特别法与一般法的关系,因为一方面,人格权请求权是绝对权的保护方式,在性质上不同于侵权责任承担方式;另一方面,某些人格权请求权是一些人格权所特有的保护方式,无法被预防性的侵权责任承担方式所涵盖。此外,人格权请求权的适用并不需要行为人的行为构成侵权,而对预防性的侵权责任承担方式而言,其适用以行为人构成侵权为前提。

在人格权请求权与侵权损害赔偿请求权分离之后,我国民事立法中就会形成完整的绝对权请求权体系,这就是由物权请求权、人格权请求权和知识产权请求权组成的体系。绝对权请求权与侵权损害赔偿请求权相分离,将使我国民法权利保障制度更加完善。

(二)区分是否针对侵权诉讼而适用

毫无疑问,侵权损害赔偿请求权的适用前提是侵害行为已经构成侵权,且在已经发生诉讼的情形下才能适用。人格权请求权在性质上属于绝对权请求权,只要权利人对其人格利益的圆满支配状态受到了不当影响,权利人均可主张人格权请求权,并不需要行为人的行为构成侵权,也不需要权利人通过诉讼的方式行使权利。例如,我国《网络安全法》第43条规定:“个人发现网络运营者违反法律、行政法规的规定或者双方的约定收集、使用其个人信息的,有权要求网络运营者删除其个人信息;发现网络运营者收集、存储的其个人信息有错误的,有权要求网络运营者予以更正。网络运营者应当采取措施予以删除或者更正。”依据该条规定,只要网络运营者非法收集、使用、储存个人信息,权利人均可要求网络运营者更正、删除相关的个人信息,权利人更正权、删除权的行使并不需要网络运

① Vgl. Jauernig/Teichmann BGB § 823 Rn. 64 ff.

营者的行为构成侵权,也不要求权利人必须通过诉讼的方式向网络运营者提出更正、删除的请求。再如,征信机构对他人的征信发生错误,或者发生信用评价失实,权利人有权提出异议,并要求采取更正、删除等必要措施。更正、删除等权利是人格权请求权的具体体现,该权利的行使并不以构成侵权为前提。人格权请求权之所以可适用于未构成侵权的情形,是因为人格权请求权的效力作用决定了其可适用于未构成侵权的情形,人格权请求权所具有的维持人格权圆满支配状态的功能决定了其可适用于未构成侵权的情形,尤其是人格权请求权预防功能的发挥也决定了其可适用于未构成侵权的情形。人格权请求权是直接针对侵害人格权的行为所采取的预防和保护措施,权利人在主张人格权请求权时,并不需要行为人具有过错,也不需要证明自己遭受了现实的损害,只要人格权的行使或权利人对其人格利益的圆满支配状态受到了不当影响,权利人均可以主张人格权请求权,以积极主动地保护人格权、预防侵害人格权的行为。因此,人格权请求权可以适用于不构成侵权的情形。

当然,虽然人格权请求权可以在诉讼外行使,但与侵权请求权类似,权利人在行使人格权请求权时,也应当负有容忍轻微妨害的义务。因为任何人都必须容忍来自他人的轻微妨害,以维护社会安定及人与人之间的和睦、团结。正如冯·巴尔教授所指出的,人格权保护必须基于侵害的非轻微性,否则不得行使人格权之排除妨害请求权,排斥他人的轻微妨害。此外,权利人在提出请求权以后,如果相对人具有正当的抗辩事由,如相对人是在正当地行使新闻自由等权利,那么这些行为都可以阻止权利人人格权请求权的行使。因此,人格权请求权的行使也应当遵循诚实信用原则和公平原则,对于轻微的妨害,权利人应当予以容忍。

（三）充分尊重当事人对请求权的选择

区分损害和妨害的不同情形而适用不同的请求权,但如何适用,应当根据私法自治原则,尊重当事人对请求权的选择。需要指出的是,在民法典人格权编规定人格权请求权后,《侵权责任法》所确立的“大侵权模式”是否应当删除？我国民法典草案（第一稿）第946条规定:“侵权行为危及他人人身、财产安全的,被侵权人有权请求侵权人承担停止侵害、排除妨碍、消除危险等侵权责任。”从该条规定来看，民法典草案（第一稿）仍然保留了停止侵害等防御性的责任形式，这在一定程度上也延续了《侵权责任法》所确立的“大侵权模式”，但与现行《侵权责任法》第 15 条相比，停止侵害等预防性的责任承担方式并非主要的侵权责任承担方式。笔者认为，民法典草案（第一稿）第 946 条的规定具有重要意义，仍有必要予以保留，因为侵权法保护的范围很宽泛，依据《侵权责任法》第 2 条的规定，除绝对权外，侵权法还保护股权、继承权等各种民事权益，而且随着社会的发展，除人格权、物权、知识产权外，将来还有可能出现新型的绝对权益，在这些绝对权益遭受侵害的情形下，都需要借助多元化的责任方式予以救济。从这个意义上讲，即便人格权请求权与侵权请求权发生了分离，但侵权责任编中关于侵权责任承担方式的规定仍然具有兜底性。

在人格权请求权与预防性的侵权责任承担方式并存的情形下，行为人侵害他人人格权时，权利人能否同时主张人格权请求权与侵权请求权？此时究竟发生请求权的竞合还是聚合？笔者认为，此种情形应当构成请求权的竞合而非聚合，权利人有权选择主张人格权请求权或者侵权请求权。当然，在权利人选择依据侵权请求权提出请求时，其应当举证证明行为人构成侵权，而且权利人应当通过诉讼的方式主张权利，从这一意义上说，主张人格权请求权对权利人人格权的救济更为有利。当然，按照私法自治原则，依据何种请求权提出请求，应当由权利人自由选择，法官也应当尊重当事人的选择。

（四）依具体情形准确适用人格权请求权

人格权请求权依附于人格权而产生，并适用于不同的妨害或侵害情形，就此来看，人格权请求权是一种概括性的权利，在适用时必须考虑具体情形，根据不同情形来准确适用人格权，只有这样，才能实现其充分有效保护人格权的功能。例如，针对可能发生的妨害，就要考虑不同情形分别适用人格权请求权。正如王泽鉴教授指出的，“第一次侵害后，其后有侵害之虞，得为推定。对生命、身体、健康、自由（如绑架）的侵害之虞应从宽认定。对名誉、隐私（包括姓名、肖像）等的侵害，多涉及言论自由，事先干预应更审慎”。[①]

---

① 王泽鉴：《人格权法》，北京大学出版社 2013 年版，第 390 页。

第三编

人格权编分则立法研究

第十二章　生命权、身体权和健康权

第一节　生　命　权

一、生命权的概念和特征

生命权是以自然人的生命安全利益为内容的人格权，是体现了人的尊严和基本价值的权利。[①]生命是一项重要的人格利益，与个人的身体密切相关，生命权可以被描述为保持个人身体存活的权利。[②] 生命是最重要的人格利益，在所有的民事权利中，生命权具有至高无上性，在整个人格权甚至在整个民事权利体系中具有最高地位。生命的享有是具有法律人格的基础，是取得人格权的前提。同时，生命自身可以成为支配权的客体，个人有权支配自己的生命利益，此种人格利益被称为基本的生活利益或安全活动的自由。[③] 这种利益不仅是所有人格利益，而且是个人所享有的全部法益中的最高权益。在民事主体享有的各种人格利益中，没有

---

① 参见韩大元：《生命权的宪法逻辑》，译林出版社 2012 年版，第 11 页。

② Neethling, JM Potgieter & PJ Visser, Neethling's law of personality, LexisNexis South Africa, 2005 p. 26.

③ 参见陈民：《论人格权（续）》，载（台湾）《法律评论》第 28 卷第 8 期。

任何一种人格利益可以和生命相提并论。《黄帝内经》中有“天覆地载,万物悉备,莫贵于人”的论述;佛教教义中有“救人一命,胜造七级浮屠”的说法;法国学者阿尔贝特·史怀泽指出,“保存生命,这是唯一的幸福”,[①]这些从不同方面揭示了生命的神圣性。如果个人不享有生命权,则其不可能享有任何权利。

生命权是一种具有普世性的基本人权,整个民法乃至整个法律都要以保护生命权为首要任务,国家和法律的产生也可以归结到对生命安全利益的保护。生命权在民法中具有独特的地位,它甚至超越了一般民事权利的范畴。就人格权而言,生命权不仅仅是一项首要的人格权,而且还是各项人格权的基础,无论是物质性的人格权,还是精神性的人格权,都以生命权的存在为前提。因此生命权是所有人格权中最高的权利,也是整个民事权利体系中最高的权利,任何权利在生命权面前都应当退居其次。所以,当生命权与其他权利发生冲突时,法律应当优先保护生命权。[②] 因为对生命安全利益的保护不仅意味着对自然人生命权的保护,而且意味着对最基本的社会秩序的维护。在人格权法中,既然生命是最重要的人格利益,那么在生命利益和其他人格利益发生冲突时,应该优先保护生命利益。

生命权具有如下特征。

第一,生命权具有固有性。和其他的物质性人格权一样,生命权具有固有性。固有性主要是强调生命权与权利人的主体资格的密切联系性。生命权是所有人格权中固有性最强的,主要表现在:一方面,生命权是自然人与生俱来的。也就是说,伴随着自然人的出生,生命权也就自然产生了,即生命权具有自然生成性。[③] 另一方面,生命权始终伴随着自然人,此种权利不能抛弃,不能转让,也不可能继承,它是专属于权利人的。既然生命权只能为权利人所享有,不能为他人所利用,那么,生命权不存在商业化利用的可能性。

第二,生命权具有不可克减性。所谓可克减性,是指权利可以在一定情况下受到一定的限制,甚至在特定情况下可以暂时停止权

---

① 孙慕义等:《新生命伦理学》,东南大学出版社 2003 年版,第 72 页。

② 参见孙大雄:《论生命权的宪法保障》,载《云南大学学报》(法学版)2003 年第 1 期。

③ 参见孙大雄:《论生命权的宪法保障》,载《云南大学学报》(法学版)2003 年第 1 期。

利的行使,或者在其与其他权利发生冲突时,优先保护其他权利。作为自然人所固有的基本人权,生命权既不受任意剥夺,也不受非法限制,所以具有不可克减性。[①] 较之于其他人格权,生命权的一个突出特点就是它的不可克减性。由于生命是法律上的最高利益,是自然人的其他权利存在的基础,因而生命权是自然人最重要的一种权利,对其所施加的克减都将直接威胁到自然人生命的存续和对其他民事权利的享有。所以保留死刑的国家的立法一般都明确规定,除非主体触犯刑律,构成严重的犯罪,依据刑律,应当被处以死刑,否则不得对生命权加以任何克减。还要看到,在现代社会,限制和废除死刑已经成为人权保障的一种趋势,这也反映了对生命权的尊重。[②]

第三,生命权具有平等性。此种平等,一方面是指任何自然人,包括公民、无国籍人和外国人,都平等地享有生命权,且应受到法律的平等保护。另一方面,不能牺牲某个人的生命,去维护另一个人的生命,即使是残障新生儿,其生命权也应当受到法律的同等保护。所谓残障新生儿,是指那些由遗传、感染或外伤等因素引起的一出生就先天发育不全、发育变态或有生理缺陷、智力缺陷的婴儿。[③] 在法律上,没有任何理由可以对残障人士进行歧视和伤害。不仅如此,从人道主义出发,全社会应当对残障人士赋予更多的关心和爱护,帮助他们治疗疾病,减轻其痛苦、增进其智力、提高其技能。

有必要指出的是,在生命权受到侵害的情况下,不同的地域在赔偿数额方面可能存在一定的差别,这是否意味着人的生命权具有不平等性呢?笔者认为,平等性主要是就生命权的享有而言的,就受害人遭受侵害之后的赔偿而言,因为各人的情况千差万别,所以,法律只能根据各地的现实情况确定赔偿标准。因此,实际赔偿数额因不同地区、不同受害人可能有一定的差别,但并不会改变生命权的平等性。

第四,生命权具有专属性、绝对性。生命权的专属性,是指生命权只能由特定的权利人享有,不可转让或者继承。在所有民事权利里面,生命权的专属性是最为强烈的,由于其在任何时间都无法与

---

① 参见杨成铭:《人权法学》,中国方正出版社 2004 年版,第 121 页。

② 参见杨成铭:《人权法学》,中国方正出版社 2004 年版,第 125 页。

③ 关于残障新生儿的生命权是否应当受到保障,存在两种不同的观点。参见刘学礼:《生命伦理学》,上海人民出版社 1987 年版,第 160 ~ 161 页。

民事主体脱离,所以生命不能成为商业交易的对象,在个人死亡之后,死者无法享有任何生命利益。

生命权具有绝对性,因此生命权是绝对权。所谓绝对权,是指生命权为权利人所享有,其他任何社会主体都负有不得侵犯和妨害的义务。民法中存在许多绝对权,但是,生命权的绝对性远远超出其他绝对权的绝对性。生命权的此种属性,使权利人以外的所有义务人都负有极强的不作为义务。不仅如此,法律还针对一些特殊情况规定了特定人的保护他人生命的特别的作为义务,如医生负有紧急抢救病危的病人的义务等。生命权作为绝对权,既受民法中侵权行为法的保护,也受宪法和刑法的保护。

第五,生命权具有消极防御性。所谓消极防御性,是指此种权利受到侵害之后,权利人有权通过行使人格权请求权以消除损害后果。生命权是典型的消极防御权,其与主体资格具有密切关联性,因此,与其他人格权不同,生命权主要是消极防御性的权利。① 也就是说,只有在遭受侵害后,相关主体才能以受害人的生命权受到侵害为由主张救济,在生命权遭受侵害前,权利人通常无法积极行使生命权。但需要指出的是,近几十年来,许多国家承认患者享有拒绝无意义治疗的权利。《加拿大魁北克民法典》第 13 条规定,允许临终状态的患者拒绝无意义或者带来巨大痛楚的治疗,从而尊重患者本人的意愿,法国法禁止积极安乐死。自 2016 年修订著名的 Léonetti 法案后,临终状态的患者可要求"深度且持续的镇静",在不感到痛楚的情况下自然死亡。② 这就表明,在特殊情形下,生命权也具有积极行使的权能。

第六,生命权体现了公益性。个人财产是完全归属于个人的,但人是属于社会的,个人的人身安全关系到公共安全和公共秩序。生命利益不纯粹是私人利益的问题,其实际上已经进入了社会公共利益的领域。人作为社会最基本的构成分子,人的生命利益关系到社会公共利益,是社会最宝贵的财富。侵害他人的生命权,也侵犯了社会秩序与国家利益。正是由于这一原因,保护生命权是法律的

---

① 参见姚辉、邱鹏:《论侵害生命权之损害赔偿》,载《中国人民大学学报》2006 年第 4 期。

② Anne laude, Bertand Mathieu, Didier Tabuteau, *Droit de la santé*, Paris, PUF, 2009, p. 581.

首要目标。按照霍布斯的看法，保护自然人的生命权也是建立国家的目标。[①] 各国法律不仅在宪法中将生命权确定为公民最基本、最重要的权利，而且通过刑法等法律切实保护公民的生命权不受侵害。因为生命权体现了一定的社会利益，所以自然人不能随意处分其生命利益，任何处分生命利益的协议都是无效的。生命是无价的、神圣的，即使是绝症病人，也不能以积极安乐死的方式结束其生命。

第七，生命权的救济方式具有特殊性。侵害生命权是指故意或过失剥夺他人生命的侵权行为，侵害生命权是最严重的侵权行为，在刑法上可构成杀人罪。然而，刑法上的杀人罪与民法上的侵害生命权在构成条件上不同。刑法上有杀人未遂，民法上无未遂的侵害生命权的行为，如果侵害人意图侵害他人的生命但未致他人死亡，则不构成侵害生命权，而可能构成侵害身体权或健康权。从民法上看，生命权在遭受侵害以后，具有不可恢复性。"人死不能复生"，所以，一旦生命受到侵害，对权利人而言，已经不可能对其提供任何补救了，但是，行为人仍然应当对间接受害人承担损害赔偿责任。在民法上，在生命权已经遭受侵害的情况下，难以像其他的人格权一样，通过停止侵害等人格权请求权来对生命权提供救济，而只能通过对受害人事后赔偿的方法来为受害人提供救济。

二、生命权制度的主要问题

（一）安乐死

安乐死一直是法律上的一个热点问题。[②] 所谓安乐死，根据韦伯斯特大辞典（Webster Dictionary）的解释，是指一种安详而免除痛苦的死亡，或经由一种方法或行动让一个人无痛苦地死亡，以解除

---

① 参见［英］霍布斯：《利维坦》，黎思复、黎廷弼译，商务印书馆1985年版，序言。

② 赞成安乐死的人认为，个人的生命属于每个人自己，而并非属于社会，每个人有生的权利，也有死的权利，因此，人们可以有权处分自己的生命利益，这就是说，人们有选择死亡的权利。对于那些患不治之症濒临死亡的人来说，延长生命实际上是延长痛苦，也浪费了卫生资源。以安乐死的方式结束生命是符合生命质量与生命价值的，也是符合人的尊严的。反对者则认为，安乐死是变相杀人，是故意毁灭生命的行为，它是对人类文明的侵蚀，也有悖于医生救死扶伤的天职。安乐死也会阻碍医学的发展，因为任何不治之症可能都有救治的机会，必死之人未必一定会死去，允许安乐死可能为借刀杀人提供了机会。参见徐宗良等：《生命伦理学》，上海人民出版社2002年版，第259～260页。

当事人生前的痛苦。安乐死涉及医学、伦理道德、法律等多方面的问题。[①] 从民法上看,安乐死主要涉及生命权的行使问题,这实际上也涉及个人对其生命利益是否享有支配权,是否可以处分自己的生命。安乐死所涉及的权利是生命权的重要内容,它既包括选择死亡时间的权利,也包括选择理想死亡状态的权利。[②]

从民法的角度来看,安乐死主要涉及自然人是否有权处置自己的生命利益问题。在患有严重疾病、承受巨大痛苦的情况下,病人有无权利选择以安乐死的方式结束自己的生命,各国法律基于自己的历史、文化、社会伦理等方面作出了不同的选择。依据安乐死的方法不同,可以将安乐死分为积极安乐死和消极安乐死。所谓积极安乐死,是指采用积极的措施结束垂危病人的生命。而消极安乐死也称"被动安乐死",是指停止对垂危病人的治疗措施,使病人自行死亡,主要是指采用停止治疗等消极不作为的方式结束生命。[③] 各国均存在承认患者放弃治疗等权利的发展趋势,但在何种程度上承认安乐死,以及安乐死应当符合何种条件等,各国规定并不一致。从比较法上来看,极少有国家承认积极安乐死,但许多国家有条件地承认了消极安乐死。例如,美国早在 1976 年就颁布了相关的法案,该法案允许成年病人授权医生在必要时关掉维持生命的人工设备,这是第一部承认消极安乐死的立法。[④] 1981 年,世界医学大会通过《病人权利宣言》,确认了患者享有自主选择医师、知情同意、隐私以及"尊严死"等多项权利。1976 年,美国国会通过了《患者自主权利法案》,允许患者放弃治疗。同年,美国加州也颁布了《自然死亡法》,确认了患者放弃治疗的权利。2001 年,荷兰议会上议院通过了《依法请求终止生命和协助自杀(程序审查)法》,该法在序言中即指出:"这一法律视为遵守了法定适当关心要求的医生应病人要求终止其生命或协助其自杀创造免予追究刑事责任的条件,以及

---

① 参见杨立新:《人身权法论》,人民法院出版社 2002 年版,第 406 页。

② 参见李惠:《试论生命权与安乐死权》,载《上海大学学报》(社会科学版)2008 年第 6 期。

③ 参见李震山:《人性尊严与人权保障》,元照出版公司 2001 年版,第 127 页。

④ 参见王红漫:《安乐死问题立法进展比较》,载《现代法学》2001 年第 4 期。

提供法定公告和审查程序。”[1]2017 年，韩国也开始试行《维持生命医疗决定法》，该法规定，临终患者可以自己决定是否继续接受维持生命的治疗。

消极安乐死可以区分为两种类型：一是病人拒绝接受任何无意义的治疗，这是其自决权的具体表现方式之一，自然应当予以尊重。二是家属以及医院在符合法律规定的情况下放弃对病人的治疗，无论是家属还是医院，都有对病人法定的救助义务，所以放弃治疗必须符合法律规定的条件。从比较法上来看，已有国家在民法典中对第一种情形作出规定，比如《加拿大魁北克民法典》第 13 条对此进行了规定。笔者认为，生命权的享有并不意味着个人必须负有生存的义务，不应不惜一切代价地生存，而应当享受有质量的生命，如果继续生存使患者承受巨大痛苦和折磨，其有权拒绝继续治疗。[2] 换言之，“生命权”并不意味着每个人有“生存的义务”（obligation de vivre）；“生命的神圣性价值并不意味着一切生命都必须以一切代价去保护”；[3]如果病人已经毫无治愈的希望，与其让其痛苦地维持生命，不如尊重其意愿，让其选择终结自己的生命。[4] 从维护个人的尊严和生命质量出发，我国未来民法典可以在借鉴比较法的经验基础上，承认无意义治疗拒绝权，其核心理论基础在于维护个人尊严和“生命质量”。

严格而言，无意义治疗拒绝权可能并不算消极安乐死的范畴，因为无意义治疗指不可能取得疗效的治疗。但就广义上而言，这也属于消极安乐死的范围。笔者认为应当承认此种权利，但必须符合如下条件。

第一，本人在清醒时明确表示不接受延命治疗。关于谁有权决定放弃治疗的问题，各国法律规定不完全一样，但一般认为，对具有完全民事行为能力的患者而言，其有权自己决定对自身疾病的放弃

---

① 参见倪正茂等：《安乐死法研究》，法律出版社 2005 年版，第 177 页。

② 参见李红：《生命权与安乐死》，载《中共中央党校学报》2003 年第 2 期。

③ *Rodriguez c. Procureur général de la Colombie-Britannique*, 1993, CanLII 75 (CSC), [1993] 3 R. C. S. 579.

④ 参见刘建利：《死亡的自我决定权与社会决定权——中日安乐死问题的比较研究》，载《法律科学》（西北政法大学学报）2013 年第 5 期。

治疗。选择安乐死的权利只应当归属于要求安乐死的个人,而不能属于医生、亲属或者其他人,因为安乐死是个人人身权的重要内容,他人无权代为同意或者作出决定,否则将构成对他人人身权的侵害。① 当然,无民事行为能力人和限制民事行为能力人不能自主决定放弃治疗,应当由其法定代理人决定,但应当符合患者的最大利益,切实保护患者的生命权、健康权。

第二,延命治疗可能给本人带来巨大痛苦。在法律上之所以允许消极安乐死,是因为治疗方法已经无法治愈病人,而只能延命,这种延命只能给患者带来巨大痛苦。② 在此情形下,患者将无法享受有质量的生命,也无法实现其尊严。这就提出了有尊严的死亡的问题。

第三,在现有医疗条件下,穷尽医疗手段也无法治愈相关疾病。临终前的许多抢救行为的目的在于尽可能采取一切方法来延长生命,但是如果没有苏醒可能,或者现有技术条件证明已经无法治愈病症,只能暂时延长生命,且这种治疗可能给病人带来巨大的痛苦,应当允许患者放弃治疗。③ 只要有治愈的可能性,哪怕治愈的可能性很小,也不应当允许患者选择放弃治疗,而仍然应当尽力救治。

(二)人体实验

人体实验,是指对于人体进行新药、新技术的实验,以提高医疗技术和药物治疗水平。现代医疗进步离不开人体实验,但人体实验是一柄“双刃剑”,它既可能促进医学的发展,也可能对受试人造成伤害;它不仅可能危及受试人的生命,还有可能因病毒的传染而危及他人的健康。因此,人体实验也成为生命伦理学研究的重要课题。④ 依据《药品临床试验管理规范》第 14 条的规定,人体试验不仅要求受试者参加试验是自愿的,而且要充分保障其知情权。

民法典分编草案第 789 条规定:“有关科研机构等开发新药或

---

① 参见申卫星:《从生到死的民法学思考——兼论中国卫生法学研究的重要性》,载《湖南社会科学》2011 年第 2 期。

② 参见梁根林:《争取人道死亡的权利——世界范围内的安乐死运动》,载《比较法研究》2004 年第 3 期。

③ 参见李红:《生命权与安乐死》,载《中共中央党校学报》2003 年第 2 期。

④ 参见黄丁全:《医疗、法律与生命伦理》,法律出版社 2007 年版,第 255 页。

者发展新的治疗方法,需要在人体上进行试验的,依法经相关主管部门批准后,还应当向接受试验的本人或者其监护人告知试验目的、用途和可能产生的损害等详细情况,并经其书面同意。本人或者其监护人可以随时撤销该同意。禁止向接受试者支付任何形式的报酬,但是可以给予其必要的补偿。"据此可见,人体试验应当符合如下几个条件。

第一,必须经相关主管部门批准。关于人体试验是否需要设置相关的行政许可,对此存在两种不同观点。一种观点认为,有关科研机构开发新药或者发展新的治疗方法,需要在人体上进行实验的,依法经相关主管部门批准后,还应当向接受试验的本人或者其监护人告知可能产生的损害等详细情况,并经其书面同意,但本人或者监护人可以随时撤销该同意。另一种观点认为,人体实验的具体类型很多,难以作出统一规定。只要个人同意即可,并不需要相关的行政许可。笔者认为,由于医学试验涉及对个人生命权、身体权、健康权的一种处分,对个人利益影响重大,为防止个人出于其他目的而作出不利于其生命权、身体权、健康权的不当处分,应当设置相关的行政许可程序。这就是说,需要在人体上进行试验的,必须依法经相关主管部门批准。

第二,试验者尽到相关的说明义务,并取得受试者同意。人体医学试验本身包含了极大的风险,因为人体试验关系到个人的生命、健康等,所以试验者必须向受试者详细告知试验目的、用途和可能产生的损害等情况,包括已经确定、可能发生的一切与受试者身体相关的情况,除此之外还必须告诉受试者有可能会出现试验者自己也尚未预见到的其他后果。概言之,试验者除了履行相应告知义务之外,必须以兜底条款告知相应试验有可能存在不可知的风险,并由受试者最终决定是否参加该试验。[①] 告知的对象既包括本人,也包括其监护人。在无民事行为能力人或者限制民事行为能力人的情形下,进行医学试验必须经受试者监护人的同意。如果试验者未尽到相关的说明义务,则受试者的同意并不能产生相应的法律效

① 参见满洪杰:《论医学人体试验中的侵权责任——以比较法为视角》,载《法学论坛》2012 年第 5 期。

力，在试验行为造成受试者损害的情形下，受试者有权请求试验者承担侵权责任。

在试验期间，受试者有权随时了解与其有关的信息资料。因为人体医学试验的风险较大，很可能造成受试者的严重身体损害，因此，在医学试验开始前，应当告知受试者该试验可能带来的不利后果，在试验过程中，应当及时向受试者告知试验的进展情况，如果试验过程中产生了新的风险，也应当及时向受试者告知，并由受试者决定是否继续参加该医学试验。如果试验者故意隐瞒相关信息，造成受试者损害的，受试者应当有权请求试验者赔偿。①

第三，经受试者本人或者其监护人书面同意。在民法上，从尊重和保护个人的生命权出发，人体试验应当取决于个人的决定，尊重个人的选择，为了防止因为人体试验可能导致的损害后果，必须经过受试者的同意，而且该同意行为应当采取书面同意。值得注意的是，经过受试者书面同意意味着其对自己的身体享有自决权，即使受试者的近亲属对受试者接受试验的事项存在异议，也应当尊重受试者的主观意愿。这种自决权的行使也就意味着，试验行为一旦对受试者人身造成损害，则受试者无权要求试验者对其承担侵权责任，这也是被害人承诺这一违法性阻却事由的体现。

第四，不得违反法律和公共道德。人体试验关涉个人的生命、身体、健康，也关涉公共利益，所以，法律对其严格进行规范。虽然个人对其身体享有自决权，但根据《民法总则》的规定，民事法律行为不得违反法律，也不得违背公序良俗，所以订立人体试验合同的自决权的行使也必须符合法律和公序良俗，否则即使受试者作出承诺也是无效的。

另外，试验者应当尽到保密义务。医学试验可能需要获得受试者的相关身体隐私，试验过程中也可能获取受试者的基因隐私等信息，试验者对此类信息应当尽到相应的保密义务。

（三）人体胚胎

人体胚胎，是指人的精子和未受精卵受精后所产生的胚胎。人

① 参见满洪杰：《论医学人体试验中的侵权责任——以比较法为视角》，载《法学论坛》2012年第5期。

体胚胎是生命的前端，在人体胚胎已经形成的情况下，其有潜力发展成为独立的生命个体。所以，人体胚胎的保护与生命权密切相关。随着试管婴儿技术的发展，美国威斯康星大学的詹姆斯·汤姆森教授（James Thomson）从人类早期胚胎的内层细胞团中分离培养出第一例人胚胎干细胞，给人类带来了福音。1978 年，第一个试管婴儿在英国诞生，人工生殖技术迅速发展，生命科学的发展也日新月异。如今，人体胚胎技术已经日渐成熟。胚胎不同于胎儿，在医学上，只有在胚胎发育到具有初步的人形后，才能称为胎儿，在此之前的阶段即属于胚胎。胚胎又分为体内胚胎和体外胚胎。前者是在母体内发育的胚胎，其可由自然方式受孕，也可能通过人工授精实现；而后者则是在母体外发育的胚胎，其一般不是通过自然方式受孕。

比较法上，一些国家的法律也保护人体胚胎。例如《法国民法典》第 16 条规定："法律确保人的优先性（primauté），禁止对尊严的一切侵害，自其生命伊始（dès le commencement de sa vie）即确保对人的尊重。"该条源自 1975 年 1 月 17 日的法律，后者规定："自生命伊始确保对所有人的尊重。"根据法国宪法委员会 1975 年 1 月 15 日的裁决，胚胎是人的组成部分，自其生命伊始应确保其受到尊重。①

从我国司法实践来看，有关胚胎的纠纷也开始出现，如著名的"无锡冷冻胚胎案"。② 从比较法上来看，有的国家法律对胎儿的保护可以扩大到对胚胎的保护，还有的规定可以将胎儿的保护时间提前到受孕时。③ 我国《民法总则》对胎儿的利益保护作出规定，可以为胚胎的保护提供法律依据。在人格权法中，应当将胚胎界定为人格物，对其给予不同于一般物的特殊保护，④人体胚胎不仅仅是权利

---

① Conseil constitutionnel, Décision du 15 janiver 1975, Loi relative à l'interruption volontaire de la grossesse, Journal officiel, le 16 janvier 1975, p. 671. 详细请参见石佳友：《人格权立法的历史演进及其趋势》，载《中国政法大学学报》2018 年第 4 期。

② 江苏省无锡市中级人民法院民事判决书，（2014）锡民终字第 01235 号。

③ 例如，《奥地利普通民法典》第 22 条规定："胎儿自受孕时起受法律保护，涉及非属第三人的个人权利时视作既已出生，但就以活体出生为取得条件的权利，死产儿视作从未受孕。"

④ 参见冷传莉：《论人格物的界定与动态发展》，载《法学论坛》2010 年第 2 期。

客体，而且也涉及生命权、身体权的保护。侵害人体胚胎不仅仅是财产损害赔偿的问题，还可能产生精神损害赔偿责任。换言之，对胚胎的保护应当以有尊严的方式对待，不能随意毁弃，对人体胚胎不能做商业化利用。

第二节　身　体　权

一、身体权的概念和特征

（一）身体权的概念

身体权是自然人维护其身体组织器官的完整性并支配其肢体、器官和其他组织的权利。[①] 身体权作为一种物质性的人格权，与其他的物质性人格权一样都以身体完整的利益为对象，都具有固有性和专属性的特点，权利人不得将其权利转让、抛弃。由于身体权以身体作为客体，而身体又是所有物质性人格权的载体，这就决定了身体权在人格权体系中占有重要地位。

在古代法中，人的身体始终是刑法保护的对象，在近代民法法典化的过程中，最初也未受到民法的重视。例如，1804 年的《法国民法典》并没有规定身体权。1900 年的《德国民法典》第 823 条规定："不法侵害他人生命、身体、健康、自由、所有权或其他权利者，对因此而产生的损害负赔偿义务。"此种方式主要从保护法益的角度来规定身体权，也就是说，通过作为权利保护法的侵权法的规定，间接确认身体权为侵权法保护的特别法益。但该法典并没有明确将身体权确认为一项具体人格权。据此，有学者认为，该条款只是间接确认了身体权。此种立法例对我国台湾地区"民法"产生了一定的影响，该"法"第 193 条规定："不法侵害他人身体或健康者，对于被害人因此丧失或减少劳动能力，或增加生活上之需要时，应负损害赔偿责任。"随着现代社会的发展，尤其是高科技的发展，器官移植、人体捐赠、生物实验、遗传检查和鉴别、代孕、机构监禁、精神评

① 参见杨立新：《人身权法论》，人民法院出版社 2002 年版，第 398 页。

估等行为日益普遍,这也需要不断强化对身体权的保护。所以《法国民法典》在近几十年的修订过程中,增加了十多个有关身体权保护的条款。我国《民法通则》虽然没有对身体权作出规定,但《侵权责任法》第2条将身体权明确规定为侵权法的保护对象,《民法总则》第110条确认身体权为一项独立的人格权。

和其他的人格权比较,身体权具有如下几个方面的特点。

1. 主体的特定性。从权利主体上说,身体权只能由自然人享有,作为组织体的法人、非法人组织不享有身体权。尤其需要指出的是,身体权是个人人格权的基础,生命也是依赖于身体的,所以身体权在民事权利中具有基础性的地位。

2. 固有性。这就是说,身体权是权利人所固有的、与主体资格联系十分密切的一种权利。一方面,身体权是与生俱来的权利,且在自然人生存期间始终伴随权利人。一旦身体权丧失,生命也就不复存在。因为身体是生命和健康的载体,如果因身体遭受侵害导致生命不复存在,自然人的主体资格就自然丧失。另一方面,身体权的固有性也决定了身体权是不可转让、不可抛弃、不可继承的。

3. 权利客体的二重性。身体权的客体包括两个方面:一是身体及其组成部分。就身体的构成部分而言,身体包括主要部分和附属部分,主要部分包括人的头颅、躯干、器官和其他组织,一般不得与身体相分离,是身体的基本组成部分;附属部分包括毛发、血液、体液、指(趾)甲等附着于身体的其他人体组织。① 身体某一部分只要不影响到身体的完整,不违反法律或公序良俗,就可以与身体相分离。随着现代科技的发展,人的细胞和基因都可以作为身体的重要组成部分而存在,并且受到法律的保护。法律禁止买卖人体细胞、人体器官、人体组织、遗体。二是身体的完整利益,所谓完整是指身体权人有权保护自己的主要部分和附属部分完整地结合在一起。任何破坏身体的完整性的行为都构成对身体权的侵害。为强化对身体权的保护,有的国家在医疗活动中强化了医生的事前告知义务,并规定了患者的知情同意权,医疗机构违反告知义务,不仅构成

---

① 参见尹飞:《人身损害赔偿概述》,载王利明主编:《人身损害赔偿疑难问题》,中国社会科学出版社2004年版,第16页。

违约，也可能构成对患者身体权的侵害。[1]

上述两个方面的客体是有机地结合在一起的，不可分割，单纯强调哪一个方面都是不妥当的。一方面，身体权可以以身体为客体，因为身体权的权利人有权在法律和社会公共道德允许的范围内，对其身体的个别器官或组织加以处分(例如捐献器官、血液等)。但这并不是说身体就是身体权的唯一客体，否则就可能意味着身体权人可以随意处置自己的身体。另一方面，身体权必须以身体的完整为对象。身体的完整不仅表现为维护自己身体主体部分的完整，还包括肢体、器官等身体各个组成部分的完整。[2] 因为身体权人不仅有权支配自己的身体，而且有权保持自己的身体的完整。例如，行为人实施某种侵权行为，限制了他人的人身自由等，这些行为虽然构成了对其他人格利益的损害，但因并未侵害身体完整性，因而并不构成对身体权的侵害。

4. 内容的有限支配性和绝对性。身体权是一种有限的支配权，权利人有权在法律和社会公共道德允许的范围内对其身体个别部分加以处分，也有权在自己身体某一部位发生病变或其他情况时决定是否切除或治疗，以及有权决定是否从事某种危及身体完整的活动等。权利人并不享有绝对的支配权，因为身体是生命以及健康的载体，是自然人赖以生存的躯体，身体既是生命的载体，也是人格的载体，所以身体权体现了一定的社会利益，它已超出了个人意思自治的领域。例如，权利人通过合同出售自己的身体器官，这损害了现代社会的基本价值，违反了公序良俗，应当予以禁止。

身体权作为绝对权，具有强烈的排他性，除权利人之外的任何人都负有不得侵害的义务。身体权体现为维护权利人的身体利益不受他人的侵害和妨碍，维护人体整体构造的完整性或身体的安全性，而维护人身的安全和完整是法律设定身体权的主要目的。正如 Lambert-Faivre 所指出的："人的身体的完整性是人类所普遍认可的价值。对人的身体的尊重是人的所有精神生活、职业生活和物质生

---

① 参见颜厥安：《财产、人格，还是资讯？》，载《台大法学论丛》第 31 卷第 1 期。

② 参见杨立新：《论公民的身体权及其民法保护》，载《法律科学》1994 年第 6 期。

活的介质、灵魂和必要媒介，它已深深地扎根于所有的文明之中。”①正是通过维护身体的安全性和完整性，生命得以延续、健康得以维护，自然人本人才能从事正常的生产生活。

（二）身体权是一项独立的人格权

从比较法的角度来看，法律对身体权的保护出现几种发展趋势：一是将身体权与健康权合并规定。例如，《奥地利民法典》第1325条规定，身体伤害是指一切对身体，或精神健康，或身体完好性的不利影响。② 二是有关国家的法律将身体作为一种特殊的法益给予保护。1942年的《意大利民法典》第5条是第一个关注人体组织“处分”的法律条款，1994年《法国民法典》修订时，确认了“人体的不得处置原则”（Indisponibilité du corp humain）。第16－1条更明确规定：“人的身体、人的身体的组成部分和人的后代不得成为财产权的标的。”同时，确定了身体的完整性以及身体不受侵害的原则。其他一些国家（地区）的法律，如《加拿大魁北克民法典》（第19～25条），以及《巴西民法典》（第13～14条）等采纳此种规定。三是改变过去法律主体是一个“抽象的人”的传统观念，将人体视作人重要的组成部分。③ 如《法国民法典》第1128条规定：“仅仅是物始能在交易中成为契约的标的。”人体的各个部分（如器官，组织，血液，基因，DNA样本，生殖细胞）都具有人格属性，应作为重要的人格利益加以保护。此种规定虽然没有直接确定身体是一种法益，但间接地确认了身体是一种不同于物的特殊人格利益。

我国《民法通则》确认了公民享有生命健康权，但并没有明确规定身体权。《侵权责任法》第2条第2款在列举民事权利时，并没有提及身体权。但《精神损害赔偿司法解释》第1条明确规定了“身体权”遭受侵害，受害人有权请求精神损害赔偿。从我国司法实践来看，历来也承认身体权为一项独立的人格权。正是在总结我国既有立法和司法实践经验的基础上，我国《民法总则》于第110条对身

---

① Yvonne Lambert-Faivre, Droit du dommage corporel, 3e édition, 1996, Dalloz, p. 1.

② 参见[德]冯·巴尔：《欧洲比较侵权行为法》（下卷），焦美华译，法律出版社2001年版，第80页。

③ P. ZATTI, Di là dal velo della persona fisica. Realtà del corpo e diritti《dell'uomo》, in ID., Maschere del diritto, volti della vita, Milano, 2009, 53 ff.

体权作出了规定。我国民法典分编草案人格权编也单独规定了身体权,据此,生命权、健康权和身体权一起构成了完整的物质性人格权的体系结构。我国民法典确认身体权为独立的人格权类型,理由主要如下。

第一,健康权无法涵盖身体权。有观点认为,我国早期民事立法之所以没有规定身体权,是因为健康权中已经包含了身体权。这一看法虽然不无道理,但是值得商榷,因为健康权与身体权毕竟是两种不同的人格权,二者的区别主要表现在如下两个方面:一方面,两者的客体不同。健康权的客体是身体各器官组织良好运行的状态,体现的人格利益是个人机体功能的完善性,目的在于保护个人生理、心理等机能的正常运转。身体权的客体是身体器官和组织构造本身的完整性和身体器官的安全,体现的人格利益则是个人身体组织、结构的完整性。[①] 例如,在医生未经患者同意对其进行治疗的情形下,虽然侵害了受害人的身体权,但并没有影响其生理、心理等机能的正常运转,因而并未侵害其健康权。[②] 另一方面,侵害身体权并不当然侵害健康权,例如,行为人偷剪他人头发的行为并没有实质性地损害他人健康,仅仅是侵害了他人身体的完整性,故只构成身体权侵权而不构成对健康权的侵害。反之,如果行为人只是侵害他人的健康,而没有侵害他人身体,则仅侵害他人健康权,而不构成对身体权的侵害。[③] 此外,身体权的保护在实践中可能涉及器官移植、器官捐献、代孕等问题,与现代生物学技术与伦理等关系密切。健康权虽然也与现代医学发展关系密切,但其通常并不涉及上述复杂的伦理问题。因此,健康权无法涵盖身体权,需要在人格权立法中设立独立的身体权。

第二,有利于强化对人体组织完整性的保护。个人的身体与个人不可分离,也被认为是个人所拥有的最为宝贵的利益。但法律对个人的保护并不仅限于保护个人身体上的完整性,其还保护个人生理、心理上的各种利益。因此,个人身体的完整性可以被看作由各

---

①　参见杨立新:《论公民的身体权及其民法保护》,载《法律科学》1994 年第 6 期。

②　参见刘士国主编:《中华人民共和国人格权法律条文建议附理由》,中国法制出版社 2017 年版,第 43 页。

③　参见杨成铭:《人权法学》,中国方正出版社 2004 年版,第 128 页。

个不同部分所组成的一个整体性概念。[1] 人体组织完整性的保护既包括自然人的组织和器官的完整性保护，也包括对于与自然人的身体密不可分的假牙、假肢、假眼等的保护。在某种意义上，尸体的保护也可以被视为身体权的延伸保护。从实践来看，虽然身体权的侵害往往也会伴随着健康权的侵害，但仍然存在一些没有侵害健康权而仅仅侵害身体权的情形，如擅自剪掉他人头发等。只有确认和保护身体权，才有利于保护身体组织的完整和人身的安全，并能为权利人提供充分的救济。[2] 因此，从强化对人体组织完整性保护的角度考虑，也有必要确立独立的身体权。

第三，有利于强化对身体活动自由的保护。身体活动的自由与身体本身不同，但又存在密切的联系。毫无疑问的是，身体活动自由对个人的价值是无法衡量的。[3] 因此，身体活动自由应当被视为独立的人格权的客体。[4] 对个人身体活动自由的侵害并不仅仅限于剥夺个人的活动自由，还包括对个人行为或者活动自由的任何不当侵害行为。[5] 在实践中，讨债公司非法拘禁债务人、将债务人关进狗笼等，这些行为既是对身体活动自由的侵害，也是对身体权的侵害。因此，确立独立的身体权，对于保护身体活动自由也具有积极意义。

第四，规定独立的身体权是确立人体器官捐献等制度的基础。在现代社会，尽管随着科技的发展和医学的进步，对人的身体的完整性有了更为可靠的保障，但身体权也受到了基因技术、克隆技术、器官移植技术等发展所带来的挑战和威胁。例如，随着器官移植技术的发展，人的身体的某些部分可以和人体相分离而无损人的健康，而克隆技术的发展则使人体的很多部分都可以以克隆的方式被"复制"，这些都可能导致人的相关身体部位的变化，人的器官可以在不同的人之间交换，这就对人的身体的完整性原则提出了挑战。[6] 这些内容显然与人的身体权是密切相关的。因此，只有在法律上确

---

① W. A. Joubert Grondslae van die persoonlikbeidsreg(1953) at 131.

② 参见杨立新：《人身权法论》，人民法院出版社 2002 年版，第 396 页。

③ See Thandani v. Minister of Law and Order 1991 1 SA 702(E)707.

④ Botha v. Lues 1981 1 SA 687(o)690.

⑤ Botha v. Lues 1981 1 SA 687(o)690.

⑥ 参见黄丁全：《医疗、法律与生命伦理》，法律出版社 2007 年版，第 218 页。

认独立的身体权，才能为人体器官捐献、器官移植、人体组织的克隆等制度提供坚实的法理基础。此外，规定独立的身体权与现代科技和医学发展的需要是相一致的。例如，随着基因技术的发展，使人被定制、复制在技术上成为可能，这对于人的尊严的保护将是巨大挑战，因此也需要强化对身体权的保护。

二、身体权的相关问题

（一）器官捐献问题

所谓器官捐献，是指自然人自愿、无偿地捐献自己的器官、血液、骨髓、角膜等身体的组成部分甚至捐献遗体的行为。从比较法上来看，各国法律普遍禁止器官的买卖和变相买卖，此种行为不仅违反公序良俗，而且可能引发道德危机，危害社会秩序，因此，器官买卖协议不仅是无效的，而且行为人可能还需要承担其他法律责任。但法律对器官捐赠则普遍持鼓励态度，因为随着医学技术的发展，器官捐献对救死扶伤、促进医学发展等具有重要意义。[①] 器官捐献行为也有助于救死扶伤，弘扬社会主义的互助精神，并有助于医学的发展。因此，具有完全民事行为能力的自然人依法有权自主决定无偿捐献其人体细胞、人体组织、人体器官。

从比较法上看，有的国家对器官捐赠问题作出了规定，例如，《巴西新民法典》第 14 条规定："为了科学或利他的目的，部分或全部无偿处置自己身体的行为，以死因处分为限，有效。"该条实际上将人体组织和器官的捐赠行为限定为死因处分的情形，其他情形均予以禁止。再如，《法国民法典》第 16－6 条规定："对同意在其身上进行实验，同意摘取其身体之一部分或者采集其身体所生之物的人，不得给予任何报酬。"从我国情况来看，器官移植在我国起步于 20 世纪 60 年代，但近年来发展很快，通过器官移植挽救了数以万计病人的生命。到目前为止，我国是世界第二器官移植大国，但由于立法不配套，所以，对器官捐赠的法律规范不健全，对捐赠者的权益保护也不充分，因此，导致了实践中产生了不少纠纷。通过总结立

---

① 参见张海燕：《人体器官移植立法问题研究——兼论我国〈人体器官移植条例〉的完善》，载《东岳论丛》2008 年第 6 期。

法和司法实践经验,民法典分编草案第 787 条规定:“完全民事行为能力人有权依法自主决定无偿捐献其人体细胞、人体器官、人体组织、遗体。任何组织或者个人不得欺诈、胁迫自然人捐献。”依据我国立法和司法实践,合法的器官捐献必须符合如下几个条件。

第一,捐赠者必须是完全民事行为能力人。该规则主要是为了保护未成年人,未成年人因其不具有完全行为能力,因而谈不上自愿问题,且未成年人的身体正处于发育状态,因此法律禁止未成年人捐献器官。允许未成年人捐赠器官可能影响其未来身心发展,因此,将捐赠者限于完全民事行为能力人,是为了强化对未成年人的保护。

第二,必须出于捐献者的真实意愿。由于器官捐赠涉及对个人身体的处分,必须要充分体现本人的意愿,任何组织和个人不得强迫、欺骗或者利诱自然人捐献。如果捐献者因受欺诈、胁迫等作出捐献表示,则该同意应当是无效的。[①] 对于人体细胞、组织、器官的死后捐赠,如果自然人生前明确表示不同意捐献的,则应当尊重其真实意愿。当然,如果自然人生前未明确表示不同意捐献的,在其死亡后,其配偶、成年子女、父母应当有权以书面形式共同表示同意捐献。此外,自然人死亡后,医疗机构未经其生前同意也不得留取死者部分脏器,否则可能构成侵权。[②]

为了充分尊重捐献者的意愿,在其实际作出捐献行为以前,法律上应当允许捐献者对捐献行为反悔,即可以随时撤销捐献的意思表示。[③] 民法典分编草案第 787 条第 2 款规定:“自然人同意捐献的意思表示应当采用书面形式或者有效的遗嘱形式,并且可以随时被撤销或者撤回。”该条承认了捐赠者随时撤销和撤回的权利,具体而言,一是如果当事人通过合同捐献,即便合同已经生效,捐赠者也有权任意解除该合同;二是如果当事人通过遗嘱捐献,则当事人有权随时撤销该遗嘱。应该说,这一规定具有其合理性。从实践来看,

---

① 参见邹卫强:《无效活体器官移植的民法探讨》,载《法学论坛》2014 年第 4 期。

② 参见《杨某某等诉贵阳医学院附属医院受委托进行病理解剖时未经同意留取死者部分脏器侵权案》,载《人民法院案例选》2000 年第 3 辑(总第 33 期)。

③ 参见韩大元、于文豪:《论人体器官移植中的自我决定权与国家义务》,载《法学评论》2011 年第 3 期。

器官捐献一般不会直接和他人签订合同,而是直接跟医院或者器官库签订合同,在找到供体的情况下才会进行相应的配对,因此,通常只有在捐献完毕才会进行相应的配对,所以一般不会出现因为撤销捐赠而损害受移植方利益的情形。

第三,必须无偿捐献。此处所说的无偿,是指不能通过捐献行为而获取一定的经济利益,否则将使捐献行为成为实质上的买卖行为。这不仅违反公序良俗,而且可能引发严重的道德危险。[①] 从比较法上看,许多国家也禁止人体组织、器官的交易。例如,《法国民法典》第 16 – 5 条规定:"任何赋予人体、人体各部分以及人体所生之物以财产价值的协议,均无效。"依据我国《人体器官移植条例》第 7 条的规定,人体器官捐献应当遵循无偿原则。各国法律都规定,禁止任何形式的器官买卖。因为如果允许器官买卖,会引发道德风险,甚至诱发暴力行为。这里所说的"无偿"主要是强调两者之间不存在对价关系。至于捐献人捐献之后,接受人给予一定的生活补助等,法律并不禁止。

第四,捐献行为不能以造成捐献者身体的重大损害为代价。捐献器官的行为实质上是对身体的处分行为,也是对身体完整权的自愿限制。但因捐献人体细胞、人体器官、人体组织所实施的提取或者摘取行为不得危及自然人的生命,也不得损害除提取或者摘取行为产生的直接后果之外的正常生理功能。一些国家的法律对此作出了规定。例如,瑞典 1975 年颁布的《移植法》明确规定:"考虑到手术的性质或供体的健康状况,如果有理由怀疑手术会严重危及供体的健康甚至危及其生命,则器官或者其他生物组织不得被摘取。"如果因为捐献而危及权利人自身的健康,这就有悖于捐献制度的本质,因为捐献制度的前提是在不损害捐献人的前提下有益于受捐献人。可能造成捐献者身体的重大损害的捐献行为在法律上是无效的。

第五,捐献行为不得违反公序良俗。身体器官具有一定的人格因素,所以,对其作出处分必须符合公序良俗。例如,在实务中,有

---

① 申卫星、王琦:《论人体器官捐献与移植的立法原则》,载《比较法研究》2005 年第 4 期。

的人打着捐献的幌子而从事器官买卖,这实际上违反了公序良俗原则。为了保证器官捐献不违反公序良俗,法律还特别规定了器官捐献的接受人的范围。根据《人体器官移植条例》第 10 条的规定:"活体器官的接受人限于活体器官捐献人的配偶、直系血亲或者三代以内旁系血亲,或者有证据证明与活体器官捐献人存在因帮扶等形成亲情关系的人员。"

第六,捐献行为必须符合法定的方式。因为器官捐献涉及对人体的重大处分,因此,应当采取法定的方式,以提醒当事人慎重考虑其后果。一般认为,就生前捐献而言,应当采取书面形式;而就死后的器官捐献而言,则应当采取有效的遗嘱的形式。

在人体组织、器官捐赠协议生效后,为保护个人的人格尊严和人格自由,应当允许个人解除该捐赠协议。从比较法上看,有的国家法律对此作出了规定,例如,《巴西新民法典》第 14 条对人体组织、器官的捐赠行为作出了规定,该条单立款规定:"任何时候都可自由地撤销此等处置行为。"这实际上是赋予了个人任何解除该捐赠协议的权利。

(二)禁止买卖人体细胞、人体器官、人体组织

如前所述,身体的某个器官或组织都是身体的组成部分,毫无疑问,在人体的器官或组织没有与人体分离时,其自然属于身体权的客体。近几十年来,随着器官移植技术的发展,器官短缺的现象日益严重。因此,国外有不少学者主张应当建立器官市场,允许器官买卖。允许器官买卖的作用在于:一是可以解决器官短缺问题,有利于救死扶伤,促进医疗进步;二是可以通过市场机制使转让人的损失得到公平补偿,以防止非法的交易;三是通过达成转让协议,可以确保器官的正常用途。① 但我国法律严格禁止器官买卖,《人体器官移植条例》第 3 条规定:"任何组织或者个人不得以任何形式买卖人体器官,不得从事与买卖人体器官有关的活动。"因此,在我国从事器官买卖的行为是非法的。《刑法》第 234 条之一规定:"组

① See Lloyd R. Cohen, "Increasing the Suply of Transplant Organs: The Virtus of a Futures Market", 58 *Qeo. Wash. L. Rev.* 1 1989 - 1990; Marvin Brams, "Transplantable Human Organs: Should Their Sale Be Authoriyed by State Statutes?", 3 *Am. J. L. and Med.* 183 (1977 - 1978).

织他人出卖人体器官的，处五年以下有期徒刑，并处罚金；情节严重的，处五年以上有期徒刑，并处罚金或者没收财产。”法律作出此种规定的原因在于：一方面，器官买卖将严重损害人格尊严，因为器官本身不是单纯的财产，作为人格的载体，体现了人格利益和人格尊严，如果允许个人随意地买卖器官，实际上是将人格当成商品。人格的商业化利用有可能诱发道德风险，导致自杀甚至谋杀。另一方面，器官买卖也会造成权利人自身的损害。人们可能因为生活所迫而出卖自己的器官，甚至可能会无视自己的身体健康，为谋取一时的利益而进行身体器官移植，以致给自己身体造成严重损害，①所以，许多国家法律禁止器官买卖。在我国，对人体器官的买卖、担保、抵债，应视为违反公序良俗，其行为无效。

当然，人体组织有主要部分和附属部分的区分，对附属部分，如头发、指甲等，在对身体不会造成损害，也不会违反公序良俗的情况下，可以由权利人进行转让。除人体器官外，人体细胞、人体组织、遗体、精液等，原则上不得成为交易的对象，这主要是因为，这些物虽然已经与人体相分离，但仍包含一定的人格利益，对该物的处分也与公序良俗具有密切关系。所以，在法律上不能像一般物那样可以自由处分。例如，存放在冷库中的精液与一般的物存在区别。在国外的判决中，对于盗窃精液也认为是侵害身体权，②同时它也体现了自然人的精神利益。而且随着基因技术的发展，从身体中分离出的 DNA 也可以成为身体权的客体。再如，储存在医院等地的 DNA 样本，也可能会成为身体的某个部分，而禁止管理人擅自处分或利用，③因而对其的侵害仍然可以适用精神损害赔偿。由于这些物是身体的组成部分，不同于一般的物，所以在处分这些身体部分时应当更多地受到公序良俗和法律的限制。

当然，如果人体的组织或器官已经与人体发生了分离，不能当然

---

① 参见孙慕义等：《新生命伦理学》，东南大学出版社 2003 年版，第 147 ~ 149 页。

② 在该案中，原告为了避免手术后失去生育能力，将精子取出予以保存，以便将来生育，然后因为被告过失导致精子毁损，导致原告无法生育，法院判定被告应承担侵害身体权的责任，并判处了抚慰金。BGH NJW 1994，127.

③ See E. MAND, Biobanken für die Forschung und informationelle Selbstbestimmung, in Medizinrecht, 2005, 565; B. M. KNOPPERS et alii, Control of DNA Samples and Information, in 50 Genomics 385 (1988).

将其视为身体权的客体。对于某些从人体分离开的部分,如乳汁、血液、头发等,按照一般的社会观念都已经将其作为一般的物对待,且这些物大多与精神利益之间没有直接联系,因此,一般可以将这些物视为物权的客体而非人格权的客体。这些分离出来的物可以通过合法的转让归属于他人,或因抛弃而成为无主物,由他人先占而取得。[①]侵害这些物将导致侵害物权,并产生财产损害赔偿责任。

(三)禁止非法买卖、处分遗体

所谓非法买卖、处分遗体,就是将遗体作为商品进行出售,或者以违反法律规定的方式处分遗体。对遗体的处分应当尊重权利人生前的意愿,这实际上也可以看作身体权的一种延伸,也就是说,身体权在内容上除了表现为个人生存期间对身体的有限处分外,还应当包括对自己遗体的处分。例如,就遗体的解剖而言,如果自然人生前同意解剖其遗体的,则在其死后,可以解剖其遗体;如果死者生前未拒绝解剖其遗体的,则其配偶、成年子女、父母应有权以书面形式共同决定解剖其遗体;如果死者生前明确表示拒绝解剖其遗体的,则死者近亲属无权决定解剖其遗体。当然,如果基于查找传染病病因、犯罪侦查等公共利益的需要,有关机关应当有权依法解剖其遗体。[②]

严格地说,遗体并不是身体权的客体,但其也不同于一般的物,不能成为财产权的客体,死者的近亲属对遗体也不能享有所有权,不能适用物权的一般规则,否则意味着其近亲属对遗体可以自由占有、使用、收益、处分,这显然是违背法律和公共道德的。各国法律出于维护善良风俗的考虑,大多规定不能自行使用和处分遗体,但允许死者近亲属对遗体进行管理,此种经验是值得借鉴的。因此,死者近亲属有权管理死者遗体,但不得擅自处分。在符合法律规定和社会公共秩序的情况下,其近亲属也可以将遗体或者遗体的一部

---

① 参见王泽鉴:《侵权行为法》(第 1 册),中国政法大学出版社 2001 年版,第 108 页。

② 我国现行立法也在特殊情况下肯定了有关机关有权解剖个人遗体,例如,《刑事诉讼法》第 131 条规定:"对于死因不明的尸体,公安机关有权决定解剖,并且通知死者家属到场。"

分捐赠给有关机关。[①] 如果有关医疗单位和研究单位已经将遗体做成标本以供研究,遗体此时已经转化为木乃伊、标本等特殊的物,这些单位应当享有占有、使用和依法处分遗体的权利,当然,对遗体的使用也不应当违背公序良俗。

(四)禁止性骚扰(sexual harassment)

1. 性骚扰的概念

所谓性骚扰,是指以身体、语言、动作、文字或图像等方式,违背他人意愿而对其实施的以性为取向的有辱其尊严的性暗示、性挑逗以及性暴力等行为。该词最初是由美国著名女权主义法学家凯瑟琳·麦金农在1974年提出的,[②]但各国法律对性骚扰的界定并不一致。例如,在美国,经常将其称为"工作场所的性骚扰"(workplace bullying),在欧洲,性骚扰被称为"性方面的骚扰行为"(mobbing, victimization)。[③] 瑞典制定了第一部反性骚扰的法律。1990年,欧洲议会《关于保护男女工作人员尊严的议会决议》中的定义是最常见的:"性骚扰指不受欢迎的性行为或其他以性为目的的行为,它损害工作女性和工作男性的尊严。性骚扰包括不受欢迎的身体、语言或非语言行为(CEC. 1993)。"有关国际公约也对性骚扰问题作出了规定。例如,根据《反对对妇女一切形式的歧视公约》第19号建议书、欧盟委员会公报等文件的定义,性骚扰具有以下三个特征:(1)不合乎需要、不适当或者冒犯性、损害其尊严的行为;(2)受害人拒绝其性暗示,将影响其职业或升迁;(3)骚扰行为制造出令人害怕、敌意或者侮辱性的工作环境。笔者认为,虽然关于性骚扰的定义存在一定争议,但性骚扰实质上是一种损害他人人格尊严的行为,[④]其表现形式往往与性相关,对此各国立法与理论研究已经达成共识。

---

① 参见宗晓虹等:《器官移植的人身权问题研究》,载《重庆大学学报》(社会科学版)2004年第2期。

② 参见张新宝、高燕竹:《性骚扰法律规制的主要问题》,载《法学家》2006年第4期。

③ Marte-France Hirigoyen, *Stalking The Soul*, *Emotional Abuse and The Eroston of Identity*, Helen Marx trans., Helen Marx Books 2000(1998).

④ 参见[德]冯·巴尔等主编:《欧洲私法的原则、定义与示范规则:欧洲示范民法典草案》,王文胜等译,法律出版社2014年版,第320页。

从比较法上来看，各国对性骚扰的范围界定虽存在一定差别，但一些国家主要是以职场性骚扰为中心对性骚扰作出定义。此种做法具有一定的合理性。因为法律规范性骚扰行为最初主要针对职业中的性别歧视，是为了保护在工作中受害的弱者，从实践来看，性骚扰行为也大多发生在工作场所，尤其是和工作联系在一起。在国外，性骚扰的责任特别强调雇主责任，对于工作场所之外发生的性骚扰行为，如在公共汽车上猥亵妇女、在公共场所非礼他人、在街头针对异性突然裸露性部位等，可以通过侵害他人名誉权、身体权等方式提起民事诉讼，而不必作为性骚扰处理。就此，笔者认为将性骚扰的范围限定为职场并不妥当，因为性骚扰行为虽然通常发生在职场，主要和工作场所联系在一起，但又不限于工作场所。只要是违背他人意愿、通过各种方式与对方进行与两性内容相关的交流或接触，严重影响他人内心安宁或者造成其他严重后果的行为，均应当认定为性骚扰行为。① 对工作场所之外的性骚扰行为而言，仅通过名誉权、身体权规则可能不利于保护受害人的权利。例如，行为人对他人实施性骚扰可能并不会导致受害人社会评价的降低，通过名誉权并不能保护受害人的权利。

性骚扰本质上是一种侵害人格权的行为。客观而言，性骚扰行为可能同时侵害受害人的各种人格权益，如采用身体接触、抚摸他人的器官、诱奸等，这些行为可能构成对他人身体权的侵害。正是基于这一原因，民法典分编草案将禁止性骚扰的规定置于身体权保护规范之中，但应当看到的是，性骚扰行为不仅仅是对身体权的侵犯，其也可能对其他精神性人格权构成损害，对他人人格尊严也可能造成侵犯，例如，采用文字、图像、语言等方式骚扰他人，可能影响他人的私生活安宁，构成对他人隐私权的侵害。从实践来看，大多数性骚扰侵害了受害人的人格尊严，由此可见，该行为不完全是侵犯自然人身体权的行为。

民法典分编草案不仅规定了禁止性骚扰行为，而且规定了对性骚扰的预防义务。为了有效防止性骚扰的发生，民法典分则草案第

---

① 参见王成：《性骚扰行为的司法及私法规制论纲》，载《政治与法律》2007 年第 4 期。

790条第2款规定："用人单位应当在工作场所采取合理的预防、投诉、处置等措施，预防和制止性骚扰行为。"这一义务的设定有助于在最大限度上预防和减少性骚扰行为的发生。同时，投诉和处置机制也对性骚扰的行为形成威慑。

2. 性骚扰的特征

第一，必须是和性有关的行为。性骚扰行为表现的方式多种多样，但通常和性取向有关。行为人在实施性骚扰时可能采取口头的方式（如讲下流话、性挑逗语言等），也可能采用书面形式（如发黄色视频、短信等），还可能采用其他行为举动（如触摸生殖器或者以其他姿态骚扰他人）等。行为人在实施性骚扰行为时，其主观上都是故意的，[①]即行为人主观上明知其在实施性骚扰行为，并且以追求特定损害后果为目的，行为人主观上具有骚扰他人的故意。

第二，必须侵害了他人的人格尊严。性骚扰行为之所以纳入人格权法调整，主要是因为其侵害的客体是人格权益，而非财产权益。因性骚扰行为所造成的损害主要是精神损害，而非财产损失。但性骚扰究竟侵害的是受害人的何种人格权益，对此存在不同看法。一种观点认为，性骚扰侵害了受害人的性自主权。[②] 所谓性自主权，是指个人有权在法律允许的范围内按照自己意愿选择和决定自己性方面事务的权利。另一种观点认为，性骚扰侵害了受害人的隐私权。[③] 或认为，性骚扰侵害了受害人的人格尊严权。[④] 还有学者主张，在不同情形下，性骚扰可能侵害不同的人格权，行为人故意碰撞他人身体敏感部位侵害了受害人的身体权，行为人性骚扰影响他人心理健康则侵害了受害人的健康权，此外，性骚扰在其他情形下还可能侵害他人的贞操权、人格尊严权、人身自由权等权利。[⑤] 笔者认

---

① 参见王成：《性骚扰行为的司法及私法规制论纲》，载《政治与法律》2007年第4期。

② 参见杨立新主编：《中国人格权法立法报告》，知识产权出版社2005年版，第461页。

③ 参见杨立新主编：《中国人格权法立法报告》，知识产权出版社2005年版，第173页。

④ 参见张绍明：《反击性骚扰》，中国检察出版社2003年版，第75页。

⑤ 参见王成：《性骚扰行为的司法及私法规制论纲》，载《政治与法律》2007年第4期。

为,性骚扰行为虽然可能同时侵害他人多项人格权益,但其主要侵害的是受害人的人格尊严。例如,行为人故意碰撞他人身体敏感部位虽然也侵害他人的身体权,但更多的是侵害受害人的人格尊严。也就是说,性骚扰行为必须使特定受害人的尊严受到了冒犯,并因此遭受精神损害,才有必要使行为人承担民事责任。法律规范性骚扰行为的主要目的也在于保护个人的人格尊严。

第三,违背了受害人的意愿。关于性骚扰行为是否是违背受害人意愿的行为,学者存在不同观点,一种观点认为,构成性骚扰,必须是实施了不受欢迎的行为,其可能符合受害人的意愿。某些性骚扰行为可能是"自愿"的,但却是"不受欢迎"的,如受害人迫于压力而屈从于行为人,此时,仍应当将其界定为性骚扰。① 另一种观点认为,性骚扰行为应当是违背受害人意愿的行为,因为"不受欢迎"只是从行为的角度对性骚扰行为所进行的认定,应当从受害人的角度对性骚扰的概念进行认定,即强调性骚扰是违背受害人意愿的行为,同时,受害人迫于压力而"自愿"的行为应当被认定为是违背其意愿的行为。② 笔者赞同后一种观点,即性骚扰行为应当是违背受害人意愿的行为,也正是因为性骚扰违背了受害人的意愿,因此,其可能导致受害人产生愤怒、焦虑等不良情绪。

为减少性骚扰认定标准的模糊性,有的国家立法要求受害人必须明确表示反对行为人的性骚扰行为,否则将难以构成性骚扰。例如,依据以色列《性骚扰防治法》的规定,被骚扰者有义务向行为人表明反对的态度。笔者认为,构成性骚扰虽然要求行为人的行为必须违背受害人的意愿,但不应当以被骚扰者向行为人明确表示反对为构成要件,因为基于工作关系、从属关系而发生的性骚扰,受害人可能难以明确提出反对,甚至受害人难以进行举证,因此,将受害人明确提出反对作为性骚扰的构成要件,可能不利于保护受害人。

第四,具有明确的指向对象。构成性骚扰要求行为人具有侵害他人的故意,如果相关行为没有明确的指向对象,即使该行为会使

---

① 参见张新宝、高燕竹:《性骚扰法律规制的主要问题》,载《法学家》2006 年第 4 期。

② 参见王成:《性骚扰行为的司法及私法规制论纲》,载《政治与法律》2007 年第 4 期。

某个或者某些人感到不悦，也不应当将其认定为性骚扰。例如，在微博上发表涉性方面的黄色言论，可能会使女性看到后自感受辱，但由于该行为没有明确的指向对象，因此，不应当构成性骚扰。当然，在认定相关行为是否有明确的指向对象时，应当结合具体情形加以判断，即便行为人没有明确使用受害人的姓名等个人信息，但如果可以合理推断出相关主体就是该行为的指向对象，仍可以认定其构成性骚扰。

一般而言，性骚扰行为针对的是女性，但从比较法上来看，现在各国立法大多采取性别中立主义，不再限定性骚扰主体的性别。①我国2005年修订的《妇女权益保障法》第40条对性骚扰作出了规定，这也是我国立法中第一次出现“性骚扰”的概念，我国现行立法在规范性骚扰行为时，也是以保护女性受害人为中心的。② 应当看到，性骚扰的受害人大多为女性，但男性也可能成为性骚扰的受害人，而且性骚扰可能发生在异性之间，也可能发生在同性之间。③ 就此，我国2015年修改通过的《刑法修正案（九）》将强制猥亵、侮辱妇女罪变更为强制猥亵、侮辱罪，即侵犯性羞耻心这一法益不再仅仅由女性享有，男性也能成为受害人，这在一定程度上也体现了性骚扰防治方面的发展趋势。

需要探讨的是，性骚扰行为是否必须达到一定的严重程度，才能获得法律的救济？有学者认为，性骚扰应当造成严重的损害后果，才能获得法律救济，④否则可能导致诉讼的泛滥。在判断某一性骚扰行为是否严重时，一些学者主张应当从受害人的感受出发，同时结合性骚扰的方式、持续时间、影响范围等综合予以判断。⑤ 笔者

---

① 参见张新宝、高燕竹：《性骚扰法律规制的主要问题》，载《法学家》2006年第4期。

② 我国现行立法关于性骚扰的规范主要有《妇女权益保障法》第40条、第58条以及《女职工劳动保护特别规定》第11条，其主要保护对象是女性受害人。

③ 参见王成：《性骚扰行为的司法及私法规制论纲》，载《政治与法律》2007年第4期。

④ 参见张新宝、高燕竹：《性骚扰法律规制的主要问题》，载《法学家》2006年第4期。

⑤ 参见王成：《性骚扰行为的司法及私法规制论纲》，载《政治与法律》2007年第4期。

认为,构成性骚扰并不需要必须造成严重的损害后果,因为从实践来看,判断性骚扰行为的损害后果是否严重较为困难,对于长期、持续性的性骚扰行为,并导致受害人严重痛苦的行为,认定损害后果较为严重十分容易,但对大量的性骚扰行为而言,如在公共场所偷摸他人身体敏感部位,或者发送黄色短信等,受害人通常只是心理不愉悦,尚未达到严重痛苦的程度,但仍应当构成性骚扰。同时,在性骚扰没有造成严重损害后果时,受害人虽然无法主张精神损害赔偿,但应当有权主张行为人承担停止侵害、赔礼道歉等责任。因此,认为构成性骚扰必须造成严重的损害后果,将会不当加重受害人的举证负担,也不利于保护性骚扰行为的受害人。

3. 性骚扰的主要形态

(1)职场性骚扰行为

职场性骚扰是指发生在工作场所的性骚扰,即在工作场所中一方对另一方实施的、不受欢迎的、具有性本质的侵犯他人人格权及其他权益达到一定严重程度的行为。[①] 工作场所性骚扰是西方国家法律规范的重点。它是典型的性骚扰行为,禁止性骚扰最初就是针对职场性骚扰行为,保护工作中的受害者。有学者还将职场性骚扰进一步细分为有管理权限的雇员所实施的性骚扰行为与没有管理权限的普通雇员或非雇员所实施的性骚扰行为。[②] 我国现行立法也对职场性骚扰行为进行了规范,例如,《女职工劳动保护特别规定》第 11 条规定:“在劳动场所,用人单位应当预防和制止对女职工的性骚扰。”该条实际上也主要是为了保护职场性骚扰中的受害人。当然,该条规定过于简略,难以为受害人主张权利提供明确的指引,同时,上述规定也没有对用人单位预防和制止性骚扰所应当采取的具体措施、应当承担的具体义务以及违反相关义务所应当承担的法律责任作出规定,这就难以有效防止性骚扰行为的发生。

(2)向他人发送具有性内容或性暗示的文字、语音或视频资料

行为人对他人使用具有性内容或者与性有关的肢体行为、语

---

① 参见张新宝、高燕竹:《性骚扰法律规制的主要问题》,载《法学家》2006 年第 4 期。

② 参见曹艳春、刘秀芬:《职场性骚扰的共同侵权责任形态研究》,载《政治与法律》2010 年第 1 期。

言、文字、图片、声像、电子信息等,也将构成性骚扰,我国司法实践也采纳了此种立场。例如,在“林某某与广东邦达实业有限公司劳动和社会保障行政管理案”中,法院就认为:“林某某利用电脑软件在照片上添加对白文字和主题,该文字和主题以公司女同事为对象,带有明显的与性有关的文字故意对照片中的女同事实施上述行为,且从女同事向公司领导投诉和哭诉的事实能够确认林某某的行为造成行为对象的羞辱和不适,明显违背了女同事的意志,造成女同事精神上的压力,林某某的上述行为已构成性骚扰。”①

(3)利用从属关系进行性骚扰

所谓从属关系,是指基于工作、学习、生活等社会关系而使一方在一定程度上隶属于另一方。例如,上下级关系、师生关系、监护关系等,都可以形成从属关系。行为人在利用从属关系实施性骚扰行为时,通常会以录用、晋升、奖励等利益作为交换,从而诱使受害人提供性方面的回报。② 在具有从属关系的情况下,一方利用从属关系给另一方造成压力,即便受害人没有明确拒绝,但迫于从属关系,其也可能被迫接受。利用从事关系进行性骚扰可能有多种表现形式,例如,以明示或暗示方式对他人施加压力,向他人索取性服务,或者以给予他人工作上的利益或便利为条件,诱使他人提供性方面的回报。在利用从属关系进行性骚扰的情形下,受害人迫于从属关系而没有表示拒绝,也仍应当认定行为人的行为构成性骚扰。

(4)在公共场所实施的性骚扰行为

从实践来看,除职场性骚扰行为外,在公共场所发生的性骚扰行为也是性骚扰行为的重要形态。例如,在公共场所对女性“揩油”“非礼”等,都属于此类情形。当然,与职场性骚扰不同,公共场所的性骚扰行为一般发生在陌生人之间,当事人之间并不存在从属关系,行为人一般通过实施与性相关的肢体动作对受害人进行骚扰。

(5)其他形态的性骚扰行为

除上述形态外,行为人只要是以身体、语言、动作等方式,违背

---

① 广东省高级人民法院民事裁定书,(2015)粤高法民申字第2839号。

② 参见骆东亚:《美国性骚扰概念界定的深层分析》,载《法学论坛》2011年第4期。

他人意愿而对他人实施了以性为取向的行为，不论是发生在何种场所，也不论其是否造成了严重后果，均应当认定构成性骚扰。

（五）禁止有偿代孕

所谓代孕，是指将受孕卵子植入代孕母的子宫，由代孕母替他人完成怀孕生育的过程。[①] 代孕是采用体外授精的方式形成胚胎，并植入代孕母子宫内的行为，代孕只是利用代孕母子宫的生育功能和妊娠功能实施代孕，如果是利用委托丈夫或匿名捐赠者的精子通过人工授精使代孕母受胎孕育，则代孕母是卵子的提供者，应当属于"自孕"而非"代孕"。[②] 代孕有多种方式，在法律上，它可以被理解为身体权的行使。但与其他人格权的行使不同，代孕问题涉及伦理观念，所以，在世界范围内，是否允许代孕，以及在多大范围内允许代孕，都存在不同的规定。[③] 在我国《人口与计划生育法》的立法过程中，曾就此问题进行了讨论，但因为一时难以决定，最终没有做出规定。

代孕分为有偿代孕和无偿代孕。对无偿代孕而言，其并不属于对个人身体的交易，一般不构成对代孕母和婴儿人格尊严的侵害，可以综合考虑公序良俗等因素而予以适当允许。[④] 在我国，据统计，不孕不育率高达15%，因此，我国代孕的现实需要十分迫切，适当允许无偿代孕，有助于解决因各种原因而无法生育的现实问题。在认定无偿代孕协议的效力时，应当考虑公序良俗以及个人人格尊严等因素，综合予以判断，而不宜简单以违反公共利益为由认定其无效。[⑤]

---

① 参见刘士国：《中国胚胎诉讼第一案评析及立法建议》，载《当代法学》2016年第2期。

② 参见刘余香：《论代孕的合理使用与法律调控》，载《时代法学》2011年第3期。

③ 代孕的法律规制模式主要有三种：一是私法自治型，即国家仅制定代孕规则，由当事人约定代孕的具体内容，美国部分州采用此种模式；二是政府管制型，即政府对代孕行为进行管制和监督，代孕行为应当得到政府的许可，英国采用此种模式；三是完全禁止型，即国家禁止各种形式的代孕，德国、法国、日本采用此种模式。以上各种模式及相关判例参见王贵松：《中国代孕规制的模式选择》，载《法制与社会发展》2009年第4期。

④ 参见王贵松：《中国代孕规制的模式选择》，载《法制与社会发展》2009年第4期。

⑤ 参见朱晓峰：《非法代孕与未成年人最大利益原则的实现——全国首例非法代孕监护权纠纷案评释》，载《清华法学》2017年第1期。

笔者认为,代孕虽然是个人利用其身体的一种方式,从某种意义上可以看作身体权的行使方式之一,但身体权的行使应当符合公序良俗,为了保护个人的人格尊严,防止人的客体化,防止个人身体成为交易的对象,也应当在法律上对代孕尤其是有偿代孕作出必要的规范。有观点认为,适当允许代孕是对代孕母身体权的尊重,代孕合同的标的并不是代孕母出租子宫,而是代孕母所提供的孕育子女的身体利益,代孕是代孕母行使身体权的体现,适当允许代孕是对代孕母身体权的尊重。① 笔者不赞成此种观点,因为身体权的行使也应该符合法律和公序良俗,从比较法的经验来看,我国民法原则上应当禁止有偿代孕,因为一方面,有偿代孕实际上是将代孕母的身体作为交易的对象,这也有损其人格尊严。② 有偿代孕行为将代孕者作为"人类生产的工具"或者"孵化器",会侵害代孕母的人格尊严。另一方面,在有偿代孕的情形下,代孕的子女实际上也已经沦为交易的对象,这也不利于保护代孕子女的人格尊严。《法国民法典》第 16 - 7 条规定:"为他人之利益生育或怀孕的任何协定,均无效。"这实际上是否定了代孕协议的效力。我国卫生部 2001 年颁布的《人类辅助生殖技术管理办法》第 3 条规定:"人类辅助生殖技术的应用应当在医疗机构中进行,以医疗为目的,并符合国家计划生育政策、伦理原则和有关法律规定。禁止以任何形式买卖配子、合子、胚胎。医疗机构和医务人员不得实施任何形式的代孕技术。"从我国司法实践来看,有关的判决也禁止有偿代孕行为,对于当事人所订立的有偿代孕协议,法院也认定该协议违反了社会公共利益,从而认定其无效。③ 当然,如果是无偿代孕,是否应当在法律上允许,还应当在法律上进行深入探讨。

---

① 参见刘余香:《论代孕的合理使用与法律调控》,载《时代法学》2011 年第 3 期。

② See Ian Kerridge、Michael Lowe、Cameron Stewart, *Ethics and Law for the Health Professions*, the Federation Press, 2009, p. 415.

③ 参见上海市闵行区人民法院民事判决书,(2015)闵少民初字第 2 号。

第三节 健 康 权

一、健康权的概念和特征

健康权是自然人以其身体的生理机能的完整性和保持持续、稳定、良好的心理状态为内容的权利。[①] 在比较法上,“健康权”(right to health)一词并非典型的民事权利,主要是指国家有义务保障公民享有能达到一定的身体和心理健康的权利。例如,《经济、社会及文化权利国际公约》第12条规定:“一、本公约缔约各国承认人人有权享有能达到的最高的身体和心理健康的标准。二、本公约缔约各国为充分实现这一权利而采取的步骤应包括为达到下列目标所需的步骤:(甲)减低死胎率和婴儿死亡率,和使儿童得到健康的发育;(乙)改善环境卫生和工业卫生的各个方面;(丙)预防、治疗和控制传染病、风土病、职业病以及其他的疾病;(丁)创造保证人人在患病时能得到医疗照顾的条件。”由此可见,健康权在比较法上更多的是一种人权,主要是一种公法上的权利,而不是个人的私权,其主要是设定国家的义务。也就是说,国家有义务为公民提供必要的医疗服务、健康设施以及健康的工作条件、清洁的环境等。[②]

健康权也可以成为私法上的人格权。健康权作为物质性人格权,只能归属于自然人,法人和非法人组织不可能享有健康权。自然人因出生而当然享有健康权。依据我国《民法总则》第16条的规定,“涉及遗产继承、接受赠与等胎儿利益保护的,胎儿视为具有民事权利能力”,因此,胎儿的健康利益也应当受到法律保护,其健康在出生前遭受侵害的,在出生后也应当有权请求行为人承担责任。自然人死亡后,不再属于民事主体,也不再享有健康权。

健康权以健康为其客体,健康首先是一个医学上的概念。《世

---

① 参见王利明主编:《人格权法新论》,吉林人民出版社1994年版,第288页。

② 参见石佳友:《人权与人格权的关系——从人格权的独立成编出发》,载《法学评论》2017年第6期。

界卫生组织宪章》导言指出，健康不仅是免病和残弱，而且是保持身体上、精神上与社会适应方面的完好状态。健康是每个自然人都平等享有的权利，享受可能获得的最高健康标准是每个人的基本权利之一，不因种族、政治取向、宗教信仰、经济及社会条件而有区别，每个自然人都平等地享有健康权，政府、社会有义务为保障公民的健康提供必要的条件和设施。[①] 由于健康是民事主体在正常生活中与他人交往的前提，只有享有健康权，人们才可能从事其他的民事活动。

健康是健康权的客体和内容，因此健康也是一个法律概念。健康作为一种人格利益，其内涵如何界定有两种不同的观点：一是"生理健康说"。此种观点认为，健康系生理之机能，不包括心理之机能，健康是人体生理机能的一种完善状况。[②] 此种观点认为，作为健康权的客体，只限于身体上的健康，对精神上的健康只能通过精神损害赔偿的方法进行保护，而不能通过健康权的方法予以保护。[③] 二是"生理心理健康说"。此种观点认为，健康是指身体的生理机能的正常运转以及心理的良好状态，包括生理健康和心理健康。[④] 健康概念的外延通常是十分宽泛的。例如，世界卫生组织将人体健康分为四个方面，即生理健康、心理健康、社会适应性、道德健康。上述两种观点都有一定的道理，我国《民法总则》第 110 条第 1 款在具体列举自然人所享有的各项人格权时，只是使用了"健康权"这一表述，并没有明确其内涵。

在此有必要区分医学上的健康概念与法学上的健康概念，这是两个有着密切联系但又应加以区别的概念。法学上的健康概念的确受到医学上健康概念的影响，但医学上健康概念的内涵远远超出了法学上健康概念的内涵。医学上之所以将心理健康甚至道德因素都引入健康的概念之中，是为了提出更高的标准，从而为充分保护人的权利提供依据；而法学上所说的健康权首先必须纳入公民权

---

① 《世界卫生组织组织法》于 1948 年 4 月 7 日生效，经 1959 年世界卫生组织大会修订。

② 参见张俊浩主编：《民法学原理》，中国政法大学出版社 1997 年版，第 144 页。

③ 参见杨立新：《人身权法论》，人民法院出版社 2002 年版，第 425 页。

④ 参见王利明主编：《人格权法新论》，吉林人民出版社 1994 年版，第 303 页。

利的逻辑体系，它通常是与需要法律救济的人格利益联系在一起的。一些医学上认为轻微的健康损害，可能无法获得法律上的救济，从而不能视为法律上的健康利益。如果在法律上完全采纳医学上健康的概念，就会使健康概念的内涵过于宽泛，在实践中有可能发生滥诉。当然这并不意味着法学上健康概念就要完全排斥心理健康的内涵。笔者认为，健康的内涵同时包括生理健康和心理健康，健康权的客体也应当包括生理健康和心理健康，主要理由如下。

第一，从侵权保护的对象来看，如果不承认健康权的内容包括心理健康，则将使精神损害赔偿制度部分失去其保护对象，权利人将无法以健康权受到损害为由提出精神损害赔偿。例如，在因被恐吓造成忧郁、焦虑等精神痛苦的情况下，受害人确实发生了精神损害，其理应有权提出精神损害赔偿。[①] 当然，在心理健康遭受侵害的情形下，受害人主张精神损害赔偿时也应当符合精神损害赔偿责任的构成要件，并非所有的精神损害都能获得法律救济。

第二，生理健康受到侵害往往伴随着生理机能的破坏，还会发生身体疼痛、精神痛苦等心理健康状态的破坏，甚至可能导致心理疾病。[②] 史尚宽先生认为，出卖腐肉或使用毒药以害人健康，因名誉毁损或恐吓而引起的精神衰弱，也属于侵害他人健康权。[③] 可见，在一些情形下，可能难以将生理健康和心理健康的概念截然分开。尤其是在现代社会，随着社会的发展和医疗科技的进步，人们的健康获得了更好的保障，但与此同时，环境污染和生态恶化带来的副作用也直接威胁着人们的健康，人们在享有现代化所带来的文明成果的同时，也要看到其对健康的威胁日益加剧，人类的心理健康越来越成为一个重要的社会问题，这就需要对健康的标准提出新的要求。

第三，如果将心理健康排除在健康权的客体之外，将难以对心

---

① 参见尹飞：《人身损害赔偿概述》，载王利明主编：《人身损害赔偿疑难问题：最高人民法院人身损害赔偿司法解释之评论与展望》，中国社会科学出版社 2004 年版，第 10 页。

② 参见尹飞：《人身损害赔偿概述》，载王利明主编：《人身损害赔偿疑难问题：最高人民法院人身损害赔偿司法解释之评论与展望》，中国社会科学出版社 2004 年版，第 10 页。

③ 参见史尚宽：《债法总论》，中国政法大学出版社 1998 年版，第 143 页。

理健康的损害进行有效补救。例如，严重的噪声侵害导致精神失常，虽然没有损害身体和生命健康，但可能影响心理健康；再如，恶劣的工作条件持续达到一定的程度，将可能严重影响个人的生产和生活，损害人们的心理健康，此种损害丝毫不亚于生理健康的损害。对这些损害不予补救，则不能有效保护个人基本的生存条件。[①]

二、健康权是一项独立的人格权

健康权与生命权、身体权具有密切的联系，健康受到侵害，生命必将受到威胁。但健康权不同于生命权：一方面，生命权不仅是自然人的人格权，而且是自然人作为主体存在的基础，自然人因有生命的存在而有权利能力，生命丧失，则自然人的主体资格也将不复存在；而健康权虽然对维护个人的主体资格具有重要意义，但其并非自然人主体资格存续的前提，在健康权遭受侵害的情形下，通过一定的医疗手段可以使个人恢复健康，因此，与生命权的不可恢复性不同，健康权具有一定的可恢复性。[②] 另一方面，在侵害生命权的情形下，直接受害人无法主张权利，只能由因受害人死亡而遭受损害的间接受害人主张权利；而在健康权遭受侵害的情形下，受害人的主体资格并不受影响，其有权直接请求行为人承担侵权责任。此外，生命权遭受侵害，对直接受害人而言不存在精神损害的问题，通常为财产损害；而在健康权遭受侵害的情形下，受害人可能同时遭受财产损害和精神损害，受害人可以同时请求赔偿。

健康权与身体权都属于物质性人格权，侵害身体权往往也会发生侵害健康权的后果，在比较法上，也有学者将健康权归入身体权的范畴。例如，德国学者优博特（Joubert）将身体区分为四个部分，即身体本身、健康（包括身体健康和心理健康）、身体活动自由以及主观感觉。[③] 个人心理上的损伤也会给个人的生理上的健康带来一

---

① 参见尹飞：《人身损害赔偿概述》，载王利明主编：《人身损害赔偿疑难问题：最高人民法院人身损害赔偿司法解释之评论与展望》，中国社会科学出版社 2004 年版，第 10 页。

② 参见刘士国主编：《中华人民共和国人格权法律条文建议附理由》，中国法制出版社 2017 年版，第 43 页。

③ W. A. Joubert，Grondslae van die persoonlikbeidsreg（1953）S. 131.

定的影响。[1] 但健康权与身体权毕竟是两种不同的人格权，二者的区别主要表现在：一方面，二者的权利客体不同。健康权的客体是身体各器官组织良好运行的状态，体现的利益是个人肌体功能的完善性，目的在于保护个人生理、心理等机能的正常运转；而身体权的客体是身体器官和组织构造本身的完整性和身体器官的安全，体现的是个人身体组织、结构的完整性。[2] 另一方面，损害后果不同。"身体伤害指的是人的外在表现形态的破坏，典型的就是伤口。而健康损害则是指导致了身体内部机能的障碍或精神上的损害。"[3] 因此，侵害身体权并不当然侵害健康权，如打他人耳光，如果没有实质性地损害他人健康，则只是侵害身体权，而不构成对健康权的侵害。此外，身体权的保护在实践中可能涉及器官移植、器官捐献、代孕等问题，与现代生物学技术与伦理等关系密切。而健康权虽然也与现代医学发展关系密切，但其通常并不涉及上述复杂的伦理问题。

健康权与精神损害赔偿制度的功能是有区别的，健康权遭受侵害与精神损害也是不同的，在逻辑上应当区分作为侵害对象的"心理健康"和作为损害结果的"精神损害"。心理健康的损害是一种持续性的损害，其精神疾病的损失具有长期性和不确定性，在未来有恶化和损害扩大的可能。因此，对心理健康损害的赔偿主要应当采取支付治疗费用的方式，如果治疗期间持续较长，可以采取分期支付的方式强化对受害人的保护。而精神损害赔偿只是针对受害人的肉体疼痛、精神痛苦以及沮丧、愤怒、羞耻等消极的心理情绪所作出的补救，且大多是一次性的补偿。还要看到，精神痛苦只是一种消极性的情绪，而不构成持续性的病态，如人格权受到侵害可能在心理上产生短暂的痛苦、愤怒等情绪，但未必会成为一种心理疾病。所以，笔者认为，不能以精神损害赔偿制度代替对心理健康的规定。

健康权和生命权、身体权一样都是个人享有的基本民事权

---

① Boswell v. Miniser of Police 1978 3 SA 268.

② 参见杨立新：《论公民的身体权及其民法保护》，载《法律科学》1994 年第 6 期。

③ ［德］克雷斯蒂安·冯·巴尔：《欧洲比较侵权行为法》（下卷），焦美华译，法律出版社 2001 年版，第 80 页。

利,是个人正常从事生产、生活的基本条件。自然人的健康权一旦受到侵害,不仅会影响其正常生活,而且还会进一步危及其生命。可以说,自然人的健康权也是自然人有效行使其他权利的基础。《民法总则》第110条从正面对健康权作出规定,在对健康权进行确权的同时,也为民法典人格权编对健康权的保护作出细化规定提供了依据。

三、健康权的主要问题

(一)允许他人侵害自身健康权的免责条款的效力

健康利益通常难以进行积极利用,健康权在性质上属于物质性人格权,不应成为商业化利用的对象。健康的保有和维护是公民有效从事工作和社会活动的前提,但公民的劳动并不是对健康权本身的利用。就民法内部而言,几乎各个具体法律领域都会涉及对健康权的保护。例如,《合同法》第53条就明确规定造成对方人身伤害的免责条款无效,其目的就在于保护个人的健康权;又如,《合同法》第233条出于对承租人生命健康权保护的目的,也规定:"租赁物危及承租人的安全或者健康的,即使承租人订立合同时明知该租赁物质量不合格,承租人仍然可以随时解除合同。"需要指出的是,在一些特殊情形下,应当对该规则设置一些例外情形,允许当事人通过免责条款免除造成其人身伤害的责任。例如,在体育竞技、医学试验等情形下,一概禁止当事人设置相应的免责条款,将使相关的活动无法开展。

从实践来看,当事人有时会基于各种考虑而签订允许他人侵害健康权的免责条款。例如,在"张连起、张国莉诉张学珍损害赔偿纠纷案"中,当事人约定"工伤概不负责",最高人民法院在批复中指出,该约定"既不符合宪法和有关法律的规定,也严重违反了社会主义公德,应属于无效的民事行为"。[①] 考虑到健康权保护的意义,以及弱者权利保护的意义,当事人以格式条款或者个别商定的方式签订此类免责条款,原则上应当否认其效力,因为健康权的保护可以理解为是公共秩序的重要内容,此类免责条款可以认定为违反了公

---

① 张连起、张国莉诉张学珍损害赔偿纠纷案判决书,法宝司证码CLI. C. 66651。

序良俗原则。

（二）有关单位和个人的作为义务

《民法总则》第 110 条从正面对健康权作出规定，这也要求相关主体负有保护个人健康权的义务。例如，确立劳动者的健康权，企业就需要通过改善工作环境等方式相应保护劳动者的健康权。一方面，在发生损害健康权的危险的情况下，权利人可以主张消除危险，采取各种合法手段预防各种损害的发生。[①] 例如，在恶劣的工作环境严重危害劳动者的健康的情况下，工人有权要求消除危险。另一方面，如果权利人已经面临实际的健康危险，权利人可以采取正当防卫或紧急避险维护自己的健康。如果其健康已经遭受实际的损害，权利人可以主张排除妨害、停止侵害，构成侵权行为的，还可以主张财产损害赔偿和精神损害赔偿等侵权责任。此外，民法典分编草案为强化对生命权、健康权的保护，于第 786 条规定："自然人的生命权、身体权、健康权受到侵害或者处于其他危难情形的，负有法定救助义务的机构和人员应当依法及时施救。"该条实际上是确立了有关机构和个人保护个人生命权、身体权、健康权的义务。也就是说，健康权作为一项绝对权，不仅其他主体负有消极地不得侵害的义务外，在特殊情形下，有关机构和个人还负有积极作为义务，以保护个人的健康权。

（三）患者知情同意权

所谓患者知情权，是指患者在诊疗过程中所享有的知悉其病情、医疗机构将对其采取的医疗措施及其后果的权利。所谓患者同意权，是指临床上具备独立判断能力的患者，或者在其丧失独立判断能力时由其近亲属代为行使的、对医疗人员制订的诊疗计划是否同意的一种权利。我国《侵权责任法》第 55 条规定："医务人员在诊疗活动中应当向患者说明病情和医疗措施。需要实施手术、特殊检查、特殊治疗的，医务人员应当及时向患者说明医疗风险、替代医疗方案等情况，并取得其书面同意；不宜向患者说明的，应当向患者的近亲属说明，并取得其书面同意。医务人员未尽到前款义务，造

---

① 参见徐国栋主编：《绿色民法典草案》，社会科学文献出版社 2003 年版，第 84 页。

成患者损害的,医疗机构应当承担赔偿责任。"《侵权责任法》之所以强调患者的知情权和同意权,归根结底是出于现代法律对人作为民事主体的自主权的尊重,是对自然人自主决定权的尊重。[①] 在我国,确立患者的知情同意权还有利于缓和医患关系,化解医患矛盾,有利于社会主义和谐社会的构建。

如前所述,患者知情同意权本质上属于患者的自主决定权,是指患者对于造成自身损害的医疗行为有自主决定的权利。正是基于这一原因,一些国家将患者知情同意权纳入了人格权的范畴。例如,在德国法中,患者的自主决定权被认为是一般人格权的内容;而在美国法上,其被认为是隐私权所包含的基本权利。[②] 许多国家通过判例也承认了患者的自主决定权,这在一定程度上是为了保护患者作为人的基本人格尊严。笔者认为,患者的知情同意权应当属于人格权的范畴,具体而言,其应当属于人格尊严和人身自由的内容。该项权利在行使过程中,又与生命健康权、身体权有密切的联系。因而,我国未来人格权立法应当对此加以规定。

为了保障患者知情同意权,医务人员在诊疗活动中应当向患者说明病情和医疗措施,需要实施手术、特殊检查、特殊治疗的,医务人员应当及时向患者说明医疗风险、替代医疗方案等情况,并取得其书面同意;不宜向患者说明的,应当向患者的近亲属说明,并取得其书面同意。在医疗机构及其医务人员行使告知义务之后,只有符合相应条件的患者才能行使同意权,且只有按照法定方式行使的同意权才具有法律效力。

第一,同意能力。患者行使其同意权,应当具有同意能力。所谓同意能力,是指患者同意医疗机构对其实施手术等特殊治疗的能力。[③] 患者的同意能力包括两个方面:一方面,在通常情况下,患者应当具有行为能力。患者本人必须具有完全民事行为能力。完全民事行为能力表明患者能够自主从事民事法律行为并自负其果。另一方面,即使是具有完全民事行为能力的人,如其神志不清,成年

---

① 参见赵西巨:《医事法研究》,法律出版社 2008 年版,第 62 页。
② 参见赵西巨:《医事法研究》,法律出版社 2008 年版,第 62 页。
③ 参见黄丁全:《医事法》,中国政法大学出版社 2003 年版,第 270 页。

患者因疾病而处于昏迷状态的，也不具有同意能力。如果患者不具有完全民事行为能力，则应当由其法定代理人作出同意的意思表示。若本人为未成年人、丧失行为能力人或者处于昏迷状态的，则必须得到其父母、监护人或近亲属的同意。

第二，同意的前提。患者行使同意权以医疗机构尽到说明义务为前提。因为患者要行使同意权，医疗机构首先要履行必要的说明义务，才能使其作出正确的判断，从而实现患者的自主决定。患者在知晓医生提供其医疗决定所必需的足够信息的基础上，才能自愿作出同意。[①] 同意和知情是密不可分的，如果不知情而作出的同意，实际上不是真正的同意。[②] 依据《侵权责任法》第 55 条第 2 款的规定，如果医疗机构违反了该条第 1 款的规定，就视为医务人员具有过错。

第三，同意的内容。患者同意的内容应当是针对医疗机构要采取的特殊治疗方案，包括医疗机构对患者的身体组织进行切开、切除、隔开、更换等具有一定伤害性的行为，对于这种行为，患者的同意构成医疗机构的免责事由。但患者的同意只表明医务人员有权对其身体实施医疗合同约定的诊疗行为，并不代表医务人员可以实施超出合同约定范围的其他伤害行为，也不意味着可以免除医疗机构在诊疗过程中的过错责任。一旦医务人员对患者实施的诊疗行为超出了合同的约定，或者诊疗过程中存在过错行为，并造成患者损害，医疗机构仍然不能被免除责任。

患者应当以书面形式作出明确的意思表示，且应当针对医务人员告知的内容作出，即针对医务人员告知的、将对患者本人采取的医疗措施、特殊检查等事项而作出。另外，患者同意不仅包括其愿意接受特殊的治疗行为（包括手术、特殊检查、特殊治疗），而且包括愿意接受特殊治疗行为的风险。

第四，同意的方式。患者同意权的行使应当采取要式的方式。依据《侵权责任法》第 55 条的规定，患者必须作出书面同意。法律之所以如此规定，是考虑到同意权不论是对患者还是对医院来说，

---

① 参见何志：《侵权责任判解研究与适用》，人民法院出版社 2009 年版，第 491 页。

② 参见李大平：《患者知情同意权》，载中国民商法律网，最后访问日期：2010 年 2 月 28 日。

关系都非常重大。对患者来说,同意治疗的行为可能会严重伤害自己的身体,尤其是在手术具有较大风险的情况下,是否同意治疗对患者的意义更为重大。在患者签订书面同意书之后,该书面同意就是医务人员依法履行告知义务的主要证据。[①] 此外,同意必须以明示的方式作出,否则应当视为患者未作出同意。

根据《侵权责任法》第 55 条的规定,医务人员未尽到说明义务而造成患者损害的,医疗机构应当承担赔偿责任。

第四节　人身自由权

一、人身自由权的概念和特征

人身自由权是指自然人的人身免受非法限制、强制、拘禁、拘束、干涉或妨碍等限制的权利,是自然人依法对其人身自由的利益所享有的排除他人侵犯的民事权利,其以一定的人身活动自由为客体。虽然我国现行民事立法一直没有承认人身自由为一项具体的人格权,《民法总则》第 109 条也仅是将人身自由确认为一般人格权的内容,但司法实践事实上已经承认人身自由权作为具体人格权得以存在。最高人民法院《精神损害赔偿司法解释》第 1 条明确规定了自然人享有人身自由权,弥补了我国民事立法关于人身自由权保护的立法空白。我国司法实践中也已经有不少案例涉及人身自由权的保护,分别涉及非法拘禁、非法限制他人人身自由、对他人非法强制采取医疗措施、为实现债权而非法限制债务人的活动自由等。[②] 正是在总结司法实践经验的基础上,民法典分编草案第 791 条规定:“自然人的人身自由不受侵犯。任何组织或者个人以非法拘禁等方式剥夺、限制他人的行动自由,或者非法搜查他人身体的,受害人可以依法请求行为人承担民事责任。”由此可见,我国未来民法典

---

① 参见林文学:《〈侵权责任法〉医疗损害责任规定若干问题探析》,载《法律适用》2010 年第 7 期。

② 参见重庆市第二中级人民法院(2012)渝二中法民再终字第 2 号民事判决书。

倾向于承认人身自由为一项具体人格权，笔者赞成人身自由权应为法定具体人格权这一立场，且该具体人格权具有如下特征。

第一，主体的特定性。人身自由是在法定范围内不受外来因素控制和拘束的状态，和自然人的身体密切联系在一起，其主要是身体活动的自由，以及不受非法限制的权利，法人和非法人组织并不存在身体活动的问题，因此人身自由权是自然人所享有的一项权利。

第二，内容的确定性。人身自由是一个内涵极为复杂和宽泛的概念，广义的人身自由包括思想自由、创作自由、行动自由、居住自由、职业自由、遗嘱自由、经营自由等在内。[①] 但人身自由权作为一种人格权，不能采用广义的概念，其具有特定的内涵，即仅限于人身不受非法逮捕、拘禁，人身自由不受非法限制，身体不受非法搜查的权利。人身自由权是支配身体、行动的自由权，与通信自由、婚姻自由等具体自由权为同一层次的权利，属于具体人格权。“就人格权为每一个人都享有这一点而言（某些人格权甚至可为法人享有），它近似于自由。但与自由不同，人格权构成了一个排他的并被加强了的保护区域。”[②]从内容上看，人身自由权包括自然人享有人身自由的利益，意味着权利人在法定的范围内行为不受他人干涉，其有权在法定的范围内自由地从事与其职业、生活相适应的行为。若无法律的限制性规定，任何人的行为自由不应受非法的限制，任何单位和个人都无权非法关押、拘禁他人，非法限制和剥夺个人的身体自由将构成侵权，甚至构成犯罪。[③] 非依法律，不得对个人进行逮捕、拘禁、搜查、审问或处罚，或采取各种方式限制他人的人身自由。例如，将某人拘禁于狗笼使其无法行动、将顾客锁在商场内强迫购物、将某人锁在房间禁止其出逃。身体行动自由的剥夺，以无合理的方法可以离去为要件，如房门被锁，但可由窗户逃出时，尚不构成侵害自由。[④] 当个人的自由受到侵害时，权利人有权排除妨碍、请求司法

---

① 参见徐国栋主编：《绿色民法典草案》，社会科学文献出版社 2004 年版，第 87 页。

② ［法］雅克·盖斯旦：《法国民法总论》，谢汉琪等译，法律出版社 2004 年版，第 172 页。

③ 参见杨立新：《人身权法论》，人民法院出版社 2002 年版，第 645 页。

④ 参见王泽鉴：《侵权行为法》（第 1 册），中国政法大学出版社 2001 年版，第 118 页。

机关提供救济，当其人身自由受到侵害造成损害时，有权要求损害赔偿。

第三，固有性。人身自由权的固有性表现在：一方面，它与人格不可分离。尽管人身自由权不是物质性人格权，而是一种精神性人格权，是人格自由的体现，但它又和主体的人格天然地联系在一起，是维护主体人格必备的前提。如果人身自由可以被随意侵害，则个人与奴隶一样，根本不可能作为独立的民事主体自由地从事民事活动。人身自由权确立了自然人的基本法律地位。正如有学者所指出的，自由权“代表了一个人最基本的人格、身份和社会地位，保证他免受奴役和压迫，这是一个人即使处在最坏的环境中也要首先争取的利益”。① 另一方面，人身自由权具有与生俱来的特点，它是自然人基于出生而当然取得的权利。除非受到法律的限制，个人可以根据自己的意愿决定其身体的行动自由。此种权利与物权、债权等财产权不同，后者是个人通过一定的法律事实事后取得的权利，而人身自由权是个人基于出生而当然获得的权利。还要看到，人身自由权具有强烈的专属性，其享有和行使的主体都限于特定的自然人，权利人无法转让其人身自由权。

第四，有限的支配性。人身自由权在性质上属于支配权，但个人对其人身自由的支配是一种有限的支配权，个人不能随意处置自己的人身自由。现代社会已经完全废除了奴隶制度，所有自然人都享有法律规定的自由。人身自由是现代社会受法律保护的重要价值，是人在社会中生存的第一要件，缺少人身自由将使人无法在社会中生存。所以，自由利益不得抛弃。任何抛弃自由的行为（如卖身为奴）都是无效的。

第五，权利限制的法定性。任何自由都是相对的，而不是绝对的、不受限制的，因此，法律可以对个人的人身自由进行合理的限制。为了维护公共秩序和安全，国家可以依法对个人采取限制人身自由的措施。但是，人身自由权是一项基本的人权，对人身自由的限制必须有法律上的依据，当事人之间不能通过约定限制他人的自

① 江立成、赵敦华：《当代美国的社会正义理论刍议》，载《天津社会科学》1995年第6期。

由。对人身自由限制必须具有明确的法律规范依据,其目的即在于保障个人的人身自由。

二、人身自由权的内容

人身自由权主要是指个人的身体活动自由,即个人支配自己身体和行动的自由权。具体而言,人身自由权的内容主要包括如下两个方面。

(一)不受非法逮捕和拘禁的权利

在我国现行法上,民事主体所享有的人身自由权的权源基础,基于《宪法》第37条第3款确立的人身自由权,该条规定:"禁止非法拘禁和以其他方法非法剥夺或者限制公民的人身自由,禁止非法搜查公民的身体。"在宪法层面上,公民的人身自由权作为一项基本权利,核心要义在于防止公权机关未经正当程序剥夺或限制公民的人身自由。在将此项宪法权利转化为具体的民事权利时,此项立法意旨当属题中之义,公权力机关未经法定程序不得对自然人采取逮捕、拘禁或其他变相手段,限制其人身自由。

维护人身自由就是保障人身安全,而只有有效保护个人的人身安全,人们才会有投资的信心、置产的愿望和创业的动力。人身安全如果得不到保障,则即使个人有万贯家财,也可能在一夜之间化为乌有。维护个人的自由,使每个人生活在安全的环境中,享受安宁的生活,免于一切非法的强制和恐惧,对未来具有合理的预期,这也是人民群众美好幸福生活的重要内容。

(二)行为自由不受非法限制和剥夺的权利

自然人依法享有行为自由,即自然人享有在法律允许的前提下根据自己的愿望自由支配自己外在身体行动的权利。从民法学基础理论层面而言,作为绝对权的人身自由权,权利人之外的一切人都对其享有容忍不作为的义务,这与宪法上的人身自由权具有本质区别。换言之,民法上人身自由权的义务人范围除了国家公权机关以外,还包括其他私法主体。据此,侵害身体自由的行为可以分为两类,一是国家机关违反法律或者行政法规限制或剥夺自然人的行动自由,二是国家机关以外的其他组织或个人非法限制他人的行动自由。[1] 除有法定的违法阻却事由外，任何民事主体均不得以任何方式对自然人的人身自由进行限制和剥夺。自然人享有行动自由，有权依法支配自己的身体活动，当然，人身自由权的行使不得违反法律、行政法规，也不得违反公序良俗。

在医疗活动中，医务人员在诊疗活动中应当向患者说明病情和医疗措施，不得擅自对患者采取限制人身自由的措施。[2] 需要实施手术、特殊检查、特殊治疗的，医务人员应当及时向患者说明医疗风险、替代医疗方案等情况，并取得其书面同意；不宜向患者说明的，应当向患者的近亲属说明，并取得其书面同意。当然，患者生命确有危险而无法及时取得上述书面同意的，主治医师应当提出医疗处置方案，在取得医疗机构负责人或者被授权负责人员的批准后实施。对严重精神障碍患者依法实施住院治疗的，应当经其监护人同意，但该精神障碍患者已经实施危害他人安全的行为或者有危害他人安全的危险的除外。

三、侵害人身自由权的责任

在侵害人身自由权的情况下，如果行为处于持续状态，受害人有权请求停止侵害。在侵害行为结束以后，受害人有权请求损害赔偿。此处所说的损害赔偿，包括财产损害赔偿和精神损害赔偿。

就财产损害赔偿来说，责任人要赔偿因侵权行为而导致的财产损失，如收入丧失等。如果同时伴随着身体和健康侵害，还可以请求医疗费、护理费等的赔偿。此外，侵害人身自由权，通常会产生精神损害。《精神损害赔偿司法解释》第 1 条第 1 款规定："自然人因下列人格权利遭受非法侵害，向人民法院起诉请求赔偿精神损害的，人民法院应当依法予以受理：……（三）人格尊严权、人身自由权。"可见，受害人也可以以人身自由权受到侵害为由，主张精神损害赔偿。人身自由权的侵害往往是因公权力的违法行使造成的，所以，它常常成为国家赔偿法的规范对象。

---

① 参见冉克平：《论人格权法中的人身自由权》，载《法学》2012 年第 3 期。

② 例如，《巴西新民法典》第 13 条规定："除非为了医疗需要，处置自己身体的行为造成身体完整性永久受损或与善良风俗相违背的，禁止之。"第 15 条规定："不能强迫任何人接受有生命危险的医学治疗或外科手术。"

第十三章　姓　名　权

第一节　姓名权的概念和特征

一、姓名权的概念和特征

姓名权(Namensrecht,the right of name)是自然人决定其姓名、使用其姓名、变更其姓名,并要求他人尊重自己姓名的一种权利。简言之,姓名权是自然人对其姓名在法律上所享有的权利。姓名包括姓氏和名字,是自然人在社会中区别于他人的标志和代号。正如歌德所言:"姓名就如人之皮肤般密切。"①姓名的基本功能是为了防止个人身份的混淆,表彰个人的人格特征。

严格地说,姓和名是有区别的。姓最初代表了血缘和家族的归属,通常由一群人共用。姓字由"女"与"生"组合而成,许慎《说文解字》解释道:"姓,人所生也。古之神圣母,感天而生子,故称天子,从女,从生,生亦声。"在现代社会,姓仍然是特定群体在社会中的标志。名,则是个人的代表符号,或者说是一种个人的标志。②《说文解字》称:

---

① [德]歌德:《歌德自传——诗与真实》,赵震译,台北志文出版社 1997 年版,第 203 ~ 204 页。

② 参见何晓明:《姓名与中国文化》,人民出版社 2001 年版,第 9 页。

"名,自命也,从口夕,夕者冥也,冥不相见,故以口自名。"其意为因天黑而看不清楚对方,需要用口报名,使对方知道。[①] 姓和名的组合,表明了个人对社会团体或血缘家族或某一类人的归属,也表明了从个体到群体的关系。社会成员因为有了姓氏,故在群体符号和类符号的系统中,便具有了特定位置,产生符号意义上的归属与认同。而姓的拥有者毕竟要落实到个人,人们彼此之间也要通过符号来区分地位、身份和义务,这就需要通过姓名来实现某一个人与他人的区别。[②] 所以,每个自然人都有姓名,姓是一个血缘遗传关系的记号,名是"为使有个性之个体易于记忆之符号也"。[③] 姓名是人的生理属性、社会属性的代号和标志,是每一个人用以表现自己的人格特征、并区别于他人的符号,也是权利义务主体的标识,是标志权利义务主体的符号,因而,姓名也成为个人人格的独特标志。人作为社会中的人,需要与他人发生各种联系,并使自己与其他人区别开来,就有必要使用姓名。[④] 因此,姓名不仅与个人人格有特殊的联系,而且姓名本身也体现了人格利益。

姓名权具有如下法律特征。

1. 主体是自然人。姓名权的主体仅限于自然人,法人及非法人组织虽然也有名称,但它们并未因此而成为姓名权的主体。当自然人将其姓名作为法人的名称使用时,姓名已经转化为名称,受到名称权的保护。例如,在法国 1985 年著名的 Bordas 案判决中,最高法院就曾认定,一个人的姓名,如果成为一个实体组织的名称,该姓名"就脱离了其原来指称的那个自然人,而适用于那个被冠名的法人,并因此而变成了一项无形财产"。[⑤] 在我国,合伙、独资等类型的企业也常常将个人的姓名作为其名称,在此情况下,个人的姓名也可以受到名称权的保护。

自然人生前应对其姓名享有权利,自不待言。自然人死亡后,是否还享有姓名权,值得探讨。在审判实践中,对于假冒已故画家

---

① 参见陈伟雄:《姓名工具书》,江西教育出版社 2010 年版,第 20 页。

② 参见纳日碧力戈:《姓名论》,社会科学文献出版社 2002 年版,第 24 ~ 25 页。

③ 龙显铭:《私法上人格权之保护》,中华书局 1948 年版,第 87 页。

④ 参见董炳和:《死者姓名的民法保护》,载《法学》1997 年第 12 期。

⑤ Cass. com. ,12 mars 1985,Bull. civ. Ⅳ,n°95.

之名作画、擅自以已故名人的姓名做广告等行为是否应作为侵害死者的姓名权处理，存在不同做法。笔者认为，虽然姓名权具有极强的专属性，但自然人死亡之后，其姓名及与姓名联系在一起的利益并不会马上消失，死者虽不可以由自己行使姓名权，但其死后，其姓名可能被他人非法使用，尤其对名人而言，利用其姓名可以获取一定的经济利益。① 因此，有必要对死者的姓名利益进行保护。

2. 客体是姓名。姓名作为自然人表彰自己、区别他人的符号，必须以文字形式表现出来，不能仅仅是一个符号。在我国，除某些少数民族的人名比较特殊以外，汉族和多数少数民族的姓名主要有四种形式，即单姓单名（如李白、杜甫）、单姓双名（如曹雪芹、白居易）、复姓单名（如司马迁、诸葛亮）、复姓双名（如司马相如、上官云珠）。②

3. 属于标表性的人格权。姓名权既可以单独标表个人人格特征，也可以与肖像权等权利相结合以实现标表的功能。正因为姓名权是一种标表性的人格权，所以权利人既可以自己使用，也可以许可他人使用。例如，“杂交水稻之父”袁隆平有权允许“袁隆平农业高科技股份有限公司”有偿使用其姓名权，并从中获取一定的经济利益。③ 同时，姓名权的标表性权利性质也决定了姓名权的内容应包括决定、使用和改变姓名的权利。

4. 包含了精神利益和财产利益。姓名权虽然为精神性人格权，但姓名权中并不仅仅包含精神利益，随着姓名权商业化利用实践的开展，姓名权中的经济价值日益凸显。姓名作为人格个性的表达，体现了权利人的精神利益，但同时，姓名尤其是名人的姓名和一定的声誉、名望等联系在一起，对商业和服务的销售或者提供有一定的促进作用，因而具有一定的经济价值。非法利用他人姓名，可能获得一定的不当利益。因此，姓名权中同时包含精神利益和经济价值。

---

① 参见董炳和：《死者姓名的民法保护》，载《法学》1997 年第 12 期。

② 参见何晓明：《姓名与中国文化》，人民出版社 2001 年版，第 9 页。

③ 参见韩命军等：《“杂交水稻之父”缘何“卖名”》，载《北京晚报》2000 年 9 月 3 日，第 3 版。

二、姓名的取得

(一)姓名的命名必须符合法律和公序良俗

虽然每个人都有姓名,但并非生而具有,而必须由其监护人为其命名,从而依法取得姓名权。从比较法上看,各国在姓名的命名方面都有一定的规范。例如,《意大利民法典》第 6 条第 3 款规定:"更改或者添删姓名时,必须依法定程序进行。"美国学者惠特曼(Whitman)曾经认为,整个欧洲的隐私概念都是奠基于人格尊严之上的,基于这个原因在欧洲一些国家对于姓名的命名也具有一定的管理职责,认为政府有权限制自然人的命名权。对自然人的命名必须符合公序良俗。[①] 在我国,自然人出生后,取得正式姓名应依法办理有关手续。根据我国《户口登记条例》第 7 条,婴儿出生后一个月内,由户主、亲属、抚养人或者邻居向婴儿常住地户口登记机关申报出生登记,并将其姓名记入户籍登记簿。弃婴应由收养人或者育婴机关向户口登记机关申报出生登记。自然人的姓名一经登记,就成为自然人的正式姓名,受到法律的保护。

依据我国有关法律规定,自然人在姓名选取过程中,其用字也必须符合法律的规定。《居民身份证法》第 4 条第 1 款规定:"居民身份证使用规范汉字和符合国家标准的数字符号填写。"那么,拼音字母能否成为姓名的组成部分呢?对此,在"原告赵 C 不服被告月湖公安分局公安行政登记案"之中,法院就曾认为"原告赵 C 的姓名是符合法律规定的。原告赵 C 使用该姓名 22 年,在使用过程中未给国家、社会及他人造成不利"。[②] 该案最终在二审阶段双方达成和解协议,赵 C 同意改名。因此,自然人在决定自己姓名时,必须符合《居民身份证法》及《国家通用语言文字法》规定的精神,字母不宜作为姓名的组成部分。

依据相关法律和立法解释,个人在选取姓名时,原则上应当随父姓或者母姓。法律之所作出此种规定,是因为姓名本身具有一种

---

① James Q. Whitman, The Two Western Cultrules of Privacy: Dignity Versus Liberty, Yale Law Journal, April, 2004.

② 江西省鹰潭市月湖区人民法院(2008)月行初字第 001 号行政判决书。

身份定位功能,其不仅是个人的人格标志,而且具有一定的伦理因素。“姓”和“名”不同,“姓”具有很强的伦理性,具有浓厚的身份属性,个人是其家族血脉传统的标识,也是区分自然人与其他群体自然人的一种身份标志,按照我国传统文化和伦理秩序,子女随父姓或者母姓被认为是天经地义的事,这也反映了个人“姓”的身份属性。但是,子女随父姓或者随母姓,并不意味着只能随父姓或者母姓,依据《姓名权立法解释》的规定,权利人决定其姓名的自由也受到一定的限制,即权利人决定自己的姓名时,原则上应当随父姓或者母姓,但在以下情形下,权利人也可以选择父姓和母姓以外的其他姓氏。

一是选取其他直系长辈血亲的姓氏。父母之外的直系长辈血亲,包括祖父母、外祖父母、曾祖父母、外曾祖父母等直系长辈。例如,我国一些地方存在“三代还宗”的习俗,即因入赘等原因,子女改姓女方的姓,到第三代时,孩子又要改为其祖父的姓,这是我国许多地方长期存在的民间习俗,在法律上应当予以尊重。因此,《姓名权立法解释》允许自然人决定自己的姓名时选择其他直系长辈血亲的姓氏。

二是应由法定扶养人以外的人扶养而选取扶养人姓氏。依据我国法律的规定,法定扶养义务主要是指子女对父母的赡养义务,父母对子女的抚养义务。此种扶养义务是法律明确规定的义务。但在法定扶养义务之外,其他近亲属也可能负担相应的扶养义务,如对父母死亡或无力抚养的未成年人,有负担能力的祖父母、外祖父母即有抚养义务。依据《姓名权立法解释》的规定,如果被法定扶养人以外的人扶养,则自然人可以选择扶养人的姓氏作为自己的姓氏,这在客观上也有利于鼓励法定扶养义务人之外的近亲属对自然人履行扶养义务。

三是有不违反公序良俗的其他正当理由。按照《姓名权立法解释》的规定,如果有不违反公序良俗的其他正当理由,则自然人也可以选择父姓和母姓以外的姓氏,该条对自然人在父姓和母姓之外选择姓氏作出了兜底性的规定。因为社会生活纷繁复杂,除前述两种情形外,还存在其他允许自然人选择姓氏的正当理由。例如,依据《收养法》第 24 条的规定,子女在被他人收养之后,可以随养父或者养母的姓。该条规定也应当是自然人选择父姓和母姓以外其他姓氏的正当理由,因此,《姓名权立法解释》对自然人选择姓氏的自由作出了兜底性的规定。当然,该条使用了“有不违反公序良俗的其他正当理由”的表述,自然人在父姓和母姓外选择姓氏的行为是否存在正当理由,还应当由法官根据个案进行认定。例如,如果个人选择“周扒皮”“黄色狼”等作为姓名,则应当认定该姓名有违公序良俗。

值得探讨的问题是,在实践中如何认定“其他正当理由”?在“‘北雁云依’诉济南市公安局历下区分局燕山派出所公安行政登记案”中,法院认为,“自然人选取姓氏涉及公序良俗……自然人对姓氏传承的重视和尊崇,不仅仅体现了血缘关系、亲属关系,更承载着丰富的文化传统、伦理观念、人文情怀,符合主流价值观念,是中华民族向心力、凝聚力的载体和镜像。自然人原则上随父姓或者母姓,符合中华传统文化和伦理观念,符合绝大多数自然人的意愿和实际做法。反之,如果任由自然人仅凭个人意愿喜好,随意选取姓氏甚至自创姓氏,则会造成对文化传统和伦理观念的冲击,违背社会善良风俗和一般道德要求”。① 因此,最终认定公安机关不准许随意取名的行为是合法的。笔者认为,从立法解释来看,只要姓氏的选取有不违反公序良俗的其他正当理由,即应当允许,但如果对该正当理由的认定过于宽松,则可能导致该立法解释关于姓氏选取在是否符合公序良俗的认定上过于宽松。因此,立法应当进一步对此处的“正当理由”进行明确限定。

依据《姓名权立法解释》的规定,“少数民族自然人的姓氏可以从本民族的文化传统和风俗习惯”,依据这一规定,少数民族自然人在选择姓氏时,可以不受原则上随父姓或者母姓的限制,而可以按照本民族的文化传统和风俗习惯来选择姓氏。该规定也是尊重少数民族文化传统和风俗习惯的体现,一些少数民族的姓氏具有特殊的血缘传承的功能,对于维护本民族的文化传统和伦理秩序具有重要意义,其姓氏的选择也应当尊重其文化传统和风俗习惯。

---

① 山东省济南市历下区人民法院(2010)历行初字第4号行政判决书。

(二)父母离婚后子女的姓氏变更问题

上述《姓名权立法解释》虽然明确了姓氏选择的基本规则,但仍然无法有效解决实践中出现的子女姓氏选择问题,如因父母婚姻关系变化、亲子关系变化所引发的姓氏选择问题,[①]尤其是无民事行为能力人与限制民事行为能力人的姓氏选择问题。对此,《中华人民共和国户口登记条例》及公安部《关于父母离婚后子女姓名变更有关问题的批复》规定,离异双方欲变更子女姓名时必须与对方达成一致意见。但司法实践对此做法极不统一。例如,关于未成年人自己无权决定自己变更姓名,有法院就曾指出"李某乙与朱某乙离婚后,未经朱某乙同意采用非法手段使公安机关将上诉人朱某甲的姓名变更为'李某甲',后经公证机关和公安机关依公权力予以纠正。因朱某甲系未成年人且变更姓名其父亲朱某乙不同意,朱某甲上诉提出要求变更姓名为'李某甲'的要求不符合法律规定,本院不予支持"。[②] 但也有法院基于未成年人利益最大化的考量,认为离异夫妻一方擅自更改未成年人子女姓名的行为是合法有效的。[③]

就此,民法典分编草案第795条规定:"未成年人父母离婚的,与未成年人共同生活的一方可以将该未成年人的姓氏变更为自己的姓氏,但是另一方有正当理由表示反对的除外。父或者母变更未成年子女姓氏的,应当根据未成年子女的年龄和智力状况,尊重其真实意愿。"从字面上进行解释,民法典草案的倾向立场则是"与未成年人共同生活的一方"原则上有权单独决定变更未成年人的姓名,未共同生活一方监护人只有在有正当理由的情况下才能予以反对,但对于何为正当理由则并未明确。对此,笔者认为该规定值得商榷,对于父母离异情形下未成年人子女姓名变更的问题,建议采取如下观点。

第一,原则上不允许与未成年人共同生活一方更改未成年人姓名,即应当采纳原则上由父母双方共同决定子女姓名是否变更。因

---

① 参见王歌雅:《子女姓名权:内涵检审与制度建构》,载《求是学刊》2016年第4期。

② 河南省洛阳市中级人民法院(2016)豫03民终3339号民事判决书。

③ 河北省廊坊市中级人民法院(2014)廊少民终字第5号民事判决书;河北省廊坊市中级人民法院(2016)冀10民终3482号民事判决书。

为更改姓氏关系未成年人的重大人格利益，稍有不妥，将会引发纠纷，反而不利于未成年人成长，因此，原则上不宜变动未成年人的姓名。例如，在某个案例中，浙江省宁波市中级人民法院就曾在认定某离异女士单独变更孩子姓名的行为不当的情况下，指出小孩子已经从幼儿园开始使用现在的姓名，该姓名已经成为其学习生活环境的一个重要组成部分，若再变更姓名则会对其造成不利影响，将影响其健康成长。[①] 虽然决定未成年人子女姓名变更是父母监护权的体现，但父母离异并不导致与子女之间的监护关系发生变更，未共同生活一方也仍是子女的监护人，其自然有权共同决定子女姓名变更事宜，“即使是离婚后抚养子女的一方，亦不能擅自更改子女的姓名”。[②] 从这一层面而言，规定离异双方欲变更子女姓名时必须与对方达成一致意见是具有一定道理的，但只能在原则上予以肯定，而不宜采纳“一刀切”的做法。

第二，如果与未成年人共同生活一方父母确有正当理由需要变更未成年人姓名的，姓名登记管理部门也应当对这种单方申请变更的行为予以支持，此处所说的正当理由应该是基于“实现未成年人利益的最大化”的考量，[③]这也应当是父母单方更改子女姓名的唯一考虑因素。父母离婚后，未成年人随父或母一方组成新的家庭，在新的家庭中，出于维护未成年人成长环境的考虑，有必要更改未成年人的姓氏。依据《户口登记条例》及公安部《关于父母离婚后子女姓名变更有关问题的批复》的规定，变更子女的姓名应当经父母双方同意，离婚双方夫妻有一方擅自变更子女姓名的，另一方有权要求恢复其子女原姓名。[④] 但司法实践对这一规则进行了突破。笔者认为，上述规则具有一定的合理性，有利于减少纠纷，但如果确实出于未成年人利益最大化考虑，可以允许父母一方单方变更未成年人的姓氏。例如，夫妻离婚后，未成年人随母亲生活，在母亲改嫁后，如果不允许母亲一方单方变更该未成年人的姓氏，则可能导致

---

① 参见浙江省宁波市中级人民法院(2015)浙甬民一终字第1119号民事判决书。

② 四川省南充市中级人民法院(2016)川13民终1604号民事判决书。

③ 参见石冠彬：《姓名权行使纠纷的裁判规则及应然路径》，载《四川大学学报》2018年第3期。

④ 参见湖南省郴州市中级人民法院(2016)湘10民终2289号民事判决书。

该未成年人难以融入新的家庭和新的环境，也不利于维护其良好的成长环境，此时，应当允许母亲一方单方变更其姓氏。

第三，变更姓名应当考虑未成年人的意愿。如前所述，“未成年人利益最大化”是离异父母单方变更孩子姓名时的决定因素，而未成年人是无民事行为能力人或者限制民事行为能力人，其尚不具有判断何种行为有利于保护自身权益，所以不能因为未成年人主张更改姓名便直接更改，而需要由行使监护权的父母予以判断，但应当考虑其意愿。当然，在变更未成年人的姓氏时，主要考量的因素是未成年人利益的最大化，如果有利于未成年人利益的最大化，则予以变更；反之，即便符合未成年人的意愿，也不宜变更。

第二节　姓名权的客体

一、姓名权的客体是姓名

姓名权的客体指姓名，但是姓名的内涵是否仅指本名，还是包括别名、笔名、网名、艺名、乳名等？对此，理论界与司法实务均存在不同见解。《民法典分编草案》第 792 条规定：“自然人享有姓名权，有权依法决定、使用、变更或者许可他人使用自己的姓名。”第 797 条规定：“具有一定社会知名度、为相关公众所知悉的笔名、艺名、网名、简称、字号等，被他人使用足以致使公众混淆的，与姓名和名称受同等保护。”结合上述规定来看，我国立法机关倾向于认为姓名权客体原则上仅限于本名，其他称呼必须达到一定条件才受到法律保护，笔者赞成这一看法。姓名权客体仅指本名的理由主要有如下几点。

第一，本名是法定的姓名。一方面，本名具有法定构成要素，即由“姓氏”和“名”组成；另一方面，本名应当经过登记方被法律所确认，尤其是本名应当记载在居民身份证上，并与居民身份证号码相对应，成为法律上最能识别个人的符号和特征，任何人只要信赖本名和身份证号码，就能确定个人的身份。因此，只有本名才能使他人产生合理的信赖，这是唯一经过国家行政部门审查的姓名符号，因此,在交易过程中,任何人对外从事民商事交易活动也只会对本名才能够产生合理信赖。

第二,本名是正式法律用语,在涉及诉讼等正式场合,自然人只能使用本名作为其身份符号。比如,在签署正式法律文件的时候,只能使用本名。著名小品演员赵丽蓉生前曾在喜剧小品《货真价实》中用"麻辣鸡丝"这一称号签署合同,引发了观众哄堂大笑,这背后也说明了签署法律文件不宜使用本名之外的其他名称,否则极易引发"确认身份"的纠纷。以民事诉讼为例,起诉条件之一的"具有明确的被告"即要求必须是本名,司法实务中目前逐步不要求提供身份证复印件等材料,只要能够确定被告姓名以及身份证号码即满足了相应要求,而与身份证号码相对应的只有"本名"。

第三,与本名天然受到法律保护不同,笔名、艺名、网名、简称、字号等一般难以直接受到法律的保护,其只有与本名一样达到能够识别个人的程度,才能够受到保护。在"申请再审人张錩、张宏岳、北京泥人张艺术开发有限责任公司与被申请人张铁成、北京泥人张博古陶艺厂、北京泥人张艺术品有限公司不正当竞争纠纷案"中,对于"泥人张"这样的称号能否作为姓名权加以保护这一问题,最高人民法院指出:"一个对人或者事物的称谓,要想成为具有商业意义的标识从而受到法律保护,必须在相关市场上为公众所知悉,具有商业标识意义。"①

概言之,姓名权所保护的客体可以理解为一切外观上能够推定出特定人的"称呼符号",其具有法律上的稳定对应性,从广义上来说并不限于本名,但除了唯一性这一要素之外,其根本判断要素即要求达到与本名的对应程度。

自然人将其姓与其职务、职称、学位、荣誉等结合在一起使用,在一般情形下不宜等同于自然人的姓名。例如,使用"张局长""李教授""王博士"等称谓,不宜将其认定为自然人的姓名。即便在特定情形下,上述称谓能够指向特定的主体,在该特定情形下能够起到标识个人身份的作用,但由于其表述比较模糊,也不宜将其认定为姓名。

---

① 最高人民法院(2010)民提字第113号民事判决书。

当然,在个人将其姓名进行商业化利用后,其姓名的经济利用行为将有一定的独立性。例如,当一位企业家用他自己的姓名来标识他的企业(或产品)时,在该企业家去世后,该商业名称会继续存在,即使在企业让与新的企业主后也会继续使用,这就使该商业名称成为能够赋予其商业或相关服务个性化的非物质财产权的客体。① 虽然相同的文字(家族姓名)可以同时标识个人和企业,姓名权和以个人姓名命名的企业名称权是不同的,②只不过对以姓名冠名的企业名称,在该企业家去世后,该姓名不再受姓名权规则的保护,而应当受到名称权或者商标权的保护。

二、笔名、艺名、网名等也可以受姓名权规则的保护

(一)笔名、艺名、网名等称呼的法律性质

在现实生活中,除本名之外,自然人的笔名、艺名、网名等,可能具有较高的知名度,甚至比本名更为人们所熟知,因此,也应当受人格权法的保护。

1. 笔名。笔名是作者发表作品时所署的别名。例如,“鲁迅”是周树人的笔名,“老舍”是舒舍予的笔名。个人的笔名等个人称也指向个人,如果笔名具有一定的知名度,他人未经许可使用该笔名,也会使社会公众产生混淆,因此笔名也应受法律保护。

2. 艺名。艺名是指演员、模特等从事艺术活动时所使用的代替自己真实姓名的名称。例如,梅兰芳是演员梅澜的艺名,再如,Angelababy 是演员杨颖的艺名。艺名也可能是团体的名称,如“小虎队”“Beyond”“TFBOYS”等,都是由多人组成的演出团队。

3. 网名。网名是个人在网上所使用的名称或代号。随着互联网的发展,网名的使用也越来越普遍。由于网名在特定的虚拟空间为其他人所了解,且网名的使用也不需要登记,因而网名受姓名权的保护确有一定的困难。但是,对那些具有一定的社会知名度,并为相关公众所知悉的网名,同样是与特定的个人联系在一起的,从而能够成为个人的独特标志,并形成一定的人格利益。据此,该网

---

① S. Koos,“Oer Name als Immaterialgut”(2004)106 GRUR 808,at 808ff.

② Neethling,JM Potgieter & PJ Visser,Neetbling's law of personality(2005)at 38.

名也可以受到姓名权规则的保护。例如在“张某诉俞某网络环境中侵犯名誉权纠纷案”中,法院认为,本案原告张某、被告俞某虽然各自以虚拟的网名登录网站并参与网站的活动,但在现实生活中通过聚会,已经相互认识并且相互知道网名所对应的人,且张某的“红颜静”网名及其真实身份还被其他网友所知悉,“红颜静”不再仅仅是网络上的虚拟身份。被告仍然在网上多次使用侮辱性语言贬低“红颜静”即张某的人格,已经构成侵权,应当承担侵权的民事责任。[①]尤其随着网络技术的发展,如果网名能够具体表征特定的民事主体,公众能够通过该网名而具体地联系到特定的个人,那么该网名也应当受到姓名权规则的保护。

4. 别名。别名是本人或者他人指称某人的、本名之外的其他称呼。例如,赵四小姐就代表赵一荻女士,末代皇帝就代表溥仪,这些无疑皆应受到法律的保护。别名可以有多种形式:一是我国传统上还有人于姓名之外另起“字”“号”,此种习惯在现在仍被一部分人保留。二是自然人童年时所用乳名等是否应作为姓名权的客体加以保护,亦不可一概而论,而应看这些姓名是否可能代表该自然人,从而决定是否应保护这些姓名。若自然人使用假名,因其不能真实地表现某人的人格,故不应受到保护。三是绰号。关于绰号能否受到姓名权的保护,在学理上值得讨论。本书认为,有必要区分积极的还是消极的绰号。正面评价的绰号往往与人格特征联系在一起,也可能是个人的代号,或者已成为某人为公众所熟知的、体现一定的人格利益的称号,这样的绰号应当受到法律的保护。至于负面评价的绰号甚至是侮辱诽谤的绰号,即使能够反映某人的特征,也不能作为姓名权的客体加以保护。四是简名。例如,美国 NBA 巨星迈克尔·杰弗里·乔丹曾分别主张“乔丹”[②]与“QIAODAN”[③]均属于其姓名权保护的范围,请求认定他人将上述“乔丹”与“QIAODAN”注册成商标的行为侵犯了其姓名权这一在

① 参见《最高人民法院公报》2001 年第 5 期。

② 关于“乔丹”是否属于迈克尔·杰弗里·乔丹姓名权的保护范围,参见最高人民法院(2016)最高法行再 27 号行政判决书。

③ 关于“QIAODAN”是否属于迈克尔·杰弗里·乔丹姓名权的保护范围,参见最高人民法院(2016)最高法行再 31 号行政判决书。

先权利。根据最高人民法院的裁判立场，自然人所主张的特定名称与该自然人已经建立稳定的对应关系时，即使该对应关系达不到"唯一"的程度，也可以依法获得姓名权的保护。[①]

关于笔名、艺名、网名等称呼是否属于姓名，其性质如何认定，存在不同观点，一种观点认为，对于具有一定知名度的笔名、艺名、网名等，可以将其认定为姓名。例如，有学者认为，依据《反不正当竞争法》属于不正当竞争行为。对于具有一定知名度、为相关公众所知悉的自然人的笔名、艺名等，可以认定为该条所规定的姓名。[②]另一种观点认为，笔名、艺名、译名不同于户籍记载的姓名，个人对其笔名、艺名、译名等所享有的权利不同于姓名权的内容。[③] 民法典分编草案第797条规定："具有一定社会知名度、为相关公众所知悉的笔名、艺名、网名、简称、字号等，被他人使用足以致使公众混淆的，与姓名和名称受同等保护。"依据这一观点，笔名、艺名、网名等和本名是有区别的，其并不是姓名权的客体，不能等同于本名。区别主要表现在以下几个方面。

第一，从构成上看，姓名是指自然人的姓氏和名字，是自然人在社会中区别于他人的标志和代号，因此，姓名在内容上应当包含姓氏和名字，而个人的笔名、艺名、网名等虽然也能起到与姓名类似的标识个人身份的作用，但其并不包含个人的姓氏和名字，因此不应当属于姓名。通常，个人姓名的命名需要遵循一定的规则，姓氏本身往往从家族传承下来，而父母给子女所赋予的名字往往也遵循一定的规则。这些规则限制对于笔名、艺名、网名等而言并不存在。

第二，姓名需要登记，而别名等称呼并不需要登记。与笔名、艺名、网名等相比，姓名的命名和变更也受到更为严格的限制。关于姓名的命名，依据《居民身份证法》及《国家通用语言文字法》规定的精神，居民身份证姓名登记项目应当使用规范汉字填写；同时，《姓名权立法解释》也对姓名的命名进行了严格限制，其目的在于维

---

① 参见最高人民法院（2016）最高法行再31号行政判决书。

② 参见李自柱：《出版物署名仿冒竞争者姓名构成不正当竞争》，载《人民司法》2014年第18期。

③ 参见崔建远：《姓名与商标：路径及方法论之检讨》，载《中外法学》2017年第2期。

持相关的伦理关系。而笔名、艺名、网名的设定和变更则没有严格的限制,个人可以根据自己的意愿设定和变更此类称号。

第三,受到法律保护的条件不同。姓名一旦登记,就应当受到法律的保护,而别名等称呼并不当然受到法律的保护,只有具有一定的知名度、能够为相关公众所知悉的别名,才能具有识别个人身份的功能,也才可能受到法律保护。从实践来看,一个业余作家也会有笔名,一个爱好戏剧的票友也可能有艺名;互联网空间中,普通用户大量使用网名。但上述别名等称号通常并不具有识别个人身份的作用,因此难以受到法律保护。

如果笔名、艺名、网名等能够识别个人的身份,则其也应当受到人格权法保护,主要原因在于:一方面,这些符号与特定个人的身份、人格尊严具有内在的联系;对笔名、艺名、网名的冒用,会对特定个人的公众形象与声誉等带来损害,在公众中引起不必要的误会、混淆。例如,鲁迅、梅兰芳、成龙等具有一定的社会知名度,往往与个人的身份联系在一起,个人对其享有一定的人格利益,如果他人冒用其别名,以其名义发布信息,足以使其他人产生混淆,此类行为就应当受到法律制裁。正如王泽鉴先生所指出的,"凡在社会交易及生活上具有识别性功能的标志,均应纳入受'姓名权'保护的范围"。① 另一方面,笔名、艺名、网名有时候还具有一定的商业价值,对这些特定符号的保护,有利于防止不诚实的商业行为和不正当竞争行为,有利于维护社会经济秩序。

(二)笔名、艺名、网名等受到法律保护的条件

关于笔名、艺名、网名在何种情形下受到法律保护,存在不同观点,一是"广为人知"的标准,此种观点认为,个人的笔名等称号只有在"广为人知"的情形下,才能与真名一样获得法律的保护。② 对于笔名、艺名等非登记姓名而言,只有"大家都知道这一笔名或者艺名是指什么人"时,其才能受到法律保护。③ 二是同等地位标准,此种观点认为,笔名、艺名、网名等称号只有在取得与姓名同等的地位、

① 王泽鉴:《人格权法》,北京大学出版社 2012 年自版,第 139 页。

② 参见[日]五十岚清:《人格权法》,[日]铃木贤、葛敏译,北京大学出版社 2009 年版,第 118 页。

③ 参见李永军:《论姓名权的性质与法律保护》,载《比较法研究》2012 年第 1 期。

同等影响时,才能受到法律保护。例如,有学者认为,对于已经取得姓名地位的网名、艺名、笔名等称号,也应当受到法律保护。[①] 从比较法上看,有的国家法律也采纳了此种观点。例如,《意大利民法典》第 9 条规定:"如果自然人使用的笔名与其姓名具有同等重要性时,可以获得第 7 条规定的保护。"依据该条规定,在笔名与姓名具有同等重要的地位时,其也受到姓名权规则的保护。

笔者认为,以"广为人知"作为笔名、艺名等称号受到法律保护的条件并不妥当,对社会公众人物而言,其笔名、艺名、网名等称号可能具有很强的社会知名度,能够"广为人知";但笔者不赞成采纳"广为人知"的标准,因为一方面,"广为人知"的内涵并不确定,难以为别名等称号的保护提供明确、客观的判断标准。例如,某个别名在某一特定的行业、地域等范围享有一定知名度,但在社会公众中则并不为一般人所知晓,这是否构成"广为人知",显然难以判断。另一方面,"广为人知"的标准可能不利于别名等的保护,对许多个人而言,其笔名、艺名等称号可能并不具有很强的社会知名度,但其在一定范围内仍然能够与个人身份产生直接的关联,能够在一定范围内识别个人的身份,此时,其仍然应当受到法律保护。但这些别名等可能并不能达到"广为人知"的程度,按照"广为人知"的标准,该别名可能难以受到法律保护。当然,由于一般人与知名人士在知名度方面的差异,二者的艺名、笔名所具有的影响力不同,因此,其保护程度和范围等也必然存在一定的差异。

同等地位标准同样存在一定的局限。对于社会绝大多数人来说,其笔名、艺名不可能具有与其姓名同等的影响和重要性;还应当看到,如何判断笔名、艺名等与姓名具有同等的地位,并不明确,因此,同等地位标准也难以为笔名、艺名等称号的保护提供明确的标准。

民法典分编草案第 797 条规定:"具有一定社会知名度、为相关公众所知悉的笔名、艺名、网名、简称、字号等,被他人使用足以致使公众混淆的,与姓名和名称受同等保护。"该条确立了笔名、艺名、网名等受到法律保护的条件,具有一定的合理性。依据这

---

① 参见王歌雅:《姓名权的价值内蕴与法律规制》,载《法学杂志》2009 年第 1 期。

一观点，笔名、艺名等要受到法律保护，应当具备如下条件。

一是与个人身份具有稳定的对应性。换言之，笔名、艺名、网名、简称、字号等应当能够识别个人的身份，只有那些具有一定的社会知名度，能够代表某人、表现某人的笔名、艺名等，才能成为其姓名权的客体。例如，在“罗林诉广东飞乐影视制品有限公司案”中，法院认为：“罗林以‘刀郎’为演唱者艺名，在专辑中收录多首民族风格歌曲，突出表现了西北民族的曲风特点，一经推出其歌曲在民间广为传唱，‘刀郎’作为罗林的署名已经具有相当的认知度。尽管‘刀郎’一词具有新疆少数民族文化等含义，但因罗林以艺名方式推出其歌曲作品为公众所认知，‘刀郎’一词不仅带有原有含义而且兼具‘演唱者罗林’的特定署名含义。”[①]最高人民法院也持此种立场，例如，在“迈克尔·乔丹与国家工商行政管理总局商标评审委员会争议案”中，最高人民法院认为，姓名权保护的对象虽然不要求与特定个人具有唯一的对应性，但是这种身份的识别与对应必须是稳定的，也就是说，人们必须能够通过称呼识别出特定个人，甚至可以说这种称呼与特定人之间存在一种“可替代性”。

二是具有一定的社会知名度、为相关公众所知悉。笔名、艺名等之所以受到法律保护，就是因为其与姓名一样，能够标识个人的身份，户籍姓名与特定自然人之间存在确定的对应关系，笔名、艺名、译名等与特定自然人之间也可以存在确定的对应关系。[②] 而确立这样一种对应关系，能够为人们所知道，有一定的社会影响。这正是因为笔名等称号与个人身份之间具有对应关系，个人才能对此类称号享有人格利益，其也才能受到法律保护。具备这种社会知名度并不当然需要个人长期、连续使用，只要其具有一定的社会知名度，不论其使用时间长短、是否连续使用，均应当受到法律保护。

三是他人的使用行为足以使社会公众产生混淆。如果个人笔名、艺名等的使用不会使社会公众产生混淆，就表明该个人称号不足以标识个人的身份，其也难以受到法律保护。此处所说的“社会

---

① 北京市第一中级人民法院(2006)一中民终字第6252号民事判决书。

② 参见崔建远：《姓名与商标：路径及方法论之检讨》，载《中外法学》2017年第2期。

公众”并不当然泛泛指称一般的社会公众，应当是指相关领域的社会公众。例如，在前述“泥人张”案中，判断该称呼是否为社会公众所知悉，就应当将此处的社会公众限于陶艺领域的相关人群；再如，判断“刻刀张”这一称呼是否为社会公众所知悉时，此处的社会公众就应当限于从事雕刻艺术领域的特定人群。正是由于这些称呼能够为社会公众所知悉，所以，行为人在使用这些称呼时容易产生混淆，从而构成侵权。

（三）笔名、艺名、网名等受保护的法律依据

迄今为止，我国立法尚未对此问题作出明确的规定。有学者建议，在行为人利用个人的笔名、艺名等称号从事经营行为，构成不正当竞争时，也有可能适用《反不正当竞争法》。[①] 例如，在“湖南王跃文诉河北王跃文等侵犯著作权、不正当竞争纠纷案”中，湖南王跃文是国家一级作家，被告河北王跃文原名王立山，在原告湖南王跃文成为知名作家后，王立山将自己的姓名改为王跃文，改名后发表了长篇小说《国风》，湖南王跃文起诉河北王跃文等侵犯著作权、不正当竞争，法院认为，“作为文化市场的经营者，作者往往通过在作品上署名，来传扬自己和自己的写作方式。消费者选购图书时，作品题材和作者是其考虑的主要因素。知名作家在作品上的署名，已经成为图书的一种商品标识，发挥着指引消费者作出消费决定的重要作用。知名作家的署名一旦被借鉴、仿冒、攀附或淡化，就可能引导消费者作出错误的消费决定，从而影响到署名人的正当权益，因此这些行为属于不正当竞争”。[②]

笔者认为，《反不正当竞争法》主要适用于经营行为，而且更多是针对法人和非法人组织；笔名、艺名、网名等特定符号的保护，并不限于经营行为，在更多的情况下，涉及的是个人的身份。个人称号应当受到法律保护，但其毕竟不是个人姓名，因此，不宜直接适用姓名权的规则。但由于此类个人称号能够与姓名一样起到标识个人身份的作用，因此，可以准用或者类推适用姓名权的规则。从我

---

① 参见李自柱：《出版物署名仿冒竞争者姓名构成不正当竞争》，载《人民司法》2014年第18期。

② 参见《最高人民法院公报》2005年第10期。

国民法典分编草案的规定来看,其实际上是准用姓名权的规则对此类个人称号提供保护。

(四)笔名、艺名、网名等的归属

由于演艺人员的艺名、形象等可能是在演艺公司的职务活动中塑造的,因此,能否认定该权利归属于演艺公司?有观点认为,应当由该人格标志产生吸引力或者知名度的贡献主体享有该权利。[①]

实践中,一些艺名、特定艺术形象在最初往往由演绎公司的专业团队所创造,并分配给特定的艺人,这就涉及此类艺名、特定艺术形象的归属问题;通常双方会签署协议,规定此类艺名、特定艺术形象归属于演艺公司。但是,经过一定期限,此类艺名、艺术形象具备一定知名度之后,其归属就成为一个比较复杂的问题。在我们看来,如果此类艺名、特定艺术形象等尚未与特定的个人之间形成密切的联系,艺名、艺术形象本身也不具有宣示其身份的人格要素的功能,应遵从双方之间的约定,因为毕竟艺名、艺术形象最初是由演艺公司所创造并加以推广的。如果此类艺名、艺术形象与特定的个人之间形成了密切的联系,成为彰显其身份的要素,对于公众而言,此类艺名必然指向特定的个人,则其已经成为人格要素,应享受类似于姓名的保护。主要理由在于:一方面,笔名、艺名、网名等与姓名类似,对个人的身份具有一定的识别作用,是一种重要的人格利益,[②]通过笔名、艺名、网名,社会一般人可以识别特定的个人,其应当归属于自然人本人;另一方面,如果认定其归属于相关的演艺公司,一旦演艺公司滥用,可能造成对个人的公众形象和声誉的损害,使此类称号的利用脱离个人的控制,并可能对外展示个人的不当形象。例如,演艺公司可能为了追求经济利益而将个人的笔名、艺名等称号用于性用品等商业广告,这可能让社会公众对某个特定的个人产生不良的印象。因此,为保护个人的人格尊严,应当认定笔名、艺名、网名归属于个人而非演艺公司。

当然,演艺公司对个人笔名、艺名、网名等称号产生知名度有重

---

① 参见张鹏:《日本商品化权的历史演变与理论探析》,载《知识产权》2016 年第 5 期。

② 参见李永军:《论姓名权的性质与法律保护》,载《比较法研究》2012 年第 1 期。

大的影响和贡献,当事人可以约定演艺公司可以在一定期间内以一定的方式使用此类个人称号,但该称号仍应当归属于个人,个人允许演艺公司使用其笔名等称号时,当事人之间应当订立许可使用合同。

第三节　姓名权的内容

一、姓名权的内容

姓名是指自然人的姓氏和名字,是自然人在社会中区别于他人的标志和代号。姓名的基本功能是为了防止个人身份的混淆,表彰个人的人格特征。我国《民法通则》第99条第1款规定,"公民享有姓名权,有权决定、使用和依照规定改变自己的姓名,禁止他人干涉、盗用、假冒。"这一规定明确了权利主体享有的权利。民法典分编草案第792条第1款规定:"自然人享有姓名权,有权依法决定、使用、变更或者许可他人使用自己的姓名。"从积极的权能角度来看,姓名权的内容包括姓名的决定权、使用权、变更权三个方面。

(一)姓名决定权

该权利亦称为命名权,是指自然人决定自己的姓名的权利。为自己命名是自然人享有的基本人格权利。自然人不仅有权决定自己的姓名,而且有权决定自己的艺名、笔名、化名、别名。自然人取得正式姓名应依法办理有关手续。虽然自然人自出生时起就应有代表自己的专有符号,但自然人在出生后、没有意思能力之前,是不可能实际行使其命名权的。所以,对无行为能力的自然人,应由其监护人为其命名,限制民事行为能力的自然人决定自己的姓名也应征得其监护人同意。自然人成年并取得完全的行为能力之后,有权依据自己的意志决定自己的姓名,其监护人应尊重其命名权,不应妨碍本人行使命名权。当然,自然人在命名时应当取得有关机关的批准。从司法实践来看,姓名权虽然是私权,但有的法院也肯定公安户籍部门的管理与批准权能,在"高小妹诉上海市公安局浦东分局其他(公安)一案"中,上海市高级人民法院就认为"根据《户口登记条例》《上海市常住户口管理规定》的规定，自然人的姓名属户口登记项目，被上诉人公安浦东分局作为负责本辖区内户口管理工作的户口管理机关，具有批准居民姓名变更登记的行政职权。”①

姓名决定权还包括要求他人尊重自己姓名的权利。姓名是对一个人的标记，因此在一定范围之内，姓名往往与特定的个人联系在一起，对于姓名的尊重就是对姓名权人人格的尊重，以侮辱性方式恶意利用他人的姓名，就侵害了他人的姓名权。例如，因与某人素有冤仇，而将自己的狗取名为某人的名字，这也构成了对姓名权的侵犯。

（二）姓名使用权

姓名使用权是指自然人使用自己的姓名以明确自己身份，并从事各种社会活动，满足自己物质和精神方面需要的权利。自然人设立姓名的目的是表现其个人特征，并与社会其他成员相区别，同时，只有以自己的姓名从事各种社会活动，才能为自己取得权利和设定义务，因此，自然人使用自己的姓名，是其姓名权的基本内容。依据法律的规定，在某些情况下，自然人必须使用正式的姓名，比如在有关书面文件和证件上签字。在此情况下，使用自己的姓名既是自然人的权利，也是自然人的义务。但是，在某些情况下，自然人可以使用自己的姓名，也可以不使用自己的姓名。自然人有权保有自己的姓名，免于他人非法使用。

姓名权具有强烈的专属性，即使在重名的情况下，姓名也代表了不同的人格特征。所以姓名始终与个人人格联系在一起，不可在整体上作为财产加以转让。有观点认为，姓名权在商业化利用的情形下形成了一种与姓名权相分离的商事人格权，有学者将其称为商品化权益，该项权利虽然以姓名等人格特征为客体，但不是由人格自然派生的，而是因知名度具有商业价值产生的，具有完整的权利内容，应当与姓名权相分离，可以单独转让。② 此种观点实际上与美国法上公开权理论相类似，即将姓名权的经济利用视为独立的财产

---

① 上海市高级人民法院案号：（2010）沪一中行终字第8号行政判决书。

② 参见孔祥俊：《姓名权与姓名的商品化权益及其保护——兼评“乔丹商标案”和相关司法解释》，载《法学》2018年第3期。

权类型，而非姓名权的组成部分，这将割裂姓名权中经济价值与精神利益的关联性，与姓名权的人身专属性不相符合，而且将姓名的商业化利用视为独立的财产权类型，也可能使姓名的商业化利用脱离个人的控制，影响个人人格尊严的保护。笔者认为，即使在姓名商业化利用的情形下，其也应当被视为姓名权的一项权能而非独立的权利类型。

但姓名权可以进行商业化利用，这就是说，自然人可以依法允许他人使用自己的姓名从事民事活动，如允许他人以自己的名字为某个企业命名，或以某人的名义从事项目研究、做广告宣传等。权利人通过许可他人使用自己的姓名可以获得一定的物质利益，此种权利亦受法律保护。在市场经济社会，自然人的姓名，特别是名人的姓名，体现了一定的财产利益，可能对产品和服务产生一定的广告或促销作用，或者姓名本身就体现了一定的商业价值，所以姓名权又可以做商业化的利用，产生姓名的利用权。

（三）姓名变更权

姓名变更权亦称姓名改动权，是指自然人依照规定改变自己姓名的权利，这是自然人姓名决定权的自然延伸。自然人在确定姓名以后，可能会出于各种原因而要求改变自己的姓名，如当初取名时考虑不够周密，或姓名带有极强的时代特点等。随着年龄的增长和时代的变化，自然人可能会不满意自己的姓名，而要求更改。自然人无论出于何种原因改名，都应当允许，[①]但对姓名权的更改进行一定的限制是必要的，由于自然人已参与各种法律关系，其姓名的改变必然会涉及他人和社会的利益，因此自然人改名必须按有关规定办理，并且需要在户籍登记机关办理更名手续。根据我国《户口登记条例》第18条的规定，未满18周岁的人需要变更姓名时，由其本人或父母、收养人向户口登记机关申请变更登记；18周岁以上的人需要变更姓名时，由本人向户口登记机关申请变更登记。当然，这一规定允许未成年人单独申请变更姓名，允许未成年人单独决定自

① 参见《少女逢考必败　威胁父亲三天内给其改名　不然就退学》，载《重庆晨报》2012年3月30日。

己的姓名，可能存在一定的问题，[①]因为未成年人可能并不了解其姓名所包含的社会伦理含义。自然人对自己的艺名、笔名、化名的改变，不需要办理法定的改名手续。但是要求必须证明与他人重名方可更改，这对自然人姓名变更权的限制就过于苛刻。

需要指出的是，对姓名权的更改也必须符合法律法规的相关规定。

一是权利人自己主张变更姓名的，其应当具备完全民事行为能力。因为姓名权是个人基本的人格权，不仅体现了婚姻、血缘关系，而且体现了一定的身份关系，尤其是姓名权的变更还涉及他人利益和社会公共利益，所以，为了防止姓名的变更对权利人本人和他人产生不利影响，权利人自己主张变更姓名时，其应当具有完全民事行为能力。未成年人姓名的变更应当取得其父母的同意。

二是姓名的变更应当符合命名的一般规则，依据《居民身份证法》第 4 条的规定，自然人的姓名应当使用规范汉字和符合国家标准的数字符号，变更后的姓名应当符合该条规定的要求。如在"赵 C 姓名权案"中，某人使用"赵 C"命名，公安机关拒绝进行变更登记，因此发生争议。二审法院认定，根据《居民身份证法》及《国家通用语言文字法》规定精神，居民身份证姓名登记项目应当使用规范汉字填写，据此，赵 C 须更改名字。[②]

三是不得损害他人的在先权利。姓名的变更也不得损害他人的在先权利，不得恶意与他人姓名混淆。如在"湖南王跃文诉河北王跃文等侵犯著作权、不正当竞争纠纷案"。

四是必须符合法律规定和公序良俗。姓名的变更应当符合法定程序。《收养法》第 24 条规定："养子女可以随养父或者养母的姓，经当事人协商一致，也可以保留原姓。"被收养人可以称收养者的姓氏，亦可维持原有姓氏，或称收养人直系长辈血亲的姓氏。自然人艺名、笔名、化名，并不需要办理法定的改名手续，但如果自然人自己正式姓名，则应当办理相关的变更登记手续。如《户口登记条例》第 18 条的规定。此外，自然人变更姓名时，也不得违反公序

---

① 参见张红：《人格权各论》，高等教育出版社 2016 年版，第 69 页。

② 参见《"赵 C 姓名权"案尘埃落定》，载《江淮晨报》2009 年 2 月 27 日。

良俗。例如,某人因超生被罚款3万元,将其子女改名为“三万一郎”,该姓名虽然使用的是规范的汉字,但该姓名在内容上不符合社会公德。

二、姓名权与署名权

姓名权与署名权关系十分密切。根据许多学者的观点,姓名权应包括著作权中的署名权。《著作权法》第10条规定,署名权是指表明作者身份、在作品上署名的权利。署名是反映作者身份的一种表现形式,其内容是作者有权在自己的作品上署真名、署假名或匿名的权利。可见,署名与姓名权有着极为密切的联系,如假冒他人名字署名,或未经他人同意在自己的作品上署他人姓名,均妨碍了他人行使姓名权并构成对他人姓名权的侵害。当然,行为人也完全有可能同时侵犯署名权和姓名权。例如,如果行为人在张三的画作上冒用了著名画家李四的署名,此时行为人的冒用行为既侵犯了作为作者的张三的署名权,也侵犯了李四的姓名权,其应当同时对张三、李四承担侵权责任。

但是,是否可以据此认为,署名权与姓名权是同一概念?或者说署名权不过是姓名权的组成部分?笔者认为,署名权和姓名权作为著作权制度和人格权制度所分别确认的权利,在性质上仍然是有区别的。其区别表现在以下几个方面。

第一,权利属性不同。姓名权属于人格权的范畴,而署名权属于知识产权的范畴,它们分别归属民法中不同的法律部门调整。署名权的客体是作者的作品,而作品是存在于作者人格之外的。[①] 侵害署名权虽可能间接损害作者的名誉,但不一定直接侵害作者的人格。

第二,专属性不同。姓名权是一种具体人格权,是不可抛弃的,它与自然人生命共始终;而署名权是知识产权,它虽然体现了一定的人格利益,但它不同于人格权。署名权可以转让,亦可由权利人抛弃。

---

① 参见谢怀栻:《著作权的内容》,载《著作权法讲座》,法律出版社1991年版,第89页。

第三，权利的产生时间不同。姓名权是与生俱来的，因而姓名权具有普遍性，但署名权并非与生俱来。人人都享有姓名权，但并非每个人都可以实际享有著作权法中的署名权。在许多情况下，侵害作者的署名权（如发表作者作品时误将作者姓名刊错），并不一定构成对作者姓名权的侵害。

第四，侵害方式不同。对姓名权来说，侵害方式多种多样，包括擅自改动他人姓名，擅自使用他人姓名等；而侵害署名权的行为通常表现为未经许可在他人作品署名的行为。

第五，承担的责任不同。对姓名权的侵害是侵害人格权的一种类型，其以产生精神损害为原则，产生财产损害为例外。侵害署名权，则是侵害知识产权的一种类型，其以产生财产损害为原则，产生精神损害为例外。

正确认识姓名权与署名权的联系和区别，对于审判实践中妥当处理相关纠纷具有重要意义。笔者认为，司法实务必须严格根据“作者才享有署名权”的标准来判断一个行为是否侵犯署名权，从而与侵害姓名权的行为加以区分。[①] 司法实践中，有法院曾主张，“自然人享有姓名权，有权决定、使用和依照规定改变自己的姓名，禁止他人干涉、盗用、冒用。著作权中的署名权，是表明作者身份，在作品上署名的权利。两项权利中均有禁止盗用、冒用他人姓名的内容，但区别在于前者赋予任何自然人均可享有，而后者只能由作者（包括创作作品的自然人与视为作者的法人或其他组织）行使，体现的是作者与作品的关系。两项权利在内容上的交集，产生请求权竞合，可由权利人选择对其有利的法律规范主张权利”。[②] 笔者认为，这一观点不无道理，该判决也准确阐述了姓名权与署名权的区别。任何人均享有姓名权，但只有创作出作品的作者才享有署名权。在自己的作品上署他人姓名的行为应当构成对他人姓名权的侵害，而不构成对署名权的侵害；而在他人作品上冒用第三人姓名的行为才可能产生“针对著作权人的署名权侵权”与“针对第三人的姓名权

---

① 参见石冠彬：《姓名权侵权纠纷的裁判规则研究》，载《当代法学》2018年第3期。

② 上海市高级人民法院（2013）沪一中民一（民）终字第1838号民事判决书。

侵权”,但此时两个侵权责任并存而不产生竞合。[①]

三、姓名权的行使

姓名权是一项重要的人格权,但权利人行使姓名权必须遵守法律规定的必要条件,《姓名权立法解释》规定:“自然人依法享有姓名权。自然人行使姓名权,还应当尊重社会公德,不得损害社会公共利益。”该规定对自然人姓名权的行使作出了必要的限制。作出此种限制的主要目的是保护自然人更好地行使其姓名权,并维护社会利益和社会公德。对姓名权的法律限制主要体现在如下几点。

(一)自然人从事重要的法律行为时,负有使用其在户籍本和身份证上记载的正式姓名的义务

如前所述,自然人除了可以使用正式姓名以外,还可以使用别号、笔名、艺名、堂名等。但是由于自然人的正式姓名是经过登记并记载于户口簿上的符号,且每个自然人只能有一个正式姓名,所以它最能直接表明自然人的人格。与本名相比,其他姓名并不一定具有社会公开性,他人也不一定能够准确识别,在发生纠纷后,也不利于纠纷的有效解决。因此,当个人实施重要的法律行为时,应当使用其本名,尤其是与身份证上记载的本名相一致。若允许自然人在这些场合使用笔名、化名、别号等,必然会导致法律关系的混乱,使权利义务主体不明确,从而影响社会经济秩序和自然人的个人利益。例如,在取得、设立、移转或变更财产权,或者在具有法律意义的证书、合同及其他文件上签字等情形下,个人应当使用自己的正式姓名。此外,自然人向司法机关作证、接受司法机关的合法调查等,亦必须使用正式姓名。对自然人出于某种非法目的(如企图偷税漏税等)而不使用其正式姓名的行为,应追究其法律责任。

(二)个人使用自己姓名的方法应当妥当,不得在使用过程中故意造成姓名权冲突

所谓姓名权冲突,是指两个以上的自然人使用相同姓名,其中

---

① 参见石冠彬:《姓名权侵权纠纷的裁判规则研究》,载《当代法学》2018 年第3 期。

一人行使其姓名权而可能导致对他人姓名权行使的妨害。姓名权冲突是因为数人同名同姓造成的。

在我国,因重名而引发的姓名权冲突已成为一个社会问题。由于两字姓名的逐渐增加以及许多自然人在取名上追求时尚而使姓名相同,导致重名日益增多,重名现象非常严重。例如,根据中国首份姓名报告的统计,全国有将近30万个张伟,接近冰岛整个国家人口的总数。[①] 同名同姓的增加不仅给人们生活和正常交往带来了诸多不便,而且往往涉及许多法律权益争执。如同一选区有数个同名同姓的候选人,常常会影响选民作出准确的选择,这些同名同姓者之间也会发生争议。需要指出,我国法律原则上并不禁止自然人使用相同的姓名。两个以上的自然人因使用相同的姓名而发生冲突,原则上不应视为相互侵权。但个人在使用自己的姓名时,不得故意造成姓名权冲突,否则将构成对他人姓名权的侵害。例如,某人与某体育明星的姓名相同,如果其在商业广告中使用自己的姓名,并进行相关的误导性宣传,使社会公众误以为是该体育明星为相关产品或者服务代言。该行为就属于故意造成姓名权冲突,应当构成对他人姓名权的侵害,属于不当使用姓名权的行为。

(三)不得滥用姓名权

自然人的姓名权依法受法律保护,但权利人必须正当、合法地行使其姓名权,不得滥用姓名权损害他人利益和社会利益。滥用姓名权的范围非常广泛,诸如随意更改姓名造成权利义务关系混乱,以违背公共道德和善良风俗的方式允许他人使用自己的姓名,甚至非法转让自己的姓名等,都可构成滥用姓名权。严格地说,基于不正当目的的改名换姓也是一种滥用更名权的行为。一般来说,滥用姓名权的行为人主观上具有过错,在许多情况下表现为恶意(如为了重婚、偷税而更改姓名),在客观上均造成了危害他人和社会利益的后果,所以,对滥用姓名权的行为人应依法追究法律责任。个人虽然有权决定和变更自己的姓名,但不得滥用该权利。例如,张三因

---

① 参见《中国首份姓名报告出炉　全国有近30万个"伟"》,载 http://www.sohu.com/a/124013536_115092,最后访问日期:2018年9月29日。

与李四发生纠纷,将自己的姓名变更为李四父亲的姓名。该行为即构成滥用姓名变更权的行为。

(四)个人使用自己姓名不得损害他人的在先权利,也不得恶意与他人的姓名或者名称混淆

此种行为主要发生在姓名权商业化利用的情形,例如,个人在商业广告宣传中使用自己的姓名,故意与他人的姓名或者名称混淆,此种行为也属于不当使用自己姓名权的行为。例如,在"宝钢集团、宝钢股份与舞钢市宝钢金属材料有限公司侵犯商标专用权及不正当竞争纠纷案"中,宝钢集团是在同行业和普通消费者中具有较高知名度及良好商业信誉的大型国有企业,其品牌价值已为公众所认同,舞钢市宝钢金属材料公司称因其法定代表人名字中包含"宝钢"字样,因此,其在企业宣传中使用"宝钢"名称,后宝钢集团在法院提起诉讼,二审法院认为,舞钢市宝钢金属材料公司不得在其企业名称中使用"宝钢"字号。[①]

(五)姓名权的行使不得违反法律法规,不得违反公序良俗

姓名权作为一种民事权利,权利人应当遵循民事权利行使的一般规则,不得违反法律法规,不得违反公序良俗。在欧洲,一些国家如比利时等对父母为子女取名有严格的限制,认为给孩子取名不仅涉及其人格利益,也涉及公共利益,如果政府有关机构认为父母对孩子所取的名字不适当,可以拒绝登记。[②] 我国历来不认为姓名权是个人绝对自由的权利。因此,在对姓名权的相关内涵进行解释,尤其是在赋予个人对其姓名的命名权时,应当考虑我国特定的文化传统和道德伦理背景。因此,《姓名权立法解释》规定:"自然人行使姓名权,还应当尊重社会公德,不得损害社会公共利益。"

需要指出的是,上述情形只是对姓名权行使的几种限制,按照"法不禁止即自由"的私法基本原则,除上述情形外,个人应当有权自由行使其姓名权,他人不得非法干涉。

---

① 参见河南省高级人民法院(2013)豫法知民终字第39号民事判决书。

② See James Q. Whitman, "The Two Western Cultures of Privacy: Dignity Versus Liberty", *Yale Law Journal*, April, 2004.

第四节　侵害姓名权的行为

一、行为人实施了干涉、盗用、假冒行为

《民法通则》第99条规定,公民享有姓名权,禁止他人干涉、盗用、假冒。可见,侵害姓名权的行为主要表现为如下几种。

(一)干涉他人决定、使用和变更姓名

干涉他人行使姓名权是指行为人干涉他人行使姓名权,如干涉他人使用自己的姓名,或者干涉他人改变自己的姓名。干涉行为既包括干涉他人使用真名,也包括干涉他人使用笔名、艺名等。从审判实践来看,干涉行为主要有如下几种。

第一,干涉养子女决定、使用和变更姓名。自然人被他人收养以后,从收养方的姓氏是符合法律规定的,但养子女一旦成人,即为完全行为能力人,应有权决定自己的姓名。如果养子女在成年以后要求改变自己的姓名,只要符合户籍管理的规定,应予准许,任何人包括养父母均不得干涉。对于未成年的养子女应从养父母还是生父母的姓氏,在实践中经常发生纠纷。根据我国《收养法》第24条规定,“养子女可以随养父或者养母的姓,经当事人协商一致,也可以保留原姓”。如果当事人之间无协议是否可保留原姓?笔者认为,从《收养法》第24条规定来看,当事人之间的协商应为特殊规定,若当事人之间无特别协议,则应从养父母姓氏,而不应从原姓。这一立法精神也是符合我国民间习惯的。所以,对已被他人收养的未成年子女,生父母不得以任何借口强行要求其子女从其姓氏。

第二,干涉被监护人决定和使用其姓名。如前所述,无行为能力的自然人的姓名应由其监护人决定,限制民事行为能力的自然人决定自己的姓名应征得其监护人同意。如果未成年人的监护人与未成年人在命名上发生争执,应该尊重监护人的意见,因为在此情况下,未成年人的自我命名权是受限制的。在未成年人成年以后,其自然取得自我命名权,如果原监护人对该成年自然人行使姓名权加以干涉的,可构成侵害姓名权。

应当指出，夫妻离婚以后，未成年子女由父母一方监护，该未成年子女的姓名权应由监护一方代为行使或征得监护一方同意，没有实际监护权的一方无权干涉。但监护一方是否有权在不征得对方及子女本人同意的情况下，擅自更改未成年子女的姓名，值得研究。一种观点认为，姓名只是一种符号，抚养子女的一方更改未成年子女的姓名（如把未成年子女的姓氏改为再婚后的丈夫或妻子的姓氏）是合法的，不构成侵权。另一种观点认为，抚养子女的一方擅自更改未成年子女的姓名是不合法的。笔者认为，离婚之后，虽然未成年子女由父母一方抚养，但在父母双方均健在的情况下，扶养一方不能单方面决定未成年子女的姓名，应当与未成年的生父或其生母协商决定姓名的更改，擅自将未成年子女的姓氏改为生父母以外的他人的姓氏，也可能侵害亲生父母的命名权。

第三，干涉他人使用与自己相同的姓名。在我国，只要自然人不是出于某种不正当目的而取与他人相同的姓名，故意造成姓名权冲突，则任何人无权干涉自然人取何姓名。例如，被告人王某强迫同村的两个与其姓名相同的人更改姓名，表面上是为了避免姓名权冲突，实际上已构成对他人姓名权的侵害。有学者认为，故意重名的，应认定为侵害名誉权。[①] 笔者认为，虽然为获取某种不当利益而故意重名可能会侵害他人的名誉权，但主要还是侵害了姓名权。

需要特别指出的是，自然人享有选择自己姓氏的权利。未成年时，自然人的法定监护人享有为其选择姓氏的权利。例如，在某个案件中，林某用的是母姓，他希望自己的儿子能够沿袭祖姓，随其祖父姓郭。但是，在他办理自己儿子的户口登记时被警方告知，孩子只能随父姓或母姓，不能姓其他姓氏。公安机关的理由是，按照婚姻法的规定，自然人可以随父姓或者随母姓，所以，必须随父姓或者随母姓。[②] 笔者认为，婚姻法的规定只是提示性的规定，而非必须随父姓或者母姓。只要法律不禁止，自然人应享有选择姓氏的权利。

（二）盗用他人姓名

盗用他人姓名是指未经他人同意或授权，擅自以他人名义实施

---

① 参见张新宝：《中国侵权行为法》（第2版），中国社会科学出版社1998年版，第290页。

② 参见《新生儿为姓名权状告公安局》，载《北京晚报》2004年8月25日。

有害于他人和社会的行为。例如，盗用他人的姓名领取不合法的收入，在罚款通知单上签上他人的姓名，以某电影演员的名义向某运动员写求爱信以欺骗和愚弄对方，盗用他人姓名作为企业负责人的姓名[①]等。但盗用他人姓名，也可能并没有造成对原告的重大损害。例如，在杨某诉程某侵害姓名权案中，被告顶替原告教师资格等身份证明，被判令承担侵权责任。[②] 再如，在“李某与被上诉人建昌县农村信用合作联社姓名权纠纷一案”中，法院认为，本案中上诉人的姓名被他人非法使用，因贷款没有及时偿还，被银行系统记有不良贷款记录。因此，已构成对姓名权的侵害。[③] 盗用他人姓名也可能被不法行为人作为诈骗的手段，如私刻他人印章从事诈骗活动，以某人的名义向其家属发电报要求汇款以诈骗他人钱财等，此种盗用他人姓名的行为已构成犯罪。盗用他人姓名，行为人通常出于某种不正当目的（如欺诈、报复、获取非法所得），行为的结果直接损害了他人的利益或社会公共利益。由于在盗用他人姓名的情况下，行为人以他人的名义从事不法行为，因此也常常构成对他人名誉权的侵害。

（三）假冒他人姓名

假冒是指冒名顶替。换言之，是指冒充他人进行活动。例如，未经他人同意，在自己作品的“序”中署上他人的姓名，擅自在招生广告中使用某个名教授的姓名，擅自在自己的美术作品上标上他人的姓名等。在著名的“齐玉苓案”中，就涉及假冒他人姓名入学。[④] 在冒充他人姓名的情况下，侵权人常常利用他人对知名人士的崇敬、羡慕、信任，使用某知名人士的姓名从事各种活动。在实践中，利用与他人同姓名的条件冒充他人实施行为，利用与他人姓名容易相混的条件冒充他人，以及利用他人的身份和名义从事某种行为，也应认为属于假冒行为。例如，被告牛某与原告黎某因工作上发生

---

① 参见“陈永彝诉湛江经济技术开发区耀华建筑装饰工程公司侵害姓名权纠纷案”，广东省湛江经济技术开发区人民法院民事判决书（2001）湛开法民初字第13号。

② 邓州市人民法院（2010）邓法民初第547号民事判决。

③ 参见辽宁省葫芦岛市中级人民法院（2011）葫民一终字第00021号民事判决书。

④ 参见最高人民法院中国应用法学研究所编：《人民法院案例选》（总第33辑），人民法院出版社2002年版，第97页。

矛盾,被告为图报复,遂以患儿葛某的家长名义,书写指责原告错发药品致患儿葛某服药后产生不良反应的匿名信,致原告受到精神损害,并影响了其技术职称晋升。[①] 笔者认为,在本案中,尽管被告没有使用葛某父母的真实姓名,但其采用“葛某的父母”之表述方法,而“葛某的父母”与葛某父母的姓名,是密切联系不可分的。社会一般人在此情况下都会认为,二者表述为同一人。盗用、假冒葛某父母的名义与直接盗用、假冒葛某父母的姓名,并不存在本质的区别。因此,被告的行为也构成了对葛某父母姓名权的侵害。但是,如果行为人不是利用某个特定人的身份或名义,而是以一群人、不特定的多数人的名义从事某种行为,不能视为假冒姓名权的行为。

假冒他人姓名与盗用他人姓名一样,都是非法利用他人姓名并侵害了权利人的姓名权,但两者之间存在一定的区别。盗用的结果常常直接损害了被盗用者的利益,而假冒则是使用他人的姓名从事某种民事、经济及其他活动,假冒者的目的常常并不是直接损害被假冒者的利益,只是为了谋取个人的非法所得。例如,在“韩某诉韩某姓名权纠纷案”中,法院认为,被告因赌博在被公安机关查获处理过程中冒用原告的姓名,侵犯了原告的姓名权,应承担相应的民事责任。[②] 此案被告的行为应被认定为盗用行为而非冒用行为。当然,假冒的结果也可能损害被假冒者的利益。但是如果假冒他人姓名旨在侵害他人著作权,则应当认定为侵害他人著作权的行为,而不宜作为侵害姓名权处理。[③]

假冒他人姓名也可能是为了愚弄他人或者恶意侵害他人,但行为人可能并未从中获取利益,此种行为也构成对他人姓名权的侵害。《民法通则意见》第 149 条规定,“盗用、假冒他人名义,以函、电等方式进行欺骗或者愚弄他人,并使其财产、名誉受到损害的,侵权人应当承担民事责任”。例如,在“薛某诉张某国际互联网络侵犯姓名权案”中,薛某收到美国密执安大学教育学院通过国际互联网

---

① 参见中国高级法官培训中心:《疑难案例评析》,中国政法大学出版社 1992 年版,第 229 ~ 230 页。

② 参见杭州市萧山区人民法院(2014)杭萧民初字第 227 号民事判决书。

③ 参见《最高人民法院关于范曾诉盛林虎姓名权纠纷案的复函》[1990 年 11 月 5 日(1989)民他字第 55 号]。

络发来的为其提供1.8万美元奖学金的电子邮件。张某假冒薛某姓名,利用国际互联网络向密执安大学发出一封电子邮件,谎称薛某已接受其他学校邀请,拒绝了密执安大学,导致薛某失去了赴美国深造的机会;造成其经济、精神损失,构成侵害姓名权。①

假冒他人笔名、艺名、别号、乳名等是否构成侵权,则应视这些名称是否可以代表他人而定。由于这些名称毕竟不同于自然人在户口簿、身份证上所记载的真实姓名,所以,只有在这些名称为周围的人所熟知,并被人们认为是特指某个特定的人的情况下,才可认为是假冒该人的姓名。至于剽窃、抄袭他人的作品,擅自在他人作品上署名,未经合作者许可而将与他人合作创作的作品当作自己单独创作的作品发表等行为,应认为构成对他人著作权(包括署名权、发表权等)的侵害,而不应视为侵害姓名权。

(四)侵害姓名权的其他行为

除上述侵害姓名权之外,还存在其他一些类型。比较典型的行为是在小说以及其他文学作品中使用他人姓名或与他人姓名相似的姓名,只要可以确定指向某特定人,亦可构成对他人姓名权的侵害。例如在胡冀超、周孔昭、石达成诉刘守忠、《遵义晚报》社侵害名誉权纠纷案中,②被告与三位原告不和,被告为图报复,遂在其撰写的长篇历史纪实小说《周西成演义》中,描写了贩毒者胡冀昭、妓院老板周孔超、地痞石述庭三个人物,这三个人物不但与三个原告同姓,而且名字中的两个字或相似或为谐音字。三个人物形象的许多特征描写分别与三个原告相同或相似。被告将这三个人物描写得十分丑恶。该小说发表以后,熟悉三原告的读者一看便知道作者是在侮辱、丑化三原告。③ 笔者认为,被告为图报复,在其创作的小说中,采取姓相同名相近、体型外貌等突出特征相似的方法把作品中的三位人物与三位原告联系起来加以丑化,不仅侵害了原告的名誉权,而且还可视为盗用了他人的姓名,构成对原告姓名权的侵害。

司法实践中,经常出现许多因为侵犯他人姓名权而有损他人名

---

① 参见北大法宝[法宝引证码]CLI. C. 26853。

② 参见《最高人民法院公报》1992年第2期。

③ 参见《最高人民法院公报》1992年第2期。

誉的行为，对此种行为，司法实务主要存在如下两种观点：一种观点认为，出现此种情况，应当按照姓名权处理。例如，江苏省南京市中级人民法院在“张某凤与陈某友侵犯姓名权纠纷上诉案”中就认为“鉴于张某凤名誉受到影响是因陈某友侵害张某凤姓名权所致，陈某友侵权行为基本特征最突出的方面体现为侵害姓名权，故本案案由应定侵犯姓名权为宜”。[①] 另一种观点认为，此种情形应当按照名誉权侵权处理。例如，有法院认为由侵犯姓名权引发的对他人名誉侵犯的行为，应当同时认定对姓名权和名誉权的侵犯，比如新疆维吾尔自治区乌鲁木齐市中级人民法院在“中国工商银行股份有限公司新疆维吾尔自治区分行营业部与黄某等姓名权纠纷上诉案”中就持该立场。[②] 笔者认为，在擅自利用他人姓名导致他人社会评价降低的情形下，应当同时构成对他人姓名权和名誉权的侵害，权利人可以选择依据姓名权或者名誉权提出请求。

二、侵害姓名权的责任承担

在侵害姓名权的情况下，德国学者大都认为，姓名权属于《德国民法典》第 823 条规定的“其他权利”，因而侵害姓名权而获得利益的，可以根据《德国民法典》第 812 条的规定请求不当得利返还。[③] 但笔者认为，姓名权是一种人格权，绝大多数侵害姓名权的行为并不一定造成经济损失，而主要是一种精神上的损害，对此不能完全用不当得利制度来解决。根据《民法通则》第 120 条的规定，侵害姓名权，受害人可以要求加害人停止侵害、消除影响、赔礼道歉，并可以要求赔偿损失。此处所说的赔偿损失，主要指精神损害赔偿。若侵害姓名权造成受害人财产损失的，受害人亦可要求赔偿财产损失。例如，在“赵江诉赵江（刘联合）、赵芳姓名权纠纷案”中，被告冒用原告的姓名及身份信息，领取集体经济组织分配的各种收益，

---

① 江苏省南京市中级人民法院（2000）宁民终字第 964 号民事判决书。

② 参见新疆维吾尔自治区乌鲁木齐市中级人民法院（2010）乌中民一终字第 453 号民事判决书。

③ 参见［德］卡尔·拉伦茨：《德国民法通论》（上册），王晓晔等译，法律出版社 2003 年版，第 169 页。

这就是侵害姓名权涉及财产损失的情形，法院认为应当予以支持。[①]

侵害姓名权的损害赔偿责任，要兼顾到姓名权商业利益的实现。姓名权具有一定的财产价值，也能够被商业化利用，因此，侵害姓名权应当考虑受害人的财产损失。只有这样，才能对受害人在姓名权遭受侵害以后提供充分的救济。

---

① 参见《赵江诉赵江（刘联合）、赵芳姓名权纠纷案》，载最高人民法院中国应用法学研究所编：《人民法院案例选》2011 年第 4 辑，人民法院出版社 2011 年版，第 93 页。

第十四章　名　称　权

第一节　名称权的概念和性质

一、名称权的概念和法律特征

名称权是法人以及其他非法人组织对其用以确定和代表自身并区别于他人的符号和标记所享有的权利。与姓名权类似，名称权的主要功能在于区分不同类型的法人与非法人组织，从而便于相关主体开展活动。名称是社会组织表征自己主体资格的字号，是某个组织区别于其他组织的外在标志。由于名称并不受团体成员变动的影响，从这一意义上说，名称权也具有一定的“专属性”。[①] 有观点认为，法律之所以要保护法人的人格权，主要是为了保护“自然人以团体的形式而存在的人格利益”。[②] 笔者认为，此种观点并不妥当，因为法人和非法人组织作为法律上的实体，本身有自己独立的人格，应当有自身的标识，使其与其他主体能够相区分。所以，非经权利人同意，其他主体不得使用，对名称的非法利用，也会造成他人人格利益的损

---

① 参见房绍坤、曹相见：《法人人格权的立法论分析》，载《山东社会科学》2016 年第 12 期。

② 参见薛军：《法人人格权理论的展开》，载《上海财经大学学报》2011 年第 6 期。

害。因此,保护法人和非法人组织的名称权,主要是为了保护其与其他法人、非法人组织相区分而产生的人格利益。

改革开放以后,我国颁布了有关的法规和规章,对企业名称权的管理作出了相应的规定,1986年《民法通则》第一次在“人身权”一节中专门规定了名称权,该法第99条第2款规定:“法人、个体工商户、个人合伙享有名称权,企业法人、个体工商户、个人合伙有权使用、转让自己的名称。”该条规定的特点在于:一是将名称权界定为独立的人格权,而非财产权。二是确认了名称权不仅为法人享有,而且非法人团体,如个人工商户、个人合伙,也享有名称权。三是确认名称权可依法转让。《民法通则意见》第141条对盗用、假冒他人名称的侵权行为作出了规定;第150条和第151条对侵害名称权的损害赔偿责任作出了规定。为贯彻落实《民法通则》关于保护名称权的规定,国务院在1988年颁布了《企业法人登记管理条例》,1991年颁布了《企业名称登记管理规定》,对企业名称的登记、管理等相关问题作出了细化规定。1993年颁布的《反不正当竞争法》第5条将擅自使用他人企业名称的行为认定为不正当竞争行为,将名称权纳入《反不正当竞争法》的调整范围。1993年颁行的《公司法》中多个条款都对公司的名称作出了规范。1994年颁行的《公司登记管理条例》对公司的名称权作出了细化规定。2007年,最高人民法院颁行了《关于不正当竞争民事案件应用法律若干问题的解释》,该司法解释第6条对企业名称的具体认定作出了规范。此外,《合伙企业法》《个人独资企业法》《商标法》等也对名称权的保护作出了规定。因此,名称权不仅受民法保护,也受到《公司法》《反不正当竞争法》等相关特别法的保护,而民法主要从名称权作为权利人人格权的角度进行确认和保护。

《民法总则》第110条第2款规定:“法人、非法人组织享有名称权、名誉权、荣誉权等权利。”该条进一步确认了法人、非法人组织享有名称权。民法典分编草案在《民法总则》规定的基础上,于第792条第2款确认了法人、非法人组织的名称权,第796条规定了名称权的变更和转让,并要求“民事主体决定、变更自己的姓名、名称,或者转让自己的名称的,应当依法向有关机关办理登记手续,但是法律另有规定的除外”。第797条规定了简称也受名称权规则的保护。上述条文从民事基本法的层面确立了名称权的基本规则，并明确了名称权的保护范围，将为人民法院解决名称权纠纷提供了基本依据。

我国《民法通则》在“人身权”一节（第五章第四节）中规定了法人等享有的“名称权”，并把“名称权”和自然人的“姓名权”合并在一起规定。由此可见，立法者承认“名称权”和“姓名权”一样，在性质上为人身权。由于名称权和姓名权一样都是表征主体的身份特征，都属于标表性的人格权，所以也有学者认为，法人、个体工商户和个人合伙的名称权在性质上与自然人的姓名权无异。姓名与人格不可分离，“无论是自然人或法人均享有姓名权，自然人叫姓名权，法人叫名称权”。[①] 我国台湾学者也大多主张，应将法人的名称权解释为姓名权，根据民法对自然人姓名权的方式保护法人的名称，对被害人较为有利。[②] 笔者认为，名称权不同于姓名权。姓名是自然人的人格标志，是专属于自然人的人格利益。诚然，我国《民法通则》是将名称权和姓名权置于同一条文（第99条）中加以规定的，但这并不意味着两者在性质上完全相同。前面所述的名称权的特征已经表明，名称权和姓名权存在诸多的区别，前者不能为后者所概括。名称权的特征主要有以下几点。

第一，名称权的主体是法人、非法人组织。名称是法人、非法人组织所享有的称呼。名称权与姓名权不同，姓名权的主体是自然人，因为姓名是自然人的人格标志，是专属于自然人的人格利益，法人和非法人组织无法享有姓名权；而名称权的主体则是法人和其他组织，自然人无法享有名称权。《民法总则》第110条第2款对法人和非法人组织的名称权作出了规定，法人名称权和非法人组织适用的法律规则不同，法人名称权的保护除适用《民法总则》外，主要适用《公司法》等法律，而非法人组织名称权的保护则主要适用《民法总则》等法律。非法人组织名称包括合伙企业名称权和个人独资企业名称权等。

---

① 曹康：《人身权基本知识》，天津大学出版社1990年版，第25页。

② 参见曾隆兴：《现代损害赔偿法论》，台湾泽华彩色印刷事业有限公司1996年版，第50页。

第二，名称权的客体是名称。法人、非法人组织的简称虽然也是法人、非法人组织的称谓，但简称不同于名称，并非所有的简称都能受到法律的保护，只有在符合一定的条件下，简称才能受到名称权规则的保护。

第三，名称权的取得、变更、转让需要经过登记。名称权原则上需要经过有关机关核准登记才能产生，姓名权则不需要在工商管理机关进行核准登记就能产生。我国《企业法人登记管理条例》第10条规定："企业法人只准使用一个名称，企业法人申请登记注册的名称由登记主管机关核定，经核准登记注册后在规定的范围内享有专用权。"依据该规定，企业名称只有经过登记才能取得名称权，法律上对企业名称也有特殊的要求，个人独资企业对其名称享有名称权。《个人独资企业法》第8条规定："设立个人独资企业应当……有合法的企业名称。"该法第11条规定："个人独资企业的名称应当与其责任形式及从事的营业相符合。"

第四，名称权具有独特性。依据《企业法人登记管理条例》第10条的规定，"企业法人只准使用一个名称"。与自然人不同，自然人可能有多个姓名，可能有别名、艺名等，但企业可能有简称，不可能有其他类型的称呼。

第五，名称权具有财产属性和人格属性。名称权不同于姓名权，虽然姓名权中也同时包含精神利益和经济价值，但其主要是一种精神性的人格权，在侵害姓名权的情形下，权利人有权请求行为人承担精神损害赔偿责任和财产损害赔偿责任。名称权则具有较为突出的财产属性，其经济价值可以用货币进行评估，并且可以依法转让。名称权又称为商事人格权，与人格尊严保护并不相关，也正是这一原因，在名称权遭受侵害的情形下，行为人侵害的主要是法人、非法人组织的人格标识利益，权利人遭受的通常是财产损失，而不包括精神损害。[①] 同时，姓名权具有很强的人身专属性，权利人虽然可以许可他人使用其姓名权，但不得转让其姓名权；而名称权的人身专属性较弱，权利人既可以许可他人使用其名称，也可以将

---

① 参见樊涛：《我国民法典的制定与商事规范的构建》，载《法学杂志》2016年第11期。

其名称权转让。

需要指出的是，营利性法人以及合伙企业的名称权在遭受侵害后，也可以受反不正当竞争法的保护，但除此之外，还有大量的非营利法人，其本身并不从事经营活动，对此类名称权的侵害，无法通过反不正当竞争法予以保护，只能借助名称权的保护规则对其进行保护。在非营利法人的名称权遭受侵害后，权利人虽然也可能遭受一定的财产损失，但多数情形下，权利人并不遭受财产损失，此时可以通过其他侵权责任承担方式对权利人进行救济。例如，在“浙江大学与浙江大学科慧软件有限公司侵犯名称权纠纷案”中，被告在其名称中使用了原告的名称，法院认为，“被告的行为客观上给原告的名称权造成了侵害，主观上存在过错，应依法承担相应的侵权责任。原告有权排除被告使用‘浙江大学’名称，其要求被告立即停止名称侵权并办理工商变更登记手续的诉讼请求应予支持”。[①] 在该案中，原告浙江大学并不是营利法人，在其名称权遭受侵害的情形下，法院就采取了赔偿损失之外的责任方式对其进行救济。

二、字号与名称

字号又称商号，它是商业主体依法申请登记、用以表示自己营业的名称，亦即商业主体在营业上所使用的名称。[②]《企业名称登记管理规定》第 7 条将商号等同于字号。例如，一些企业以“兴旺”“鸿发”为名，这些都属于企业名称中的商号部分，尤其是一些老字号企业(如瑞蚨祥、全聚德等)甚至直接以其字号对外进行日常经营活动。字号具有如下几个特征：第一，字号是经营者的外部标记。字号就是个体工商户为其商店、工厂等所起的名称，它是经营者的一个外部标记。如“×××酒店”“×××理发店”等，但经营者的姓名代表的是酒店、理发店，而不是自然人个人，所以，个体工商户的字号与自然人的姓名是不同的。无论个体工商户的经营规模、经营范围如何，都可以起字号，也可以根据具体情况不起字号。拥有字号的个体工商户以字号的名义与他人之间形成民事法律关系，由

① 参见杭州市西湖区人民法院民事判决书，(2010)杭西知初字第 174 号。

② 参见刘清波：《商事法》，台湾商务印书馆 1986 年版，第 31 页。

此产生的一切权利义务均由个体工商户承担。第二,字号通常是企业名称的核心组成部分。《企业名称登记管理规定》第7条第1款规定:“企业名称应当由以下部分依次组成:字号(或者商号)、行业或者经营特点、组织形式。”

应当看到,企业名称与字号有密切联系,依据《企业名称登记管理规定》第7条第1款和《企业名称登记管理实施办法》第9条的规定,企业名称一般应当由行政区划、字号、行业、组织形式依次组成。从该规定来看,字号本身是企业名称的重要组成部分,同时,对同一行政区划内的企业而言,其行业、组织形式等可能具有很大的相似性,难以成为区分不同企业的标志,因此,字号是某一企业区别于其他企业的核心标志,可以说是企业名称的核心组成部分。但并不能将字号与企业名称等同,主要原因如下。

第一,二者的主体不同。字号通常指营利性企业的名称,即以营利为目的的法人和非法人组织,当然,依据《民法总则》的规定,个体工商户也可以取字号。[①] 而名称权的主体除此之外还包括公法人、财团法人、非营利社团法人等非商事主体。换言之,公法人、非营利法人都享有名称权,但并没有商号权。[②] 可见,并非所有有名称的主体都有字号,而有字号的企业都必然有名称。

第二,二者的表现形式不同。《企业名称登记管理规定》第7条第1款的规定,就营利性法人而言,字号是指其企业名称中的核心字段,依据规定,名称除了包括字号外,还应当包括行业或者经营特点、组织形式等内容。例如,从事商业经营的企业通常要用“商贸集团”的名称,而从事房地产开发的企业名称中通常要体现“地产”这一行业特点。但对字号而言,通常并无此种要求,依据《企业名称登记管理规定》第10条的规定,私营企业甚至可以使用投资人姓名作为字号,例如,“王麻子剪刀”这一名称中就使用了“王麻子”为字号。

第三,是否需要登记不同。企业名称应当登记,非经登记不能

---

① 《民法总则》第54条规定:“自然人从事工商业经营,经依法登记,为个体工商户。个体工商户可以起字号。”

② 杨立新等:《〈中国民法典·人格权编〉草案建议稿的说明》,载王利明主编:《中国民法典草案建议稿及说明》,中国法制出版社2004年版,第334页。

取得,且法律上对名称的使用有明确的要求和规范,字号则并不要求必须登记,[①]而且法律也未对个体工商户的字号使用规则作出细化规定。

第四,保护程度不同。依据《反不正当竞争法》第6条第2项的规定,"擅自使用他人有一定影响的企业名称(包括简称、字号等)、社会组织名称(包括简称等)、姓名(包括笔名、艺名、译名等)","引人误认为是他人商品或者与他人存在特定联系"的,构成不正当竞争。依据该条规定,擅自使用他人的名称,引起混淆的,构成不正当竞争。擅自使用他人名称中的字号是否构成不正当竞争?一种观点认为,依据该条规定,擅自使用企业名称构成不正当竞争的,应当使用完整的名称,如果只是使用字号或者简称,不应当成立该条所规定的不正当竞争。[②] 另一种观点认为,擅自使用他人的字号,也可能构成不正当竞争。[③] 从司法实践来看,对擅自使用他人字号是否构成不正当竞争,法院的做法并不统一。例如,在"蜜雪儿服饰(北京)有限公司诉上海蜜雪儿服饰有限公司不正当竞争纠纷案"中,法院认为,"字号显然是企业名称中最具区别特征的组成部分,但按照《企业名称登记管理规定》,字号也仅仅是企业名称的一个组成部分,并不等同于企业名称本身"。[④] 在该案中,法院认为,字号并不同于名称,对企业字号的使用也不能产生与使用企业名称相同的法律后果。笔者认为,擅自使用他人名称中的字号是否构成不正当竞争,仍应具体分析,尤其应考虑是否足以使他人误以为是他人商品或与他人存在联系。

三、简称

所谓简称,是指法人和非法人名称的简要称呼,也可以说是法人和非法人组织名称的缩减。例如,中央电视台简称"央视",阿里巴巴简称"阿里"。许多法人、非法人组织的简称具有一定的社会知

---

① 参见杨立新:《人身权法论》,中国检察出版社1996年版,第442~443页。

② 参见李友根:《论企业名称的竞争法保护——最高人民法院第29号指导案例研究》,载《中国法学》2015年第4期。

③ 参见邵建东:《竞争法教程》,知识产权出版社2003年版,第73页。

④ 北京市第一中级人民法院民事判决书,(1997)一中知初字第71号。

名度,能够为相关公众所知悉,应当受到法律保护。例如,“腾讯”“阿里”“清华”等都是相关主体的简称,为社会公众广泛了解,应当受到法律保护。我国也发生了一些法人简称纠纷。例如,泸州医学院改名为四川医科大学后,即与四川大学就“川医”的简称发生了争议,因为四川大学认为,“四川医科大学”的简称易与华西医科大学(2000年9月已并入四川大学)历史曾用名“四川医学院”的简称“川医”混淆。①

我国现行立法并没有就简称的保护作出规定。民法典分编草案第797条规定:“具有一定社会知名度、为相关公众所知悉的笔名、艺名、网名、简称、字号等,被他人使用足以致使公众混淆的,与姓名和名称受同等保护。”该条将简称纳入名称权的保护范围,对于保护法人、非法人组织的利益具有重要意义,尤其是在制止不正当竞争行为方面具有极其重要的价值。简称在性质上并不属于名称,因此无法直接适用名称权的保护规则,但与名称一样,简称也可以起到标识法人、非法人组织的作用,因此,也应当受到法律保护。在他人盗用、冒用法人、非法人组织的简称时,权利人应当有权请求行为人承担侵权责任。简称受到法律保护的条件主要包括如下几个方面。

第一,简称的主体是法人和非法人组织。自然人姓名也可以简单称呼,例如,某人的姓名为“李徐舟夫”,其简称为“李徐”,在此情形下,“李徐”应当被界定为别名,而不是简称。简称的主体只能限于法人和非法人组织。因此,民法典分编关于简称保护的规定并不适用于自然人,仅适用于法人和非法人组织。

第二,具有一定的社会知名度、为相关公众所知悉。并不是所有的简称都应当受到法律的保护,只有那些具有一定社会知名度、为相关公众所知悉的简称,才能受到法律保护。除简称外,法人、非法人组织名称中的字号、徽标等,如果具有一定的知名度、他人使用足以导致公众混淆的,才受到法律保护。例如,在“天津中国青年旅行社诉天津国青国际旅行社擅自使用他人企业名称纠纷案”中,法

① 参见《川大致函反对泸州医学院更名　教育部:正处理更名争议》,载《中国青年报》2015年6月18日。

院认为,“对于企业长期、广泛对外使用,具有一定市场知名度、为相关公众所知悉,已实际具有商号作用的企业名称简称,也应当视为企业名称予以保护。经营者擅自将他人的企业名称或简称作为互联网竞价排名关键词,使公众产生混淆误认,利用他人的知名度和商誉,达到宣传推广自己的目的的,属于不正当竞争行为,应当予以禁止”。[①]

第三,简称可能由多个主体享有。这一点在高校的简称中特别突出。如“南大”是南京大学的简称,但同时也是南开大学、南昌大学的简称;“海大”可以是海南大学、广东海洋大学、中国海洋大学、大连海事大学等学校的简称。在具体纠纷中,法院应当根据侵权人所使用的范围以及特定地域来判断是否构成侵权。虽然同一简称可以为多个主体享有,但各个主体不得恶意使用简称,使用简称时也不得故意与其他主体的名称或者简称发生混淆、进行不正当竞争。例如,在“山东起重机有限公司与山东山起重工有限公司侵犯企业名称权纠纷案”[②]中,最高人民法院认为,对于具有一定市场知名度、为相关公众所熟知并已实际具有商号作用的企业或者企业名称的简称,可以视为企业名称。如果经过使用和公众认同,企业的特定简称已经为特定地域内的相关公众所认可,具有相应的市场知名度,与该企业建立起了稳定联系,已产生识别经营主体的商业标识意义,他人在后擅自使用该知名企业简称,足以使特定地域内的相关公众对在后使用者和在先企业之间发生市场主体上的混淆,进而将在后使用者提供的商品或服务误认为在先企业提供的商品或服务,造成市场混淆,在后使用者就会不恰当地利用在先企业的商誉,侵害在先企业的名称权,也属于不正当竞争行为。

四、法人名称权和法人分支机构的名称权

法人名称权是指法人对其名称所依法享有的权利。法人分支机构的名称权则是指法人在业务上所设立的分支机构对自己的名

---

① 《最高人民法院公报》2014 年第 12 期。

② 最高人民法院(2008)民申字第 758 号民事裁定书,载《最高人民法院公报》2010 年第 2 期。

称所享有的权利。根据我国有关法律和司法实践，经该企业的申请及有关部门的批准，通过开业登记领取营业执照后，分支机构便取得经工商行政管理机关核准使用的企业名称的专用权。不具备独立主体资格的法人分支机构不能独立地决定、使用或者转让自己的名称，因此不享有完整的名称权。但它们对外使用的名称(如“××分厂”“××分公司”)则应受到法律保护，任何人冒用、盗用这些名称，法人的分支机构可以向不法行为人提出停止侵害、赔偿损失等请求，并可以要求人民法院予以保护。根据我国《企业名称登记管理规定》第14条的规定，企业设立分支机构的，分支机构的名称应当符合下列规定：第一，在企业名称中使用“总”字的，必须下设三个以上分支机构。例如，登记设立某某房地产总公司，使用总公司的名称，必须在设有三个以上分支机构时才能使用。第二，当所设立的分支机构不能独立承担民事责任时，其企业名称应当冠以其所从属企业的名称，缀以“分公司”“分厂”“分店”等字样，并标明该分支机构的行业和所在地行政区划名称或者地名。第三，具有法人资格的法人分支机构，对其使用的法人分支机构的名称依法享有专用权，并可以使用其所从属法人名称中的字号。例如，某分公司既可以使用自己的名称，也可以使用其所从属的母公司的名称，在使用母公司的名称时，对于善意相对人，母公司应当承担责任。

第二节　名称权与商标权

商标是指商品或者服务的提供者在其提供的商品或服务上采用的、用于区别其来源的具有显著特征的标志。商标权则是指权利人对其商标所享有的民事权利，商标注册人享有商标专用权。关于名称权与知识产权尤其是商标权的关系，日耳曼法学派的代表人物科勒(Kohler)区分了基于人的意识形成的知识财产(如版权和专利权)和人格权，指出人的智力创造成果与其主体是相互独立的，这些创造物应成为一类独立的权利，其权利客体不是作者的人格，而是独立于作者存在的创意本身。科勒将一般性人格权视作一项权利，认为人格利益是具有不可侵性的人格的表现形式。[1] 但科勒承认了商标、商号等客体是人格权的客体。当然,也有学者持不同观点,如埃尔茨巴赫(Eltzbacher)认为,商标和商号不属于人格权法的涵摄范围,因为人格权法应该仅仅处理与人格不可分割的那些利益。[2]

名称权与商标权之间关系密切:一方面,它们都具有专有性,权利人对其名称或商标都依法享有专有使用权,任何人未经权利人同意不得非法利用他人的名称或商标。另一方面,它们都具有标表性,名称或者商标能够使某一企业与其他企业,或者某一企业的商品、服务与其他企业的商品、服务区别开来,避免混淆,因此,它们都具有"区别功能、来源功能、质量功能、广告宣传功能",[3]这也是交易公开性的必然要求。尤其应当看到,两者可能互有交叉。例如,用于包装纸上的企业名称同时起着商标的作用;挂于店前的字号匾,也可以作为服务标记。在现实生活中,知名企业为了便于更好地对外宣传,经常会保持其名称和商标的同一性,例如麦当劳、肯德基等企业的名称和商品的商标就具有同一性。一些企业也可能在不了解他人名称的情况下作为自己的商标注册,这也可能造成消费者在识别上的混淆,基于此,许多企业也会主动将自己的名称和商标保持同一。由于企业名称也具有无形性、专有性、地域性等特点,所以一些国家将名称权置于知识产权法中予以保护,例如美国1946年的《兰哈姆商标法》对商标和商号实行知识产权保护。有关工业产权的国际条约已将名称权作为工业产权加以保护,表明名称权在性质上为工业产权。[4]

即使某些名称可作为商标注册,但名称和商标仍然是不同的,从性质上说,名称权并非商标权。两者的区别主要表现在如下几个方面。

第一,享有的主体不同。名称权可以为各种社会组织所享有。只要社会组织可以以自己的名义从事法律行为,就应具有自己的名称,这些名称也应受到法律的保护。即使是不生产产品和不从事发

---

① Kohler, Urheberrecht an Schriftwerken und Verlagsrecht, 1907, S. 441ff.

② Von Bar, The common European law of torts, Vol. 2, OUP Oxford, 2000, p. 61.

③ 参见张丽霞:《论商号和商号权》,载《法律科学》1996年第4期。

④ 参见《保护工业产权巴黎公约》第8条。

明创造的社会组织也应享有名称权。而对于商标权来说,只有那些从事商品生产、服务提供的组织才有可能获得。

第二,标表的对象不同。名称是用来区别某一企业与其他企业的符号,而商标则是用来区别商品或服务的标志。每个企业均具有自己的名称,但不一定有登记注册的商标。对企业名称的保护也仅限于名称,不及于企业的产品,企业将其名称作为商标注册,实际上该名称已转变为商标。

第三,构成条件不同。法律并不要求名称具有显著特征,两个企业使用相近的名称也不一定构成侵权。但商标却要求有显著性,《商标法》第9条规定:"申请注册的商标,应当有显著特征,便于识别,并不得与他人在先取得的合法权利相冲突……"这就是说,商标使用的文字、图形或其组合,应当有显著特征,便于他人识别。同时,任何企业均不得将与他人注册商标近似的文字、图形作为商品名称或者商品装潢使用,以免造成他人误认。

第四,组成要素不同。在形式上,企业名称通常以纯文字构成,根据《企业名称登记管理规定》第10条的规定,企业可以选择字号,且其字号应当由两个以上的字组成;而商标的形式则可以是多样的,可以是文字、图形的商标,也可以是立体的、音响的,甚至是气味的商标。

第五,保护的区域范围不同。在我国,企业名称目前仍然采用分区域保护的方式,在不同的行政区域,即使企业名称相同,仍可以登记并受到保护。经过登记的企业名称通常只在本行政区域内受保护。商标是全国性的,一旦注册成功即在全国范围内受保护。

第六,侵害形态不同。依据《商标法》的规定,侵犯注册商标专用权的行为主要有如下几种:未经商标注册人的许可,在同一种商品或者类似商品上使用与其注册商标相同或者近似的商标的;销售侵犯注册商标专用权的商品的;伪造、擅自制造他人注册商标标识或者销售伪造、擅自制造的注册商标标识的;未经商标注册人同意,更换其注册商标并将该更换商标的商品又投入市场的;给他人的注册商标专用权造成其他损害的。侵害名称权的行为主要是指非法利用他人的名称,具体来说包括盗用、冒用他人名称两种类型。受害人只要能证明其名称权被他人盗用、冒用,而加害人又不能证明其具有抗辩事由(如合法使用等),受害人就可以获得救济。此外,由于侵害名称权通常会损害受害人的名誉,故经常发生侵害名称权与侵害名誉权的竞合。

在司法实践中,经常会发生名称权和商标权的冲突,最典型的表现为如下几种情形。

一是将他人的名称作为自己的注册商标。例如在"中国书画装裱工艺学院诉朱某新侵犯企业名称权和注册商标专用权纠纷案"中,法院认为,原告中国书画装裱工艺学院对于其合法取得的企业名称和依法注册取得的"中国书画装裱工艺学院"商标,依法享有独占使用并禁止他人使用的专用权。被告朱某新曾经在原告处工作,离开原告后,仍然利用"中国书画装裱工艺学院山东分院"这一方式进行宣传和招生、培训,侵犯了原告对于其企业名称所享有的专用权,同时对原告的商标权造成侵害。①

二是在自己的名称中使用他人的商标。由于企业名称在登记前并不与商标进行联合检查,名称本身也缺乏相应的公示、异议程序,因此,实践中也存在恶意将他人的商标用在自己企业名称中的行为,此种行为将构成不正当竞争。例如,在"全友家私有限公司与佛山市全友卫浴有限公司、刘某亮侵害商标权纠纷案"中,法院认为,"涉案商标通过全友家私及相关公司多年持续广泛的宣传和使用在全友卫浴名称登记前就具有较高的知名度。全友卫浴在明知涉案商标具有较高知名度的情形下,登记企业名称时将'全友'作为字号,实际生产、销售卫浴产品时在产品、网站等上使用与涉案商标相近似的标识,并使用与全友家私'绿色全友温馨世界'相近似的'世界卫浴绿色全友'广告语。因此即便全友卫浴在生产经营过程中使用全友卫浴企业名称全称,并未突出使用全友字样,但全友卫浴在主观上具有攀附全友家私涉案商标声誉的主观意图,客观上易使相关公众产生混淆或误认,违反了诚实信用原则,破坏了公认的商业道德,扰乱了正常的市场秩序,构成了对全友家私的不正当竞争"。②

---

① 山东省济南市中级人民法院(2007)济民三初字第64号。

② 参见中华人民共和国最高人民法院民事判决书,(2014)民三终字第1号。

为了有效解决名称权和商标权之间的冲突,保护当事人的合法权益,最高人民法院颁布了相关司法解释。① 依据这一规定,以他人注册商标使用的文字、图形等侵犯企业名称权等在先权利,名称权人以此为由提起诉讼的,只要符合《民事诉讼法》有关起诉条件的规定,人民法院就应当予以受理。如果企业名称侵犯注册商标专用权或者构成不正当竞争的,人民法院可以根据原告的诉讼请求和案件具体情况,确定被告承担停止使用、规范使用等民事责任。在司法实践中,法院主要依据在先权利原则保护在先权利人的权利,即贯彻"谁在先,谁优先"的原则。例如,在"郑州方远电脑培训学校诉偃师市新方远学校商标侵权纠纷案"中,法院认为,原告所取得的商标专用权侵害了他人在先享有的名称权,因而对原告的请求不予支持。② 笔者认为,保护在先权利具有合理性,有利于解决名称权和商标权之间的冲突。

第三节　名称权的内容

一、名称决定权

名称决定权是指法人、非法人组织决定自己名称的权利。自然人申请设立法人、非法人组织成立之时必须确定名称,所以事实上在法人、非法人组织一开始成立之时,其名称权由投资人具体予以行使;在法人、非法人组织已经依法成立的情况下,则必须履行一定的内部决策程序来确定自己的名称,但此时已经属于变更权的范畴。《企业名称登记管理规定》第 3 条规定:"企业名称在企业申请登记时,由企业名称的登记主管机关核定。企业名称经核准登记注册后方可使用,在规定的范围内享有专用权。"依据该条规定,企业名称在登记注册前应当由登记主管机关进行核定,登记主管机关主

---

① 最高人民法院《关于审理注册商标、企业名称与在先权利冲突的民事纠纷案件若干问题的规定》,法释〔2008〕3 号。

② 河南省洛阳市中级人民法院(2006)洛民五初字第 22 号。

要审核申请登记的企业名称是否符合法律规定、是否与其他企业名称重复等。我国立法对企业名称的命名规则做出了规定,《企业名称登记管理规定》第 8 条规定,“企业名称应当使用汉字,民族自治地方的企业名称可以同时使用本民族自治地方通用的民族文字。企业使用外文名称的,其外文名称应当与中文名称相一致,并报登记主管机关登记注册”。如果企业名称违反了该规则,则登记主管机关有权拒绝进行登记。只有经过登记主管机关的审核,并登记注册,企业才能在规定的范围内对该名称享有专用权。

法人、非法人组织的名称应当与其性质相符。例如,有限责任公司与股份公司、合伙企业与独资企业等在名称的决定上有不同的要求,应当标明其性质,以免使公众发生混淆。例如,《合伙企业法》第 56 条规定:“特殊的普通合伙企业名称中应当标明‘特殊普通合伙’字样。”该法第 62 条规定:“有限合伙企业名称中应当标明‘有限合伙’字样。”

企业虽然享有名称决定权,但在法律上,名称的选择应当符合法律的规定,例如,《企业名称登记管理规定》第 9 条规定:“企业名称不得含有下列内容和文字:(一)有损于国家、社会公共利益的;(二)可能对公众造成欺骗或者误解的;(三)外国国家(地区)名称、国际组织名称;(四)政党名称、党政军机关名称、群众组织名称、社会团体名称及部队番号;(五)汉语拼音字母(外文名称中使用的除外)、数字;(六)其他法律、行政法规规定禁止的。”企业违反上述规定使用名称的,有关机关有权予以撤销,并追究其相应的法律责任。

二、名称使用权

法人或其他组织还享有许可他人使用其名称的权利。所谓名称权的许可使用,是指名称权人与受让人达成协议,允许他人使用该名称。一旦达成协议,即对当事人发生法律拘束力。名称许可使用的典型形态就是特许经营。所谓特许经营是指拥有注册商标、企业标志、专利、专有技术等经营资源的企业,以合同形式将其拥有的经营资源许可其他经营者使用,被特许人按照合同约定在统一的经营模式下开展经营,并向特许人支付特许经营费用的经营活动。[①]例如,麦当劳等连锁店通过特许经营合同允许多家受让人使用其名称标志。名称许可使用的特点如下。

第一,许可使用是指权利人允许他人在一定期限、一定范围内使用其名称。在外国商法上也称为商号的出借或借贷,即名称权本身也可以成为借贷的标的,权利人可以准许他人使用自己的名称。在许可使用的情况下,权利人本身不丧失名称权,只是允许他人在合同约定的时间、地域范围内予以使用,在性质上类似于商标、专利等工业产权的许可使用。一方面,被许可人只能在一定的期限内使用他人的名称。例如,特许经营合同常常约定了特定的经营期限,该期限就是被许可使用他人名称的时间。另一方面,被许可人也只能在一定的范围内使用该名称。例如,当事人可以在特许经营合同中约定,被许可人在特定的城市或特定城市的特定区域内使用其名称。

第二,许可使用必须通过合同加以确认。被许可人基于合同享有使用他人名称的权利,例如,在特许经营合同中,双方当事人的权利义务都是由合同加以确认的,尤其是有关权利的使用范围都应当由合同予以确定。被许可人应在约定的范围内使用他人名称,超出约定的范围使用他人名称的行为则可能构成违约或侵权。[②]

第三,许可使用常常与商标、专利、经营方法、商业秘密等的许可使用结合起来。以特许经营为例,名称的许可使用常常是与商标等知识产权的使用结合在一起的。这主要是因为名称的使用往往与商业经营、商誉具有密切联系,为了维护许可人的商誉应当要求被许可人使用其商标等知识产权。

第四,在许可使用之后,许可人不仅可以继续使用其名称,而且可以许可他人使用其名称。按照《企业名称登记管理规定》第23条的规定,企业名称可以随企业或者企业的一部分一并转让,并没有限制部分转让只能是一个受让人。这是因为名称许可他人使用之

---

① 参见《特许经营条例》第3条。

② 参见"中国科学院诉北京中科弘天弘环保科技有限公司侵犯著作权、名称权及名誉权纠纷案",北京市海淀区人民法院(2006)海民初字第7073号。

后，名称权人并不丧失其权利。当然，如果合同有特别约定，则名称权人可能无法在一定范围内再许可第三人使用其名称。例如，在特许经营合同中，双方约定，不得在同一城市的同一区域再允许第三人加盟，这就限制了名称权人在特定区域内再许可他人使用的权利。

在许可使用的情形下，被许可人虽然使用他人的名称，但是，其仍然是独立的民事主体，应当独立承担责任。例如，某个受让人以转让人的名称与第三人定约，欠下巨额债务，转让人是否承担责任？笔者认为，如果受让人确实享有合法权利，第三人信赖有权使用该名称的为同一主体，认为其交易对象构成了一个整体，则转让人与受让人应当承担连带责任。正是基于这一原因，法律应当对部分转让予以限定。对部分转让的范围应当予以限制，一般只能适用于饭店、餐饮业等连锁经营的小型企业，对于大规模的从事生产、金融、贸易和投资的企业不宜采取部分转让的方式，以免发生巨额债务之后在责任承担上发生纠纷。

三、名称变更权

所谓名称变更权，是指法人和非法人组织有权要求将其名称予以变更。与名称的决定类似，名称的变更也应当符合法定的程序，对名称决定的限制同样应当适用于名称的变更。例如，前述《企业名称登记管理规定》第 9 条的规定也当然适用于名称变更的情形。《企业法人登记管理条例》第 17 条规定："企业法人改变名称、住所、经营场所、法定代表人、经济性质、经营范围、经营方式、注册资金、经营期限，以及增设或者撤销分支机构，应当申请办理变更登记。"据此，企业名称的变更应当办理登记手续，除企业外，其他法人、非法人组织名称的变更也应当按照其他法律规范予以办理。

为了保持企业名称的稳定性，维护交易安全和秩序，企业名称的变更应当受到一定的限制。例如，《企业名称登记管理规定》第 22 条规定："企业名称经核准登记注册后，无特殊原因在 1 年内不得申请变更。"擅自变更企业名称的，《企业名称登记管理规定》第 26 条第 2 项规定："擅自改变企业名称的，予以警告或者处以 1000 元以上、1 万元以下罚款，并限期办理变更登记。"

四、名称转让权

名称权人有权转让其名称。名称权的转让是指名称权人将其名称全部让与某一个受让人,受让人成为该名称权的主体,我国《民法通则》第99条第2款规定允许名称权的转让,这也是企业名称权不同于其他人格权的重要特点。企业转让名称时,应由转让方与受让方签订书面转让协议,按照工商企业申请登记程序,报工商行政管理机关批准。转让名称的协议生效后,受让人必须按照约定和登记的规定使用受让的名称,超出约定使用的,仍可构成对名称权的侵害。根据《企业名称登记管理规定》第23条的规定,企业名称可以随企业或者企业的一部分一并转让。其特征如下。

第一,名称权转让的整体性。名称权只能作为一个整体的权利让与某一个受让人。但是公司名称的转让通常只能转让商号和字号,至于行政区划名称、行业和经营特点、组织形式是不能转让的。[①] 关于名称权的转让,有两种不同的立法例。一是绝对转让主义。此种观点认为,名称权转让应当随同营业一并转让,或者在营业终止时转让。《德国商法》第23条规定:“商号用于营业者,非随同营业,不得转让。”《日本商法》第24条第1项也规定,“商号只能与营业同时或营业废止时,方能让与”;第20条规定,“让与商号,除经登记、公告或直接通知该第三人外,受让人应负担让与人因营业所生债务”。二是相对转让主义,又称自由转让主义,是指名称无需和营业一并进行转让,可以单独转让企业名称。从我国实际情况来看,企业名称可随业务一起转让,也可以单独转让。[②] 笔者认为,允许企业名称单独转让,使原企业在转让名称后继续营业,必然会造成与该企业发生经济联系的第三人产生误解,同时也会使转让方通过单独转让方式逃避债务,获取非法所得。

第二,与营业转让的同时性。也就是说,名称应当与营业同时转让。所谓同时,是指基于对企业单独转让名称作严格限制,应当与营业或营业的一部分一并转让,从转让生效之日起,原权利人丧

---

① 参见陈书高等:《公司名称权法律问题研究》,载《当代法学》2001年第5期。

② 参见杨明仑:《论企业名称权》(续),载《北京律师》1992年第2期。

失名称权,受让人取得了名称权。

第三,受让主体的唯一性。由于企业名称的唯一性和真实性,因此,《企业名称登记管理规定》第23条规定企业名称只能转让给一个企业。这一规定实际上是对名称转让权的限制,也就是说,名称权人不能将自己的名称转让给多个主体,以免造成新的混淆。

在名称权转让之后,原权利人丧失权利。如果原权利人继续使用该名称,则构成侵权。权利人也不得在该名称登记的地区再次重新登记该名称。问题在于,如果某企业转让名称后,继续使用名称,而第三人对此形成了信赖,由此产生的责任由谁负责?笔者认为,在此情况下,转让人和受让人都应当承担责任,从而维护第三人的信赖利益,保护交易安全。

最后需要讨论的是,企业法人的名称是否可以继承?在国外,关于法人的商号能否作为继承的标的,有三种不同的学说:第一种学说认为,法人的商号只是民事主体人身权的象征,它只能发生人身权的延续,不能成为继承的客体;第二种学说认为,法人的商号属于无体财产权的一种,故应允许继承;第三种学说认为,法人的商号除了具有人身权性质,还具有财产权属性,应当可以继承。笔者认为,法人的名称权虽然是一种财产权,但它同时表现法人人格,通常与法人同时存在。法人终止以后,其名称不复存在,名称权也就失去了存在的意义,因此没有继承的必要。但对于个体工商户和个人合伙来说,由于其权利义务最终是由自然人承担的,因此体现了一定声誉、信誉的名称与个人利益有密切关系。如果某个经营者死亡导致该个体工商户、个人合伙终止时,应允许将其名称作为财产由其继承人继承。也就是说,只有其继承人有权使用该名称,未经继承人同意而使用该名称的,应构成侵害名称权。在民事主体死亡后,由继承人依法继承营业,应当依法申请继承登记。经过登记,继承人才能享有该名称权。

第四节　侵害名称权的责任

一、侵害名称权的行为

侵害名称权构成侵权行为。此种行为的主要表现是盗用、假冒他人名称,但又不限于盗用、假冒,具体来说,主要有如下几种行为。

(1)盗用。盗用是指擅自使用他人名称从事违法行为。例如,在“泉州市服装总校诉陈某等侵害名称权案”①中,法院认为,被告在没有取得“泉州服装总校”名称的情况下,以“泉州服装总校”之名刊登招生广告,被告的行为构成侵权。盗用他人名称的动机和目的是多样的,行为人盗用他人名称主要是从事违法行为。在盗用的情况下,通常不仅可能侵害企业的名称权,还可能侵害其名誉权,而且盗用行为还可能构成诈骗等犯罪。再如,在“上海奇能服饰发展有限公司与上海新世界股份有限公司、昆山圣罗兰制衣实业有限公司擅自使用他人企业名称纠纷案”中,法院认为,根据当事人之间的约定,原告授权圣罗兰公司的产品范围仅限于男装,从未包括女装,圣罗兰公司未经许可在女装上使用奇能公司的企业名称,引人误认为是女装吊牌所标示的中国总代理及产地的奇能公司所为,且将作为男装品牌定位的 SATCHI 品牌使用于女装,有损整个品牌的形象,造成市场混淆,影响正常的市场秩序,构成不正当竞争行为。②

(2)假冒。假冒是指未经他人许可擅自使用他人名称从事民事行为。如在自己生产的商品、服务、信函等上面标上其他企业的名称以欺骗公众,使公众误认为是被假冒企业的商品、服务或经营。或将他人的企业名称作为商标或服务标记注册,严重违背诚实信用和公平竞争原则,并致他人损害。例如,在“北京市正义律师事务所诉朱某晖侵犯企业名称权纠纷案”中,法院认定,被告未经原告许

---

①　福建省泉州市鲤城区人民(1994)鲤民初字第80号民事裁定书。

②　参见上海市第二中级人民法院(2012)沪二中民五(知)终字第77号民事判决书。

可,擅自使用原告的名称发布网络信息、招揽法律服务业务,侵犯了原告依法享有的名称权,应依法承担相应的法律责任。① 盗用和假冒都是未经名称权人许可而使用他人名称,但是盗用人的目的通常是利用他人名称进行招摇撞骗,其情节严重的可能构成诈骗等犯罪,而假冒人利用他人名称通常是进行一般的民事活动,其情节较之于盗用更为轻微。

(3)仿冒。仿冒是指以与他人名称相类似或易混淆的文字作为自己的名称或注册商标以及用作其他非法用途。例如,在"上海罗芙仙妮化妆品有限公司诉上海市工商行政管理局金山分局工商行政处罚决定案"②中,法院认为:"罗芙仙妮公司生产、销售的'罗芙仙妮'系列化妆品上标有'法国''欧莱雅'字样,而'欧莱雅'是原审第三人欧莱雅公司企业名称中的字号,同时作为国际品牌的商标也已成为我国重点保护的商标和驰名商标;上诉人生产、销售的'碧优泉'系列化妆品上有容易与欧莱雅公司代理的'碧欧泉'化妆品发生混淆和误认的品牌、商标标识。"因此,判定罗芙仙妮化妆品有限公司败诉。此种行为侵害了他人的在先权利。

(4)其他行为。除上述行为外,侵害名称权的行为还包括其他类型的行为。例如,在"中国人民解放军警卫第一师仪仗大队与深圳市信禾工艺品有限公司名称权、肖像权、名誉权侵权纠纷上诉案"③中,涉及对《民法通则》第99条第1款有关名称权侵害的规定的解释,该条规定:"公民享有姓名权,有权决定、使用和依照规定改变自己的姓名,禁止他人干涉、盗用、假冒。"一审法院根据该规定认为,民事主体有权禁止他人干涉、盗用、假冒其名称权,但信禾公司的行为既不构成对专有名称的干涉、冒用、假冒,也未使用"三军仪仗队"的名称直接为其产品进行文字宣传,故不构成侵犯三军仪仗队的名称权。在该案中,法院依据《民法通则》第99条的规定,

---

① 参见北京市东城区人民法院(2011)年东民初字第3537号民事判决书。

② 《最高人民法院公报》2009年第11期。

③ 北京市第一中级人民法院(2006)一中民终字第3240号民事判决书。该案的案情为:2005年上半年,三军仪仗大队官兵在北京市场上发现了一个出售"红色八一步枪"和"将军佩剑"的商家宣传册,宣传册当中随意使用了三军仪仗大队的名称和形象。2005年4月,仪仗大队在法院提起诉讼,认为信禾公司蓄意侵犯仪仗队的名称权、肖像权、名誉权,请求法院判令信禾公司赔偿248万元。

将侵害他人名称权的行为理解为仅包括干涉、冒用、假冒三种，即忽略了该法律规则的目的，《民法通则》上述规定的立法目的是防止行为人未经许可而利用他人名称权的行为，此类利用行为不应当局限于干涉、冒用、假冒三种，凡是未经许可利用他人名称权的行为，除法律规定的情形外，都应当构成对他人名称权的侵害。其他行为主要包括如下几种：一是未经许可的利用行为，即行为人未经他人许可，将他人的名称用于商业用途。二是非法干涉他人对名称的使用。干涉内容包括对名称的设定、专有使用、依法变更和依法转让的干预等，干涉行为大多出于故意。例如，行为人非法宣布撤销他人的名称，[①]行为人在转让其名称权后，不正当地限制新权利人对名称的使用等，均构成非法干涉他人对名称的使用。三是转让后继续使用。企业名称在转让后，转让方不得继续使用已转让的企业名称，否则也构成对受让企业方的名称权的侵害。

在司法实践中，判断某一行为是否侵害名称权的主要标准就是公众是否认为行为人所使用的名称与权利人的名称有直接的关联，如果公众认为具有直接的关联，则该行为就构成对权利人名称权的侵害。例如，在"南昌扬子集团赣州橡胶有限公司诉台州奋飞橡塑制品有限公司赣州分公司名称权纠纷案"中，法院认为，考察某一行为是否构成对企业法人名称权的侵犯，其基本要件之一就是该行为与企业法人名称要素的切合度是否能够使公众明确意识到行为的指向。如果公众不认为被告所使用的名称与原告有直接的关联，那么被告不构成对原告名称权的侵犯。[②]

二、侵害名称权的责任

在名称权遭受侵害的情况下，受害人可以依据其名称权受到侵害为由提起诉讼。在名称权遭受侵害的情况下，权利人可以请求行为人承担以下侵权责任：一是请求停止侵害。在司法实践中，人民法院认定构成侵犯注册商标权或者不正当竞争行为的企业名称中

---

① 参见杨立新等：《论名称权及其民法保护》，载《江苏社会科学》1995 年第 1 期。

② 参见江西省赣州市章贡区人民法院（2003）章民一（3）初字第 1125 号民事判决书。

的字号使用,权利人有权请求行为人变更或停止使用其企业名称。二是请求赔偿损失。根据《侵权责任法》第 15 条和第 20 条的规定,在名称权受到侵害时,受害人有权请求行为人赔偿损失。由于名称权主体为法人和非法人团体,故侵害名称权不产生精神损害问题,受害人只能向行为人要求赔偿财产损失而不能要求赔偿精神损害。在确定损害赔偿的数额时,如果权利人无法证明其实际损失数额,而可以证明行为人获利数额的,则权利人有权依据《侵权责任法》第 20 条请求行为人承担获利返还责任。依据《侵权责任法》第 20 条的规定,侵害人身权益的获利返还是指人身权益遭受侵害,在实际损失难以确定的情形下,权利人有权请求行为人返还因侵权所获得的利益。

第十五章　肖　像　权

第一节　肖像权的概念和特征

一、肖像的概念和特征

肖像权是自然人以自己的肖像所体现的利益为内容的权利。肖像权是以肖像所体现的人格利益及财产利益为内容的民事权利，它直接关系到自然人的人格尊严及其形象的社会评价，是自然人所享有的一项重要的具体人格权。它是典型的标表性的精神性人格权。何谓肖像？关于肖像的内涵，学理传统上将其限于以面部特征为中心的外部形象。肖像应当限于个人的面部特征，即肖像应当再现自然人的面部特征，自然人的其他身体特征即便能够反映个人的外在形象，也不应当属于肖像。[①] "肖像者，人之容姿之模写也，分绘画、照相、雕刻等类。"[②]但是，随着社会生活的发展，肖像权的保护范围也逐渐扩大，而且随着人格权商业化利用实践的发展，对肖像的利用形式也越来越多样化。尤其是随着电脑合成技术的发展，将他人面部以外的身体

---

① 参见郭明瑞、张玉东：《肖像权三题》，载《浙江工商大学学报》2014 年第 1 期。

② 龙显铭：《私法上人格权之保护》，中华书局 1948 年版，第 93 页。

部位与他人的身体部位组合在一起，合成全新的形象，在技术上已变得极为简单。某个名人的姿态、动作、声音都有可能通过电脑处理后和他人的头像、身体嫁接，用于木偶剧或广告中。因而，对面部特征以外的身体部位的人格利益保护变得越来越重要。肖像并不限于个人的面部特征，个人的其他身体部分特征（如个人的肢体动作等）如果能够反映个人的外在形象，即便其识别度低，也应当将其认定为肖像。[①] 在我国司法实践中，已有一些法院在裁判中扩张了肖像的内涵，没有将其限于面部特征，例如，在“深圳市松吉电动自行车有限公司与赵某肖像权纠纷上诉案”中，法院认为，“对肖像权的保护范围应当进行适当的扩张解释，将与肖像有密切联系的形象解释为涵盖在肖像权之中。当某一角色形象能够反映出饰演者的体貌特征并让饰演者具有可识别性的条件下，应当将该形象作为自然人的肖像予以保护”。[②] 基于这一原因，民法典分编草案在总结司法实践经验的基础上，于第798条规定：“本法所称肖像是通过影像、雕塑、绘画等方式在一定载体上所反映的特定自然人可被识别的外部形象。”由此可见，该条实际上已经放弃了“以面部为中心”的理论，转向“可被识别”性的标准。所以，肖像是指通过摄影、雕塑、录像、电影等方式在一定载体上所反映的特定自然人可被识别的外部形象。

从“以面部为中心”到“可被识别”性的转化，旨在扩大肖像的保护范围。这一转化实际上扩大了肖像权的保护范围，将面部以外的具有可识别性的其他身体特征纳入肖像权的保护范畴，符合肖像权制度设立的初衷。例如，某人特有的肢体动作、背影等，如果为相关公众所知悉，能够对外展现个人的形象，则应当受到法律保护；如果将肖像的内涵限于面部特征，则面部以外的具有可识别性的身体特征将难以受到法律保护。

在法律上肖像具有如下特点。

第一，个体性，即肖像必须是单个个体的肖像，并为个人所特有。肖像反映自然人身体的外部形象，是某个人与其他人相区别的

① 参见隋彭生：《论肖像权的客体》，载《中国法学》2005年第1期。

② 广东省深圳市中级人民法院民事判决书，(2016)粤03民终17303号。

重要标志。换言之,肖像以形象标记着自然人的特征。肖像是自然人享有的重要人格利益,并且是只能由自然人享有的人格利益。在例外情况下,数个自然人的肖像组合在一起也可以形成集体肖像,此种肖像既具有个体性,又具有集体性。此外,对于法人来说,因其只是一个社会组织而并没有具体的形象,因而不可能具有肖像。即使是反映某个企业形象的摄影、照片等也不是肖像。当然,肖像应当是真实的个人的形象的再现,至于虚构的人物形象,如孙悟空、米老鼠、唐老鸭等都不属于法律意义上的"肖像"。①

第二,再现性。法律上的肖像是指个人的外部形象所形成的区别于他人的要素,并可以通过绘画、照相、雕刻、录像、电影等艺术形式使个人外貌在物质载体上再现的视觉现象。肖像具有两种含义:一是表现了个人的外部形象,二是此种形象通过再现和再创造予以一定程度的再现。同时,肖像必须要脱离肖像权人且固定在一定的物质载体上,才能够为人力所支配,可以由肖像权人独立地使用或许可他人使用,并体现出一定的财产价值。如果某人的外貌形象不能固定下来,则既不能使用,也不存在肖像权的问题。② 肖像能够而且必须固定在一定的物质载体上,这也是肖像与名誉、隐私等人格利益的重要区别。但肖像本身不能等同于物质载体。有学者认为,载体性是肖像概念的本质属性。③ 笔者认为,此种看法是值得商榷的。尽管肖像可以以物质载体表现出来,但肖像本身并不等同于物质载体,二者不能混淆。如果照相馆将其为顾客拍摄的照片丢失或者某人将他人相片撕毁,不能认为侵害肖像权,而只能以违约或侵害一般财产权对待。

肖像的再现传统上主要通过绘画、照相、雕塑、录像、电影艺术等各种艺术形式实现,随着科技的发展和艺术创作手段的日益丰富,肖像的表现形式也越来越多样化,现在通过电脑制作、扫描甚至舞台表演等多种方式都可以再现个人的肖像。电脑所采用的"六维

---

①　参见马卉等:《对民法意义上的"肖像"之认识》,载《建财高教理论与实践》2001年第2期。

②　参见杨立新:《人身权法论》,人民法院出版社2002年版,第462页。

③　参见马卉等:《对民法意义上的"肖像"之认识》,载《建财高教理论与实践》2001年第2期。

空间”技术,甚至可以将画像、人体雕塑通过复制再现出活生生的形象。19 世纪末,照相机技术的出现,导致通过制作和传播个人照片的方式可以再现个人的形象。因此,肖像权的保护开始成为民法领域新的问题。但无论如何,肖像必须是对一个特定的、可辨认的人的视觉表现,仅对个人面部特征的文字描述不是肖像。①

第三,客观性。客观性是指以艺术手段创造出来的肖像必须是现实生活中实际存在的人的肖像的反映,即肖像的主体需为实在的个人而非虚拟的人,因而客观性与前述的个体性是密切联系的。肖像是一种外在形象,必须能够为人们所认识,艺术作品中虚拟的人物形象,如根据鲁迅《阿 Q 正传》绘制出来的阿 Q 形象,虽具有一定的形象性,但因为不具客观性,所以不应作为肖像权客体的肖像,此种形象应当通过著作权法等法律规则加以保护。

第四,可识别性。所谓可识别性,是指通过某种技术手段再现的个人肖像必须能被人们辨认为具体的某个人。可识别性是肖像的核心特点,因为肖像的本质在于指向特定人的可识别性。个人可再现的外部形象受到法律的保护,相关主体可以通过一定的载体识别出个人的身份。反之,如果相关主体不能从肖像载体中识别出个人的身份,则该个人的外部形象就不具有可识别性,其也就不属于肖像权意义上的“肖像”。

那么,谁来识别?对此存在不同观点,主要有社会一般人识别标准、权利人识别标准与一定范围内的特定主体识别标准。从我国司法实践来看,多数法院采用了社会一般人的识别标准。也就是说,如果社会一般人能够从相关的肖像载体中识别出特定的个人,则应当认定该肖像具有可识别性。例如,在“徐熙媛与广州雅升化妆品有限公司肖像权纠纷案”中,被告认为自己只是采用了一个女性的形象而并非本案原告的肖像,一审法院认为,“自然人的肖像权是指自然人对于自己的照片、画像、录像、塑像等具有物质载体的视感影像依法享有的不受侵犯的权利。即肖像权对身体的部位并无具体指定,只要能够让人从视觉形象上感知此为具体的某个人即为

① See Michael Henry, *International Privacy, Publicity and Personality Laws*, London: Butterworth, 2001, p. 61.

肖像权含义”。二审法院则直接以“一般人的认知标准”作为可识别性的具体判断标准。[①] 笔者赞同此种观点,即在判断肖像是否具有可识别性时,应当以社会一般人能否识别作为判断标准。也就是说,判断肖像是否具有可识别性应以社会一般人能否从肖像中识别出特定个人作为判断标准。实践中,判断某幅雕塑、某幅漫画等是否反映了某个自然人的肖像,关键要看这些作品的内容是否具有可识别性。这就意味着,肖像不仅应当反映人的外在形象,而且肖像所反映的个人外在形象应当清晰、真实,使一般人能够明确地辨认出该肖像为何人的形象。

第五,人格性。一般认为,肖像可从美术上的意义和法律上的意义两个层面来理解。美术意义上的肖像,是通过绘画、照相或者其他技术性手段模仿人物外形而塑造形象、以描绘人物形象为内容进行的艺术创造,它是以再现和复制人物外形为中心和基点的再创造。法律意义上的肖像是自然人的人格利益,它是个人因为其外部特征所享有的利益。[②] 但肖像作为一种人格的标志,不仅可以使肖像人与其他人相区别,而且也体现了肖像人的人格尊严和人身利益。肖像常常与个人的隐私、名誉发生紧密联系。所以肖像不仅仅是具有美术上的意义,而且具有法律上的意义,它是法律所保护的重要法益。

二、肖像权的特征

肖像权是自然人以肖像所体现的人格利益及财产利益为内容的民事权利,它直接关系到自然人的人格尊严及其形象的社会评价,是自然人所享有的一项重要的具体人格权。肖像权通常是指自然人有权依法制作、使用、许可他人使用或者公开自己的肖像,有权禁止他人以歪曲、侮辱或者其他不正当方式侵害自己的肖像。从比较法上看,对肖像权的保护主要有如下几种模式:一是通过侵权责任的一般条款来保护个人的肖像权(如法国),或通过侵权法保护肖像利益;二是通过特别立法的方式保护肖像权(如德国颁布了《艺术

---

① 参见广东省广州市中级人民法院(2016)粤01民终12021号民事判决书。

② 杨立新:《人身权法论》,人民法院出版社2002年版,第459~460页。

与著作权法》)。[1] 我国《民法总则》第110条则从正面确权的角度对肖像权作出了规定。

肖像权具有如下特点。

1. 它是专属于自然人的权利。肖像权的专属性是由肖像的专属性决定的。肖像作为人的形象的再现,是个人与生俱来的人格利益,是个人特定化的标志,由此决定了某人的肖像只能是该自然人所享有的肖像权的客体。肖像权作为一种标识性的权利,永远为自然人所享有,它既不能抛弃,也不能转让,更不能继承。有一种观点认为,自然人许可他人使用自己的肖像(如允许他人以自己的肖像做广告、制作挂历等)是转让自然人的肖像权。笔者认为,肖像权相对于其他人格权而言,专属性较弱,因为肖像权人既可以自己对肖像进行商业利用,也可以许可他人进行商业使用。可见,肖像权中的一项权能即肖像使用权是可以转让的。转让肖像使用权只是意味着肖像权人允许他人使用自己的肖像,并不是将此种权能永久地、完全地转让出去,否则肖像权人不可能再使用自己的肖像,这显然是违背公序良俗的。从这个意义上说,肖像权具有专属性。

2. 它是标表性的精神性人格权。一方面,肖像权不同于名誉权等人格权之处在于,它是一种标表性人格权。所谓标表性人格权,是指以主体的外在标志为特征的人格权。由于肖像是人的外部特征,而人的外部特征通常具有唯一性,能够将主体与其他人相区分,直接体现个人的基本特征,因而肖像权是一种标表性的人格权。另一方面,肖像权主要是一种精神性的人格权。肖像权体现的是自然人的人格利益,法律对自然人肖像权的保护主要是为了维护自然人的人格尊严和精神利益的完整。

3. 它是具有商业利用价值的排他性权利。肖像权中包含一定的财产价值,可以成为商业化利用的对象,肖像权人可以通过对其肖像进行商业利用,并获得一定的经济利益。[2] 例如,将名人的肖像用于挂历、商业广告、产品包装、宣传画、海报、书籍封面及其插图

---

① See Gert Brüggemeier, Aurelia Colombi Ciacchi, Patrick O Callaghan, *Personality Rights in European Tort Law*, Cambridge University Press, 2010, pp. 570 – 571.

② 参见王泽鉴:《人格权法》,三民书局2012年版,第331页。

等。实践中侵害肖像权的行为,大多表现为未经权利人许可利用名人的肖像从事商业活动,有学者将未经许可对他人人格权进行商业化利用的行为称为"人格权的强制商业化"。[①] 我国司法实践中也出现了一些未经许可对他人肖像权进行商业化利用的纠纷,如崔永元与北京华麟企业有限公司侵害肖像权、名誉权案,[②]王军霞诉云南昆明卷烟厂侵害肖像权、[③]刘翔诉《精品购物指南》侵害肖像权案[④]等。鉴于肖像权可以成为商业化利用的对象,有学者认为,肖像权本身具有财产属性,甚至认为,肖像权本身就是财产权。笔者认为,尽管随着人格权商业化利用实践的发展,肖像权尤其是名人的肖像具有一定的财产权属性,肖像权也因此具有积极利用的权能,但肖像权仍然是典型的人格权,它与自然人的人格相伴始终,是个人人格的外在标志。所以,肖像权中的财产利益是从属于人格利益的,肖像权可以成为商业化利用的对象,并不影响其人格权的权利属性。[⑤] 与其他人格权相比,肖像权的商业化利用现象虽然更为普遍,但其本质上仍应当属于人格权而非财产权。

4. 救济方式的特殊性。由于肖像权具有一定的财产属性,侵害肖像权不仅可能导致权利人的精神损害,而且可能导致其财产损害。尤其是公众人物的肖像,具有较大的经济价值。因此,在未经许可对他人肖像权进行商业化利用的情形下,权利人既有权主张精神损害赔偿,也有权主张财产损害赔偿,我国《侵权责任法》第 20 条专门就侵害人格权的财产损害赔偿责任作出了规定。

---

① 王泽鉴:《人格权法》,三民书局 2012 年版,第 331 页。

② 参见"崔永元与北京华麟企业有限公司侵害肖像权、名誉权案"判决,北京市朝阳区人民法院(1999)朝民初字第 4247 号民事判决书。

③ 1996 年 8 月 6 日,香港大公报广告版登载一整版红山茶香烟广告,该版面右侧是王军霞在 1996 年亚特兰大奥运会上夺得 5000 米长跑金牌后,站在领奖台上手举鲜花的照片,左侧是红山茶香烟,上方写有"热烈祝贺中国奥运代表团高奏凯歌"字样,右上侧写有"国际名烟,时尚味道"字样,下侧写明中国昆明卷烟厂出品。王军霞以该广告侵害其名誉权、肖像权为由起诉至法院,法院终审判决一审败诉的王军霞胜诉,昆明卷烟厂登报向王军霞公开道歉,并给付王军霞赔偿金 80 万元。参见《辽宁高法负责人讲述王军霞告昆烟案判决几大依据》,载《辽沈晚报》2001 年 5 月 28 日。

④ 参见北京市第一中级人民法院(2005)一中民中字第 8144 号民事判决书。

⑤ See Eric H. Reiter, "Personality and Patrimony: Comparative Perspectives on the Right to One's Image", 76 *Tul. L. Rev.* 673.

第二节 肖像权的内容

一、肖像权的具体权能

肖像权的内容，是指肖像权所包含的各项权能。民法典分编草案第798条规定："自然人享有肖像权，有权依法制作、使用、公开或者许可他人使用自己的肖像。"据此可见，肖像权作为一种标表性的人格权，具有不同于其他人格权的内容，肖像权在内容上应包括以下五项权能。

第一，肖像享有权。这就是说，权利人对其肖像的归属享有专有权，也同时享有由此产生的各种肖像利益。虽然肖像权是一项重要的人格权，但其中包括的肖像使用权却体现了一定的财产利益，从而可以与权利人相分离。从比较法上看，各国普遍承认了肖像权保护的基本原则，即制作和传播个人的肖像必须经过个人的同意。这实际上是肖像享有权的具体体现。[①]

第二，肖像制作权。肖像制作权又称为形象再现权。此种权利是指自然人根据自己的合法需要，有权由自己或许可他人通过造型艺术及其他形式再现自己的形象。自然人的形象只有通过制作转化为肖像，才能脱离人体而为人们传播和利用。[②] 但是否再现自己的形象以及如何再现自己的形象，是肖像人所享有的权利。未经本人同意不得为他人摄影、作画、写生以及从事其他肖像制作活动，他人在制作本人肖像时应征得肖像权人的同意。如未经同意擅自制作他人肖像，即使未予公布，亦构成对肖像制作权的侵害。[③] 肖像制作权专属于肖像权人，当然，肖像权人也可以将该权利授予他人行使。[④]

---

① See Gert Brüggemeier, Aurelia Colombi Ciacchi, Patrick O Callaghan, *Personality Rights in European Tort Law*, Cambridge University Press, 2010, p. 571.

② 参见杨立新等：《〈中国民法典·人格权编〉草案建议稿的说明》，载王利明主编：《中国民法典草案建议稿及说明》，中国法制出版社2004年版，第336页。

③ 参见王泽鉴：《侵权行为法》，北京大学出版社2001年版，第137～138页。

④ 参见张红：《人格权各论》，高等教育出版社2016年版，第174页。

第三，肖像使用权。虽然肖像权是一项重要的人格权，但其中的肖像使用权却体现了一定的财产利益，从而可以在一定程度上与权利人相分离。由于肖像可固定在一定的物质载体上，为肖像权人所支配和利用，因此肖像权包含了使用权能。肖像使用权包括如下几个方面：一是肖像权人自己使用。因为肖像权也体现了一定的财产利益，所以，权利人可以通过使用自己的肖像获取一定的利益；二是权利人通过许可他人使用自己的肖像而获得一定的利益。肖像权人既可以自己使用肖像以取得精神上的满足和财产上的利益，也有权同意他人使用自己的肖像以获取适当的报酬。但肖像权人使用其肖像，也应当符合法律、法规和公序良俗。例如，不得将其肖像用于制作淫秽图片并加以传播。① 非法利用他人肖像属典型的侵害肖像权行为。美国学者布劳斯登曾经认为，以营利为目的使用他人的姓名和肖像是侵害他人人格尊严的，因为将某人的肖像应用在某种产品上，就表明该人对该产品的质量作出保证，尤其在该产品质量低劣的情况下，更是违背肖像人意愿的。② 此种观点较为准确地解释了肖像利用权存在的合理性。

第四，肖像公开权。所谓肖像公开权，是指权利人有权决定是否公开，以及以何种方式公开的权利。③ 行为人擅自公开他人肖像的，既构成对他人肖像权的侵害，也可能侵害他人名誉权、隐私权等权利。民法典分编草案第 799 条第 2 款规定："未经肖像权人同意，肖像作品的权利人不得实施将肖像作品发表、复制、发行、出租、展览等涉及使用或者公开肖像的行为。"该条实际上是对肖像公开权的进一步展开，从反面规定了对肖像公开权的保护。

第五，禁止侵害权。肖像权是一种绝对权，具有排他效力，除权利人以外，任何其他人都负有不得侵害权利人肖像权的义务。肖像权人有权禁止他人非法毁损、玷污、丑化自己的肖像，未经本人同意，任何人不得非法使用他人的肖像。在他人侵害肖像权时，权利

① 参见张新宝：《中国侵权行为法》（第 2 版），中国社会科学出版社 1998 年版，第 302 页。

② See Bloustein, "Privacy as an Aspect oof Human Dignity: An Answer to Dean Prosser", 39 *N. Y. U. L. Rev.* 962, 988 - 989 (1964).

③ 参见张红：《人格权各论》，高等教育出版社 2016 年版，第 175 页。

人有权请求他人停止侵害、排除妨害、赔偿损失。

二、肖像商业化利用及其对肖像权的影响

自19世纪以来,随着人格权商业化利用的发展,名人的姓名和肖像被广泛地用于商业目的,甚至普通人的个人肖像也可以用于广告、商标等商业化行为中,19世纪末20世纪初,一些名人的姓名和肖像已经被广泛用于香水、雪茄和药品,[①]从而导致了侵权现象的大量发生。肖像权之所以可以商业化利用,其主要原因在于:一方面,肖像权具有可复制性,在一定程度上能够与主体相分离,并且能够用于一些商业活动,权利人不仅自己能够加以利用,也能够授权他人加以使用。众所周知,人格权通常不能够与主体相分离,无法转让,如名誉权、生命健康权等,但是也有一些人格权可以在一定程度上与权利人本身相分离,权利人可以通过合同授权他人加以利用,如肖像权,甚至在权利人本身死亡以后,被授权人还可以在合同所约定的范围内继续对这些权益加以使用。另一方面,肖像权具有一定的财产性。由于肖像权本身具有一定的利用价值,能够体现一定的商业价值,不论名人还是普通人,其肖像都具有一定的财产价值,只是在程度上存在一定的区别。例如,在崔永元与北京华麟企业有限公司侵害肖像权、名誉权案中,法院认为:"《实话实说》是全国知名的栏目,原告是著名的节目主持人。原告主持的《该不该减肥》节目,虽然未提及相关企业名称和产品,但使用由原告主持的该节目做广告,势必会提高广告收视率。因此,被告使用名牌栏目和知名主持人的名人效应,提高产品知名度,创造销售利润的主观目的是明确的。且该行为未经原告同意,已经构成了对原告肖像权的侵害"。[②] 这就表明了肖像权具有的财产性。正是这些原因,导致了肖像权可以被商业化利用。

肖像权的商业化利用也对肖像权制度产生了重大影响,这主要表现在:第一,肖像权的利用权能不断扩张,利用方式越来越广泛。这就是说,权利人对肖像权的享有不仅在于消极地防御他人的不法侵

---

① See Huw Beverley-Smith, Ansgar Ohly, Agnes Lucas-Schloetter, *Privacy, Property and Personality*, Cambridge University Press, 2005, p. 1.

② "崔永元与北京华麟企业有限公司侵害肖像权、名誉权案",北京市朝阳区人民法院(1999)朝民初字第4247号。

害，而且在于积极地利用肖像权获取一定的经济利益。肖像权的使用方式和程度日益地多样化和复杂化。由于肖像权的商业化利用，利用权能在肖像权内容体系中的地位日益凸显。第二，名人的肖像常常被运用于各种商业广告，从而促进其商品的销售。使用名人肖像可以得到公众对其商品质量的认可，也有助于吸引公众的注意力，提高产品的知名度。肖像还可以印刷在各种挂历、宣传手册中。正是基于这一原因，美国法上产生了公开权制度。第三，肖像权所包含的财产价值具有一定的可继承性。一般而言，只有财产权才具有可继承性，而人格权通常与主体不可分离，并不具有可继承性。随着人格权商业化利用的趋势发展，肖像权也具有了一定的财产性，因此，在肖像权人死亡后，其肖像所具有的财产价值能够成为继承的客体。例如，在"王金荣等诉松堂关怀医院等擅自使用其已故母亲的肖像作广告侵犯肖像使用权"案中，[①]法院认为，被告擅自使用原告母亲的肖像，构成侵权，因而应当承担损害赔偿责任。在本案中，原告所继承的是死者肖像所具有的财产利益，而不是人格利益。第四，对侵害肖像权的救济方式产生了一定影响。按照传统观点，肖像权属于纯粹精神性权利，并不包含经济价值，侵害肖像权主要产生精神损害赔偿责任。随着肖像权商业化利用实践的开展，肖像权中经济价值逐渐受到法律保护，侵害肖像权不仅产生精神损害赔偿责任，也会产生财产损害赔偿责任。例如，在美国一个案例中，法院判决指出，侵害肖像权的基础在于对个人人格特征商业价值的滥用。[②] 正是因为肖像权具有财产价值，所以可以采用金钱赔偿的方式加以救济。对此类人格权益的损害，多数都可以通过财产赔偿的方式加以弥补，这也是人格权商业化利用与普通人格权的重大区别。我国《侵权责任法》第 20 条对侵害人身权益的财产损害赔偿责任作出了规定，其主要适用于行为人未经许可对他人人格权进行商业化利用的情形。

我国民法典分编草案专门规定了肖像许可使用合同，并对合同内容约定不明确的解释规则、肖像许可使用合同的解除规则等作出了明确规定。民法典分编草案第 803 条规定："其他人格权的许可

---

① 北京市崇文区人民法院(1999)崇民初字第 1189 号。

② Rogers v. Grimaldi 875 F2d 994(2nd Cir 1989),1003 - 4.

使用,参照适用本章的有关规定。”这表明肖像许可使用合同不仅适用于肖像权,而且还适用于姓名、名称等的许可使用。

第三节 肖像权客体的扩张

传统上,肖像权的客体范围限于摄影、绘画等形式,随着社会的发展,肖像的利用方式越来越多,肖像权的客体也出现了扩张趋势。由于肖像不再以面部特征为中心,因此,民法典分编草案在规定肖像的内涵时,以可识别性为认定标准,这就为肖像权客体的扩张提供了依据。在实践中,肖像权的客体除了以照相等艺术手段再现的形象外,还包括漫画形象、雕塑等具有可识别性的外部形象。

(一)漫画形象

漫画是一种采用夸张和扭曲的绘画手法来展现个人形象的艺术形式。关于漫画像是否为肖像,有两种不同的观点:一种观点认为,人物漫画如能再现人物的形象应属于肖像;另一种观点认为,漫画纯粹以夸张形式表现人物形象,缺乏真实性和客观性,因此不能视为肖像。笔者认为,判断某幅漫画是否反映了某人的肖像,应看其是否反映了某人的面部形象特征,尤其是该漫画所反映的某人的形象特征是否具有可辨别性。如果一般人不能从漫画中清楚地辨别出漫画中的人物为某人形象,则不能认为该漫画载有某人的肖像。如果漫画中能够识别出特定的主体,即具有可辨识性,那么就涉及肖像权的保护问题。例如,在崔永元与北京华麟企业有限公司侵害肖像权、名誉权案中,法院认为,《太原广播电视报》上的肖像漫画,面部特征酷似原告,而且该肖像漫画配有“实话实说”字样,并置于“来自《东方时空:实话实说》的减肥报道”的特定环境中。根据上述特定人物特征、特定主持人身份及特定场景,可以认定该肖像漫画即是原告的肖像漫画。被告用该肖像漫画作广告,且以营利为目的,未经原告许可,亦构成了对原告肖像权的侵害。[1] 再如,在“赵

---

① “崔永元与北京华麟企业有限公司侵害肖像权、名誉权案”,(1999)朝民初字第4247号。

××与××市协和门诊部等肖像权纠纷案”中，法院认为，“卡通漫画作为绘画艺术的一种形式，只要能反映出具有可识别性的自然人形象，就可成为肖像权法律保护对象。被告××市协和门诊部以营利目的，未经原告赵××本人同意，非法使用赵××卡通形象作广告宣传，已构成对原告赵××肖像权的侵犯”。①

（二）素描、油画形象

素描和油画是否能够受到肖像权的保护，一直存在争议。在国外，有关案例对此予以了承认。例如，在法国 1858 年 Rachel 案中，某人未经许可，为一位临终时的著名女演员画了素描像，随后就将此素描做成相片出售。其近亲属提起诉讼，法院在本案的判决中要求没收并销毁这些未经允许的素描像，并且要求被告承担给其亲属造成非经济损害（non-economic loss）的损害赔偿责任。② 日本有关的判例对此也存在不同的观点。③

在我国司法实践中对素描和油画能否受到肖像权的保护，一直存在两种不同的观点。一种观点认为，素描和油画应受到肖像权的保护。例如，在某模特诉画家王某侵害肖像权一案中，画家王某请人体模特拍摄裸照，并根据照片创作油画作品。后将该油画拍卖，模特听说油画被拍卖后，起诉索赔 50 万元。一审法院认为，尽管画家主张油画相比于照片已与该模特有较大差别，同时作品中还融入了主观创造，但原告提供的证据已能证明油画肖像与其本人的一致性，属于“临摹绘画”，因此可以认定被告侵犯原告的肖像权，法院判定被告应该赔偿原告 30 万元损失。④ 另一种观点认为，素描和油画纯属艺术创造，不应受肖像权保护。例如，在“素描模特诉出版社侵害肖像权案”中，法院就认为素描这种绘画形式的肖像在客观性上，较照片等其他影像形式的载体与原人物相差较大，因此素描不受肖像权的保护。⑤ 笔者认为，判断素描的个人形象是否应当受到肖像

---

① 酒泉市中级人民法院民事判决书，（2011）酒民一终字第 266 号。

② Trib. civ. Seine, 16 Jun. 1858, 3, 62.

③ 例如，大阪地区就有判决认为，人体素描和插画并不构成对个人肖像权的侵害，但也有判决认为构成对肖像权的侵害。具体参见刘春堂：《民商法论集（三）：人格权法专论》，台湾元照出版公司 2016 年版，第 284 ~ 289 页。

④ 参见《裸模起诉画家一审获赔 30 万》，载《新京报》2012 年 3 月 25 日。

⑤ 《裸模起诉画家一审获赔 30 万》，载《新京报》2012 年 3 月 25 日。

权的保护,关键在于能否从该素描形象中识别个人。与一般的照片和影片不同,照片、影片能够准确、客观地再现本人的形象,所以,照片和影片所反映的个人形象都是准确的个人形象,而素描的过程是艺术家创作的过程,创作过程中可能会掺杂一些艺术手法,并不当然是个人形象的客观再现。如果素描、油画所实际体现出来的艺术形象与个人的外在形象差距较大,不具有可识别性,则不应当受到肖像权规则的保护。

(三)雕像

所谓雕像,是指通过雕刻等艺术创作形式所展现的个人形象。与绘画、素描类似,雕像实际上也是通过艺术创作的方式展现个人的外在形象,雕像的制作过程实际上也掺杂了个人艺术创作的因素。关于雕像所展现的个人形象是否属于肖像,日本有判例持肯定态度,认为未经许可制作、展示个人的半身雕像,将构成对他人肖像权的侵害。[①] 笔者认为,关于雕像所展现的个人形象能否受肖像权保护,首先要看雕像的制作是否经本人同意,如果未经许可制作、展示个人肖像,且所制作的雕像具有可识别性,则应当构成对他人肖像权的侵害。

(四)游戏中的形象

游戏中的形象如果能再现个人形象,并能够为一般人所识别,则也应当受到肖像权的保护,但如果不具有相似性,则不应当受到肖像权的保护。例如,在前述"章金莱案"中,法院认为,判断蓝港公司所使用的游戏中的形象是否侵犯章金莱的肖像权,应以确认该形象能否反映章金莱的相貌特征并与章金莱建立联系为前提,法院认为,蓝港公司使用的"孙悟空"形象并不能直接反映章金莱的相貌特征,不具有可识别性,故不构成侵犯章金莱的肖像权。从该案例中可以看出,在游戏中使用相关形象也可能涉及肖像权的保护。

(五)表演形象等个人形象

所谓表演形象,是指在表演过程中所形成的个人形象。从人格权法的角度来说,保护表演形象首先需要确定,所要保护的是表演

① 参见刘春堂:《民商法论集(三)》,台湾元照出版公司2016年版,第288页。

形象还是表演者自身的形象,就表演的形象而言,由于其可能是虚拟的,而不是真实的人物,因此一般应由知识产权法加以保护。但相关的表演形象确实可能涉及表演者自身的形象,此时,其就可能受到肖像权的保护。一般来说,演员的名气越大,其表演的艺术形象越深入人心,就有可能使个人的形象和扮演者的形象发生重叠,表演者自身的形象也越容易被观众所辨认,角色形象与表演者的真实肖像达到重合的状态,由此导致对角色形象的利用同时构成对表演者肖像权的侵害。

关于表演形象是否受肖像权的保护,司法实践中存在肯定的观点。例如,1988 年扮演济公的游本昌曾诉上海音像公司和中国唱片社上海分社,认为上述单位未征得其同意,将其扮演的"济公"形象使用于以营利为主的出版物,侵犯了个人的肖像权。对于演员扮演的角色的形象,在法律上是否为演员的肖像,演员能否享有肖像权,理论和实践上都有不同的观点。笔者认为,表演形象可以受知识产权法中邻接权的保护,但表演者对其表演形象不一定享有肖像权,因为表演者的肖像权只限于表演者自身的形象,而不能扩及其表演的形象。就像古月扮演毛泽东,作为演员的古月仅对其自身享有肖像权,而不能说他对毛泽东的形象也享有肖像权。单纯的表演形象,除非能够被辨认是某演员,具有可识别性,否则不能受人格权法的保护,而应当作为邻接权予以保护。例如,在"某著名喜剧演员诉北京新浪互联信息服务有限公司和北京星潮在线文化发展有限公司侵犯肖像权案"中,被告通过全国多家卫视发布手机游戏下载广告,而此广告未经许可将该演员在小品中的表演形象篡改为动画形象,并配之以与该演员相类似的方言口音,法院认为被告构成侵权。[①]

在此还需要讨论的是,如果行为人通过整容、化妆等方式,模仿名人的形象并以自己的名义去做广告,是否构成侵害他人的肖像权?笔者认为,如果完全以名人的名义做广告,可能构成侵害他人的肖像权。但如果是以自己的名义出现的,则不能认为侵害了他人的肖像权,因为在此情况下,扮演者完全是以自己的形象出现的,而

---

① 参见肖耿:《网曝时代电子照片遭滥用　公民肖像权再引关注》,载《人民日报》2010 年 8 月 25 日。

非以名人的名义出现的。

（六）人体部分的形象

一般认为，肖像只是指面部的可为他人辨认的特征。身体的某一部分，如背面、蒙面或者颈以下局部人体作品，均不属于肖像。[①]随着社会的发展，人物形象图片的制作和需求日益增多，人身体的某一部分也可能被用来作为广告宣传以及其他用途。例如，将某名模的身体与他人的脸合成新的形象，或者利用女模特的胸部照片、双手、双腿作丰乳产品或丝袜广告，由此引发了一些争议。国外的有关判例将人体的某一部分作为肖像权的客体加以保护。例如，在某案例中，法国巴黎法院宣判，女星 Cathertine Deneuve 可对其胸部享有“肖像权”，因为与她最亲密的人可以由此辨认出该如何。[②] 我国司法实践中，有的案例仅承认对以自然人面部为中心的形态和神态的保护，而不保护其他身体部位。[③] 这种做法受到了越来越多的学者的批评，因为广告商毕竟利用了他人的身体部位作广告并获取了商业利益。

笔者认为，肖像本身仅指人的面部的形象特征，不应当包括人体的其他某一部位。但是，如果人体的其他某一部位确实具有可辨认性，具有可识别性，即能够据以辨认为某人，他人未经权利人的同意将其用于商业目的的，则应当允许权利人基于肖像权提起诉讼。

（七）集体肖像

所谓集体肖像，是指数个人的肖像并存在一个载体上构成一个完整的、独立于个体的肖像。集体肖像是与个人肖像相对应的概念。通常所说的肖像都是指个人肖像，集体肖像是肖像权保护中的例外现象。在我国，集体肖像源于“姚明诉可口可乐中国饮料有限公司肖像权纠纷案”，[④]可口可乐中国饮料有限公司在上海推出的一批新产品包装罐上，印有 3 名中国男篮现役队员的形象，他们分别是姚明、巴特尔和郭仕强，姚明居中。姚明认为，本人未授权可口

---

① 参见张俊浩主编：《民法学原理》，中国政法大学出版社 1997 年版，第 149 页。

② Trib Gr Inst Paris, 29. 03. 1978, quoted byP Fremond, Le droit de la photographie. Le droit sur l’image, Paris, Publicness, 1985, p. 352.

③ 参见《肖像权护脸不护身?》，载《福州晚报》1999 年 11 月 4 日。

④ 参见《“肖像权”成为焦点姚明与可口可乐公司起纷争》，载《新闻晚报》2003 年 5 月 16 日。

可乐公司,也未授权任何个人、公司或组织许可可口可乐公司使用姚明个人肖像及姓名对其产品进行商业推广,可口可乐中国饮料公示的行为侵害了其肖像权。该集体肖像中有三个人,可以认为是集体肖像。其特征体现在:第一,涉及多个个人的肖像,集体肖像不同于单个人肖像之处就在于,它是由多个人的肖像构成的。例如,在拍摄的相片上有几个人的肖像。第二,集体肖像具有整体性。集体肖像虽然由多个肖像构成,但该多个肖像本身并不具有独立性,其不过是整体中的一个部分,而且共同构成一个肖像即集体肖像。集体肖像本身又具有独立性,其和个人肖像是有一定的区别的。通常,集体肖像是多个人的合影,每一个肖像都不够突出,公众看到的是一个整体的画面,而非单个人的具体形象。第三,集体肖像的利益应该归属于集体而非单个的肖像权人,集体肖像中既存在单个个别的肖像利益,也存在集体肖像利益。但作为集体的肖像形象,应当归属于整体。在实践中,集体肖像的保护与个人肖像权的行使和保护不同。集体肖像是各个肖像权人集合的产物,既具有一定的独立性,又具有集合性,肖像权属于全体合影者,也就是说,合影者的集合构成了一幅完整的肖像,全体合影者对集体肖像享有无法分割的精神利益,任何单个的人不能单独使用集体肖像,必须经过全体合影者同意才能使用。

笔者认为,集体肖像是客观存在的,简单地认为法律上只存在个体肖像而不存在集体肖像是不妥当的。例如,在"华赞诉美国中国项目咨询公司将有其在内的合影照片印在资料上散发侵害肖像权案"中,①上海市第一中级人民法院审理认为:原告一人对其肖像权的主张,不能反映全体肖像权人的利益。被告未征得原告的同意,在其含有商业目的的宣传资料中,使用包含原告的集体肖像的

---

①　本案的案情是,1998 年 5 月 2 日,原告所属集团聘用温跃宽担任其国际策略专家,后来,温跃宽随同原告出访美国,与原告等四人一起和美国国家贸易局局长合影留念。1999 年 10 月,被告成立上海办事处,由温跃宽担任该办事处的首席代表。被告上海办事处成立时,将该办事处首席代表温跃宽随原告等人出访美国期间与美国国家贸易局局长的上述合影照片一并印在该办事处的资料上对外广为散发。原告以被告擅自使用其肖像用于其商业目的为由,向上海市第一中级人民法院提出诉讼。参见最高人民法院中国应用法学研究所编:《人民法院案例选》(总第 33 辑),人民法院出版社 2002 年版,第 109 页。

行为虽欠妥,但没有对原告的个体肖像进行恶意毁损、玷污及丑化,并未侵害原告的肖像权。因此法院判决驳回原告的诉讼请求。再如,在著名的三军仪仗队名称权和肖像权案中,北京市一中院审理认为,信禾公司侵犯了三军仪仗队的肖像权和名称权,判决赔偿 80 万元。该案中,法院承认了三军仪仗队的形象属于集体肖像。[①] 一般来说,对个人肖像权的保护比较简单,但对集体肖像的保护,因为牵涉多人利益,所以情况比较复杂。

从原则上说,集体肖像利益归属于整体,而非单个的肖像人,但集体中单个肖像人对集体肖像也享有一定的利益。在集体肖像受到他人侵害后,个人要主张其肖像权,应当区分如下两种情形:第一,如果集体肖像中人数不多,个人形象具有可辨认性,则形象突出的人应享有独立的肖像权,形象不突出者则难以主张肖像权。例如在前例中,姚明的形象居中比较突出,因此,可以主张独立的肖像权。如果在集体肖像中个人的形象只是在旁边或只有侧面的形象,形象并不突出,就不能主张个人的肖像权。第二,如果在集体肖像中,人数众多,且所有组成人员个人特征都不突出,每个人的形象只不过共同构成一个整体,此时,每个成员将无法主张肖像权。

集体肖像权在行使中任何一个人都不得未经他人同意擅自复制、转让集体肖像,因为集体肖像构成一种集体肖像利益,未经他人同意,利用集体肖像构成对其他肖像人利益的侵害。集体肖像以外的其他人,也不得擅自利用集体的肖像。如果构成侵害集体肖像,那么集体肖像中的各个肖像权人都有权主张权利,请求停止侵害、损害赔偿。

第四节　侵害肖像权的责任

肖像权通常是指自然人有权依法制作、使用、许可他人使用或者公开自己的肖像,有权禁止他人以歪曲、侮辱或者其他不正当方

---

① 参见《三军仪仗队被侵犯肖像权名称权　终审获赔 80 万》,载《京华时报》2006 年 8 月 1 日。

式侵害自己的肖像。从比较法上看,对肖像权的保护主要有两种模式:一是通过侵权责任的一般条款来保护个人的肖像权(如法国),或通过侵权法保护肖像利益;二是通过特别立法的方式保护肖像权(如德国颁布了《艺术与著作权法》)。[①] 我国《民法总则》第110条则从正面确权的角度对肖像权作出了规定。

一、侵害肖像权的构成要件

(一)未经本人同意

肖像权本质上是权利人所享有的人格权,任何人使用他人肖像,应当依法取得权利人的同意。征得本人同意是指本人自身的同意,如果权利人系未成年人,须征得其监护人的明示同意。

本人同意他人使用自己的肖像,可以采用两种方式:一是本人单方面授权给他人,使他人有权使用自己的肖像。本人的授权范围一定要明确。例如,本人在授权中应当规定使用人的使用时间、方式、对使用的限制等。如果使用人超出了使用范围而使用他人肖像,也可构成对他人肖像权的侵害。二是本人与肖像使用权人订立肖像使用合同。所谓肖像使用合同,是指肖像权人与使用人就肖像的许可使用达成协议。许可使用在性质上属于合同关系,其内容只是规定他人可以利用其肖像,而不属于肖像权的转让。肖像使用合同既可以是有偿的,也可以是无偿的,但在内容上应明确规定使用范围、方式、期限等问题。如果合同未许可使用人可再次转让肖像使用权,则使用人不得将肖像使用权转让给他人。使用权人必须按照合同目的、范围等使用。例如,合同中允许被告使用而并未允许第三人使用,第三人使用了原告的肖像;或者允许某一产品使用而并未允许在另一产品上使用,使用人却在另一产品上使用的,均构成违约或侵权。使用人超出约定的使用用途和使用期限使用他人肖像或者违反合同约定使用他人肖像,权利人可在侵权责任和违约责任中选择一种提出请求。

(二)实施了利用他人肖像的行为

一般而言,行为人未经许可利用他人肖像的行为,构成对他人

---

① See Gert Brüggemeier, Aurelia Colombi Ciacchi, Patrick O Callaghan, *Personality Rights in European Tort Law*, Cambridge University Press, 2010, pp. 570 – 571.

肖像的非法利用。所谓非法利用,是指未取得他人同意而非法再现他人肖像的行为,包括商业性的利用和非商业性的利用。例如,非法制作他人的肖像作品、非法复制和传播他人肖像作品等。非法使用包括以营利为目的而将他人肖像制成画像、照片、图片、塑像、雕像等出售给他人,或用作广告、商标、产品说明书等,例如,在“卓某诉孙某、重庆市乳品公司侵犯肖像权纠纷案”[①]中,法院认为,孙某与重庆市乳品公司未经卓某本人同意,以营利为目的,擅自出售、印刷他人肖像做商标,是侵犯他人肖像权的行为,应当承担侵权的民事责任。此外,非法使用也包括非以营利为目的而将制作的肖像予以公布、陈列、复制等使用行为。例如,在网络上未经肖像权人同意而粘贴、修改、下载传播他人肖像。恶意毁损、丑化他人肖像也构成侵害肖像权。例如,在网络上通过修改他人的肖像,将他人丑化,也构成非法利用。

值得注意的是,未经许可利用他人肖像的行为并不限于直接利用,转发等方式的利用也能构成肖像权侵权。在“深圳众生元网络技术有限公司与杨颖肖像权纠纷上诉案”之中,该案两级法院均认为“虽然涉案文章转载自其他网站,被告没有对文章内容进行实质性修改,但涉案文章不仅直接提及原告的英文名称,而且还配有多幅原告的相片,被告以营利为目的转载涉案文章同样侵犯了原告的肖像权,不能因为涉案并非被告原创而免于承担侵权责任”。[②]

非法利用他人肖像构成侵权的前提是,行为人所使用的肖像应当具有可识别性,即可以通过该肖像识别出特定的主体。可识别性在肖像权保护中的意义表现在:一是通过各种技术手段非法再现他人的肖像,只有在具有可辨认性的条件下才构成侵害肖像权。二是随着肖像权的发展,需要扩展肖像权的保护范围,如将面部肖像扩展到身体的其他部位,这种保护也必须具有可辨认性。具体来说,关于可识别性,应当注意如下几个问题。

第一,通常应按照一般人的标准进行判断。例如,在前述“章金

---

① 《最高人民法院公报》1987 年第 1 期。

② 广东省深圳市中级人民法院(2016)粤 03 民终 9542 号民事判决书。

莱案”中,法院认为,当某一角色形象与自然人之间具有一一对应的关系时,对该形象的保护应当属于肖像权保护的射程。一般而言,应当由社会公众进行判断。这就是说,在辨认过程中,应当采用合理的一般人标准,而不能仅以某个熟人是否能够辨认为标准。因为熟人熟悉某人的面部特征,从某一个特征就足以辨认出某人,但其他不熟悉的人则未必能根据某一个特征辨认出某人。此种观点在其他案例中也被采纳。例如,在“谢某诉北京概念久芭模特责任有限公司侵犯肖像权案”中,被告在宁波举行的某模特大赛中国选拔赛的宣传材料中使用了一张胡兵等名模的一男四女模特合影。原告发现,其中一个人的身体是自己的,而脑部却通过电脑手段被换成了别人的,因此在法院起诉。一审法院认为,目前我国《民法通则》所保护的肖像权是指以自然人面部为中心的形态和神态的客观表现,因此,仅包括了谢某的四肢和躯干、没有其面部形象的照片不具有谢某的肖像特征。[①] 笔者认为,此种观点不无道理,本案中侵害客体没有面部形象,不能为社会公众所识别,因此,不应当受肖像权的保护。当然,即使没有面部形象,但如果能够使社会公众从该形象中识别特定的主体(例如,杨丽萍的孔雀舞,其手势极具个性),也应受到肖像权的保护。

在通常情况下,应当以社会公众能否识别作为判断可识别性的标准,但由于每个人的社会知名度不同,完全按照社会公众的标准判断可识别性,确有一定的困难。因而在特殊情形下,可以考虑按照与权利人熟悉的人的标准判断可识别性。

第二,一般要有可识别的身体外部特征来辨认。在上述“章金莱案”中,法院认为,判断蓝港公司所使用的形象是否侵犯章金莱的肖像权,应以确认该形象能否反映章金莱的相貌特征并与章金莱建立联系为前提。这就是说,应当以面部的相貌特征作为认定肖像的标准。面部特征可以是正面的,可以是侧面的,但不能是背面的,因为背面往往不具有足够的可识别性。在司法实践中,有法院认为,

① 参见北京市高级人民法院编:《审判前沿——新类型案件审判实务》,法律出版社 2003 年版,第 139 页。

对肖像的保护局限于面部范围。[1] 例如，在“叶某诉安贞医院、交通出版社广告公司肖像权纠纷案”中，法院认为，原告叶某所诉的这张照片，只有脸上的鼻子和嘴部分，不是完整的特定人形象。这张照片不能反映特定人相貌的综合特征，不能引起一般人产生与特定人有关的思想或感情活动，因此不是法律意义上的肖像。叶某据此照片主张保护肖像权，理由不能成立。[2] 此种观点有一定的道理，但是在实践中，情形较为复杂，在特殊情形下，虽然受害人的面部形象被部分遮住，但是如果综合其他的体貌特征，能辨别出属于该特定人的肖像时，仍然应当作为肖像权加以保护。例如，眼睛被覆盖处理，但如果根据被描绘的个人外貌特征，如因发型或其他特点，仍可以较容易地辨认出来，则依然应认定为某人的肖像。[3]

第三，应当区分可识别性与再现性。一般来说，对肖像原封不动地再现，大多具有可识别性。正如法院在“章金莱案”的判决中所说，“当某一角色形象，能够反映出饰演者的体貌特征并于饰演者具有可识别性的条件下，将该形象作为自然人的肖像予以保护，是防止对人格权实施商品化侵权的前提”。[4] 但可识别性不同于再现性，它仅要求通过某种形象可以辨认为某个具体的个人，而不要求原封不动地再现某人的形象。有观点认为，肖像必须是自然人自身形象的原形再现，应原封不动地体现肖像权人的形象，因此，只有照片才是肖像，人体画则是画家创作的艺术作品，不是肖像。笔者认为，此种观点将肖像的表现形式看得过于简单。事实上，肖像是通过各种艺术表现形式反映出来的形象，个人的形象并不一定要原封不动地再现才属于肖像，绘画、雕塑等作品在再现某人的形象时，只要达到了清晰可以辨认的程度，便可以认为反映了某人的肖像。将肖像的范围限于通过摄影、照相所表现的视觉形象，则会不当限缩

---

① 参见北京市朝阳区人民法院关于“新丝路模特公司签约名模谢某诉北京概念久芭有限公司”案的判决。该判决支持了原告的意见，认为被告使用了包含原告躯干在内的一张照片，并没有原告的面部形象存在于照片中，因此被告没有使用原告的肖像。参见北京市高级人民法院编：《审判前沿——新类型案件审判实务》，法律出版社 2003 年版，第 139 页。

② 参见《最高人民法院公报》2003 年第 6 期。

③ OGH 14 March 1989, MR 1989, 54; 20 September 1994, MR 1995, 63.

④ 北京市第一中级人民法院(2013)一中民终字第 05303 号民事判决书。

肖像的载体范围,也会缩小肖像权的保护范围,不利于保护肖像权人的利益。

二、关于以营利为目的是否为侵害肖像权的责任构成要件

根据《民法通则》第100条的规定,未经本人同意,以营利为目的使用他人肖像的行为,构成侵权行为,行为人应承担侵害肖像权的责任。《民法通则意见》第139条规定:"以营利为目的,未经自然人同意利用其肖像做广告、商标、装饰橱窗等,应当认定为侵犯自然人肖像权的行为。"何为"以营利为目的"?在实践中是常常争议的话题。例如,在"深圳市松吉电动自行车有限公司与赵某肖像权纠纷上诉案"中,法院认为,"所谓'以营利为目的的使用肖像',是指对他人肖像进行具有商业性质的使用,以谋取经济利益,进而给其人格带来商业化的负面影响。因此,就本案而言,上诉人在其企业微信公众号的两篇配图文章中,使被上诉人肖像与上诉人经营产品产生一定的广告性质的关联性,从而使社会公众产生有合理根据的误解,进而使被上诉人人格受到上诉人广告的商业化侵害"。[①]在该案中,法院要求必须"给其人格带来商业化的负面影响",但在其他案件中,法院并没有作出此种要求,只要是未经权利人的同意的利用,即可能构成侵权。例如,在"董某诉南阳市虹光摄影图片社未经同意向他人提供其照片侵犯肖像权纠纷案"[②]中,法院认为,《南阳邮电》所载文章在未征得肖像权人同意的情况下,使用原告肖像,在文章中,介绍了虹光摄影图片社引进彩扩设备的先进性能、摄影技术,具有明显的广告内容和作用,因此可认定被告具有营利目的。

我国《民法总则》第110条只是规定了肖像权,但并没有规定侵害肖像权的责任构成要件。因此,依现行法律规定,侵犯肖像权应当以营利目的为构成要件。在司法实践中,对肖像权的侵害,许多法院也将具有营利性作为认定侵害肖像权侵权责任的标准。例如,

---

① 参见广东省深圳市中级人民法院民事判决书,(2016)粤03民终17303号。

② 参见最高人民法院中国应用法学研究所编:《人民法院案例选》(1992—1999年合订本),中国法制出版社2000年版,第728页。

在“刘翔与《精品购物指南》报社、北京精品卓越科技发展有限公司、北京中友百货有限责任公司肖像权纠纷案”中,法院认为,“所谓‘以营利为目的的使用肖像’,是指对他人肖像进行具有商业性质的适用,以谋取经济利益,进而给其人格带来商业化的负面影响”,“就本案而言,精品报社在千期专刊的整体封面设计中,使刘翔肖像与购物节广告产生一定的广告性质的关联性,从而使社会公众产生‘刘翔为中友公司购物节做广告’之有合理根据的误解,进而使刘翔人格受到购物节广告的商业化侵害”。[①]

但将行为人具有营利目的作为其侵权责任构成要件是否妥当,值得探讨。从国外的一些经验来看,确有一些国家将侵害肖像权的构成要件限定在商业性利用,甚至对商业性利用都限制得非常严格。在美国,一般认为,商业性利用主要包括商业广告和促销。例如,P. L. Kunath 认为,在纪实性的影片中利用某人的形象,不能认为是商业性利用。[②] 美国《反不正当竞争法重述(第3次)》规定了利用原告的姓名、肖像作商业目的使用的,构成侵权,商业利用不一定就是盈利活动,而是指商业广告和产品促销的活动。大陆法系一些国家对此解释得更为宽泛。但从我国司法实践来看,纯粹以是否具有营利为目的作为侵害肖像权的构成要件,缩小了肖像权法律保护的范围,使许多非法使用他人肖像但并不是追求营利的行为不能作为侵害肖像权处理,从而不利于保护肖像权人的利益。[③]

民法典分编草案第799条规定:“任何组织或者个人不得以歪曲、污辱等方式侵害他人的肖像权。未经肖像权人同意,他人不得制作、使用、公开自然人的肖像,但是法律另有规定的除外。”该条并没有将以营利为目的作为侵害肖像权的构成要件。笔者认为,这一规定是合理的,虽然从实践来看,侵害肖像权的行为大多是以营利

① 北京市第一中级人民法院民事判决书,(2005)一中民中字第8144号。

② See P. L. Kunath, “Lights, Camera, Animate! The Right of Publicity's Effect on Computer Animated Celebrities”, (1996) 29 *Loy. L. A. L. Rev.* 863 pp. 882, 887, 896.

③ 在美国,新闻传播和娱乐可能不认为是商业活动。See P. L. Kunath, “Lights, Camera, Animate! The Right of Publicity's Effect on Computer Animated Celebrities” (1996) 29 *Loy. L. A. L. Rev.* 863 pp. 882, 887, 896.

为目的,[①]但毕竟侵害肖像权的行为类型十分复杂,除以营利为目的使用他人肖像的情形之外,还有一些其他的侵害肖像权的类型,具体而言,主要有以下几种:一是未经本人同意非以营利为目的使用他人肖像。尤其是在互联网上,未经他人同意,擅自公布他人照片,甚至广泛传播,即便侵权人没有以营利为目的,但客观上也造成了对他人肖像权,特别是肖像权中精神利益的侵害。二是未经本人同意制作他人肖像。一般来说,擅自制作他人的肖像,除行为人以善意收藏、鉴赏他人的相片之外,即使未将所制作的肖像传播流通,也可能构成侵权。三是通过互联网或其他媒体,擅自传播他人的裸照,例如,将某演员的裸照在网络上广泛传播,这种行为可能同时构成对他人隐私权和肖像权的侵害。四是恶意丑化、玷污他人的肖像。例如,以女电影演员的画像作为酒店女洗手间的标志。[②] 不论行为人主观上是否具有营利的动机和目的,这种情况都造成了对肖像权人的人格利益和人格尊严的侵害,构成对肖像权的侵害。由此可见,侵害肖像权类型比较复杂,侵权行为种类也较多,如果将营利作为侵害肖像权的判断标准,将使许多行为人主观上并不是以营利为目的,但客观上已构成对他人肖像权侵害的行为不能作为侵权行为对待。这将难以制止非以营利为目的的其他非法使用肖像的行为,[③]无疑不利于保护肖像权人的利益。

将营利作为侵害肖像权的构成要件旨在禁止通过非法利用行为获取不当利益,主要目的在于维护肖像权人的财产利益,但事实上,肖像权作为一种人格权,主要体现的是肖像权人的人格利益和人格尊严。尽管肖像权中包含了财产因素,但财产内容只是附属的、派生的,不是肖像权的主要内容。我国《民法总则》第 109 条规定:“自然人的人身自由、人格尊严受法律保护。”该条其实揭示了人格权保护的基本价值。法律保护肖像权的主要目的在于维护肖像权人的人格利益和人格尊严,而主要不是维护肖像权人的财产利益。如果坚持以营利作为判断侵害肖像权的责任构成要件,则会偏

---

① 参见张红:《人格权各论》,高等教育出版社 2016 年版,第 184 页。

② 参见朱国光:《肖像权及其法律保护制度探析》,载《法学论坛》1997 年第 4 期。

③ 参见朱国光:《肖像权及其法律保护制度探析》,载《法学论坛》1997 年第 4 期。

离法律保护肖像权的目的,也不利于保护肖像权人的人格尊严。[①]因为对并未侵害肖像权人财产利益的非法使用肖像的行为,即使是恶意在网络上传播、复制他人的裸照并给肖像人造成极大精神痛苦的行为,只要不是以营利为目的,也不构成对肖像权的侵害。这有违法律保护人格权的目的。甚至会造成一种误解,即会使人认为,非法使用他人肖像,只要非以营利为目的,都是合法行为。[②] 更何况,以营利为目的主要表现的是行为人的主观动机,但只要行为人非法侵害了他人的肖像权,则不论行为人的动机为何,其都应当依法承担责任。

应当指出,取消以营利为目的的限制要件可能导致肖像权的保护范围过于宽泛,实践中未经本人同意而使用他人肖像的情况比较多,应对侵权要件作出明确限定。例如,将劳模领奖的照片、公司法定代表人代表法人领奖的照片等公开,并未妨害权利人正常的工作或生活关系,也未给权利人造成实际的财产或精神损害,则不能认为构成侵权。再如,将登载在杂志上的他人的肖像复印下来,只要没有毁损他人的形象,亦不能认定构成侵权。据此,笔者认为,凡是以营利为目的使用他人的肖像都构成侵权,除此之外,未经本人同意恶意利用他人的肖像,对他人进行歪曲、丑化等,也构成侵害肖像权。

三、侵害肖像权的抗辩事由:合理使用

(一)肖像合理使用的概念

所谓侵害肖像权的抗辩事由,是指在侵害肖像权的情形下,行为人可以主张减轻或免除其责任的事由。肖像权作为一种绝对权,表现为肖像权人对其肖像享有支配并排除他人非法使用的权利。但在法律上,肖像权的内容及其行使应依法受到限制,对肖像权的

---

① 参见杨立新:《肖像权》,载王利明等主编:《人格权与新闻侵权》,中国方正出版社 1995 年版,第 284~285 页。

② 1988 年 3 月,最高人民法院召开的华北五省(市、区)审理侵害著作权、名誉权、肖像权、姓名权案件工作座谈会认为:擅自使用他人肖像,不论是否营利,均可认定侵害了他人肖像权,不能认为侵害肖像权必须以营利为目的。但是这种解释仅限于理论探讨,还未在立法上予以确认。

限制主要体现在肖像权的合理使用上。所谓合理使用,是指行为人利用他人肖像虽然未经权利人同意,但基于公共利益等目的的需要,可以无偿对他人肖像加以利用的行为。[①] 例如,在"刘翔与《精品购物指南》报社、北京精品卓越科技发展有限公司、北京中友百货有限责任公司肖像权纠纷案"中,一审法院认为,"刘翔代表国家参加奥运会比赛,进入公共领域的奥运会赛场,其肖像属于与特定意义公共事件相结合的肖像,此时刘翔作为公众人物,肖像权应当受到限制,正当的拍照摄影以及相关的媒体报道使用其肖像均属于合理使用,不构成侵权"。[②] 在该案中,一审法院认为,被告的行为构成对原告肖像的合理使用。在个人的肖像已经融入公共事件之中的情形下,对该公共事件进行报道等行为,即便涉及个人的肖像,也不应当构成对个人肖像权的侵害。例如,对大型比赛进行实况报道,即便未经运动员的许可而使其出镜,也不应当构成侵权。一旦行为人的肖像融入公共事件之中,如果在该公共事件范围之外未经他人许可而利用其肖像,则应当构成对他人肖像权的侵害。例如,截取运动员在比赛中的肖像,并将其运用于商业广告中,即应当构成对他人肖像权的侵害。所以,判断某一行为是否构成对肖像权的侵害时,重点应当对合理使用进行准确界定。民法典分编草案第779条第2款规定:"可以在必要范围内合理使用民事主体的姓名、名称、肖像、隐私、个人信息等。"该条对肖像的合理使用规则作出了规定,这对于规范肖像的合理使用行为十分必要。

(二)肖像合理使用的具体情形

从我国现行立法、司法实践及现实需要来看,合理使用的情况主要包括如下几种情形。

1. 为了科学研究和文化教育的目的而在一定范围内使用他人肖像。许多国家法律规定,基于教育科学文化发展的需要可以合理使用他人肖像。[③] 例如,2001年制定的《加利福尼亚民法典》第3344条规定,"任何人采用任何方式或者在任何产品上或商品上使

---

① 参见张红:《肖像权保护中的利益平衡》,载《中国法学》2014年第1期。

② 北京市海淀区人民法院民事判决书,(2005)海民初字第2938号。

③ 参见赵徽:《浅谈我国肖像权保护中的"合理使用"问题》,载《天津市政法干部管理学院学报》1999年第4期。

用已故者的姓名、声音、签名、肖像或照片，或者从事商业广告、销售、推销，将对因此而造成的损害承担责任。但在下列情况下的使用除外：在剧本、书籍、杂志等非从事商业广告或促销广告中使用已故的人的姓名、声音、签名、肖像或照片等；在具有政治和新闻价值的信息中使用”。我国司法实践也确认这一规则。最高人民法院在《1990 年最高人民法院(1990)民他字第 28 号复函》中指出：“经研究认为：上海科技报社、陈贯一未经朱虹同意，在上海科技报社载文介绍陈贯一对‘重症肌无力症’的治疗经验时，使用了朱虹患病时和治愈后的两幅照片，其目的是为了宣传医疗经验，对社会是有益的，且该行为并未造成严重不良后果，尚不构成侵害肖像权。因此，同意你院审判委员会的意见，即该案由二审人民法院撤销一审人民法院原审判决，驳回朱虹的诉讼请求。”由此可见，最高人民法院认为，如果某人未经他人同意而使用他人肖像，“其目的是为宣传医疗经验，对社会是有益的”，不构成对肖像权的侵害，这就意味着为了科学研究和文化教育的目的而在一定范围内使用他人肖像可成为阻却违法的事由。

2. 新闻报道和舆论监督。新闻报道经常需要使用与报道相关的当事人的肖像，由于许多事件本身是通过现场拍摄来报道的，如果不能利用肖像，则新闻报道无法进行。所以，在此情况下，对于所涉及人物的肖像权应当予以合理限制，即便新闻报道未经许可使用了他人的肖像，一般也不构成对他人肖像权的侵害。① 在媒体上刊载了某人的相片，只要使用人是出于舆论监督的正当目的而使用他人肖像，作品反映的人和事具有较强的新闻性，这种新闻价值是与公共利益、社会利益相关的，②且报道的事实属实，评论正当，就不应当认定使用人对他人的肖像权构成侵害。例如，某个记者拍摄街头打架、斗殴、翻越栏杆、横穿马路等各种不良现象的照片，并予以披露，不能认为该记者构成对他人肖像权的侵害。如果人们对社会生活中出现的各种丑陋和违法现象不能借助于大众传播工具予以大

---

① 参见张红：《人格权各论》，高等教育出版社 2016 年版，第 206 页。

② 参见赵徽：《浅谈我国肖像权保护中的“合理使用”问题》，载《天津市政法干部管理学院学报》1999 年第 4 期。

胆披露和批评,就会纵容各种不法行为,损害社会公共利益。因此,法律为鼓励舆论监督行为,维护公共利益,应当允许个人在特定情况下出于正当舆论监督的需要而使用他人肖像。

3. 国家机关为执行公务而强制使用自然人的肖像。国家机关在执行公务的过程中也有可能要使用自然人的肖像。例如,公安机关拍摄正在超速行驶的驾车人、在通缉令上印上犯罪嫌疑人的照片、司法机关在诉讼活动中使用当事人的肖像作为证据等,均不构成对肖像权的侵犯。国家机关从事这些活动时必须是为了执行职务的需要。如果非国家机关从事维护自身利益的行为,则不能构成免责事由。例如,某企业将小偷的形象拍摄下来挂在橱窗上并制作成录像,以作禁止他人再行盗窃的宣传,由于企业本身无权从事此种行为,应认定构成侵害肖像权。当然,公权力机关在执行公务过程中使用他人肖像的,如果涉及他人的肖像权,则应当采用相关的技术手段予以处理,不得侵害他人的肖像权。①

4. 公共场所的必要限制。它是指拍摄特定公共环境不可避免地使用、公开他人肖像。如果某人出现在公共场所,参加集会游行、庆典、观看体育比赛等,他人未经本人同意而拍摄公共场所的场景,如果涉及某人的肖像,但该人物的肖像在场景中并不突出,也构成合理使用。法国有判例认为,所谓公共场所指街道、公用道路、体育场、竞技场、海滩、公用游泳池、历史景点等,而住宅、职业场所、私家花园、私人道路等属于私人场所。② 正如有学者所指出的,"基于人群共处相互容忍的必要,及社会之利益,肖像权的保护应受限制。阻却违法,如拍摄公众人物、参与游行集会、仪式或意外灾变重大事故之人的照片,或拍摄风景、建筑、街道,而以人物为其点缀。"③公共场所的必要限制必须具备几个条件:一是肖像权人必须要出现在公共场所,参加集会游行等活动。如果没有出现在公共场所,而是在私人空间内对他人偷拍则构成对肖像权的侵害。二是肖像权人和其他人在一起,构成一个整体。这就是说,不能对单个的个人进

---

① 参见张红:《人格权各论》,高等教育出版社 2016 年版,第 207 页。

② Thierry Garé, Le droit des personnes, 2e édition, Collection Connaissance du droit, Dalloz, 2003, p. 85.

③ 王泽鉴:《侵权行为法》(第 1 册),北京大学出版社 2001 年版,第 137 ~ 138 页。

行拍照。三是拍摄他人肖像，不是为了单纯拍摄肖像，而是为了拍摄事件，在照片中的人物必须是不特定的人，人物只是背景或者点缀。拍摄者并不是为了表明某人，而是为了报道某个事件。例如，在“叶某龙诉云南长基房地产开发有限公司等肖像权案”中，法院认为单纯为了新闻报道而对原告进行拍摄，并不构成对肖像权的侵害。[①] 四是符合比例原则。这就是说，即使是在公共场所，在使用和公开他人肖像时，应当尽可能避免对他人肖像权的侵害。除非是“不可避免”地要使用或公开他人肖像，才具有正当性。

5. 使用公众人物的肖像。公众人物是指因特殊才能、成就、经历或其他特殊原因而为公众熟知的重要社会人物，包括著名政治家、艺术家、影视明星、体育明星、社会活动家等。这些社会知名人士所从事的活动一般都与社会公共生活有关，并且构成了社会公众生活的一部分。一些著名政治家出席社会活动的肖像构成社会新闻的组成部分，一些明星的肖像常常作为新闻以满足公众对这些名人的兴趣。刊载公众人物的肖像也是大众传播媒介应尽的社会责任，因此，大众传播媒介工具使用公众人物的肖像，即使未征得本人同意，也不构成对本人肖像权的侵害。总体上说，公众人物肖像权的限制应当以其肖像与社会公共利益相联系为前提，如果其肖像仅仅涉及权利人的私人生活，则不得限制其肖像权。例如，偷拍名人的家庭生活照片，如果该照片与社会公共利益没有联系，则也可能构成侵害肖像权。例如，在臧天朔诉北京网蛙数字音乐技术有限公司等侵害名誉权、人格权、肖像权纠纷案[②]中，北京市朝阳区人民法院认为：原告臧天朔在国内歌坛是有一定知名度的歌手，虽然属社会关注的公众人物，被告未告知原告臧天朔并征得其本人同意，擅自将原告臧天朔列为“国内歌坛十大丑星评选”活动的候选人之一，使用原告臧天朔的公开演出照片，其行为侵犯了原告臧天朔作为社会一般人的应受尊重的权利，构成了对原告臧天朔肖像权的侵害。

---

① 云南省昆明市人民法院(2008)昆民三终字第941号。

② 参见《中国审判案例要览(2003年民事审判案例卷)》，中国人民大学出版社2004年版，第303页。

6. 描述历史性的事件。某人在电影、电视、回忆录等作品中描述某个历史性的事件，其中可能会涉及某人的肖像。此种情况也不构成侵害肖像权，因为历史事件的描述本身就涉及公共利益。许多珍贵的历史照片都是在公共场所拍摄的，因而应当允许基于纪实报道的目的加以使用。例如，在"周某某、周×某等与贵州人民出版社图书发行公司、无锡当当网信息技术有限公司等一般人格权纠纷案"中，法院认为，"鲁迅，作为中国现代史上著名的文学家、思想家、革命家，去世后留下的照片不仅为家人所拥有，更因其史料价值而为社会所拥有，进入社会公共领域……被告黄乔生作为北京鲁迅博物馆的研究员，利用博物馆的鲁迅藏品照片……介绍鲁迅事迹、解读鲁迅精神，属于对死者肖像的合理使用"。[①] 但是在描述历史事件时，必须与特定历史事件相联系，而不能突出报道特定的人。

7. 为了自然人本人的利益而使用其肖像。例如，个人离家不归、杳无音信，家属和有关组织在报纸和公共场所刊登载有其肖像的寻人启事等。再如，在诉讼过程中，当事人为主张自己的权利、证明案件的事实，在举证中涉及有关个人的肖像。

第五节　声　音　权

一、声音权的概念

所谓声音权，是指自然人对其声音利益所享有的自主支配并排除他人干涉的权利。[②] 声音是通过物体震动产生的声波，人的声音是由人的声带震动发出，每个人的声音都具有独特性，因而可以成为标识个人身份的重要依据。尽管在现实生活中，人们往往难以识别个人的声音，借助计算机、人工智能算法等技术，可以很好地识别个人的声音。由于声音反映了一个人的人格特征，并且可以被复

---

① 参见上海市黄浦区人民法院民事判决书，(2014)黄浦民一(民)初字第1245号。

② 参见杨立新、袁雪石：《论声音权的独立及其民法保护》，载《法商研究》2005年第4期。

制、传播，因此，随着现代科学技术特别是语音合成技术的发展，声音与个人身份的关联性将越来越紧密。人工智能不仅可以绘电影、电视台配音，而且可以模仿任何人的声音，其模仿出来的声音一般人也很难识别，这也决定了对声音这一人格利益的保护日益重要。

从比较法上看，许多国家都对个人的声音利益予以保护，具体而言，有如下几种保护模式。

一是将声音作为一种人格利益予以保护。例如，《秘鲁共和国新民法典》第 15 条第 1 款规定："未取得本人明确授权的，不得利用其肖像和声音，或在本人已死亡时，只能按顺位经其配偶、卑血亲、尊血亲或兄弟姐妹同意，方可利用之。"该法典第 15 条第 3 款规定："在利用其肖像和声音时侵犯其本人荣誉、尊严或声誉的，上述例外不予适用。"从上述规定来看，该法实际上是将声音作为一种人格利益加以保护的。再如，法国巴黎上诉法院在 1970 年 5 月 15 日作出的判决中，认定下述问题"必须得到特别保护，以免受到侵害：对个人姓名、肖像、声音、隐私、名誉以及荣誉所享有的权利，被忘却的权利以及对个人自身经历所享有的权利"。①

二是通过公开权对声音予以保护。公开权（publiccity rights）又称形象权，是指个人对其姓名、肖像、角色、声音、姿态以及图像、卡通人物形象等人格标识所享有的进行商业利用和保护的权利。② 公开权本身属于财产权，不属于人身权。作为财产权，它与物权和知识产权一样，可以转让、继承。随着市场经济的发展，个人人格标志的利用方式也日益多样化，个人的声音也受到公开权的保护。如果行为人未经个人许可而出于商业目的模仿他人的声音，则将构成对他人公开权的侵害。例如，在著名的 Midler v. Ford Motor Co. 一案中，被告福特汽车公司在其电视商业广告中使用了与原告 Midler 声音相似的歌曲。法院指出，"肖像"一词应当指本人的形象，而不包括模仿。被告福特汽车公司使用的是另外一个人的声音，而不是原告 Midler 的声音，因此，不构成对权利人公开权的侵害。但美国联

---

① Recueil Dalloz, Sirey, 1970, JPN, p. 466.

② See Michael Henry ed., *International Privacy, Publicity and Personality Laws*, Reed Elsevier(UK), 2001, p. 88.

邦第九巡回上诉法院推翻了地区法院的判决，法官认定声音如同面孔一样，具有可区别性与个性，人类的声音是表明身份的最易感受的方式，判定模仿著名歌手的声音构成侵权。① 美国各个州对也明确规定了对声音的保护。例如，纽约州规定保护姓名、照片、肖像和声音；肯塔基州保护声音和肖像；加州规定保护姓名、声音、签名、照片和肖像；而印第安纳州则保护姓名、声音、签名、图画、形象、照片以及姿态动作等人身的财产利益。②

三是将声音作为其他具体人格权的内容加以保护。一些大陆法国家的立法和判例将声音作为隐私权或者肖像权加以保护。例如，《加拿大魁北克省民法典》第36条从隐私权的角度对声音利益进行了保护。③

四是通过一般人格权对声音加以保护。由于德国规定的人格权类型较少，大量的人格利益均通过一般人格权进行保护。因此，在实践中声音被认为是私人生活领域和私人生活秘密，受到一般人格权的保护，他人不得窃听和记录个人的声音。④ 同时，个人声音中所包含的经济价值也受到一般人格权的保护。⑤ 例如，在德国的Heinz Erhardt案中，原告的父亲Heinz Erhardt是著名的影星，但已经去世，被告未经原告同意而在其声音模仿秀节目中模仿了Heinz Erhardt的声音，法院认为，声音中所包含的经济价值应受一般人格权的保护。⑥

我国《民法总则》第110条并没有将声音规定为具体人格权，其在性质上应当属于新型的人格利益。通过个人特有的声音能够识别个人的身份，并对外展示个人的形象，在性质上属于人格利益，应

---

① Midler v. Ford Motor Co. 549 F. 2d 460(9th Cir. 1988).

② Thomas McCarthy, The Right of Publicity and Privacy at§5. 5(B)(4), 1995.

③ 该条规定："特别是有下列行为之一的，为侵犯他人隐私：(1)进入或者占领他人的住宅。(2)故意截取或者使用他人的私人通讯工具。(3)盗用或者使用他人的肖像或者声音，尽管在私人寓所内。(4)尽一切可能持续将他人的私生活公开。(5)使用他人的姓名、肖像、形象或者声音，但向大众合理公开信息的除外。(6)使用他人的信件、手稿或者其他的私人文件。"该条实际上是通过隐私权对声音加以保护的。

④ Münchener Kommentar zum BGB, Rixecker, § 12, Rn. 90－93.

⑤ Michael Hartl, Persönlichkeitsrechte als verkehrsfähige Vermögensgüter, Aufl., 2005, S. 50.

⑥ OLG Hamburg GRUR 1989, 666.

当受到法律保护。权利人有权对其声音进行积极利用,现行《商标法》第 8 条规定:“任何能够将自然人、法人或者其他组织的商品与他人的商品区别开的标志,包括文字、图形、字母、数字、三维标志、颜色组合和声音等,以及上述要素的组合,均可以作为商标申请注册。”依据该条规定,个人可以将其声音申请为商标,这实际上也是对其声音的积极利用。同时,在行为人恶意模仿他人声音,造成他人损害时,权利人有权请求行为人承担侵权责任。

从今后的发展趋势来看,声音利益的重要性将日益凸显。这种重要性表现在:一方面,现代科技对声音的收集利用能力有了显著提升。现代科学技术的发展,尤其是声控技术和声纹识别技术的发展,给声音的保护带来了现实挑战。随着影视技术、声控技术、网络技术等高科技的发展,声音的利用方式越来越多样化。例如,声音可以直接发出指令,打开房门,开启电子设备,开启电脑、手机等,启动汽车,声音的独特性具有替代指纹等其他个人特有标志的功能,但声音一旦被仿冒,就可能侵害个人的人格利益,也可能造成其他财产损害。另一方面,随着人工智能的发展,机器人通过输入、存储大量的个人语音,借助于大数据建立了机器人的神经网络,形成语音识别能力。据统计,2016 年,机器在语音识别上的表现已经超过了人类的平均水平。[①] 人工智能领域对声音的合成和利用使对声音的保护显得更加重要。与此同时,合成、复制、传播、模仿个人声音的方式方法越来越多,声音利益受到侵害的问题也越来越突出。近来,声音克隆技术也迅速发展,克隆后的声音将会和真人嫁接,与真人声音、形象完全相同的虚拟人物将会出现在银幕上。这种深度的开发利用可能导致对他人声音利益的侵害。此外,随着市场经济的发展,声音利益的经济价值也随之凸显。出于商业利益而模仿他人声音,除可能造成他人财产损失外,还可能构成不正当竞争,这就有必要强化对声音利益的保护。[②]

从我国司法实践来看,有的法院对声音权提供了保护,并明确

---

① 参见杨澜:《人工智能真的来了》,江苏凤凰文艺出版社 2017 年版,第 17 页。

② 参见李林启:《论发展着的人格权》,载《湖南科技大学学报》(社会科学版)2012 年第 3 期;马俊驹等:《论法律人格内涵的变迁和人格权的发展》,载《法学评论》2002 年第 1 期。

使用了“声音权”这一表述。例如,在“上海大承网络技术有限公司与北京天浩盛世娱乐文化有限公司合同纠纷案”中,法院认为,“×××授权天浩盛世公司代表其本人就其肖像和声音用于游戏《超××》的相关事宜对外授权,且在大承网络公司使用×××肖像权与声音权用于《超××》手机游戏营销传播期间,并没有证据证明×××本人提出异议。××公司与×××之间的合同争议抑或侵权争议,涉及独家经纪权的法律认定问题,不足以证明天浩盛世公司没有获得×××的相关授权,故对于大承网络公司主张的天浩盛世公司无权代表×××签署《合作协议》且《合作协议》效力待定的意见,该院不予采信。”①从上述裁判中可以看出,声音本身和肖像一样可以受到司法保护。

二、声音权的特征

声音权作为一项人格权益,应当也可以受到人格权法的保护,任何人未经他人许可,侵害他人具有人格特征的声音利益可能构成侵权。据此,可以通过人格利益的保护方式对声音进行保护。声音权主要具有如下特征。

1. 声音权的主体是自然人。《商标法》所规定的声音商标不限于自然人的声音,各种独特的声音,即使是自然界的声音,只要具有显著性,都能注册成商标。但人格权法所保护的声音权则仅限于自然人的声音。

2. 声音权的客体是声音。在现代社会,自然人的声音之所以能够成为一种人格权的客体,这主要是基于如下几个方面的原因。

第一,具有身份识别性。每个人的声音都具有一定的特殊性,声音也因此具有一定的身份识别功能,对于有特质的声音而言,其更有利于相关信息的传播。② 虽然每个人声音的可识别性可能存在一定的差异,但都具有一定的可识别性,通过声纹识别技术可以从声音中识别出具体的个人。自然人的声音具有独特性,据此可识别

---

① 北京市第一中级人民法院民事判决书,(2017)京01民终5532号。

② 参见王国忠、赵淑华:《论声音的人格标识特性和声音人格利益保护》,载《黑龙江省政法管理干部学院学报》2015年第1期。

彼此,这也使个人的声音可以对外展示其个人行为和身份,声音也因此具有一定的人格属性。[①] 因此,恶意模仿他人声音,可能会向社会公众不当展示个人的形象,从而构成对个人人格权的侵害。例如,行为人模仿他人声音给假冒伪劣产品做广告代言,可能会降低社会公众对受害人的评价,这也构成对受害人名誉权的侵害。再如,将某人演讲声音内容改编,则不仅侵害个人的声音权,还可能侵害著作权。保护个人的声音权,并不是为了保护特定的某种声音,而是为了保护能够识别出个人身份的声音。即使随着时间的推移,个人的声带可能发生变化,个人的声音也会随之发生变化,但声音仍然可以识别每个人的身份,并应当受到法律保护。

第二,具有可模仿性。每个人的声音虽然是独特的,但又是可以被他人模仿的,而一般人对这种模仿的声音难以区分,这就可能造成对他人人格利益的侵害。实践中,许多娱乐节目中都出现了声音模仿秀,甚至可以达到以假乱真的地步。对于模仿的声音而言,其本质上是模仿者声带所发出的声音,并不当然构成对被模仿者声音权的侵害。当然,如果行为人恶意模仿他人声音,故意造成身份的混淆,则应当构成对被模仿者声音权的侵害。例如,行为人恶意模仿他人声音,造成身份混淆,并将模仿的声音用于商业广告,该行为应当构成对他人声音权的侵害。

第三,可记载性和传播性。声音虽然通过声带的震动而产生,但其也可以通过一定的载体加以记载,并且可以重复播放,广泛传播,这也给声音的利用创造了条件。当然,法律保护声音权益,并不是为了保护特定的声音载体,而是为了保护该载体中的个人声音。因此,毁坏相关的声音载体通常并不会构成对他人声音权的侵害,但擅自利用或者恶意模仿相关载体中的声音,则可能构成对他人声音权的侵害。

3. 声音权是具有财产价值的人格权益。声音利益不仅承载精神利益,而且包含一定的经济价值,能够成为商业化利用的对象。例如,授权他人将自己的声音应用于网络游戏、电视广告或智能产品之中,以此获取许可使用的费用。在视听科技不断发展的过程中,这种商业价值也相应地不断增加。

---

① 参见韩强:《人格权确认与构造的法律依据》,载《中国法学》2015 年第 3 期。

4. 声音的侵害往往伴随其他具体人格权的侵害。当然，声音权益无法被其他人格权益所涵盖，应当受到法律的保护。尽管在实践中，声音常常与姓名、肖像等人格标志一起利用，而且由于肖像、姓名等人格标志比声音的身份识别性更强，因此，声音识别个人身份的作用往往被忽视和弱化了。[①] 但事实上，声音本身应当属于独立的人格标志，能够单独识别个人的身份，而并不当然需要依赖于肖像、姓名等人格标志，也正是这一原因，声音也具有独立的利用价值。还应当看到，对此种人格利益的支配与其他人格利益（如隐私、肖像等）可以区分开，无法被其他人格利益所涵盖。

三、声音权与相关权利

声音权应当被确认为一项独立的人格权，而不宜类推适用侵害肖像权或名誉权等制度。例如，名誉权规则可能难以对受害人提供充分救济，因为行为人侵害他人声音权，并不当然导致受害人社会评价降低，甚至还可能提高受害人的社会评价。此时，将不构成对受害人名誉权的侵害。此外，通过反不正当竞争法也难以对声音权提供充分的救济，因为在个人恶意模仿他人声音、不涉及商业交易的情形下，并不构成不正当竞争行为，难以适用反不正当竞争法的规则。

（一）声音权与肖像权

声音权与肖像权关系密切，都具有识别个人身份的特征，人们听到一种声音之后想到的就是特定的人，每个人都有声纹，声纹和人的指纹、掌纹等身体特征一样，都具有唯一性、稳定性的特征，[②]这些特征能够标明个人的身份。因此，在比较法上，有的国家如《秘鲁新民法典》，将声音权和肖像权并列作出规定。确实应当看到，这一比较法的立法经验具有一定合理性。而且，从实践来看，二者也存在一定的交叉。例如，行为人在商业广告中利用他人模糊的肖像或者漫画、素描形象，同时配上个人所特有的声音，将更会使人们据此

---

① 王国忠、赵淑华：《论声音的人格标识特性和声音人格利益保护》，载《黑龙江省政法管理干部学院学报》2015 年第 1 期。

② 参见杨立新、袁雪石：《论声音权的独立及其民法保护》，载《法商研究》2005 年第 4 期。

联想到特定的个人。正是因为声音与肖像具有相似性,尤其一些国家在立法没有规定声音利益保护规则的情况下,类推适用肖像权的规则对声音利益提供保护。据此,有学者认为,为了便于对声音提供法律保护,我国立法可将肖像权与声音权进行合并,从而创设了肖像声音权这一概念。[①] 也有观点认为,可将声音纳入肖像权的保护范围。[②] 就此,笔者认为,虽然声音权和肖像权密切关联,但二者仍存在明显区别,故不宜直接混同为同一个权利。

第一,二者的客体不同。虽然声音与肖像都具有唯一性和稳定性的特点,都能标明个人的身份,但二者标明个人身份的方式不同,肖像是可识别个人身份的外部形象,主要是指个人的面部形象,而且一般是个人有形的外部形象。声音虽然也能识别出主体的身份,但其与肖像的有形性不同,声音是个人无形的身体特征。这也决定了两者的利用方式不同。例如,行为人在商业广告中可以仅利用他人特有的声音,而不需要出现个人的肖像,声音的利用方式具有独立性。

第二,二者的侵害方式不同。肖像需要存在于一定的载体之上,对肖像权的侵害既可以表现为未经许可的制作、使用,也可以表现为污损、恶意毁坏他人肖像。对声音的侵害则很难通过污损、毁坏的方式进行,如果对已经录制的光盘、影碟中的声音进行加工、改变,导致声音变形,这只是对著作权的侵害,不应当构成对声音权的侵害。当然,如果通过模仿、盗用他人声音等方式恶意侮辱、诽谤他人,并因此导致声音利益的主体社会评价降低的,则应当构成对受害人名誉权的侵害。所以,声音权的侵犯则大多通过模仿、盗用等方式予以实现。

第三,二者是否有实定法上的规定不同。肖像权已经在《民法总则》中被明确规定为具体人格权中的一种。声音权在实定法中并没有被作为独立的人格权类型明确加以承认,在法律适用上,往往只能通过类推适用肖像权制度达到声音权保护的目的。

---

① 参见徐国栋主编:《绿色民法典草案》,社会科学文献出版社 2004 年版,第 151 页。

② 杨立新等:《〈中国民法典 · 人格权编〉草案建议稿的说明》,载王利明主编:《中国民法典草案建议稿及说明》,中国法制出版社 2004 年版,第 337 页。

（二）声音权与隐私权

声音权与隐私权之间也存在一定的关联，有学者主张，人的声音形象也往往被设立为著作权的临近权利，或作为个人私生活的组成部分受到隐私保护。[①] 从比较法上来看，在法国的司法实践中，对于人格权的保护主要是通过《法国民法典》第 1382 条来加以实现的，但是由于关于侵权责任的一般条款过于宽泛，所以，对声音利益的保护主要通过《法国民法典》第 9 条关于隐私的规定而实现的。[②] 据此，有学者认为，窃听他人电话或谈话，也构成对声音权的侵害。[③]

声音权之所以与隐私权联系紧密，是因为隐私可能以声音为载体加以展现。例如，以声音为媒介的电话录音内容等。声音权与隐私权存在明显区别，一方面，二者的客体不同。声音权的客体是个人的声音，而隐私权的客体则主要是私人生活秘密和私人生活安宁。即使隐私可能以声音为载体加以展现，也必须明确区分行为人侵害的是声音利益本身，还是以声音为表现形式的私人生活秘密。简言之，要判断侵害的是作为形式的声音，还是作为内容的信息。另一方面，二者的功能不同。声音权的功能在于保护个人对其声音利益的控制和利用，并排除他人的不法侵害；而隐私权的核心功能在于保护个人的私人生活安宁和私人生活秘密，其客体具有私密性。此外，二者的侧重点也不同。声音权侧重于保护个人声音与主体身份的关联性，侧重于强调身份的可识别性，而隐私权侧重于保护私人生活安宁和私人秘密，并不突出强调相关私密信息与个人身份的关联性。正是因为声音权与隐私权存在上述区别，隐私权无法完全涵盖声音权，[④]隐私权的规则难以充分保护个人的声音利益。

在此需要讨论的是，窃听他人电话或者谈话是否构成对他人声音权的侵害？如前所述，德国法将其作出私人生活的一部分，受到

---

① Cour d'Appel de Pau, 22 janvier 2001, in Dalloz 2002 somm. p. 2375 obs. A. Lepage.

② David Bakouche, Droit civil, les personnes la famille, HACHETTE, 2005, pp. 35 – 36. 转引自张民安主编：《侵权法报告（第 6 卷）：隐私权的比较研究——法国、德国、美国及其他国家的隐私权》，中山大学出版社 2013 年版，第 150 页。

③ 参见王泽鉴：《侵权行为法》（第 1 册），三民书局 1999 年版，第 157 页。

④ 参见李林启：《论发展着的人格权》，载《湖南科技大学学报》（社会科学版）2012 年第 3 期。

一般人格权的保护,[1]这就意味着可以将声音作为隐私予以保护。对此,我国也有学者认为窃听他人电话或谈话应当构成对他人声音权的侵害。[2] 笔者认为,窃听他人电话或者谈话,主要侵害的是他人的私人生活安宁和私人秘密,应当构成对他人隐私权的侵害,而不构成对他人声音权的侵害,因为声音权所需要保护的是声音本身而不是声音中所包含的内容。在仅窃听的场合,行为人侵害的是以声音为载体的对话内容,而并未直接侵害声音本身。但是,如果行为人通过窃听手段记录他人声音并予以支配利用的,则构成对声音权的妨碍。[3] 此种观点值得赞同。也就是说,如果行为人录制他人的谈话和电话,并加以利用或者传播,则在侵害他人隐私权的同时,也应当构成对他人声音权的侵害。

(三)声音权与著作权

因为作为著作权所保护的作品经常包含了声音在内,同时从广义上而言,邻接权也属于著作权的范畴,而邻接权客体中的录音录像制品多包含了声音在内。基于此,声音权和著作权也会发生一定联系,并最终成为广义著作权所保护的内容。例如,将个人的声音用作导航语音以及录制个人演讲内容时,所形成的录音、录像制品均包含了个人的声音在内,而相关的录音、录像制品均受到著作权法中邻接权的保护,这就势必也将涉及对个人声音的利用与保护。如果有人通过技术手段擅自利用这些录音、录像制品中的声音,就可能构成对权利人声音权的侵害。再如,在实践中,将某人的声音分解,并和他人的形象合成,也可以将某人的一段著名的讲演或者对白抽取出来作为广告词使用,或模仿他人的声音进行表演等。这些行为既可能构成对他人声音权的侵害,也可能构成对他人著作权的侵害。据此,史尚宽教授认为擅自录取他人歌唱入唱片或进行广播,既构成著作权之侵害,也构成人格权之侵害。[4] 在美国也有学者认为,声音、虚构角色等与作者的智力创作活动是联系在一起的,

---

① Münchener Kommentar zum BGB, Rixecker, § 12, Rn. 90 – 93.

② 参见马俊驹等:《论法律人格内涵的变迁和人格权的发展》,载《法学评论》2002年第1期。

③ 参见韩强:《人格权确认与构造的法律依据》,载《中国法学》2015年第3期。

④ 参见史尚宽:《债法总论》,台北荣泰印书馆1978年版,第151页。

应为一种“具有人格特征的新型的知识产权”（a new intellectual property right in persona）。[①] 但笔者认为，声音权与商标权存在明显的区别。

第一，客体不同。声音权的客体是声音利益，即声音所体现的人格利益；而著作权所保护的客体是作品，其重在保护能够以有形形式复制的智力性成果，以声音为载体的录音、录像制品一方面包含了被录制作品本身的著作权，另一方面包含了录音、录像制品本身所拥有的邻接权。[②] 当他人擅自使用录有他人声音的录音录像制品时，被录制者可通过声音权主张人格权保护，录音、录像制作者则必须通过邻接权中的“允许他人复制、发行录有其表演活动的录音、录像制品”这一权利内容主张行为人的侵权责任。概言之，声音权保护声音而不保护声音的表现形式，声音的表现形式（如唱片）则是广义著作权所保护的范围。[③] 笔者认为，客体上的区别是声音权区别于著作权的最重要因素。

第二，两者属于不同的权利范畴。声音权在性质上属于人格权，虽然其可以商业化利用，但这并不影响其作为人格权的属性。在著作权中，虽然署名权等是具有人身性质的权利，但其主要还是财产权，属于广义著作权的邻接权也具有同样的属性。由于声音权与著作权的权利性质存有显著区别。因此造成著作权的侵害，主要适用财产损害赔偿，而侵害声音权，则将适用精神损害赔偿。

第三，侵害方式不同。侵害声音权的方式主要是模仿他人声音以造成人格混淆，或者未经许可录制、利用他人声音。侵害著作权的方式则主要是未经许可对声音作品进行篡改，或者未经许可利用他人的声音作品。

（四）声音权与商标权

声音权和商标权也可能发生一定的联系。根据现行《商标法》

---

① Julius C. S. Pinckaers, *From Privacy toward a New Intellectual Property Right in Persona*, Kluwer Law International 1996, p. 425.

② 参见王迁：《论体育赛事现场直播画面的著作权保护——兼评“凤凰网赛事转播案”》，载《法律科学》2016 年第 1 期。

③ 参见杨立新、袁雪石：《论声音权的独立及其民法保护》，载《法商研究》2005 年第 4 期。

第8条规定:“任何能够将自然人、法人或者其他组织的商品与他人的商品区别开的标志,包括文字、图形、字母、数字、三维标志、颜色组合和声音等,以及上述要素的组合,均可以作为商标申请注册。”依据该条规定,2013年商标法修改通过之后,我国立法首次将声音作为商标权的客体予以保护。但声音权和商标权的保护存在明显的区别。

首先,两种权利的属性不同。声音权属于人格权,体现的主要是人身利益;商标权是财产权,体现的主要是财产利益。

其次,两种权利产生的方式不同,声音权是自然人固有的权利,而商标权则具有法律授权的属性。根据我国《商标法》的规定,只有在商标行政管理部门注册登记被授予商标权的产品、服务标识才会享有商标权,不经过法定程序,权利人不能取得商标权。而作为人格权的声音权具有固有性,不需要经过登记等方式而可以自动享有。

最后,两种权利的客体不同。声音权所保护的客体是声音利益,是自然人的人身利益;而商标权所保护的客体是通过国家商标局审查认可的“商标标识”。前者具有人身可识别性,与自然人身体紧密相关,而后者是凭借着人类智力发明出来的符号特征,两者截然不同。

四、声音权的侵害与救济

(一)侵害声音权的行为

从实践来看,侵害声音权主要有如下几种方式。

一是未经许可而录制他人的声音。个人应当享有对其声音的控制权,除法律另有规定外,声音的录制应当得到权利人的同意,否则,将构成对他人声音权的侵害。例如,擅自录制并非法利用他人的演讲或演唱,构成侵权。当然,未经许可而录制他人声音如果构成声音权的合理使用,则不应当构成侵权。需要指出的是,只要行为人未经许可录制了他人的声音,不论其是否已经开始利用,均应当认定构成对他人声音权的侵害。

二是未经许可而利用他人的声音。个人声音中包含一定的经济价值,可以成为商业利用的对象,因此,行为人未经许可利用他人声音,应当构成对他人声音权的侵害,受害人也有权请求行为人承担财产损害赔偿责任。例如,行为人擅自将他人的声音用于商业广告,或者擅自将他人的声音插播在低俗的视频中等。

三是恶意模仿他人的声音,从而产生身份混淆的结果。[①] 声音具有身份识别功能,不当模仿他人声音可能导致身份的混淆。一般情形下,模仿他人声音,并不构成对他人声音权的侵害,但如果行为人恶意模仿他人声音,造成身份的混淆,则应当构成对他人声音权的侵害。[②] 有观点认为,行为人虽然模仿了他人的声音,但仍然是自身发声器官的产物,不应当完全将其认定为被模仿者的声音。[③] 此种观点有一定的道理,但对于恶意模仿他人声音、造成身份混淆的行为而言,该声音虽然是模仿者自己的声音,从社会一般人的角度来看,听到该声音就能联想到被模仿者,从这一意义上而言,其已经产生了身份混淆的后果,应当认定其构成侵害他人声音权。例如,行为人擅自模仿他人声音用于商品宣传广告,恶意引发社会公众混淆,此时,即应当构成对他人声音权的侵害。

对于声音的身份识别性应当以社会一般的标准加以判断,即如果社会一般人运用一般手段即可识别出相关个人,则应当认定该声音具有身份识别性。[④] 当然,在实践中,存在人的声音自然雷同的现象,这也可能导致他人对声音主体身份的误判。[⑤] 在这种情况下,则应考虑行为人是否有模仿混淆他人声音的“恶意”以判定是否成立声音权的侵害。

四是未经他人允许擅自公开他人声音。这种形式既可以表现为未经许可录制并公开,也可以表现为虽然经过他人许可进行录制,但是未经过他人许可而擅自公开。例如,行为人擅自将他人的

---

① 参见马俊驹等:《论法律人格内涵的变迁和人格权的发展》,载《法学评论》2002年第1期。

② 参见彭隋生:《人格派生财产权初探》,载《北京航空航天大学学报》(社会科学版)2013年第5期。

③ 参见王国忠、赵淑华:《论声音的人格标识特性和声音人格利益保护》,载《黑龙江省政法管理干部学院学报》2015年第1期。

④ 参见郭明龙:《论个人信息之商品化》,载《法学论坛》2012年第6期。

⑤ 参见王国忠、赵淑华:《论声音的人格标识特性和声音人格利益保护》,载《黑龙江省政法管理干部学院学报》2015年第1期。

声音在公共场所播放，应当构成对他人声音权的侵害。这种行为除侵害声音权外，如果声音的内容涉及他人私生活，也会构成侵犯他人隐私和声音权的竞合。[①]

五是非法剪辑他人声音。例如，在网上将他人声音录制下来后，经过处理，这样将完全改变声音所要表达的内容，或者将其讲话的部分内容删除。

此外，构成声音权侵权责任是否应当包括行为人以营利为目的的要件，值得探讨。从实践来看，侵害声音权的行为人大多以营利为目的，如未经权利人许可而在商业广告中利用他人声音。但侵害声音权侵权责任的成立不应当以行为人具有营利目的为要件，主要理由在于：一方面，从保护声音权的目的出发，只要行为人侵害他人声音权，不论行为人是否具有营利的目的，其都应当构成侵权。另一方面，从侵害声音权的形态来看，除以营利为目的的侵害声音权的行为外，还包括行为人恶意模仿他人声音，造成人格混淆，侵害个人人格利益等情形。将行为人具有营利目的作为侵权责任的构成要件，将难以追究一些侵害声音权的行为人的责任。还要看到，将营利作为构成要件，将会加重受害人举证的负担，不利于保护受害人。

（二）声音权的合理使用

所谓声音权的合理使用，是指在特定情形下，法律允许行为人使用他人的声音，该行为不必征得权利人的许可，也不构成侵权。声音权的合理使用行为是一种合法行为。例如，在新闻报道中需要现场采访他人，录制和播放他人的声音。在录制广播电视节目时需要播放、储存他人的声音。由于这些行为是为了实现社会公共利益，构成声音权的合理使用，而不构成侵权。[②]

---

① 参见杨立新、袁雪石：《论声音权的独立及其民法保护》，载《法商研究》2005年第4期。

② 李丽峰、李岩：《人格权——从传统走向现代：理论与实务双重视角》，中国法制出版社2007年版，第271页。

第十六章　名誉权　荣誉权　信用权

第一节　名誉权的概念和特征

一、名誉的概念

所谓名誉权，是指自然人、法人和非法人组织对其名誉所享有的不受他人侵害的权利。我国《民法通则》第 101 条规定，自然人和法人享有名誉权，自然人的人格尊严受法律保护，禁止用侮辱、诽谤等方式损害自然人、法人的名誉。《侵权责任法》第 2 条第 2 款也明确列举了受侵权法保护的权益范围中包含"名誉权"。依据法律的规定，最高人民法院的一系列司法解释都确认了名誉权及其保护的问题。例如，最高人民法院《民法通则意见》《关于审理名誉权案件若干问题的解答》《精神损害赔偿司法解释》等都对名誉权作出了专门规定。此外，最高人民法院的许多批复也涉及名誉权的保护问题。《民法总则》第 110 条也对自然人、法人、非法人组织的名誉权作出了规定。据此可见，名誉权一直受到我国法律的高度重视和充分保护。但我国现行立法一直未对名誉本身作出界定。

名誉权的客体是名誉。民法典分编草案第 804 条第 2 款规定："本法所称名誉是他人对民事主体的品德、声望、才能、信誉、信用等的社会评价。”从该条内容可见，名誉是对个人客观的、良好的、综合的社会评价。名誉具有如下特点。

第一，社会性。名誉是一种客观的社会评价，它是名誉权人通过实际的社会活动来获取公众对其声望与地位的评价。名誉是社会对个人的评价，如果只是个人的自我感觉，则不属于名誉。《布莱克法律辞典》认为，名誉是“关于一个人格或其他特点的共同的或一般的评价”（Commen or general estimate of a person with respect to character or other qualities）。[①] 英美诽谤法正是认为名誉是一种客观的社会评价，因而要求侵害名誉权的事实必须为第三人所知悉、形成公示方能构成。

第二，美誉性。名誉是一种良好的社会评价。“名誉”所说的“誉”，是一种良好的名声和美誉。如果是民事主体的负面社会评价，很难将其解释为一种权利。名誉是一种积极的、良好的社会评价，而不是指对坏名声的评价。所以说，侵害名誉权必须导致个人社会评价的降低。例如，如果行为人宣扬他人的私密信息，不仅没有导致他人社会评价降低，反而提高了其社会评价，则不应当构成对名誉权的侵害，而可能构成对隐私权的侵害。也正是因为名誉是个人良好的社会评价，所以，其有利于人们对外交往，并使个人获取一定的利益。

第三，客观评价性。名誉的客观评价性是由名誉的社会性所决定的。虽然对特定人的评价总是存在于社会上公众的观念之中，但这并不意味着名誉是一种主观概念，相反，名誉是一种客观的社会评价。一方面，名誉是客观存在的，是主体通过自身的努力和表现而应当获得的，它在客观上直接关系到主体在社会上的地位、社会成员对其信赖的程度，关系到主体的权利与义务的取得问题。另一方面，这种客观性表现为名誉不是主体个人的主观的自我评价。所以名誉不是内部名誉（名誉感），而是外部的客观名誉。[②] 如果某人自信自己有某种能力，而实际上并无此能力，此时，就不能以个人的

---

① *Blacks law Dictionary*, West publishing Co. 1979 at 1171 – 1172.

② 参见杨立新等：《〈中国民法典·人格权编〉草案建议稿的说明》，载王利明主编：《中国民法典草案建议稿及说明》，中国法制出版社 2004 年版，第 338 页。

评价来决定其名誉的内容,也不能以个人的情感受到伤害为理由代替社会评价降低而认定他人的行为构成对名誉权的侵害。

第四,综合性。名誉是对民事主体的一种综合评价。民法典分编草案第 804 条第 2 款规定:"本法所称名誉是他人对民事主体的品德、声望、才能、信誉、信用等的社会评价。"依据这一规定,名誉既可能是对主体某一方面的评价,也可能是对民事主体的综合评价。从该规定来看,其将信用包括其中,作为名誉的重要内容加以规定。当然,虽然名誉具有综合性,但是对自然人、法人名誉的某一方面进行毁损,都可能造成整体评价的毁损,因此都可能构成对名誉权的侵害。所以,名誉应是一种综合的评价。①

第五,特定性。名誉是对特定人的社会评价,也就是说,它是对某个具体的自然人、法人或非法人组织的评价,而不是对社会一般人的评价。正是因为名誉是对特定人的评价,所以,对名誉权的侵害只有在指向特定人的情况下才能确定是否构成对某人名誉的毁损并应当承担侵权责任。

第六,时代性。名誉具有时代性,在不同的时期,不同的社会制度中,人们的名誉观念和意识是不同的。例如,在古罗马法中,名誉乃是完全的权利能力的外观形象,但在日耳曼法中,名誉乃是指特定人不受非难且来自他人的尊敬。② 但应该看到,名誉作为名誉权的客体体现为一种主体的人格价值,无论何人,也无论其属于社会的何种阶层,在经济上、政治上的地位如何,都应享有自身的名誉。每个人的名誉都理应受到法律的保护,对名誉的保护是人格权制度的主要内容。

名誉本身不限于对自然人的社会评价,还包括对法人、非法人组织的评价,所以,名誉权的主体具有宽泛性。应当指出,名誉作为一种社会评价,因主体性质的不同而略有区别。就自然人来说,其名誉是指社会对某自然人的品行、思想、道德、生活、作用、才干等方面的社会评价。对于法人来说,因其作为一个组织体不像自然人那

---

① 参见唐德华:《谈谈审理损害赔偿案件中的几个问题》,载《人民司法》1989 年第 2 期。

② 龙显铭:《私法上人格权之保护》,中华书局 1948 年版,第 70 页。

样享有对品行、才干、思想作风等专属于自然人的名誉，所以，法人的名誉是指对其经济活动、生产经营成果等方面的社会评价。它是在法人的整个活动中逐渐形成的，是社会对法人的信用、生产经营能力、生产水平、资产状况、活动成果、贡献等因素的综合评价。由于自然人与法人的性质不同，所以，探讨名誉的概念，应当能概括出自然人名誉与法人名誉的共性。总之，名誉是指对特定人的人格价值的一种社会评价。[①] 此处所说的“特定人”，既包括自然人，也包括法人和非法人组织。

二、名誉权的概念和特征

名誉权是个人的基本人权，也是人的尊严最直接的体现。人生于天地之间，名誉是个人与他人正常交往的基础。名誉一旦受到损害，个人便难以在社会中立足，所以在很多情况下，名誉甚至与生命同等重要。因此，名誉权作为一种重要的人格权，要受到法律的保护。名誉权可以由自然人、法人和非法人组织享有，法人、非法人组织的名誉权与自然人的名誉权一样，具有如下特征。

1. 取得的法定性和社会性。名誉权是法律赋予民事主体所享有的一项权利，受国家法律的保护，所以，名誉权作为一种人格权，不是与生俱来的自然权利，而是法定的权利。名誉权的法定性还表现在名誉权的客体范围、权利限制等问题通常亦由法律作出规定，此种规定对于正确认定名誉权的侵害问题具有重要意义。名誉权作为一种人格权，并非自然人一旦出生即可获得，名誉权必须在自然人从事一定的社会活动过程中经公众的相关评价才会实际取得，这也就体现了名誉权的社会性。

2. 性质的非财产性和专属性。一方面，名誉是一种重要的人格利益，名誉本身不是财产，不能直接地表现为一定的财产利益，也不能用货币来计算其价值，但它体现了主体的重要的精神利益，并且与财产利益也有密切的联系。例如，侵害名誉权造成受害人社会评价的降低，会极大地妨害受害人与他人的交往，从而使其遭受财产损失。名誉权常常是主体从事正常经济活动，并与他人广泛发生经

---

① 参见罗东川：《论名誉权的概念和特征》，载《政治与法律》1993 年第 2 期。

济联系的前提。一个有良好信誉的人就能取信于其他人，一个没有信誉或信誉受到损害的人，是很难从事广泛的民事活动的。另一方面，名誉权也具有专属性。也就是说，名誉权是主体所固有的、与其人身不可分离的权利。它既不能转让，也不受他人的剥夺，也不能由主体随意抛弃。名誉权的专属性还表现在它随着自然人的出生或法人、非法人组织的成立而产生，并随着自然人的死亡或法人、非法人组织的终止而消灭。权利主体在其生存和存在的期限内始终享有名誉权。法人的名誉权不像法人的名称权那样可以转让，因为法人的名誉权始终与法人组织不可分离。法人可以不享有某种荣誉，但不能没有自己的名誉。一个没有名誉权的法人是不可能存在的。

3. 主体的特定性和普遍性。一方面，名誉权乃是特定的人要求他人进行客观公正的评价并排斥他人贬损自己名誉的权利。正是因为名誉权的主体是特定的，因而侵害名誉权的行为必须针对特定的主体实施，并造成对特定人的名誉毁损才能构成侵害名誉权的责任。如果行为人的行为指向一般人或不能具体确定为某个人和某几个人，则不能确定其行为侵害了他人的名誉权。另一方面，名誉权的主体也具有普遍性。名誉权不仅为自然人享有，而且为法人和非法人组织所享有。所谓自然人的名誉权，按史尚宽先生的看法，是指“以人在社会上应受与其地位相当之尊敬或评价之利益为内容之权利也”。[①] 郑玉波先生则认为，自然人的名誉权是指“吾人就社会上对于自己之评价，享有利益之权利”。[②] 一般认为，自然人的名誉权是指个人依法享有的个人名誉不受侵害的权利，换言之，它是指个人就其品质、信誉、声望等获得的社会评价不受他人侵犯的权利，任何个人和组织都不得以侮辱和诽谤等方式毁损个人的名誉。法人和非法人组织的名誉权，是指法人和非法人组织对其全部活动所产生的社会评价所享有的不可侵犯的权利。法人和非法人组织作为独立的民事权利主体，也和自然人一样享有名誉权，因此，《民法总则》第110条第2款对法人、非法人组织的名誉权作出了规定。

---

① 史尚宽：《债法总论》，中国政法大学出版社1998年版，第145页。

② 郑玉波：《民法债篇总论》，中国政法大学出版社2004年版，第148页。

4. 内容的综合性。名誉权的内容,是指名誉权本身所具有的具体内容,与其他具体人格权相比较,名誉权的内容较为复杂,这尤其体现在其具有综合性的特点上。一方面,名誉是一种综合性的社会评价,评价涉及的内容较为宽泛。另一方面,名誉权不仅包括了自然人的名誉权,而且包括了法人、非法人组织的名誉权,两者的内涵大致相同,但也存在一定的差异,如自然人名誉权更注重精神利益的维护,而法人、非法人组织的名誉权则更注重对财产利益的维护。此外,还应当看到,名誉权在内容上也具有综合性,它包括了名誉的享有和维护权、排斥侵害等权利,还包括利用的权能,虽然我国现行立法没有明确规定名誉的利用,但在实践中,名誉的利用是十分常见的,例如,利用良好的名誉为他人提供担保。

5. 客体的特殊性。名誉权的客体是指名誉权本身所保护的对象。具体来说,其是通过名誉所体现出的人格利益。名誉权的客体并非名誉本身,而是名誉所体现出的人格利益。有关名誉权客体的问题,笔者将在下文单独讨论。

三、名誉权的客体不包括名誉感

名誉并不包括名誉感,换言之,名誉感并非名誉权的客体。在审判实践中,确定名誉权的客体对于正确处理名誉权纠纷具有重要作用。这是因为,名誉权的客体直接关系到其与名誉感的区别。所谓名誉感,是指自然人对自己内在价值(如素质、素养、思想、品行、信用等)所具有的感情。也有学者将其称为个人的自尊心(对于自己价值之感情)。[①] 随着社会的发展,个人对其自身存在、意义、地位、价值等方面的主观感受越来越强烈,这也使个人的主观情感对个人更为重要,此种主观情感也应当受到法律的保护。[②] 有学者甚至认为,个人的主观情感与个人的精神、道德价值直接相关,其应当被视为独立的法律保护对象。[③] 在这些个人的主观情感之中,比较重要的一种就是名誉感。

---

① 参见史尚宽:《债法总论》,中国政法大学出版社 1998 年版,第 147 页。

② Neethling, JM Potgieter & PJ Visser, Neethling's law of personality, Lexis Nexis South Africa, 2005 p. 28.

③ De Wet and Swanepoel, p. 20.

在19世纪,理论上并没有区分名誉和名誉感,自20世纪始,才认识到两者之间存在一定的区别。[①] 主张名誉权的客体应包括名誉感的学者认为:一方面,侮辱行为主要是针对名誉感的,一般不会使被侮辱者的社会评价受到不良影响,即使有影响,也是显著轻微的。名誉感极易受到损害,假如法律不保护名誉感,那么,侮辱行为就不能受到追究,受害人的权利难以获得有效保护。[②] 可见,如果不保护名誉感,就不能有效地制裁侮辱行为。另一方面,许多侵害自然人名誉感的行为,常常没有第三者在场,或其在当时的环境中不可能为第三人所知道。因而侵害行为仅仅侵害了受害人的名誉感而不可能使受害人的社会评价降低。如果不保护名誉感,那么,受害人就不能向侵害人提起诉讼或提出请求,从而不利于保护受害人的权利。[③]

笔者认为,名誉权的客体应包括名誉感的观点虽有一定的道理,但在理论上难以成立。诚然,名誉与名誉感的相互联系是十分密切的,正如有学者所指出的,名誉可分为"内部的名誉"(die inhere Ehre,即名誉感)与"外部的名誉"(die aeussere Ehre)。[④] 在社会生活中,人们对他人有外部评价,而自己对自身也有内部评价。此种外部评价和内部评价有可能一致,也可能不一致。可见,在许多情况下,不法行为人毁损他人名誉,也在不同程度上损害了受害人的名誉感,但是,名誉与名誉感毕竟不同,在名誉权中很难对名誉感予以保护。例如,在日本,对单纯的名誉感的侵害并不构成对名誉权的侵害。[⑤] 在我国,法律不应保护名誉感的主要理由如下。

第一,名誉是一种客观的社会评价,它是社会公众对某个主体的评价,而名誉感则是某个主体内心的一种情感,在很大程度上是

---

① 参见龙显铭:《私法上人格权之保护》,中华书局1948年版,第71页。

② 例如,何孝元指出,"名誉感因侮辱而受伤害"。参见何孝元:《损害赔偿之研究》,台湾商务印书馆1982年版,第143页。史尚宽先生同样亦认为:"侮辱为名誉感之侵害。"参见史尚宽:《债法总论》,中国政法大学出版社1998年版,第147页。

③ 参见王崇敏:《公民名誉权问题研究》,载《海南大学学报》(社科版)1991年第1期。

④ 龙显铭:《私法上人格权之保护》,中华书局1948年版,第70~71页。

⑤ 参见[日]五十岚清:《人格权法》,[日]铃木贤、葛敏译,北京大学出版社2009年版,第19页。

主体对其名声的自我评价,两者在本质上是有区别的。法律对个人的名誉的保护,实际上是保护客观存在的法益。名誉感是个人的感受和主观好恶,所以,对于一些无行为能力人以及心神丧失的人,虽然对外界的名誉毁损并不知晓,或者说感觉不到名誉感,但仍然需要承认其享有名誉的法益,并加以保护。因此,损害他人的名誉感并不一定导致对他人名誉的毁损,反之亦然。所以,在确定名誉权的客体时,首先应将此两者严格区分,而不能因两者有一定联系而将其共同作为名誉权的客体。例如,某甲在其给某乙的信函中对其进行侮辱,此时没有第三人在场,某甲也没有将其侮辱他人的言词向第三人公开,因此,很难确定该行为造成原告的社会评价降低,并侵害了原告的名誉权。该被告针对原告实施侮辱行为,只是损害了原告的名誉感,由于名誉权的客体不应包括名誉感,因而不能认为被告侵害了原告的名誉权,也不能判定被告承担恢复名誉的责任。①

第二,法律对名誉权保护的目的在于使对受害人的社会评价不因他人的非法行为而降低,以维护民事主体在社会生活中的地位和尊严,保持人与人之间正常的交往和秩序。如果名誉权客体中包括名誉感,则不能确定法律保护名誉权的目的。从名誉权制度发展看,19 世纪的西方学者常将名誉与名誉感混为一谈,而到 19 世纪末期以来,对两者作出了严格区别。② 由此也表现了人们对名誉、名誉权认识上的深化。在名誉权客体中不包括名誉感,乃是名誉权制度不断完善的结果。

第三,名誉权作为人格权的一种,具有其特定的客体,并以此与其他人格权的客体相区别。从审判实践来看,许多仅仅针对受害人所实施的侮辱行为,如果仅仅是损害了受害人的名誉感,则不能认为是侵害了名誉权。如果名誉权的客体包括名誉感,则不仅不能确定名誉权的特定客体,而且由于名誉权要以名誉感为客体,那么其他的涉及人格尊严的精神性人格权(如姓名权、肖像权、荣誉权等)是否也要相应的以某种情感为客体呢? 这样一来,则可能造成对人

① 参见杨立新:《人身权法论》,人民法院出版社 2002 年版,第 587 页。

② 参见龙显铭:《私法上人格权之保护》,中华书局 1948 年版,第 70 ~ 71 页。

格权的保护范围过于宽泛,使有关人格权侵害的案件猛增,反而并不利于社会安定和人与人之间的和睦相处。

第四,名誉权的客体包括名誉感的观点也不能解释法人的名誉权。法人的名誉权是社会对其生产、产品、信誉等方面的综合评价。法人的名誉受到损害,就会使其产品滞销,造成直接的经济后果,可见法人的名誉对其生存和发展是至关重要的。但是,法人作为一种社会组织,不像自然人那样具有情感和自尊心,因此,认为名誉权的客体应包括名誉感的观点,不能解释法人名誉权的客体,必将导致将法人名誉排斥在外,而在法律保护上有所不足。

第五,名誉感虽容易受到伤害,但法律保护名誉感是极为困难的。某人的名誉感与其应有的社会地位和社会评价是一致的,但在许多情况下,也可能是不一致的。例如,某人自信自己有某种能力而实际上并无此能力,或本来具有某种能力而因为过于自卑而不相信自己有此能力。这就表明名誉感本身可能是不真实、不实际的。即使名誉感与其社会评价是一致的,而由于每个人受各方面因素的影响使其具有不同的性格,并因此表现出对他人行为的不同反应。①例如,有人因感情脆弱、生性多疑、患得患失,或因为自我承受能力差,对他人的言行反应极为敏感且不真实,对一般的善意玩笑会误认为是对人格的侮辱,对正当的表扬会误认是贬低其人格等。这样的名誉感是否应值得保护呢?显然是不可能的,也是不必要的。每个人在社会上所获得的名誉是其人格和能力的外在表现,是社会的客观评价,它不取决于主体内在的情感如何,所以,法律所要保护的只能是名誉而不是名誉感。

那么,法律不保护名誉感,是否意味着在侮辱的情况下,受害人的权益不能得到有效的保护呢?笔者认为,侮辱行为大多构成侵权行为,并应受到法律的制裁,但如果侮辱行为不构成对他人名誉权的侵害,则制裁侮辱行为并非因为名誉感受到侵害,而是因为个人的人格尊严受到损害,因此应使行为人负侵犯一般人格权的民事责任。

---

① 参见杨立新:《人身权法论》,人民法院出版社2002年版,第586页。

第二节　法人和非法人组织的名誉权

一、法人和非法人组织名誉权与自然人名誉权的比较

依据我国《民法总则》第 110 条第 2 款的规定，法人、非法人组织享有名誉权。民法典分编草案进一步确认了自然人、法人和非法人组织的名誉权。

如前所述，所谓法人和非法人组织的名誉权，是指法人和非法人组织对其全部活动所产生的社会评价所享有的不可侵犯的权利。依据《民法总则》第 102 条的规定，非法人组织是“不具有法人资格，但是能够依法以自己的名义从事民事活动的组织”，其具体包括个人独资企业、合伙企业、不具有法人资格的专业服务机构等，这些组织都依法享有名誉权。

至于非法人组织，如合伙、独资企业是否享有名誉权，学者对此曾有不同的看法。台湾学者杨敦和认为，在理论上，合伙、独资之商号或其他有组织有目的的，而非短暂存在之非法人团体，其名誉均有被破坏之可能，如其符合“民事诉讼法”第 40 条第 3 款之规定，自亦可提起妨害名誉之诉。[①] 也有学者认为，我国《民法通则》在自然人与法人之外规定了个人合伙、法人联营等，如果承认法人的名誉权，也就应该承认上述主体或社会组织的名誉权。[②]《民法总则》第一次在法律上承认非法人组织的民事主体地位，并且明确肯定了非法人组织享有名誉权。法律确认非法人组织享有名誉权，有利于维护非法人组织的社会评价，因为非法人组织作为独立的民事主体，与他人之间进行正常的民事活动必须具有良好的名誉。俗话说：“信誉为王”，就说明这一道理。因此，确认非法人组织享有名誉权，是其作为独立民事主体的必然要求。同时，法律肯定非法人组织的名誉权，也可以为非法人组织维护其权利提供法律依据。在合伙或

---

① 参见杨敦和：《论妨害名誉之民事责任》，载《辅仁法学》第 3 期。

② 参见张新宝：《名誉权的法律保护》，中国政法大学出版社 1997 年版，第 35 页。

独资企业等非法人组织的名誉受到毁损之后,应当允许其独立提起侵权之诉。

应该看到,尽管名誉权可以为自然人和法人、非法人组织享有,但法人、非法人组织的名誉权与自然人的名誉权之间仍存在一定的区别。

第一,名誉的内容不同。自然人的名誉主要是对个人的能力、品行、作风、思想、才干等方面的社会评价,自然人名誉本质上是其人格尊严和人格自由的体现,而法人的名誉则是对法人的商业信用、资产经营活动、经营业绩等方面的评价。对法人的评价并不会影响其人格尊严与人格自由。

第二,侵害名誉权的方式不同。对自然人名誉权的侵害主要采用侮辱、诽谤等方式,其中侮辱既包括以暴力的方式贬低他人人格,也包括以语言文字的方式贬低他人。而对法人名誉权的侵害一般不会出现暴力侮辱等通常作用于自然人的侵害方式。对法人名誉权的侵害通常采用的方式是捏造、散布虚伪事实,损害竞争对手的商业信誉、商品声誉,或者在大众公开媒介上发表的作品因内容不实或评论失当而损害法人的名誉等。侵害法人名誉权的行为有可能因违反《反不正当竞争法》的规定而构成不正当竞争行为。

第三,与财产权的联系程度不同。与自然人的名誉权相比,法人的名誉权与财产权的联系更为密切,权利本身的财产性也更为明显。对法人来说,好的名誉本身就是一笔财产,能够为其产品带来销路,为其交易带来客户,从而使其具有很强的竞争力。尤其是对名誉的侵害常常会导致受害人的财产损失,致使其信用降低,法人亦可利用其名誉为他人担保,可见其具有一定的财产属性。① 但事实上,名誉权作为法人、非法人组织所享有的一项人格权,与财产权存在较大区别。只不过,与自然人名誉权相比较,法人名誉权与财产的联系更密切。

第四,损害后果不同。侵害法人名誉权的后果主要是财产损害而不是精神损害,因为法人毕竟不像自然人那样具有精神痛苦,其

---

① Neethling, JM Potgieter & PJ Visser, Neethling's law of personality, LexisNexis South Africa, 2005 p. 27.

损害后果主要表现为财产损失。

二、法人、非法人组织的名誉权与商誉权

关于法人、非法人组织是否享有商誉权，历来存在争议。何谓商誉？学者存在不同观点，也有人认为，商誉是指商事主体在商事活动过程中所具有的客观偿债能力和主观履行意愿在社会上获得的综合评价，是由多种因素共同作用形成的不可确指的无形资产。[①]这些因素包括企业的人员素质、企业的声誉、企业的历史渊源、地理位置及企业的经营管理水平等。还有观点主张，商誉是企业法人的商业信誉和声誉，由传统的人格利益嬗变而来，但又不同于人格权意义上的名誉。[②] 笔者认为，商誉就是企业的名誉，是对其经济活动能力的一种积极评价。

虽然法人的名誉权与法人的商誉权很难区分，但严格地说，法人的名誉权是一个范围更为宽泛的概念，两者之间是一种种属关系。一方面，法人的商誉权只是法人名誉权的部分内容，是包含在法人的名誉权之中的，因此不能将法人的名誉权与其商誉权完全等同。我国司法实践历来将商誉权作为名誉权的组成部分对待，例如，在"北京美驰建筑材料有限责任公司诉北京世纪春天房地产开发有限公司名誉权案"中，法院认为，"世纪公司在网站上发表不实言论的行为已经构成对美驰公司商誉权的侵权，又因商誉权是法人名誉权的重要组成部分，所以，世纪公司在网站上发表不实言论的行为已经构成对美驰公司名誉权的侵犯，世纪公司应当依法承担侵权责任"。[③] 在该案中，法院即认为，商誉权属于名誉权的组成部分。但在有的案件中，法院则明确区分了商誉和名誉。例如，在"成都轻工大厦商场诉商务早报社案"中，法院认为，原告的"名誉及商誉损失100万元，应当由商务早报社承担侵权赔偿责任"。[④] 另一方面，就法人名誉而言，其范围十分宽泛，其是就法人的各项社会活

---

① 参见邢光虎：《商誉出资的合理性探讨》，载《人民法院版》2004年7月18日。

② 参见吴汉东：《试论人格利益和无形财产利益的权利构造》，载《法商研究》2012年第1期。

③ 北京市第二中级人民法院民事判决书，(2004)民终字第7906号。

④ 四川省高级人民法院民事判决书，(2000)川民终字第168号。

动所形成的总体社会评价,而商誉主要是就企业法人的经营活动所产生的社会评价,而大量的法人和非法人组织的名誉并不直接涉及经营活动,但法人、非法人组织就此种社会评价所享有的利益也应当受到法律保护。商誉一般是由营利法人享有,非营利法人一般并不享有商誉而只能享有名誉。还应当看到,名誉权作为一项人格权,其包含精神利益和财产利益两个方面,而商誉则主要是财产利益。[①] 也就是说,在侵害商誉权的情形下,对受害人的救济主要是保护其财产利益,而在侵害名誉权的情形下,则更应当强化对名誉所体现的人格利益的救济。[②] 尤其是在非营利法人以及非法人组织名誉权遭受侵害的情形下,对受害人的救济可能并不直接体现为财产利益。名誉权作为一项具体人格权,其主要受民法保护,而侵害商誉的行为大都体现为不正当竞争行为,需要通过反不正当竞争法予以调整。正是基于这一原因,笔者认为,不能完全将法人名誉权等同于商誉权。

尽管名誉权与商誉权存在上述区别,但民法典分编草案并没有单独规定商誉权,而是将商誉包括在名誉之中,将其作为名誉权的组成部分。笔者认为,这一观点也有一定的道理,主要理由如下。

第一,名誉和商誉都是对法人和非法人组织的社会评价,且都属于良好的社会评价,但事实上,名誉权在内涵上可以涵盖商誉权,因为商誉主要体现为对法人经营活动、经济能力的一种社会评价,而名誉则是对法人全部活动的社会评价,其包含了对法人经营活动的评价。因此,商誉权可以涵盖在名誉权之中。

第二,两者遭受侵害时的损失类似。也就是说,行为人在侵害他人商誉时,实际上也构成对他人名誉的侵害,此时,行为人只应当承担一种侵权责任,而不是同时承担侵害商誉权和名誉权的责任,否则可能不当加重行为人的负担。因此,行为人在侵害他人商誉并同时侵害他人名誉时,可以一并计算受害人的损失,而不应重复计算。

第三,侵害名誉权和商誉权都只对财产损失提供救济,不存在

---

① 参见张红:《人格权各论》,高等教育出版社 2016 年版,第 389 页。

② 参见张红:《人格权各论》,高等教育出版社 2016 年版,第 389 页。

精神损害的问题。法人、非法人组织的名誉权虽然是人格权,但由于法人"不知痛苦",因此,在名誉权遭受侵害的情形下,与商誉权遭受侵害的情形类似,法人与非法人组织都不存在精神损害,对此,《精神损害赔偿司法解释》第5条规定:"法人或者其他组织以人格权利遭受侵害为由,向人民法院起诉请求赔偿精神损害的,人民法院不予受理。"此外,人格权请求权中的停止侵害等方式,均可以同时适用于商誉权和名誉权遭受侵害的情形,两者在救济方式上存在交叉和重合。

三、国家机关名誉权的限制

关于国家机关是否享有名誉权问题。对此,在学界有不同的看法。一种观点认为,国家机关不享有名誉权,否则自然人的言论自由就无法受到保护,也无法对国家机关进行监督。另一种观点认为,国家机关也享有名誉权,禁止任何人诽谤政府机构、损害政府信誉。笔者认为,《民法总则》虽然没有明确规定国家机关享有名誉权,但国家机关作为一种法人,具有独立的民事主体地位,也应该享有名誉权。但是国家机关在行使该权利的过程中应当主要受到自然人的舆论监督权、知情权等限制。[①] 民法典分编草案人格权编有必要对国家机关名誉权的限制作出规定。

法律应对国家机关名誉权作出限制的主要原因在于:一方面,国家机关的根本任务是服务于广大人民群众,因此,从维护自然人的私权利出发、防止国家机关利用公权力侵害处于弱势一方的私权利,有必要对国家机关的名誉权加以限制,每个公民有权对国家机关的行为进行监督和评价,即便这种评价有失客观性,国家机关也应当容忍,否则,公民的舆论监督权就难以得到保障。另一方面,国家机关享有行政强制力,可以通过自身的力量纠正不当评价可能带来的负面影响,而不必借助于损害赔偿之诉来获得救济。还应当看到,政府的信誉主要是靠政府自身依法、高效行政、惠民利民而建立起来的,如果行政机关能够自觉接受社会公众的监督和批评,不仅不会降低行政机关的信誉,而且有利于提高其信誉。当然,如果行

---

① 马国英:《政府应宽容对待"名誉侵权"》,载《人民日报》2009年4月29日。

为人侵害了机关工作人员的名誉权，则受害人应有权请求行为人承担侵权责任。

第三节　侵害名誉权的认定

一、行为人实施了侮辱、诽谤等毁损名誉的行为

（一）侮辱行为

侮辱是指故意以暴力或其他方式贬低他人人格，毁损他人名誉。在侮辱他人的情况下，行为人主观上都具有毁损他人名誉的故意和目的。侮辱行为可以针对自然人实施，从实践来看，侮辱行为一般具有如下几种方式。

1. 暴力行为。所谓暴力行为，是指行为人对受害人施以暴力或以暴力相威胁，从而使他人人格、名誉受到侵害。例如，往他人脸上吐唾沫，往他人身上泼粪便，无理驱逐他人，剥光他人衣服，强令他人从胯下爬过去等，都属于暴力侮辱他人的行为。当然，在暴力侮辱他人的情形下，行为人还可能构成对他人身体权、健康权的侵害。

2. 语言侮辱。语言侮辱主要是指对他人进行嘲笑、辱骂。例如，以猥亵的语言辱骂妇女，用下流、肮脏的语言谩骂他人等。语言侮辱不同于暴力侮辱，在语言侮辱的情形下，行为人并没有将暴力直接作用于受害人的人身，只是通过一定的话语和动作来侮辱他人，并可能因此使受害人遭受严重精神痛苦。[①] 行为人在对他人进行评价时，如果超出了正常评价的范围，也可能构成语言侮辱。例如，在“贾某诉王某名誉权案”中，法院认为，就作品发表不同观点属于正常的学术争鸣与舆论监督，但行为人应当善意地表达自己的观点，而不能故意贬损他人人格，被告多次使用“欺世盗名”“编史造假”“信口雌黄”“随意编造”“无耻之徒”等刻薄词句，已超出正当的学术争鸣与批评的范畴，构成了对原告人格的贬损，应当承担停止

---

① 参见杨立新主编：《民商法理论争议问题——精神损害赔偿》，中国人民大学出版社2004年版，第286页。

侵害、消除影响、赔礼道歉、赔偿损失的民事责任。[①]

3. 文字侮辱。文字侮辱是指通过书写文字、图形等方式对他人进行侮辱，侵害他人名誉。例如，书写和张贴丑化他人、侮辱他人人格的大字报、小字报、标语、漫画等。例如，在“余某诉傅某等侵犯名誉权案”中，被告在原告店旁竖立黑板并写上暗示其售假的内容，法院认定，被告的行为构成一种传播（暗示）虚假事实的行为，同时又是一种发表不利于他人名誉的不当评论，已构成对原告名誉权的侵害。[②]

4. 其他方式。从学理上看，侮辱可以分为表示侮辱和态度侮辱，前者是指以明确答复方式表达侮辱的意思，而后者则指依具体情况，可推知行为人有侮辱的意思。[③] 从实践来看，态度侮辱主要表现为行为人作出一定的姿态表演有辱他人，如扮鬼脸、恶行、恶状等，以及当众焚毁他人相片、标志等。再如，公开指责某法人生产伪劣产品，书写和张贴丑化法人形象、败坏法人名声的大字报、小字报、漫画，当众焚烧法人的牌匾，污损法人的标志等，都构成对法人的侮辱。

民法上的侮辱行为在性质上属于侵权行为，其不同于侮辱罪中的侮辱行为，表现在：第一，依据《刑法》第 246 条的规定，构成侮辱罪必须是“公然”侮辱他人，所谓公然，是指侮辱行为是在众多人在场的情况下进行的。至于侮辱行为有多少人知道，被害人是否在场，均不影响侮辱罪的成立。而对侵害名誉权的侮辱行为而言，并不一定要求是公然进行的，只要行为人将其对受害人实施的侮辱行为向第三人公开，使第三人知悉，就可以认为对名誉权构成侵害。第二，构成侮辱罪要求侮辱行为必须情节严重。所谓情节严重，通常是指手段恶劣、后果特别严重（如引起受害人及其亲属精神失常、自杀等），造成恶劣的社会影响和政治影响。对侵害名誉权的侮辱行为而言，只要其造成了受害人社会评价的降低，即使情节并不严重，也可以成立侵权行为。第三，从目的上来看，对侮辱罪使用刑事

---

① 参见北京市第一中级人民法院（2007）一中民终字第 4112 号民事判决书。

② 参见《最高人民法院公报》2003 年第 1 期。

③ 参见龙显铭：《私法上人格权之保护》，中华书局 1948 年版，第 71 页。

制裁具有明显的惩罚性,而对以侮辱方式侵害名誉权的侵权责任而言,其主要是为了对受害人进行抚慰,当然,其也具有对行为人进行制裁和教育的作用。

(二)诽谤行为

所谓诽谤,按照卡夫法官(Justice Cave)的观点,"诽谤是有关某人不名誉的虚假陈述"。[①] 也有观点认为,"诽谤是指没有正当的理由和免责情形而损害他人名誉的陈述,该陈述导致他人被憎恨、嘲笑和蔑视"。[②] 依据我国《民法通则意见》第140条的规定,诽谤是指以书面、口头等捏造事实公然丑化他人人格的行为。从我国司法实践来看,诽谤是侵害名誉权的典型形式之一。例如,在"郭某诉刘某等名誉权纠纷案"[③]中,被告刘某带人手持白布黑字条幅到原告郭某工作的单位门口展示。条幅上书写有原告郭某勾结黑社会等内容。法院认为,被告捏造原告勾结黑社会的事实,在原告郭某单位门口打横幅,已构成诽谤,应承担侵权赔偿责任。诽谤和侮辱都可能侵害他人人格权,但诽谤不同于侮辱,表现在:一方面,侮辱既可以以语言的方式进行,也可以以行为的方式进行。但是诽谤行为只能通过语言的方式进行,表现为捏造事实、无中生有。另一方面,侮辱主要针对受害人实施,而诽谤并不直接针对受害人实施,行为人只是将有损受害人名誉的言论向第三人传播。此外,行为人侮辱他人时主观上都是故意的,而诽谤有可能出于过失。例如,某出版社对某部具有诽谤内容的作品审查不严,造成他人名誉权受侵害,此时,行为人的主观心态就是过失。诽谤行为主要具有如下特点。

第一,行为人陈述的事实是虚假的。构成诽谤,要求行为人所陈述的事实必须是虚假的。但问题在于,如果行为人散布他人真实的负面消息,并造成他人社会评价降低,该行为是否构成侵害名誉权?有观点认为,如果被告能够反证证明其散布的言词是真实的,则可以形成合理的抗辩。[④] 比较法上存在名誉侵权中的"真相例外

---

① Your Soupoff V. Metro-Goldwyn-Mayer(1934),50 T. L. R. 501.

② Parmiter v. Coupland(1840)6 M. & W. 105,per Parke B,at p. 108.

③ 河南省郑州市中级人民法院(2014)郑民二终字第1779号民事判决书。

④ See Richard A, Epstein, *Cases and Materials on Torts*, Little Brown and Company 1984, p. 1099.

规则”。我国现行立法并未对此作出规定,但学者一般认为,散布真实信息并不构成对他人名誉权的侵害。[①] 此种观点有一定的道理。笔者认为,在一般情况下,若行为人所散布的言词在内容上是真实的,则只能视为披露事实,而不具有诽谤性。当然,披露他人信息可能构成对他人隐私权的侵害。此外,依据名誉权问题解答第 8 问,即使行为人言论所指出的主要事实是真实的,行为人也不得在其言论中使用侮辱、诽谤性的词语,否则仍可构成对他人名誉权的侵害。

第二,诽谤通常以语言、文字、漫画或其他方式进行。诽谤行为的表现形式是多样的,一般可以分为两类,即口头诽谤和书面诽谤,前者即通过语言将捏造的虚假事实加以散布,使他人名誉受到侵害;后者则是指通过书写文字把捏造的虚假事实进行散布,败坏他人名声。罗马法中曾将书面诽谤称为 famosum 或 malum Carmen,口头诽谤称为 injuria verbalis。英美法基本上沿用此种划分法,将书面诽谤称为 Slander,将口头诽谤称为 liber。在语言诽谤的情形下,行为人主观上一般具有故意,其行为的方式也相对简单。就书面诽谤而言,特别是通过大众传播媒介刊登新闻、报告文学等作品来诽谤他人,此种行为方式相对复杂,责任主体也可能具有多样性,而且在某些情形下,行为人可能是出于过失诽谤他人。当然,从行为方式来看,诽谤还可以分为直接诽谤和影射(innuende)。所谓直接诽谤,是指通过语言文字等方式点名道姓地诽谤特定人。影射是指以间接方法,借着字里行间的含义使他人名誉受到贬损。[②] 区分直接诽谤和影射的意义在于,直接诽谤通常可以直接认定是否构成侵权,而影射则通常要根据具体环境等因素来考察是否指向特定人,从而判断是否构成侵权。

第三,诽谤的行为必须导致受害人社会评价的降低。诽谤行为既可以针对自然人实施,也可以针对法人和非法人组织实施(如诽谤法人的产品为假冒伪劣产品或者诽谤法人有欺诈行为等),但必须导致他人的社会评价降低。需要指出的是,即便某人的名声本身就不好,如果某诽谤行为导致其社会评价降低,也构成对其名誉权

---

① 参见张新宝:《名誉权的法律保护》,中国政法大学出版社 1997 年版,第 176 页。

② 参见王泽鉴:《侵权行为法》(第 1 册),北京大学出版社 2001 年版,第 115 页。

的侵害。在英美法中，名声不好的人的名誉权也应当受到法律保护，在某个案件中，法官指出，"一般而言，法律确认每个人对于他人的评价享有权利，而不受他人虚假陈述的侵害。如果此种虚假陈述没有法律上的理由，并造成对他人的损害，他有权起诉，但控告要根据他先前具有的名誉来确定。如果他先前名誉好，则可能认为其名誉损害并不严重，所以，对损害赔偿要酌情减少"。[①] 这就是说，"如果某人名声不好，并不意味着对其可以实施侵权行为，但考虑其名声不佳，可以对其损害赔偿额予以减轻"。[②] 例如，某人过去曾经犯过盗窃罪，但在刑满释放后，有人称其为强奸犯，这仍可能构成诽谤。笔者认为，即便某人名誉不好，但是如果能够确定被告实施的行为构成诽谤，也可以认定为侵权。不能因为受害人的名声不好，而使被告完全免责。

侵害名誉权中的诽谤行为不同于诽谤罪中的诽谤行为：一方面，诽谤罪的主观方面仅限于故意，即主观上具有使他人人格及名誉受到贬损的目的；就侵害名誉权中的诽谤行为而言，行为人主观上并不一定出于故意，过失也可能构成对他人名誉权的侵害。另一方面，两者的情节不同。构成诽谤罪需要行为人的行为情节严重，也就是说，加害行为的性质、手段、方式、结果等均达到了十分严重的程度；而侵害名誉权的行为并不要求加害行为情节严重，只要导致他人社会评价降低，即可构成侵害名誉权。

第四，行为人具有过错。构成诽谤罪要求行为人主观上必须出于故意，但民法上侵害名誉权的诽谤行为并不限于故意，过失亦可构成诽谤，否则将不利于保护受害人，受害人将无法以名誉权受到侵害为由请求恢复名誉。[③] 当然，在过失散布失实信息的情形下，认定是否构成诽谤还应当考虑行为人的主观动机、目的等因素。例如，在行为人因过失散布不实信息的情形下，如果其仅仅出于无意或善意（例如开玩笑等），则不应当构成诽谤。

（三）其他毁损名誉的行为

侵害名誉权行为的种类较多，除侮辱、诽谤行为外，还应当包括

---

① Scott v. Sampson, (1882), 8Q. B. D. 491.

② Hobbs v. Tinling, (1929), 2K. B. 1. 12.

③ 参见杨立新：《人身权法论》，人民法院出版社2002年版，第610页。

其他毁损名誉权的行为。例如,最高人民法院《关于审理名誉权案件若干问题的解答》指出,“编辑出版单位在作品已被认定为侵害他人名誉权或被告知明显属于侵害他人名誉权后,应刊登声明消除影响或者采取其他补救措施;拒不刊登声明,不采取其他补救措施,或者继续刊登、出版侵权作品的,应认定为侵权。”也就是说,如果媒体已经确知其刊载的消息不实,刊出之后就应当及时刊载申明予以更正,如果采取措施及时、妥当,也可以认为不构成侵权。例如,在海信集团有限公司诉青岛帕勒品牌科技咨询有限公司名誉权案中,法院认定虚假排名构成对企业名誉权的侵害,[①]此种行为属于除侮辱、诽谤以外的其他侵害名誉权的行为。

侵害名誉权行为常常与侵害人格权的行为发生竞合,这种竞合行为主要有如下几种:一是侵害姓名权与侵害名誉权竞合的行为。它主要表现在行为人假冒他人的姓名从事各种违法行为,不仅造成了对被假冒者的姓名权的侵害,而且造成了对其名誉权的侵害。例如,某甲冒用某乙的名义,从事诈骗活动,出售各种伪劣产品等,致使乙遭受了严重的名誉损害和财产损失。二是侵害肖像权与侵害名誉权竞合的行为。例如,某甲拍摄一幅照片登载于某小报上,并在说明文字中指称照片中的乙、丙为盗墓者,实际上该二人为考古学家,他们正在从事考古研究。乙、丙提出诉讼,控告甲侵害其肖像权和名誉权。三是侵权名誉权的行为与侵害隐私权的行为竞合。在侵害名誉权与侵害其他人格权利竞合的情况下,受害人可以在侵害名誉权的请求与侵害其他权利的请求之间选择一种对其最为有利的请求权提起诉讼请求。如果受害人未做出选择而要求加害人同时承担侵害名誉权和其他权利的责任时,人民法院应该确定一种对受害人最为有利的请求权形式,据此使加害人承担相应的责任,但不能使受害人获得双倍的赔偿或使加害人承担双重的责任。例如,披露他人家庭不和睦的隐私从而影响了其社会评价,有损他人名誉,同时侵害了受害人的名誉权利隐私权,如果法院认为名誉权的保护对受害人最为有利,即可以通过停止侵害、赔礼道歉、恢复名

---

① 参见《海信打赢“排行榜”官司　帕勒公司终审被判侵权》,载《半岛都市报》2004 年 12 月 22 日。

誉、赔偿损失等责任形式对受害人予以救济，不应再另行判决加害人承担侵害隐私权的责任。

二、毁损名誉的行为必须指向特定人

各种侵害名誉权的行为必须具有特定的侵害对象，也就是说，毁损名誉的行为必须指向特定的人。从名誉权的特点来看，任何名誉权都具有特定性，即只能为特定的人所享有，因而，侵害名誉权只有针对特定的人实施，才能造成对该人的社会评价的降低，从而构成对名誉权的侵害。[①] 民法典分编草案第807条第1款规定："民事主体发表的作品中的情节与特定人的情况相似，但是不以该特定人为描述对象的，不承担民事责任。"从该条内容来看，只有行为人的行为指向特定对象时，才可能构成对他人名誉权的侵害，如果行为人的行为未指向特定的对象，仅泛指包括原告在内的一般人或某方面的人，不能具体认定指向谁，则不能认定侵害名誉权。如妄称今日的商人多为奸商，今日的律师皆为讼棍等。在此情况下，并未指向特定人，[②]特定人的社会评价也未因此而降低，因此，不能认为构成诽谤。当然，指向特定人的方式并不限于直接表明其姓名，还可能是以别名、化名甚至是通过描述特定动作等方式指向他人，但该行为必须使人合理地理解其内容是指向某特定的人。如果是言词诽谤，应当使一般人按照该字面的自然的普通含义来理解言词是指向某人。[③]

在确定行为人的行为是否指向特定人时，应由原告举证，证明被告的行为在指向上的确定性。如不能证明指向原告，则不能认为被告的行为构成对原告名誉权的侵害。此外，还应注意以下几个问题。

1. 特定人不限于某个人。此处所说的特定，并不仅限于某个人，而是指依据行为实施的环境，可以确定某一个、某几个人(包括法人)或特定的一群人，如某个家庭、工作小组、个体工商户、个人合

---

① 参见张新宝：《名誉权的法律保护》，中国政法大学出版社1997年版，第136页。

② Eastwood v. Homes(1858), I F. RF. 347.

③ See Richard O'sullivan, Q. C. & Roland Brown, *The Law of Defamation*, London: Sweet & Maxwell Limited, 1958. p. 33.

伙等,便可认为该行为已指向特定的人。有观点认为,家庭承包经营户、个人合伙都可以享有名誉权,因此,侵害行为指向家庭、个人合伙也应是指向特定人,应认为家庭和个人合伙本身为受害人。笔者认为,此种看法不完全妥当。从《民法总则》第110条的规定来看,名誉权的主体限于自然人、法人和非法人组织,不包括一些松散的、不具有独立民事主体资格的团体。如果行为人的行为指向家庭和个人合伙的,应视为侵犯该组织各个成员的名誉。正如史尚宽先生所言:"在无法人人格之团体,则团体之名誉,结果为其成员之名誉。"①如果行为人的行为指向一群人,而依据行为实施时的情况,可使该特定的一群人都遭受名誉的毁损,也可认定指向特定人。

2. 指向特定人并不限于指名道姓地侮辱、诽谤某人。行为人通过一定的动作和方式,使社会一般人能认定为指向某人或者行为人,描述某人的相貌特征、语言特征、行为特征及生活和工作环境等能够使社会一般人认定指向某人或某几个人,也可认为已指向特定人。在文学作品中,作者所描绘的人物的相貌特征、生活经历、工作环境等,足以使他人认定为某人,则作者的行为应视为指向特定的人。例如,在"胡骥超、周孔昭、石达成诉刘守忠、《遵义晚报》侵害名誉权案"中,②法院认为,"被告在创作《周西成演义》中,采用姓相同名相近、体型外貌等突出特征相似的方法把作品中的3个人物与3原告联系起来加以丑化,使熟悉3原告的读者一看便知这3个反面人物是影射3原告的,在当地给3原告的人格尊严造成不良影响,使3原告的名誉受到损害。《周西成演义》公开发表后,被告还公开对人说过把3原告写进演义中是有原因的。因此,被告侵害3原告名誉权的故意是明显的,依法应当承担侵权的民事责任"。因此,尽管被告并未指名道姓诽谤该人,但被告的行为使社会一般人可认为指向某个特定人,亦可认为指向该人。但是,对于这种影射行为的认定,应当有严格的条件限制,即通常必须要求行为人具有恶意。

3. 在确定被告的行为是否指向特定人时,应当考虑行为人是否具有恶意。例如,在某些情况下,陈述某种事实对某人的名誉有损,

---

① 史尚宽:《债法总论》,中国政法大学出版社1998年版,第145页。

② 参见《最高人民法院公报》1992年第2期。

但陈述人主观上并无恶意，只是因为偶然巧合，而指向了特定人，则不一定构成侵权。例如，被告在编写一本有关强奸的案例中，将某一罪犯的姓名写作×××，恰与原告姓名相同，事实上被告与原告素不相识。据此，如果不考虑主观状态，将任何因偶然巧合等原因而使行为人的言词涉及他人的情况，都作为指向特定人的诽谤行为，确实会不适当地扩大责任的范围，使行为人承担不应当承担的责任。这就是说，如果被告的行为客观上指向原告时，被告主观上是善意的、无过错的，则不应该认为该言词指向原告。但如果被告知道原告的存在且知道其行为将会损害原告的名誉，而仍然实施一定的行为，即使此种行为是以含沙射影的方式实施的，也可以根据具体情况认定被告的行为是指向原告的。

三、行为人的行为为第三人所知悉

侵害他人名誉权的行为必须为第三人所知悉，否则难以构成对名誉权的侵害。既然名誉是社会公众对主体的一种客观的良好的社会评价，只有在行为人所实施的侮辱、诽谤等行为影响到社会公众对受害人的评价时，才能构成对名誉权的侵害。应当看到，在行为人实施了侮辱、诽谤等行为以后，如何确定公众对受害人的社会评价已经降低是十分困难的。笔者认为，只要行为人所实施的诽谤行为为第三人所知悉，就可以认定导致了受害人社会评价的降低。在行为人实施侮辱行为时，如果第三人不在场，而行为人亦未将该行为向第三人公开，则该行为只是侵害了受害人的名誉感，并不构成对其名誉权的侵害；如果第三人不在场，但行为人事后将此行为向第三人公开，可以认为该行为已使受害人的社会评价降低，并可认定构成对名誉权的侵害。

第三人知悉也称为公示。在英美法中，确立了“公示”(publication)的规则。“公示”的本意是指公开向第三人传播或者是指“公之于社会，传诸第三人”。[1] 美国《侵权法重述(二版)》第577条规定：“诽谤言词的公示是指将诽谤言词传达给被诽谤者以外的人。”这就表明，公示并不包括向被告公示，而是指向原被告之

---

① 参见杨敦和：《论妨害名誉之民事责任》，载《辅仁法学》第3期。

外的任何第三人公示。立法者在对该条的注释中指出,即使将诽谤的言词传达给被诽谤者的代理人和仆人,亦构成毁损名誉。在英美法中,公示是毁损名誉的实质构成要件。可见,公示规则的基本含义就是,只要因被告的原因而使其诽谤行为公示给第三人,为第三人所知悉,即导致对原告社会评价的降低,应认为构成毁损名誉。[①]仅仅是在原告和被告之间不构成公示,例如A在向B写信时辱骂B不构成第三人知悉,并未产生社会评价降低的后果。公示是指向第三人公开,任何公示都必须涉及第三人。[②] 但向第三人公开后,如果无人能懂其内容,或者听众不知道指向原告,也不构成公示。[③] 笔者认为,此种经验值得借鉴。第三人知道表明行为人的行为已产生了社会影响,因此可以认定侵害行为已经造成了名誉毁损的后果。最高人民法院印发《关于贯彻执行〈中华人民共和国民法通则〉若干问题的意见(试行)》的通知第140条规定:"以书面、口头等形式宣扬他人的隐私,或者捏造事实公然丑化他人人格,以及用侮辱、诽谤等方式损害他人名誉,造成一定影响的,应当认定为侵害公民名誉权的行为。以书面、口头等形式诋毁、诽谤法人名誉,给法人造成损害的,应当认定为侵害法人名誉权的行为。"可见"造成一定影响"和"造成损害"是侵害名誉权的基本特征。然而,造成一定影响,并不一定必须在大庭广众之下实施侵权行为,或使不特定的许多人知道并使他们对受害人的评价降低,只要有一个人知悉,就可以认定受害人的名誉在其心目中已受影响。如果原告能够证明被告的行为已经严重妨害了其与第三人的交往,妨碍了其从事正常的工作和商业等活动,可以认为毁损名誉的后果是严重的。但如果原告不能证明,被告的行为事实上已造成其社会评价明显降低,而仅能证明被告的行为已为第三人所知悉,从而将影响其社会评价,也可构成毁损名誉。

---

① See David Price and Korieh Duodu, *Defamation, Law, Procedure and Practice*, London: Sweet & Maxwell, 2004, p. 277.

② David Price and Korieh Duodu, *Defamation, Law, Procedure and Practice*, London: Sweet & Maxwell, 2004, p. 1034.

③ Richard O'sullivan, Q. C. & Roland Brown, *The Law of Defamation*, London: Sweet & Maxwell Limited, 1958, p. 38.

总之，在名誉权纠纷中，应以“因被告的过失而使第三人知悉”作为确定原告的社会评价是否降低的重要标准。因此，受害人要主张行为人构成对其名誉权的侵害，必须证明行为人所实施的侮辱、诽谤等行为因行为人的过错而为第三人所知悉。

四、侵害名誉权的抗辩事由

在侵害名誉权责任中，抗辩事由主要有如下几种。

（一）主要内容真实且无侮辱、诽谤内容

依据最高人民法院《关于审理名誉权案件若干问题的解答》中第7问、第8问的解答，主要内容失实，或者内容基本属实，但有侮辱他人人格的内容，侵害他人名誉的，也应认定为侵害他人名誉权。所谓内容基本属实，是指行为人言词的主要内容是真实的、符合客观实际情况的。一般情况下，只要行为人的言词基本是真实的，就不应当构成对他人名誉权的侵害。例如，在“孔某与南京广播电视集团、吴某名誉权纠纷案”[①]中，法院认为，被告吴某的评论依据的报道和案件所涉情况是真实的，评论的语句是有针对性的、有诚意的，并无相关证据证明吴某存在借机损害孔某名誉、进行人格侮辱的恶意。对于新闻评论而言，如果依据的事实是真实的，主观上不具有侮辱他人人格的恶意，即使在个别范畴内出现言词激烈甚至稍有过激的语句，仍应予以理解与宽容，视为在正常的评论范畴之内。在该案中，法院实际上提出了一个标准，即如果主要内容是真实的，且行为人并无恶意，则不构成侵害名誉权。当然，言词内容真实并不意味着其每一个细节都是准确无误的，而只是要求与本案有关的关键言词是否真实。

根据上述司法解释只要主要内容真实且无侮辱、诽谤内容，构成抗辩事由，这主要是考虑到了新闻报道的特殊性，因为受新闻机构工作程序、新闻报道的及时性、作者调查的非强制性等多种因素的限制，个别细节性问题的失实有时是难免的，如果对任何轻微事实的失实或评论失当，都要由行为人负责，人们必定三缄其口，人们

---

① 北京市第一中级人民法院（2015）一中民终字第02203号民事判决书。

的表达自由也将不复存在。[①] 因此，只要基本事实真实，则一般不宜认定构成对名誉权的侵害。

（二）正当的舆论监督

所谓正当的舆论监督，是指行为人对他人的产品或者服务质量进行的正当批评、评论，或者实施其他新闻报道、舆论监督等维护公序良俗行为的，不承担民事责任。但是另一方当事人能够证明行为人捏造事实、歪曲事实、对他人提供的事实未尽到合理审查义务或者包含侮辱等过度贬损他人名誉内容的除外。例如，在“广州侨房公司诉改革杂志社侵犯名誉权纠纷案”[②]中，法院认定正当行使舆论监督，即使细节瑕疵也不构成侵权。毕竟舆论监督在本质上符合社会公共利益，且由于新闻报道的时效性、实时性等原因，难免发生报道存在瑕疵的情况，在此情形下，应当侧重于保障新闻报道自由。

民法典分编草案第 805 条规定：“行为人为维护公序良俗实施新闻报道、舆论监督等行为，影响他人名誉的，不承担民事责任。但是行为人捏造事实、歪曲事实、对他人提供的事实未尽到合理审查义务或者包含过度贬损他人名誉内容的除外。”依据该条内容，下述情形不属于正当舆论监督。

第一，捏造、歪曲事实。即使行为人主观上具有舆论监督的目的，但客观上实施了捏造、歪曲事实的行为，也不应当属于正当的舆论监督。例如，在“方某某等名誉权纠纷案”中，法院认为，“方某某恶意歪曲事实、断章取义，使用‘一笔德艺双馨的好交易’、‘忽然对崔永元的正常收入很感兴趣’的表述，实际是在误导公众得出崔永元存在利益交换、谋取私利的判断，其言论本身已经偏离了质疑批评性言论的轨道，构成侵权”。[③] 但是，如果相关表述未歪曲事实，则不应构成侵权。例如，在“胡某与立德共识（北京）网络传媒科技有限公司名誉权纠纷案”中，法院认为，“立德共识公司刊载的《胡觉照：岂能翻“剽窃”的案》一文，其内容主要是对诸葛亮历史评价问题的学术成果是否存在抄袭争议进行分析评论，属于学术批判类

① 上海市静安区人民法院（2002）静民一（民）初字第 1776 号民事判决书。

② 广东省广州市天河区人民法院（2003）天法民一初字第 1832 号民事判决书。

③ 北京市第一中级人民法院民事判决书，（2015）一中民终字第 07485 号。

以及社会现象批判性文章；从文字用语看，该文章个别地方稍有偏激或不当，但并没有明显以侮辱、诽谤等方式故意贬损胡某的个人名誉及人格，亦未达到故意捏造歪曲事实，或者刻意侮辱诽谤的程度”，因此，不构成侵害名誉权。[①]

第二，对他人提供的事实未尽审查义务。也就是说，除消息具有足够的权威来源外，行为人对其他渠道所了解的消息应当具有审查义务，不能仅凭道听途说，对事实未尽审核义务而加以传播，否则可能构成侵权。例如，在“北京秀水街市场有限公司与北京法制晚报社名誉权纠纷案”中，法院认为，“新闻媒体作为面向大众的传媒机构，在对某一对象进行批评揭露式报道时，应当有更强的审慎意识，不得使用未经核实的消息来源，要进行符合常理的善意推理。新闻媒体违背了真实性审核义务，故意歪曲事实进行不实报道，或者因未尽到合理审查义务导致不实报道的，构成名誉权侵权”。因此，被告法制晚报社构成侵权。[②]

在判断行为人是否尽到其相应的审查义务时，主要应当考虑如下因素：一是所陈述事实来源的可信性。[③] 行为人在公开发布相关言论和消息时，首先要判断其披露的事实来源的可信程度。如果其依据官方的资料、档案或者新闻发布会上的材料所描述的事实，即便此后证明是失实的，那么也不应简单地认定构成侵权；反之，如果是道听途说，未作任何调查核实就披露报告失实的事实，则应当构成侵权。二是对于显然可能引发争议的内容是否进行了必要的调查、核实义务。如果相关言词极有可能引发争议，则行为人应当尽到更高的调查义务，以尽可能确定报道内容的真伪状况。例如，某人在网上披露某明星涉嫌偷税漏税等违法犯罪行为，该消息一旦披露，就可能引发极大的争议，此时，行为人在披露该事实时即应当尽到更高的调查与核实义务。三是所陈述事实的时效性和与公共利益的关联性。[④] 一方面，需要考虑相关言词的时效性。例如，就新闻报道而言，其具有很强的时效性，因此，应当适当降低新闻报道者对

① 陕西省高级人民法院民事裁定书，(2017)陕民申 1914 号。

② 北京市朝阳区人民法院民事判决书，(2015)朝民初字第 57355 号。

③ 参见周敏：《新闻侵权民事责任的抗辩事由》，载《法学》1999 年第 1 期。

④ 参见刘文杰：《论新闻侵权的归责原则》，载《环球法律评论》2010 年第 4 期。

信息真实性的审查义务，不宜要求新闻媒体对消息的真实性进行过于繁冗的调查。另一方面，需要考虑相关言词与公共利益的关联程度，如果新闻报道的内容与社会公共利益关系密切，需要及时报道，则也不应当课以报道人过重的审核义务。四是受害人名誉贬损的程度。也就是说，如果相关言词所涉及主体名誉权的损害程度越高，则其审查义务也越高；反之，则行为人的审查义务也应当随之降低。五是审查的成本。确定报道人的审查义务标准时，还应当考虑对审查的成本，如果报道人付出极小的成本即可对报道内容的真实性进行审查，则其应当尽到相应的审查义务；反之，其审查成本较高，其审查义务则应当相应降低。

第三，相关评论包含了过度贬损他人名誉的内容。应该指出，即便主要内容是真实的，但如果行为人具有侮辱、诽谤他人的恶意，则仍可构成侵害名誉权。依据最高人民法院《关于审理名誉权案件若干问题的解答》第8问，认定是否构成侵害他人名誉权，除了认定该言词的内容是否基本属实外，还要考虑该言词是否具有诽谤性。例如，在“周某某与杨某某名誉权纠纷上诉案”中，法院认为，即使原告的言词内容属实，但在“帖中使用了‘道德败坏’‘贪官’‘作恶多端必自毙’等带有侮辱性的字眼并辱及杨某某家人。上述网帖发布后，部分网友点击阅读并进行了跟帖回复，以上言论足以使人相信杨某某品德低下、为人不端，造成社会公众对杨某某的评价降低”，因此，构成侵害名誉权。[①] 据此，要成为名誉权侵权的抗辩事由，要求相关言论的主要内容必须符合客观情况，同时，该言论不能存在侮辱、诽谤的内容。也就是说，即便相关言论的内容真实，但如果其中包含侮辱、诽谤的内容，则仍可能侵害他人的名誉权。例如，某人发表的文章中尽管陈述的事实是真实的，但辱骂他人是泼妇、娼妓等，也可以构成侵权。

不过，在确定言词的内容是否具有诽谤性时，必须对该言词做全面、整体的分析和理解。例如，某篇文章中对某句话是否具有诽谤性存有争议，则应分析整个文章的内容，然后确定该句话是否具

---

① 浙江省杭州市中级人民法院民事判决书，（2017）浙01民终191号。

有诽谤性,[①]绝不能断章取义,肢解言词的全部内容。一般来说,言词是否具有诽谤性,应由原告举证证明。

(三)公正的评论

所谓公正的评论,是指行为人就某个事件或者行为作出评论时,如果有基本事实依据,未侮辱、诽谤他人,即使评论中存在观点片面、语言过激等,也不应认定为侵权。[②] 关于公正的评论能否成为侵害名誉权侵权责任的抗辩事由,值得探讨。普通法中一直承认"公正评论"(fair comment defense)可以成为侵害名誉权的抗辩事由。[③] 而"公正评论抗辩"为新闻侵权的抗辩事由之一。在我国,《关于审理名誉权案件若干问题的解释》第9条规定,对产品和服务质量所做的批评、评论,只要内容基本属实,没有侮辱内容的,不应当认定为侵害其名誉权。由此可以看出,为了维护公共利益,只要行为人是善意表达自己的真实见解,而非故意贬损他人的人格,一般不应认定其构成对名誉权的侵害。例如,在"广州彩熠灯光有限公司与北京慧聪建设信息咨询有限公司名誉权纠纷上诉案"中,法院认为:"文章标题《广州彩熠灯光因制服门被指"血汗工厂"》中使用了'血汗工厂'这个词,确实存在表述不准确、故意吸引眼球之处,但在性质上仍应属于对企业劳动管理不当之处的正常批评、评论,并无明显的诽谤、诋毁的恶意,更无证据显示是北京慧聪信息公司借机损害广州彩熠灯光公司的名誉。"因此,被告的行为并不构成对原告名誉权的侵害。[④]

(四)合理引用

合理引用也称为消息来源具有权威性。如果消息来源权威,则行为人引用他人已经公开的报道,并且有理由相信该报道是真实的,该行为将构成合理引用。《关于审理名誉权案件若干问题的解释》第6条规定:"新闻单位根据国家机关依职权制作的公开的文书

---

① 参见唐德华主编:《民事审判若干理论与实践问题》,吉林人民出版社1991年版,第167页。

② 参见张西明:《关于新闻侵害公民名誉权行为的研究》,载《新闻与传播研究》1995年第3期。

③ See James A. Henderson Jr., *The Torts Process*, Aspen Publishers, 2003, p. 734.

④ 参见广东省广州市中级人民法院(2010)穗民法民一终字第876号民事判决书。

和实施的公开的职权行为所作的报道，其报道客观准确的，不应当认定为侵害他人名誉权；其报道失实，或者前述文书和职权行为已公开纠正而拒绝更正报道，致使他人名誉受到损害的，应当认定为侵害他人名誉权。”据此，在合理引用的情形下，即便行为人所引用的事实与真实情况不符，该引用行为也不构成对他人名誉权的侵害。在判断相关引用行为是否构成合理引用时，应当考虑信息的来源是否是可信的，是否具有权威性。[①] 例如，在前述“广州彩熠灯光有限公司案”中，法院经审理认为，作为在《南方都市报》中公开发表的报道，北京慧聪信息公司网站在撰文中引用报纸报道内容符合法律规定的合理引用的范围。[②]

一般的自然人、法人或其他组织向新闻工作者和其他作者提供消息来源的，新闻工作者和其他作者对该消息的真伪和可靠程度应予以进一步审查核实，而不能仅凭道听途说，甚至对公开场合的演讲或正式发言等不加审查即作为新闻予以披露，否则因此造成报道失实的，可能需要承担侵害他人名誉权的侵权责任。当然，提供消息来源的人本身也可能构成侵权。

一般认为，具有足够权威度的消息来源主要包括：(1)法律法规、规章以及其他规范性文件所认定的事实。(2)各级党政机关供新闻单位发表的以及其职权范围内发布的各种报道，如国家机关在其记者招待会、情况汇报、蓝皮书等文件中所载明的事实。例如，在“孟某诉海口晚报社等侵害名誉权案”中，法院认为，《海口晚报》发表的《真是咄咄怪事》和《孟某及其亲属骗购解困房受到处理》两篇报道，其材料来源于政府职能部门的情况汇报、情况报告和处理意见，无作者主观编造、侮辱原告人格的内容，故其报道不构成对原告名誉权的侵害。[③] (3)各级档案部门保存的档案资料。(4)各政党、社会团体、企事业单位就其职责范围的情况提供新闻单位发表的材料。(5)自然人、法人关于自身活动供新闻单位发表的材料。(6)经过公安机关以及其他司法机关鉴定的材料，如现场目击的第

---

① 参见张新宝：《中国侵权行为法》，中国社会科学出版社 1998 年版，第 350 页。

② 参见广东省广州市中级人民法院(2010)穗民法民一终字第 876 号民事判决书。

③ 参见海南省高级人民法院(1997)琼民终字第 42 号民事判决书。

一手材料等。① 笔者认为,从保护新闻工作者的舆论监督权和新闻自由的目的出发,认定上述消息来源具有权威度是有必要的。

(五)依法行使权利

依法行使权利是指根据法律的授权或有关规定,在必要时因依法行使权利而有损他人的名誉。依法行使权利必须具备如下要件:第一,必须要有合法的授权或依据法律规定享有实施某种行为的权利。第二,依法行使权利的行为是必要的。依法行使权利的行为并不是在任何情况下都会造成对法人人身权的侵害,只有在必须行使权利而且行使权利会造成对他人损害的情况下,依法行使权利才能成为抗辩事由。在实践中,依法行使权利可以作为侵害名誉权抗辩事由的,主要有以下几种情况。

1. 自然人依据宪法的规定,向国家机关工作人员提出批评和建议。依据《宪法》第 41 条的规定,"中华人民共和国自然人对于任何国家机关和国家工作人员,有提出批评和建议的权利"。因此,对国家机关及其工作人员的违法失职行为提出申诉、控告或检举是正当合法的,即使该自然人反映的情况不完全真实,也是依法行使权利的行为。但是,如果出于诬告陷害的目的向有关部门反映情况或者不通过合法的形式反映情况而擅自向社会公开,则构成侵害名誉权。

2. 各级人民代表在各种会议上的发言,即使其在会议上的陈述会损害某人的名誉,也不能构成侵害名誉权,而属于依法行使权利。我国《宪法》第 75 条规定:"全国人民代表大会的代表在全国人民代表大会各种会议上的发言和表决,不受法律追究。"但对地方各级人大代表是否享有此项豁免权,法律并未作出明确规定。笔者认为,就民事责任而言,地方各级人大代表也应当享有此种豁免。

3. 有关党政部门依据职权对自己管理的干部、职工作出涉及个人品德的评价,属于正当行使权力的行为。即使评价有不当之处,也不能认为是侵害名誉权。因为依据职权作出评价本身是合法行使职权的表现,且属于人事管理的一项内容,不应该涉及名誉权的侵害问题。但是,如果超出职权的范围,恶意散布有损他人名誉的

① 参见王晋闽:《侵权的责任分担》,载《新闻记者》1991 年第 7 期。

言论，则可以构成侵权。

4. 消费者、大众传播媒介等对产品质量或者服务质量进行监督予以正当批评、评论的，不应当构成侵害名誉权。例如，消费者如果对经营者所提供的产品或者服务不满意，在相关的网络平台对经营者进行评价的，即便因此导致经营者社会评价降低、收益减少，也不应认定构成侵害名誉权。

5. 其他依法行使权利的行为。例如，《关于审理名誉权案件若干问题的解释》第 8 条第 2 款规定："医疗卫生单位向患者或其家属通报病情，不应当认定为侵害患者名誉权。"依据这一规定，医疗机构在向患者或者其家属通报病情时，即便公开了患者的相关疾病，也不应当构成侵权，这也是医疗机构承担侵害名誉权侵权责任的抗辩事由。对律师在法庭上发表的言论，是否可以构成抗辩事由，存在不同看法。《律师法》第 37 条规定："律师在执业活动中的人身权利不受侵犯。律师在法庭上发表的代理、辩护意见不受法律追究。……"因此，如果律师在法庭上发表的代理词、辩护词等言论，即使言词过激或评论轻微不适当，也不应简单地认为构成侵害名誉权。但是，如果律师出于恶意捏造事实，在法庭上恶意诽谤他人，也可以构成侵害名誉权。恶意诽谤他人，表明其主观上是故意的，而且是明知而故意为之，因此构成侵权。举例而言，自然人恶意行使控告、告诉等行为如果超过合理限度，就可能构成诽谤，例如，在"北京市华筝古韵文化艺术中心黄某、齐某名誉权纠纷案"中，法院就认为行为人的行为超越了基本属实的界限及自力救济的合理限度，侵犯了他人的名誉权。①

（六）受害人的同意

在侵权责任中，受害人的同意是一项免责事由。所谓受害人的同意，是指受害人事先明确做出自愿承担某种损害后果的意思表示。例如，受害人同意散布某种内容不真实的言词，刊印某张有损自己形象的照片等。受害人的同意作为抗辩事由必须具备如下条件：第一，受害人必须事先做出意思表示。受害人的同意可以通过单方面的声明，也可以采取免责条款的形式，但必须明确表示出来，

① 参见北京市第二中级人民法院（2014）二中民终字第 00355 号民事判决书。

不能采用默示的方法。受害人的同意必须在损害发生以前做出,在损害以后所表示的同意只是对加害人责任的事后免除。第二,受害人同意必须出于自愿。凡是因欺诈、胁迫、重大误解等原因而做出同意的意思表示,不能视为同意。第三,受害人的同意不得违背法律和公共道德。如果受害人允许他人实施侵害行为有损伦理道德,则不能成为抗辩事由。[①] 例如,受害人允许他人披露自己一些有损公共道德的往事,此种同意由于违反公序良俗,应当是无效的。

(七)履行法律和道德上的义务

所谓履行法律和道德上的义务,是指某人依法负有义务向他人披露某人信息,或者因负有道德上的义务而应向某人陈述某种情况,即使告知的情况有误,也不能认为构成诽谤。[②] 例如,父母教训未成年子女,教师向学生家长介绍学生的品性等。陈述人所做出的陈述都是为了履行其法律和道德上的义务,不构成对名誉权的侵害。

第四节　回应权与更正权

一、回应权

(一)回应权的概念和特征

所谓回应权,是指当有关报刊、网络等媒体披露、报道的信息包含直接涉及他人名誉的事实时,权利人可以请求该媒体及时采取合理的方式免费发布其针对相关事实的必要回应。例如,某人在网上披露某明星通过签订“阴阳合同”的方式偷税漏税,该明星如果认为披露的事实有误,则其有权请求该网站刊载其回应的文章,以澄清事实。法律上规定回应权既有利于权利人保护其名誉等人格权益,

---

① 参见张新宝:《名誉权的法律保护》,中国政法大学出版社 1997 年版,第 157 ~ 159 页。

② See Richard O'sullivan、Q. C. & RolandBrown, *The Law of Defamation*, London: Sweet & Maxwell Limited, 1958, p. 73.

也有利于减少人格权纠纷[①]:一方面,回应权制度有利于及时更正有关信息、消除不良影响,因为其可使媒体受众在较短时间内获取当事人的正反陈述,从而及时消除不实报道的影响;另一方面,回应权制度有助于及时解决纠纷,因为通过回应的方式更正信息有助于快速解决纠纷,不再需要借助诉讼途径予以解决。从这个意义上讲,回应权具有预防损害发生的功能,而且与损害赔偿等责任承担方式相比,回应权对于恢复受害人良好的声誉可能更为有效。[②]

从比较法的考证而言,回应权(droit de réponse)最早由法国在1822年的《新闻法》中予以确立,其称为"反驳权制度",而后该制度又被1881年7月29日的《出版自由法》中予以规定,并被认为是保护隐私等权利的重要方式。[③] 法国关于回应权的规定对其他国家也产生了影响,有些国家的立法也相继移植了法国法关于回应权的规定,如1983年修订的《瑞士民法典》在第28g－281条规定了"回应权制度",并明确规定了当参加政府的公共讨论时,对于忠于事实的报道,如果当事人也参加了讨论,则回应权不能成立。同时,瑞士法还对回应权的行使规则作出了细化规定,如规定当事人只能通过简洁的方式针对有异议的事实进行回应,如果当事人的回应违背事实、违反法律或者公序良俗,则相关媒体有权拒绝其回应请求。[④]

在德国,虽然立法对此未加以规定,但德国的司法实践认为在行为人给他人人格权造成不良影响的情形下,权利人享有相应报道请求权(Degendarstellungsanspruch),即权利人有权要求行为人在公开渠道(通常是公共媒体)上对其之前错误的报道或者表述进行修正,以保护当事人本人(对自身社会形象)的自决,可见德国通过司

---

① Kerpen, Das internationale Privatrecht der Persoenlichkeitsrechtsverletzungen- Ein Untersuchung aufrechtsvergleichender Grundage, 2003, S. 134.

② Neethling, JM Potgieter & PJ Visser, Neethling's law of personality, Lexis Nexis South Africa, 2005, p. 221.

③ 参见[日]五十岚清:《人格权法》,[日]铃木贤、葛敏译,北京大学出版社2009年版,第212页。

④ 参见[日]五十岚清:《人格权法》,[日]铃木贤、葛敏译,北京大学出版社2009年版,第214页。

法实践肯定了回应权制度。[①] 此外,依据《汉堡新闻法》第 11 条的规定,如果相关主体受到新闻报道的影响,不论其是个人还是机构,均应当享有回应权。[②]

在日本,回应权制度也是作为反驳权予以规定的,早在 1873 年的《报纸发行条目》中就已经有了相关制度雏形,在 1909 年版《报纸法》第 17 条中,就曾直接规定相关错误报道涉及的当事人以及相关人员有权请求报纸刊发纠正错误的报道或者要求刊登辩驳的文章加以回应。虽然该法律已被废止,目前日本立法不再有关于回应权的规定,甚至理论学说也涉及不多,但日本学者认为这一制度的价值是无法否认的。[③]

从性质上看,回应权实质上是人格权请求权的表现形式。有观点认为,此类请求权可以看作排除妨害请求权的变形和具体化。[④] 严格地说,权利人采取此类请求的方式保护人格权与排除妨碍的方式不同,积极请求的方式更能体现权利人保护自身人格权的主动性,而排除妨碍则是在妨碍出现后才能消极排除。

(二)回应权的行使条件

回应权的行使应当符合如下几个要件。

第一,回应必须是针对事实进行回应,而不是针对有关的评论进行。从比较法上来看,各国对回应权的行使对象存在不同做法,例如,在法国法上,回应权的对象既可以是信息报道,也可以是文艺评论。[⑤] 但有的国家仅允许当事人对事实陈述部分享有回应权。[⑥] 笔者认为,回应权的对象应当限于事实报道,因为事实是客观的,而

---

① Rüdiger Klüber, Persönlichkeitsrechtsschutz und Kommerzialisierung, Tübingen, 2007, S. 118.

② 参见靳羽:《域外回应权制度及其启示》,载《中共南京市委党校学报》2013 年第 3 期。

③ 参见[日]五十岚清:《人格权法》,[日]铃木贤、葛敏译,北京大学出版社 2009 年版,第 214～215 页。

④ MuekoBGB/ Rixecker, 7. Aufl. 2015, BGB § 12 Anh. Das Allgemeine Persönlichkeitsrecht, Rn. 264.

⑤ 参见[日]五十岚清:《人格权法》,[日]铃木贤、葛敏译,北京大学出版社 2009 年版,第 213 页。

⑥ 分别参见《汉堡新闻法》第 11 条、法国《新闻自由法》第 13 条,参见靳羽:《域外回应权制度及其启示》,载《中共南京市委党校学报》2013 年第 3 期。

评论带有主观的色彩，难以判断其妥当性，所以，对明显有失偏颇的评论，可以通过人格权请求权予以救济，对于评论是否妥当并不明确的，可以由法院判断是否构成对名誉权等权利的侵害，但对客观事实是否属实，则很容易进行判断并作出回应。

第二，必须证明有关报刊、网络等媒体所发布的事实有误，可能损害权利人的名誉。因此，回应权适用的前提是有关媒体报道的事实有误，而且该事实是有关权利人的事实。媒体在报道某事实时可能直接提及相关主体姓名，也可能是间接报道某人，但可以根据报道内容间接辨认出被报道人的身份，此时，该被报道者如果认为其名誉受损，就应当享有回应权。回应权必须是针对事实进行回应，被报道者对意见表达等不应享有回应权，因为法律设置回应权的目的在于澄清事实，从而使媒体受众在短时间内能够获取报道的事实情况，而不是为了给当事人提供意见表达的平台，因此，回应的对象应当限于事实报道。

第三，回应权人是受害人。在比较法上，日本 1909 年版《报纸法》第 17 条曾规定相关错误报道涉及的当事人以及相关人员有权请求报纸刊发纠正错误的报道或者要求刊登辩驳的文章加以回应。[①] 而有的国家法律甚至规定，在被报道的人已经死亡的情形下，其继承人也应当享有回应权。[②] 笔者认为，回应权的主体应当限于受害人本人，即只有因错误报道而遭受不利影响的人才能对相关报道进行回应。也就是说，回应权人必须因相关错误报道而使其名誉受损，当然，此处的受害人并不限于直接被报道人，如果相关主体并非被报道的直接对象，但其也因该报道而遭受不利影响的，也应当被认定为受害人，其也应当享有回应权。

第四，回应应当以合理的方式进行。例如，权利人在媒体作出回应的覆盖面应与其所针对信息的影响范围相当，应当标明其回应的性质为回应，而非其他事实陈述或者报道。权利人应当尽量一次性作出回应，而不应当通过连载回应说明的方式进行；同时，回应的

---

① 参见[日]五十岚清：《人格权法》，[日]铃木贤、葛敏译，北京大学出版社 2009 年版，第 214～215 页。

② 参见靳羽：《域外回应权制度及其启示》，载《中共南京市委党校学报》2013 年第 3 期。

内容不宜过于繁冗，如果超出合理的篇幅范围，媒体应有权收取相应的版面费用。当然，媒体在发布回应的内容时，一般也无权对回应的内容进行修正。另外，回应必须在必要的范围内进行，如果超出了报告所涉及的事实，则相关媒体并不负有刊载的义务。例如，在上述“阴阳合同”的案件中，权利人在作出回应时，应当围绕“阴阳合同”本身进行，如果回应的内容超出该范围，涉及其他合同关系或者其他事实，则媒体有权予以拒绝。

第五，必须是在刊载相关言论的报刊、网络等媒体上作出回应。也就是说，回应权的义务主体是刊载相关言论的报刊、网络等媒体，包括微信公众号等网络媒体。如果受害人在刊载相关言论的报刊、网络等以外媒体发布回应信息，则不应当属于回应权的行使。① 当然，刊载相关言论的报刊、网络等媒体既包括直接发布相关言论的媒体，也包括转载的媒体，也就是说，被报道者也应当有权在转载的媒体上作出回应。

第六，必须及时作出回应，即权利人应当在相关事实报道发生后及时作出回应，如果相关报道发生的时间较为久远，则已经没有作出回应的必要，而应当通过其他方式对权利人进行救济。根据瑞士法规定，回应须在知晓系争报道后20天之内作出，最迟应在该报道刊发三个月之内作出。媒体收到回应后，应及时就刊发回应的日期或者拒绝刊发的理由告知被报道人。② 笔者认为，这种做法值得借鉴。另外，权利人在请求作出回应时，相关报刊、网站等媒体应当无偿刊载相关的回应内容。

（三）回应权的行使效果

回应权的构成要件一旦成立，对于权利人的回应请求，相关媒体不得拒绝。一旦行使回应权，就意味着相关的媒体和网站不应当拒绝刊载相关内容。报道媒体无正当理由拒绝、没有以合理方式及时发布回应的，应当依法承担民事责任，包括可以采取行为保全的方式责令媒体以合理方式及时发布。当然，在如下情形下，相关的

---

① Pierre Tercier, Le nouveau droit de la personnalité, Zurich: Schulthess, 1984, pp. 14－15.

② U. Kerpen, Das internationale Privatrecht der Persoenlichkeitsrechtsverletzungen-Ein Untersuchung aufrechtsvergleichender Grundlage, 2003, S. 134.

媒体和网站也应当有权拒绝发布回应。

一是时间限制。如前所述,回应必须及时,权利人应当在合理期限内作出回应,使媒体受众在短时期内了解相关报道的事实内容,如果超过合理的期限作出回应,则相关媒体有权予以拒绝。要求权利人在短期内及时作出回应既有利于督促权利人及时行使回应权,也有利于避免媒体承担过大的负担。

二是所报道的基本事实是正确的。如果相关媒体有足够的证据证明所报道的事实基本是正确的,则其有权拒绝相关的回应请求。例如,如果媒体报道的事实具有权威的消息来源,则可以认定所报道的事实基本正确。

三是进行事实报道有利于维护公序良俗,则可以拒绝发布回应报道。①

四是回应权人的回应应当在必要的范围内进行,回应的内容不能明显失实或者违背公序良俗。例如,如果权利人回应的内容包含了泄露他人隐私的内容,或者回应的内容涉嫌泄露国家秘密,则媒体即不再负有刊载的义务。当然,媒体在具有上述正当理由不发布回应时,仍然应当及时通知名誉权人并明确说明拒绝的理由。媒体在收到相关报道后,应当及时将回应的时期或者拒绝刊发的理由告知被报道人。②

二、更正权

(一)更正权的概念和功能

所谓更正权,是指报刊、网络等媒体刊载的报道内容失实或有关信息控制者记载、公开的信息有误,侵害他人人格权益的,则受害人有权请求该媒体或信息控制者及时更正。从比较法上看,许多国家的新闻法,如法国、丹麦、芬兰、泰国以及塞内加尔等,都对更正与答辩权作

---

① 参见[日]五十岚清:《人格权法》,[日]铃木贤、葛敏译,北京大学出版社 2009 年版,第 214 页。

② Pierre Tercier, Le nouveau droit de la personnalité, Zurich: Schulthess, 1984, pp. 14 – 15.

出了规定。[①] 在德国法中,在人格权保护(尤其是名誉权的保护)的司法实践中,即大量采用了更正请求权(Berichtigungsanspruch)和撤回请求权(Widerrufsanspruch)。更正请求权和撤回请求权的请求权基础既可以是侵权损害赔偿意义上的回复原状,也可以类推适用《德国民法典》第1004条关于不作为请求权的规定。[②] 与不作为请求权一样,更正请求权系非财产性请求权;但与不作为请求权指向未来的不法行为不同,更正请求权指向的是在过去已经出现且还在持续的妨害。[③]

在我国,国务院《出版管理条例》第27条规定:"出版物的内容不真实或者不公正,致使公民、法人或者其他组织的合法权益受到侵害的,其出版单位应当公开更正,消除影响,并依法承担其他民事责任。报纸、期刊发表的作品内容不真实或者不公正,致使公民、法人或者其他组织的合法权益受到侵害的,当事人有权要求有关出版单位更正或者答辩,有关出版单位应当在其近期出版的报纸、期刊上予以发表;拒绝发表的,当事人可以向人民法院提起诉讼。"该条对更正与答辩权作出了规定。这一规定仍有重要的现实意义。我国民法典人格权编有必要规定更正权,因为与抽象的消除影响救济方式相比,更正这一救济方式更为具体,法律对更正权作出规定,一方面可以为媒体报道提供行为指引,另一方面也可以为权利人主张权利提供更为具体的法律依据,更有利于权利人主张权利。而且在行使更正权的情形下,权利人只需要证明相关报道不实即可,并不当然需要证明其已经遭受现实的损害,因此,与消除影响相比,更正权的确立能够将损害预防的时间更加提前,这也更有利于对损害的事先预防。

更正权不同于回应权,两者的区别主要表现在:第一,适用范

---

① 参见《法国新闻自由法》第二章第二节,《丹麦新闻法》第9、10条,《芬兰新闻自由法》第25条,《泰国新闻法》第40~43条,《塞内加尔新闻刊物和记者职业法》第一篇第三章第三节。

② MüKoBGB/Rixecker, 7. Aufl. 2015, BGB § 12 Anh. Das Allgemeine Persönlichkeitsrecht, Rn. 255; Staudinger/Hager(2017), BGB § 823, Rn. C 271; Götting/Schertz/Seitz, Handbuch Persönlichkeitsrecht, C. H. Beck, 2008, § 49, Rn. 2.

③ Götting/Schertz/Seitz, Handbuch Persönlichkeitsrecht, C. H. Beck, 2008, § 49, Rn. 4 f.

围不同。回应权主要针对媒体报道明显失实、存在错误的情形,而更正权的适用范围不限于媒体报道失实的情形,其还包括信息控制者所收集、存储的信息不准确。例如,信息权利人发现信息持有人所控制的个人信息有误,其有权提出异议并要求其及时采取更正等必要措施。第二,救济手段不同。回应权主要是课以行为人及时刊登报道所涉及的人所作出的回应,而更正权的救济方式主要是更正相关的错误报道或者错误信息。更正请求权人是要求行为人对报道的事实作出更正,而回应权并不要求更正。第三,回应的对象是事实报道,该事实报道一般是权利人的特定行为,而更正权的适用对象则不限于此,其还包括与权利人相关的信息本身发生错误。

(二)更正权的行使条件

更正权的行使应当符合如下几个要件。

第一,必须是有关报刊、网络等媒体刊载的报道内容失实或信息控制者收集、公开的信息有明显错误。更正请求权不仅适用于部分不实的事实陈述,也适用于误导他人引起他人对权利人错误印象的陈述。[①] 如果有关报刊、网络等媒体刊载的报道内容并未失实,没有发生明显错误,则即便对权利人不利,权利人也无权请求更正。例如,媒体报道某人的违法事实,则即便该报道对被报道人不利,被报道人也无权请求更正。再如,在媒体擅自披露他人隐私时,如果披露的内容是事实,则权利人无权主张媒体进行更正,[②]只能请求媒体承担侵害隐私权的侵权责任。因此,只有媒体报道内容失实或者信息控制者收集、公开的信息明显错误,权利人才享有更正权,当然,更正权的行使并不要求权利人必须遭受了现实的损害,只要权利人能够证明报道内容失实或者存在明显错误,其就应当享有更正权。

更正请求权和撤回请求权主要适用于事实陈述(Tatsachenb - ehauptungen),而不适用于价值判断或意见表达,也就是说,其适用

① Götting/Schertz/Seitz, Handbuch Persönlichkeitsrecht, C. H. Beck, 2008, § 49, Rn. 55.

② Staudinger/Hager(2017), BGB § 823, Rn. C 273.

于加害人做出了不实事实陈述的情形;权利人在行使更正权时,应当举证证明行为人报道的内容失实或者存在明显错误。[①] 同时,在报道内容不全面的情形下,权利人也有权主张媒体及时补充相关内容,从而发挥与更正相同的作用;如果媒体只是传播第三人的言论且并未亲自对言论进行审查,权利人可以要求媒体注明(Anspruch auf Distanzierung)。[②]

第二,因报道内容失实或记载、公开的信息明显错误。信息的记载和公开明显有误主要包括如下情形:一是信息控制者收集他人的信息,信息权利人在查阅、抄录信息时发现信息有误,有权请求更正。二是信用评价机构所收集的信用信息有误,信用权利人有权请求及时更正。三是信息控制者依据法律规定和信息权利人的同意将收集的信息公开,信息权利人发现公开的信息有误,其也有权请求信息控制者及时更正。权利人行使更正请求权和撤回请求权必须符合比例原则,也就是说,行使更正请求权适合(geeignet)排除妨害,对于消除报道不实的不利影响而言,行使更正请求权应当是必要的(erforderlich)且是最适度的措施,而且,在权衡加害人和受害人的利益关系后,行使更正请求权和撤回请求权是可以期待的(zumutbar)。[③]

第三,更正必须是针对事实或不实的信息进行,而不是针对有关的评论进行。评论本身是一种主观的评价,并不存在更正的问题,因此,更正权行使的对象应当是事实陈述,而非评价。当然,如果评论不当造成权利人社会评价降低的,则权利人有权以其名誉权遭受侵害为由向行为人提出请求。

第四,必须是请求刊载相关言论的报刊、网络等媒体以及相关

---

① Götting/Schertz/Seitz, Handbuch Persönlichkeitsrecht, C. H. Beck, 2008, § 49, Rn. 10–12; Rn. 81.

② MüKoBGB/Rixecker, 7. Aufl. 2015, BGB § 12 Anh. Das Allgemeine Persönlichkeitsrecht, Rn. 264; Götting/Schertz/Seitz, Handbuch Persönlichkeitsrecht, C. H. Beck, 2008, § 49, Rn. 62, Rn. 65 f.

③ MüKoBGB/Rixecker, 7. Aufl. 2015, BGB § 12 Anh. Das Allgemeine Persönlichkeitsrecht, Rn. 259; Staudinger/Hager(2017), BGB § 823, Rn. C 277; Götting/Schertz/Seitz, Handbuch Persönlichkeitsrecht, C. H. Beck, 2008, § 49, Rn. 33 ff.

信息的控制者、发布者等予以更正。[①] 对于未刊载相关不实报道的媒体，权利人无权请求其更正。当然，刊载相关不实信息的媒体既包括直接发布不实信息的媒体，也应当包括转载不实信息的媒体。

当然，在行使更正权的情形下，原则上不要求权利人证明其遭受了实际损害，或者即便要求其证明损害，也应当尽量减轻其损害的证明负担，权利人只需要证明相关报道不实或记载、发布的信息有误。此外，权利人在行使更正权时，并不需要证明行为人具有过错。

（三）更正权的行使效果

在权利人提出更正请求后，相关媒体或信息控制者应当及时予以更正，如果相关媒体或信息控制者不予更正，则必须向权利人说明不予更正的理由，如果相关媒体或信息控制者没有正当理由拒绝更正的，则权利人有权请求人民法院予以强制更正。同时，与回应权不同，更正权的行使不应当有时间限制，因为在不实报道的情形下，行为人侵害权利人人格权的侵害状态一直在持续，[②]权利人的更正权不应受到时效限制。也就是说，只要被报道人发现相关媒体刊载的信息不实，其就应当有权请求该媒体予以更正，以消除相关不利影响，该权利不应当受时效的限制。

第五节　荣　誉　权

一、荣誉权的概念和特征

所谓荣誉权，是指自然人、法人和非法人组织对自己所获得的以及可能获得的荣誉称号依法享有的不受他人非法侵害的权利。例如，在“刘某与张某等荣誉权纠纷上诉案”中，原告认为，被告在相应荣誉事实的记录文本中，并没有将原告的贡献及时反映在排名

---

① 参见陈力丹：《更正与答辩——一个被忽视的国际公认的新闻职业规范》，载《国际新闻界》2003 年第 5 期。

② Götting/Schertz/Seitz, Handbuch Persönlichkeitsrecht, C. H. Beck, 2008, § 49, Rn. 17.

中，构成侵害其荣誉权，法院认为，对原告的排名顺位并不涉及损害原告荣誉。[①] 在实践中，非法剥夺他人的荣誉称号，非法阻止他人获得某项荣誉称号，或通过诽谤、虚假举报的方式使他人所能获得的荣誉最终被取消，都应当构成对他人荣誉权的侵害。

第一，权利主体包括自然人、法人和非法人组织。《民法总则》第110条规定："自然人享有生命权、身体权、健康权、姓名权、肖像权、名誉权、荣誉权、隐私权、婚姻自主权等权利。法人、非法人组织享有名称权、名誉权、荣誉权等权利。"从该条规定来看，自然人、法人和非法人组织均可以享有荣誉权。因而，荣誉权与一些专属于自然人的人格权（如隐私权、生命权、健康权等）不同，它可以由各类民事主体所享有。

第二，客体是荣誉。荣誉权的客体是主体所享有的荣誉，所谓荣誉，是指民事主体根据一定的程序或标准而由有关机关做出的一种积极、肯定的评价。荣誉通常具有如下几个特征：一是荣誉是一种积极的、肯定的评价。也就是说，荣誉本身带有一种褒奖的特点。[②] 在这一点上，荣誉不同于隐私，隐私可能是积极的个人私密信息，也可能是消极的个人私密信息，而荣誉都是对个人积极的、肯定的评价。二是荣誉的获得需要民事主体实施一定的行为，而不是与生俱来的。三是它是依据一定的程序、标准所做出的评价。荣誉本质上是一种评价，即荣誉和名誉一样，都是社会对特定主体的一种评价，但与名誉不同，荣誉一般是有关组织和机构依据一定的程序给予特定人的评价。[③] 例如，每年一度评选"感动中国年度人物"就具有严格评选程序。再如，"国家科学技术进步奖"也都是按照一定的标准评选出来的。

第三，荣誉权是民事主体以自己的行为获得相关荣誉的权利，荣誉是国家和社会组织等给予自然人、法人以及非法人组织享有的一种特殊的美名或称号，荣誉的获得以主体实施了相关的行为为前提。例如，国家为了表彰自然人对保卫祖国和社会主义建设做出的

---

① 新疆生产建设兵团第一师中级人民法院民事判决书，(2015)兵一民终字第00041号。

② 参见杨立新：《人格权法》，法律出版社2011年版，第566页。

③ 参见佟柔主编：《中国民法》，法律出版社1990年版，第489页。

突出贡献,授予其"战斗英雄""劳动模范"称号,社会组织根据自然人某一方面的卓越成就,授予其"百花奖"等。荣誉的获得需要主体实施相关的行为,也正是基于这一原因,荣誉权并不是主体与生俱来的一项权利,其并不具有固有性,而且荣誉不是社会给予所有民事主体的评价,而只是授予在各项社会活动中成绩卓越和有特殊贡献的民事主体。

第四,荣誉权本质上是民事主体对有权获得相关荣誉称号的权利。关于荣誉权的内涵,确实有不同的看法,即荣誉权究竟是对荣誉称号所享有的权利,还是指有权获得荣誉的权利。[①] 笔者认为,荣誉权应为民事主体有权获得荣誉称号的权利,因此,通过非法手段阻止他人获得荣誉的行为,也应当构成对他人名誉权的侵害。同时,荣誉包含了"评价"与"奖励"的内涵,即通过奖励的方式对个人的一种评价。[②] 当然,虽然荣誉也表现为有关机关对相关主体的奖励,但奖励只是一种形式和手段,其本质上是有关机关对相关主体行为的一种积极、良好的评价。

二、荣誉权的性质

关于荣誉权的性质,理论上主要有如下四种不同观点。

一是名誉权说。此种观点认为,荣誉权本质上是对个人的一种社会评价,其应当属于名誉权的一种特殊形式,应当包括在名誉权中。例如,有学者认为,荣誉实质上不过是名誉的特殊形态,与一般名誉没有本质差别,可以将荣誉包括在名誉中。[③] 根据有的学者的考证,荣誉权很可能是在翻译苏联教科书时翻译误差的产物,即把俄语中的"名誉"(репутацию)一词错误地翻译成了我们汉语中的"荣誉"。[④]

二是身份权说。此种观点认为,荣誉权在性质上并不是人格

---

① 参见李永军:《民法总则》,中国法制出版社 2018 年版,第 340 页。

② 参见段先义:《关于集体荣誉权的法律思考》,载徐继敏主编:《法学探索》(第 1 卷),西南师范大学出版社 2005 年版,第 324 页。

③ 参见张新宝:《中国侵权行为法》(第 2 版),中国社会科学出版社 1998 年版,第 316 页。

④ 参见王竹等:《人格权法立法展望》,载陈小君主编:《私法研究》(第 10 卷),法律出版社 2011 年版,第 208 页。

权,仅部分主体才能享有荣誉权,而且荣誉权与相关的主体身份具有一定的关联,因此,其在性质上应当是一种身份权。从我国司法实践来看,虽然荣誉权纠纷作为独立的案由位于人格权纠纷之下,但有的法院也将荣誉权认定为身份权。例如,在“明哲诉深圳市公安交通管理局龙岗大队荣誉权纠纷案”中,法院认为,“荣誉是指特定的自然人、法人从特定组织依法获得的积极评价……荣誉权是指民事主体对其获得的荣誉及其利益所享有的保持、支配的基本身份权。荣誉权不是民事主体的固有权利,也不是每一个民事主体都可以取得的必然权利,它是民事主体基于一定事实受到表彰奖励后取得的一种身份权,只有实际获得某项荣誉,才能成为荣誉权的主体”。①

三是特殊人格权说。此种观点认为,荣誉权在性质上属于特殊的人格权,因为获得荣誉权实际上也就获得了良好的社会评价,也可以说荣誉是一种特殊的名誉。既然名誉权属于人格权,那么荣誉权也应属于人格权的范围。②

四是非独立权利说。此种观点认为,荣誉权不仅不是人格权,甚至并非独立的私权。由于荣誉权并非人人都能够享有,因此不符合人格权普遍性的特点,而且荣誉的内涵并不确定,实践中授予各种荣誉称号和奖励的种类、级别等,并不统一,也缺乏必要的规范;③荣誉权同时涉及公法与私法,难以为人身权所包容。④ 还有观点认为,从司法实践来看,荣誉权纠纷实际上是多种法律关系的混合体,并不具有独立存在的价值。⑤

从比较法上看,有的国家也对荣誉权的保护作出了规定。例

---

①　深圳市中级人民法院(2002)深中法民终字第3753号裁定书。

②　参见杨波:《荣誉权独立性探讨——以荣誉权立法漏洞为考察进路》,载《西部法学评论》2012年第5期。

③　参见张新宝主编:《名誉权的法律保护》,中国政法大学出版社1997年版,第44~46页。

④　参见朱晓喆、唐启光:《民法基本原理研究:以大陆法系民法传统为背景》,中国方正出版社2005年版,第232页;姚明斌:《褪去民法权利的外衣——“荣誉权”三思》,载《中国政法大学学报》2009年第6期。

⑤　参见满红杰:《荣誉权作为独立人格利益之质疑——基于案例的实证分析》,载《法商研究》2012年第5期。

如,《蒙古国民法典》第 7 条、《意大利刑法典》第 585 条至第 595 条、《加拿大魁北克省人权与自由宪章》第四节等,都将荣誉权规定为一项独立的民事权利。① 根据法国相关的判例,侵害他人的荣誉构成侵权,受害人有权请求损害赔偿,甚至可能提起刑事诉讼。② 意大利区分了荣誉(onore)、礼节(decoro)和名誉(reputazione)。荣誉与一个人的总体道德素质有关,礼节与其他素质有关,名誉与其在社会中的评价有关。三者都受侵权法的保护。③ 西班牙曾颁布了《西班牙对荣誉权、私生活权及个人肖像权的民事保护法》,其中专门对荣誉权作出了规定。由此可见,在比较法中,荣誉权已经成为一项独立的人格权。

笔者一直认为,由于荣誉权不是与生俱来的,而以一定的社会关系为存在前提,因此,荣誉权具有一定的身份权的特点。但从我国立法来看,1986 年《民法通则》就已经规定了独立的荣誉权,该法第 102 条规定:“公民、法人享有荣誉权,禁止非法剥夺自然人、法人的荣誉称号。”该法对自然人、法人的荣誉权作出了规定,实际上是肯定了荣誉权属于独立的人格权。《民法总则》也继受了《民法通则》的立法经验,该法第 110 条再次确认了公民、法人、非法人组织享有荣誉权。2017 年,我国又颁行了《国家功勋荣誉表彰条例》《“共和国勋章”和国家荣誉称号授予办法》等规范性文件,强化了对荣誉权的保护。因此,从立法层面看,荣誉权应当属于独立的人格权类型。正是在总结我国立法和司法实践经验的基础上,民法典分编草案人格权编在第五章专门规定了荣誉权,该草案第 810 条第 1 款规定:“民事主体享有荣誉权。任何组织或者个人不得非法剥夺他人的荣誉称号或者诋毁、贬损他人的荣誉。”民法典分编草案确认荣誉权在性质上应当属于独立的人格权,主要理由如下。

第一,荣誉权形式上是民事主体对其荣誉称号所享有的权利,但实质上是民事主体对其积极的、肯定的社会评价所应当享有的权

---

① 参见马特、袁雪石:《人格权法教程》,中国人民大学出版社 2007 年版,第 272 页。

② CA Paris 8 October 1985, D. 1986 I. R. 190, note Lindon.

③ 参见[德]冯·巴尔、[英]克莱夫主编:《欧洲私法的原则、定义与示范规则:欧洲示范民法典草案》(第 5～7 卷),法律出版社 2014 年版,第 334 页。

利。在这一点上,荣誉和名誉比较类似,都是主体对其积极社会评价所享有的权利,即使认为荣誉属于一种特殊的名誉,也并不影响其作为一项独立的人格权。

第二,侵害荣誉权,可能造成权利人人格利益的损害,权利人有权主张精神损害赔偿责任。荣誉权是民事主体所享有的、任何人都不得非法侵害的一项人格利益,与名誉权类似,荣誉权也是个人对其积极、良好的社会评价所享有的人格权。在自然人荣誉权遭受侵害之后,权利人也应当有权请求行为人承担精神损害赔偿责任。

第三,与身份权不同,荣誉权具有对世性的特点,身份权是民事主体基于一定的伦理关系而享有的权利,具有相对性的特点。荣誉权则是特定民事主体所享有的、任何人都不得非法侵害的权利,在这一点上显然不同于身份权。①

第四,荣誉权也具有一定程度的专属性,也就是说,自然人所享有的荣誉是不可转让给他人的,荣誉只能授予特定的主体,所以它是不能转让的。在这一点上,荣誉权也具有人格权的特点。

三、荣誉权与名誉权的联系和区别

荣誉权与名誉权具有密切联系,这主要表现在对荣誉权的侵害将会直接导致主体的名誉毁损。例如,无正当理由非法剥夺自然人的“劳动模范”和“先进工作者”等称号,或非法剥夺法人的“先进企业”称号等,将会影响社会公众对该自然人和法人的社会评价。这就表明,行为人的行为直接侵害的仍然是荣誉权,只是因为对荣誉权的侵害附带产生了对名誉权侵害的后果,一般仍然应当按侵害荣誉权处理。在实践中,侵害名誉权也会导致对荣誉权的侵害,例如,对某种荣誉称号的授予正处于酝酿、评审和审批阶段,某人极有可能获得该项荣誉时,但由于他人的诋毁、中伤影响了评审人员的正确判断,致使其未获得该项荣誉。此种情况是否构成对荣誉权的侵害呢?一般认为,侵害荣誉权仅限于非法剥夺自然人已经取得的荣誉称号,而不包括从事一定的行为影响荣誉称号的取得。故意诋

---

① 参见李丽峰、李岩:《人格权从传统走向现代:理论与实务双重视角》,中国法制出版社 2007 年版,第 188 页。

毁、中伤他人以影响他人获取一定的荣誉称号，属于典型的侵害名誉权的行为，行为人应当承担侵害名誉权的责任。但荣誉权不同于名誉权，荣誉的获得、荣誉的保有、侵害荣誉权的方式以及荣誉权的救济方式等，均具有一定的特殊性，无法被名誉权所涵盖。两者的区别主要表现如下。

第一，权利主体不同。名誉权是典型的人格权，民事主体均对其良好的社会评价享有名誉权。同时，名誉权是与生俱来的，具有强烈的固有性。而荣誉只是国家或社会组织授予个人和组织在各项社会活动中成绩卓越和有特殊贡献的荣誉称号。荣誉权只能由那些在某一方面取得突出成绩和做出贡献并获得荣誉称号的主体所享有。因此，荣誉权不是主体所固有的、始终享有的，其需要主体实施一定的行为而获得。

第二，客体不同。荣誉权是对国家或社会组织授予某个主体的荣誉称号所享有的权利，是对主体在特定事件中的特定行为所作出的评价；而名誉权则是主体对其品行、能力等方面的良好社会评价所享有的权利。名誉是对人格价值的全面评价，是社会公众的评价，而不是某个行政机关和社会组织作出的评价；而荣誉则是因国家机关或社会组织对某一主体在某方面的成绩或贡献作出评价，并授予该主体一定的荣誉称号之后所产生的。主体在某一方面做出一定的成绩和贡献，即使未取得一定的荣誉称号，也仍然可以获得良好的社会评价并享有良好的名誉。可见，荣誉不同于名誉，难以为名誉所涵盖。[①] 当然，名誉与荣誉称号也存在一定的联系，如获得某种荣誉称号，意味着主体在某一方面获得了良好的社会评价，而丧失某种荣誉称号，也会在一定程度上使其社会评价降低。从这个意义上讲，荣誉是一种特殊的名誉。[②]

第三，取得的方式不同。荣誉权是主体依据法律的规定，根据自己的劳动和贡献，并经国家机关或社会组织按照一定的程序授予以后才能取得。例如，《人民调解法》第 6 条规定："国家鼓励和支持人民调解工作。县级以上地方人民政府对人民调解工作所需经

---

① 参见张新宝：《名誉权的法律保护》，中国政法大学出版社 1997 年版，第 43 页。

② 参见柯昌信：《审理荣誉权初探》，载《法学》1991 年第 2 期。

费应当给予必要的支持和保障,对有突出贡献的人民调解委员会和人民调解员按照国家规定给予表彰奖励。”当调解委员会或调解员在工作中做出一定的成绩,各级人民政府可以根据一定的程序授予其荣誉称号。荣誉权必须是主体做出一定的行为和贡献以后,依规定的程序被授予荣誉称号方可取得。而名誉权则是法律规定每个主体所享有的权利,它是主体产生或成立就享有的、不需要主体做出一定的行为即可取得的权利。

第四,就评价主体来说,荣誉权的评价主体是特定的机构,不包括个人。荣誉权是因国家机关或社会组织对某一主体在某方面的成绩或贡献作出评价,并授予该主体一定的荣誉称号之后所产生的。名誉权的评价主体是社会一般人,而不是某个行政机关和社会组织作出的评价。

第五,消灭方式不同。名誉权是维护主体人格所必备的权利,一旦丧失,主体的独立人格也难以继续存在。荣誉权则不同,主体不享有荣誉权并不影响其主体资格的存在与否。法律规定禁止非法剥夺自然人和法人的荣誉称号,但如果主体的行为表明,其不应当继续享有某种荣誉称号,或在违背了有关授予荣誉称号的规定时,有关行政机关和社会组织可以依法剥夺其荣誉称号。此种剥夺尽管导致主体对该项荣誉权的丧失,但并不否定该主体独立人格的存在。

正是因为荣誉权与名誉权之间存在区别,所以,立法上应当将荣誉权规定为独立的人格权,并设置相应的保护规则,而不宜简单适用名誉权的一般规则。

四、侵害荣誉权的法律责任

(一)侵害荣誉权的行为

1. 非法剥夺他人荣誉

在某个机构或组织授予他人荣誉之后,未经过一定的程序、规则和标准,擅自将某人的荣誉称号予以剥夺,构成对他人荣誉权的侵害。例如,相关组织和机构在授予个人荣誉称号后,不经规定的程序即宣布撤销个人的荣誉称号,应当构成对他人荣誉权的侵害。

2. 非法阻止他人取得荣誉

如前所述,荣誉权既包括个人对其荣誉称号所享有的权利,也包括个人取得荣誉称号的权利,因此,在行为人非法阻止他人取得荣誉的情形下,也应当构成对他人荣誉权的侵害。

3. 非法侵害他人荣誉

在行为人已经取得相关荣誉的情形下,如果行为人通过诽谤等非法方式侵害他人荣誉,影响他人荣誉的享有,或者导致他人被剥夺相关的荣誉称号,也将构成对他人荣誉权的侵害。同时,民事主体有权禁止他人非法剥夺自己的荣誉称号和非法诋毁、贬损自己的荣誉,在相关主体应当记载自己的荣誉而没有记载,或者记载错误的情形下,权利人有权请求其予以记载或者更正。

(二)侵害荣誉权的责任

在荣誉权遭受侵害后,根据"有权利就有救济"的基本法理,应当赋予权利人特定的救济手段,并要求特定侵权主体依法承担相应的侵权责任。

从根本上而言,受害人请求救济的最根本权利应当是其有权请求恢复相关的荣誉称号。为了充分保障荣誉权,应当允许受害人向撤销其荣誉称号的组织和机构请求恢复相应的荣誉,即使是该组织、机构侵犯名誉权人名誉权时也应当允许其通过此救济途径予以维权;同时,应当允许受害人享有人格权请求权和侵权损害赔偿请求权,受害人可以请求行为人停止侵害、排除妨害、恢复荣誉、消除影响,赔礼道歉,如果造成损害,可请求财产损害赔偿和精神损害赔偿。

第六节 信 用 权

一、信用权的概念和特征

所谓信用权,是指民事主体享受并支配其信用及其利益的人格权,或者是自然人、法人或者非法人组织对其所具有的经济活动及其能力的良好评价所享有的权利。民法典分编草案第 804 条第 2

款规定:“本法所称名誉是他人对民事主体的品德、声望、才能、信誉、信用等的社会评价。”由此可见,民法典分编草案实际上是沿袭了《民法总则》的规定,在名誉权一章中规定了信用权,从名誉的概念来看,草案似乎没有单独承认信用权为独立的人格权,而是将其包括在名誉中。民法典分编草案用了两条(第808条、第809条)专门规定了信用利益的保护,反映出信用利益具有一定的独立性。

信用的概念虽然在罗马法上已经出现,但是罗马法并没有确认独立的信用权。随着市场经济的发展,信用逐渐作为一种人格利益受到保护。① 在现代社会,一个具有良好征信记录的人,就具有更大的经济活动空间,能够赢得人们更多的信赖,其不仅可能获得巨额贷款,也可能为他人提供担保,在交易中也易取得他人的信任。在民法上,信用权具有如下特点。

1.主体既可以是自然人,也可以是法人和非法人组织。无论是自然人还是法人都应当具有良好的信用,而信用本身是其广泛从事经济活动的前提。在这一点上,其和名誉权一样,并非仅仅限于法人所享有。对自然人信用的损害,不仅仅造成对财产利益的损害,还可能会造成对自然人精神利益的损害。② 除了自然人、法人之外,非法人组织如合伙等也可以享有信用权。

2.客体是信用利益。信用是对民事主体的经济能力包括经济状况、生产能力、产品质量、偿付债务能力、履约状态、诚实信用等的评价,它是对民事主体人格的经济能力的综合评价。③ 这种信用利益往往通过个人信用信息来记载。根据《个人信用信息基础数据库管理暂行办法》第4条的规定,个人信用信息包括个人基本信息、④

---

① 参见[德]冯·巴尔:《欧洲比较侵权行为法》(上卷),张新宝译,法律出版社2002年版,第62页。

② 参见李新天、朱琼娟:《论“个人信用权”——兼谈我国个人信用法制的构建》,载《中国法学》2003年第5期。

③ 参见杨立新等:《论信用权及其损害的民法救济》,载《法律科学》1995年第4期。

④ 《个人信用信息基础数据库管理暂行办法》第4条第2款规定:“……个人基本信息是指自然人身份识别信息、职业和居住地址等信息;个人信贷交易信息是指商业银行提供的自然人在个人贷款、贷记卡、准贷记卡、担保等信用活动中形成的交易记录;反映个人信用状况的其他信息是指除信贷交易信息之外的反映个人信用状况的相关信息。”

个人信贷交易信息以及反映个人信用状况的其他信息。信用本身也是一种可以量化的信息,可以通过一定的符号表示信用的好坏程度、高低水平①,如将自然人或法人的信用等级进行分级。因为信用本身是不断变化的,所以,信用权的内容也是不固定的,可能随着民事主体财产状况、信用履历等的变化而变化。

3. 具有双重属性。信用权中同时包含精神利益和经济价值。一方面,信用权体现了社会对于当事人的经济能力的评价,具有很强的人格属性,它和民事主体的人身利益是密切联系在一起的。例如,即使企业的信用可以转让,但信用与企业紧密相连,不能被单独转让。另一方面,信用权体现了一定的财产属性,有学者甚至认为,信用是特定民事主体的财产利益,是一种没有物质形态的财产利益,所以它不是人格利益而应归入无形财产的范围。② 正是因为信用权具有财产权性质,较之于其他人格权,其专属性较弱,例如,企业的信用可以评估作价,作为资产加以转让。

4. 具有一定的支配性。信用权作为一种绝对权,其也是一种支配权,主体有权对其信用加以支配,其可以利用自己的信用获得一定的经济利益,并排斥他人的干涉和侵害。随着市场经济的发展,利用信用的方式也越来越多样,形态也越来越多,利用信用权可以使信用权人获得更大的利益。当然,由于信用权具有很强的人身专属性,因而,其只是一种有限的支配权,不可能像财产权那样被随意处分,也不可能在信用权人死后进行继承。信用权本身不可以与主体分离而单独转让。

信用不同于个人信息。在理论上,有必要区分信用信息和信用评价。信用评价,是就他人经济上偿付能力和偿付意愿的评价;而信用信息,是指与他人信用相关的客观信息。信用权所要保护的对象是民事主体的信用评价,而个人信息权所要保护的对象是民事主体的信用信息。因此,如果仅仅涉及信用信息问题,当事人之间的关系应当依据个人信息权制度予以调整。

---

① 参见程合红:《商事人格权论》,中国人民大学出版社 2002 年版,第 98 页。

② 参见吴汉东:《论信用权》,载《法学》2001 年第 3 期。

二、信用权与名誉权的联系和区别

虽然民法典分编草案将信用利益规定在名誉权之中,但笔者认为,信用权在性质上应当属于独立的人格权。一方面,信用权不同于财产权,因为信用权本质上是对个人信用状况的一种评价,其不同于主体对其财产的控制与支配。另一方面,信用权不同于其他人格权,难以被其他人格权所涵盖,应当属于独立的具体人格权。例如,信用权不同于商事人格权,因为商事人格权是与商法联系在一起的概念,它是在民商分立的前提下存在的概念,由于我国不采取民商分立的体制,所以不应采纳商事人格权的概念。此外,从实践来看,对信用权的侵害也难以通过其他人格权保护规则予以救济。例如,某人因为对他人所提供的打车服务不满意而在打车软件中给他人差评,后被该租车公司列入"黑名单",再次打车时被拒。[①] 在此情形下,由于该租车公司只是将受害人列入"黑名单",而没有公布该"黑名单",并不会导致受害人社会评价的降低,因此,很难通过名誉权的规则对受害人予以救济,但行为人的行为已侵害了受害人的信用权。

从比较法上看,1811 年的《奥地利民法典》第 1330 条就确认了对信用损害的责任。1900 年《德国民法典》虽然没有承认独立的信用权,但该法第 824 条规定,"违背真相,声称或者传播某一事实,危害他人信用或者对他人的生计或者前途引起其他不利的人,即使不知但应当知道其不真实的,也应当赔偿由此产生的损害"。这一规定开创了关于信用权立法的先河。根据学者的解释,由于《德国民法典》第 823 条并没有专门保护名誉,所以立法者就信用问题单独规定了一条(第 824 条),以强化对信用的保护。不过侵害信用权一般不产生精神损害赔偿,只产生财产损害赔偿。[②]《德国民法典》这一规定对其他大陆国家的立法也产生了影响,例如,《希腊民法典》第 920 条和《葡萄牙民法典》第 484 条也规定了侵害信用的侵权责任。《荷兰民法典》第 6:167 条规定了在个人的信息记载不实的情

---

① 参见《被列"黑名单"客户诉"神州"》,载《北京晚报》2015 年 8 月 21 日。

② Staudinger/Schaefer, § 824, Rn. 41 ff.

况下,有权要求更正。在其他一些大陆法系国家,有的采取侵权法的一般条款保护信用(如法国),也有的通过扩张名誉权来包括信用。[①] 在英美法中,虽然没有直接规定信用权的概念,但信用一直受诽谤法的保护。在英美法中有所谓"商品诽谤诉讼"和"财产诽谤诉讼",这两种诉讼都涉及对信用的侵害。如果指责某人负债过多或能力一般、缺乏知名度等,可能并不构成诽谤,[②]但如果毫无根据地指责某人不讲信用,则可能构成诽谤。[③] 因此,从比较法上来看,信用权在许多国家已经成为独立的权利。

应当看到,信用与名誉的关系十分密切。在大陆法系一些国家,例如《奥地利普通民法典》第 1330 条第 1 款规定了对名誉权的侵害,第 2 款规定了散布危及他人信用、职业或生活的事实也适用侵害名誉的规定。在意大利法中,通过扩张商业上的名誉来保护信用。[④] 在英美法中,对信用的保护是通过对名誉的保护来实现的。[⑤] 据此,不少学者认为,信用权可以包括在名誉权之中。"名誉与信用常难区分,互有关连,信用受损,名誉亦通常随之受到妨害。所以,名誉包括信用在内。"[⑥]我国《民法总则》第 110 条并没有规定信用权,按照立法者的解释,信用在性质上属于对民事主体经济能力的一种社会评价,而且侵害他人名誉与侵害他人信用的民事责任也基本相同,因此,可以通过名誉权对民事主体的信用利益加以保护,而没有必要规定独立的信用权。[⑦] 我国司法实践一般也采

---

① 参见[德]冯·巴尔:《欧洲比较侵权行为法》(上卷),张新宝译,法律出版社 2002 年版,第 62 页。

② Thompson v. Matthiaen(1912)135,N. Y. S. 796

③ See David Price and Korieh Duodu, *Defamation*, *Law*, *Procedure and Practice*, London, Sweet & Maxwell, 2004, p. 20.

④ 参见[德]冯·巴尔:《欧洲比较侵权行为法》(上卷),张新宝译,法律出版社 2002 年版,第 62 页。

⑤ David Price and Korieh Duodu, *Defamation*, *Law*, *Procedure and Practice*, London, Sweet & Maxwell, 2004, p. 20.

⑥ 王泽鉴:《侵权行为法》(第 1 册),中国政法大学出版社 2001 年版,第 114 页。

⑦ 参见李适时主编:《中华人民共和国民法总则释义》,法律出版社 2017 年版,第 343 页。

用名誉权的方式间接保护信用权。[①] 例如,在“徐某祥与江苏淮安农村商业银行股份有限公司等名誉权纠纷上诉案”中,江苏省高级人民法院就曾明确指出“信用权属于名誉权范围,是民事主体就其所具有的经济能力在社会上获得相应依赖与评价所享有其保有和维护的人格权”。[②]

信用权确实和名誉权有相似之处。一方面,信用本身可以表现为一种良好的名誉,它和名誉一样都是一种社会评价。损害他人信用也会损害对主体的社会评价,反过来说,损害名誉也必然会降低信用。布劳指出,“社区中的好名声是一种很高的信用,可以帮助一个人得到其他人得不到的利益”。好名声可帮助一个经济人减少交易成本,克服信息不足。[③] 另一方面,从保护的方式来看,侵害信用确实也可以适用恢复信用的方式,而恢复信用和恢复名誉是十分类似的。尽管两者之间存在密切联系,但是,笔者认为,在法律上,信用不同于名誉,这主要是因为,两种权利的客体不同,从而导致了两种权利的区别。例如,在“周某诉中国银行股份有限公司上海市分行名誉权纠纷案”[④]中,被告某银行征信系统中的不良信用记录有误,该银行在多次向原告发出催款通知后,向人民法院提起诉讼,要求原告偿还信用卡欠款,为此发生争议。法院认定,被告在审核信用卡申请信息中确实存在一定的过错导致原告的信用报告存在不真实的记载。但是,被告所报送的欠款信息是源于原告名下信用卡的真实欠款记录,并非捏造,故不构成侵害原告名誉权的行为。同时,名誉权受损害的损害后果应当是造成原告的社会评价降低,但是,中国人民银行的征信系统是一个相对封闭的系统,原告的信用记录并未在不特定的人群中进行传播,不会造成其社会评价的降低。故法院未支持原告的主张。其实在该案中,原告的名誉可能并没有受到影响,但其信用权确实受到了侵害。

---

① 参见“覃广豪诉桂平市郊区农村信用合作社名誉权侵权案”,(2007)浔民初字第1329号民事判决书,(2008)贵民一终字第37号民事判决书。

② 江苏省高级人民法院(2015)淮中民终字第01990号民事判决书。

③ 参见[美]彼德·布劳:《社会生活中的交换与权力》,孙非、张黎勤译,华夏出版社1988年版,第299页。

④ 《最高人民法院公报》2012年第9期。

信用权与名誉权的主要区别表现如下。

第一,两者评价的内容不同。名誉权主要是社会公众对其人格的道德评价,信用权则主要是对权利人经济能力的评价。王泽鉴教授指出,信用权和名誉权的区别在于前者系经济上的评价,后者为社会上的评价。[①] 名誉是对民事主体的品格、才干、能力等的综合素质的社会评价,名誉权过于宽泛,包括权利人在道德、经济等各方面的社会评价。信用则是对民事主体的经济能力的社会评价,可见信用的评价具有特定性。在信用的侵害上,有时并不表现为名誉利益的侵害,而只表现为公众信赖的降低,如此,则只损害信用而不损害名誉,其原因就是信用利益包含经济信赖,而名誉利益则不包含这种因素。[②] 例如,指责某人支付能力较差,或经济上遇到严重困难,甚至散布某人贫穷的事实,尽管与事实不符,此时可能并不损害其名誉,但是,侵害了其信用权。

第二,对两者的侵害方式与修复方式不同。一方面,侵害名誉权的方式主要是诽谤和侮辱。而侵害信用权的方式则主要体现为虚假陈述或者错误记载。恶意散布真实的消息可能侵犯信用权,但未必侵犯名誉权。例如,散布他人具有欠债不还的事实,可能是一种客观事实,因此不构成诽谤,但是可能构成对信用权的侵害。在对名誉权的保护中,内容真实是不构成对名誉权的损害的,但在信用权的保护中,有时非法披露他人的信用信息也可能构成侵权。另一方面,侵害信用权与名誉权虽然都可以采用修复信用或者恢复名誉的方式予以救济,但两者的救济方式存在一定的区别,对名誉权的恢复主要采用消除影响、恢复名誉的方式予以修复,而对信用权的修复则主要通过更正相关的信用信息记录的方式予以修复。

第三,在是否存在竞争关系上不同。在侵害名誉权的情况下,侵权行为人和受害人之间可能存在竞争关系,也可能不存在竞争关系,在大多数情况下,不需要受害人和加害人之间存在竞争关系。

---

① 王泽鉴:《侵权行为法》(第 1 册),中国政法大学出版社 2001 年版,第 125 页。

② 参见杨立新主编:《民商法理论争议问题——精神损害赔偿》,中国人民大学出版社 2004 年版,第 384 页。

但是,在侵害信用权的情况下,常常涉及竞争对手之间的关系。所以,侵害信用权的行为,大多表现为采取不正当的方法诋毁他人信用。正是这一原因,信用权常常可以受反不正当竞争法的保护。

第四,侵害的后果不同。对名誉权的侵害通常会导致权利人社会评价的降低,但是在侵害信用权的情形,则并不一定导致权利人社会评价的降低。例如,在前例中,法院认为:“中国人民银行的征信系统是一个相对封闭的系统,原告的信用记录并未在不特定的人群中进行传播,不会造成其社会评价的降低。”①此种观点不无道理。在侵害自然人名誉权的情形下,受害人主要遭受的是精神损害,而在侵害自然人信用权的情形下,主要是造成自然人信用降低、融资困难、交易受阻,受害人主要遭受的是财产损失。

正是因为信用权和名誉权存在区别,所以在司法实践中,一些法院的裁判承认信用权是可以成为一项独立的人格权。例如,在“徐某祥与江苏淮安农村商业银行股份有限公司等名誉权纠纷上诉案”②中,法院认为:“原审被告在原审原告徐某祥向其交涉后,长时间不向征信系统提交原审原告徐某祥归还贷款本息记录,致原审原告徐某祥不良信用记录存在,原审被告行为严重侵害了原审原告徐某祥的信用权,造成原审原告徐某祥严重精神损害。”

三、信用权的内容

1. 信用享有权。也有学者将此种权利称为信息保有权。③ 它是指,权利人有权享有并维持对其信用完整的、客观的、全面的评价。民事主体需要通过自身的行为保持良好的信用,使之具备广泛从事民事行为的能力。尽管权利人不能强迫他人改变对自身的评价,但是,完全可以通过诚实守信的行为而不断增加自身的信用,保持自身信用的良好,维持交易当事人和社会公众对自己的信赖。此外,权利人可以保持自身信用的私密性,任何人如果没有正当的理由,不得要求查询当事人的信用信息,以及传播当事人的信用信息,否

---

① 《最高人民法院公报》2012 年第 9 期。

② (2015)淮中民终字第 01990 号。

③ 参见朱呈义:《论信用权制度在我国的创设和完善》,载王利明主编:《中国民法典基本理论问题研究》,人民法院出版社 2004 年版,第 272 ~ 273 页。

则,就有可能侵害当事人的信用权。

2.信用维护权。所谓信用维护权,是指信用权人有权维护自身的信用信息客观、完整、真实。与其他具体人格权不同的是,此种维护不是指受到侵害时的救济,而是涉及权利人对自己信用信息的积极维护。权利人有权依法查询自己的信用记录,如果发现相关主体关于自己信用记录的记载有误,则权利人有权提出异议,并有权请求相关主体采取更正、删除等措施。在权利人提出上述请求后,相关主体应当及时予以核查,发现信用记录记载不实的,则应当及时予以更正。严格来讲,恢复信用和恢复名誉具有很多相似性,但恢复信用主要是指恢复对其经济方面积极评价的状态,而恢复名誉则是恢复社会公众对权利人的一般评价。从性质上说,信用维护权仍能是由主体对其信用信息的支配性所决定的。

民法典分编草案第808条规定:"民事主体可以依法查询自己的信用评价;发现信用评价错误或者侵害自己合法权益的,有权提出异议并要求采取更正、删除等必要措施。信用评价人应及时核查,经核查属实的,应当及时采取必要措施。"据此,信用维护权主要包括如下几个方面:一是查询权。民事主体可以依法查询自己的信用评价。目前相关征信服务机构已经建立了个人征信信息库,权利人有权查阅自己的信用信息,有关机构应当给予配合。例如,根据中国人民银行《个人信用信息基础数据库管理暂行办法》第15条第1款的规定,"征信服务中心可以根据个人申请有偿提供其本人信用报告"。二是提出异议权。也就是说,如果权利人发现相关主体对其信用评价不实,或者虽然信用评价正确,但可能侵害其合法权益的,权利人即有权提出异议。三是更正、删除权。民事主体发现信用评价错误或者侵害自己合法权益的,有权提出异议并要求采取更正、删除等必要措施。

信用评价人在收到权利人的请求权后,应及时核查,经核查属实的,应当及时采取更正、补充、删除等必要措施。这就是说,针对特定的信用评价人所传播的不实的信用信息,权利人有权要求对这些不实信息进行删除、更正。信用评价人在征信过程中,如果发生征信错误,导致信息失真,权利人有权要求更正、补充或修改,使其信用信息处于良好的状态。对于不正确、不完整的信用信息,当事人有权要求有关机构予以删除和更正。中国人民银行《个人信用信息基础数据库管理暂行办法》第8条规定:"征信服务中心应当建立完善的规章制度和采取先进的技术手段确保个人信用信息安全。"征信服务机构应该根据商业银行报送的信用数据进行整理、保存乃至更改,不得擅自改动原始数据和其他个人信用信息,对商业银行报送的个人信用信息进行客观整理、保存。商业银行发现其所报送的个人信用信息不准确时,应当及时报告征信服务中心,征信服务中心收到纠错报告应当立即进行更正。个人如果发现其信用信息记录有误,一旦提请更正,征信服务机构应当及时予以核实、更正。如果某人被列入"黑名单"后,其已经改过自新,纠正了其失信的行为,则可请求相关机构将其从"黑名单"中移除,以维护其良好的信用状态。①

3. 信用利用权。权利主体享有信用权,可以通过对其信用的支配,利用其信用从事经济活动。信用利用权主要包括如下几个方面。一是权利人自己利用。自己利用的方式也是多样的,例如,自然人可以凭借自己的信用向银行申请贷款,也可以依据自己的信用,为他人提供保证担保。二是权利人有权许可他人利用自己的信用。例如,企业可以将自己的信用信息和企业整体转让。在市场经济社会,信用信息本身可以作为财产予以转让,如果未经权利人同意而转让某人的信用信息,权利人可以请求相应的利益。② 在市场经济社会,信用状况越好,就越能够获得他人的信赖。一个拥有良好信用记录的人可以得到更多优惠,利用价值更高。

四、民法典分编有必要规定独立的信用权

在我国,尽管民法典分编草案没有将信用权作为一项独立的权利加以规定,但笔者认为,有必要将信用权规定为一项独立的人格权,主要理由如下。

第一,确认和保护民事主体的信用利益。信用权不同于名誉、

---

① 参见张国栋:《信用修复让黑名单管理更有效》,载《北京晨报》2017年11月20日,第A23版。

② 参见李新天、朱琼娟:《论"个人信用权"——兼谈我国个人信用法制的构建》,载《中国法学》2003年第5期。

隐私等其他权利，不能为其他人格权所替代，其在客体上具有特殊性，需要在法律上对其单独加以确认。尤其是在市场经济社会，征信制度、黑名单制度的建立也给个人信息的保护带来了挑战。各种名目繁多的评级、企业自己建立的黑名单制度，因信息失真导致评价不准确，不仅会导致对他人名誉、信用等的损害，也会影响他人正常的经营活动。在法律上确认信用权，可以针对信用权客体的特殊性，采取相应的救济方式，尤其是为受害人请求精神损害赔偿提供了前提。例如，中国工商银行股份有限公司新邵支行与何某福名誉权纠纷上诉案[①]中，法院采取要求删除错误不良信息的做法，这就是对个人信用信息的一种特殊保护方式。从司法实践来看，有的法院虽然在判决中明确使用了“信用权”这一概念，但由于我国立法并未规定独立的信用权，因此，法院大多通过名誉权对信用利益进行保护。例如，在“覃某豪诉桂平市郊区农村信用合作社名誉权侵权案”中，原告经查询，发现在中国人民银行征信中心系统中，被告提供给征信服务中心的个人信用数据库中信息不准确，导致其借款受阻。为此，原告要求被告将上述信息予以删除未果，遂向法院提起诉讼，法院认为，被告的行为已经侵害名誉权，并责令被告予以更正。[②] 笔者认为，我国现行立法并没有规定信用权，因此，司法实践通过名誉权规则保护信用权只是一种权宜之计。但通过名誉权规则很难对信用权提供充分保护，因为个人信用信息受到侵害并不当然涉及名誉权侵害的问题。因此，只有承认信用权为独立的人格权，才能使权利人在其信用受到侵害以后获得有效的救济。

第二，有利于构建社会信用体系。“人无信不立，国无信则衰”。市场经济就是信用经济。我国社会信用体系建设虽然取得了一定进展，但与经济发展水平和社会发展阶段不匹配、不协调、不适应的矛盾仍然突出。存在的主要问题包括覆盖全社会的征信系统尚未形成，社会成员信用记录严重缺失，守信激励和失信惩戒机制尚不健全，守信激励不足，失信成本偏低。因此，国务院《社会信用体系建设规划纲要（2014～2020年）》明确提出要建立健全社会信用体

---

① 湖南省邵阳市中级人民法院民事判决书（2011）邵中民一终字第87号。

② 广西壮族自治区贵港市中级人民法院（2008）贵民一终字第37号民事判决书。

系。信用权的确认是建立信用体系的法律基础。在信用法制建设中,应当在民法典中确认信用权之后,通过单行法规建立征信制度、信用评价制度、信用查询制度、信用惩戒制度、信用信息更正以及信用损害赔偿等制度,从而建立社会信用体系。

第三,有助于构建征信系统。征信制度的一个重要目的就是维护信用,我国目前虽然已经颁行了《征信管理条例》,该条例也规定了信息错误的更正制度,[①]但该条例在性质上属于部门规章,很难直接作为法官的裁判依据。尤其应当看到,信用权的确认也是建立征信制度的基础。征信不仅仅是规定征信机构的权利和义务,更涉及对权利人信用信息查询权、维护权等权利的确认,在此基础上,才有助于建立完善的征信系统。信用信息的收集对权利人的信用可能产生重要影响。如果征信的信息有助于提高某人的信用等级,使其具有更高的信誉,但如果其信用较低,其信用权也将受到影响。信用信息的真实性还直接影响到对当事人经济能力,即信用状况的正确评价。[②]

第四,有助于完善我国人格权体系。我国《民法总则》第 110 条虽然规定了多种具体人格权,但并没有规定信用权。诚然,其他具体人格权也可能涉及社会信用利益的保护问题,例如,名誉、荣誉、隐私等都在不同程度上涉及信用利益的保护,但其他具体人格权的规则很难对信用利益提供全面救济。因此,其他具体人格权只能够从某一个角度或层面保护信用利益,而无法替代信用权。所以,规定独立的信用权,有利于我国人格权体系的完善。

---

① 参见《征信管理条例》第 40 条。

② 参见王锐等:《完善我国个人信用征信体系的法学思考》,载《中国法学》2002 年第 4 期。

第十七章　隐　私　权

第一节　隐私权的概念和特征

一、隐私权的概念和特征

隐私是指自然人免于外界公开和干扰的私人秘密和私生活安宁的状态。自美国学者沃伦(Wallen)和布兰代斯(Brandeis)于1890年在其《论隐私权》(*The Right to Privacy*)①一文中将隐私界定为一种"免受外界干扰的、独处的"权利后，隐私权日益引起学界、司法实务界的广泛关注。经过多年的发展，人们虽然对隐私的概念达成了一些基本的共识，但在一些领域仍然存在争议。例如，在最初将隐私作为"独处权"加以理解的基础上，现代学者逐渐扩张了隐私的内涵，将其扩大到信息隐私、空间隐私以及自决隐私等领域，但隐私权的边界究竟如何确定，始终未达成一致。

笔者认为，隐私权是自然人享有的私生活安宁与私人信息依法受到保护，不被他人非法侵扰、知悉、收集、利用和公开等的一种人格权。② 简单地

---

① See Samuel D. Warren & Louis D. Brandeis, "The Right to Privacy", 4 *Harv. L. Rev.*, 1890.

② 参见张新宝：《隐私权的法律保护》，群众出版社2004年版，第21页。

说，隐私权就是指个人对其私生活安宁、私生活秘密等享有的权利。隐私权的特征主要体现在以下几个方面。

第一，主体的特定性。隐私权只能由个人享有，而不能由法人享有。隐私本身源于自然人的精神活动，体现了对个人的尊重和对人格尊严的维护，因此，隐私权的主体限于自然人，法人在性质上属于组织体，不可能享有隐私权。[①] 通常认为，法人不是隐私权的主体。诚然，法人也享有商业秘密等不能对外公开的信息，但这些秘密本质上不属于隐私的范畴，主要具有财产的属性，可以通过商业秘密法、反不正当竞争法等法律来保护，无需通过隐私权给予保护。[②] 商业秘密不是一项人格权，而是财产权。而隐私权是一种精神性的人格权，因为隐私是和个人的精神利益联系在一起的一个概念，[③]它涉及的是个人的私人生活的安宁、独处等权利。

第二，内容的广泛性。欧洲人权法院认为，"私生活是一个十分宽泛的概念，无法给出一个详尽无遗的定义"。[④] 这也说明了隐私权的内涵十分丰富。但在我国，一般认为，隐私权在内容上包括私生活的信息秘密、私生活的安宁甚至扩及至个人对私生活事务的自主决定。[⑤] 因此，隐私权可以说是一个权利的集合。随着现代社会的发展，其内容越来越广泛，可以说，凡是与公共利益无关的私人信息都应当属于隐私权的保护范围。当然，基于社会的公共利益等原因，也可以在一定程度上对隐私权加以限制。例如，官员应当在一定程度上披露私人生活和财产状况，不能以保护隐私为由加以拒绝。

从内容而言，隐私包括生活安宁和生活秘密。当然随着社会的发展，隐私的内涵也在不断地扩张，[⑥]包括了私人决定等权利，但就其最为核心和普遍的内容来看，仍侧重于对私人秘密和私人安宁的

---

① 参见王众等：《隐私权若干法律问题初探》，载《云南大学学报》（法学版）2004 年第 4 期。

② 参见程合红：《商事人格权刍议》，载《中国法学》2000 年第 5 期。

③ 参见张新宝：《隐私权的法律保护》，群众出版社 2004 年版，第 13 页。

④ See ECHR, Pretty v. The United Kingdom, Application no. 2346/02, 29 April 2002.

⑤ 参见马特：《隐私语义考据及法律诠释》，载《求索》2008 年第 5 期。

⑥ 参见周悦丽：《我国隐私权保护立法模式的选择与体系的构建》，载《南都学坛》2004 年第 9 期。

保护。同时,隐私的内涵也受到个人生活的特定区域、生活习惯、文化传统等因素的影响,并因这些因素的不同而存在差异。例如,生活在农业社会和生活在工业社会的人,对隐私的理解是不同的。这就决定了对隐私的内涵以及保护的程度都需要采用一种合理期待的标准进行衡量。[①] 也就是说,对隐私的侵害常常很难有客观的评价标准,哪种情况侵害隐私,哪种情况不构成侵害隐私,常常要根据社会习惯、合理人的标准等因素来判断。在这点上,侵害隐私与侵害其他人格利益的构成要件有所不同。

第三,隐私的私人性和非公开性。私人性包含如下含义:一是与公共利益和公共事务无关的纯粹属于私人生活领域的信息和事务。人们在社会中生活,必须和他人产生一定的社会关系,但是每个人都有其自身不愿意公开的信息,只要此种保留无损于社会和公共利益,就应当受到隐私法的保护。[②] 但对隐私的保护不能与公共利益和公序良俗发生冲突,例如,个人的犯罪信息是不应当属于隐私的,也不应当受到隐私权的保护。二是与他人利益无关的纯粹属于自身的个人信息和事务。例如,披露自己与某人的恋爱史有可能涉及他人的隐私,因此有可能侵害他人的隐私权。三是应当受到隐私法保护的私人秘密。例如,窃取他人的戒指,虽然也有可能侵害了他人一定的生活秘密,但是,此种利益应当受到财产法的保护,而不能受到隐私法的保护。此外,私人性还意味着只有自然人才能享有隐私,法人无隐私。[③]

隐私的非公开性,也称为隐秘性。这就是说,隐私是个人没有公开的信息、资料等,是自然人不愿公开或不让他人知道的个人的秘密。[④] 隐私权的非公开性是与个人的披露范围密切相关的。如果已经向全社会公开,就不属于隐私的范畴,或者隐私的保护应当受到一定的限制。例如,如果已经允许了电信公司披露自己的电话号码,那么,就不得再禁止他人转载该电话号码。但是,如果某人仅向

---

① Kyllo v. United States,121 S Ct 2038(2001).

② 参见杨立新:《人身权法论》,人民法院出版社 2002 年版,第 669 页。

③ 参见梁慧星、廖新仲:《隐私的本质与隐私权的概念》,载《人民司法》2003 年第 4 期。

④ 参见彭万林:《民法学》,中国政法大学出版社 1994 年版,第 161 页。

特定范围内的特定人披露隐私，那么，该隐私的公开限于特定的范围之内，其仍然具有相对的非公开性，并应受到隐私权的保护。此外，如果根据国家的有关法律法规，个人的有关信息必须予以公开，那么，在应公开的范围内，这些个人信息不受隐私法的保护。例如，房产登记必须将个人的家庭住址登记在登记簿上，以便他人查阅，此时个人的信息应当成为公共信息，而不应再受隐私权的保护。①

第四，隐私的可利用性。虽然隐私权在性质上是一种精神性人格权，但是它也具有一定的财产属性。隐私本身作为一种个人控制的信息资源，一定条件下，可以被商业性利用。在现代社会，隐私权的商业化利用也是隐私权发展的重要趋势。一方面，个人的私人经历等秘密信息可以作为传记、小说、新闻报道的材料，权利人对他人披露，允许他人进行加工处理；另一方面，个人资料收集还可能建立个人信息的巨型数据库，例如客户名单等，这就具有巨大的财产价值，甚至可以作为财产流转。还要看到，随着科学技术特别是大数据的发展，对隐私的利用方式也会多样化，其可被商业化利用的程度也就较高。

第五，对世性和支配性。隐私权属于绝对权，其义务主体为除权利人以外的一切人，任何人都不得侵害权利人的隐私权，禁止任何人跟踪、侵入、披露、非法利用个人隐私。所谓支配性是指，权利人有权控制、决定自己的隐私是否公开，未经权利人允许，任何人不得非法披露他人隐私。但是，权利主体对于自己的隐私有权加以利用或许可他人利用，并决定利用与支配的方式，以满足自己物质与精神方面的需要。② 权利人也有权决定在不违反法律和公序良俗的情况下，以正当的方式披露自己的隐私，从而对自己的隐私利益予以放弃。③

第六，具有可克减性。所谓可克减性，是指可出于维护公共利益等需要而对隐私权进行一定的限制。即使是最初提出隐私权概念的沃伦也认为隐私权是应该受到限制的。④ 在现代社会，隐私权

---

① 参见曲直：《留给隐私多大空间》，中华工商联合出版社 2003 年版，第 32 页。

② 参见武艳芬等：《浅谈隐私权被侵犯的法律救济》，载《山西省政法管理干部学院学报》2004 年第 3 期。

③ 参见张新宝：《隐私权的法律保护》（第 2 版），群众出版社 2004 年版，第 17 页。

④ Hary Kalven, Jr., "Privacy in Tort Law-Were Warren and Brandeis Wrong?", 31 *Law & Contemp. Probs.* 326, 331 (1966).

的内容逐渐扩张，而且隐私的范围越来越宽泛，但这并非是说隐私权是一种绝对的权利，它仍然是一种相对的权利。因为隐私权就其实质而言，就是要界定个人事务和社会公共利益之间的关系，法律基于维护个人尊严和个人自由等方面考虑，需要保护个人隐私。但是，法律需要从维护社会公共利益等方面考虑对个人隐私作出必要的限制。① 在这一点上，它与生命健康权不同，生命健康权即使在紧急的情况下，也不得克减。隐私权的范围应当受到公共利益和公序良俗的限制，例如政府官员申报财产，就其财产信息隐私而言应受到限制。在有关人权的国际或区域性条约或公约中，一般将隐私权规定为可克减的权利。例如，《自然人权利和政治权利国际公约》第 4 条规定："在社会紧急状态威胁到国家的生命并经正式宣布时，本公约缔约国得采取措施克减其在本公约下所承担的义务，但克减的程度以紧急情势所严格需要者为限，此等措施并不得与它根据国际法所负有的其他义务相矛盾，且不得包含纯粹基于种族、肤色、性别、语言、宗教或社会出身的理由的歧视。"这也说明隐私权具有可克减性。

二、隐私权的内容

（一）隐私享有权

所谓隐私享有权，是指权利人有权保护自己的隐私不受到他人的非法披露和公开，禁止任何个人和组织非法披露他人隐私。换言之，自然人保有个人的隐私未经同意不受他人非法披露，自然人正当的个人生活不受他人的非法调查、公布。在纯粹私人生活领域，个人的私事只要不违反国家的公共利益和社会安全，个人就享有自主决定权。如自然人享有自己决定何时结婚、分娩的自由，这都应当属于个人的隐私范畴。此处的"享有"，既包括对私人秘密信息的隐匿，也包括对生活安宁状态的享有。凡是对公共利益和他人利益不产生影响的个人信息，隐私权人都有权加以保持和隐匿，有权不让他人得知。尤其需要指出的是，此种隐匿的信息可以是对自己有利的信息，也可以是对自己不利的信息。② 隐私享有权是指权利人

---

① 参见张新宝：《隐私权的法律保护》（第 2 版），群众出版社 2004 年版，第 16 页。

② 参见郭锋：《论隐私权的法律属性》，载《商丘师范学院学报》2004 年第 1 期。

享有对隐私的控制支配权,有权禁止他人擅自将自己涉及隐私的信息加以散布,某些涉及隐私的个人信息即使已经被政府部门、司法机关、医疗机构等组织掌握,相关主体也应当负有保密义务。①

(二)隐私维护权

所谓隐私维护权,主要是指权利人对自己的隐私所享有的维护其不受侵犯的权利。隐私维护权通常只有在隐私权受到外来侵害时才发挥作用。在隐私权受侵害之后,权利人可以基于隐私维护权提出相应的请求,其具体体现在两个方面:一是在权利受到侵害的情况下,权利人有权直接向侵权人请求停止侵害、排除妨碍等,要求其不得非法收集、散布个人隐私。如果权利人有证据证明他人即将散布他人隐私或者已经开始散布的,则有权向人民法院申请诉前禁令以阻止他人开始散布或者继续散布自己隐私的行为。二是在权利受到侵害时,权利人有权请求司法机关予以保护。②

(三)隐私利用权

隐私权人有权利用自己的隐私,以满足自己精神上和物质上的需要。利用包括两个方面:一是允许他人收集个人资料,如允许征信机构、银行、保险公司等机构收集个人的信息,权利人也有权向这些机构申报自己的相关个人资料,并且对其个人资料享有知情、更正和删除的权利。二是利用个人隐私,既包括权利人自己的利用(例如自己撰写传记、回忆录发表,或者利用自身的形象,或利用自己的形体进行绘画或摄影等③),也包括允许他人利用隐私(例如向他人披露自己的经历,允许他人整理出版,或允许在社交平台上直播自己的私人生活)。在隐私的利用过程中,可能会带来财产性的利益。随着人格权商业化利用的发展,隐私权越来越具有商业化利用的特点,权利人可以通过许可他人使用自己的隐私,从而获取合理的报酬。所以,隐私的利用权能也会日益突出。但是,对于隐私

---

① 参见张革新:《隐私权的法律保护及其价值基础》,载《甘肃理论学刊》2004年第2期。

② 参见武艳芬等:《浅谈隐私权被侵犯的法律救济》,载《山西省政法管理干部学院学报》2004年第3期。

③ 参见邓岩:《从精神损害赔偿的司法解释中谈对隐私权的保护》,载《辽宁公安司法管理干部学院学报》2004年第1期。

的利用权在法律上具有一定的限制。不能认为，凡是个人的隐私，个人就可以随意利用。例如，利用自己的身体隐秘部位制作淫秽物品或者披露自己不道德的性生活隐私以提升自己的知名度等，如果这些行为违反了法律和公共道德，应予以禁止。

（四）隐私公开权

隐私公开权是指隐私权人在法律和道德的范围内有权公开自己的隐私，此种公开既可以是向特定人公开（例如模特允许画家以其身体为对象进行绘画），也可以是向社会公开（例如将自己过去的经历写成文章发表）。公开的方式可以是由自己亲自公开，也可以是允许他人公开。[①] 从性质上说，隐私公开是隐私利用权的一种，基于其重要性，也可以单独作为隐私权的一种权能。

隐私权是否包括转让等处分的权能呢？笔者认为，隐私权作为一种人格权，具有强烈的人身专属性，它可以由权利人在一定范围内允许他人利用，但作为一项人格权具有强烈的专属性，是不能转让的，否则，个人的人格尊严无法得到有效保障。

第二节　隐私权的发展历史和趋势

一、比较法上隐私权的发展趋势

隐私权是一项重要的人权，保护隐私权是现代文明的重要标志。正式在法律上提出隐私权概念的是美国著名学者沃伦和布兰代斯，他们在 1890 年的《哈佛法律评论》上发表的一篇题为《论隐私权》的文章中，认为隐私是一种独处的权利，以及保持自己个性的权利，从而对美国隐私法的发展产生了深远的影响。[②] 随着时代的发展，人们从农业社会进入到工业社会，从熟人社会进入到陌生人社会，隐私已经成为人们保障自己私生活的独立性、保持私人生活

---

① 参见张革新：《隐私权的法律保护及其价值基础》，载《甘肃理论学刊》2004 年第 2 期。

② 参见［美］阿丽塔·L. 艾伦：《美国隐私法：学说、判例与立法》，冯建妹等译，中国民主法制出版社 2004 年版，第 14～15 页。

自主性的重要权利。随着高科技的发展，例如，针孔摄像机、远程摄像机、微型录音设备、微型窃听器、高倍望远镜、卫星定位技术的出现，过去科幻小说中所言的在苍蝇上捆绑录音、录像设备的技术在今天已成为现实，个人隐私无处遁身，并正受到前所未有的严重威胁。① 随着网络技术的发展，在网上收集、储存个人的信息资料变得极为容易。而且，一旦将个人的隐私在网上传播，受众将是无限的，其所引发的后果也是任何纸质媒体无法比拟的。与此同时，随着社会的发展，个人意识越来越觉醒，个人对于自己生活信息的保密性、生活空间的私密性和安宁性要求越来越高。在这样一种背景下，隐私保护已经提到了一个日益重要的位置。在现代社会，隐私权也是一项意义日益彰显、作用日益突出的民事权利。许多学者认为，现代社会的特点就是对政府的行为越来越要求公开透明，而对个人的隐私越来越要求受到法律的保护。

近几十年来，在两大法系国家，隐私权制度得到了迅速发展，其在私权体系中的地位日益突出。例如，从 1968 年到 1978 年，美国国会就制定了 6 部法律保护个人的信息隐私。美国一些州也制定了相应的法律法规来强化对隐私的保护。目前至少在 10 个州的宪法中明确了对隐私权的保护。② 受美国法以及 1950 年《欧洲人权公约》的影响，英国逐渐地接受隐私的概念。1998 年《人权法案》中明确承认了隐私权，有关的司法判例也加强了对个人隐私的保护。③ 在许多国家，隐私权不仅仅是一项民事权利，还是一项重要的宪法上的权利。在德国，隐私权常被包括在一般人格权的范围之中，在英美法上，隐私权实际上发挥了一般人格权的作用。但在大多数国家，隐私权仍然是作为具体人格权而加以确认和保护的。隐私权的发展出现了如下几个趋势。

第一，隐私权的内容不断扩张。最初，沃伦和布兰代斯所说的

---

① See Michael Froomkin, "The Death of Privacy?" 52 *Stan. L. Rev.*, 1461 (1999 - 2000).

② 加利福尼亚州、佛罗里达州、路易斯安那州、阿拉斯加州、亚利桑那州、夏威夷州、伊利诺伊州、蒙大拿州、南卡罗来纳州、华盛顿州。

③ Bernstein v. Skyviews and General Ltd. [1978] QB 579; Malone v. Metropolitan Police Comr 3Lord Irvine, Hansard House of Lords. 24 November 1997, Coll 784. [1999] EMLR 83.

隐私权主要是指一种独处的权利,此种观点被广泛接受。正如法国学者所指出的,“一切人都享有其宁静(tranquillité)得到保护的权利,他们有权就这项权利可能受到的各种不同的损害(侵害私生活、侵害名誉、侵害肖像等)主张赔偿”。[①] 后来隐私权逐渐扩张到私人的生活秘密。现在已经逐渐扩张到对个人信息、个人生理信息、身体、健康、财产、基因等的保护,甚至私人谈话(例如使用电子监视器)也成为一种隐私。隐私法禁止侵犯个人的自由权利(例如在公共场合不被拍照)、限制接触和使用个人信息(例如所得税申报表,信用报道)和禁止偷听私人谈话(例如使用电子监视器)。随着互联网和信息技术的发展,网络环境下的隐私权也受到保护。隐私权从强调个人属性与人身结合的概念,转化为强化对个人信息保护的信息隐私。

第二,隐私权从纯粹私法上的权利转化为兼具公私法性质的权利。如前所述,在美国法中,隐私不仅仅是普通法保护的一种权利,也是一项宪法上的权利,因此,也称为宪法隐私权。通过将隐私权上升为宪法权利,进一步明确政府作为隐私权法律关系的义务人。在大陆法系一些国家,也承认隐私为从宪法中解释出来的权利。可见,在两大法系国家,隐私不单纯是一种公法上的权利,在民事权利体系中,隐私的地位也十分突出。例如,《法国民法典》在1970年通过颁布一项法律修改民法典,专门增加第9条确认:“任何人均享有私生活受到尊重的权利”,将该项权利在第一章民事权利中单独列出,由此也表明了其在民事权利体系中的重要地位。

第三,个人信息隐私的发展。在现代社会中,个人信息保护的必要性得到了凸显。自计算机诞生之后,信息技术获得了空前的发展,20世纪80年代开始的全球信息化运动,使人类进入了一个信息社会(information society),个人信息成为一项重要的社会资源,个人信息保护的必要性得到了凸显。在美国法中,个人信息主要受隐私法的保护。在大陆法系国家,虽然强调个人信息的自主决定以及其所体现的人格尊严的价值,但一些国家也承认其与个人隐私不可

---

① Thierry Garé, Le droit des personnes, 2e édition, Collection Connaissance du droit, Dalloz, 2003, p. 75.

分离。笔者认为,为了强化对个人信息的保护,个人信息可以作为一种独立的人格权予以确认,但这并不否认隐私权中包含着一些个人私密信息,而个人信息权中也包含一些隐私信息。

第四,空间隐私权的发展。随着隐私权的发展,个人空间不被打扰的权利也越来越重要。这主要是指当事人就特定私密空间不受他人窥伺、侵入、干扰的权利。一方面,房屋内的空间就是典型的空间隐私,这正如法谚所云,"住宅是个人的城堡"(A man's house is his castle)。另一方面,空间的另一个含义是指私密空间,此种空间不是物理意义上的空间,而是指个人所生活的隐秘范围,如旅行行李、学生的书包、口袋、日记、他人的信箱、聊天记录等,均为私人空间。随着互联网的发展,虚拟空间隐私(如个人邮箱等)也受到隐私法保护。还需要指出的是,公共场所中也可能涉及私密空间,例如,1999 年德国联邦最高法院关于摩洛哥卡罗琳公主案的判决表明,隐私也存在于公共场合。①

第五,隐私权中的利用权能日益强化。随着人格权商业化利用的发展,隐私权也表现出商业化利用的趋势,其自身的积极利用权能也逐渐得以强化。伴随着隐私权的发展,隐私利益,特别是名人的隐私已经越来越具有可利用的商业价值,例如,名人的家庭生活成为媒体广泛关注的焦点,因而对其可以进行网络直播等商业化的利用。但权利人在利用个人隐私时,不得侵害公共利益或者违反社会公德。

第六,隐私权的保护已经逐渐国际化。隐私权就其固有性质来说,其主要是一种私法上的权利,应当属于民法的人格权的组成部分。但是,由于其重要性,其已经得到国际社会的普遍承认和保护,并被认为是人权的组成部分。例如,早在 1948 年 12 月 10 日,联合国大会通过的《世界人权宣言》第 12 条中就规定,任何人的私生活、家庭、住宅和通信不得任意干涉。《欧洲人权公约》第 8 条规定,"1. 每个人都享有私生活与家庭生活、住宅与通信得到尊重的权利。2. 除非按照法律的规定并且是为了在一个

---

① See Michael. Henry, *International Privacy, Publicity and Personality Laws*, Butterworths press, pp. 157, 169.

民主社会中维护国家安全、公共安全或是国家经济福利的利益而有必要防止动乱或犯罪、保护健康或道德、或是保护他人的权利与自由外,行使本权利不应受到政府当局的干涉。”2000年通过的《欧盟基本权利宪章》第7条也规定了隐私权。[①] 其他有关国际公约也规定了隐私权。[②]

二、我国隐私权制度的发展

我国传统文化中缺乏隐私权的观念,使隐私很难权利化并获得保障,这与中国数千年农业社会中的生活方式与社会习惯息息相关。费孝通先生曾在《乡土中国》中指出,重人情是传统社会的固有特点。一个人对邻居家的老母鸡一天下几个蛋都很熟悉,小孩子都是邻居看着长大的,无所谓隐私的问题。应当看到,儒家学说尊重家族小共同体,认为“夫妻之事不可言”,所谓“夫妇之情,人伦之本,此谓之正色”,[③]甚至发展出“亲亲得相容隐”一套伦理规则。但其侧重点在于强调维护亲情伦理关系,而不在于强调保护个人的隐私,法律上也没有形成一套保护个人隐私的规则。以至于在20世纪80年代,学者在提及隐私权概念时,一般都将其理解为“阴私”,主要从贬义上理解这一概念。[④] 例如,1989年版的《辞海》对隐私案件这样解释:亦称为阴私案件,涉及男女私生活、奸情或其他淫秽内容的案件。在这种时代背景下,人们很难形成现代意义上的隐私观念,隐私权很难成为一项法定的权利。[⑤]

随着改革开放的发展,我国社会也逐渐从农业社会向工业社会转变,从熟人社会向陌生人社会转变。人口越来越集中,现代生活

---

① Thierry Garé, Le droit des personnes, 2e édition, Collection Connaissance du droit, Dalloz, 2003, p. 88.

② 如《国际民事与政治权利公约》(ICCPR)第17条规定,“1. 任何人的隐私、家庭、住宅或通信都不应遭受任意的或是非法的干涉,任何人的名誉或荣誉也不应遭受非法的攻击。2. 每个人都有权得到法律的保护,以免遭受这类干涉或攻击。”《美洲人权公约》第11条规定,人人享有私生活的权利,不得对任何人的私生活、家庭、住宅和通信加以任意或不正当的干涉。另外,《非洲人权和民族权宪章》也间接涉及了隐私权保护问题。

③ 冯梦龙:《醒世姻缘传》卷十五。

④ 《法学词典》编辑委员会编:《法学词典》,上海辞书出版社1985年版,第872页。

⑤ 参见马特:《隐私权研究》,中国人民大学出版社2014年版,第167页。

方式给个人生活带来越来越大的压力，人们对隐私日益敏感，现代社会中个人隐私的保护诉求越来越强，需要法律呼应社会的需要。我国立法对隐私权的保护经历了一个曲折而漫长的发展过程，这实际上也是我国隐私权观念发展、转变的过程。

第一个阶段，类推保护模式，即主要通过类推适用名誉权的规则保护隐私。我国1986年《民法通则》虽然相对全面地列举了自然人所享有的各项具体人格权，但由于当时的观念并没有对隐私权作出明确规定。我国司法实践虽然也保护个人的隐私利益，但主要是通过名誉权对其进行保护的。[①] 1988年最高人民法院颁布的《民法通则意见》第140条第1款规定："以书面、口头等形式宣扬他人的隐私，或者捏造事实公然丑化他人人格，以及用侮辱、诽谤等方式损害他人名誉，造成一定影响的，应当认定为侵害自然人名誉权的行为。"该司法解释开启了我国司法实践中通过名誉权保护个人隐私利益的先河。但此种模式并没有承认隐私权是一种独立的民事权利，实际上是采用类推适用的办法，将名誉权的规定类推适用到隐私保护之中，从而间接地保护隐私。虽然此种做法可以为隐私保护提供依据，但也存在一定的问题，因为侵害个人的隐私利益并不当然损害他人的名誉，未必造成社会评价降低的后果，这也导致许多侵害个人隐私的行为难以得到有效规制，例如"陈某卿与缪某华名誉权纠纷案"就采取了此种做法。[②]

---

① 例如，"李海强案"，参见最高人民法院中国应用法学研究所编：《人民法院案例选·2002年第4辑》，人民法院出版社2003年版，第178～187页；"马某诉马村居民小组案"，参见海南省澄迈县人民法院民事裁定书(2007)澄民初字自109号，都是以名誉权为由对隐私权进行保护。

② 该案大致案情为：2002年9月左右，因怀疑原告与其他男性有不正当的关系及达到与原告离婚的目的，被告分别在位于佛山市南海区小塘镇的原告的住所和位于佛山市南海区罗村镇务庄的原告的工作场所秘密安装了3个电话录音器，偷录原告与他人的电话通话内容，偷录时间持续10日左右。后被告对被偷录的电话录音进行了剪接后制作成约10盒录音带，向原、被告的朋友进行播放，并将录音带交予他人。受害人向法院起诉，请求行为人承担责任。二审法院认为，"本案中被上诉人擅自偷录上诉人的私人电话并制成录音带向双方的父母、朋友和佛山市南海区罗村镇务庄村民委员会的工作人员及罗村镇下柏幼儿园的工作人员播放或者散发。被上诉人为达到其私人目的，以录音带的形式宣扬上诉人的隐私，侵害了上诉人的名誉，其行为具有违法性，造成上诉人的社会评价相应降低的损害后果，依法应承担侵害名誉权的法律责任"。

第二个阶段,人格利益保护模式,即承认隐私是一项独立的人格利益,可受法律保护,但不是一项独立的人格权。在很长时间中,立法文件只是提到了隐私而未提到隐私权,这主要是因为立法者考虑到隐私作为一种权利和其他权利的界限难以界定,当然,《民法通则》虽然没有承认隐私权,但我国有关的单行法律法规则将隐私权作为一种重要的人格利益加以保护。例如,1991 年《民事诉讼法》第 66 条规定:"证据应当在法庭上出示,并由当事人互相质证,对涉及国家秘密、商业秘密和个人隐私的证据应当保密,需要在法庭出示的,不得在公开开庭时出示。"从该条规定可以看出,立法虽然没有承认隐私权概念,但实际上是将其作为一种人格利益予以保护。以后的立法中都采取了这一做法,如 1996 年《刑事诉讼法》第 152 条、1991 年《未成年人保护法》第 30 条、《居民身份证法》第 6 条与第 20 条、《电影产业促进法》第 16 条、《资产评估法》第 13 条、《慈善法》第 62 条、《执业医师法》第 22 条与第 37 条、1989 年《行政诉讼法》第 45 条等,都对特殊领域内个人隐私的保护作出了规定。最有代表性的是最高人民法院 2001 年颁布的《精神损害赔偿司法解释》,该司法解释第 1 条第 2 款规定:"违反社会公共利益、社会公德侵害他人隐私或者其他人格利益,受害人以侵权为由向人民法院起诉请求赔偿精神损害的,人民法院应当依法予以受理。"它实际上是将名誉权间接保护模式改为对隐私利益的直接保护。该模式的不足在于,利益与权利的保护力度是不同的,法定权利的侵害,只要符合侵权法过错责任的一般要件即可;而一般利益的侵害,需要违反社会公共利益、社会公德,在民法学理上还认为需要行为人主观上存在加害的恶意,而不是过错。[①] 由于该司法解释将违反社会公共利益、社会公德作为侵害隐私侵权责任的构成要件,不适当地提高了隐私保护的条件。[②]

第三个阶段,《侵权责任法》保护模式,即通过《侵权责任法》对隐私权进行消极保护。隐私权作为一项具体人格权在民事基本法

---

① 关于违背公序良俗侵害一般法益的责任,源于《德国民法典》第 823 条第 2 款,当无法适用第 823 条第 1 款时,"恶意违背善良风俗加害他人"仅限于行为人恶意的情形。

② 参见张红:《人格权各论》,高等教育出版社 2016 年版,第 489 页。

中获得承认,是2009年颁布的《侵权责任法》,该法第2条在列举所保护的权益范围时,明确使用了“隐私权”这一表述。这是我国民事立法第一次确认隐私权的概念,具有突破意义,不仅弥补了《民法通则》规定的不足,也进一步完善了我国人格权体系,推动了司法实践中对隐私权保护。伴随着侵权责任法的颁布,我国对隐私权的保护进入新的阶段,在中国裁判文书网以“隐私”为关键词检索,共得出61,975份裁判文书,以“隐私权”为关键词检索,共得出21,240份裁判文书。但这种模式在法理上也有不足,因为侵权责任法是权利保护法,不具有正面确权的功能,其主要是从侵权法保护对象的角度间接承认了隐私权,表明该权利在受到外来侵害时可以获得侵权责任的救济,但侵权责任法不能从正面对隐私权进行确权,也不能规定隐私权的内涵、范围和效力。隐私权除了受侵权法保护之外,基于其自身的绝对性和排他性,还发生类似物上请求权的排除妨害、消除危险请求权的效力,此种人格权的请求权不问妨害人过错有无,甚至不以实际损害发生为要件,旨在恢复人格权的圆满状态。此外现代社会中,隐私权等人格权还具有商业化利用的权能,兼具财产色彩的新型权利内容,仅由侵权法调整人格权不免挂一漏万。①

第四个阶段,独立人格权模式,即从正面规定隐私权为一项独立的具体人格权。应当说,最早在立法上承认隐私权概念的是2005年的《妇女权益保障法》,该法第一次将隐私权与名誉权、肖像权等并列为一项独立的妇女人格权利。但该法的保护范围仅限于妇女,没有及于所有自然人,因此对隐私权的保护在主体范围上是不全面的。2017年颁行的《民法总则》第110条第1款在列举自然人所享有的各项具体人格权时,明确规定了隐私权,这就从正面对隐私权作出了规定。从法律上正面确认隐私权的概念,对于强化个人隐私权的保护具有重要意义。当然,从民法总则的隐私权规定来看,还失之简略,只是确认了隐私权的概念,并没有对隐私权的内涵、范围、效力、保护方式以及在不同场合下的类型化作出详细规定,这就给法律解释留下了极大的空间。作为

---

① 参见马特:《隐私权研究》,中国人民大学出版社2014年版,第317页。

后续工作,未来的中国民法典人格权编应当对隐私权做出更加体系化类型化的规则设计。

综上所述,从隐私权的制度沿革看,虽然立法在隐私权的保护上相对保守,而且相关规则较不健全,但隐私权保护的社会需求是客观存在的,更为灵活的司法实务在隐私保护方面取得了长足进步,可以说,一些具有标志性的隐私权保护规则是由相关司法实践推动的。在 1988 年颁布的《民法通则意见》和 2001 年《精神损害赔偿司法解释》中,进一步提出了隐私保护的概念;2014 年颁布的《关于审理利用信息网络侵害人身权益民事纠纷案件适用法律若干问题的规定》第 1 条规定:“本规定所称的利用信息网络侵害人身权益民事纠纷案件,是指利用信息网络侵害他人姓名权、名称权、名誉权、荣誉权、肖像权、隐私权等人身权益引起的纠纷案件。”该规定拓展了人格权保护范围,列举了网络环境下新的人格权内容,在人格权保护上具有开拓性意义。该解释第 12 条规定:“网络用户或者网络服务提供者利用网络公开自然人基因信息、病历资料、健康检查资料、犯罪记录、家庭住址、私人活动等个人隐私和其他个人信息,造成他人损害,被侵权人请求其承担侵权责任的,人民法院应予支持。……”这就进一步强化了对隐私信息的保护。

三、民法典分编草案对隐私权的规定

目前正在制定的民法典也将在分则中对隐私权的概念、内涵、效力、范围等作出详细规定。虽然该草案只是用了两个条文(第 811 条、第 812 条)对隐私权的概念、客体作出规定,但是也具有自身的特点,主要表现如下。

第一,范围的广阔性。草案第 811 条规定:“自然人享有隐私权。任何组织或者个人不得以刺探、侵扰、泄露、公开等方式侵害他人的隐私权。本法所称隐私是具有私密性的私人空间、私人活动和私人信息等。”该条在规定隐私权的客体范围时,虽然只是列举了私人信息、私人空间和私人活动,尤其需要指出的是,该条用了“等”字,实际上表明列举具有开放性,隐私权的客体不限于明确列举的几种。草案第 812 条在列举侵害隐私权的行为类型时,该条第 6 项采用“以其他方式侵害他人的隐私权”这一表述,实际上对侵害隐私权的行为方式也采取了开放式的列举方式。

第二,正反规定的结合性。草案第 811 条从正面确认了隐私保护的范围,草案第 812 条规定:“除法律另有规定或者权利人同意外,任何组织或者个人不得实施下列行为:(一)搜查、侵入、窥视他人住宅等私人空间;(二)拍摄、录制、泄露、公开、跟踪、窃听他人的私人活动;(三)拍摄、窥视他人的身体;(四)获取、隐匿、扣留、检查、毁弃、删除、泄露、公开、买卖他人的私人信息;(五)以短信、电话、即时通讯工具、传单、电子邮件等方式侵扰他人的生活安宁;(六)以其他方式侵害他人的隐私权。”由此可见,该条实际上是从反面对个人私生活安宁作出了规定,将其纳入了隐私权的客体范围。

第三,注重区分个人信息和隐私信息。一方面,草案第 811 条在规定隐私权的客体时使用了“私密性”这一限定性条件,突出了隐私权的特点,而从草案第 813 条关于个人信息的规定来看,其主要强调信息对主体的身份识别性。另一方面,草案第 811 条第 2 款在规定隐私权的客体时采用了“私人信息”这一表述,强调作为隐私权客体的私人信息的私密性,这就区分了隐私信息和个人信息。

当然,我国隐私权的法律保护也存在需要完善之处,如隐私权的内涵、类型等,草案还需要进一步作出细化规定,以防止司法实践中对这一概念的理解存在一定的偏差。例如,“搜查、侵入、窥视他人住宅等私人空间”,该条中对空间隐私的规定仅列举了住宅,但事实上,私人空间的范围十分宽泛,法官在解释该条中的“私人空间”时,享有较大的自由裁量权,如是否包括网络虚拟空间等,都有待于进一步明确。草案的有些规则尚有待于补充,例如,对未成年人隐私的特殊保护,有必要作出明确规定。

第三节　隐私权的客体

一、隐私权客体概述

所谓隐私权的客体，是指隐私权所保护的范围。隐私权产生之初，其内涵限于私人生活安宁，以后，隐私权的客体逐渐扩展，随着现代社会生活尤其是现代科学技术的发展，侵扰个人私人生活安宁、生活秘密的行为形态日益多样化，隐私权的客体范围也在不断扩张。在现代民法中，隐私权的客体具有如下几个重要的特征：一是广泛性。凡是与权利人的私生活相关的，权利人不愿对社会公共领域公开的，这种免于受到外界干扰的利益都应当受到隐私权的保护。二是复杂性和多元性。隐私权的客体是许多具体利益类型的集合。例如，隐私权客体的范围包括私人秘密、私生活安宁、私人住宅和私人活动不受侵扰，以及个人信息保护和网络隐私权的问题。三是变动性。隐私权的客体不能局限于一个固定的封闭的利益范围，随着社会发展和科技进步，隐私权的客体范围将不断扩张和变化。例如，过去个人信息的保护并不突出，现在则是隐私权的重要内容，此外，生命信息等问题也将会成为隐私权的重要组成部分。四是合理期待性。隐私的客体本身所包含的范围，应根据社会一般人所期待的观念来确定。例如，关于私密空间，“其既包括精神层面，也包括物理层面。但是，原则上应当按照社会习惯或风俗和惯例加以确定”。[①] 所以，对侵害隐私权的判断，也应根据一个合理人的标准进行判断。

从比较法上来看，如何合理界定隐私权的客体范围，一直是一个众说纷纭的问题。

第一，个人独处说。按照威斯汀（Westin）教授的观点，隐私权就是个人独处的权利，具体而言，个人独处的状态主要表现为如下

---

① 林建中：《隐私权概念初探——从美国法之观点切入》，载《宪政时代》第23卷第1期。

四种:一是独居(solitude),即个人与公众相隔离的一种状态,从而使个人完全不受他人的观察与窥探。例如,个人在其住所内部的生活,就不得被随意曝光。二是亲密(intimacy),即某一个小团体或组织中的个人可以通过与他人隔绝而在该团体或组织内部与他人建立亲密的、放松的社会关系,如家庭关系。例如,明星在其家庭内部的生活,就不能被小报记者报道。三是匿名(anonymity),即在某种情形下,个人出现在公共场所(如公园)时,其有权免于被他人观察,免于公开自己的身份。四是保留(reserve),指个人内心的保留,即个人有权免于他人窥测其内心思想的权利。[①] 例如,个人的日记属于个人内心的保留,不能随意被他人阅读。

第二,私生活保护说。1960 年,美国的普洛塞(Prosser)教授将隐私权的内容归纳总结为四类情形,首先就是所谓的侵扰个人生活安宁(intrusion upon seclusion),包括窃听私人电话、跟踪尾随他人、偷窥他人行动等一切足以干扰他人私生活安宁的行为。在欧盟的一个案件中,法官认为,私生活保护权至少包括自我决定的权利、个人行动自由、个人发展权、与他人和外界建立和维持关系的权利等。[②] 从比较法上看,大多采用私生活(private life)的概念。例如,《法国民法典》第 9 条第 1 款规定:"任何人均享有私生活受到尊重的权利。"《欧洲人权公约》第 8 条规定:"人人有权享有使自己的私人和家庭生活、家庭和通信得到尊重的权利。"

第三,私生活秘密说。格罗斯(Gross)教授将隐私界定为他人知悉其个人或者其个人事务受到限制的一种状态。[③] 这一界定方式触及了隐私概念的本质,即隐私是与个人相关的所有的信息和事实与他人隔绝的一种状态,个人对这些信息享有不被他人知悉的权利。[④] 应当指出的是,并非所有不被他人知悉的信息都属于隐私保护的范畴,德国学者优博特(Joubert)就认为,隐私仅是指与个人私

---

① Westin AF, Privacy and Freedom, 1970, p. 7.

② See ECHR, Pretty v. The United Kingdom, Application no. 2346/02, 29 April 2002.

③ Roos, The Law of Data(Privacy) Protection: A Comparative and Theoretical Study, 2003, p. 555.

④ Roos, The Law of Data(Privacy) Protection: A Comparative and Theoretical Study, 2003, p. 555.

人生活密切相关的信息或者事实,这些信息或者事实是与他人隔绝的一种状态。[①] 波斯纳(Richard Posner)也认为,隐私权可以分为两部分,一部分是独处的权利,另一部分是保有秘密。[②] 其都属于隐私的重要组成部分。

上述各种观点都不无道理,但还不能准确概括隐私的全部内容,尤其是不能适应现代科技、互联网技术的进步所带来的隐私的变化。首先,个人独处说是隐私最初产生时的内涵,无法涵盖隐私权的全部内容。其次,私生活的内涵较为宽泛,涵盖性强,能够弥补对隐私权内容进行具体列举的不足,而且可以给法官解释隐私权的概念留下空间,但私生活的内涵过于宽泛,可能难以为隐私权的保护提供明确的判断标准。最后,私生活秘密说只是概括了隐私的一部分,无法涵盖私人空间、私人生活安宁等内容。

诚然,对隐私客体的抽象确实是法律上的难题,重要的原因在于,隐私内涵本身就较为丰富,而且不断顺应社会变化而发展,尤其是在何种情况下是否构成隐私,需要结合特定的时间、地点等具体情形予以判断,法律上要准确抽象概括出隐私的准确内涵是十分困难的。

二、我国司法实践对隐私权客体的发展

在"中国裁判文书网"中以"隐私权"为关键词进行检索,可发现有上万份裁判案例(检索时间截至 2018 年 2 月 5 日),从这些案例可以看出,隐私权的内容多种多样(见下表)。

从我国司法实践来看,隐私权主要包括私人生活安宁和个人秘密两部分内容,私人生活安宁又包括物理空间上的安宁与精神空间上的安宁。从实践来看,侵害个人物理空间上的安宁的行为主要体现为非法侵入私人住宅,非法搜查他人背包、衣橱,在更衣室、洗手间偷窥他人更衣、洗澡等行为。侵害他人精神空间上的安宁又具体表现为电话推销、短信骚扰以及在公共场所安装摄像头监视他人等行为。我国立法应当积极总结司法实践经验,对隐私权的规则作出

---

① W. A. Joubert Grondslae van die persoonlikbeidsreg(1953) at 121. pp. 135 – 136.

② Richard A. Posner, The Economics of Justice, 1981, pp. 272 – 273.

细化规定，如私生活秘密、通讯安全、个人财务隐私安全、未成年人隐私的保护、住宅隐私的保护、公共场所隐私的保护、公众人物隐私的保护和限制、偷窥他人个人隐私、隐私权的合理限制、隐私权与舆论监督的矛盾与冲突以及互联网、微博、微信等现代科技发展与隐私的保护等均需要在法律上加以规定，从而为裁判提供明确的规则。

隐私权的分类及内容

<table>
<tr><td rowspan="12">隐私权</td><td rowspan="5">私人生活安宁</td><td rowspan="3">物理空间上的安宁</td><td>非法侵入私宅</td></tr>
<tr><td>非法搜查他人背包、衣橱</td></tr>
<tr><td>在更衣室、洗手间偷窥他人更衣、洗澡</td></tr>
<tr><td rowspan="2">精神空间上的安宁</td><td>电话推销、短信骚扰</td></tr>
<tr><td>在公共场所安装摄像头监视他人</td></tr>
<tr><td rowspan="7">个人私密</td><td rowspan="2">个人身体私密</td><td>擅自公开、利用他人的肖像或性感写真、裸体图像</td></tr>
<tr><td>非法调查、知悉或散布他人身体状况，如病史、健康检查资料、医疗信息、DNA 信息</td></tr>
<tr><td rowspan="3">生活私密</td><td>偷拍、摄录、监视他人的日常生活，或调查他人的日程安排</td></tr>
<tr><td>侵害他人通讯自由，窃听、偷录听他人通话，偷窥、收集、散布他人通话记录、信息内容</td></tr>
<tr><td>擅自公开他人婚恋、婚育问题，如在网上披露他人“婚外情”、夫妻关系破裂、亲子关系恶化</td></tr>
<tr><td rowspan="2">个人身份、财务信息①</td><td>非法调查、收集、公开他人身份、工作、住址等信息，如“人肉搜索”他人姓名、年龄、工作单位，甚至在网上公开他人电话、家庭住址、通话记录和信息内容</td></tr>
<tr><td>非法知悉、获取、刺探、公开他人财务状况，如他人银行存款、银行账号、税务信息、债务信息</td></tr>
</table>

因此，可以说，在我国，隐私权的内涵和范围是随着经济社会的发展、社会的转型而不断发展的，隐私权最初指个人的私人生活秘密，现在则扩展为保护个人的空间隐私、通讯隐私，甚至包括了个人对其私人生活的自主决定权。

① 在《民法总则》颁布后，此处的信息可能作为个人信息权益处理更为妥当。

三、民法典分编草案对隐私权客体的规定

关于隐私权的客体，我国民法典分编草案第811条第2款规定："本法所称隐私是具有私密性的私人空间、私人活动和私人信息等。"依据这一规定，隐私权的客体包括私生活安宁、私生活秘密、私人空间、通讯秘密和私人生活的自主决定，具体来说，包括三个方面的特征。

第一，具有私密性。隐私，顾名思义，是指个人对其生活安宁和生活秘密不受他人披露和干涉的状态。此处所说的"隐"，是指私人生活或私人信息所不愿为他人知道，不愿为社会公开。这实际上就是说，隐私必须要具有私密性，否则难以成为隐私权的保护对象。在美国法中，确立了"明知且自愿暴露不构成隐私"的规则，它是指如果权利人主观上明知且自愿将自己的信息暴露给他人，表明其愿意将自己的隐私暴露于公众面前，因此，不应当主张隐私权。但对此也应当具体分析，要具体判断权利人在何种范围内暴露其隐私，如果行为人违反权利人意愿擅自扩大权利人隐私的暴露范围，仍应当构成对他人隐私权的侵害。例如，甲将印有自己住宅地址和电话的名片给了乙，虽然甲已经将相关个人信息披露，但并不能据此否定甲对其住址和电话享有隐私权，甲只是对乙披露了相关信息，如果乙擅自将甲的名片上传至网络，既不当扩大了甲的相关信息的披露范围，也应当构成对甲隐私权的侵害。再如，某人进入公共场所也不意味着其抛弃了自己的隐私，即便是公共监控设备拍摄了其画面，该公共场所摄像头的管理人也不得擅自对外公开该画面，因为该人只是有在该公共场所暴露其行踪的意思，而没有向所有人展示其活动的意愿，从这一点上来说，其仍然具有一定的私密性，仍受隐私权的保护。

第二，具有私人性。"隐私"一词中的"私"，是指与社会公共利益或他人利益无关的私人生活和私人信息，对这些事务或信息不为他人所知，既无害于社会，也无害于他人的私人生活。[①] 之所以说隐

① 参见周悦丽：《我国隐私权保护立法模式的选择与体系的构建》，载《南都学坛》2004年第9期。

私具有私人性，主要是指隐私与公共利益是相区别的。隐私都是指公共利益以外的私人生活和私人秘密，法律上保护隐私权，就是要保护个人对其私人生活和秘密的自主支配，尊重个人对其生活方式、自己的私人事务的决定，从而维护个人的人格尊严。当然，并非任何私人事务都属于隐私范畴。现代社会，私人事务形形色色，私人利益种类繁多，许多私人事务并不一定由法律调整、受隐私法的保护。例如，私人会客、交往等私人活动，大都由伦理、习惯调整，即便当事人不愿公开，但是如果利益比较轻微，可能还上升不到国家强制力干预的程度。也有一些私人利益涉及多种权利和法律的保护，应当分别受到财产权、身份权等多种权利保护，而不能将之一并归入隐私权的范畴。

第三，主要包括私人空间、私人活动和私人信息等内容。隐私权客体涉及的范围非常宽泛，根据不同的标准可以对其进行不同的分类，一般而言，可以将隐私权分为如下几种基本类型。

一是私人空间。私人空间是指私人支配的空间场所。换言之，是指当事人就特定私密空间不受他人窥伺、侵入、干扰的隐私权。私人空间包括的范围十分宽泛，既包括物理上的空间（如个人的住宅、办公室、行李箱等），也包括私人的网络虚拟空间（如个人的电子信箱、IP 地址、QQ 空间等）。只要是个人不愿意对外公开的私人空间，都应当受到隐私权的保护。

二是私人活动。此处所说的私人活动是指个人具有私密性的活动，也就是说，个人对其不愿对外公开的私生活秘密。私人活动包含的范围非常广泛，任何私人不愿意公开的信息、活动都可构成私人的私人活动。个人隐匿其私人秘密，只要这种隐匿不违反法律和社会公共道德，都应当受法律保护。

三是私人信息。私人信息是指具有私密性的一些个人信息。私人信息和个人信息存在一定的交叉，但两者的侧重点并不相同，私人信息主要强调信息的私密性，而个人信息则并不当然具有私密性，其主要强调对信息主体身份的识别性，已经公开的个人信息，只要其具有识别自然人个人身份的功能，则仍应当属于个人信息。隐私更注重的是“隐”，隐私信息强调私密性，而个人信息并不强调私密性。

在民法典分编草案中，有关隐私的定义并没有提及私生活安宁,但该草案第811条在列举隐私权的客体时使用了兜底性的规定,同时,第812条从反面对侵害私生活安宁的行为作出了规定,依据民法典分编草案第812条第5项的规定:"以短信、电话、即时通讯工具、传单、电子邮件等方式侵扰他人的生活安宁",构成对他人隐私权的侵害,该规定实际上就确立了对私人生活安宁的保护。这实际上是将私生活安宁作为隐私权的客体加以规定的。

四、隐私权客体的具体分类

(一)私生活安宁

私生活安宁是指自然人可以排除他人对自己生活安定和宁静的不当打扰和妨碍的权利,包括了日常生活安宁、住宅安宁、通讯安宁等。私生活安宁:通过侵害行为体现出来,私人生活安宁可能同时涉及私人空间、私人活动和私人信息。在美国,隐私权常常被认为是独处的权利,沃伦和布兰代斯最初即将隐私权界定为"生活的权利"(right to life)和"独处的权利"(right to be let alone),也即"一种个人信息免受刺探的权利"(the right free from prying)。[①] 艾伦等教授认为,隐私的本质是不受打扰,它包括四种情形,即孤立状态、亲密关系、姓名保留和隐私保留。[②] 这实际上就是认为,隐私的本质就是为了维护私生活的安宁。在大陆法系,判例学说也时常将隐私权称为忘却权(right to oblivion),或者说是被遗忘的权利。此种权利允许个人享有与公共利益无关的发展个性所必要的安宁和清静。[③] 德国联邦最高法院承认保持私人领域免受公共领域事物侵入的权利构成一般人格权的组成部分。[④] 私生活安宁的概念较为笼统、高度抽象,是对个人隐私权提供概括性保护的一项兜底性内容。

---

① 在美国某个案例中,大法官Fortas解释独处的权利就是"依照一个人的选择生活,除非有正当法律规定时,否则不受攻击、打扰、侵害。"See Time, Inc. v. Hill, 385U. SS. 374, 413(1967)(Fortas, J., dissenting).

② 参见[美]阿丽塔·L.艾伦等:《美国隐私法:学说、判例与立法》,冯建妹等编译,中国民主法制出版社2004年版,第49页。

③ See Michael Henry, *International Privacy, Publicity and Personality Laws*, London: Butterworth, 2001, p. 56.

④ MünchKomm/Rixecker, Anhang zu § 12 Das Allgemeine Persönlichkeitsrecht, Rn. 89 ff.

将私生活安宁权作为隐私权的一项重要内容，对于维护个人的独立人格、保障个人的生活幸福也具有重要的意义。

私生活安宁主要包括如下内容：一是日常生活安宁。这就是说，个人对自己的正常生活具有不受他人打扰的权利。禁止非法跟踪他人、骚扰他人，此种行为可能使他人处于一种时时被监控的状态，侵害了他人的正常生活安宁。例如，某人雇用私家侦探对他人进行跟踪盯梢，即是影响了他人的日常生活安宁。二是住宅安宁，即个人的住宅不受他人打扰，任何人不得经常无故敲门或者半夜在室外喧哗等。我国司法实践也对个人的住宅安宁加以保护，例如，在“泄露业主住址案”中，法院指出“自然人的住址属于自然人的个人信息，自然人的个人信息在本人不愿意公开的情况下属于个人隐私的范畴”。[①] 三是通信安宁。通信安宁是个人通信不受他人打扰的状态。电话骚扰在实践中也是一种侵害私生活安宁的行为，如某人恋爱不成，遂以电话的方式纠缠对方，妨害其私人生活安宁。随着移动电话的普遍使用，短信骚扰问题逐渐为社会所关注。短信息骚扰主要包括黄色短信的骚扰、商业性质短信骚扰和中奖类诈骗短信的骚扰等。[②] 例如，在“罗某诉某保险公司隐私权纠纷案”中，法院认为，“被告某保险公司非法收集、利用原告个人信息，多次致电原告推销车辆保险，侵扰了原告的正常生活，又拒不说明如何获取了原告个人信息，造成原告精神损害，构成对原告隐私权的侵害”。[③]

在现代社会，随着信息技术的突飞猛进，销售观念和模式的转变，有商家利用新型的信息技术进行大规模的营销，例如，通过群发电子邮件、手机短信等技术，不加选择地向人们大量传播“垃圾信息”，私生活的安宁受到严重威胁。[④] 实践中，通过网络发送商业性

---

① 参见广东省深圳市宝安区人民法院民事判决书(2010)深宝法民一初字第1034号。

② 参见马军：《报社广告有误电话扰民该赔　公民“安宁权”索赔有价》，载《检察日报》2001年6月30日，第3版。

③ 湖南省郴州市北湖区人民法院民事判决书，(2014)郴北民二初字第947号。

④ 国外已经存在针对垃圾邮件，个人用户以垃圾邮件的发件人破坏他人生活安宁和秩序、侵犯个人隐私权为由提起诉讼，要求其停止侵害并赔偿损失的案例。而法院支持了原告的诉讼请求，对有“垃圾邮件大王”之称的华莱士及其公司进行制裁。参见郭卫华、金朝武、王静：《网络中的法律问题及其对策》，法律出版社2001年版，第180页。

信息的现象比较普遍，除当事人另有约定外，通过网络发送商业性信息也不得影响个人正常使用网络，否则可能构成对他人私人生活安宁的侵害。就以电子信息方式发送广告等商业信息的，法律还应当明确民事主体的拒绝权利。如果民事主体明确表示拒绝的，则不得向其发送商业信息。如果通过互联网发布弹出式广告，则应当设置明显的关闭标志，确保可以一键关闭，如果无法关闭，则应当构成对个人私人生活安宁的侵扰。再如，如果相关广告、信息是借助于已经安装在电脑或手机中的程序或软件（如手机 APP）弹出的，在程序或软件中应当允许用户通过设置禁止弹出信息。在实践中，有些程序或软件的开发者不允许用户通过设置禁止弹出信息，这就会对用户造成不必要的干扰，属于对用户隐私权的侵害。我国《广告法》已经对以电子信息方式发送广告的行为进行了规范，也就是说，发送电子信息者应当明示其真实身份和联系方式，同时，要告知接受者拒绝继续接受的方式。

（二）私生活秘密

私生活秘密包含的范围非常广泛，任何私人不愿意公开的信息都可构成私人的秘密信息。个人隐匿其私人秘密，只要这种隐匿不违反法律和社会公共道德，都应当受法律保护。因此，判断私生活秘密是否属于隐私的范畴，应当从两个方面考虑，第一，凡是涉及个人不愿为他人知道的信息，无论该信息的公开将会对权利人造成积极影响或是消极影响，也无论该信息是否具有商业价值，只要该信息是个人不愿意公开的，则都应当受到隐私权的保护。[①] 在法律规定的范围内，个人有权决定某些个人私人信息或者事务完全与他人隔绝，抑或仅允许部分人知悉该信息或者事实，[②]而知悉该信息或者事实的人可能是确定的，如特定亲密关系中的个人，也可能是不确定的，如在公共场中知道个人身份的人。[③] 第二，个人不愿公开的信息并非法律要求必须公开的，个人隐匿这些信息并不违法也不违反

① 参见张新宝：《隐私权的法律保护》，群众出版社 2004 年版，第 8～9 页。

② Roos, The Law of Data (Privacy) Protection: A Comparative and Theoretical Study, 2003, p. 556.

③ Neethling, JM Potgieter & PJ Visser, Neethling's law of personality, LexisNexis South Africa, 2005 p. 31.

法律和公序良俗。这就是说,某些信息虽然是个人信息,但如果属于应当依法予以披露和公开的范围,就不应当属于隐私权的保护范畴。例如,如果相关主体依法负有公开个人财产的义务,此时,其有关的财产信息即不再是隐私权的客体。

在此需要探讨的是,私生活秘密一旦公开,其是否就不再受隐私权保护?一般而言,一旦个人的私生活秘密向全社会公开,就不再属于隐私的范畴。例如,如果已经允许了电信公司在"黄页"上向全社会披露自己的电话号码,那么,就不得再禁止他人转载其电话号码。但如果权利人只是在一定范围内公开其私生活秘密,则其仍应当是隐私权的保护对象,也就是说,如果某人向他人披露的隐私具有特定的范围,那么,该隐私的公开限于特定的范围之内,其具有相对的非公开性,仍然受隐私的保护。[①] 例如,与特定人交换名片,仅意味着以交往为目的向特定人披露,不能以此推定权利人允许他人向全社会公开其名片上的个人信息。当然,这种保密义务的范围和程度可以根据当事人的身份、交易关系、隐私的性质予以界定。

依据不同的标准,可以对私人信息进行不同的分类。例如,依据涉及对象的不同,可以将私人信息分为个人私密、家庭私密、财产私密和其他私密信息。根据是否与网络环境相联系,可以将私人信息分为网络环境下的个人信息和非网络环境下的个人信息。行为人未经许可擅自泄露、公开他人的私人信息的,将构成对他人隐私权的侵害。例如,在"孙某某诉中国联合网络通信有限公司上海市分公司侵犯隐私权纠纷案"中,法院认为,"原告孙某某签署了中国联通有限公司上海分公司 CDMA 移动电话初入网登记表,提供了个人的姓名、地址、电话号码、身份证号等私人信息……被告将上述信息提供给具有独立法人资格的联通新国信通信有限公司之分支机构上海分公司……法院认定被告未经原告许可将其所知悉的原告的私人信息提供给他人的事实成立,被告的行为构成对原告隐私

---

① See Michael Henry, *International Privacy, Publicity and Personality laws*, London: Butterworth, 2001, p. 297.

权的侵犯”。[①] 此外,根据私密信息是否涉及他人,还可以将其分为个人私密信息和共同私密信息。一般而言,私密信息主要包括如下几种。

1. 个人的生理信息。生理信息包括个体先天得来的一切遗传信息和后天成长发育过程中形成的有关信息,如个人的身高、体重、血型、肤色、长相、性别等。在各种生理信息中,个人的基因信息是最为核心的生理信息。[②] 肖像本身不是隐私,但也可能涉及生理隐私。个人的生理信息还包括个人的生命信息和遗传基因等信息,禁止任何人以非法手段获取、利用他人的生命信息和遗传基因。依据最高人民法院《关于审理利用信息网络侵害人身权益民事纠纷案件适用法律若干问题的规定》第 12 条的规定,网络用户或者网络服务提供者利用网络公开自然人基因信息等信息的,构成对他人隐私权的侵害,该条对基因隐私的保护作出了规定。我国司法实践也通过隐私权对个人的生理信息提供保护。例如,在“刘某某等上诉隐私权纠纷案”中,法院认为,“乐视公司将属于刘某某的个人信息秘密,以视频形式对外发布,其内容不仅涉及刘某某姓名、籍贯,还涉及其个人私密身体健康及社会敏感事件……未经授权、核实转载他人私密信息的,属于散布、公开、披露了他人隐私秘密,构成侵犯刘某某的隐私权,依法应当承担民事责任”。[③]

2. 身体隐私。身体隐私是指个人不愿对他人公开的身体的各个部位,尤其是性器官、有残疾的部位等。保护个人的身体隐私并不意味着身体的每一个部位都是不能公开的,但个人的身体敏感区域可能关系到个人的名誉、贞操,尤其是对女性而言,身体的隐私更为重要,应当受到隐私权的保护。当然,对身体隐私的侵害不仅包括公开个人不愿意公开的身体部位,也包括公开个人的裸体照片。裸体照片也涉及个人的身体隐私,因此即使人体模特允许他人临摹其身体,但也并不意味着允许其向公众公开展出画像、暴露其身体隐私。行为人未经许可擅自公开他人的身体隐私的,将构成对他人

---

① 上海市浦东新区人民法院民事判决书,(2009)浦民一民初字第 9737 号。

② 参见李秀芬:《论隐私权的法律保护范围》,载《当代法学》2004 年第 4 期。

③ 北京市第一中级人民法院民事判决书,(2016)京 01 民终 3257 号。

隐私权的侵害。例如，在“唐某某诉黄某某侵犯隐私权案”中，法院认为，“被告黄某某强行闯入原告唐某某住所并拍摄原告唐某某与唐×夜宿裸照的行为，属非法侵入他人私人生活空间、私拍他人私生活镜头的行为，给原告唐某某享有的隐私权益造成了侵害，依法应当承担相应的侵权民事责任”。①

3. 健康隐私。个人的身心健康状况是个人隐私的组成部分，尤其是在个人身患疾病的情形下，本人一般不愿意公开其健康隐私，否则可能影响其社会交往，甚至使其遭受他人歧视。其实，早在公元前4世纪，希波克拉底誓言中就包括了应对病人健康隐私进行保密的誓言。1810年，《法国刑法典》规定了违反医疗保密将被处以罚金和监禁。对患者的健康隐私保密已经成为国际上普遍承认的医师伦理。在现代社会，个人健康隐私的重要性日益凸显，已经成为个人的核心隐私。健康隐私的对象并不限于病历记载的内容，其还可能产生于医患交流和医疗行为过程中。健康隐私的范围要大于患者隐私，即便个人未罹患疾病，其健康信息也应当属于隐私权的保护对象。尤其是对于身患传染性疾病或者隐秘性较强的疾病，如肺炎、肝炎、宫外孕、肿瘤疾病及性病等，患者更是不愿意暴露自己的相关健康隐私信息，以免造成他人的恐惧和误解。② 对于一些经营者而言，其健康状况还可能影响其经济来往和企业信誉。个人的健康隐私一旦泄露，不仅会侵害个人的隐私权，而且可能对其亲属、家族的隐私产生不利影响。正是这一原因，我国有关法律和司法解释对个人的健康隐私保护作出了规定。例如，《关于审理利用信息网络侵害人身权益民事纠纷案件适用法律若干问题的规定》第12条第1款规定：“网络用户或者网络服务提供者利用网络公开自然人基因信息、病历资料、健康检查资料、犯罪记录、家庭住址、私人活动等个人隐私和其他个人信息，造成他人损害，被侵权人请求其承担侵权责任的，人民法院应予支持。……”

4. 财产隐私。个人对其财产所享有的权利属于财产法的调整对象，不应当属于隐私权的范围。但个人的财产状况，则应当属于

---

① 深圳市宝安区人民法院民事判决书，(2010)深宝法民一初字第244号。

② 参见曲直：《留给隐私多大空间》，中华工商联合出版社2004年版，第95页。

隐私权的保护对象。例如,个人在银行有多少存款,个人有多少动产和不动产,以及在哪些地方拥有财产等,除法律要求个人必须予以披露的外,都应当属于个人隐私。即便是法律规定个人必须如实申报自己的个人财产状况,也并不意味着该财产信息不再受隐私权的保护,相关主体仍应当对个人的财产状况尽到保密义务,擅自泄露或者公开的,仍应当构成对他人隐私权的侵害。例如,个人在申请办理房屋登记时需要提交相关的财产证明文件,登记机关不得擅自披露申请人的财产状况。当然,在个人依法负有公开其财产状况的义务时,其相关的财产状况信息就不再受隐私权的保护。

5. 家庭隐私。家庭生活隐私是以家族关系、血缘关系、婚姻关系为基础形成的隐私,具体包括家庭成员的情况、婚姻状况(如离婚史等)、是否为过继、父母子女关系及夫妻关系是否和睦、个人情感生活、订婚的消息等。个人的婚姻状况是个人重要的隐私,他人未经许可不得擅自公开。但如果个人自愿将其婚姻状况公开,则相关信息即不再受隐私权的保护。例如,在"杨某某与沈阳日报社肖像权、名誉权、隐私权纠纷案"中,法院认为,"上诉人明知报社记者欲拍摄单亲家庭的照片而同意拍摄并同意在报纸上刊登,无论是为解决生活困难还是为文章作配片,都证明上诉人已默认将其婚姻状况公开",因此,被告不构成对原告隐私权的侵害。①

有学者认为,家庭隐私实际上是共同隐私。② 笔者认为,虽然家庭隐私涉及多个家庭成员,具有一定的特殊性,但其仍然涉及个人的私人生活,本质上仍然属于个人隐私。当然,家庭隐私与单个个人的隐私相比,仍有一定的差别,单个个人的隐私更多地侧重本人具有私密性的生活或历史信息,而家庭生活侧重其与家庭成员之间的生活或历史。由此可以看出,"家庭生活"一词在相当程度上关涉其他的家庭成员。从这个角度来看,如果擅自披露某公众人物家庭的其他成员的私人信息或者私生活,仍然侵犯了该公众人物的隐私。

6. 基因隐私。基因是具有遗传效应的 DNA 分子片段,是人类基础的遗传信息单位,它决定着一个人由生到死的整个生命过程,

---

① 辽宁省沈阳市中级人民法院民事判决书,(2005)沈民(1)权终字 2026 号。

② 参见张新宝:《隐私权的法律保护》(第 2 版),群众出版社 2004 年版,第 218 页。

决定着一个人所有的生理特性和行为特征。[①] 基因隐私是指个人对其私人基因信息所享有控制支配的权利。[②] 基因中存在个人甚至其家庭的重要生理隐私,因为基因中记载了个人的遗传密码等生命信息,所以也可以从基因中了解个人的疾病史。遗传疾病的基因信息的披露将对个人的生活产生重大影响,如保险公司不愿意为他们在医疗、意外、伤害、人寿方面作保,用人单位也可能不愿意接收他们,等等,[③]所以保护基因隐私非常重要。正是基于这一原因,有的国家专门制定了基因隐私保护的立法,如瑞士的《人类基因检验法》、美国的《反基因歧视法》、德国的《人类基因检测法》、葡萄牙的《个人基因信息和医疗信息法》以及奥地利的《基因技术法》等。在我国,个人的基因信息应当属于隐私权的保护范畴,个人的生命信息和遗传基因受法律保护,禁止任何人以非法手段获取自然人的生命信息和遗传基因信息。

我国司法实践中也出现了基因隐私的相关纠纷。例如,在"中国基因歧视第一案"中,原告因在某市公务员考试体检中被查出"携带地中海贫血基因"而遭拒录,后将该市人力资源和社会保障局告上法庭。在一审败诉后,原告又提出了上诉,后该市中级人民法院作出终审判决,驳回上诉,维持原判。[④] 该案也提出了个人基因隐私保护的问题。基因隐私具有如下特征:一是具有身份识别性。基因中包含了个人的生命遗传信息,基因组图将记录一个生命的全部奥秘和隐私,对个人身份具有一定的识别性,随着基因技术的发展,基因隐私将越来越重要。[⑤] "每个人只要抽一滴血,胎儿抽取少许羊水,就会让人的遗传密码曝光。"[⑥]基因信息的泄露将导致个人的未

---

① 参见李文、王坤:《基因隐私及基因隐私权的民事法律保护》,载《武汉理工大学学报》(社会科学版)2002 年第 2 期。

② 张宏:《基因隐私全的法学思考》,载《河北法学》2006 年第 9 期。

③ 参见李春秋:《当代生命科技的伦理审视》,江苏人民出版社 2002 年版,第 88 页。

④ 参见唐梦:《中国基因歧视第一案考生终审败诉　再检结果一致》,载《南方日报》2010 年 9 月 6 日。

⑤ 参见李春秋:《当代生命科技的伦理审视》,江苏人民出版社 2002 年版,第 72 页。

⑥ 李震山:《胚胎基因工程之法律涵义》,台湾大学法学院"基因科技之法律规则体系与社会冲击研究研讨会"论文。

来生活部分或全部地暴露在公众面前。如果死者携带有某种带有社会烙印的变异基因,该信息一旦被泄露,则被人怀疑携带有同样的变异基因的死者近亲属可能遭受社会的"基因歧视",承受社会的不公正对待。[①] 二是具有私密性。由于具有血缘关系的亲属之间的基因信息具有一定的相似性,可以通过一个人的基因信息推测出与其具有血缘关系的亲属的基因信息,因此,有观点认为,与其他私密信息相比,基因隐私更为私密,基因信息具有私密性。[②] 个人享有其基因信息不为他人知悉的权利,行为人未经许可,不得擅自公开他人的基因信息。三是基因隐私应当受到隐私权和个人信息权的双重保护。基因隐私一方面属于个人的私密信息,应当受到隐私权的保护,另一方面,基因隐私也是具有重要价值的社会资源,[③]个人的基因信息也应当受到个人信息权的保护,[④]如对于掌握个人基因信息的相关主体而言,权利人有权依据《民法总则》第111条请求其采取必要的措施,保障个人基因信息的安全。

7. 谈话隐私。它是指个人在交流过程中所产生的不愿为公众所知的隐私,即个人在进行私人交流时,其中可能涉及一些私人不愿为他人知晓的信息,个人对此种谈话内容应当享有不受不法干涉和偷听的权利。谈话隐私保护的并不是谈话行为本身,也并非保护不谈话的自由,而是对谈话中交流的个人不愿公开的信息的保护。谈话隐私必须具有隐匿性,如在新闻发布会上主持人与记者之间的一问一答就不是谈话隐私。[⑤] 但对于谈话隐私的保护要考虑按照社会一般人的标准加以判断。[⑥] 未经本人许可,不得擅自将他人的谈

---

① 参见罗胜华:《基因隐私权研究》,载易继明主编:《私法研究》(第2辑),北京大学出版社2003年版,第112页。

② George J. Annas & Leonard H. Glanz & Patricia A. Roche, "Drafting the Genetic Privacy Act: Science, Policy and Practical Considerations", *Journal of Law, Medical & Ethics*, 1995, 23.

③ 参见张宏:《基因隐私权的法学思考》,载《河北法学》2006年第9期。

④ 参见秦天宝、虞楚箫:《基因隐私的法律保护限度》,载《江西社会科学》2015年第9期。

⑤ 参见[美]阿丽塔·L. 艾伦等:《美国隐私法:学说、判例与立法》,冯建姝等译,中国民主法制出版社2004年版,第132页。

⑥ 参见[德]霍尔斯特·埃曼:《德国民法中的一般人格权制度》,邵建东等译,载梁慧星主编:《民商法论丛》(第23卷),金桥文化出版有限公司2002年版,第453页。

话内容上网,擅自录制并透露他人的私人谈话内容,也不得对外公布他人的谈话录音。

8. 个人经历隐私。个人经历隐私是指个人对其以往的生活经历所享有的隐私权。包括个人的婚姻史、过去的恋爱经历、交友的经历、工作履历等。关于个人历史上的犯罪记录是否作为隐私受到保护,在学界还存在争论。个人经历隐私具有一定的可利用性,例如,个人可以将其个人经历写成小说,或者改编成其他文学、艺术作品等。个人的经历在性质上也属于个人的生活秘密,无论该个人经历是否会贬损个人的名誉,其都应当受到法律的保护,未经本人同意,禁止非法窥视、窃听、刺探、窃取、偷录、偷拍、公开他人的私人信息。

9. 其他有关个人生活的私人信息。这主要包括自然人的姓名、职业、工作地点、交友范围、消费偏好、住址、住宅、电话、民族、宗教信仰、日记和其他私人文件等,这些信息未经许可,不得加以刺探、公开或传播。未经本人同意,不得擅自公开他人的书信内容。例如,在“庞某某与北京趣拿信息技术有限公司等隐私权纠纷案”中,法院认为,自然人的基因信息、病历资料、私人活动等是属于隐私信息的范围,本案原告被泄露的上述诸信息中,“其行程安排无疑属于私人活动信息,从而应该属于隐私信息,可以通过本案的隐私权纠纷主张救济”。①

(三)私人空间

1. 私人空间的概念

私人空间是指私人支配的空间场所。空间隐私权是指当事人就特定私密空间不受他人窥伺、侵入、干扰的隐私权。隐私权所涉及的空间具有双重含义,首先,空间隐私所涉及的空间是一个物理学上的概念,是以一定的长、宽、高来界定的三维空间。例如房屋内的空间就是典型的空间隐私。其次,空间的另一个含义是指私密空间,此种空间不一定是物理意义上的空间,而是指个人所生活的隐秘范围,如个人居所、旅客行李、学生的书包、口袋、日记、通信等,均为私人空间。空间隐私的发展也是隐私权发展的重要体现,这些发

① 北京市第一中级人民法院民事判决书,(2017)京01民终509号。

展主要表现在如下几个方面。

第一,私人空间的保护方式从财产权保护延伸至隐私权的保护。住宅空间属于物权的范畴,未经房屋所有人或合法占有人的同意,任何人不得非法闯入他人的住宅或进行非法搜索、搜查,否则,权利人可以请求行为人停止侵害、排除妨害,将闯入者驱逐出房屋。但仅采用物上请求权的方法保护个人的住宅是不够的,因为私人住宅不仅仅是纯粹的物理空间,同时作为一种心理空间,负载着权利人的精神利益,仅通过财产权的救济方式难以有效保护权利人。例如,行为人在闯入他人房屋后很快离开,该行为并没有造成权利人的财产损害,但却造成了他人的精神损害(如震惊等)。空间隐私权概念的发展突破了传统上把空间作为有形财产予以保护的模式,可以通过精神损害赔偿的方式对权利人提供救济,这本身也体现了对个人人身自由和人格尊严的尊重。

第二,空间隐私开始突破私人住宅而扩及公共空间。传统观点认为"隐私止于屋门之前"。现代人格权的发展不仅使隐私的范围扩张到了空间隐私,而且从私人住宅扩及至公共空间。也就是说,住宅并不是私人生活与公共领域的界限,个人在公共空间中也应当享有隐私权。1999 年,德国联邦最高法院关于摩洛哥卡罗琳(Caroline)公主案的判决表明,[①]隐私也存在于公共场合。虽然在通常情况下,工作场所、公共场所不属于绝对的私人空间,但是不排除这些场所具有相对的私人空间的性质。[②] 因为一方面,工作场所和公共场所中,虽然原则上属于不特定人共享的公共空间,但并非完全排除私人空间的可能性,在这些领域有可能存在私人更衣室等私密空间;[③]另一方面,即便是公共场所和工作场所,在个人使用的时候,也有可能形成隐私。例如,个人使用公共厕所,禁止他人窥探。即使是在工作场所,也存在空间隐私。再如,雇主在工作场所利用闭路电视监视雇员、某人在公共场所非法设置秘密的摄像头等,都可能构成对隐私的侵害。[④] 当然,在公共空间中,个人在何种

---

① BGHZ 128,1.

② See Katz v. United States,389 U. S. 347(1967).

③ BGH NJW 1996,1128.

④ President District Court Roermond,12 September1985,KG 1985,299.

情形下享有隐私权，应当在个案中具体判断。[①]

第三，空间隐私从有形的物理空间转向无形的虚拟空间。私人空间传统上大都认为是物理上的特定空间，属于物权法中不动产的保护范畴，而现代社会随着互联网络的发展，出现了虚拟的空间，从而产生了虚拟空间中隐私权的法律保护问题。空间隐私除了物理空间之外，还应当扩及电子空间等虚拟空间，如侵入他人电脑系统，即使不盗取信息，也构成对自然人隐私权的侵犯。正如有学者所言，互联网络的开放性、交互性、虚拟性、技术性、数字化、无纸化、高效率等诸多特征已经对传统民法学的许多领域产生了重要影响，这些影响涉及民法的诸多方面，在隐私权领域尤其如此。[②] 互联网的虚拟性、交互性构成了与现实世界不同的独特的网络空间，如网上聊天室、电子邮箱都构成了日常生活的组成部分。因此，电子邮件成为网络世界中最常见的通讯手段，保护网络环境中的通信秘密和通信自由、禁止影响他人在网络空间上的生活安宁非常必要。

2. 住宅空间

住宅是人们生活起居的住所，也是个人重要的私密空间。对私人所有或者占有的住宅空间，任何人都不得非法打扰。传统观点认为，“隐私止于屋门之前”，“住宅是个人的城堡”（a man's house is his castle），这是英国法学家提出的法谚。住宅是个人所享有的隐私的重要组成部分。[③] 在古老的法律中，住宅是人们遮风避雨的场所。在习惯法中，即使是债权人也不得闯入债务人的房屋讨债，只能等在屋外要债。《汉穆拉比法典》第 21 条也有禁止他人非法闯入住宅的规定。[④] 在现代社会，无论是个人自有的房屋，还是通过租用、借用等方式占有的房屋，都属于个人的住宅空间，按照古老的谚语，“风可进，雨可进，国王不可进”，即便个人的住宅如草屋一般脆弱，也是不可侵害的。近几十年来，随着隐私概念的发展，住宅空间

---

① See Michael. Henry, *International Privacy, Publicity and Personality Laws*, Butterworths Press, pp. 157, 169.

② 参见刘德良：《网络时代的民法学问题》，人民法院出版社 2004 年版，前言。

③ See Michael Henry, *International Privacy, Publicity and Personality Laws*, London: Butterworth, 2001, p. 14.

④ See Richard G. Turkington Anita, L. Allen, *Privacy* (Second Edition), West Group, 2002, p. 9.

不仅仅受物权的保护，而且也受隐私权的保护。例如，在“美国诉卡罗（United States v. Karo）案”中，美国联邦最高法院认为，个人对其合法所有的房屋空间都享有合理的隐私期待，政府不能在无任何怀疑以及无任何令状的情形下在他人房屋之内使用电子设备探寻某物。[①]

对该财产中的空间的支配，形成个人的隐私，侵入他人的财产，就侵害了他人支配的空间，从而侵害了他人的隐私权。住宅是个人所享有的隐私的重要组成部分，即便是公众人物，对其纯粹的私人空间也享有隐私权，任何人未经其许可，不得擅自闯入公众人物私人所有的、合法占有的房屋以及其他空间，不得非法对个人空间进行搜索、搜查、窃听，否则构成对个人空间隐私权的侵害。例如，在德国的判例中，法院认为如果某人“克服现有的障碍或借助于合适的辅助工具（例如长焦镜头、梯子或飞机）监视他人的生活空间”就构成了对他人隐私的侵扰。[②]

3. 私人网络虚拟空间

传统的私人空间主要局限于住宅空间。随着个人生活所能够支配的私人空间范围的扩大，在住宅空间之外也发展出来了其他的私人空间类型，如网络虚拟空间的法律保护问题。例如，个人的邮箱，不对外公开的微信朋友圈、QQ 空间等，即属于个人私人网络虚拟空间，任何人不得擅自侵入、窥探。其实，凡是私人支配的空间场所，无论是有形的，还是虚拟的，都属于个人隐私的范围。

4. 其他私人空间

除此之外，公共场所中也可能存在其他物理学意义上的个人空间。私人领域还可能及于住宅之外的公共空间之中。空间隐私除个人合法占有的房屋之外，还包括个人的其他私人空间，如个人的办公室、汽车后备箱、行李箱等。在美国的一个案件中，法院认为，采用任何高科技手段进行透视、扫描等窥探方式，或者只是挤压行李袋外表以探测袋内的物品，也应当构成对隐私权的侵害。[③]

---

① United States v. Karo, 468 U. S. 705 (1984).

② BGH 9 December 2003, JZ 2004, 622, Note v. Gerlach.

③ Bond v. United States, 529 U. S. 334 (2000).

在公共场所中合法支配的空间。个人也应当享有一定的隐私，个人在该空间内的生活也享有不受侵扰的权利，因此，即便在公共场所，也不意味着个人的隐私权完全丧失。例如，在“杨某某上诉崔群颖等隐私权纠纷一案”中，法院指出：“学校进行安全检查时，原告衣橱个人物品则成为检查对象，已不属于杨的个人隐私性质。检查行为系为学校公共安全的考虑，个人隐私权让位于公共安全。基于法益衡平的考量，本院认定此次检查行为不构成对杨某某隐私权利的侵犯”。[①]

需要指出的是，公共场所内的个人隐私不同于个人的私人住宅，因为个人暴露于公共场所，其隐私已经受到了一定的限制，但此种限制不意味着在公共领域个人的隐私权完全丧失。即使是在工作场所，与工作无关的私人隐私，雇主也不应予以干涉。例如，在更衣室、卫生间内设置摄像头，则构成对隐私权的侵犯。但是在工作场所，例如生产的流水线上，出于保障安全生产、防止员工错误操作等目的，在必要范围内可以采取监控手段，但通过此种手段取得的信息资料不得用作其他目的，更不得非法公开。

（四）通讯秘密

自然人的通讯秘密不受侵害，通讯秘密不同于通信秘密。通信，狭义上只是指信件的往来，而通讯包括信件、电子邮件、电话、电报等各种通讯方式。通信秘密与通讯自由不同，通讯自由保护的是自由通信的权利，而通信秘密主要保护的是通讯过程和通信内容不受他人监听、截获的权利，是对这种通讯过程的秘密状态的保护，实际上也就是隐私权。在这一点上，它与自由权有所区别。法律保护个人的通讯秘密，禁止以窥视、窃听、信件、电话等物理或信息方式，骚扰他人的私生活安宁。禁止以群发电子邮件、垃圾短信、垃圾电话或其他信息技术等方式，骚扰他人的私生活安宁。发送人应当为被发送人提供选择接受信息与否的机会，被发送人有权要求把自己的名字排除在群发名单之外，经拒绝后继续发送的，发送人应当承担法律责任。

在通讯中包含的秘密，已属于通讯秘密的组成部分，应作为通

---

① 北京市第三中级人民法院民事判决书，(2016)京03民终9992号。

讯隐私受到保护。例如,在"刘某某与家宝产品设计(深圳)有限公司隐私权纠纷案"中,法院认为,"隐私权是指自然人享有的对自己的个人秘密和个人私生活进行支配并排除他人干涉的一种人格权。隐私权包括个人的安宁权、个人的信息保密权、个人通讯秘密权……被告未经原告同意,擅自拆封原告邮件,客观上侵犯了原告的通信自由,损害了原告的隐私"。[①]

(五)私生活的自主

私生活自主是指与隐私有关的个人私生活的自主决定,它要求个人能够选择自己的生活方式、决定自己的私人事务等。隐私权不仅包括消极地保护自己的权利不受侵害的内容,还包括权利人自主决定自己的隐私,以及对隐私进行积极利用的内容。例如,个人愿意从事此种职业而不愿意从事另一种职业,个人愿意在此处居住而不愿意在他处居住,妇女在结婚后决定是否或何时怀孕、分娩等问题,都应当属于个人的私人事务,从而依法不受他人干涉和控制。

私人活动的自决与空间隐私权也存在密切联系,有学者认为,私密空间包括精神层面和物理层面的空间,精神层面的空间主要是指个人的自主决定,妨碍个人的自主决定实际上就妨碍了个人的自主空间。从这一意义上来说,自主决定可以包括在私密空间之中。[②]此种观点确实具有一定的道理。隐私权既划定了他人不得干涉的界限,也确定了权利人利用自己权利的界限。当然,隐私法的基础在于尊重个人的自主权,而它又是以公共和私人领域之间的区分为基础的,个人只对自己的私人领域享有自主决定的权利,而对于公共空间,则不享有决定权。[③] 所以,个人对于私生活事务的决定,只要不违反法律规定或侵害他人权利,则不应受到他人的干涉。

五、违法的私人信息是否受隐私权的保护

违法的私人信息是否属于隐私权的保护对象,存在不同观点。

---

① 广东省深圳市福田区人民法院民事判决书,(2012)深福法民一初字第727号。

② 参见林建中:《隐私权概念初探——从美国法之概念切入》,载《宪政时代》第23卷第1期。

③ Richard G. Turkington & Anita, L. Allen: *Privacy*(Second Edition), West Group, 2002, p. 1.

赞成说认为，违法的私人信息也是个人私人生活的组成部分，应当受到隐私权的保护，擅自公开他人的违法私人信息，应当构成对他人隐私权的侵害。如果不保护违法的隐私，实际上是混淆了道德和法律，把伦理上的正义观引入法律，这种做法是不可取的[①]。反对说认为，违法的私人信息不应受隐私权保护。例如某人与他人通奸，此种违法的不道德的行为应当予以公开，不受隐私权的保护，[②]出于维护社会公共利益的考虑，应当对个人的隐私权进行一定的限制。同时，个人的违法信息已经为相关公权力机关的裁判文书等所确认和公开的，不应当再属于隐私权的保护对象。

在2008年发生的“网络暴力第一案”中，就引发了对这一问题的争议。在该案中，原告王某与姜某结婚，婚后感情不和。2007年6月原告患病后双方感情进一步恶化，2007年10月闹起离婚，2007年12月29日姜某跳楼自杀，其大学同学张某等在自己的网站上发表、登载了对原告及家人进行侮辱、诽谤的文章，称姜某是被原告“逼死”的，同时，将原告及家人的姓名、照片、住址以及其身份证信息、户口簿信息和工作单位等信息全部在被告网上非法披露。这些行为给原告王某及家人的生活、工作、名誉造成了严重的影响。王某向法院提起诉讼，一审法院认为，张某在披露王某婚姻不忠行为的同时，披露王某的姓名、工作单位、家庭住址等个人信息，构成对王某隐私权的侵害。[③]

但自此案以后，关于违法隐私是否受法律保护问题，法院的做法也不尽一致，有的法院认为，个人的违法犯罪信息不应当受到隐私权的保护。例如，在“黄某与天津一汽丰田汽车有限公司隐私权纠纷案”中，行为人在其内部培训教材中使用了原告犯罪的事实作为案例，关于个人的犯罪事实是否属于隐私权的保护范围，法院认为，“黄某因刑事犯罪行为被判处刑罚是客观事实，该事实已被人民法院的刑事判决书所确认。人民法院的生效法律文书不但具有法律拘束力，同时也具有向不特定的社会公众公开的法律公示力，是

---

① 参见张礼洪：《隐私权的中国命运》，载《法学论坛》2014年第1期。

② 参见李秀芬：《论隐私权的法律保护范围》，载《当代法学》2004年第4期。

③ 北京市朝阳区人民法院民事判决书，(2008)朝民初字第10930号。

与公共利益和群体利益相关的信息，因此该信息不属于隐私范畴。且一汽丰田公司在内部培训教材中引用黄某案例，如实转引了相关事实，并未进行歪曲，故原审认定一汽丰田公司并未侵犯黄某的隐私权并无不当”。[①] 但有的法院则认为，个人的违法信息也应当受到隐私权的保护。例如，在“张某某等与京华时报社隐私权纠纷案”中，法院认为，“《中华人民共和国未成年人保护法》第五十八条规定：‘对未成年人犯罪案件，新闻报道、影视节目、公开出版物、网络等不得披露该未成年人的姓名、住所、照片、图像以及可能推断出该未成年人的资料。’依此规定，未成年人在犯罪案件中，其姓名实际上已经成为一项法定的应当保密的个人信息，属于未成年人的个人隐私，应当纳入隐私权的保护范畴。本案中，张某某在涉嫌犯罪时系未成年人，而被告在涉诉新闻报道中，直接披露了张某某的姓名，明显违反了《中华人民共和国未成年人保护法》第五十八条之规定，存在主观上的过错，并造成了张某某隐私被泄露的后果，故本院认定被告构成对张某某的隐私侵权，应对原告承担相应的侵权责任”。[②]

笔者认为，对于非法的和不道德的信息是否应当一律公开，也不可一概而论，对于涉及社会公共利益的私人信息，则应依具体情形是否应当公开，但并非所有的违法信息都应当公开。例如，卖淫嫖娼等行为虽然是违法或不道德的，但未必要向社会公开，因为卖淫嫖娼等行为虽然已经明显违法，行为人应当受到相应的处罚，但行为人的隐私在一定程度上仍然要受到法律的保护，不必将行为人向全社会公开，甚至将行为人游街示众。[③] 笔者认为，即便是违法的私人信息，仍然应当受到隐私权的保护，主要理由如下。

第一，个人违法、犯罪等私人信息属于个人私人生活的一部分，是个人过去生活轨迹、生活历程的组成部分，与个人的私人生活密切相关，如果这些信息的披露与国家机关行使职权、公共利益等无关，则即便此类信息的内容是有关个人非法活动的，其也应当受到法律的保护，个人的违法、犯罪行为虽然应当受到法律的否定性评

① 参见天津市第二中级人民法院民事判决书，(2015)二中保民终字第65号。

② 参见北京市朝阳区人民法院民事判决书，(2014)朝民初字第17121号。

③ 2006年11月29日，深圳警方为严厉打击黄业，将100名涉嫌卖淫、嫖娼的违法犯罪人员在深圳“三沙”游街示众。参见《南方都市报》2006年11月30日。

价，但并不当然意味着该私人信息不受隐私权的保护。

第二，个人的违法、犯罪行为虽然已经被公权力机关的相关裁判文书所确认，但并不意味着相关主体可以将该事实向全社会公开。例如，涉及卖淫嫖娼行为，虽然该行为已经违法，行为人应当受到相应的处罚，即便如此，该信息也应当受到隐私权的保护，他人不得擅自将该信息发布在网上向全社会公布。隐私权是民事权利，即便个人已经受到刑事处罚，其隐私权仍应当受到法律保护。因此，对于不涉及社会公共利益的案件，法院在公开裁判文书时，应当尽量进行匿名化处理，避免造成对个人隐私权的侵害。

第三，违法、犯罪的行为人需要重新融入社会，保护其隐私有利于其回归正常生活。例如，对个人的嫖娼信息，个人已经因该行为受到法律的惩罚，如果再将其事实公开，则将使违法行为人受到反复多次惩罚，甚至使其终身蒙受耻辱，无法回归社会，过上正常生活。

第四，我国《民法总则》第 109 条在规定人格尊严的保护时，并没有区分个人的身份，而是规定所有人的人格尊严都应当受到法律平等保护，包括曾经违法、犯罪的人。因此否定个人违法、犯罪信息受隐私权的保护，有违人格尊严平等保护的立法精神。例如，在某贪腐案件中，相关个人已经被判处刑事处罚，但其不雅照却被长期挂在网上，这可能使该人或者其家人长期受到公众的否定性评价，这既超出了法律责任的目的范围，也超出了反腐的范围，在一定程度上对其本人及其家人人格尊严造成损害。

《关于审理利用信息网络侵害人身权益民事纠纷案件适用法律若干问题的规定》第 12 条第 1 款规定："网络用户或者网络服务提供者利用网络公开自然人基因信息、病历资料、健康检查资料、犯罪记录、家庭住址、私人活动等个人隐私和其他个人信息，造成他人损害，被侵权人请求其承担侵权责任的，人民法院应予支持。……"从该规定来看，犯罪记录同样属于隐私权的保护范围，禁止非法通过网络公开他人的犯罪记录等隐私信息。当然，个人的违法、犯罪记录如果不公开可能会损害公共利益，则法律应该强制其披露，此时，该个人信息即不应当属于隐私权的保护对象。由于隐私权是应该受限制的，如果国家机关依据法律规定，或者新闻媒体通过舆论监督可以予以探知和公开，这属于正当行使权利的行为，不属于隐私的保护范围。但是,相关主体不能随意地公开他人非法的或不道德的个人信息。

第四节 隐私权的边界:合理预期理论的启示

一、合理预期理论的产生与发展

诚如前述,隐私权的发展表明其在整个人格权法领域中是最活跃、最丰富的权利。人是社会性的生物,必然要广泛参与到各类社会交往活动中去,与他人发生千丝万缕的接触和联系。也就是说,个人的私密信息可能在不同的程度上被其他社会交往同伴所了解。如果隐私权的概念被泛化,凡是自己不希望让别人知道的信息都一概界定为隐私,那么,将可能给其他社会同伴造成不必要的负担。这也是为什么法律在充分承认隐私权的种类和内容的同时,也需要设定一个合理的边界,以保证人与人之间能够顺畅地开展交往活动。从立法技术上来看,对隐私权边界的设定主要有两个方案,一是从正面描述隐私权人的权利种类和内容;二是从潜在侵权人的视角规定免责事由。但无论如何,这都涉及一个基本的理论问题,即以什么作为设定边界的标准和依据。在这方面,美国法上的合理预期理论提供了很好的启示。

"合理预期"理论最早是在 1967 年的 *Katz v. United States* 案中产生的,在该案中,Charles Katz 在洛杉矶、迈阿密和波士顿等地利用公共电话亭下赌注,涉嫌非法赌博,联邦调查局在未通知 Katz、没有获得合法许可的情况下,在公共电话亭外安装了电子窃听器,通过该窃听器获得了 Katz 谈话的内容,并据此认定 Katz 非法赌博的证据。Katz 在法院提起诉讼,认为联邦调查局的行为违反了宪法第四修正案的规定,上诉法院认为,联邦调查局并没有物理性侵入该公共电话亭,因此,支持了联邦调查局的做法。联邦最高法院支持了 Katz 的主张,Harlan 大法官指出,"封闭的电话亭犹如个人的住宅,个人在该区域内享有一种受宪法保护的对隐私的合理期待;无论是物理上的侵入,还是电子侵入,都构成对宪法第四修正案的违反”。也就是说，宪法第四修正案保护的是人，而不是场所。政府是否在搜查中侵犯了自然人隐私，这取决于这种搜查是否违反了社会上一般人的合理预期，只要某人对某事项在主观上具有隐私期待，即认为具有合理的隐私期待，应当属于宪法第四修正案的保护范围。①

“合理预期”的成立需要具备两个条件：一是权利人主观上对隐私和个人信息的保护已经形成了合理的预期；在 *Katz v. United States* 案中，Harlan 大法官认为，个人主观上有一种对隐私的期待[has exhibited an actual (subjective) expectation of privacy]；“某人如果故意将自己的事情展示在社会公众面前，即便是在家里或者在办公室，其也不受宪法第四修正案的保护；但即便在公共场所，如果个人像保护隐私一样处理自己的事务，则其也受宪法第四修正案的保护。”②二是此种合理预期被社会认为是合理的。Harlan 大法官认为，考虑当时的具体情况，社会一般认为此种主观的隐私期待是合理的。③ 在某些情况下，虽然权利人主观上有相应的隐私期待，但如果这种期待并不符合社会的一般观念，或者这种期待是不合法且不合理的，那么，权利人也不享有隐私权。所以，个人隐私和信息权利人对自己的隐私和信息保护的合理期待也必须得到社会的客观认可，符合社会公众的一般观念，否则也难以构成对隐私和个人信息的侵害。④ 在判断是否存在合理期待时，需要考虑不同的场景。例如，在 1973 年美国诉迪奥尼西奥案(*United States v. Dionisio*)中，被告反对将自己的声音录下来与某段录音对话进行对比，声称将他的声音录下来是侵犯他的隐私权的。法院驳回了其主张，因为仅通过提供录音标本，被告并没有将原告未曾展现给公众的事物展现给陪审团，“不想让别人知道他的嗓音，没有人可以对此有合理的期待，就像他无法合理期待他的容貌像谜一样面对世界”。⑤

---

① Katz v. United States, 389 U.S. 347, 360 - 61 (1967).

② Katz v. United States, 389 U.S. 347, 360 - 61 (1967).

③ *Susan Freiwald*, "First Principles of Communications Privacy", *Stanford Technology Law Review* (3), 2007.

④ See Katz v. United States, 389 U.S. 347 (1967).

⑤ United States v. Dionisio, 410 U.S. 1, 14 (1973).

Katz v. United States 案作为经典的案例，成为美国处理隐私案件的重要参考。在 2004 年的美国诉琼斯一案中，被告琼斯被怀疑贩卖毒品，警察基于合法的搜查令，在琼斯的车上安装了 GPS 定位系统，用于监视被告，但是监视的时间和范围都超出了法律规定的范围。美国联邦最高法院认为，搜索本身符合宪法第四修正案的要求，但是警察在琼斯的汽车上安装 GPS 的行为是非法的，构成对其隐私权的侵害。[①] Sonia Sotomayor 大法官指出，长时间的监控不符合人们对隐私的期待，并因此违反了第四修正案，而且即便是短期的 GPS 监控，也能够准确记录个人的每一个行为，因此可以完全披露个人的私人目的地，如去看望精神病医生、去看外科医生、去堕胎诊所等。[②]

自 *Katz v. United States* 案之后，许多学者也主张以"合理预期"的标准来确定商业和其他领域的隐私保护。例如，曾经对美国《消费者隐私权利法案》(Consumer Bill of Privacy Rights)立法影响极大的海伦·尼森鲍姆(Helen Nissenbaum)指出，确定是否存在侵犯数据隐私，应当考虑不同场景中的"合理预期"。[③] 这就是说，在某些情况下，即便没有信息主体的明确许可，但只要相关的信息处理行为是当事人在该情形下能够合理预见的，那么这种信息处理行为也同样是合法的。例如，在自动驾驶等场景下，是存在对个人数据的收集行为的，但在这个场景下数据收集者与处理者通常无法征得个人同意，此时，判断是否存在隐私侵权应当看数据的收集者和处理者是否尽了合理注意义务，是否符合数据被收集者的一般预期。

数据共享行为同样如此，也就是说，信息收集者究竟可以在何种范围和程度上共享个人信息，除了信息主体的明确同意之外，也应当考虑"合理预期"的问题。例如，如果共享的信息属于敏感个人信息，则信息主体的"合理预期"范围就相当有限，通常信息的控制方的处理行为也只能限定于主体的明示同一范围之内。但如果所

---

① United States v. Jones, 565 U. S. 400(2012).

② United States v. Jones, 565 U. S. 400(2012).

③ Helen Nissenbaum, *Privacy in Context: Technology, Policy, and the Integrity of Social Life*, Stanford University Press, 2009, p. 233.

收集、处理的仅仅是一般的个人信息，此时信息主体的“合理预期”就可以考虑在类似情况下社会上的一般认知和期待。在主体的明示许可范围之外，如果相关的数据处理和共享行为是数据控制者从事经营活动所必需，或者是为了更好地实现主体的利益等原因，就可以在一定范围内对数据进行共享。当然，个人隐私和信息权利人对自己的隐私和信息保护的合理期待也必须得到社会的客观认可，符合社会公众的一般观念，否则也难以构成对隐私和个人信息的侵害。①

二、对合理预期理论的评述

合理预期理论的形成有利于有效应对高科技爆炸所带来的隐私保护问题，在法律没有作出有效规定之前，对如何保护个人的隐私，给法官提供了一个判断标准。例如，随着 DNA 检测技术的发展，DNA 检测成为判断犯罪的一种重要物证技术，但 DNA 本身又包含了大量的个人生物信息，是个人重要的隐私，所以，个人对其 DNA 也应当享有一种主观的隐私期待，任何人不得擅自将他人的 DNA 进行非法利用，或者擅自披露 DNA 中的生物信息，否则就构成对他人隐私权的侵害。再如，人脸识别技术获得了广泛的应用，但个人面部的生物信息也是个人的重要隐私。任何人不得将他人的面部信息用于非法目的，也不得非法泄露，否则也将构成对他人隐私权的侵害。因为现在已经开始将人脸识别技术应用于各种电子设备如手机解锁、开关门禁等，所以，一旦泄露相关信息，就可能造成对权利人的重大损害。另外，公权力机关采用的各种科技手段，如窃听、红外线扫描、远距离拍照等方式，必须要尊重个人的隐私。针对公权力机关所采取的方式和方法是否妥当，合理预期理论给了法官一种针对具体情形加以判断的标准。②

现代社会，各国出于维护公共安全，保障社会有效运转的目的，普遍重视在公共场所安装摄像头，英美等国可以说是创下了安装摄

---

① See Katz v. United States, 389 U. S. 347(1967).

② Helen Nissenbaum, Privacy in Context: Technology, Policy, and the Integrity of Social Life, Stanford University Press, 2009, p. 233.

像头之最，我国也全面启动了在公共场所安装摄像头的工程。毫无疑问，这些摄像头的设置是十分必要的，但人们对公共摄像监视下的隐私保护也应当有一定的合理期待。在我国，曾经发生过这样一个案件，一对青年男女在高速路上开车时，做出亲密举动，被高速路上的摄像头拍摄下来，并在网络上流传开来，引起人们的广泛关注。针对高速公路管理部门的行为是否构成对他人隐私权的侵害，在高速公路开车做亲密动作是否属受隐私权的保护这一问题，笔者认为，高速公路管理部门基于管理的需要在高速公路安装摄像头，通过该摄像头拍摄过往车辆，并将其作为行政处罚的依据，该行为并不构成对他人隐私权的侵害。但管理部门在拍摄相关的画面后，擅自将其在网上公开，则应当构成对他人隐私权的侵害，主要理由在于：一方面，个人对其亲密动作属于隐私具有主观期待。在高速公路上做亲密动作是违法的，该行为虽然违反了相关的交通法规，但此种行为的违法性并不能等同于隐私期待的违法性，个人的亲密动作是在车内这一封闭空间做出的，权利人对其行为应当享有合理的期待，其期待其行为不被第三人知晓，此种期待并不因其违反交通法规而受影响。另一方面，个人对其亲密动作的期待能够得到社会公众的认可。在高速公路上做亲密动作虽然会危害交通安全，但按照社会一般人的看法，二人之间的亲密动作本身应当属于个人的私密活动，个人对其私密活动受隐私权保护的期待应当是合理的。因此，高速公路管理部门对超速车辆进行拍照，乃是正当行使公权力的行为，因此对自然人的隐私权进行必要的限制，是合法的，但是将照片上传到网上，则逾越了公权力的界限，侵入了私权利的范围。擅自将摄像头拍摄的机动车驾驶人的亲密画面公开，应当构成对其隐私权的侵害。

即使是在公共场所，也不能认为个人抛弃了其隐私，而应当根据具体情形判断当事人是否形成了对隐私的合理期待。据报载，一对年轻情侣在类似地铁闸机口的地方激情拥吻，该行为被疑似地铁监控视频拍下，后该视频未作任何处理即被上传至网络，并广为流传。[①] 在

---

① 参见周宽玮等：《情侣拥吻视频网上流传　疑遭地铁站监控》，载《东方早报》2008年1月16日。

该案中，该情侣的行为虽然发生在地铁闸机口这一公共场所，地铁内的乘客、地铁工作人员等虽然可以看到其亲密动作，但该情侣对其自身亲密动作这一私人活动受隐私权保护也有一定的期待，尤其是期待其行为不被上传至网络，地铁通过监控拍摄到这一画面后，将其上传至网络，实际上是使该行为的公开的范围远远大于权利人愿意公开的范围，这也构成对其隐私权的侵害。

合理预期实际上是要考虑具体的特定情形，例如，在 *Katz v. United States* 案中，Harlan 大法官认为，虽然 Katz 身处透明的电话亭，其他人可以从外面看到 Katz 打电话的情景，但在 Katz 关上电话亭的门之后，其目的就是要防止他人听到其谈话的内容，不想让全世界知道其谈话的内容，这实际上也表明，Katz 有相应的隐私期待。[①] 依据我国民法典分编草案第 812 条第 5 项的规定，"以短信、电话、即时通讯工具、传单、电子邮件等方式侵扰他人的生活安宁"，构成对他人隐私权的侵害，但问题在于，是否所有的以短信、电话等方式侵扰他人私人生活安宁的情形都构成对隐私权的侵害？如何判断个人的私人生活安宁受到了不当侵扰？按照合理预期理论，个人对私人生活安宁首先要有合理的期待，同时，此种期待在社会一般人看来也应当是合理的。在我国一些案例中，判断是否构成侵害隐私权，并没有运用合理预期理论，而是采用了容忍义务的标准。例如，在"白玉芬上诉张某君等隐私权纠纷案"中，法院认为，"鉴于贾某成、张某君居住的房屋周边出现过被人泼尿等不良行为，贾某成、张某君安装摄像头对其居住安全起到一定作用。虽然涉诉的摄像头可拍摄到院内公共区域，考虑到白某芬与贾某成、张某君系不动产相邻方，且涉诉的摄像头并未涉及白某芬的私密空间。因此白某芬在贾某成、张某君未明显侵害其利益的前提下亦有一定的容忍义务"。[②] 该案中，法官使用的容忍义务实际上就是按照社会一般人的观点判断权利人是否有容忍的义务。

合理预期理论是判断隐私保护的重要标准，其经验也值得我们借鉴。当然，应当看到，该理论也存在一些不足之处，这主要是因为

---

① See Katz v. United States, 389 U.S. 347 (1967).

② 北京市第二中级人民法院民事判决书，(2016)京 02 民终 6654 号。

该规则给了法官过大的自由裁量权，一方面，当事人主观上是否有一种对隐私保护的合理预期，客观上往往难以判断，而是完全交由法官根据情形予以认定；另一方面，符合社会公众客观的认可也缺乏统一的标准。

第五节　侵害隐私权的责任

一、侵害隐私权的行为

侵害隐私权的行为形形色色，很难一一列举。依侵害的客体来区分，其可以分为对信息秘密的侵害、对私人活动的侵害以及对私生活安宁的侵害等。从侵害的方式而言，可以包括监听、监视、刺探、偷窥、侵入、跟踪、骚扰、非法搜查他人身体以及其他任何形式的收集、散布和公开个人资料等行为。从过错的角度而言，可以包括故意侵权和过失侵权。从侵权的主体而言，可以分为单一侵权和共同侵权，等等。笔者认为，侵害隐私权的行为大致可以分为如下几种，这些行为都造成了个人隐私利益的损害，使个人的私生活被非法披露、公开和侵扰。

（一）非法侵入他人私人空间

1. 非法侵入私人住宅等私人空间

由于空间隐私权与财产权有着密切的关系，擅自闯入他人的房屋和办公用地，既构成对空间隐私权的侵害，也构成对他人财产的妨害，[①]我国司法实践也采纳了此种立场。例如，在“关某与天津福泰房地产开发公司侵犯著作权、隐私权纠纷案”中，法院认为，“根据我国宪法的规定，自然人的住宅不受侵犯。上诉人的住宅是其个人领域，上诉人对其享有的、与公共利益无关的个人领域拥有保护、保密及利用的权利。上诉人住宅的私密性属于隐私权的范畴，应受法律保护。上诉人同意被上诉人对其住宅居室进行拍照并将照片用

---

① See Edward J. Damich, “The New York Artists’ Authorship Rights Act: A Comparative Critique”, 84 *Colum. L. Rev.* 1733, 1734 (1984).

于售楼处的相册内,属于对其隐私的利用。但未经上诉人许可,将照片用于其灯箱广告、售房宣传册及报纸上的售房广告中,属于非法利用上诉人的隐私,且主观上有过错,侵犯了上诉人的隐私权”。[①] 非法闯入他人的私人空间,通常既侵害了财产权也侵害了隐私权,即使没有非法闯入他人私人空间,但是擅自采取各种技术手段探视他人空间,如采用红外线对室内进行非法扫描,高倍望远镜探测、长焦距拍照等窥视个人空间等,也构成侵权。此种情况并没有侵害他人财产,仅仅是侵害了他人隐私。当然,纯粹妨害他人财产权的行使,应通过财产权的救济方式对受害人提供救济。例如,散发烟雾、噪音的行为,遮挡他人阳光妨害他人对财产权的行使,构成对他人财产权行使的妨害,可以适用相邻关系的有关规定,并不构成对隐私权的侵害。[②] 空间隐私权概念的发展突破了传统上仅把空间作为有形财产予以保护的模式,使对于私人空间的保护方式从财产权保护延及隐私权的保护,这本身也是法律上的进步,体现的是对人身自由和人格尊严的尊重。

私人空间不仅包括他人所有的住宅,还包括私人的工作场所、办公室、厕所、更衣室等。有人认为,进入公共空间的个人已默许放弃了禁止本人的肖像被获取并用于某些目的的权利。[③] 笔者认为,个人进入公众场所可以视为某些隐私已不构成隐私,如本人在公众集会中被拍照片不能认定为侵害隐私权。但个人并没有完全抛弃其隐私权,即便在公共场所,私人活动也不能受到骚扰或跟踪,身体隐私也不得暴露。传统隐私权法中有观点认为,公共场所中的隐私权视为自愿抛弃,但现代判例表明,即使是在公共场所中,也有隐私权保护的必要。

2. 非法搜查、窥视他人的私人空间

第一,非法搜查。非法搜查是指没有法律依据而擅自搜查他人的私人空间。例如,某地发生的民警闯入他人房间干涉夫妻观看黄

---

① 天津市高级人民法院民事判决书,(1999)高知终字第33号。

② See Ruth Gavison,“Privacy and the Limits of Law”,89 *Yale L. J.* 421(1980),pp. 436-439.

③ F Rigaux, La protection de la vie privée et des autres biens de la personnalité, Brussels, Bruylant, 1990, p. 760.

碟一案,[①]就涉及对个人空间隐私权的侵害。搜查他人私人空间应当严格依据法律规定进行,而且应当严格遵守法定的程序,否则将构成对他人隐私权的侵害。

第二,非法窥视。非法窥视是没有法律依据而窥视他人的私人空间。例如,未经许可非法窥视他人的私人空间、私密场所,如借他人沐浴和上厕所之机窥探他人身体,另外非法采用红外线对室内进行非法扫描,利用高倍望远镜探测、长焦距拍照等窥视个人空间,利用微型摄像机拍摄个人的室内活动,甚至拍摄个人的裸体,这些行为都构成了对他人空间隐私的侵害。比如,在美国某个案件中,警察采用红外线扫描方式在某个建筑物外面检测某个房屋内是否藏有毒品。法院认为,按照传统的定义,搜查只限于进入房屋内搜查,即隐私是某人房屋内部发生的事情,但科技的发展要求改变此种观点,所以此种探测也构成搜查,从而构成对形成合理期待的隐私的侵害。[②]

(二)非法拍摄、录制、泄露、公开、跟踪、窃听他人的私人活动

非法披露他人个人信息也会打扰他人的正常生活,妨碍他人私生活的安宁。但此处所说的侵害他人私生活安宁,是指采取非法披露他人个人信息以外的手段对他人生活的安宁进行侵扰。具体包括以下方式。

1. 非法拍摄、录制。所谓非法拍摄、录制,是指未经权利人许可而拍摄他人的私人活动。据媒体报道,某网络直播曾将上海闵行区景谷路一家牛奶店吴姓夫妇亲热的画面予以公开直播,遭 8000 人围观,给当事人的生活造成了巨大影响。[③] 此种情形属于非法录制。隐私权是个人享有的对自己的个人秘密和生活进行支配并排除他人干涉的权利,非法拍摄、录制他人的私人活动,构成对他人隐私权的侵害。在实践中,行为人可能是在自己的私人空间安装摄像头等

---

① 2002 年 8 月 18 日晚,延安市公安局某派出所接到举报,称其辖区内一居民张某在家庭诊所中播放黄色录像。派出所出动民警来到举报所称播放黄碟的房屋,发现张某两夫妻在观看黄碟。当民警欲扣押收缴黄碟和电视机时,双方发生肢体冲突,民警将其制服。事后张某遂起诉请求国家赔偿。

② See Kyllo v. United States, 121 S Ct 2038(2001).

③ 《水滴直播正直播你点滴:夫妇店员亲热遭八千人围观》,载 http://finance.stockstar.com/SS2017051900000700.shtml,最后访问日期:2018 年 2 月 17 日。

拍摄装置,但如果因此拍摄了他人的私人活动,也可能构成对他人隐私权的侵害。例如,在"李某、黄某某隐私权纠纷案"中,法院认为,"公民的个人隐私和信息安全不得侵害。黄某某在自家住宅大门安装的摄像监控装置虽出于自我防护,但该装置可以完整监控相邻住户李某出入住宅全部情况,记录和存储李某不愿为他人知悉的个人信息,对李某的个人居住安宁造成了侵扰后果,应视为民事侵权"。[①] 在该案中,行为人在自家住宅大门安装摄像头可以完整拍摄相邻住户李某出入住宅的全部情况,属于非法拍摄、录制他人的私人活动,应当构成对他人隐私权的侵害。

2. 非法泄露、公开。所谓非法泄露、公开,是指行为人未经许可而非法泄露或者对外公布他人的私人活动。私人活动是个人私人生活的重要组成部分,行为人擅自泄露、公开他人的私人活动,应当构成对他人隐私权的侵害。非法泄露和公开他人的私人活动既包括向社会公众公开他人的私人活动,也包括向特定范围内的主体公开他人的私人活动,只要是违背他人意愿而使某人的私人活动被他人所了解,即应当构成非法泄露与公开他人的私人活动。

3. 非法跟踪、窃听。所谓非法跟踪、窃听,是指未经他人允许而采用尾随、监听等方式,了解他人的私人活动。所谓跟踪,是指尾随他人私人活动,侦查他人行踪。[②] 跟踪、盯梢、监听、监视等方式常常是私人侦探获取他人私人活动的重要方法。非法跟踪、窃听他人的私人活动,构成对他人隐私权的侵害,如果行为人通过窥视、监听他人私人居室、私人场所等私密空间的方式获取他人的私人活动,还应当构成对他人空间隐私的侵害,如利用望远镜、长焦镜头偷窥他人居室的行为。

4. 非法骚扰。所谓骚扰,是指打搅他人的正常生活。例如,骚扰者打给特定或不特定的电话机主的不受欢迎、妨碍他人正常生活的电话。[③] 再如,采取寄发信函、发送邮件、敲门、跟踪盯梢等方式打扰当事人的正常生活。

---

① 广东省高级人民法院民事判决书,(2016)粤民再464号。

② 参见杨立新:《人身权法论》,人民法院出版社2002年版,第690~691页。

③ 参见"李某娟与沈某琴侵扰生活安宁纠纷案",江苏省无锡市郊区人民法院(2001)郊民初字第251号民事判决书。

对非法拍摄、录制、跟踪、窃听等行为,并不要求该行为为第三人所知悉,只要行为人从事了其中任何一种行为,就构成对隐私权的侵害。例如,行为人非法拍摄、录制他人的私人活动,即便行为人没有将拍摄的内容对外公开,也应当构成对他人隐私权的侵害。而在行为人非法泄露、公开他人私人活动时,则需要行为人实施了泄露、公开他人私人活动的行为,通常需要第三人知晓。当然,在美国的一些案例中,法院常常认为,只要客观上披露了隐私就构成侵权。[①]

(三)非法拍摄、窥视他人的身体

1.非法拍摄、窥视他人的身体。身体的隐私是私人生活中最私密、最敏感的领域。擅自拍摄、窥视他人的身体,构成对隐私权的侵害。具体而言:一是非法拍摄他人身体。未经他人许可,偷拍他人,如非法拍摄他人的裸体照片,不仅侵害他人隐私权,而且会对他人的名誉造成损害。二是非法窥视他人身体。例如,在手术中允许他人观看病人身体,即使是出于教学的需要,也必须征得病人的同意,否则也侵害他人的隐私权。当然,权利人在主张其身体隐私受到侵害时,其应当举证证明行为人未经其同意而暴露其身体隐私,否则其可能难以获得救济。例如,在"陈某与香蔓丽儿美容有限公司隐私权纠纷案"中,原告主张被告工作人员在美容过程中长期拉开窗帘,导致其身体隐私被偷窥,从而主张精神损害赔偿,但"由于事发理疗窗外区域属于沿小区河畔的绿化死角,并无铺设道路通向该区域,且面积狭小,事发时该区域还有两处茂盛竹林遮挡,鲜有人迹,并无证据证明事发时段有人在理疗室窗外偷窥陈某背部",因此,原告的主张无法成立。[②]

2.非法暴露患者的隐私。在医患关系中,医生应当依法尊重患者的隐私权,患者出于对自己生理、心理及其他的原因,有权要求医生不公开自己的病情、家族史、接触史、身体隐蔽部位、异常生理特

---

① See Fairfield v. American Photocopy Equip. Co. ,138 Cal . App. 2d,82,291p,2d. 195 197(Dist. Ct. App. 1955).

② 参见江苏省无锡市滨湖区人民法院民事判决书,(2014)锡滨民初字第02113号。

征等个人生理的、心理的及其他隐私秘密。[①] 未经患者的同意，医生不得向他人随意泄露患者的隐私，即使是因为过失而泄露了病人的病情，也构成对患者隐私权的侵害。例如，在“张某某、张某某1等与遂平县人民医院、魏某某隐私权纠纷案”中，法院认为，“医疗机构制作的病历资料真实详细地记载了患者的个人私密信息，这些病历材料形成了患者新的隐私……遂平县人民医院、魏某某、驻马店市‘48’法律服务所及律师赵某以诉讼利益为目的，××患者家属同意且不具备调取病历的主体资格的情况下，调取患者姚某某的确诊证明及处方材料等病历并在案件中予以出示”，构成对原告隐私权的侵害。[②]

（四）非法侵害他人通讯隐私

通讯自由、通讯秘密是个人隐私权的重要范畴，任何个人或组织未经法律的授权，都不得私拆他人的信件、窃听他人的电话、拦截他人手机的信号、擅自窃取他人的E-mail信件内容。在现代社会，通讯方式在不断增加，因而，侵害通讯自由、通讯秘密的方式也在不断增加，但是，无论权利人采用何种方式通讯，都不受他人非法的窃听和私拆。当然，国家司法机关基于调查犯罪、国家安全等目的，依照法律规定和法律程序有权监听或检查个人的通讯。

（五）非法泄露、公开、买卖私人信息

1. 非法披露、公开或散布个人信息。个人信息是指一系列用来确定个人在社会上所具有的特定身份的人身或财产信息，如个人的婚姻状况、年龄、家庭成员、身份证号码、日记、电话号码、健康状况、宗教信仰、个人档案等。非法收集、储存、转让、披露他人的个人身份资料，如擅自出版他人日记；公布他人病历或病史；离婚之夫传播其妻所告知的私事；媒体报道个人不名誉的陈年旧事等，构成对他人隐私的侵害。[③] 例如，在“泄露业主住址案”中，法院指出，“公民的住址属于公民的个人信息，公民的个人信息在本人不愿意公开的

---

① 参见徐宗良等：《生命伦理学》，上海人民出版社2002年版，第68页。

② 河南省驻马店市中级人民法院民事判决书，（2015）驻民三终字第00588号。

③ 参见王泽鉴：《侵权行为法》（第1册），中国政法大学出版社2001年版，第134页。

情况下属于个人隐私的范畴”。[1]

未经权利人同意,行为人不得在网络中公开他人的私人信息。实践中经常出现对他人进行“人肉搜索”的案件,对相关当事人的私人生活安宁和人身安全带来了一些影响。为保护网络环境下的隐私权,行为人不得通过网络等方式进行人肉搜索,公开自然人的隐私,否则将构成对他人隐私权的侵害。例如,在“王某与张某、北京凌云互动信息技术有限公司、海南天涯在线网络科技有限公司侵犯名誉权纠纷系列案”[2]中,被告张某在其同学姜某自杀后,在其自建的网站上披露了姜某丈夫王某的出轨行为,导致许多网民认为是王某的出轨行为导致了姜某自杀,故发起了对王某的“人肉搜索”,使王某的姓名、工作单位、家庭住址等详细个人信息逐渐被披露,部分网民在网上对王某进行谩骂、人身攻击,并到王某的家庭住址处进行骚扰。法院认为,自然人的个人感情生活包括婚外男女关系均属个人隐私。张某披露王某个人信息的行为侵害了王某的隐私权。

2. 买卖个人私人信息。从实践来看,电话诈骗、网络诈骗的事件时有发生,其中很重要的原因就是个人信息泄露,而非法买卖个人信息则是个人信息泄露的主因。买卖个人私人信息一方面将导致私人信息被非法公开,构成对权利人隐私权的侵害;另一方面,非法买卖个人私人信息也会导致个人信息的流转与利用违背个人的意愿,并脱离个人的控制,也构成对权利人个人信息权的侵害。需要指出的是,由于个人信息属于个人的重要人格权,不能与权利人发生完全分离,因此,法律严格禁止未经许可转让他人信息,但即使权利人愿意,也不能将个人信息完全转让给他人。

3. 非法披露、公开或散布个人历史资料。个人在历史上的有关工作经历、恋爱过程、生活的挫折等历史资料,个人往往不愿意为他人所知悉,此种信息应当受到隐私权的保护,未经个人同意,行为人不得擅自披露他人的历史资料。当然,如果一个人的经历已经与整个社会、国家或民族的历史联系在了一起,那么,该经历因已经与公

---

① 广东省深圳市宝安区人民法院(2010)深宝法民一初字第1034号民事判决书。

② 北京市朝阳区人民法院(2008)朝民初字第10930号、(2008)朝民初字第29276号民事判决书。

共利益联系在了一起，其也不应再被认为属于个人隐私。同时，如果个人的学习经历等个人经历已经被他人知晓，或者相关主体有权查询其学习经历等个人信息，则不构成对隐私权的侵害。例如，在“赵某与西北政法大学隐私权纠纷案”中，赵某称西北政法大学在未经其同意的情况下使用其身份证号查询其求学经历的行为侵犯了其隐私权。法院认为，原告赵某在报考及办理入学手续时已经将其身份证信息告知西北政法大学，而且根据《高等学校学生学籍学历电子注册办法》第 2 条的规定，西北政法大学作为赵某报考、就读的学校，有权在学信网查询赵某就学信息，在查询赵某就学信息时，使用赵某的身份证号进行检索，不构成对赵某隐私权的侵犯。

4. 非法披露、公开或散布家庭信息。家庭信息包括家庭财产、婚姻情况、子女状况、家庭生活等各种情况。因为家庭生活在个人生活中占据非常重要的地位，所以，家庭信息也是个人隐私的重要组成部分。即使是公众人物，如果其家庭信息与公共利益或公众兴趣无关，也应当受到保护。行为人非法披露、公开或散布他人的家庭隐私，将构成对他人隐私权的侵害。例如，在“孟某某与来安县金点子广告传媒有限公司、来安县名盛名妆化妆品店隐私权纠纷案”中，法院认为，“自然人的姓名、婚姻状况、家庭住址、联系电话、身份证号码属于自然人的个人隐私。自然人对他人在何种程度上可以介入自己的私生活，对自己是否向他人公开隐私以及公开的范围和程度等具有决定权，涉案行政处罚决定书虽然是生效法律文书，但该文书包含有孟某某的私人信息，包括出生年月日、家庭住址、身份证号码，此内容属于孟某某的个人隐私，孟某某有权决定是否向他人公开……名盛化妆品店将行政处罚决定书大量复制后交由金点子公司，金点子公司未经严格审查即向不特定多数人发送，导致孟某某家庭住址、居民身份证号码、联系电话公布于众，侵犯了孟某某的隐私权”。①

关于暴露个人的家庭住址是否属于侵害隐私，学理上对此曾经存在争论。在法国，巴黎法院在宣判向公众透露摩纳哥王子私人地

① 安徽省来安县人民法院民事判决书，(2018)皖 1122 民初 77 号。

址一案中,认为住所属于隐私的范围。[①] 我国曾经就媒体是否可以披露明星的家庭住址发生过争论,笔者认为,家庭的住址常常和家庭生活的安宁,甚至与家庭成员的安全有密切的关系,应当受到隐私权的保护,即使是公共人物,其家庭住址信息也应当受到保护,非法披露他人家庭住址,构成对他人隐私权的侵害。

5. 非法披露他人的谈话隐私。非法披露他人的谈话隐私,也构成对他人隐私权的侵害。在我国司法实践中,有的法院认为,个人的谈话内容必须涉及个人隐私,才能受到隐私权的保护。例如,在"樊某某诉征某萍隐私权纠纷案"中,法院认为,"被告征某萍在未经原告樊某某同意的情况下拍摄了原告樊某某和其丈夫周某球在公共汽车上的视频并转发给了案外人孔某华,其行为虽然未经原告樊某某同意但其擅自公布的视频属于公共场合下的视频,并未涉及他人隐私,故依法不构成对原告樊某某隐私权的侵害"。[②] 此种观点不无道理。

值得探讨的是,获取他人的私人信息是否构成侵扰他人隐私权?英美法上认为,仅仅是获取他人的信息并不必然构成对隐私权的侵扰,只有在获得的信息是出于保密状态或不愿为外人所知的状态,并且被告的行为是对原告的无理侵扰时,才可能构成对隐私的侵扰。[③] 笔者认为,获取他人信息,只要他人信息是私密性的,属于权利人不愿让他人知道的,就构成了对隐私权的侵害,因而只要获取,即便没有造成权利人现实的损害,也构成对其隐私权的侵害。

（六）电话、短信、垃圾邮件的骚扰

民法典分编草案第812条第5项规定:"以短信、电话、即时通讯工具、传单、电子邮件等方式侵扰他人的生活安宁",构成对他人隐私权的侵害。电话骚扰在实践中也是一种侵害隐私权的行为。例如,某人恋爱不成,遂以电话的方式纠缠对方,妨害其私人生活安宁。随着移动电话的普遍使用,短信息骚扰问题逐渐为社会所关

---

① See Michael Henry, *International Privacy, Publicity and Personality Laws*, London: Butterworth, 2001, p. 136.

② 苏州市吴江区人民法院民事判决书,(2017)苏0509民初1283号。

③ 参见[美]阿丽塔·L. 艾伦等:《美国隐私法:学说、判例与立法》,冯建姝等译,中国民主法制出版社2004年版,第265页。

注。短信息骚扰主要包括黄色短信的骚扰、商业性质短信骚扰和中奖类诈骗短信的骚扰等。[①]

（七）对私人活动的非法干涉

任何个人在法律规定的范围内享有自主决定自己行为和生活的权利，不受他人或组织的限制和干扰。例如个人的怀孕、生育、改变性别、堕胎等的非法干涉，这些问题属于个人私生活中的选择自由，只要不违反法律规定和社会公共道德，任何人均不应非法干涉。

二、侵害隐私权责任的要件

关于侵害隐私权是否要以过错为要件，在比较法上存有争议。《法国民法典》第9条确认了私生活（vie privée）受尊重的权利。但何为私生活，法律没有定义，而交由法官进行解释。在实践中，法院对于私生活的解释范围十分宽泛，包括了家庭和个人生活、日常的家事、健康状况、爱情生活、友谊和假期等许多领域。[②] 美国法对侵害隐私权采纳"合理预期"理论，实际上允许法官根据具体案情判断何种侵害行为侵害了他人的私人生活安宁，损害了他人对隐私保护的合理期待，这实际上是赋予了法官一定的自由裁量权，由其根据具体情形加以判断。笔者认为，关于侵害隐私权的构成要件，不仅仅要看行为人是否实施了上述各种侵害他人隐私的具体行为，尤其是要确定行为人实施此种行为时是否取得了受害人的同意。

布兰代斯等人将隐私权界定为"一种个人信息免受刺探的权利"（the right free from prying）[③]，个人对其隐私的支配是个人人格尊严的体现，也是保障个人私生活安宁和生活幸福的必然要求。隐私尊重了个人自由选择行为的方式，自主决定个人信息的利用、自由决定自己的生活方式等权利，从而为个人人格的发展奠定了基础。这也就是隐私权的创立者沃伦和布兰代斯1890年的论文中所说的，隐私是人类价值的缩影，这些价值可以概括为"个人自决"

---

① 参见张新宝：《隐私权的法律保护》，群众出版社2004年版，第299页。

② Cornu, Droit civil10, no. 516 pp. 234 – 235.

③ Warren and Brandeis, "The Right to Privacy", 15 Dec. 1890, vol. IV, NO. 5, *Harvard Law Review*, pp. 193 – 220.

“个性”和“个人人格”。[①] 所以,侵害隐私实质上侵害了个人对隐私的自决,未遵守个人的自愿而将其私人生活非法披露和公开。反之,如果取得了个人同意,即使是从事了上述侵害隐私权的行为,也不构成对隐私权的侵害。

关于隐私权侵害是否需要有过错,比较法上存在不同观点。在法国法中,对于私生活的侵害,即使没有过错也应当承担损害赔偿责任。[②] 法国最高法院在1996年11月5日的一个著名判例中指出:“根据民法典第9条,证实损害的存在就足以授予受害人以赔偿”;[③]这就是说,对隐私权的侵害并不要求过错的存在。对他人私生活一切任意性的干涉都是非法的。但也有学者认为,侵害隐私权的责任需要考虑过错。笔者认为,在认定侵害隐私权的责任是否需要考虑过错时,应当区分不同的责任承担方式而分别予以认定,对侵权损害赔偿责任而言,需要行为人具有过错,对停止侵害等预防性的责任承担方式而言,承担此类责任则不需要行为人具有过错。在实践中,常常对没有正当的抗辩事由时,一般也认为行为人具有过错。

三、侵害隐私权的抗辩事由

(一)侵害隐私权抗辩事由概述

所谓隐私权的限制,是指隐私权的内容和行使依法应当受到法律、公序良俗等限制。一方面,隐私权的范围应当受到法律和公序良俗的限制,如政府官员申报财产,其相关的财产信息即不应当受到隐私权的保护。另一方面,隐私权的行使也会受到限制。隐私权的行使必须符合诚实信用原则,不得滥用权利,妨碍他人利益的正当享有,权利人只有在不妨碍他人利益的情况下行使自己的隐私权,其权利行使行为才具有正当性。

隐私的概念天然地涉及其与社会利益之间的关系,法律上所保护的隐私只是那些与公共利益无关的私人生活和私人信息,因此,

---

① [美]阿丽塔·L.艾伦等:《美国隐私法:学说、判例与立法》,冯建妹等译,中国民主法制出版社2004年版,第17页。

② 参见[德]冯·巴尔、[英]克莱夫主编:《欧洲私法的原则、定义与示范规则:欧洲示范民法典草案》(第5~7卷),法律出版社2014年版,第330页。

③ Cass. Civ. 1ère, le 5 novembre 1996, in Bulletin Civil, I, n° 378.

私人利益应当受到公共利益的制衡。如果其与公共利益发生冲突，自然人的隐私权应当处于次要的地位。[①] 如此，就有必要通过确立隐私权制度来界定隐私权和公共利益之间的关系，个人利益和社会公共利益之间发生冲突和矛盾的时候，应当优先保护社会公共利益，这就有必要对个人的隐私权作出必要的限制。隐私本质上是一种个人的真实的信息和安宁生活的状态，它们都可能与公共利益发生冲突。例如，公众人物的某些隐私可能成为公众知情权的对象，因此，从维护公共利益的角度考虑，应当对公众人物的隐私权进行必要的限制。再如，基于选举的需要，可能要对候选人的个人情况进行披露；为了加强对官员的监督，需要官员主动申报个人财产状况。上述情况下都需要在一定程度上限制个人隐私权。除了公共利益、基于他人权利保护、维护交易安全等原因，也可能需要对隐私权进行一定的限制。例如，为了维护不动产管理秩序和交易安全，需要对个人与不动产相关的个人信息进行登记，并在特定情形下允许他人查询，这在某种程度上也属于对个人隐私权的限制。

隐私权的受限制性是与隐私权的可克减性联系在一起的。隐私权的可克减性为隐私权的限制提供了可能。如前所述，可克减性是隐私权区别于其他人格权的一个重要特征。[②] 在有关人权的国际或区域性条约或公约中，一般将隐私权规定为可克减的权利。我国未来人格权法应当规定相关的隐私权的限制规则，基于历史原因和文化背景，我国的隐私权制度和文化并不发达，因此需要保护自然人的隐私权，这对中国的人权和法治进步都具有重要意义。但是在保护的同时，也应当考虑到隐私权的限制问题，协调隐私权与公共利益和其他权利的关系，不能因为保护隐私权而牺牲言论自由、舆论监督等其他利益。

（二）侵害隐私权抗辩事由的具体类型

1. 国家机关合法行使职权

国家机关依据有关法律的授权正当行使职权时，可以对个人的

① 参见王众等：《隐私权若干法律问题初探》，载《云南大学学报法学版》2004 年第 4 期。

② 参见张新宝：《隐私权的法律保护》，群众出版社 2004 年版，第 70 页。

隐私权进行必要的限制。现代政府出于国家安全、调查犯罪、公共利益等需要,有权对个人隐私予以限制。例如,国家有关机关基于揭露犯罪和违法事实的需要而对某人的财产状况、家庭情况等进行调查和了解,对涉嫌贪污犯罪和财产犯罪的行为以及犯罪行为人的活动进行监视等,都是出于公共利益的需要而对隐私权施加的限制。[①] 权利人正当行使权利,即便影响他人私人生活安宁,通常也无需承担侵害隐私权的责任。在"王某与夏某名誉权、隐私权纠纷上诉案"[②]中,法院认为,被告只是将噪音问题反映给特定职能部门,要求有关部门检查,有关职能部门依法上门检查系履行管理职责的正当行为,被告并未向不特定或多数人公布不实信息,故不符合侵犯隐私权要有公开行为的行为要件,也没有产生损害后果,其行为不构成对原告隐私权的侵害。由此可以看出,国家机关在正当履行职责的过程中即便影响他人的私人生活安宁,也不构成对其隐私权的侵害。

当然,国家机关在行使职权时,必须遵循法治原则和比例原则。例如,不得擅自闯入私人住宅查户口,因为搜查必须遵循法定的程序。即便是出于行使职权等原因,政府对于其获取的信息也必须依照本来的目的利用,也应当负有相应的保密义务,不得违反法律规定擅自公开相关信息,否则可能侵害个人的隐私权。

2. 公共利益和公共安全

依据《关于审理利用信息网络侵害人身权益民事纠纷案件适用法律若干问题的规定》第 12 条的规定,为促进社会公共利益且在必要范围内而公开他人隐私和个人信息的,或者学校、科研机构等基于公共利益为学术研究或者统计的目的,经自然人书面同意,且公开的方式不足以识别特定自然人,行为人不承担责任。据此,公共利益和公共安全构成对隐私权的一种限制,也可以作为侵害隐私权的抗辩事由。例如,公布纳税人的欠税情况,如果是出于公共利益,则可以构成侵害隐私权的合理抗辩。在社会处于紧急状态时,某些

---

① 参见武艳芬等:《浅谈隐私权被侵犯的法律救济》,载《山西省政法管理干部学院学报》2004 年第 3 期。

② 宁夏回族自治区高级人民法院(2014)宁民终字第 1974 号民事判决书。

危急情况威胁到整个国家和社会的存在和发展，为了有效地控制形势，维护社会的安定，政府和国家必须采取一些特殊的措施。[①] 在此情况下，除了适用通常的对隐私权的限制措施以外，还有可能采取一些特别的限制个人隐私权的措施，以应付紧急状态下的特殊情况。例如，在“非典”期间，除了日常通行的医疗检查和医疗信息的收集上报之外，还可能对于患者的医疗信息进行更多地收集，对于患者的医疗过程进行更多地跟踪和检测。

某些场所虽然属于私人物业，但基于公共利益的需要，也可能需要对其隐私权进行必要的限制。例如，基于安保的需要，一些公司可能需要在一些商店、银行、旅馆、酒店等装设摄像探头，在一定限度内采取录像的方法予以监视，应当允许。[②] 当然，在安装摄像装置时，应当标有提示注意的警示性标识，不得采取窥探、偷拍的方式，也不得在特别的公共场所，如公共厕所、浴室等，安设这些装置。同时，通过监控方式所取得的视听资料也只能在特定的目的范围内使用，而不得用于其他目的。

此外，关于公众场所能否作为侵害隐私权的抗辩事由存在争论。如前所述，公共场所中也存在隐私，但公共场所中的隐私是受限制的。Prosser 认为，在公共场所的拍照不构成对隐私的侵害，这一观点被美国许多案例所采纳，从而形成了公共场所不存在隐私的规则。[③] 因此，某人介入公共场所之后，在公共街道或者公共集会上被拍照，如果这种拍照是对整个公共场所的场景或者针对整个事件，而不是针对某个特定的人，则通常不能以隐私权受到侵害为由提起请求，即便提起，被告也可以公共场所的特殊性为由提出抗辩。当然，以公共场所提出抗辩并不是无限制的。如果在公共场所对某个特定的人进行拍照，就可能构成对其隐私权的侵害。[④] 例如，德国联邦宪法法院在判例中确认了联邦最高法院的“隐私不限于家内”的规则。笔者认为，在公共场所，有必要对权利人的隐私进行一定

---

① 参见郭奕：《大众传媒对隐私权的侵犯与抗辩》，载《郑州经济管理干部学院学报》2002 年第 2 期。

② 参见刘春堂：《民商法论集（三）》，台湾元照出版公司 2016 年版，第 293 页。

③ 参见张新宝：《隐私权的法律保护》，群众出版社 2004 年版，第 268 页。

④ 参见张新宝：《隐私权的法律保护》，群众出版社 2004 年版，第 268 页。

限制。如果某人在公共场所参与某种社会公共活动,或者其行为构成了公共场景的一部分,则记者在报道该事件或行为时,由于权利人的隐私权应当受到限制,因此不构成侵权。

3. 自然人依法行使知情权

所谓知情权,是指个人依法享有知道其应当知道的事情的权利,比如自然人有权知道自己的档案材料。知情权保证了自然人知悉政府有关政府信息以及社会活动的信息等。私人正当行使知情权的行为,即便披露了当事人的隐私,也不构成侵犯隐私权。[①] 例如,自然人在选举国家机关工作人员时,有权对候选人的有关信息及活动加以了解,选举机构也有义务对此加以披露。

4. 正当行使舆论监督权

隐私权与新闻媒体的舆论监督权经常发生冲突,新闻媒体从事舆论监督,应当尊重自然人的隐私权,但是如果是正当行使舆论监督权,因此造成对隐私权人的侵害,行为人可以以正当的舆论监督为理由提出抗辩。例如,在记者报道某新闻事件时,当事人不能以未经其同意为由主张侵害隐私权。在我国,正当的舆论监督对加强民主法制建设,促进国家机关工作人员的廉洁奉公都具有重要的意义。正当的舆论监督在一定程度上体现了社会公共利益,可以成为一种合法的侵害隐私权的抗辩事由。

5. 当事人的同意

网络用户或者网络服务提供者利用网络公开自然人个人隐私和其他个人信息,造成他人损害,经自然人书面同意且在约定范围内公开,行为人不承担责任。隐私权人有公布自身隐私的权利,当事人同意采访、报道个人隐私,则采访者、报道者均不构成侵权责任。如果受害人同意他人介入其私生活,公开其生活秘密,只要他人是在其同意的范围内公开的,就不构成侵害隐私权。[②] 同意既包括明示同意,也包括默示同意。需要指出的是,受害人同意不得违反法律、行政法规的强制性规定,也不得违反公序良俗。例如,有的从事违法放贷的网络公司,专门针对在校大

---

① 参见张新宝:《中国侵权行为法》,中国社会科学出版社 1998 年版,第 390 页。

② 参见张新宝:《中国侵权行为法》,中国社会科学出版社 1998 年版,第 381 页。

学生发放小额贷款，在放款时要求借款人尤其是女大学生向小贷公司提供自己裸体并持身份证的照片作为担保，一旦借款人不能按时偿还借款，则小贷公司立即将裸照在网络上公布。[①] 此种做法应当构成侵害他人隐私权，即使受害人同意披露自己的身体隐私，也应当认定该同意行为违反公序良俗，应当是无效的。

根据《关于审理利用信息网络侵害人身权益民事纠纷案件适用法律若干问题的规定》对于自然人自行在网络上公开的信息或者其他已合法公开的个人信息，互联网使用者有权对相关信息加以使用。因此，对已经公开的信息，无论是自然人自己公开的信息，还是通过其他方式合法公开的信息，网络用户即有权加以使用。因为对于已经公开的信息，如没有明确的相反证据，一般的互联网使用者有充分的理由相信，信息主体已经同意其在互联网环境中进行公开的传播，故使用者对这些信息进行进一步的加工处理或者传播，并不违反信息主体本身的意思。上述司法解释的规定也符合互联网信息传播的特点，因为互联网活动的实质就是信息的流转，这其中很大部分都是个人信息，甚至是已经公开的个人隐私信息，如果不赋予互联网使用者此项免责权利，就意味着互联网使用者在使用任何一条涉及某个具体个人的信息时，都有侵害信息主体相关权利的可能。普通互联网使用者没有能力也没有义务去核实每条个人信息的合法性，在这种情况下互联网活动是无法顺利进行的，互联网产业的正常发展也会受到影响。

6. 公众人物

在前述“范志毅诉文汇新民联合报业集团名誉侵权案”中，上海市静安区人民法院判决范志毅败诉，在判决中首次使用了“公众人物”一词。对公众人物的隐私作出限制符合公共利益和公众兴趣，在一定程度上也是符合公众人物本身的意愿的。对明星等公众人物而言，常常推定其默许同意媒体对其私生活的报道，这是由其本身的社会角色决定的。[②] 此外，对公众人物的隐私进行

---

① 盖琪：《“微时代”与“裸贷”：移动互联网语境下的媒介文化症候审思》，载《探索与争鸣》2017年第2期。

② 参见李新天、郑鸣：《论中国公众人物隐私权的构建》，载《中国法学》2005年第5期。

必要的限制,对官员的财产状态进行披露,对其行为进行必要的监督,可以在一定程度上防止政府官员的腐败。需要指出的是,所谓“公众人物无隐私”,仅指公众人物的隐私权应当基于公共利益等需要而受到限制,而不是否定公众人物享有隐私权。同时,公众人物的隐私权仅应当在公众人物所参加的社会活动的相关范围内进行限制,而且对公众人物隐私权的限制也不意味着要剥夺其隐私权。因此,对任何公众人物隐私权的限制都应当具有正当性,不能将公众人物正当、合理的隐私内容都予以公开,尤其是涉及公众人物核心隐私的利益,如家庭住址、家庭成员的身体状况和既往病史等,应当受到法律的保护,而不能随意公布。

第十八章　个人信息权

第一节　个人信息的概念和分类

一、个人信息的概念

个人信息(personal information)是指与特定个人相关联的、反映个体特征的具有可识别性的符号系统,包括个人身份、工作、家庭、财产、健康等各方面的信息。自1973年《瑞典资料法》颁行以来,个人信息的保护成为民法的一项重要内容。国外对于个人信息的定义采取了三种类型。

一是概括式定义。所谓概括式定义是指通过抽象地表述个人信息作为一种权利客体而存在,但并不列举出个人信息范围的定义方式。如意大利《关于资料保护法律(675/96号)》条款1将私人资料界定为与自然人、法人、机构、组织相关的,通过其他的任何信息,包括个人的身份证号码,可以直接或间接进行确认或可以确认某人或某物的任何信息。《德国联邦个人资料保护法》第2条规定,个人信息是指"凡涉及特定或可得特定的自然人的所有属人或属事的个人资料";[①]欧盟《个人资料自

---

① 参见齐爱民:《个人资料保护法原理及其跨国流通法律问题研究》,武汉大学出版社2004年版,第5页。

动化处理的个人保护公约》第 2 条第 1 款将个人资料定义为,“任何关于同一个和可以被认为同一个人的资料”,该定义则更为简单。这种方式的特点是并没有列举出个人资料的范围。《欧盟一般数据保护条例(EU GDPR)》第 4 条第 1 款规定“个人数据”(personenbezogene Daten)是指所有可以和已经识别或者可以识别的自然人直接或者间接相关的信息。

二是具体列举式定义。所谓具体列举式定义是指通过具体地列举个人信息的范围和类型从而确立个人信息权的客体的定义方式。例如,1997 年的《爱尔兰信息自由法》对于“个人信息”的定义采取了列举式的方式,其中详细列举了个人资料的范围和类型。这种方式的特点是,对个人信息的范围做出了具体的说明,使其保护范围一目了然。但个人资料的保护范围本身是不断发展的,列举式不可能穷尽个人资料的范围。

三是折中式定义。所谓折中式定义是指通过将概括式和列举式进行折中,结合两种方式,既抽象描述又具体列举个人信息的范围和类型的定义方式。例如,我国台湾地区 1995 年颁布的“台湾资料法”第 3 条第 1 款规定:“个人资料是指自然人之姓名、出生年月日、身份证统一编号、特征、指纹、婚姻、家庭、教育、职业、健康、病历、财务情况、社会活动等足以识别该个人之资料。”

就我国现行立法来看,《民法总则》第 111 条虽然规定了个人信息保护规则,但并没有对个人信息的内涵作出界定。《网络安全法》第 76 条第 5 项规定:“个人信息,是指以电子或者其他方式记录的能够单独或者与其他信息结合识别自然人个人身份的各种信息,包括但不限于自然人的姓名、出生日期、身份证件号码、个人生物识别信息、住址、电话号码等。”民法典分编草案第 813 条规定:“自然人的个人信息受法律保护。本法所称个人信息是以电子或者其他方式记录的能够单独或者与其他信息结合识别自然人个人身份的各种信息,包括自然人的姓名、出生日期、身份证件号码、个人生物识别信息、住址、电话号码等。”该条基本沿袭了《网络安全法》中关于个人信息的定义,但该条所保护的个人信息范围更加广泛,即不再限于网络环境下的个人信息保护。尤其是该条在列举个人信息的类型时采用了“等”字这一表述,表明个人信息的类型不限于明确列举的类型。

从上述规定来看,我国法律实际上是对个人信息的内涵采用了折中式定义,这种方式有一定的合理性,因为完全采取抽象概括方式定义个人信息,过于抽象且弹性较大,可操作性不强,且在发生争议之后给法官过大的自由裁量空间。完全采取列举的方式又过于烦琐,且在信息瞬息万变的现代社会,无法囊括个人信息的全部类型,并容易遗漏未来社会发展而出现的新类型的个人信息。因此,对个人信息的定义采取概括和具体列举相结合的方式,是一种可行的做法。依据上述规定,个人信息是指有关个人身份、工作、家庭、财产、健康等与特定个人相关联的、反映个体特征的具有可识别性的信息。个人信息具有如下特征。

第一,个人性。个人信息主体仅限于自然人,不包括法人。个人信息主体,又称个人信息的享有者,是指个人信息所指向的或者通过个人信息被识别的特定自然人。它是有关个人信息所针对的对象,而不是作为信息控制者的法律主体。[①] 具体来说,个人信息指自然人的姓名、性别、年龄、民族、婚姻、家庭、教育、职业、住址、健康、病历、个人经历、社会活动、个人信用等足以识别该人的信息,这些信息指向谁,谁就是这些信息的主体。个人信息涉及的范围非常广泛,它既包括个人的直接识别和间接识别的任何信息,也包括其家庭的相关信息,如配偶子女的出生年月日、身高、体重、出生地、种族等。这些个人信息资料无论被谁占有或控制,都并不意味着占有者和控制者是个人信息的主体。

第二,人格利益性。所谓人格利益性,是指个人信息和人格利益密切相关。个人信息是个人参与社会交往的载体,是个人人格表现和人格发展的工具。个人在参与社会交往过程中必然会产生许多个人信息。因此,信息主体对个人信息流转范围和流转方式的掌握,与个人人格的发展联系密切,这也是在现实社会中保护个人信息相关权益的价值基础。法律对个人信息的保护,一方面是为了彰显个人的人格尊严,对个人在社会中人格形象的形成具有决定性的

---

① 参见任晓红:《数据隐私权》,载杨立新主编:《侵权法热点问题法律应用》,人民法院出版社 2000 年版,第 410 页。

地位；另一方面，因为这些信息涉及个人的人格利益，涉及名誉、肖像、隐私等，所以才有保护的需求。[①] 由于个人信息具有人格利益的属性，因而才可以纳入人格权法的保护范围。

第三，可识别性。所谓可识别性，是指通过个人信息能够直接或者间接识别本人的特性。[②]《全国人大常委会关于加强网络信息保护的决定》（以下简称《加强网络信息保护的决定》）第 1 条规定：国家保护能够识别公民个人身份和涉及公民个人隐私的电子信息。如前所述，个人信息都要指向特定的对象，都要与特定的自然人相联系。《网络安全法》第 76 条关于个人信息的界定也同样突出了可识别性，民法典分编草案继续沿袭了这一规定，可见，个人信息具有辨别或确定特定人的特性和功能，如果相关信息并非指向特定的自然人，则不属于个人信息。当然，有些个人信息是可以直接识别特定人的，如姓名、身份证号码、肖像等；而有些信息虽然不能直接达到识别的功能，但是可以通过和其他个人信息结合而达到辨别和确定特定人的目的，这部分个人信息被称为间接个人信息。可识别性还需要和识别的成本相联系，对于不同的对象来说，对可识别性的认识也有不同。例如，某根头发，对于一般人来说，其无法和某个具体自然人相联系，但是对公安机关来说，在技术手段支持下又可以指向某特定自然人。如果是匿名化的或者是纯粹的不特定人的、无法确定其指向对象的资料或信息，则不属于个人信息的范围。如果相关信息只是一种泛泛的信息资料，不具有识别特定主体的功能，在发生侵害之时，也不能确定受害的权利主体，则该信息其就不应属于个人信息。

民法典分编草案强调个人信息的可识别性，揭示了个人信息的本质特征，一方面，个人信息的可识别性可以与隐私权中私人信息的私密性相区分，这就是说，隐私中的私人信息强调相关信息的私密性，而个人信息则强调信息对信息主体身份的识别性。另一方面，个人信息的可识别性也有利于区分个人信息与数据。个人信息

---

① 参见张新宝：《信息技术的发展与隐私权保护》，载《法制与社会发展》1996 年第 5 期。

② 参见齐爱民：《个人资料保护法原理及其跨国流通法律问题研究》，武汉大学出版社 2004 年版，第 5 页。

强调信息对主体身份的可识别性,而数据并不能识别个人的身份,也正是这一原因,数据流通的法律障碍要小于个人信息。当然,个人信息和数据在一定条件下也可以转化,例如,在对个人信息进行匿名化处理后,可以有效阻断相关信息与个人身份的关联性,可以将其转化为数据;反之,借助于相关技术,可以通过数据对个人身份进行反向识别,此时,数据也有可能转化为个人信息。

二、个人信息的分类

(一)一般信息和个人敏感信息

根据个人信息与个人私人生活的关联性,可以将个人信息区分为一般信息和个人敏感信息。所谓个人敏感信息,是指信息的内容和个人的私生活秘密密切相关的信息。《欧盟个人信息保护规则》将个人信息分为一般类型的信息和特别类型(besondere Kategorien personenbezogener Daten)的信息。所谓特别类型的信息,依照《欧盟个人信息保护规则》第 9 条第 1 款的规定,其包括和特定自然人有关的种族和人种出生,政治理念,信仰或者世界观理念,所属工会,基因、生物信息,以及健康、有关性生活或者性取向的相关信息。实际上这里所说的特别信息都是一些敏感信息。一般信息是指和个人私生活关系并不是那么紧密,并且也并不和人格尊严直接联系的信息。

在法律上区分一般信息和个人敏感信息的意义在于,对于敏感信息法律必须提供比一般信息更为全面的保护。个人敏感信息直接和人格尊严相联系,对敏感信息的滥用会严重影响和损害个人社会形象的塑造,影响个人的人格发展,[①]甚至会对个人的基本权利和基本自由(Grundrechte und Grundfreiheiten)造成很大的风险。[②] 因此,对敏感信息的收集和使用原则上应当取得当事人的同意。对一般信息则可以采用默示同意的方式。两者在保护力度和保护方式上也应该有所差异。[③]

---

① Vgl. EU – DSGVO Art. 9.

② DSGVO, Vorwort. Rn. 51.

③ 参见张意轩:《使用个人敏感信息需明示同意》,载《人民日报海外版》2012 年 4 月 13 日。

当然，一般信息和个人敏感信息的划分并不是泾渭分明的，需要考虑信息收集和使用行为的性质、信息收集和使用的目的以及方法等诸多因素，综合予以判断。

（二）直接指向个人的信息和间接指向个人的信息

所谓直接指向个人的信息，是指这些信息具有明显的可识别性，可以直接表彰某个个体，而不需要与其他信息结合，例如，姓名、肖像、身份证号码等。所谓间接指向个人的信息，是指这些信息并不能直接表彰某个个体，需要与其他信息相结合才能指向特定的个体。例如，种族、政治信仰、宗教信仰等信息，其本身虽不能直接表明人格特征，难以确定其主体是谁，但是当它与其他信息相结合后，就可以确定地指向某一特定的主体；它与特定主体结合后，产生一种附属于特定主体的人格利益，构成特定人社会生活的重要组成部分。再如，手机号码本身并不必然指向某一主体，因为个人可以改换手机号码，每个人可以同时拥有多个手机号码，但它与其他信息相结合后，就指向某一特定的主体。如果手机号码被披露，将可能收到大量的骚扰电话，或个人的隐私会被暴露，私生活会受到侵犯。区分这两种信息在侵权的判断标准方面具有重要意义，利用直接指向个人的信息可能构成侵权行为，例如，利用他人身份证号码办理某项经营业务，可直接构成对他人权利的侵害。

（三）公开的个人信息和非公开的个人信息

所谓公开的个人信息，是指依据法律规定或者个人意愿已经被社会公众以各种形式所知悉的个人信息。例如，电话黄页上披露的个人电话号码，以及在网上公布的个人联系方式等。所谓非公开的个人信息，是指权利人不愿意公开的个人信息，如个人未向社会公开的家庭电话号码、家庭住址等。区分两者的意义在于，两者受法律保护的程度不同，对于非公开的个人信息，则其收集和利用一般需要取得个人同意，对于已经公开的个人信息，则相关主体在进行收集和利用时，原则上不需要个人同意，或者尽量弱化个人的同意。例如，政府在政务信息公开时，其中可能包括一些个人信息，那么，对这部分已经公开的个人信息，则可以在合理的范围内进行披露。

三、我国《民法总则》对个人信息保护规则及其完善

《民法总则》第111条规定:“自然人的个人信息受法律保护。任何组织和个人需要获取他人个人信息的,应当依法取得并确保信息安全,不得非法收集、使用、加工、传输他人个人信息,不得非法买卖、提供或者公开他人个人信息。”这一规定具有如下内涵:第一,宣示了个人信息受法律保护,虽然该条没有明确使用“个人信息权”的概念,但是,在解释上,也可以认为,其承认了个人信息权益是民事权益,受民法保护。另外,该条就个人信息的取得、收集、使用、加工、传输、买卖、公开,都宣示性地要求必须依法进行。这一规定实际是授权就个人信息保护制定单行法律或行政法规。第二,确认了个人信息取得的合法性和合目的性原则。该条中规定“依法取得”,表明任何机关和个人在收集他人个人信息时,都应当遵循合法性原则,保证收集的主体和手段必须合法。同时,个人信息收集必须要符合特定目的。例如,银行收集的个人信息只限于银行内部使用,房屋中介收集的个人信息只应在交易过程中使用,交易后应当销毁,而不能在此目的之外使用相关信息。第三,强调保障个人信息安全,明确了个人信息收集后的妥善保管责任。个人信息收集后,应当有专人保管和负责。如果发生个人信息泄露后甚至找不到由谁负责,这就很难有效预防个人信息的泄露。收集的主体即特定的机构或个人,应当对个人信息收集后的泄露承担责任。第四,不得非法收集、使用、加工、传输他人个人信息,不得非法买卖、提供或者公开他人个人信息。《民法总则》中明确承认个人信息作为基本民事权利,严格保护个人信息权,防止个人信息的非法泄露和利用,互联网才会健康发展,个人的生活才会幸福安宁,社会生活才会井然有序。《民法总则》关于个人信息保护的规定全面了彰显了时代精神和时代特征。

我国《民法总则》第111条规定了“个人信息”作为一项法益,应当受到法律的保护。虽然《民法总则》没有设立独立的个人信息权,但其从民事基本法的层面对个人信息保护规则作出规定,也具有重要的意义。《民法总则》之所以没有将个人信息权规定为独立的具体人格权,可能是因为个人信息保护制度尚且是一个较新的领

域，对其研究还不成熟，尤其是当与隐私权的区分界限尚不清晰，因此，《民法总则》只是用反面排除的方式，对行为人不得侵害他人信息的义务作出了规定，而没有将其规定为一种具体人格权。笔者认为，我国民法典人格权编有必要规定独立的个人信息权，主要理由如下。

第一，从比较法上来看，世界上很多国家都颁布了相关的个人信息或者个人资讯保护法，大多承认个人对其个人信息享有权利。例如，美国 1974 年的《隐私法》第 552a 条就明确规定了个人对其信息享有权利。① 当然，美国法之所以在隐私法中规定个人信息，与美国法上隐私权内涵的宽泛性密切相关。在欧洲，比较流行的观点仍然是将个人信息视为一项独立的权利。②

第二，个人信息之所以是一项民事权利，是因为个人信息具有特定的权利客体、权利内容和权利边界。个人信息不同于隐私权，其以能够识别个人身份的信息为客体，因此，对于已经公开的信息而言，其虽然不属于隐私权的范畴，但仍属于个人信息。德国学者曾创立了“信息自决理论”，深刻地揭示了个人信息权作为一项人格权的理论基础。依据这一学说，个人信息的权利内容主要体现为个人对其个人信息的控制权，这种控制，不受信息的内容或者具体的公开、使用方式而有所区别，拥有个人信息的主体是特定的民事主体，该主体有权控制个人信息，并排斥他人的非法干涉。③ 因此，个人信息权又可以称为信息自决权，即个人有权决定和自己有关联所有信息的公开以及使用的范围、方式以及内容，个人有权对自己的个人信息进行全面性的控制。

第三，承认个人信息是一种权利，有利于明确区分个人信息权和隐私权。如前所述，美国法是通过隐私保护规则对个人信息进行保护的，但个人信息权不同于隐私权，两者在功能和价值上不同，隐

---

① Privacy Act of 1974, 5 U. S. C. 552a.

② See James B. Rule and Graham Greenleaf ed., *Global Privacy Protection*, Edward Elgar Publishing 2008.

③ Vgl. MüKoBGB/Rixecker, Anh. zu § 12, Rn. 10; Götting, in: HdbPR, § 1, Rn. 5 f.; Pethig, Information als Wirtschaftsgut, S. 2 f.; Hasse, Datenschutzrechtliche Frage, S. 71.

私权侧重于保护个人私人信息和私人生活安宁，其主要体现为消极被动和防御性的特点；[①]而个人信息则更多地表现为积极主动的请求权，强调个人对其个人信息的控制。尤其是在大数据时代，更应当强调对个人信息的积极利用。因此，承认个人信息权为独立的具体人格权，有利于明确界定个人信息权与隐私权，并在此基础上明确个人信息收集和处理方的具体责任和义务。

第四，承认个人信息权的独立性，也有利于明确个人信息权保护的客体和内容，并明确个人信息权的各项权能。个人信息的外延十分宽泛，法律要对个人信息进行保护，首先需要明确其权利的内涵和外延。在法律上确认个人信息权，也有利于进一步明确个人信息权的各项具体权能，从而不仅宣示了个人所享有的个人信息权，而且也可以为权利人具体行使和维护提供明确的指引。同时，我国《民法总则》第 111 条只是从消极层面对个人信息保护作出规定，但并没有规定何为个人信息，如何区分个人信息与其他权利（如隐私权、肖像权、姓名权），这可能导致法律适用的冲突。个人信息只是一种法益，而个人信息权则是权利，从权利位阶上看，权利的位阶要高于利益，规定个人信息权，更有利于对个人信息权利进行保护，也有利于积极应对各种新型的侵权行为。另一方面，在法律上明确规定个人信息权，也可以为特别法保护个人信息提供上位法依据。

还需要指出的是，侵害个人信息的责任构成要件有待进一步完善。依据《民法总则》第 111 条的规定，行为人不得非法进行数据处理活动，如何理解该条所规定的“非法”？在行为人非法处理个人信息时，应当适用《侵权责任法》第 6 条第 1 款的规定？还是适用其他法律规定？该条规定并没有作出明确规定。从比较法上看，信息处理的合法性通常以当事人的同意和法律的保留为前提。我国相关立法中虽然也涉及个人信息保护的内容，如相关的司法解释对网络环境中的个人信息保护作出了规定，但其缺乏全面性，没有将其保

---

① 参见李适时主编：《中华人民共和国民法总则释义》，法律出版社 2017 年版，第 347 页。

护范围扩张及于其他个人信息。[①] 因此,从立法层面看,我国目前仍然缺乏全面保护个人信息的法律依据,侵害个人信息的侵权责任构成要件仍不清晰。例如,如何界定非法利用行为?侵害个人信息权利是否必须造成实际的损害后果?因果关系如何判断?等等,均需要进一步明确。因此,为保障《民法总则》第111条关于个人信息保护规则的有效适用,应当在民法典人格权编中就上述问题作出细化规定。

另外,安全维护权内涵不清晰,需要进一步完善。《民法总则》没有对此作出细化规定与其规范模式存在密切关联,因为该条在规范个人信息保护规则时采用的是"行为排除模式",即只是从反面规定了他人不得为某些行为,而没有从正面对个人信息权的权利内容本身作出规定,这也有待于将来的人格权编对此作出明确规定。

四、民法典分编草案对个人信息的保护的特点及其完善

民法典分编草案对个人信息的保护,适应了现代社会的发展趋势,体现了法律的与时俱进的精神,也充分保障了人民群众的基本权益。草案关于个人信息的规定具有如下几个特点:一是明确了个人信息的概念和内容。虽然我国《网络安全法》对个人信息的保护作出了规定,但其保护范围限于网络环境下的个人信息,显然不能概括所有的个人信息。草案第813条第2款规定:"本法所称个人信息是以电子或者其他方式记录的能够单独或者与其他信息结合识别自然人个人身份的各种信息,包括自然人的姓名、出生日期、身份证件号码、个人生物识别信息、住址、电话号码等。"二是收集、使用个人信息应当遵循的原则。草案第814条规定了个人信息的收集和使用应当遵循合法、正当、必要的原则,同时,该条也规定了收集、使用个人信息应当具备的条件。三是规定了个人信息权益的行使规则,包括查询、查阅、抄录、复制、请求更正与删除等权利(草案第815条)。四是规定了个人信息收集、使用的违法阻却事由,进一

---

① 例如,2014年10月10日颁行的《最高人民法院关于审理利用信息网络侵害人身权益民事纠纷案件适用法律若干问题的规定》,第12条对利用网络侵害个人信息的行为作出了规定。

步强化了对公共利益的保护。五是规定了信息完整权以及信息共享应当遵循的基本规则。从世界范围来看,数据的采集和共享的方式正在发生日新月异的变化,而且导致数据作为一种产业蓬勃发展,但由此带来的其与个人信息等人格权的保护之间的冲突越来越明显。目前在我国大数据产业的发展过程中,既要鼓励数据的开发、利用和共享,以促进数据产业的发展,但也同时要提高对个人信息的保护关注度,完善保护规则。例如,大数据产业发展起来后,必然实行数据共享,其中也大量涉及个人信息数据的共享。但在数据共享中,数据开发者是否需要取得信息主体的同意,分享者获得数据后如何使用这些数据等。这些界限不清晰,数据共享就很容易变成数据的有偿交易,而造成对信息权利人的权利侵害,无法实现数据产业的长期健康发展。草案第 817 条规定:"未经被收集者同意,不得向他人提供个人信息。但是经过处理无法识别特定个人且不能复原的除外。"

但该草案关于个人信息的规定还有待于进一步完善,主要表现在如下几个方面。

第一,建议确认个人信息权。草案仍然沿袭《民法总则》第 111 条的规定,采用"个人信息"这一表述,而没有采纳"个人信息权",这一表述是值得斟酌的。笔者认为,从比较法上来看,许多国家都承认了个人信息权,个人信息权有自己独立的权利内核,无法被其他权利所涵盖,在法律上应当规定独立的个人信息权。

第二,增加关于未成年人人格权的保护规则。在网络时代,如何更好地保护未成年人的网络权益,是整个社会所普遍关注的重大问题。众所周知,青少年是最为活跃的互联网用户群体。根据有关的报告显示,截至 2017 年 6 月,中国网民总数已经达到 7.5 亿人,其中,10 岁以下青少年网民占比约为 3.1%,约 0.23 亿人;10 ~ 19 岁的青少年网民占比约为 19.4%,约 1.46 亿人,上述未满 19 岁的总计已经达到 1.5 亿人,占中国网民总数的近五分之一。特别是对未成年人而言,他们正处于敏感、冲动、心智尚未成熟的年龄,隐私、个人信息非常容易受到侵害,这就需要特别强化对未成年人的网络权益的保护。例如,对于网络游戏有必要采取分级措施,限制暴力的等有害信息的产生。再如,为防止儿童的信息泄露,应当要求对儿童个人信息的收集必须取得其监护人的同意。

第三,增加个人信息使用中的最小化利用原则。民法典分编草案第 814 条规定,收集、使用自然人的个人信息的,应当遵循合法、正当、必要的原则。笔者认为,除上述原则之外,个人信息的收集、使用和共享还应当遵循"最小化使用原则",指在从事某一特定活动时可以使用也可以不使用个人信息时,要尽量不使用,在必须使用并征得权利人许可时,要尽量少使用。比如,在收集个人信息时,其所获取的个人信息应当以满足使用的目的为限,不得超出该范围收集个人信息。为达到目的如果只需要使用权利人的非敏感个人信息,则不应该扩大信息收集和使用的范围。再如,在论坛注册账号时,除非有正当理由,否则不得要求用户提供家庭地址和手机号码等信息。毕竟过度利用他人的个人信息也可能会侵害他人权利,构成不必要的干扰。

第四,应当对个人信息进行分类保护。不同类型的个人信息社会公开性程度不同,与信息权利人私人生活和人格尊严的关联程度也有所差异,有些数据属于个人敏感数据,有些则属于个人一般数据,在保护方面应当有所区别,对敏感信息进行特殊保护。因此,应当将个人信息分为公开信息和非公开信息、敏感信息和非敏感信息。区分个人信息的不同类型,设计不同的个人信息保护规则。另外,对不同类型的个人信息而言,对信息主体同意的要求和形式也是不同的,不同类型的数据应当有不同的同意规则。

第二节　个人信息权的性质

一、个人信息权的性质

如前所述,个人信息是一项权利,也是一项重要的私权。这种权利在性质上与物权以及生命权、姓名权等人格权一样,均属于民法中的绝对权。由于个人信息都与特定的自然人相联系,属于个人私权的范畴,对个人信息的非法公开、披露等,直接影响到个人生活安宁,是对个人私益的侵害,也会损害个人人格尊严,个人信息因此是应受法律保护的民事利益。对个人信息采用刑法、行政法等多管齐下的多重保护机制，并不能影响或改变个人信息权的民事权利属性。在个人信息的立法思路上，应采用在民事权利基础上的“保护”思路，将个人信息回归于个人利益的范畴，赋予权利人自我决定和排除干涉的权利，不应采用重视政府干预的“管理”思路，毕竟，个人是私益的最佳感应者，能真切把握权利存续和缺失的意义，并能在权利受到侵害时主动维护其权利。然而，在民法中，对个人信息权的性质认识，存在不同观点。个人信息权在民事权利体系中属于何种类型的权利，对此，在学理上引发了争议，主要有如下几种观点。

一是财产权说。此种观点认为，个人信息在性质上属于财产权，因为个人的工资、邻居情况，信用史、爱好、社会保障号等都具有财产性质。① 有学者认为，信息隐私是虚拟空间的稀缺商品，②所以，个人信息可以作为财产加以利用、转让。在我国也有学者认为，个人信息不是人格利益而是一种财产。信息时代客观上使一切有价值的、可以为私人拥有或所有的信息都可以成为商品，并可以进行交换。随着信息技术和互联网络的发展，个人信息的商业价值日渐凸显。法律应当承认个人信息的财产权属性。③

二是一般人格权说。此种观点认为，个人信息并不是具体人格权，应该纳入一般人格权的保护范围。例如，有些瑞士学者认为，《瑞士民法典》第28条保护人格尊严的原则至少在最低限度内对个人数据提供了保障。④ 在德国，也有学者认为，《德国基本法》第1条第1项和第2条第1项规定的个人人格权包括了个人保护其资料不受无限制的收集、储存、传递与利用，个人资讯自决权乃源自人性尊严受国家尊重及保护。⑤

---

① Matthew C. Keck, Coolies, “The Constitution and the Common Law: A Framework for the Right of Privacy on the Internet”, 13 *Alb. L. J. Sci. & Tech.* 116.

② Pamela Samuelson, “Privacy As Intellectual Property?” *Stanford Law Rev.* Vol. 52, May 2000, p. 1126.

③ 参见刘德良：《个人信息的财产权保护》，载《法学研究》2007年第3期。

④ 张新宝：《信息技术的发展与隐私权保护》，载《法制与社会发展》1996年第5期。

⑤ 张新宝：《信息技术的发展与隐私权保护》，载《法制与社会发展》1996年第5期。

三是具体人格权说。此种观点认为个人信息属于典型的具体人格权，并与隐私等人格权相区别。《加拿大魁北克民法典》明确规定了个人信息属于一项人格权。根据《加拿大魁北克民法典》第38条，信息主体所享有的权利包括免费查询其信息的权利；免费更正信息错误的权利；以合理价格复制信息的权利；获取可以辨识的信息复制品的权利；纠正不确切、不完整或不明确信息的权利；删除过期或者缺乏合理性的信息的权利；就其信息发表书面评论的权利。

四是隐私权说。此种观点认为，个人资料也称为隐私，因为个人资料通常都是个人不愿意公开披露的个人信息，其关系到人格尊严和隐私问题。[①] 艾伦指出，"隐私就是我们对自己所有的信息的控制"。[②] 因此，个人信息常常被称为"资讯隐私权"或者"个人资料隐私权"。从比较法上来看，以美国法为代表的一些国家主要是采取隐私权的方法对个人信息进行保护。按照 Daniel J. Solove 和 Paul M. Schwartz 的看法，个人信息本质上是一种隐私，法律上作为一种隐私加以保护，可以界定其权利范围。[③] 在对个人信息概念的表述上，美国学者常常从隐私权的角度进行定义，如 Solove 教授就用侵犯隐私形容在网络中泄露他人信息的行为。[④] 司法实践中，也大都将个人信息作为一种隐私加以保护。美国法的上述做法，对大陆法系国家也产生一定的影响。例如，在德国，随着隐私的发展，也呈现出一种包含个人信息权利在内的趋势。虽然德国1991年6月1日颁布了独立的《联邦资料保护法》，并提出个人信息权的概念，但许多德国学者认为对个人信息的保护是对私领域（Privatsphäre）保护的衍生和扩展。[⑤] 日本2003年通过的《个人信息保护法案》就

---

① See Jeffrey Rosen, "The Eroded Self", N. Y. Times, Apr. 30, 2000, 6 (Magazine), at 48.

② ［美］阿丽塔·L·艾伦等：《美国隐私法：学说、判例与立法》，冯建妹等译，中国民主法制出版社2004年版，第15页。

③ See Daniel J. Solove & Paul M. Schwartz, *Information Privacy Law*, Third Edition, Wolters Kluwer, 2009, p. 2.

④ See Daniel J. Solove & Paul M. Schwartz, *Information Privacy Law*, Third Edition, Wolters Kluwer, 2009, p. 2.

⑤ See Margaret C. Jasper, *Privacy and the Internet: Your Expectations and Rights under the Law*, New York: Oxford University Press, 2009, p. 52.

将个人信息资料视为个人隐私的一部分加以保护。[①] 1980 年欧洲议会《个人资料保护公约》中也明确规定了对隐私的保护。

五是人格利益说。此种认为，个人信息是一种重要的人格利益，但其在性质上并不是人格权，只是一种应受法律保护的人格利益。我国《民法总则》采纳了此种观点，民法典分编草案人格权编第六章关于个人信息保护继续采用《民法总则》的规定，没有将个人信息确认为一种人格权。

上述各种观点虽不无道理，但笔者认为其都是值得商榷的。首先应当看到，个人信息权虽然具有财产的因素，但主要不是财产权。其原因在于：第一，个人信息具有可识别性，体现了人格特征。大多数个人信息都可以直接表明个人身份，比如个人的姓名、肖像、性别、民族等。某些个人信息虽然不能直接地表明个人身份，但其可以单独或者与其他信息相结合后确定主体的身份，属于指向某一特定主体的信息。例如，手机号码、家庭住址、门牌号码、通信地址等。第二，法律保护个人信息，是为了维护个人的人格尊严和人格平等。确认个人对其信息的自主支配，就是要维护个人的人格尊严。如果将个人信息权作为财产权，势必会妨害人格的平等性，因为每个人的经济状况不同，信息内容也有不同价值，但人格应当是平等保护的，不应当区别对待。第三，在许多情况下，某些机构或者组织收集个人信息，完全不是出于利用财产的目的，而是基于公共利益或者其他的非财产考虑。例如，关于负责治安和安全的机构收集犯罪嫌疑人的基因信息，是以公共秩序、公共安全为理由。在这个意义上，不能将个人信息完全界定为是一种财产权。第四，个人信息权本质上是权利人对其个人信息的一种支配，德国学者将其称为“信息自决”，这种支配不是对财产权益的支配，而是对人格利益的支配。如果把个人信息作为单纯的财产，当它受到损害时，就很难计算损害赔偿数额，由于每个人的职业、收入都不同，如何计算损失会成为保护的障碍。第五，将个人信息权作为财产权，很难融入传统财产权之中，因为它既非物权，也非债权，充其量作为所谓的无形财产权，

---

① 参见［日］五十岚清：《人格权法》，［日］铃木贤、葛敏译，北京大学出版社 2009 年版，第 6 页。

但这仍然有不少问题。比如,无形财产权的概念过于宽泛,几乎囊括了知识产权、数据库、域名等全部财产形态,个人信息与它们究竟有什么区别,也难区分和界定,会导致法律丧失确定性。

笔者认为,个人信息权不应该作为一般人格权对待。一方面,一般人格权过于抽象概括,指向不明确,不利于司法裁判的明确和可预期。一般人格权虽然有补足具体人格权的作用,但因缺乏明确性和确定性,难以有效地保护个人信息。另一方面,德国民法将个人信息作为一般人格权加以保护,也是特定立法体例的产物。与德国等传统大陆法国家相比,我国民法典和人格权法尚未制定,立法空间很大,完全能规制独立的个人信息权,将其作为具体人格权来对待,这不仅符合个人信息是一种具体人格利益的特性,也能有效地保护该项具体人格权。我们不能因为德国法将个人信息放到一般人格权中,就也"东施效颦",尤其需要指出的是,如果我们无视个人信息权作为具体人格权的限定性,将其作为一般人格权规定,而不是单独地确认为具体人格权,它就会更加抽象和不确定,反倒不利于对其进行有效保护,也不利于人格权体系的完整性。

个人信息权也不同于隐私权,对此,笔者将在下文阐述。虽然民法典分编草案将个人信息确定为一种人格利益,但笔者认为,应当将个人信息规定为一种具体人格权,民法典分编草案采纳人格利益说,可能是因为个人信息保护制度还是一个较新的领域,对其与隐私的区分等问题学界尚未形成共识,因此,没有将个人信息权规定为一种具体人格权,以期待司法实践和法学理论发展对其不断完善。如前所述,草案没有规定独立的个人信息权,此种做法存在一定的问题,有必要在民法典正式通过之前,在法典中明确承认个人信息权。

二、个人信息权是一项独立的具体人格权

个人信息权应当作为一项独立的权利来对待。此种权利常常被称为信息自决权。个人信息权具有其特定的权利内涵,可以单独作为一种权利进行规定。从比较法上来看,有的国家通过单独立法,有的在民法典中予以规定,都承认了个人信息权。在欧洲,比较

流行的观点是将个人信息作为一项独立的权利对待。[①] 可以说,个人信息作为一种权利是现代民法发展的一种趋势。

笔者认为,个人信息权不仅应该作为一项独立的权利,而且应该作为一种具体人格权加以保护。具体理由如下。

第一,个人信息权以人格利益为保护对象,具有特定的权利内涵。个人信息的保障主要体现的是一个人生命、健康、信仰等各种人格特征的外在形式,是与个人人格密不可分的。在整个人格权体系中,个人信息权既非一般人格权,又不能被隐私权等其他具体人格权所替代。法律保护个人信息权,禁止非法披露他人个人信息,个人信息权背后突出反映了对个人控制其信息的充分尊重。这种控制表现在个人有权了解谁在收集其信息资料,收集了怎样的信息资料,收集这些信息资料用于何种用途,所收集的信息资料是否客观全面,个人对信息资料是否有自我利用或允许他人利用的权利等。[②] 从内容上看,隐私权制度的重心在于防范个人的私密信息不被披露,并不在于保护这种私密信息的控制与利用,这就产生了个人信息权与个人隐私权的分离和独立。个人信息权所指向的对个人信息的控制、支配,是传统隐私权所不能包含的。权利人同意他人收集、利用或采取何种利用方式,都是权利人控制权的具体表现。[③] 正是在这个意义上,学者也将其称为“控制自己资讯的权利”或“资讯自决权”。[④] 可见,正是基于个人信息权具有其独特的权利内容和法律保护上的要求,需要将其确认为一项独立的具体人格权,这不仅有助于明晰个人信息权的权利范围,而且有助于对其提供有效的法律保护。

第二,个人信息权的客体具有丰富性,不宜为其他权利所概括,这也决定了应该将其作为独立的具体人格权。一方面,大多数个人

---

① See James B. Rule and Graham Greenleaf ed., Global Privacy Protection, Edward Elgar Publishing 2008.

② See Daniel J. Solove & Paul M. Schwartz, *Information Privacy Law*, Third Edition, Wolters Kluwer, 2009, p. 1.

③ 参见李震山:《论资讯自决权》,载李震山:《人性尊严与人权保障》,元照出版公司 2000 年版,第 288 页。

④ 参见孔令杰:《个人资料隐私的法律保护》,武汉大学出版社 2009 年版,第 90 页。

信息都可以直接表明个人身份，比如个人的姓名、肖像、性别、民族等。当然，这些个人信息中的某些部分如姓名、肖像等已经形成一种具体的人格权，因此不再需要通过个人信息权的方式单独保护。另一方面，某些个人信息虽然不能直接地表明个人身份，但其可以单独或者与其他信息相结合后确定主体的身份，属于指向某一特定主体的信息。例如，手机号码、家庭住址、门牌号码、通信地址等。此外还有一些所谓的敏感信息，例如，种族、政治信仰、宗教信仰等信息，其本身虽不能直接表明人格特征，难以确定其主体是谁，但是当它与其他信息相结合后，就可以确定地指向某一特定的主体；它与特定主体结合后，产生一种附属于特定主体的人格利益，构成特定人社会生活的重要组成部分，如手机号码。由此可见，个人信息的这些丰富内容也适宜将其作为一项独立的具体人格权加以确认和保护。

第三，将个人信息权确认为一项具体人格权，有利于对其提供有效的法律保护。应当承认，个人信息具有财产性和人格性的双重属性，基于此，在对个人信息进行保护的过程中，不能仅仅保护其财产属性方面，而忽视其人格利益的层面，反之亦然。笔者认为将个人信息确认为具体人格权有利于对其实行有效的保护，原因在于：一方面，将其确认为人格权之后，并没有忽视对其财产价值的保护，我国有关立法已经关注到人格权商业化利用的现象，并采取了相应的具体规则。例如，《侵权责任法》第20条针对侵害人身权益造成财产损失的现象确立了“获利视为损失”的赔偿规则，此项规则主要反映了人格权商业化利用的趋势。个人信息和人格权商业化利用的情况一样，其遭受侵害后同样可以据此获得财产损失赔偿。另一方面，将其确认为具体人格权，有利于对其采用具体人格权的保护方法，如果将个人信息单纯作为一项财产权，当其受到侵害后，在损害赔偿的具体计算方式上势必会根据人的身份的差别而有所区别。另外，在侵害众多人的个人信息时，仅仅要求财产价值的赔偿，其数额往往很小，不利于对加害人进行有效的惩治。将其确认为具体的人格权就可以依据《侵权责任法》第22条的规定，通过精神损害赔偿的方式对受害人进行有效的保护。

第四，确认和保护个人信息权有利于维护人格尊严，促进人格平等。从人格权制度的发展来看，人格权法逐步从物质性的人格权发展到精神性的人格权；从过去更多地关注物质属性的人格权，到现在也强调保护社会属性的人格权。[①] 人格权的类型更加丰富多样，个人信息权正是人格权类型丰富的一种重要体现。一方面，虽然个人信息在财产价值层面可能会有所差别，但从人格的层面看，其一律平等。另一方面，个人信息也彰显了个人的人格尊严，现代社会高度的商业化和信息化，使人们的个人信息受到严重的威胁，个人信息的流转和开发利用，会给当事人的私人生活带来纷扰，也对其人格尊严是一种贬损，因此法律承认个人信息是一种独立的人格权，有助于使权利人的人格尊严获得有效保护。

当然，个人信息权作为一项具体的人格权，其应当有明确的权利客体、内容以及责任构成要件，这样才能保证在司法实践中该项权利能够得到充分的贯彻，以全面保护自然人主体的相关权益。在国外，有学者认为，个人信息权属于一般人格权。[②] 应当看到，在立法上未对个人信息权作出规定的情况下，通过一般人格权保护也未尝不是一种保护方式。不过，个人信息权应当具有明确的权能内容与明确的权利边界，在遭受侵害后，也具有特定的责任构成要件，而一般人格权虽然有补足具体人格权的作用，但由于其缺乏明确性和确定性，在实践中往往会出现适用方面的矛盾和冲突。因而，应当通过独立的个人信息权对个人信息进行保护，而不应当通过抽象的一般人格权对个人信息进行保护，否则可能使个人信息的内涵更加抽象和不确定，既不利于对个人信息进行有效保护，也不利于维护人格权体系的完整性。

需要指出的是，如果某一行为同时侵害个人信息权益和某一具体人格权客体，如行为人未经许可在网上传播他人的肖像，虽然也侵害了他人的个人信息权，但通过肖像权已经足以对权利人进行救济，在此情形下，受害人可直接通过肖像权主张救济，而不需要通过个人信息权提出请求。如果行为人的行为同时侵害了他人多项人

---

① Philippe Malinvaud, Introduction à l'étude du droit, 9e édition, Litec, 2002, pp. 258 – 284.

② 参见张新宝：《信息技术的发展与隐私权保护》，载《法制与社会发展》1996 年第 5 期。

格利益，则应当允许权利人依据个人信息保护的规则提出请求。例如，非法收集、传送他人的裸体照，则该行为就同时侵害了他人的肖像权、名誉权、隐私权等具体人格权，此时，权利人既可以依据上述权利提出请求，也可依据个人信息保护的规则提出请求。

第三节　个人信息权与隐私权

一、个人信息权与隐私权的联系

从比较法上来看，关于个人信息权与隐私权的保护主要有两种立法模式：一是欧盟模式，在欧盟范围内，相关数据保护的规范包括《一般数据保护规范》（GDPR）、《电子隐私指令》（e-Privacy Directive）和《数据库指令》（Database Directive）。这些指令区分了个人信息和隐私，对欧盟各国都具有普遍的约束力。例如，在法国，根据 1970 年 7 月 17 日的一个法律，《法国民法典》在修改时新增了第 9 条对隐私权予以保护："每个人都享有其隐私获得尊重的权利"，"在不危及对所受损害进行赔偿的前提下，法官能够责令采取诸如扣押、查封及其他一切适合于防止或者促成停止侵害隐私权的措施。在情况紧急时，可以通过简易程序命令采取这些措施。"随后，根据这些一般原则制定出一些特别法，在特定条件下用来防止对隐私权的侵犯。[①] 在法国，虽然隐私包含的范围较为宽泛，但是在欧盟指令颁布之后，隐私与个人信息在实务中是被区分对待的。二是美国的模式，即在隐私法中保护个人信息。在美国，自隐私概念产生以后，一直存在范围不断扩张、内容日益宽泛的趋向。其隐私权的概念中包括了个人信息、名誉、肖像等人格利益。[②] 美国从 20 世纪 70 年代就颁布了《隐私权法》，以及《公平信用报告法》《财务隐私权法》《电子通讯隐私法》《录像隐私保护法》《驾驶员隐私保护

---

① Bernard Beignier, "La protection de la vie privée", in Rémy Cabrillac, Marie Anne Frison-Roche et Thierry Rivet (dir.), Libertés et droits fondamentaux, 16e édition, Dalloz, 2010, pp. 194 – 195.

② See Prosser, "Privacy", *Calit. L. R.*, Vol. 48 (1960), p. 383.

法》《金融服务现代化法》和《儿童网上隐私保护法》等一系列特别法，其中均将特定领域的个人信息保护纳入隐私权作了规定，1974年的隐私法(The Privacy Act) § 552a 规定，美国联邦规制机构在处理个人信息时也应当获得个人同意。[①] 因此在美国法的层面而言，个人信息是包含在隐私之中予以保护的。

从我国立法和司法实践来看，在我国民法总则颁布之前，侵犯个人隐私的行为一直作为侵犯隐私权予以处理，“个人身份、财务信息”都包含在隐私的内涵之中。从司法实务来看，我国司法实践中曾将他人身份、工作、住址等信息作为隐私保护，如“‘人肉搜索’他人姓名、年龄、工作单位甚至在网上公开他人电话、家庭住址、通话记录和信息内容”“非法知悉、获取、刺探、公开他人财务状况，如他人银行存款、银行账号、税务信息、债务信息”均作为侵犯隐私权的行为对待。《加强网络信息保护的决定》第1条第1款规定：“国家保护能够识别公民个人身份和涉及公民个人隐私的电子信息。”这也反映了个人信息和隐私之间的密切联系。在我国司法实践中，法院往往采取隐私权的保护方法为个人信息的权利人提供救济。[②] 但近年来，伴随着个人信息保护的强化，立法逐步将个人信息从隐私中分离出来分别规定。我国民法总则将隐私和个人信息作为两类人格权益分别保护，民法典分编草案延续了这一做法，并且对个人信息的概念做了准确界定，从而区分了个人信息与隐私。由此可见，我国民法实际上采取了与欧盟模式相类似的做法。

从比较法上来看，各国之所以没有解决好两者的区别，主要原因在于两种权利在权利内容等方面存在一定的交叉。具体而言，个人信息权和隐私权在以下方面具有相似性。

第一，两者的权利主体都仅限于自然人，而不包括法人。从隐私权的权利功能来看，其主要是为了保护个人私人生活的安宁与私密性，因此，隐私权的主体应当限于自然人，法人不享有隐私权，法人所享有的商业秘密是作为财产权的内容加以保护的。同样，个人

① 5 U.S.C. § 552a(2006).

② 参见《冒凤军诉中国电信集团黄页信息有限公司南通分公司等隐私权纠纷案》，载最高人民法院中国应用法学研究所编：《人民法院案例选》(第4辑)，人民法院出版社2011年版。

信息的权利主体限于自然人。[①] 因为个人信息指自然人的姓名、性别、年龄、民族、婚姻、家庭、教育、职业、住址、健康、病历、个人经历、社会活动、个人信用等足以识别该人的信息。这些信息都具有可识别性,即能直接或间接指向某个特定的个人。[②] 虽然在个人信息法律关系中,相关信息的实际控制者(controller)可能是法人,但是其并非个人信息权的权利主体(information subject)。法人的信息资料不具有人格属性,法人并不享有具有人格权性质的个人信息权,侵害法人信息资料应当通过知识产权法或反不正当竞争法予以保护。

第二,两者都体现了个人对其私人生活的自主决定。无论是个人隐私还是个人信息,都是专属自然人享有的权利,而且都彰显了一种个人的人格尊严和个人自由。就隐私而言,其产生的价值基础就是人格尊严和人格自由发展的保护。例如,美国学者惠特曼(Whitman)曾经认为,整个欧洲的隐私概念都是奠基于人格尊严之上的,隐私既是人格尊严的具体展开,也是以维护人格尊严为目的的。[③] 隐私体现了对"个人自决"、"个性"和"个人人格"的尊重和保护。[④] 而就个人信息而言,其之所以日益获得强化的保护,也与其体现了人格尊严和人格自由存在密切关系。个人信息常常被称为"信息自决权"(informational self-determination right),同样体现了对个人自决等人格利益的保护。[⑤] 例如,在网上披露他人的裸照,不仅侵害了个人隐私,而且侵害了个人信息。从本质上讲,此种行为就是损害了他人的人格尊严。以德国为例,个人信息权是一般人格权的一项重要内容,[⑥]学者大多认为,侵害个人信息实际上都侵害了

---

① 例如,奥地利、挪威、卢森堡等国家颁布了《资料保护法》,都将法人纳入个人信息主体加以规定。

② See James B. Rule & Graham Greenleaf, *Global Privacy Protection*, Edward Elgar Publishing, 2010, p. 81.

③ See James Q. Whitman, "The Two Western Cultrules of Privacy: Dignity Versus Liberty", *Yale Law Journal*, April, 2004.

④ 参见[美]阿丽塔·L. 艾伦等:《美国隐私法:学说、判例与立法》,冯建妹等译,中国民主法制出版社 2004 年版,第 17 页。

⑤ See Margaret C. Jasper, *Privacy and the Internet: Your Expectations and Rights under the Law*, New York: Oxford University Press, 2009, p. 52.

⑥ Di Fabio, Maunz/Dürig, GG Kommentar, Art. 2, Rn. 173.

个人的自由，因而需要法律的保护。[①] 通过保护个人信息不受信息数据处理等技术的侵害，就可以发挥保护个人人格尊严和人格自由的效果。[②]

第三，两者在客体上具有交错性。隐私和个人信息的联系在于：一方面，许多未公开的个人信息本身就属于隐私的范畴。事实上，许多个人信息都是人们不愿对外公布的私人信息，是个人不愿他人介入的私人空间，无论其是否具有经济价值，都体现了一种人格利益。[③] 例如，非公开的个人家庭住址、银行账户等。对于与个人相关的信息而言，只要其存在于一定的载体之上，且被记录（record）下来，并能直接或者间接指向该特定个人，就可以被称为个人信息。[④] 在这些信息中，也有不少是个人不愿对外公开的私密信息，如个人的家庭住址、银行账户等，即使有些个人信息已经被政府或者商业机构收集，但并不意味着这些个人信息已经丧失其私密性。对于大多数信息享有者而言，其要求保护个人信息，都是为了防止隐私泄露，这可以说是第一要义。另一方面，部分隐私权保护客体也属于个人信息的范畴。尤其应当看到，互联网和大数据的发展使许多隐私同时具有个人信息的特征，如个人通讯隐私甚至谈话的隐私等，都可以通过技术的处理而被数字化，从而可能因具有身份识别的特征而被纳入个人信息的范畴。某些隐私虽然要基于公共利益而受到一定的限制，如个人的房产信息在一定范围内要进行查阅，但并不意味着这些信息不再属于个人信息，许多个人信息都属于个人隐私的范畴。

第四，两者在侵害后果上具有竞合性。所谓竞合性，是指行为人实施某一行为可能同时造成对多种权利的侵害，从而形成多种权利受侵害、产生责任竞合的现象。一方面，随意散播具有私密性特征的个人信息，可能也会同时涉及隐私的侵犯。例如，随意传播个

---

① See James B. Rule & Graham Greenleaf, *Global Privacy Protection*, Edward Elgar Publishing, 2010, p. 81.

② See Michael Henry ed., *International Privacy, Publicity and Personality Laws*, Reed Elsevier(UK), 2001. p. 164.

③ 参见张新宝：《信息技术的发展与隐私权保护》，载《法制与社会发展》1996 年第 5 期。

④ See Philip Coppel, *Information Rights*, London Sweet & Maxwell, 2004, p. 257.

人病历资料,既可能造成对个人隐私权的侵犯,也会侵犯个人信息权。所以,侵害个人信息既可能是违背信息主体的意愿披露了个人信息,也可能是违背了信息真实性的要求,错误地记载和使用了相应的信息。违规披露和错误记载分别指向不同的权利内涵,分别归属于隐私权和个人信息的范畴。个人私密信息被违法公开,违背了私人保密的意愿,当事人可以主张侵犯隐私权;而个人信息被错误记载和适用,导致当事人其他权利(如社会福利保障)受损,当事人可以主张更正信息,而这属于个人信息的范畴。也就是说,对一个人的某一项信息而言,既可能是隐私,也可能属于法律意义上的个人信息范畴。另一方面,从侵害个人信息的表现形式来看,侵权人也常常采用披露个人信息方式,从而与隐私权的侵害非常类似。所以,在法律上并不能排除这两种权利的保护对象之间的交叉。或许正是基于这一原因,在我国司法实践中,法院经常采取隐私权的保护方法为个人信息受侵害的权利人提供救济。[①]

从今后的发展趋势来看,随着网络技术和高科技的进一步发展,个人信息和隐私之间的关联性也将进一步加深。一方面,现代科技发展对个人信息以及隐私的保护提出了新挑战。现代科技的发展使很多信息都以数字化的形式得以呈现,并成为信息财产,此种数字化的个人信息或隐私内容更易受到侵害。同时,因为信息的传播方式更为便捷、传播速度更为迅速、传播范围也更为广泛,其一旦被损害,侵害的波及面更加广泛,损害的后果也更为严重。这对个人信息和隐私的保护都提出了新的挑战。另一方面,物联网技术的发展也使个人信息和隐私的保护受到新挑战。通过在物之中植入芯片等技术,可以获得物的所有人的个人活动信息。通过在个人活动的不同空间范围内的不同物上植入芯片,就可以获得个人在不同空间范围内活动的连贯信息。这些都会给个人信息和隐私的保护带来很大的威胁。

概括而言,一方面,个人信息与个人的私生活密切相关,同时也

---

① 参见《冒风军诉中国电信集团黄页信息有限公司南通分公司等隐私权纠纷案》,载最高人民法院·中国应用法学研究所编:《人民法院案例选》(第4辑),人民法院出版社2011年版,第42页。

是个人事务的组成部分,只要不涉及公共利益,个人信息的私密性应该被尊重和保护,而法律保护个人信息在很大程度上就是维护个人信息不被非法公开和披露等;另一方面,个人信息和个人生活安宁有直接关联,私密的个人信息被非法公开可能会对个人生活安宁造成破坏。[①] 在这种紧密的联系下,如何界分个人信息权和隐私权,反而显得更加必要。

二、个人信息权与隐私权的区分

由于个人信息权和隐私权之间存在密切联系,有人认为,在针对个人信息的专门立法尚未出台之前,可以借鉴美国法上隐私的保护模式,以隐私的形式保护个人信息也未尝不是一种权宜之计。在我国司法实践中,法院也往往采取隐私权的保护方法为个人信息的权利人提供救济。[②] 从实用的角度来看,这种做法在一定程度上可以为个人信息提供最基本的保护,且大体上可以涵盖个人信息的基本内容。但是,通过隐私权的保护来替代对个人信息权的保护,显然并非长久之计。正如前文所言,美国法上的隐私保护模式与其没有人格权制度之间存在密切关系,其隐私权具有类似于大陆法系中的一般人格权的特点,隐私权自身具有很强的开放性,可以将很多的新型人格利益纳入其中。而在我国,自《民法通则》制定以来,已经建立了人格权体系,隐私权只是其中的一种具体人格权。因此,不可能通过扩张隐私权的内涵来涵盖对个人信息的保护,否则,在理论上会与一般人格权形成冲突,且会与其他具体人格权制度产生矛盾。因此,在我国未来的人格权法中,不能完全以隐私权来替代个人信息权。

笔者认为,尽管个人信息权和隐私权的联系相当紧密,但两者并非浑然一体,而是在性质、客体等方面存在较明确的界分,明确这一点,无论对人格权制度的完备,还是对个人信息的保护,均有相当

---

① 参见陈起行:《资讯隐私权法理探讨——以美国法为中心》,载《政大法学评论》2000 年总第 64 期。

② 参见《冒凤军诉中国电信集团黄页信息有限公司南通分公司等隐私权纠纷案》,载最高人民法院中国应用法学研究所编:《人民法院案例选》(第 4 辑),人民法院出版社 2011 年版,第 42 页。

重要的意义。

(一)权利属性的区分

个人信息权和隐私权都是人格权,但两者的法律属性仍然存在区别,主要表现如下。

1. 隐私权主要是一种精神性的人格权,虽然其可以被利用,但其财产价值并非十分突出,隐私主要体现的是人格利益,侵害隐私权也主要导致的是精神损害。隐私权虽然也可以利用,但利用方式较为有限。而个人信息权兼具精神利益与财产利益,具有人格和财产的双重属性。[①] 与隐私权相比,个人信息权的财产属性较强,在市场经济社会,尤其是名人的信息,具有日益广泛的利用价值,从而使个人信息中的财产利益日益凸显。例如,权利人可以授权他人使用其姓名、肖像等,用于商业经营活动,以获取经济利益。因此,不仅要注重保护个人信息权利,而且要注重发挥个人信息的经济效用。[②] 个人信息不仅可以进行一次性利用,还可以进行多次利用。当然,个人在积极利用其个人信息的同时,法律应当设置一定的措施,以保护个人的基本人格尊严,妥当平衡个人信息的经济利用与人格尊严保护之间的关系。[③]

2. 隐私权主要是一种消极的、防御性的权利,在该权利遭受侵害之前,一般难以积极行使,只有在遭受侵害的情况下才能请求他人排除妨害、赔偿损失等。虽然美国法对隐私权进行了宽泛的解释,导致其包含了对隐私的利用,并逐渐形成了公开权,[④]但其中真正可以商业化利用的内容除了个人信息之外,并不太多。个人信息权是指个人对于自身信息资料的一种控制权,它并不完全是一种消极地排除他人使用的权利,而是一种主动性的、积极利用的权利,权利人除了被动防御第三人的侵害之外,还可以对其进行积极利用。

---

① Vgl. MüKoBGB/Rixecker, Anh. zu § 12, Rn. 10; Götting, in: HdbPR, § 1, Rn. 5 f.; Pethig, Information als Wirtschaftsgut, S. 2 f.; Hasse, Datenschutzrechtliche Frage, S. 71.

② Vgl. Papier, in: Maunz/Dürig, GG, Art. 14 Rn. 1, 8; Sodan/Ziekow, Grundkurs Öffentliches Recht, § 42, Rn. 2.

③ See James B. Rule & Graham Greenleaf, *Global Privacy Protection*, Edward Elgar Publishing, 2010, p. 105.

④ 参见王泽鉴:《人格权法》,北京大学出版社 2012 年版,第 217 页。

个人信息权作为一种积极的权利，在他人未经许可收集、利用其个人信息时，权利人有权请求行为人更改或者删除其个人信息，以排除他人的非法利用行为或者使个人信息恢复到正确的状态。正如有学者所指出的，“普通的隐私权主要是一种消极的、排他的权利，但是资讯自决权则赋予了权利人一种排他的、积极的、能动的控制权和利用权。”①

（二）权利客体的区分

民法典分编草案将隐私和个人信息区分为私人信息与个人信息，从而在客体上对两者进行了界分。隐私的主要内涵是私人信息，从而与个人信息相区别。但两者究竟如何界分，值得进一步讨论。笔者认为，可从如下几个方面对两种权利的客体进行界分。

第一，是否强调私密性。作为隐私权客体的私人信息具有私密性，常常是权利人不愿意为他人所知悉的信息。这些信息，权利人之所以不希望被外人知道，是因为泄露这些信息可能给私人的生活安宁带来妨碍，甚至有损个人的人格尊严。所以，私人信息一旦向大量人群公开，那么，在被公开的人群范围内，就很难获得隐私权的保护。受制于存在形态，隐私一旦被披露就不再是隐私，也就是说，披露他人隐私造成的损害后果常常具有不可逆性。尤其是在网络环境下，一旦在互联网上披露了他人的隐私，就无法再通过“恢复原状”等方式予以救济，其私密性也无法予以恢复。所以，即便一些特殊的隐私能够被利用（如某人向报刊披露自己的隐私故事并从中获取利益），则该隐私一旦公开，就难以被重复利用。对个人信息而言，它常常是可以被公开的，如身份证号码，即便是被公开之后，也可以作为个人信息加以保护，且可以被反复利用（如个人的身份证号码可以做无数次的使用）。对个人信息的侵害，所造成的损害通常伴随财产损失，可以通过财产损害赔偿责任予以救济。

第二，是否强调可识别性。隐私权的客体并不强调可识别性，一般而言，隐私只注重私密性，而不注重可识别性和准确性。隐私主要是一种私密性的信息或私人活动，如个人身体状况、家庭状况、

---

①　参见任晓红：《数据隐私权》，载杨立新主编：《侵权法热点问题法律应用》，人民法院出版社2000年版，第419页。

婚姻状况等，凡是个人不愿意公开披露且不涉及公共利益的部分都可以成为个人隐私，而且单个的私密信息或者私人活动并不直接指向自然人的主体身份。而个人信息注重的是身份识别性，当然，此处所说的身份识别应当作广义理解，即只要求此种信息与个人人格、个人身份有一定的联系，无论是直接指向个人，还是在信息组合之后指向个人，都可以认为其具有身份识别性。例如，一个人可能有多个手机号码、车牌号等，并不像肖像、姓名、身份证号码等具有唯一性，但此种信息与其他信息相结合仍可指向个人，从而与个人身份的识别具有一定的联系。从法律上看，凡是与个人身份有关联的信息，都可以看作个人信息。在确定某种信息是否具有可识别性时，应当考虑一切可能被信息控制人或其他人合理利用以识别该人的方法。[①] 不同的个人信息往往与自然人不同的身份特征关联在一起。正如在 *Compare Reuber V. United States* 案中，法院认为，个人信件应当属于个人信息的范畴，因为它很明确地标明了个人的姓名和地址。[②] 因此，虽然私人信息和个人信息之间具有外延上的交叉，但作为隐私的私人信息和个人信息区别的最关键点就是私密性和可识别性。

第三，隐私不限于信息的形态，它还可以以个人活动、个人私生活等方式体现，且并不需要记载下来。而个人信息必须以固定化的信息方式表现出来，因此，个人信息通常需要记载下来，或者以数字化的形式表现出来。[③] 也就是说，个人信息概念侧重于“识别”，即通过个人信息将个人“识别出来”。例如，就个人谈话内容而言，如果没有以一定的方式予以记载，则不属于个人信息，而仅属于个人隐私。随着科学技术的发展，可以通过数字化的方式对个人谈话进行处理，从中推测出个人的交友特点、生活习惯、个人偏好等信息，在这种情况下个人隐私就转化为个人信息。

第四，与大数据的关系不同。隐私通常表现为一些私密性的私人信息、私人活动以及私人生活安宁等，一般与大数据技术没有直

---

① 参见欧共体规章第 45 号/2001，序言第（8）条。

② Compare Reuber V. United States，829 F. 2d 133，142（D. C. Cir. 1987）.

③ Philip Coppel，Information Rights，London Sweet & Maxwell，2004，p. 257.

接关系。即便就私人信息而言，在个人不愿意公开的情形下，其也难以成为大数据技术分析、处理的对象。而个人信息权的产生与发展则与大数据技术密不可分。大数据本质上是信息处理的方式，信息处理量很大，处理方法特殊，属于技术性问题。[①] 借助于大数据技术，可以对海量的个人信息进行分析和处理，尤其是在对个人信息进行匿名化处理之后，信息持有者还可以通过信息共享等方式对个人信息进行利用，从而有效发挥个人信息的经济效用。

（三）权利内容的区分

隐私权的内容主要包括维护个人的私生活安宁、个人私密不被公开、个人私生活自主决定等。隐私权特别注重“隐”，其含义包括两方面的内容：一方面，其是指独处的生活状态或私人事务；另一方面，它是指私生活秘密不受他人的非法披露。与此相应，对隐私权的侵害主要是非法的披露和骚扰。而个人信息权主要是指对个人信息的支配和自主决定。个人信息权的内容包括个人对信息被收集、利用等的知情权，以及自己利用或者授权他人利用的决定权等内容。即便对于可以公开且必须公开的个人信息，个人应当也有一定的控制权。例如，权利人有权知晓在多大程度上公开、向谁公开该信息以及他人会基于何种目的利用信息等。正是从这个意义上说，大陆法系学者将个人信息权称为“信息自决权”。[②] 虽然一些个人信息与隐私之间存在交叉，但隐私权制度的重心在于防范个人秘密不被非法披露，并不在于保护这种秘密的控制与利用，这显然并不属于个人信息自决的问题。与此相应，对个人信息权的侵害主要体现为未经许可而收集和利用个人信息。侵害个人信息，主要表现为非法收集、非法利用、非法存储、非法加工或非法倒卖个人信息等行为形态。其中，大量侵害个人信息的行为都表现为非法篡改、加工个人信息的行为。

---

① Snijders, C.; Matzat, U.; Reips, U. – D. (2012). "'Big Data': Big gaps of knowledge in the field of Internet". International Journal of Internet Science. 7: 1 – 5.

② See Adam Carlyle Breckenridge, *The Right to Privacy*, University of Nebraska Press, 1970, 1; Randall P. Bezanson, "The Right to Privacy Revisited: Privacy, News, and Social Change", 1810 – 1990, 80 *Cal. L. Rev.*, 1133 (1992).

（四）保护方式的区分

界分个人信息权和隐私权的重要目的之一在于区分不同的保护方式，换言之，在不同的权利遭受侵害时，为权利人提供不同的救济和保护方式。具体而言，两者的保护方式存在如下区别。

第一，在个人信息权遭受侵害的情形下，可以通过更正、补充、修改等方式对权利人进行救济，即在非法收集个人信息，或者所公开的个人信息存在错误时，权利人有权要求删除或者更正，各国一般也都承认上述救济方式，①这些权利也称为个人信息保护相关性的权利。而隐私权一旦遭受侵害，即无法恢复原状，无法通过更正、补充、修改等方式对权利人进行救济。例如，行为人擅自在网上发布他人的私密信息，该信息一旦公开，就无法再恢复到私密状态。

第二，在侵害隐私权的情况下，主要采用精神损害赔偿的方式加以救济。依据我国《侵权责任法》第 20 条的规定，在隐私权遭受侵害的情形下，权利人虽然也可以主张财产损害赔偿，但其主要遭受的是精神损害，可以通过精神损害赔偿责任对权利人进行救济。而在个人信息权遭受侵害的情形下，权利人虽然也可能遭受一定的精神损害，但由于侵害个人信息权的主要方式是未经许可的收集、利用等行为，主要应当通过财产损害赔偿责任对权利人进行救济。在个人信息权遭受侵害的情形下，权利人有时可能难以证明其损失的具体数额，此时可以根据“所获利益视为损失”的规则，通过证明行为人所获得的利益，对受害人所遭受的损害进行推定，从而确定损害赔偿的数额。

第三，隐私权保护主要采用民法保护的方式，而个人信息的保护方式则呈现多样性和综合性，尤其是可以通过行政手段加以保护。例如，对非法储存、利用他人个人信息的行为，政府有权进行制止，并采用行政处罚等方式。对于网上非法发布不良信息或危害公共安全的信息，政府有关部门有权予以删除。另外，在侵害个人信息的情况下，有可能构成大规模侵权。但对单个的受害人来说，损害又可能是轻微的。所以，它会形成一种集合性的、针对众多人的

① Vgl. EU-DSGVO Art. 12 ff.

大规模损害。瓦格纳将此种行为称为“大规模的微型侵害”,[①]对于此种损坏,由于其侵害的微小性,单个的受害人往往势单力薄,也往往难以要求加害人承担责任。对于此种诉讼动力不足的情况,需要由国家公权力机关提起公益诉讼、追究侵害人的责任。

当然,由于许多个人信息本身具有私密性,而许多隐私也是以个人信息的形式表现出来的,因而,当某种行为侵害他人隐私权或个人信息权时,有可能同时侵害这两种权利,从而构成侵权的竞合,受害人可以选择对自身最为有利的方式加以主张。例如,非法散布个人病历资料,既侵犯他人隐私权,也侵犯他人的个人信息权。但从整体而言,个人信息这一概念远远超出了隐私信息的范围。[②] 正是因为隐私与个人信息之间存在诸多区别,所以,我国未来的民法典应当对个人信息权单独进行规定,而不能附属于隐私权之下。

第四节　个人信息权的内容

如前所述,个人信息权在内容上具有不同于其他具体人格权的特点。作为一项人格权,权利人享有下列权利:信息控制权、信息利用权、信息知情权以及删除、更正权。信息控制者对个人信息的收集、处理和利用应当尊重信息主体的上述权利。例如,美国《公平信用报告法》(Fair Gredit Reporting Act,FCRA,1970 年)规定,个人有取得、要求更正、解释存于信用报告机构档案内有关其自身之资料的权利。要保护个人信息就必须承认个人信息权是一项私权,信息控制者必须对信息主体所享有的权利给予足够的尊重。具体来说,个人信息权主要具有如下内容。

1. 信息控制权。它是指信息主体有决定和控制自己的个人信息并排除他人非法侵害的权利。从个人信息保护的发展趋势来看,各国逐步强化个人对其信息的积极控制,即“控制自己资讯的权利”

---

① 参见[德]格哈特·瓦格纳:《损害赔偿法的未来——商业化、惩罚性赔偿、集体性损害》,王程芳译,熊丙万、李翀校,中国法制出版社 2012 年版,第 178 页。

② 参见李晓辉:《信息权利研究》,知识产权出版社 2006 年版,第 118 ~ 119 页。

或“资讯自决权”,[①]任何人无论他的社会地位和占有的财产的多寡以及受教育程度如何,都平等地对自己的信息享有控制的权利。这也是个人信息权作为具体人格权所具备的人格平等特征的具体体现。个人对信息的控制主要表现在,任何人对指向自己的各种信息有权进行控制,并排斥他人的非法收集、处理和利用。[②]《加强网络信息保护的决定》第2条第1款要求网络服务提供者和其他企业事业单位在业务活动中收集、使用自然人个人电子信息,应当取得被收集者同意,《网络安全法》第41条规定网络运营者收集、使用个人信息,应当经被收集者同意,并不得收集与其提供的服务无关的个人信息,不得违反法律、行政法规的规定和双方的约定收集、使用个人信息,并应当依照法律、行政法规的规定和与用户的约定,处理其保存的个人信息。个人信息控制权的内容具体包括:第一,个人对其个人信息的支配权,无论是社会名流,还是流浪汉,对其个人信息都有平等的支配权,任何人都不得非法干预个人对其个人信息的支配。第二,权利人有权排斥他人对个人信息的非法收集和利用,我国法律法规也授权政府在某些情况下出于公共安全或公共利益的目的,有权对个人信息进行收集和调查,但未经法律的许可,任何机构不得非法收集个人信息,更不得对这些信息进行非法利用。即使有关机构掌握了个人档案,也不能将档案信息任意向社会公开。尤其是对于儿童个人信息而言,根据许多国家的法律规定,商业机构即使获得了儿童的许可亦不能免责,除非获得了其法定代理人的许可。[③]

2. 信息知情权。它是指信息主体有查询和了解自己个人信息的权利。《欧盟一般数据保护条例》第6条规定,对个人信息的处理以同意为基础。我国《加强网络信息保护的决定》第2条第1款和《网络安全法》第41条第1款都要求网络服务提供者和其他企业事业单位应当明示收集、使用信息的目的、方式和范围,这就确立了权利人的知情权。保护个人对其信息收集、处理和利用的知情权突出

---

① 参见李震山:《论资讯自决权》,载《人性尊严与人权保障》,元照出版公司2000年版,第288页。

② S. Simitis, ed., Kommentar zum Bundesdatenschutzgesetz, Baden-Baden, 2003, 129.

③ See Margaret C. Jasper, *Privacy and the Internet: Your Expectations and Rights under the Law*, New York: Oxford University Press, 2009, p. 63.

反映了对个人控制其信息资料的充分尊重。个人应当了解其个人信息被收集、利用的目的。个人信息收集、利用的目的应当是合法的,个人对该合法目也应当是知情的,否则,个人将无从判断相关的个人信息处理行为是否是合法的,从这一意义上来说,信息控制者也有义务告知个人其个人信息收集、利用的目的。[①]

个人的信息知情权既包括个人有权了解和查阅其信息记录,也包括个人对于哪些主体能够了解或查阅其个人信息记录享有知情权。[②] 尤其是在信息共享的情形下,信息控制者将其所掌握的个人信息共享给其他主体,使其他主体也能进一步利用相关的个人信息,按照信息知情权的要求,信息控制者在进行个人信息共享时应当告知权利人的个人信息被共享的相关情况,如信息共享的对象、信息共享的方式、个人信息进一步利用的程度和方式等。如果个人不享有信息知情权,则无法真正实现对个人信息保护,对于其个人隐私可能遭受的威胁和正在遭受的损害,个人也将无从了解。因此,个人信息的控制者应当有义务通知信息主体其个人信息被收集、处理的情况。[③] 知情是同意的前提,只有在充分知情的情况下,了解相关机构对其个人信息收集和使用的范围、目的等,所作出的同意才具有法律上的效力,这也才真正体现了个人对其信息的控制。这种知情不仅发生在对个人信息的收集阶段,而且在个人信息被有关机构获得之后,权利主体也有知情的权利,即有权知悉相关机构对其个人信息具体的处理状态。在这个意义上,个人信息知情权与政府信息公开之间也存在密切关系,例如,个人可以要求政府提供自己的纳税信息。

3. 信息利用权。它是指信息主体有决定使用自己的个人信息以及决定许可他人使用自己的个人信息的权利。因为个人信息归属于个人,所以其利用权由个人享有。这种利用权包括三个方面:

---

① Neethling, JM Potgieter & PJ Visser, Neethling's law of personality, Lexis Nexis South Africa, 2005, p. 279.

② Neethling, JM Potgieter & PJ Visser, Neethling's law of personality, Lexis Nexis South Africa, 2005, p. 279.

③ Neethling, JM Potgieter & PJ Visser, Neethling's law of personality, Lexis Nexis South Africa, 2005, pp. 278 – 279.

一是权利人自己利用,包括自己整理个人信息、使用个人信息、在网络上发布个人信息或者通过出版有关著述披露个人信息和家庭信息等。当然,在信息披露过程中,必须遵守国家法律法规的规定,不得违背公序良俗原则擅自披露一些违背道德的信息。二是权利人有权许可他人利用自己的个人信息。个人在参与行政和进行贸易的过程中,有权许可政府行政机关和商业机构收集、处理和利用自己的个人信息。三是在法律允许的范围内合理利用个人信息。例如,政府为了宏观决策的需要而对购房人的信息进行收集和利用①,但不得在该目的范围之外使用个人信息。

4. 信息收益权。它是指信息主体有权利用自己的个人信息对外从事经济活动以获取收益。个人信息具有一定的经济价值,可以进行商业化利用,权利人可以自己使用,也可以许可他人进行使用,从而获取相应的经济收益。此外,当他人非法利用自己的个人信息获取经济利益时,权利人可以要求损害赔偿,并通过适用获益等同于损失的计算方法等获得救济。例如,某商业机构非法使用某人的姓名、肖像等个人信息作为广告,信息主体就有权依据通常的许可费用请求损害赔偿。

5. 信息完整权。它是指信息主体有权要求信息的实际控制人保证其所直接控制下个人信息内容的完整、正确。因个人信息关系到个人的人格利益和人格尊严,也是个人与他人交往的重要基础,故保持个人信息内容的完整、正确十分必要。因此,各国个人信息保护法大多赋予了信息主体删除、变更权。为了保证资料的真实和完整性,在信息收集过程中,以及收集以后,个人应当享有跟踪、查证并且根据真实情况修改的权利。②《网络安全法》第 42 条规定,网络运营者不得泄露、篡改、毁损其收集的个人信息。第 43 条规定个人发现网络运营者违反法律、行政法规的规定或者双方的约定收集、使用其个人信息的,有权要求网络运营者删除其个人信息;发现网络运营者收集、存储的其个人信息有错误的,有权要求网络运营

① 参见齐爱民:《拯救信息社会中的人格——个人信息保护法总论》,北京大学出版社 2009 年版,第 213 页。

② 参见周佳念:《信息技术的发展与隐私权的保护》,载《法商研究》2003 年第 1 期。

者予以更正。具体而言，这种权利包含以下几项内容：一是更正，即如果相关的个人信息具有误导性，则个人有权请求更正。[①] 如果有关政府部门和商业机构所控制的个人信息发生偏差或错误，信息主体通过行使知情权得知此项错误之后，通过行使更正权得以更正。民法典分编草案第815条第1款规定："自然人可以向信息持有人依法查阅、抄录或者复制其个人信息；发现信息有错误的，有权提出异议并要求及时采取更正等必要措施。"二是补充，如果有关政府部门和商业机构所控制的个人信息发生遗漏，信息主体有权要求进行补充。三是屏蔽，如果就有关政府部门和商业机构所控制的个人信息的真伪发生争议而政府部门和商业机构拒绝更正的，在此情形下，如果不适合删除，权利人有权要求对该个人信息进行屏蔽，在争议解决之前，相关机构不得继续处理和利用被屏蔽的个人信息。[②] 法律赋予个人对其个人信息享有信息完整权，实际上赋予个人对其个人信息的积极控制权，这对于有效保护个人信息权利具有重要意义。[③]

6. 信息清除权。这就是说，如果出现了法律规定和当事人约定的不应继续保留个人信息的情形时，信息持有人应当及时清除相关的个人信息。民法典分编草案第815条第2款规定了自然人可以请求信息持有人及时删除其个人信息的情形主要包括如下几种：一是存在非法收集、使用信息的行为。也就是说，如果信息持有人所获得的个人信息是通过非法手段收集的，或者虽然信息的收集合法，但信息持有人非法利用他人个人信息，则权利人有权请求信息持有人及时清除相关个人信息。例如，信息收集者在收集他人个人信息时虽然取得了个人的同意，但如果其所收集的个人信息超出了约定的范围，则应当属于非法收集个人信息，权利人有权请求行为人清除相关信息。同时，即便信息收集行为是合法的，如果持有信息的行为非法，则权利人也有权请求信息持有者删除相关信息。赋

---

① Neethling, JM Potgieter & PJ Visser, Neethling's law of personality, Lexis Nexis South Africa, 2005, p. 279.

② 参见齐爱民：《论个人资料》，载《法学》2003年第8期。

③ Neethling, JM Potgieter & PJ Visser, Neethling's law of personality, Lexis Nexis South Africa, 2005, p. 280.

予个人删除权有利于有效预防和制止对个人权利的侵害。[①] 二是持有侵害自然人合法权益的信息,即如果信息持有人所持有的相关个人信息会侵害他人的合法权益,则个人有权请求信息持有者删除相关信息。三是持有的信息储存期限依法已经届满。如果法律规定或者当事人约定信息持有者仅能在一定期间内持有相关个人信息,则在该期限届满后,信息持有者应当及时删除相关信息,权利人也有权请求信息持有者及时删除相关信息。四是根据收集或者使用的特定目的,信息持有人持有信息已经没有必要。信息持有人在收集、利用个人信息时,应当向个人说明信息收集、利用的目的,在该目的已经实现的情形下,个人有权请求信息持有者及时清除其个人信息。这就涉及被遗忘权的问题,笔者将在下文对此作出探讨。

7. 安全维护请求权。个人信息在被收集者收集之后,如果有可能被他人窃取或者流失,个人有权要求其采取合理措施,以保护个人资料的安全。《加强网络信息保护的决定》第 4 条规定:“网络服务提供者和其他企业事业单位应当采取技术措施和其他必要措施,确保信息安全,防止在业务活动中收集的公民个人电子信息泄露、毁损、丢失。……”民法典分编草案第 817 条为进一步强化信息安全维护,从两个方面作出了规定:一是该条第 1 款规定:“信息收集人、持有人不得泄露、篡改、毁损其收集、存储的个人信息;未经被收集者同意,不得向他人提供个人信息。但是经过处理无法识别特定个人且不能复原的除外。”依据该条,信息的收集者、持有者必须负有维护个人信息安全的义务,不得泄露、篡改、毁损其收集、存储的个人信息。在收集、持有个人信息之后,如果将该信息与他人进行共享,必须取得被收集人的同意。当然,如果经过匿名化处理,阻断了相关信息对个人身份的关联性,则信息的共享不应受到较大的限制。二是该条第 2 款规定:“信息收集人、持有人应当采取技术措施和其他必要措施,确保其收集、存储的个人信息安全,防止信息泄露、毁损、丢失。在发生或者可能发生个人信息泄露、毁损、丢失的情况时,应当及时采取补救措施并告知被收集者。”依据该条,信息

---

① Neethling, JM Potgieter & PJ Visser, Neethling's law of personality, Lexis Nexis South Africa, 2005, p. 279.

收集者、持有者应当采取必要的措施，确保个人信息的安全，权利人也有权依据该规定请求信息的收集者、持有者采取必要的安全保障措施。例如，在网站对个人资料的安全保护不充分时，用户有权要求采取各种措施保护信息安全。[①] 同时，在个人信息泄露、毁损、丢失的情形下，信息收集者、持有者还应当及时告知信息主体，并采取必要的补救措施，以防止损害的进一步扩大。

第五节　收集、使用个人信息的原则

一、个人信息自决权

个人信息权的基础是个人的自决权（Selbstbestimmungsrecht），这是其自主决定其有关其个人信息的权利。[②] 个人信息自决权在沃伦和布兰代斯1890年的论文中即持此种观点。他们认为，隐私是人类价值的缩影，这些价值可以概括为"个人自决"、"个性"和"个人人格"。[③] 近来，有不少学者呼吁，在法律上应当创设个人网络隐私权（internet privacy rights），尊重个人的隐私自决，使每个人不受到网络上各种信息的不当影响。[④] 但这一理论主要是德国学者所丰富和发展起来的。

信息自决权（dasRecht auf informationelle Selbstbestimmung），在德国法的语境中是指个人依照法律控制自己的个人信息并决定是否被收集和利用的权利。1976年，德国学者马尔曼（Christoph Mallmann）教授首先提出了"信息自决"（informationelle Selbstbestimmung）的概念。[⑤]

---

① 参见赵华明：《论网络隐私权的法律保护》，载《北京大学学报》2002年专刊。

② 参见李震山：《论资讯自决权》，载李震山：《人性尊严与人权保障》，元照出版公司2000年版，第288页。

③ 参见[美]阿丽塔·L.艾伦等：《美国隐私法：学说、判例与立法》，冯建妹等译，中国民主法制出版社2004年版，第17页。

④ See Paul Bernal, *Internet Privacy Rights: Rights to Protect Autonomy*, Cambridge University Press, pp. 29 – 30.

⑤ Christoph Mallmann, Datenschutz in Verwaltungsinformationssystemen, München, 1976, S. 56.

他认为，自我表现是个人与外界交流的唯一手段，自我表现的实质就是对个人信息的使用，从这一意义上来说，个人信息对于人格构建和发展具有决定性的意义。基于自我表现对人格发展的重要意义，以及《德国基本法》第2条第1款对人格自由发展的保护，个人应当有权决定如何使用自己的个人信息。[①] 当然，从基本法的层面来看，并不存在明确的信息自决的规则，只是以数据保护基本权利的形式规范信息和数据处理行为，同时，也不存在所谓的宪法性的信息或者数据保护权利。[②] 1983年著名的人口普查案标志着德国联邦宪法法院承认了"信息自决权"，将对个人自我表现和自我决定的保护纳入了一般人格权的范围。[③] 依据德国联邦宪法法院的观点，这一权利是所谓的基本权利，其产生的基础为一般人格权。[④] 在本案中宪法法院认为，依据基本法第2条第1款以及第1条第1款所保障的一般人格权，个人有权决定何时以及在何种程度上公开自己的个人生活事务（信息自决权）。[⑤] 只要是对个人信息的收集和处理行为，都受到信息自决权的制约，即都应当以当事人个人的自己决定为基础。基于个人信息自决权，使权利人在私生活的领域内获得了自主发展其个性人格的可能。否则，个人生活长期处于社会公众的注视之下，每个人的生活因时常受他人打扰而不能自主决定，其个性人格也难以健全发展。因此，保护个人信息和隐私也是为了尊重人的个性，促进其全面发展。

笔者认为，个人信息自决权是个人信息权的核心内容，正是因为个人享有个人信息自决权，所以任何对他人信息（尤其是敏感信息）的收集和利用，原则上应当取得个人的同意。个人信息自决权在性质上并非消极防御性的权利，权利人也有权基于信息自决权对其个人信息加以利用。也就是说，个人有权决定其个人信息能否被他人收集、处理和利用，以及以何种方式利用，同时，个人也有权通

---

① C. Mallmann, Datenschutz, S. 54 f.

② Simitis, in: ders., BDSG, § 1 Rn. 29; Schoch, Jura 2008, 352(353).

③ BverfGE 65, 1 – Volkszahlung.

④ BVerfG, Urteil des Ersten Senats vom 15. Dezember 1983, 1 BvR 209/83 u. a. – Volkszählung –, BVerfGE 65, 1.

⑤ BVerfGE 65, 1(42).

过许可他人收集、利用其个人信息而获得相应的报酬。①

二、收集、使用个人信息的原则

从比较法上看，对个人信息的保护，首先是从确定个人信息保护的基本原则开始。个人信息保护的基本原则在个人信息保护的历史和现实中发挥着极其重要的作用。《欧盟一般数据保护条例》第5条就明确了进行个人数据处理的一般原则，包括合法、诚信、透明、合目的性、最优化、正确性以及保密性。《加强网络信息保护的决定》第2条第1款规定："网络服务提供者和其他企业事业单位在业务活动中收集、使用公民个人电子信息，应当遵循合法、正当、必要的原则，明示收集、使用信息的目的、方式和范围，并经被收集者同意……"依据民法典分编草案第814条的规定，"收集、使用自然人个人信息的，应当遵循合法、正当、必要原则"，该条对个人信息保护的原则作出了规定，具体来说，个人信息保护应当遵循如下原则。

（一）合法性原则

合法性原则是指收集、处理和利用个人信息必须符合法律的规定。我国《民法总则》第111条明确规定，"……任何组织和个人需要获取他人个人信息的，应当依法取得并确保信息安全……"不得非法收集、利用他人的个人信息。具体来说，合法性原则包括如下两方面的内容。

1. 收集信息的主体必须合法。何种主体有权收集他人的个人信息，需要依据法律的规定具体确定。通常个人信息的收集机构主要有两类：一是法律授权的主体，如国家机关（包括权力机关、立法机关和司法机关等）。无论当事人同意与否，有关部门都可以在法律授予职权的范围内依法收集、处理和利用个人信息。② 二是获得信息主体同意的信息收集机构。例如，信息主体出于参加某个俱乐部的需要，而填写某些表格或申报个人信息，为登录某些网站而填写某些信息。信息的收集者都可以经过当事人的同意而成为合法

---

① 参见李适时主编：《中华人民共和国民法总则释义》，法律出版社2017年版，第347页。

② 参见齐爱民：《拯救信息社会中的人格——个人信息保护法总论》，北京大学出版社2009年版，第266页。

的个人信息收集者。例如，在“冒某诉中国电信集团黄页信息有限公司南通分公司等隐私权纠纷案”中，法院认定原告与被告签订的合同中约定了被告为原告开通电话号簿列名服务及 114 列名服务，基于此被告有权编印和发放电话号簿，不构成对原告信息的泄露。[①]

2. 收集个人信息的手段必须合法。个人信息的收集必须遵循合法、自愿和遵守诚信原则。首先，个人信息的收集必须基于与收集者本身职能有关的合法目的，[②]而不能收集与有关机关行使职权无关的个人信息。即使个人同意，商业机构收集的个人信息也仅限于其同意的范围。未经同意或者同意之外的，尤其是涉及个人私生活的个人信息不得随意收集。基于当事人的同意而持有某些个人的数据资料，不构成对个人信息权的侵害，但占有资料的个人和组织只能将这些资料用于法定的或当事人约定的使用范围。[③] 其次，个人信息的收集应尊重信息主体的意愿，一般情况下以信息主体的自愿为前提；不得以偷拍、偷录、刺探等方式秘密收集他人资料。个人信息的获取方式应当是合法的，也就是说，即便相关个人信息的处理行为的目的是保护某些合法的利益，但如果个人信息的收集行为是非法的，如通过查看他人私人文件、非法跟踪他人等方式获取个人信息，则个人信息的后续利用行为也将是非法的，因为个人信息的后续利用行为与个人信息的收集行为是密切联系、不可分割的，个人信息的收集行为非法，则后续的处理和利用行为也将是非法的。[④] 最后，个人信息的收集应遵守诚信原则，以诚信公平的方法实施，不得采取欺骗、盗窃或其他非法手段收集。

（二）目的正当原则

所谓目的正当原则，是指个人信息的收集必须符合事先确定的收集目的。对个人信息的处理应当在必要的目的范围内进行，从这

---

① 参见最高人民法院中国应用法学研究所编：《人民法院案例选》（第 4 辑），人民法院出版社 2011 年版。

② 参见张新宝：《信息技术的发展与隐私权保护》，载《法制与社会发展》1996 年第 5 期。

③ 参见张新宝：《信息技术的发展与隐私权保护》，载《法制与社会发展》1996 年第 5 期。

④ Neethling, JM Potgieter & PJ Visser, Neethling's law of personality, Lexis Nexis South Africa, 2005, p. 277.

一意义上来说，个人信息收集、处理的明确的目的也划定了个人信息处理的限度。① 这一原则主要包括两方面的内容：一方面，信息收集者不能超越法律规定或者商业机构事先确定的目的收集其他信息。这就是说，任何国家机构在职权范围内都可以收集必要的相关信息，但这些信息必须服务于收集个人信息所要达到的既定目的，如房产登记机构可以收集与财产登记相关的个人信息，而不能收集与登记无关的其他个人信息。另一方面，不能将目的内收集的信息做超出目的的利用。例如，房产登记机构收集产权人的财产信息只能用于公示的目的，而不能将此登记信息用于商业目的，如出售。再如，商业银行在决定贷款时，为保证客户能够按期还款，需要收集个人的收入状况的信息。但所收集的个人信息不能无限制地向全社会公开，否则可能侵害个人的个人信息权，也可能侵害个人的隐私权。此外，一旦使用目的达到，就应当立即删除所收集的个人信息。个人信息收集、处理的目的一旦实现，信息控制者即不得再继续储存或者利用个人信息，否则，相关行为将是非法的。② 当然，对信息隐私的保护不能侵害言论自由、妨碍具有新闻价值和公共关注的问题相关信息的传播。③

（三）必要性原则

所谓必要性原则，是指在从事某一特定活动时可以使用、也可以不使用个人信息时，要尽量不使用，在必须使用并征得权利人许可时，要尽量少使用。比如，在收集个人信息时，其所获取的个人信息应当以满足使用的目的为限，而不得超出该范围收集个人信息。为达到目的如果只需要使用权利人的非敏感个人信息，则不应该扩大信息收集和使用的范围。④ 再如，在论坛注册账号时，除非有正当理由，否则不得要求用户提供家庭地址和手机号码等信息。毕竟个

---

① Neethling, JM Potgieter & PJ Visser, Neethling's law of personality, Lexis Nexis South Africa, 2005, p. 276.

② Neethling, JM Potgieter & PJ Visser, Neethling's law of personality, Lexis Nexis South Africa, 2005, p. 277.

③ See Matthew C. Keck, "Coolies: The Constitution and the Common Law: A Framework for the Right of Privacy on the Internet", 13 Alb. L. J. Sci. & Tech. 116.

④ 参见郭少峰、吴鹏：《个人信息保护将出台国标　明确使用后立即删除》，载《新京报》2012年4月5日。

人信息涉及个人的私人生活、人格利益，过度利用也可能会侵害他人权利，构成不必要的干扰。

（四）知情同意原则

个人信息权之所以在德国被称为“资讯自决权”，[①]是因为个人信息权中存在一项重要的权利即知情同意权。为保护此种权利，信息的收集者在收集信息之前，应清晰告知收集信息的对象、目的、范围、处理、是否与第三方分享、保存和使用的期限等要素，并征得被收集信息的主体的明确同意。信息收集者应当负有向被收集者告知收集信息的相关要素的义务，即应当如实地告知被收集者，其是否同意收集信息；收集的内容、目的和方法；该信息可能移转和披露的范围。

基于权利人的同意而收集并持有个人的信息，一般应认为是合法的，但占有信息资料的个人和组织只能将这些信息用于法定的或当事人自愿同意使用的范围。原则上，除非重新取得被收集人的同意，不得转让所收集的个人信息。[②] 在法律允许转让的情况下，也必须通知被收集人，此外，信息的受让人也必须受到信息收集目的的拘束。

（五）信息安全原则

依据《民法总则》第111条规定，任何组织和个人获取他人个人信息的，应当确保个人信息安全。信息安全原则包含两方面的内容，一方面，是指信息控制者应当采取安全措施保护个人信息不被泄露或者非法窃取、传播等；信息收集者、持有者对收集或者持有的个人信息应当保密，并采取必要措施确保个人信息安全；另一方面，对于个人信息应当采取安全保护措施，防范信息的意外或不法的毁损、丢失、加工、传播或者为他人所取得，以及其他一切非法的处理。[③] 个人信息的安全包括储存安全、传递安全、使用安全等内容。储存安全是指信息的控制者要确保该信息以安全的方式储存；传递安全是指信息在传输过程中不能发生不当的丢失、被截取、被修改

---

① 齐爱民：《论个人资料》，载《法学》2003年第8期。

② 梁志文：《论个人数据保护之法律原则》，载《电子知识产权》2005年第3期。

③ Christiane Féral-Schuhl, Cyberdroit, le droit àl'épreuve de l'Internet, Dalloz, 2008, p. 43.

或者被公开；使用安全是指信息在使用的过程中不得被非法或不当地使用或被处理。[①] 为了达到此种信息安全，就要求个人信息的使用者采取相应的安全保障措施，建立一套个人信息保护制度，明确责任人和内部管理流程，采取有效措施防范个人信息泄露的风险，发生泄露时应采取措施及时应对。在达到目的后，应当将相关个人信息及时删除，以防止不必要的危险。[②]

个人信息保护与数据开放之间的关系也值得探讨。政府数据开放是政府信息公开法的要求，《政府信息公开条例》第14条第4款规定："行政机关不得公开涉及国家秘密、商业秘密、个人隐私的政府信息。但是，经权利人同意公开或者行政机关认为不公开可能对公共利益造成重大影响的涉及商业秘密、个人隐私的政府信息，可以予以公开。"该条规定为数据开放和隐私保护预留了空间。政府数据开放是建立开放性政府的要求，但也要兼顾对个人隐私的保护。我国2015年启动了政府数据的开放行动。在大数据时代，政府要利用数据进行治理，也需要向社会开放一些数据，但在开放过程中，应当处理好数据公开和隐私保护之间的关系，对涉及个人的核心信息、敏感信息，其收集和利用应当取得个人的同意，需要通过去识别化等技术手段，防止个人信息泄露。

第六节　侵害个人信息权的免责事由

一、对个人信息权的民法保护

从比较法来看，个人信息的保护方式不限于民事立法，部分国家和地区也十分注重通过行政法等公法手段保护个人信息。例如，根据《欧盟一般数据保护条例》的要求，欧盟成员国都应建立起专门的数据保护机构，负责个人信息的保护。在我国，对个人信息的保

---

① 参见齐爱民：《拯救信息社会中的人格——个人信息保护法总论》，北京大学出版社2009年版，第275页。

② 参见《工信部：个人信息保护指南将出台》，载《北京晚报》2012年4月5日。

护应当采取多重保护的模式，虽然现行立法没有明确民事责任和行政责任，但我国刑法、行政法等都对相关的内容有所涉及。[①] 例如，依据《刑法修正案（九）》的规定，对非法利用个人信息的，严重的可以构成刑事责任。[②] 有关行政法规也规定了侵害个人信息的行政责任，但是这不能否认从民法角度对个人信息权的确认和保护。从法律上看，在民法上有必要将个人信息权确认为独立的具体人格权类型，从而为个人信息的民法保护提供依据。将个人信息权作为民事权利，有利于对其进行全面保护，因为只有通过民法确认，受害人才能寻求侵权责任法的救济，并可以要求停止侵害、损害赔偿等，特别是通过与其性质相适应的删除不当个人信息、更正对个人信息的不当利用等特殊的侵权责任方式，更有助于消除侵害个人信息权的“损害源”。

二、侵害个人信息权的免责事由

个人信息的收集、利用行为应当合法，行为人非法收集、利用他人信息的，应当构成对他人个人信息权的侵害。应当看到的是，个人信息权会与隐私权等其他权利发生一定的冲突，基于公共利益或者其他权利保护的需要，个人信息权也应当受到一定的限制，在此情形下，行为人收集、利用他人个人信息的行为构成个人信息的合理使用，而不构成对他人个人信息权的侵害。也就是说，如果满足法律规定的事由，行为人也可以免除相关的责任。《欧盟一般数据保护条例》第 6 条规定了数据处理的合法性条件，主要包括：当事人的许可、为了履行合同、履行法定义务、保护当事人或者其他自然人的重要利益、保护公共利益、保护行为人或者第三人的合法利益。这一立法经验值得我们借鉴。根据我国立法和司法实践，侵害个人信息权侵权责任的免责事由主要有如下几种。

1. 权利人的同意。行为人收集、利用他人人格信息如果得到了

---

① 王利明：《论个人信息权在人格权法中的地位》，载《苏州大学学报》（哲学社会科学版）2012 年第 6 期。

② 《刑法修正案（九）》第 17 条第 1 款规定：“违反国家有关规定，向他人出售或者提供公民个人信息，情节严重的，处三年以下有期徒刑或者拘役，并处或者单处罚金；情节特别严重的，处三年以上七年以下有期徒刑，并处罚金。”

权利人同意，则不应当构成侵权，我国相关法律也采取了这一立场。依据《网络安全法》第41条和全国人大常委会《关于加强网络信息保护的决定》第2条的规定，网络服务提供者收集、利用个人信息应当征得被收集者同意，依据《关于审理利用信息网络侵害人身权益民事纠纷案件适用法律若干问题的规定》第12条的规定，网络用户或者网络服务提供者利用网络公开自然人个人隐私和其他个人信息，造成他人损害，经自然人书面同意且在约定范围内公开，行为人不承担责任。民法典分编草案第816条规定："在自然人同意的范围内"，实施收集、使用、公开个人信息等行为，行为人不承担民事责任。据此，权利人的许可可以成为侵害个人信息权侵权责任的免责事由。因此，如果行为人能够证明其对个人信息的收集、处理、使用、转让等行为存在权利人的许可，则行为人可以免责。权利人的许可既可以是书面的，也可以是非书面的；既可以明示同意，也可以默示同意。当然，即使是基于自然人的同意，收集、使用、加工、传输、买卖、提供、公开自然人个人信息的行为，也应当严格限定在权利人同意的范围之内。如果行为人超越了同意的范围，则不能认为是合法的。

2. 对已公开个人信息的合法使用。根据《关于审理利用信息网络侵害人身权益民事纠纷案件适用法律若干问题的规定》第12条的规定，合法使用自然人已经公开的信息并不构成侵权。已公开的个人信息包括自行公开和其他已公开的信息。自行公开的信息是指信息权利人自行在网络上或者其他场所公开的信息。其他已公开的信息是指有关机关等依法公开披露的相关信息。民法典分编草案第816条规定："使用自然人自行公开的或者其他已合法公开的信息"，实施收集、使用、公开个人信息等行为，行为人不承担民事责任。对已经公开的个人信息只要其使用方式在合法正当、合理预见的范围内，则不应当认定为侵害了他人的个人信息权。例如，互联网使用者转载已经本人在网络上发布的私密图片，就并不构成对个人信息权的损害。依据民法典分编草案第816条的规定，在如下情形下，即使使用公开的信息，也构成侵权：一是如果使用该公开的信息侵害该自然人重大利益。这就是说，即便相关的个人信息已经公开，但行为人利用该个人信息行为也不能超出必要的限度，如果行为人的利用行为侵害了信息主体的重大利益,则应当认为超越了必要的限度。例如,权利人在小范围内公开自己的联系方式,如果行为人将该个人信息转卖他人,用于电信诈骗,则应当认定该利用行为侵害了自然人的重大利益。二是自然人明确拒绝他人使用该信息。个人信息与隐私不同的特点在于,即便某个人信息已经公开,但权利人仍然有权控制该信息的利用行为,如果行为人超出权利人许可的范围利用他人个人信息,也构成侵权。同时,即便相关个人信息已经公开,但如果信息主体明确拒绝他人使用的,则行为人也不得收集、利用该个人信息。

3. 学校、科研机构等为学术研究或者统计目的在合理范围内合法实施的行为。依据民法典分编草案第816条的规定,为学术研究、课堂教学或者统计目的在合理范围内实施的行为,可以利用个人信息。也就是说,学校、科研机构等组织为了学术研究或统计目的,可以在合理范围内容收集、使用自然人的个人信息。这里涉及自然人的个人信息权与学术研究自由的平衡。如果确实需要收集或使用他人的个人信息,也应当受到比例原则的控制,即在"合理范围内"实施行为。学校、科研机构等为学术等目的而利用个人信息,可以视为对个人信息权的合理限制。[①]

4. 基于公序良俗的合法利用。依据民法典分编草案第816条的规定,可以基于维护公序良俗实施的必要行为而利用个人信息,民法典分编草案第779条也规定了行为人为维护公序良俗可以在必要范围内合理使用个人信息。个人信息虽然属于个人的私权,但是为了维护公共利益,有关机关或个人也可以在合理的范围内收集或使用他人的个人信息。个人信息处理行为因为具有公共利益上的重要性,所以被认为是正当的,因为此类个人信息处理行为通常是为了公权力的行使国家机关的正常运行。[②] 例如,国家机关为了侦破刑事案件,在必要的范围内使用他人的个人信息。当然,即便是为了维护公序良俗,也应当遵守比例原则。例如,公安机关为了

---

① 齐爱民、李仪:《论利益平衡视野下的个人信息权制度——在人格利益与信息自由之间》,载《法学评论》2011年第3期。

② Neethling, JM Potgieter & PJ Visser, Neethling's law of personality, Lexis Nexis South Africa, 2005, p. 277.

侦破刑事案件使用他人个人信息,但一般不得擅自将个人信息在网络上公布。即便是为了公共利益收集个人信息,有关机关也必须获得法律的授权,且应当以合法的方式进行收集,不对实现目的必要范围之外的个人信息进行收集和处理;同时,有关机关和个人在收集、处理个人信息时,应当将相关的具体情况和理由尽快告知被收集者。在法律规定的目的实现后,国家机关不得继续处理相关的个人信息。在个人信息收集、利用的目的实现之后,有关机关和个人应当及时删除相关个人信息,或者对相关个人信息进行匿名化处理。

5. 法律、行政法规规定的其他适当情形。例如,国家机关为依法行使职权而在必要范围内实施收集、利用个人信息。国家机关为依法行使职权,也需要收集、利用个人信息,该行为也应当构成侵权责任的违法阻却事由,但国家机关依职权向社会公开的信息中包含个人信息的,除法律、行政法规另有规定外,应当尽量对个人信息进行匿名化处理。随着技术的进步和社会的发展,对个人信息具体的使用方式、方法也在不断变化,因此,在人格权法中应当对免责事由进行开放式的规定,以适应社会的发展需要。

三、侵犯个人信息权的责任承担

(一)停止侵害

从比较法来看,在个人信息权遭受侵害的情况下,请求停止侵害是一种最为重要和首先适用的责任方式,它有助于防止损害的继续扩大。例如,最新颁布的《欧盟一般数据保护条例》第 18 就规定了限制信息处理的权利:在满足一定条件的前提下,当事人可以限制处理人的个人信息处理行为,以防止损害的发生或者扩大。在法国,停止侵害的救济方式包括了申请颁发禁令(injunction)。[1] 此种经验值得借鉴。在我国,当知识产权受到侵害的时候,权利人可主张禁令,这实际上是一种行为保全的形式。人格权法中有必要引入此种救济方式,作为一种具体的停止侵害的实施方式。

---

① Christiane Féral-Schuhl, Cyberdroit, le droit à l'épreuve de l'Internet, Dalloz, 2008, p. 56.

在此有必要讨论的是，当权利人发现其信息不准确、不完整或者已经过时时，能否要求对错误的信息予以删除、更正？笔者认为，如果权利人发现了信息的不完整或者不准确的情况，其提出了更正或删除的请求，这是其权利的一项内容；如果对方拒绝做出相应的履行行为，则其可请求法院强制执行，此时，更正或者删除措施就具有民事责任的性质，转化为一种责任。这种责任的功能在于防止损害的进一步扩大，因此，可以视为一种责任措施。例如，在“姚某等与洛阳市市区农村信用合作联社一般人格权纠纷上诉案”中，法院认为，由于洛阳市市区农村信用合作联社与洛阳市市区农村信用合作联社工农信用社在签订《借款合同》时，未对借款人的身份及其他个人信息进行严格审查，至 2009 年 6 月 24 日，原告个人征信系统中记录逾期贷款余额已达 50,000 元。对原告信用等造成一定影响，据此，被告洛阳市市区农村信用合作联社、被告洛阳市市区农村信用合作联社工农信用社应为原告恢复其个人征信系统至正常状态。[①]

（二）排除妨害

如果信息控制者或者其他机构妨害了信息主体获得或者修改自己的信息时，权利人可以要求排除妨害。例如，有关的征信机构收集到个人信用方面的信息，也同时收集到个人的其他信息，如果信息权利人要求了解所收集到的这些信息，而征信机构拒绝或者所采取的技术手段使此种获得信息的权利无法实现，则信息权利人可要求采取排除妨害措施。例如，在“中国银行股份有限公司广州白云支行与卢某名誉权纠纷上诉案”中，被告关于个人信用报告中有关原告贷款及逾期还款信息不实，从而导致原告在征信服务中心存在和保留不真实的个人信用信息记录，中行白云支行该不作为行为对原告的合法权益已构成侵权。法院认定，被告应当撤销有关商铺住房抵押贷款以及该贷款逾期还款的记录。[②]

（三）消除影响、赔礼道歉

消除影响的发生，通常适用于信息记载的错误、过时或者不完

---

① 参见河南省洛阳市中级人民法院(2010)洛民终字第 2331 号民事判决书。

② 参见广东省广州市中级人民法院(2010)穗中法民一终字第 1946 号民事判决书。

整的情形。此种情况下,权利人有权要求信息的控制者及时采取更正措施,并在错误信息影响所及的范围内消除此种错误影响。例如,在“李某等诉牛某等名誉权纠纷案”中,法院认为,被告冒用原告名义发布不实信息,已构成对原告名誉权的侵害,判决被告在网上刊登道歉声明,消除影响。[①] 在一般关于赔礼道歉的判决中,法院都要求审核道歉的声明,并在媒体或网上刊登。

(四)赔偿损失

个人信息具有财产价值,可以进行商业化的利用。对某些个人信息的非法收集和使用,可能为侵权人带来财产上的利益,并造成权利人本身财产上的损害。单个的个人信息可能财产价值不大,但是当个人信息聚集到一定数量,形成所谓的“大数据”,就可能具有重要的财产价值。对侵害数据中的个人信息,在作出损害赔偿时应考虑非法行为的得利;在侵权人有明显的侵权恶意的情形下,甚至应引入惩罚性赔偿制度。尤其是对实践中非法转卖他人个人信息的情况,权利人有权要求获利的返还。但对赔偿的数额法律上应具有明确限制。《关于审理利用信息网络侵害人身权益民事案件适用法律若干问题的规定》第 18 条第 2 款规定:“被侵权人因人身权益受侵害造成的财产损失或者侵权人因此获得的利益无法确定的,人民法院可以根据具体案情在 50 万元以下的范围内确定赔偿数额。”

在此需要讨论的是,在侵害个人信息权的情形下,是否需要设置法定的最低赔偿标准?从实践来看,行为人大规模侵害个人信息权的情形下,其就每个权利人的信息的获利可能较少,此时如何对受害人提供救济?例如,物业服务企业批量出售业主个人信息,其就每个个人信息的获利较少,业主也可能难以证明其遭受了何种财产损失,此时,按照实际损失赔偿或者按照获利赔偿,都可能难以对受害人提供有效救济,也难以有效剥夺行为人的侵权获利。对此,我国台湾地区关于个人资料保护的相关规范规定,侵害个人信息,受害人难以证明其实际损害数额的,法院可根据侵害情节,以每人每一事件新台币 500 元以上、2 万元以下进行裁量。[②] 这实际上是

---

① 参见上海市普陀区人民法院(2011)普民一(民)初字第 569 号民事判决书。

② 我国台湾地区“个人资料保护法”第 28 条。

规定了侵害个人信息的法定赔偿额。就此，笔者认为，在侵害个人信息权的情形下，可以考虑在《侵权责任法》第20条的基础上，设置法定的最低赔偿额条款，以有效保护个人信息权。

（五）精神损害赔偿

对于侵害个人信息未获得经济利益的行为，根据权利人精神损害的程度，可判决相应的精神损害赔偿。加害人侵害他人个人信息并存在明显的主观恶意时，权利人也可以要求其承担精神损害赔偿责任。不过在具体确定侵害个人信息的精神损害赔偿数额范围时，需要根据《精神损害赔偿司法解释》第10条及《侵权责任法》第22条的规定综合考虑侵权人的过错程度，侵害行为的手段、场合、方式等具体情节，侵权行为所造成的后果，侵权人承担责任的经济能力等因素综合加以判断。

第七节 大数据与个人信息保护

人类社会已经进入一个互联网、大数据时代，这是一个信息社会和数字经济时代，数据信息被喻为大数据时代的“新石油”，是经济增长和价值创造的重要源泉。大数据本身也成为重要的财产。数据的开发和利用不仅是科技创新、人工智能等产业发展的基础，而且通过在决策中运用数据分析方法，也为提升国家和社会治理能力现代化以及经济社会的发展提供重要保障。由于大数据中包含了大量的个人信息，[①]因此，其必然涉及个人信息的保护问题。

一、需要加强大数据开发中的个人信息保护

所谓大数据，是指规模超出了普通数据库软件工具的捕获、存储、管理和分析能力的数据集。[②] 据学者考证，“大数据”（big data）概念最早出现在《科学》杂志于1998年刊载的“大数据的处理程

---

① 当然，大数据中除包含个人信息外，也包含大量的个人信息之外的其他信息，如无法识别个人身份的数据、相关的财产信息等。

② 参见［美］詹姆斯·R.卡利瓦斯、迈克尔·R.奥弗利：《大数据商业应用：风险规避与法律指南》，陈婷译，人民邮电出版社2016年版，第4页。

序”一文中。[①] 大数据技术的核心特征是超强的数据收集、处理能力以及精准的预测能力。[②] 据统计，截至2018年第一季度，有超过10亿人每月使用微信这一通讯工具，有6.17亿人在淘宝购物，全国搜索引擎用户达6.4亿人，这些网络用户时刻都在创造新的海量数据。技术挖掘用户数据的方式越来越多，大数据分析技术的发展也为数据的利用提供了无数的可能性，但大数据技术运用过程中越界的可能性也越来越大，[③]这就要求在大数据开发过程中，相关主体在收集、利用个人信息数据的同时，也应当负有保护信息主体个人信息权和隐私权的义务。[④] 所以，在未来有必要规定大数据中个人信息和隐私的保护问题，这也是适应信息社会、大数据时代的特殊要求、面向21世纪的当然要求。

关于数据保护，早在1970年，德国黑森州(Hesse)就制定了世界上第一部数据保护法。经济合作发展组织发布的《隐私权保护及个人数据国际流通指南》(the Guidelines on the Protection of Privacy and Trans-border Flows of Personal Data)指出，其目的就是协调国家的数据保护立法和保护人权以及促进数据跨境流通之间的关系。欧盟《个人数据保护指令》的立法精神也是协调成员国立法，从而降低欧盟内部经济活动的障碍，但应当以保障国民的隐私权为前提。迄今为止，我国尚未颁行专门的个人信息保护法律，相关的个人信息保护法律规则分散于不同的法律法规之中。

在大数据时代，个人对其个人信息应当享有控制和利用等权利，传统的法律规则也应当积极做出调整，强化个人对其个人信息的积极控制权(active control)。[⑤] 个人对其个人信息的积极控制是

---

① 参见王天思：《大数据中的因果关系及其哲学内涵》，载《中国社会科学》2016年第5期。

② 参见徐明：《大数据时代的隐私危机及其侵权法应对》，载《中国法学》2017年第1期。

③ 参见李斐然：《失控的大数据》，载《人物》2018年第6期。

④ Gola/Klug/Körffer, in: Gola/Schomerus, BDSG, § 13, Rn. 49.

⑤ See Neethling, JM Potgieter & PJ Visser, Neethling's law of personality, Lexis Nexis South Africa, 2005, p. 273.

一项特殊的个人信息保护规则,需要由法律作出规定。[①] 保障个人对其个人信息的积极控制权应当注重保护个人的如下几项权利。

一是个人的同意权。个人信息的收集、处理原则上应当经过个人的同意。也就是说,相关主体在收集、处理个人信息时,原则上应当取得个人的同意,这是收集、利用个人信息合法性的基础。但如果是个人的敏感信息,则在进行大数据开发时,应当得到个人的同意。[②] 由于未成年人对客观情况的判断力较弱,对个人信息重要性的认识也存在一定的不足,因此,应当对未成年人的个人信息进行特别保护。例如,依据《欧盟一般数据保护条例》的规定,收集、利用未成年人的个人信息应当征得其法定代理人的同意。此种立法经验值得我们借鉴。我国《民法总则》第 111 条对个人信息收集、利用行为的合法性问题作出了规定,未来立法应当对该规则进行进一步细化。例如,可考虑制定技术标准,将无痕访问作为浏览器以及其他客户端的默认设置,从而在技术层面确保未经用户同意,网络服务提供者不得收集、保存、利用用户的行为轨迹,从而使网络用户对于个人信息的知情同意权真正落到实处。再如,未来立法还应当对个人同意的程序作出细化规定,要求网络服务提供者在收集用户个人信息前必须明确告知收集信息在其网络服务中的具体用途,以及可能给用户造成的影响,而不能仅笼统告知收集信息的种类和总体用途。未经用户许可,不得在网络界面上随意弹出相关的信息,应当设置明显的关闭标志,确保能够做到一键关闭。如果相应的广告投放行为已经被用户明确拒绝,则不得继续投放,否则就会侵害他人的私人生活安宁。此外,法律既应当规范网络服务提供者收集、利用个人信息的行为,也应当规范网络服务提供者向个人投放相关信息的行为,以防止网络服务提供者基于其他目的而左右个人的自主选择和自主决定,侵害个人隐私权。

二是请求匿名化处理的权利。所谓匿名化处理,是指将个人信息中能够识别个人身份的相关信息予以去除,从而阻断相关信息与

---

① See Neethling, JM Potgieter & PJ Visser, Neethling's law of personality, Lexis Nexis South Africa, 2005 p. 273.

② Gola/Schomerus, in: ders., BDSG, § 4a, Rn. 34.

个人身份之间的关联性。[①] 由于大数据是对海量的信息所进行的收集、存储和分析，其中大量的信息数据涉及个人信息和隐私，甚至涉及个人的敏感信息和核心隐私，[②]信息的控制者在信息处理过程中应当负有一定的保密义务，以保障个人信息的利用方式符合利用目的。[③] 因此，需要借助匿名化处理的方式降低相关的隐私风险。例如，将个人病历资料开发成大数据，或者将个人的银行存款信息汇总开发成大数据，如果对这些数据资料没有进行匿名化处理，或者匿名化处理不彻底，从相关的数据中仍然可以了解个人的相关信息和隐私，就可能侵害个人的个人信息权利和隐私权。再如，借助大数据技术，一些机构可以从相关的数据中分析出个人的身份、财产、消费习惯等方面的信息，[④]如果这些信息经过整合后再投入数据黑市进行交易，该行为可能触犯刑法的规定，构成非法侵入计算机信息系统罪、侵犯自然人个人信息罪等罪名。[⑤] 当然，即便行为人的上述行为不构成犯罪，其也构成对他人个人信息权利和隐私权的侵害。因此，有学者认为，匿名化处理是合法利用个人信息的基础和前提。[⑥] 当然，个人信息的匿名化处理只是降低大数据技术运用过程中的隐私风险，其很难从根本上消除相关的隐私风险，因为即便对个人信息进行了匿名化处理，仍然存在从相关信息数据中再次识别个人身份的可能。[⑦] 因此，无论相关的个人信息是否属于敏感的个人信息，信息权利人有权要求数据企业对其个人数据进行匿名化

---

① See Eleftheriou, Demetrios A., "Tips on Protecting Personal Data", *Florida Bar Journal*, 2016, 90: 38 - 39.

② See Allen, Anita L., "Protecting One's Own Privacy in a Big Data Economy", *Harvard Law Review Forum*, Vol. 130, Issue 2 (December 2016), pp. 71 - 78. also see Jarass, in: ders., EU-Grundrechte-Charta Art. 8, Rn. 5.

③ Neethling, JM Potgieter & PJ Visser, Neethling's law of personality, Lexis Nexis South Africa, 2005, pp. 275 - 276.

④ Allen, Anita L., Protecting One's Own Privacy in a Big Data Economy, Harvard Law Review Forum, Vol. 130, Issue 2 (December 2016), pp. 71 - 78.

⑤ 参见叶竹盛：《是时候给大数据套上法律笼头了》，载《新京报》2017 年 5 月 31 日。

⑥ 参见金耀：《个人信息去身份的法理基础与规范重塑》，载《法学评论》2017 年第 3 期。

⑦ Tanner, Adam, Legal Questions Raised by the Widespread Aggregation of Personal Data, New England Law Review, 2015, 49: 601.

处理,未经个人同意,相关主体都应当对其进行匿名化处理,否则可能构成对他人个人信息权利和隐私权的侵害。[①]

三是数据完整权。随着互联网和大数据技术的发展,个人的形象日益呈现"数字化"的特点,也就是说,个人的对外形象都是通过数字化的信息而展现的。因此,相关主体在收集个人信息后,应当保持相关信息数据的完整,以正确展示个人的外在形象,如果发现相关的信息不完整,则应当及时补充完整。例如,如果个人已经取得博士学位,而相关主体在记录个人的学历信息时只是写本科、硕士,而未写博士,则应当补充完整。个人也有权要求数据收集者保持其信息的完整与准确。要真正保障个人的数据完整权,需要保障个人知悉其个人信息的权利,也就是说,个人应当有权查询其个人信息被收集、利用的情况。在此基础上,民事主体有权要求数据收集者保持其个人信息的完整与准确,尤其是要将其个人最新的信息变化记录在其中。例如,某征信机构记录了某个自然人曾经因为欠款与他人发生纠纷,但嗣后该自然人与他人和解,第三人已经撤诉,则征信机构的记录中就应当将后来的信息也记录其中,避免因信息的片面记录而导致误解。

四是信息查询权。个人应当有权查询其个人信息,以了解其个人信息被收集、利用的具体状况。例如,个人在使用 APP 软件时,往往需要注册个人用户账户,其中包含了大量的个人信息,个人在使用该软件时,应当有权查询相关的个人信息。

五是安全维护权。相关主体在收集个人信息后,无论是在信息的储存阶段,还是在信息的处理与利用阶段,都应当保障个人信息的安全。信息的控制者在信息处理过程中应当负有一定的保密义务,以保障个人信息在收集、储存、利用中的安全。[②] 我国《民法总则》第 111 条也规定了相关主体负有确保个人信息安全的义务。从权利人的角度而言,权利人即应当享有安全维护权,在个人信息存在泄露和不当利用的危险时,权利人有权请求相关主体采取必要的

---

① 参见王叶刚:《个人信息收集、利用行为合法性的判断》,载《甘肃社会科学》2018 年第 1 期。

② Neethling, JM Potgieter & PJ Visser, Neethling's law of personality, Lexis Nexis South Africa, 2005, pp. 275 - 276.

措施,确保个人信息的安全。

六是信息删除权与被遗忘权。被遗忘权作为一种新型的人格权,其核心内容在于,倘若权利人不希望其个人数据继续被数据控制者进行处理或存储,并且维持此种状态不存在任何正当理由,则该数据不应当允许公众随意查询。遗忘的含义并不是说不允许收集和存储,而是指,要让被收集信息的主体从公众视野中消失。随着信息记录和搜索的成本不断降低,与个人相关的大量信息尤其是负面信息将被长期甚至永久记录,并能够被十分方便地检索和使用,这在某种程度上,使遗忘成为一种例外。① 对于那些有着不堪经历的人来说,负面信息的持续存在,将可能对其重新开始人生产生阻碍。这就提出了对被遗忘权的保护问题,该概念最初是由奥地利法学家 Viktor Mayer-Schönberger 提出的,他认为电子存储个人信息应当有一定的有效期限。② 被遗忘权的主要功能在于使数据化的个人信息不能长久地处于可以获得的状态,由于具有去除电子化数据的作用,因此其也被称为"数据橡皮"(digitalen Radiergummi)。③ 2011 年,Mayer-Schönberger 在向欧盟委员会提交的一份报告中提出,应当将遗忘和删除权纳入欧盟数据保护改革中。2012 年,欧盟执委会负责司法、基本权与自然人事务的专员雷丁宣布,欧洲执委会将提议创设一项范围广泛的新权利,即"被遗忘权"。遗忘权的概念正式被采纳则源于 2014 年的一个案件(ECLI:EU:C:2014:31),根据欧盟法院的裁决,用户如果认为按其名字在互联网上搜索得出的链接指向他们认为无关紧要、过时或有损个人隐私的信息,将有权要求搜索引擎公司删除这类链接。据此,普通公民对其隐私和个人信息享有被遗忘权。《欧盟个人数据保护条例》(GDPR)正式认可了被遗忘权。

之所以肯定公民享有被遗忘权,主要是为了保护个人的隐私权

---

① [英]舍恩伯格:《删除——大数据取舍之道》,袁杰译,浙江人民出版社 2013 年版,第 3 页。

② Werner Pluta, Interview: Daten brauchen ein Verfallsdatum. In: Golem. de. 2. April 2008.

③ Cai Rienäcker: Mehr Datenschutz im Internet: EU fordert"Recht auf Vergessen" im Netz. In: tagesschau. de. 25. Januar 2012.

和个人信息权。在现代社会，许多网络信息属于个人的隐私信息，如果允许此类信息长期出现在网络空间中，处于人人可以获得的状态，则必然会对个人隐私和信息权的保护构成巨大威胁。各国立法都承认了个人对其信息享有积极的权利，强调个人对其信息的控制，在发现其信息存在错误或者不完善时，个人也有权请求更正或者补充，以保证个人信息的真实性、完整性和准确性。个人有权决定是否公开其信息，或者在何种时间、以何种方式公开其信息，如果网络长期存储个人的信息，并且提供便捷的查询方式，向全世界公开，则网络将变相成为个人信息的档案馆，这就为他人获取个人信息提供了方便，有违个人信息保护的发展趋势。由此可见，被遗忘权是互联网和大数据技术发展的必然产物，虽然在具体制度和实际操作层面仍存在许多有待完善之处，但其在保护个人人格尊严方面将发挥越发重要的作用。在法律上确认被遗忘权的同时，也应当兼顾信息流通、表达自由等价值，从而在保护公民人格尊严的同时，为网络信息产业的发展预留必要的制度空间。

大数据技术本身的特点要求强化对个人信息权利和隐私权的保护，[①]大数据技术能够通过特定的算法从信息中不断挖掘出新的信息，这就可能侵害个人信息权利和隐私权，同时，个人信息利用和流转过程中也存在多元的利益主体，这也可能对个人信息权利和隐私权的保护构成严峻挑战。[②] 因此，相关主体在收集、利用个人信息数据的同时，应当以保护当事人对个人信息的控制权利和隐私权为前提，信息的收集者和利用者应当负有保护个人信息和隐私的责任。[③] 正在制订的民法典有必要规定大数据中个人信息和隐私的保护问题，这也是适应信息社会、大数据时代的特殊要求，也是面向21 世纪的当然要求。

---

① See Lenard, Thomas M., "Big Data, Privacy and the Familiar Solutions", *Journal of Law*, Economics & Policy, Vol. 11, Issue 1 (Spring 2015), pp. 1 – 32.

② 范为：《大数据时代个人信息保护的路径重构》，载《环球法律评论》2016 年第 5 期。

③ Gola/Klug/Körffer, in: Gola/Schomerus, BDSG, § 13, Rn. 49.

二、数据共享与个人信息保护

我们已经进入互联网、大数据时代。在大数据时代,数据的开发与再次利用在很大程度上依赖于数据共享(data sharing),数据共享成了大数据公司重要的盈利模式,没有数据共享,将难以对数据进行二次开发,数据也难以成为财产,数据产业也难以发展。目前,各个互联网公司(如微软、谷歌、腾讯、百度、淘宝等)竞相推出自己的开放平台战略和开放平台。最近,有“互联网女皇”之称的玛丽米克尔在其发布的《全球互联网趋势报告》中指出,数据共享成为互联网和大数据发展的必然趋势、全球数据采集的优化在不断加速,数据的采集和共享的方式正在发生日新月异的变化,数据共享已经成为信息数据利用的一种重要方式。[①] 数据共享能实现数据资源的重复利用,降低数据收集成本,实现同类数据社会效益的最大化。在大数据环境下,各主体可以更便捷地共享数据资源,这样既能节省成本,又能创造更大的社会效益,最大限度地攫取“数据金矿”。[②] 大数据开发成为一个重要的产业兴起,很大程度上就是因为有数据共享。如果数据不能共享,只能自己利用,则数据本身就不能成为一项真正的财产,数据产业也不能发展。数据共享也对经济运行机制、社会生活方式和国家治理能力产生重要影响。但由此带来的其与个人信息等人格权的保护之间的冲突越来越明显。在实践中,因数据共享造成个人信息被不当使用,甚至造成信息的泄露,给信息权利人造成损害,因此,这就对数据共享中的个人信息保护提出了要求,可以说,如果不强化数据共享中的个人信息保护,数据产业也难以健康发展。

(一)数据共享中应当强化个人信息的保护

数据是信息的表现形式。在互联网时代,其主要是指以电子化

---

① Mary Meeker, “Internet Trends”, 2018, http://www.businessinsider.com/mary-meeker-internet-trends-2018-full-slide-deck-2018-5? IR=T,最后访问日期:2018 年 7 月 8 日。

② 参见黄道丽、何治乐:《欧美数据跨境流动监管立法的“大数据现象”及中国策略》,载《情报杂志》2017 年第 4 期。

方式存储的信息。[1] 数据分享是数据控制者将自己所收集的信息与他人进行分享，在数据控制者与分享者之间形成一种合同关系。相对方被称为数据再使用（data reuse）方，即那些被授权访问数据的需求方。[2] 数据共享概念主要是在机构、平台层面上使用，[3]是指不同机构、平台之间的数据交换，自然人和机构之间的数据交换因为其双方地位的不对等性，通常不在数据共享的意义上讨论。

数据共享可以是有偿或无偿的，但一般不包括政府的数据公开行为。由政府统计部门公布的数据，都是公开的，除非涉及保密信息。已经公开的个人信息，其共享和利用不应当受到严格的限制。政府向社会公众开放其在执行管理职责过程中收集的各项数据，本质上是向公众提供的一种公共服务，政府并不对数据本身享有独占性权利，任何人都有权通过对这些数据资源的分析和使用，发掘其中蕴含的社会和经济价值。当然，政府数据开放的政策并不意味着可以对数据进行无限制开放，如果涉及个人信息，政府也应当采取必要的安全保障措施，防止个人信息的泄露，这与企业间数据共享的信息的要求是一致的。所以，许多国家在规定信息开放时，也都规定了强化个人信息保护的规则，即一方面强调信息的公开，另一方面强调对个人信息安全的保护。本书所探讨的数据共享并不包括政府数据的共享，仅限于商业组织之间出于商业目的的数据共享。

从法律上看，数据共享既是一种数据财产的利用和使用行为，也是一种数据开发与再利用行为，同时，数据共享也可能是一种个人信息的收集、储存、利用问题。所以，数据共享并非单纯的财产法问题，其也涉及个人信息权利、隐私权等的保护问题。蓬勃兴起的数据共享现象，对人格权的保护提出了新的挑战，这也是 21 世纪科学技术爆炸、大数据的发展所带来的新的问题。

数据共享的发展要求我们高度关注对个人信息的保护，在我国

---

① 参见程啸：《论大数据时代的个人数据权利》，载《中国社会科学》2018 年第 3 期。

② Everis, Study on data sharing betweencompanies in Europe, 2018, p. 2.

③ 参见罗洁：《网络开放平台用户隐私权的风险防范研究》，载《理论月刊》2014 年第 11 期。

正在制定的民法典中,有必要设置专门的规则,规范数据共享行为,强化对个人信息权利的保护,其原因主要如下。

第一,数据中包括了大量的个人信息。从世界范围来看,新技术的发展,云计算、移动消费、社交媒体上都不断产生海量数据,数据的采集、共享和优化的规模和速度都呈现井喷式的发展。在这些以电子化方式存在的信息中,确有一些数据属于本来应当公开或者可以公开的信息,如教育普及状况、大中小学生受教育的比例等方面的数据,或者学生的入学情况,脱贫的数据,适龄儿童入学、辍学等信息,即属于可以公开而且应当公开的信息。但在数据中,大量的数据包含了个人信息,可以和某个特定的自然人的身份相联系。大量的数据涉及个人信息和隐私,甚至涉及个人的敏感信息和核心隐私。[①] 例如,将个人病历资料开发成大数据,或者将个人的银行存款信息汇总开发成大数据。通过大数据技术的运用,一些机构可以从相关的数据中分析个人的身份、财产、消费习惯等方面的信息。[②] 即使这些信息经过了匿名化处理,阻断了信息数据与个人身份之间的关联性,但由于数据共享涉及个人信息权的再利用问题,因此,相关主体在收集、利用个人信息数据的同时,应当以保护当事人对个人信息的控制权利和隐私权为前提,信息的收集者和利用者应当负有保护个人信息和隐私的责任。[③]

第二,数据共享包括个人信息的收集和传输行为。所谓收集,是指相关主体获取个人信息的行为。随着现代科学技术的发展,使个人信息的收集变得越来越容易,也越来越有效率,大数据技术能够通过特定的算法从信息中不断挖掘出新的信息,数据企业通过抓取信息,甚至是通过机器深度学习,可以取得个人的大量信息。大数据掌握着我们的一举一动,甚至能预测我们的未来轨迹。通过大数据技术的运用,一些机构可以从相关的数据分析中获取个人的身

① See Allen, Anita L., "Protecting One's Own Privacy in a Big Data Economy", *Harvard Law Review Forum*, Vol. 130, Issue 2 (December 2016), pp. 71 – 78. also see Jarass, in: ders., EU-Grundrechte-Charta Art. 8, Rn. 5.

② See Allen, Anita L., "Protecting One's Own Privacy in a Big Data Economy", *Harvard Law Review Forum*, Vol. 130, Issue 2 (December 2016), pp. 71 – 78.

③ Gola/Klug/Körffer, in: Gola/Schomerus, BDSG, § 13, Rn. 49.

份、财产、消费习惯等方面的信息。[①] 而在收集到这些信息之后,一旦将其共享,则共享也成为被共享者收集个人信息的一种方式。数据共享实际上是数据控制者范围的扩张。从数据主体的角度看,数据共享与重新收集数据并无本质区别。所谓传输,是在特定主体之间进行信息开放、披露。数据共享的过程就是数据开发者、控制者向共享者传输数据的过程,被共享者如果再次将该数据共享,将导致数据的广泛传输。这个过程既是数据财产的流转行为,同时也涉及个人信息的反复收集、利用的过程。一旦缺乏规范,使数据的收集、传输失控,将导致大量的个人信息遭受不当使用,甚至是泄露。所以,数据共享之所以要取得数据权利人的同意,是因为数据共享本质上也是个人信息传输和收集的一种方式,是对个人信息的再次使用。[②]

第三,个人信息的共享也是个人信息的再利用方式。数据共享本身是对个人信息的再利用,被共享者获得了这些信息数据后,其可能对其进行再次加工、利用,甚至再次进行共享。所以,不能由信息持有者随意共享给他人,被共享者也不能在获得信息之后随意再次共享或者允许他人利用,更不能将这些信息经过整合后再投入数据黑市进行交易,这些行为可能触犯刑法的规定,构成非法侵入计算机信息系统罪、侵犯自然人个人信息罪等罪名。[③] 当然,即便行为人的上述行为不构成犯罪,其也构成对他人个人信息权利和隐私权的侵害。数据共享最大的法律障碍在于共享人可以在多大范围内共享所获得的数据,换言之,其可以将哪些数据提供给哪些主体并不确定。同时,信息的被共享者在多大范围内使用和利用这些信息,而信息权利人在多大程度上能够对共享的数据进行追踪和控制。[④] 一旦在法律上缺乏规范,这些信息一旦被分享出去,将如脱缰的野马一样,信息权利人可能彻底丧失对其个人信息的控制。对信息主体而言,分享行为是否有偿是分享者和被分享者之间的关系,

---

① See Allen, Anita L., "Protecting One's Own Privacy in a Big Data Economy", *Harvard Law Review Forum*, Vol. 130, Issue 2 (December 2016), pp. 71 - 78.

② Everis, Study on data sharing between companies in Europe, 2018, p. 3.

③ 叶竹盛:《是时候给大数据套上法律笼头了》,载《新京报》2017 年 5 月 31 日。

④ Everis, Study on data sharing between companies in Europe, 2018, p. 76 f.

对个人信息安全的保护不应当有所差异。

从以上的分析可见,数据共享和个人信息保护之间的关系十分密切。如果数据共享涉及个人信息,在共享链条中缺乏对个人信息的全方位保护,一方面,将会消解初始收集环节对个人信息的保护力度,这主要体现在不加限制地概括授权,将会使个人信息主体在初次授权后就丧失对个人信息的控制能力,难以确保个人信息的利用符合其预期。另一方面,缺少有效的授权机制,将会使受让方对个人信息使用行为的合法性受到质疑,从而影响个人信息共享的效率。

数据共享对个人信息保护提出了严峻的挑战。大数据技术能够通过特定的算法从信息中不断挖掘出新的信息,这就可能侵害个人信息权利和隐私权,同时,个人信息利用和流转过程中也存在多元的利益主体,这也可能构成对个人信息权利和隐私权的威胁。[①]所以,在未来有必要规定大数据中个人信息和隐私的保护问题,这也是适应信息社会、大数据时代的特殊要求、面向21世纪的当然要求。百度公司董事长兼首席执行官李彦宏曾经指出,“中国的消费者在隐私保护的前提下,很多时候是愿意以一定的个人数据授权使用,去换取更加便捷的服务”[②]。这种说法也不无道理,确实,消费者在下载相关的APP软件时,允许网络服务提供者共享其信息数据,这也有利于数据的流通,但其也可能使相关信息数据的传输、共享、利用脱离信息权利人的控制。近几年来,不断爆发的一些国外的互联网公司巨头擅自共享个人信息、泄露个人信息的现象,这也反映了这一问题的严重性。所以,我们不能简单为了便利信息数据的流通而忽视个人信息权利的保护,在法律上应当实现两者的有效平衡。

(二)数据共享中的个人信息仍然属于信息权利人的权利

从比较法上来看,美国法更注重个人信息的利用,以促进数据产业的发展,而欧盟则更注重个人信息权利保护。但美国法与欧洲

---

① 范为:《大数据时代个人信息保护的路径重构》,载《环球法律评论》2016年第5期。

② 李彦宏:《中国用户很多时候愿意用隐私来换便捷服务》,载 http://tech. sina. com. cn/i/2018-03-26/doc-ifysqfnf7938663. shtml,最后访问日期:2018年9月15日。

法出现了共同的趋势，即在数据的开发、共享中普遍重视对个人信息的保护。在数据共享中是否应当征得信息权利人的同意，《网络安全法》第 41 条规定："网络运营者收集、使用个人信息，应当遵循合法、正当、必要的原则，公开收集、使用规则，明示收集、使用信息的目的、方式和范围，并经被收集者同意。网络运营者不得收集与其提供的服务无关的个人信息，不得违反法律、行政法规的规定和双方的约定收集、使用个人信息，并应当依照法律、行政法规的规定和与用户的约定，处理其保存的个人信息。"但问题在于，上述规则是否仅适用于个人信息的初次收集行为，而不适用于信息共享行为？笔者认为，信息收集的知情同意规则应当适用于所有个人信息收集的行为，而不仅限于个人信息的初次收集行为，在信息共享中，从被共享者的角度看，信息共享实际也是个人信息的收集行为，该行为也应当受到上述知情同意规则的调整。知情同意规则的目的在于保护信息权利人对其信息的支配权，信息权利人对于信息共享中的个人信息也应当享有支配权，《民法总则》对此并没有作出规定。但依据民法典分编草案第 817 条的规定，"未经被收集者同意，不得向他人提供个人信息"，笔者认为，该条主要适用于信息共享，也就是说，信息的收集者和持有者未经信息权利人同意，不得实施信息共享行为，主要理由如下。

第一，知情同意本身就是信息权利人对其个人信息支配权的具体体现，此种支配应当是一种独占性的支配，其也可以成为信息自决的权利。个人信息自决属于私人生活自主决定权的范畴，其目的在于保护个人对其私人生活事务的自主决定。在私人生活领域，只要不影响公共利益，应当尊重个人对其私人生活的判断和决定，这也是保障个人私人生活安宁和个人幸福生活的重要内容。沃伦和布兰代斯在 1890 年的论文就提出了这样的观点，即隐私是人类价值的缩影，这些价值可以概括为"个人自决"、"个性"和"个人人格"。[①] 近来，有不少学者呼吁，在法律上应当创设个人网络隐私权（Internet Privacy Rights），尊重个人的隐私、信息自决，使每个人不受到网络上各种信

---

① 参见［美］阿丽塔·L. 艾伦等：《美国隐私法：学说、判例与立法》，冯建妹等译，中国民主法制出版社 2004 年版，第 17 页。

息的不当影响。[①] 这就使权利人在私生活的领域内获得了自主发展其个性人格的可能。否则,个人生活长期处于社会公众的注视之下,每个人的生活因时常受他人打扰而不能自主决定,其个性人格也难以健全发展。因此,通过知情同意规则保障个人对其信息的支配,从根本上说也是为了尊重人的个性,促进其全面发展。为强化对个人人格尊严的保护,知情同意规则应当贯穿于个人信息收集、利用的整个过程,如果信息共享不需要个人知情同意,则个人的一些核心隐私信息等可能会脱离个人的控制,将对个人人格尊严造成重大影响。

第二,个人信息权利不可能完全转让,信息收集者不能随意共享个人信息。从《民法总则》的规范设置来看,个人信息在性质上应当属于人格权益的范畴,其应当是人格权的客体。个人信息权利以主体对其个人信息所享有的人格利益为客体,人格利益在性质上具有人身专属性,并不具有可让与性。关于个人信息的流转,《网络安全法》第 44 条规定:"任何个人和组织不得窃取或者以其他非法方式获取个人信息,不得非法出售或者非法向他人提供个人信息。"从该条规定来看,似乎允许个人信息的合法转让,笔者认为,这一规定与人格利益的人身专属性存在一定的冲突,因此,民法典分编草案并没有采纳《网络安全法》的上述规则,没有规定个人信息的转让规则,这实际上是否定了个人信息的可转让性。个人信息的收集、利用行为本质上是信息主体许可信息收集、利用者在一定范围内收集、利用其个人信息,信息的收集者、利用者并不能独占性地对个人信息享有权利,其应当在信息权利人许可的范围内收集、利用个人信息。从这一意义上来说,信息收集者或者持有者在共享个人信息时,也应当在信息权利人的许可范围内进行,不能随意共享个人信息。由于个人信息权利人对个人信息享有控制权,因此,即便信息主体允许数据控制者收集并共享相关个人信息,这也并不意味着其让渡了所有个人信息权利。

第三,信息权利人允许信息收集并不等于允许信息分享。虽然

---

① Paul Bernal, *Internet Privacy Rights: Rights to Protect Autonomy*, Cambridge University Press, pp. 29 – 30.

数据的收集者、开发者在信息的收集和处理方面投入了一定的劳动,但这并不意味着其可以随意共享个人信息。信息权利人对其个人信息享有独占性的支配权,信息的收集、利用行为原则上都应当经过信息权利人的同意,权利人有权决定其哪些个人信息可以被收集、哪些个人信息可以被利用以及在何种范围内以何种方式利用。因此,如果信息权利人只是允许信息收集者收集其个人信息,并不意味着其已经将该权利全部转让给数据的收集者和开发者,更不能据此认为,信息权利人已经允许信息收集者共享其个人信息,信息权利人对其个人信息的支配也当然涵盖信息的共享阶段。依据民法典分编草案第 814 条、第 816 条的规定,个人信息的收集、使用应当获得被收集者的同意,并且只有在同意范围内实施的收集、使用和公开行为,才无需承担民事责任。笔者赞同这一观点。即便信息收集行为是合法的,在未经信息权利人同意的情形下,信息共享行为也可能侵害信息权利人的权利,因为对信息权利人而言,信息共享行为与重新收集个人信息并无本质区别,原则上应当征得其同意。

第四,必须保障信息权利人对个人信息流通过程的控制。知情同意规则也要求个人能够控制其信息的流通过程,信息共享本质上就是信息的流通,这一过程的链条可能很长,而且可能向公众开放,在整个过程中,应当保障个人对其个人信息的控制,这就是说,信息向谁共享,共享的范围,都应当经过信息权利人的知情、同意。虽然数据共享在形式上体现为信息共享者与被共享者的内部关系,此种内部关系大多通过合同的形式连接,但由于信息共享行为也涉及个人信息的流通,因此,信息共享行为也应当受到信息权利人的控制。从这一意义上来说,当事人虽然可以在共享协议中就数据共享的形式、范围、时间等做出约定,但数据共享一旦涉及个人信息,由于被共享者所享有的相关权利来源于共享方,除信息权利人对被共享方做出特别授权外,被共享方对相关数据所享有的权限不可能超过信息共享方。

(三)数据共享必须要获得个人信息权利人的授权

1. 应当有效规范信息主体的授权行为

强化对数据共享中的个人信息保护,是各国普遍的做法。从比较法上来看,在欧盟范围内,相关数据保护的规范包括《一般数据保护规范》(GDPR)、《电子隐私指令》(e-Privacy Directive)和《数据库指令》(DatabaseDirective)。依据《欧盟一般数据保护条例》第6条的规定,对个人信息的处理以同意为基础。无论数据来源渠道是什么,是否通过自动化的数据处理,只要是个人信息,都要保护。同时也要求数据主体能够较为方便地获得授权,以访问相关的个人数据并获得其个人数据处理状态的信息。根据该法,知情同意规则是对个人信息保护的最基本的原则。

美国并没有关于个人信息保护的一般立法,而是采用分散化立法的方式。1970年,美国制定了《公平信用报告法案》(The Fair Credit Reporting Act),首次对收集和使用个人信息进行了规定。根据该法案,在收集和使用消费者信息的时候,必须赋予消费者一系列权利,如信用机构对个人数据的存储与处理应当是秘密的,消费者有权访问和修改信用机构所使用的个人信息。[①] 1974年,美国又通过了家庭教育权利与隐私法(Family Educational Rights and Privacy Act)和隐私法(The Privacy Act),前者规定,在教育场景中使用个人信息应当获得个人明确授权,[②]后者规定,美国联邦规制机构在处理个人信息时也应当获得个人同意。[③] 此后,美国的一系列个人信息保护立法都遵循了这一规定,例如联邦有线通讯政策法案(Cable Communications Policy Act)、[④]视频隐私保护法(Video Privacy Protection Act)、[⑤]司机隐私保护法案(Driver's Privacy Protection Act)[⑥]都要求在法案所适用的情形中,收集和使用个人信息必须获得个人明确授权,数据的收集者和使用者不得将个人信息随意转让给他人使用。在涉及个人信息时,则需要个人作出授权。

数据共享不等于数据倒卖,两者的根本区别在于是否获得信息主体的授权,如果没有授权或者没有获得明确授权,则相关信息可能异化为一种数据买卖,这可能是非法的。数据共享之所以需要授

---

① 15 U.S.C. § 1681.

② 20 U.S.C. § 1232g(2006).

③ 5 U.S.C. § 552a(2006).

④ 47 U.S.C. ch. 5, subch. V – A.

⑤ 18 U.S.C. § 2710.

⑥ 18 U.S.C. § § 2721 – 2725.

权,也是因为数据共享包括个人信息的传输和收集,共享过程中可能对个人的信息和隐私带来一定的威胁甚至侵害,所以必须要获得授权。当然,数据控制者对个人信息进行处置的时候,完全通过匿名化的方式处理,按照通常的技术手段已经无法识别个人信息主体,很大程度上阻断了相关信息和个人身份的关联性,这种情况下共享障碍已经大大降低了,此时通常不需要授权。笔者认为,信息共享的授权应当注意如下几个方面的问题。

第一,授权必须是明确的。也就是说,数据共享一旦涉及个人信息,则应当获得信息主体的明确授权。从比较法上来看,在对数据共享的授权方面,美国和欧洲的做法并不相同,依据《美国加州消费者隐私保护法案》第1798条的规定,采用“未反对即视为同意”的做法,也就是说,信息控制者在向第三方转让其个人信息时,默示的是个人同意分享,但要求必须向消费者告知信息收集的类别、使用目的以及消费者有权要求企业删除信息,如果个人没有做出选择,则默示认定个人同意数据可以分享。而依据欧盟《欧盟一般数据保护条例》第6条规定:“1. 只有满足至少如下一项条件时,处理才是合法的,且处理的合法性只限于满足条件内的处理:(a)数据主体已经同意基于一项或多项目的而对其个人数据进行处理;”……因此,在信息控制者分享个人信息时,应当取得个人的明确同意,“未明确同意即视为反对”。[①] 从我国立法来看,我国《民法总则》第111条虽然规定了个人信息应当依法收集和利用,不得非法收集和利用,但何为合法,何为非法,《民法总则》并没有作出规定。依据民法典分编草案第817条的规定,“未经被收集者同意,不得向他人提供个人信息”,笔者认为,应当将此处所说的被收集者同意解释为原则上需要信息权利人的明示同意。从实践来看,一些网络服务提供者所提供的APP软件时,往往会收集大量的个人信息,而且通常将信息主体的沉默解释为同意信息的收集与共享。此种做法并不妥当,笔者认为,在缺乏信息主体的授权时,网络服务提供者不得擅自共享相关的个人信息。例如,用户在APP下载手机应用时,一般都

---

① 参见何颖:《数据共享背景下的金融隐私保护》,载《东南大学学报》(哲学社会科学版)2017年第1期。

会签订相关的个人信息、隐私利用与保护条款,其中就可能包括对数据分享的授权,缺乏此种授权,相关的信息控制者即无权进行数据分享。也有不少授权条款写得非常模糊,或者以过于复杂的表述使信息主体难以准确把握其中的内容。如果授权条款写得不清楚,则即便获得了个人同意,也不能认为是获得了授权。

第二,必须针对数据共享特别授权。在收集、利用个人信息时应当取得个人的授权,数据共享也应当取得信息主体的特别授权。从我国司法实践来看,有的法院也采纳了此种立场。例如,在"北京淘友天下技术有限公司等与北京微梦创科网络技术有限公司不正当竞争纠纷案"中,双方当事人通过 OpenAPI 开展合作,但被告在合作过程中不当抓取原告的用户个人信息,北京知识产权法院认为,"OpenAPI 开发合作模式中数据提供方向第三方开放数据的前提是数据提供方取得用户同意,同时,第三方平台在使用用户信息时还应当明确告知用户其使用的目的、方式和范围,再次取得用户的同意。因此,在 OpenAPI 开发合作模式中,第三方通过 OpenAPI 获取用户信息时应坚持'用户授权' + '平台授权' + '用户授权'的三重授权原则"。[①] 在该案中,北京知识产权法院提出了三重授权规则,即"数据授权 + 平台授权 + 用户授权"。从信息权利人角度,实际上是双重授权,即数据的收集者在收集信息的时候必须获得第一次授权,如果把收集到的信息进行分享的时候还要获得另一次授权,也就是数据的分享必须要再一次获得个人信息权利人的同意。此种做法值得赞同。我国民法典分编草案第 817 条规定:"未经被收集者同意,不得向他人提供个人信息。但是经过处理无法识别特定个人且不能复原的除外。"该条实际上要求信息主体对信息共享本身进行授权,而不限于对信息收集行为的授权。当然,信息的被共享者再次共享信息时,仍应当适用该规则。

第三,必须严格限制概括授权。从实践来看,一些网络服务提供者往往采用拟定概括授权条款的方式,取得个人信息共享的权利。在概括授权的情形下,信息权利人在进行概括授权时对于其可能的个人信息收集者以及其对个人信息的使用方式并不完全知晓,

① 北京知识产权法院民事判决书,(2016)京 73 民终 588 号。

从某种程度上来说，概括授权相当于个人信息权利人将其对个人信息享有的权利完全委托给了被授权者，鉴于个人信息与信息主体人格利益之间的紧密联系，此种授权可能会造成信息主体对于个人信息的完全失控，从而带来超出其合理预期的影响。例如，某企业通过健康手环收集到用户个人的健康状况信息，该信息属于个人的敏感个人信息，如果允许该企业设置要求用户对数据分享进行概括授权的条款，信息收集者就可能把有关个人的健康信息共享给保险推销者、养老产品的销售者、医疗产品的生产者等，这就不利于个人隐私权、个人信息权的保护，甚至造成个人健康信息的泄露。因此，在规范数据共享时应当严格限制概括授权条款的运用。

第四，不需要授权的情况应该法定化。在信息时代，为了维护公共安全、公共利益，有必要赋予一些公权力机关收集、共享个人信息的权力，同时，为了促进教学、科学研究的进步，也有必要赋予相关主体共享个人信息的权利。但这有可能是一把“双刃剑”，如果对公权力缺乏必要的监控和控制，或者对公权力机关收集、共享个人信息缺乏限制，就可能导致个人信息保护的失控。有观点认为，凡是为了公共利益而进行数据共享，都不需要信息主体的授权。但“公共利益”的内涵过于宽泛，不宜作为数据共享的充分条件，特别是个人宾馆开房记录、个人刷卡记录等都涉及个人的核心隐私，是不是所有的政府部门都可以利用，是不是从事教学科研等涉及公共利益的活动都可以利用？笔者认为，不需要授权的情况应当由法律明确规定下来，作出明确列举，这样可以保护个人信息的权利，也可以为数据产业的发展提供明确的行为标准和发展预期。民法典分编草案第816条只是规定了“为学术研究、课堂教学或者统计目的在合理范围内实施的行为”和“为维护公序良俗而实施的必要行为”两种情形下，实施收集、公开、共享个人信息的行为不承担责任，但该规定过于宽泛，有必要做细化规定。凡是不需要授权的情形，应当做更详细的列举。

2. 共享者获得信息后，应当在信息主体授权范围内使用

在取得信息主体的授权后，是否意味着分享行为不受限制？笔者认为，数据共享行为应当严格限定在授权的范围内。一方面，除信息主体对被共享者有特别授权外，被共享者对相关信息所享有的

权利不得超出信息共享者权利的范围。信息主体在进行初次授权时，实际上已经有了用途限制，那么分享给第三方也要有用途限制。因为被共享者所享有的对个人信息进行利用的权利范围不得超过信息共享者的权利范围。另一方面，如前所述，要使信息权利人控制信息共享的过程，使个人信息保护不至于失控，信息共享者应当在授权范围内共享信息。尤其应当看到，从实践来看，许多侵害个人信息的行为都根源于信息权利人对其信息权利的失控。据报道，脸书软件将5000多万网民的信息泄露给英国的一家名为"剑桥分析"的数据分析公司，该公司利用大数据分析技术，对选民进行精准的信息投递，影响选民的决策，从而帮助特朗普在选举中胜出。[①] 此种数据共享行为也超出了用户授权的预期。

3. 数据共享应遵循合法、正当、必要、最小化使用的原则

相关主体在获得数据共有的权利后，从事数据开发能否无限制地共享相关的个人信息？笔者认为，数据共享时仍应当遵循与初次收集个人信息相同的基本规则，包括遵循正当、合法、必要等规则。《网络安全法》第41条对此作出了规定。民法典分编草案第814条也规定，收集、使用自然人的个人信息的，应当遵循合法、正当、必要的原则。笔者认为，除上述原则之外，个人信息的收集、使用和共享还应当遵循"最小化使用原则"，它是指在从事某一特定活动时可以使用也可以不使用个人信息时，要尽量不使用，在必须使用并征得权利人许可时，要尽量少使用。比如，在收集个人信息时，其所获取的个人信息应当以满足使用的目的为限，而不得超出该范围收集个人信息。如果只需要使用权利人的非敏感个人信息就可达到目的，则不应该扩大信息收集和使用的范围。[②] 这一原则本来是信息收集和使用的规则，但同样适用于信息共享行为。也就是说，数据共享的范围应当受到限制，不能无限制地使用和分享。此外，数据共享过程中还应当尊重信息权利人的知情同意权、信息查询权、安全维护权、信息删除权等。

---

① 《英国介入脸书用户数据泄露案　搜查剑桥分析办公室》，载新华网：http://www.xinhuanet.com/world/2018-03/25/c_129836753.htm，最后访问日期：2018年9月12日。

② 参见郭少峰、吴鹏：《个人信息保护将出台国标　明确使用后立即删除》，载《新京报》2012年4月5日。

(四)民法典编纂中应进一步强化对数据共享中个人信息的保护

法律应当与时俱进,永葆时代性。我们要制定的民法典则应当成为21世纪互联网、高科技时代民法典的代表,我国民法典应当充分反映时代精神和时代特征,真正体现法典与时俱进的品格。就个人信息保护而言,民法典应当强化对数据共享中个人信息的保护,同时积极回应数据共享中个人信息保护的问题。

1. 妥当平衡数据流通与个人信息、数据权利之间的关系

从数据共享也可以看出,人格权已经不再是单纯消极防御性的权利,而包含了积极利用的权能。数据共享与个人信息权利保护之间存在一定的冲突与矛盾,主要表现在:数据分享的效率和个人信息保护之间存在此消彼长的关系,如果从制度安排上,过度鼓励共享,可能对个人隐私、个人信息等人格权保护带来冲击;如果过度保护个人信息、数据权利,严格限制共享,也会对共享形成障碍,不利于发挥个人信息、数据的经济效用。从世界范围来看,如何妥善协调和处理两者之间的关系,是各国法律制度所面临的共同难题。总体上看,美国法更注重个人信息利用,促进数据产业的优势地位,欧盟更注重个人信息保护。但在数据的开发、共享中,两大法系共同的趋势是日益重视对个人信息权利的保护。①

我国正在编纂的民法典应当妥善平衡两者的关系,既要注重发挥个人信息的经济效用,也要注重保护信息主体的个人信息权利,不能因为过度保护个人信息等权利而限制了数据产业发展,也不能为发展数据产业而不考虑个人信息等权利的保护,民法典的相关规则设计也应当妥善平衡两者之间的关系。既要强化对数据共享中个人信息权利的保护,也要避免个人信息、数据权利的泛化,不当影响数据的流通。所谓权利泛化,就是个人信息权的内涵和外延缺乏明确的边界。根据庞德的看法,在各种利益冲突的情况下,依据类似于比例原则的办法,采取造成最少利益受损保全其他利益的解决方法最为妥当。② 他认为,解决利益冲突的基本原则应该是“它通

① 参见张礼洪:《人格权的民法保护及其理论的历史发展——兼议我国的立法模式选择》,载《中国政法大学学报》2018年第4期。

② 参见马汉宝:《法律思想与社会变迁》,清华大学出版社2008年版,第171页。

过社会控制的方式而不断扩大对人的需求、需要和欲望进行承认和满足；对社会利益进行日益广泛和有效的保护；更彻底和更有效地杜绝浪费并防止人们在享受生活时发生冲突”。[①] 因而，最大限度使法律保障的利益得以实现，最大限度地减少权益的损害，是我们在处理利益冲突时应遵循的基本原则。鉴于这一问题比较复杂，民法典作为民事基本法，可以只规定平衡人格权保护和数据流通之间关系的基础性规则，或者做原则性规定，为有关单行法细化规定个人信息的保护提供依据。

2. 在区分个人信息类型的基础上设计数据共享规则

信息蕴含的价值是多方面的，对信息的使用方式是多样化的，并非所有的利用方式都涉及人格利益，企业在进行数据共享时，应当对其是否涉及人格利益进行必要的审查，对于不涉及人格利益保护的情形，不应当严格限制数据的流通和共享。法律也应当建立明确的数据保密等级与公开等级，并保护自然人、商业组织的数据隐私权或商业秘密，同时，也应当积极推动各类数据资源的社会共享。[②] 不同类型的个人信息社会公开性程度不同，与信息权利人私人生活和人格尊严的关联程度也有所差异，有些数据属于个人敏感数据，有些则属于一般数据，在保护方面应当有所区别，对敏感信息进行特殊保护。[③] 具体而言包括以下几个方面。

一是共享敏感个人信息应当征得信息主体的明示同意。个人敏感信息是指与个人私人生活安宁等密切相关的信息，如个人的家庭住址、身份证号码、银行账号、财产状况、基因信息等。敏感个人信息的保护程度应当高于一般信息，敏感个人信息的共享应当征得个人的明示同意。

二是共享敏感个人信息之外的个人信息，应当相对弱化信息主体的同意要求。敏感个人信息之外的个人信息与个人私人生活的

---

① 转引自［美］E. 博登海默：《法理学——法哲学及其方法》，邓正来、姬敬武译，华夏出版社1987年版，第147页。

② 参见张玉洁：《论人工智能时代的机器人权利及其风险规制》，载《东方法学》2017年第6期。

③ 参见《欧盟数据保护一般规则（EU-DSGVO）》第8条，德国《联邦数据保护法（BDSG）》第4a条第3款都对特殊类型个人信息的处理设置了特别规范。

关联程度，尤其是关于个人教育信息、社会交往等一些已经公开的个人信息而言，其数据共享的条件则应当相对宽松，应当尽量弱化个人同意的条件，[1]在某些情形下，仅要求信息权利人默示同意即可。

三是严格限制共享未成年人个人信息的行为。由于未成年人对其个人信息收集、利用后果的判断能力较弱，需要强化对未成年人个人信息的保护，未成年人个人信息的共享应当取得其监护人的明示同意。

3. 进一步完善数据共享中的授权规则

虽然民法典分编草案第 817 条规定了个人信息共享的规则，但该条规定过于简略，难以有效规范数据共享行为，有待于进一步的细化。

4. 明确信息共享中信息收集人和持有人对个人信息的安全保障义务

民法典分编草案第 817 条虽然规定了信息收集人、持有人保障个人信息安全的义务，但从该条规定来看，信息收集人、持有人保障个人信息安全的义务限于信息的收集和存储阶段，并不包含信息共享阶段。而且与信息的收集和存储相比，信息共享涉及个人信息的流动，更容易发生个人信息的泄露、毁损和丢失，民法典有必要对信息共享中信息收集人和持有人保障个人信息安全的义务作出规定。

5. 对信息共享中格式条款予以规范

在实践中，用户在安装使用一些软件和程序时，必须接受互联网企业的格式条款，否则将无法安装使用，互联网企业可能会利用其经营、技术上的优势地位，通过格式条款的形式设定不利于保护用户隐私、个人信息等的数据共享条款，[2]这就需要有效规制此类格式条款，具体而言：第一，互联网企业应当在协议中显著标识个人信息共享的条款，以提示用户注意该条款的内容。网络服务提供者在获得用户的上述授权时，应当对网络用户尽到明确的提示说明义

---

① 参见王叶刚：《个人信息收集、利用行为合法性的判断》，载《甘肃社会科学》2018 年第 1 期。

② 参见项定宜、申建平：《个人信息商业利用同意要件研究——以个人信息类型化为视角》，载《北方法学》2017 年第 5 期。

务，尤其是在数据共享条款中，应当明确数据共享的方式、范围等内容，严格限制概括授权条款的适用。第二，对互联网企业所拟定的数据共享的格式条款，可以由相关主管部门对该条款的合法性进行事先审查，相关的行业协会也可以拟定数据共享的示范条款。第三，如果数据共享的格式条款明显不利于保护用户的隐私、个人信息等权利，则信息权利人应当有权请求法院否定该条款的效力，该条款也不能成为互联网企业共享用户个人信息的正当性基础和侵权的免责事由。

主要参考书目

一、中文著作

1. [德]卡尔·拉伦茨:《德国民法通论》,谢怀栻等译,法律出版社 2003 年版。

2. [德]迪特尔·梅迪库斯:《德国民法总论》,邵建东译,法律出版社 2000 年版。

3. [德]克雷斯蒂安·冯·巴尔:《欧洲比较侵权行为法》(上、下卷),张新宝等译,法律出版社 2001 年版。

4. [法]雅克·盖斯旦等:《法国民法总论》,陈鹏等译,法律出版社 2004 年版。

5. [美]马斯洛:《动机与人格》,华夏出版社 1987 年版。

6. [美]彼得·斯坦等:《西方社会的法律价值》,中国人民公安大学出版社 1990 年版。

7. [美]E. 博登海默:《法理学——法哲学及其方法》,华夏出版社 1987 年版。

8. [日]五十岚 清:《人格权法》,北京大学出版社 2009 年版。

9. [美]阿丽塔·L. 艾伦、理查德·C. 托克音顿:《美国隐私法:学说、判例与立法》,冯建妹等译,中国民主法制出版社 2004 年版。

10. [奥]赫尔穆特·考茨欧等:《针对大众媒体侵害人格权的保护:各种制度与实践》,匡敦校等译,中国法制出版社 2012 年版。

11. 马特、袁雪石:《人格权法教程》,中国人民大学出版社 2007 年版。

12. 王利明主编:《人身损害赔偿疑难问题》,中国社会科学出版社 2004 年版。

13. 杨立新:《人身权法论》,人民法院出版社 2002 年版。

14. 杨立新、黄琳、陈怡、袁雪石:《人身权法判例与学说》,吉林人民出版社 2003 年版。

15. 杨立新:《人格权法专论》,高等教育出版社 2005 年版。

16. 程合红:《商事人格权论》,中国人民大学出版社 2002 年版。

17. 张新宝:《精神损害赔偿制度研究》,法律出版社 2012 年版。

18. 张新宝:《隐私权的法律保护》,群众出版社 1997 年版。

19. 夏勇:《人权概念起源》,中国政法大学出版社 1992 年版。

20. 徐显明:《公民权利义务通论》,群众出版社 1991 年版。

21. 朱晓青:《欧洲人权法律保护机制研究》,法律出版社 2003 年版。

22. 高瑞泉:《人格论》,上海文化出版社 1998 年版。

23. 陈仲庚等:《人格心理》,辽宁出版社 1987 年版。

24. 刘学礼:《生命伦理学》,上海人民出版社 1987 年版。

25. 李春秋:《当代生命科技的伦理审视》,江苏人民出版社 2002 年版。

26. 孙慕义等:《新生命伦理学》,东南大学出版社 2003 年版。

27. 徐宗良等:《生命伦理学》,上海人民出版社 2002 年版。

28. 纳日碧力戈:《姓名论》,社会科学文献出版社 2002 年版。

29. 何晓明:《姓名与中国文化》,人民出版社 2001 年版。

30. 齐爱民:《拯救信息社会中的人格》,北京大学出版社 2009 年版。

31. 齐爱民:《个人资料保护法原理及其跨国流通法律问题研究》,武汉大学出版社 2004 年版。

32. 曾康霖、王长庚:《信用论》,中国金融出版社 1993 年版。

33. 杨成铭:《人权法学》,中国方正出版社 2004 年版。

34. 杨立新:《人格权法》,法律出版社 2011 年版。

35. 张燕玲:《人工生殖法律问题研究》,法律出版社 2006 年版。

36. 朱晓娟、戴志强:《人身权法原理·规则·案例》,清华大学出版社2006年版。

37. 张民安主编:《公开权侵权责任研究:肖像、隐私及其他人格特征侵权》,中山大学出版社2010年版。

38. 马俊驹:《人格和人格权理论讲稿》,法律出版社2009年版。

39. 张红:《人格权总论》,北京大学出版社2012年版。

40. 张红:《人格权各论》,高等教育出版社2016年版。

41. 刘召成:《准人格研究》,法律出版社2012年版。

42. 朱晓娟、戴志强:《人身权法》,清华大学出版社2006年版。

43. 刘德良:《论个人信息的财产权保护》,人民法院出版社2008年版。

44. 齐晓丹:《权利的边界》,法律出版社2015年版。

45. 施启扬:《民法总则》,中国法制出版社2010年版。

46. 王泽鉴:《侵权行为法》,北京大学出版社2009年版。

47. 王泽鉴:《人格权法》,北京大学出版社2013年版。

48. 王泽鉴:《损害赔偿》,北京大学出版社2017年版。

49. 龙显铭:《私法上人格权之保护》,中华书局1948年版。

50. 许文义:《个人资料保护法论》,台北三民书局2001年版。

51. 李震山:《人性尊严与人权保障》,台湾元照出版公司2000年版。

52. [日]星野英一:《私法中的人》,王闯译,中国法制出版社2004年版。

二、外文著作

1. Neethling, JM Potgieter & PJ Visser, *Neethling's law of personality*, LexisNexis South Africa, 2005.

2. Allriza Coban, *Protection of Property Rights Within the European Convention on Human Rights*, Ashgate, 2004.

3. David Price, *David Price and Korieh Duodu*, *Defamation*, *Law*, *Procedure and Practice*, London: Sweet & Maxwell, 2004.

4. David Saunders, *Authorship and Copyright*, Routledge, 1992.

5. Donald P. Kommers, *The Constitutional Jurisprudence of the*

Federal Republic of Germany, Duke University Press, 1997.

6. Don R. Pember, *Mass Media Law* (Fifth Edition), Wm. C. Browm Publishers, 1990.

7. Douglas Thomas & Brain D, Loader, *Cybercrime*, Routledge, London and New York, 2000.

8. Harvey M Jocobs, *Private Property in the 21th Century*, Edward Elgar Publishing Limited, 2004.

9. Jane Wright, *Tort Law and Human Rights*, Oxford, Hart Publishing, 2001.

10. Gert Brüggemeier, Aurelia Colombi Ciacchi and Patrick O'Callaghan Edited, *Personality Rights in European Tort Law*, Cambridge University Press 2010.

11. Julius C. S. Pinckaers, *From Privacy Toward a New Intellectual Property Right in Persona*, Kluwer Law International, 1996.

12. Michael Henry ed., *International Privacy, Publicity and Personality Laws*, Reed Elsevier (UK),2001.

13. Michael J. Meyer & William A. Parent edited, *The Constitution of Rights*, Conell University Press, 1992.

14. Nichloas J Mullany & Peter R Handford , *Tort Liability for Psychiatric Damage*, The Law Book Company Limited, Sweet & Maxwell, 1993.

15. Norman Vieira, *Constitutional Civil Rights*, West Group, 1998.

16. Raymond Wacks, *Personal Information*, Oxford University Press,1989.

17. Richard A. Epstein , *Cases and Materials On Torts*, Little Brown and Company, 1984.

18. Richard G. Turkington & Anita, *L . Allen. Privacy* (Second Edition), West Group, 2002.

19. Richard O'sullivan, Q. C. & Roland Brown, *The Law of Defamation*, London: Sweet & Maxwell Limited, 1958.

20. Scott Jon Shagin & Matthew Savare, *Intersection of Right of Publicity and Copyright*, Member, NYNJ & CA Bars.

21. S. Marksinis, *Foreign Law and Comparative Methodology*, Oxford, Hart Publishing, 1997.

22. S. Marksinis, *Protecting Privacy*, Oxford University Press, 1999.

23. Stein, *Sexual Harassment in American*, Greenwood Press, 1999.

24. Stig strömholm, *Right of Privacy and Right of the Personality*, Stockholm 1967.

25. W. V. Horton Rogers ed., *Damages for Non-Pecuniary Loss in a Comparative Perspective*, Springer Wien NewYork, 2001.

26. Huw Beverley-Smith, Ansgar Ohly, Agnes Lucas-Schloetter, *Privacy, Property and Personality*, Cambridge University Press, 2005.

27. Philippe Malaurie, Droit civil, *Les Personnes-Les Incapacités*, Edition Cujas, 1992.

28. Kenneth C. Creech, *Electronic Media Law Regulation*, Fifth Edition, Elsevier, Focal Press, 2007.

29. Robin Gotesky and Ervin Laszlo, ed., *Human Dignity—This Century and the Next: An Interdisciplinary Inquiry into Human Rights, Technology, War, and the Ideal*, New York: Gorden and Breach, 1970.

30. Kau, *Vom Persoenlichkeitsschutz zum Funktionsschutz*, Diss. Jur., Heidlbeg 1989.

31. Heinrich Hubmann, *Das Persönlichkeitsrecht*, Köln Graz, 1967.

32. Alfons Kraft, *Gedanken zum allgemeinen Persoenlichkeitsrecht juristischer Personen*, in Fetschr. F. H. Hubmann, 1985.

33. 三岛宗彦:《人格权的保护》,有斐阁昭和40年版。

后　记

本书是笔者申报的国家社科重点规划项目“人格权保护立法研究”(项目批准号:18ZDA143)的成果形式,也是笔者参与民法典人格权编立法工作的一些点滴体会。在本书中,笔者结合民法典分编草案人格权编的规则,对人格权立法的重大疑难问题提出了自己的看法。由于民法典编纂仍在进行过程中,有关人格权的问题还有待于进一步的探讨和论证,所以,本书的内容只是笔者一些不成熟的看法和意见。笔者将自己的一些想法汇编成书,主要是为了抛砖引玉,促进大家对人格权制度的深入思考和研究。“嘤其鸣矣,求其友声。”由于资料所限,本书的相关内容难免存在不完善之处,敬希广大读者批评指正。本书在写作的过程中得到了中央财经大学法学院王叶刚博士、海南大学法学院石冠彬教授等人的帮助,在此一并致以谢意。

图书在版编目(CIP)数据

人格权重大疑难问题研究 / 王利明著. ——北京:
法律出版社，2019
ISBN 978-7-5118-8578-4

Ⅰ. ①人… Ⅱ. ①王… Ⅲ. ①人格—权利—法学—研究—中国 Ⅳ. ①D923.14

中国版本图书馆CIP数据核字(2019)第001933号

人格权重大疑难问题研究
REN'GEQUAN ZHONGDA YI'NAN WENTI YANJIU
王利明 著

责任编辑 黄琳佳
营销编辑 张心萌 徐 印
装帧设计 汪奇峰

开本 720毫米×960毫米 1/16
版本 2019年2月第1版
出版 法律出版社
总发行 中国法律图书有限公司
印刷 固安华明印业有限公司

印张 47 **字数** 667千
印次 2019年2月第1次印刷
编辑统筹 学术·对外出版分社
经销 新华书店
责任印制 陶松

法律出版社/北京市丰台区莲花池西里7号(100073)
网址/www.lawpress.com.cn
投稿邮箱/info@lawpress.com.cn
举报维权邮箱/jbwq@lawpress.com.cn
销售热线/010-83938336
咨询电话/010-63939796

中国法律图书有限公司/北京市丰台区莲花池西里7号(100073)
全国各地中法图分、子公司销售电话:
统一销售客服/400-660-6393
第一法律书店/010-83938334/8335 西安分公司/029-85330678 重庆分公司/023-67453036
上海分公司/021-62071639/1636 深圳分公司/0755-83072995

书号: ISBN 978-7-5118-8578-4 **定价:** 188.00元
(如有缺页或倒装，中国法律图书有限公司负责退换)